WALTER HALLER

SUPREME COURT UND POLITIK IN DEN USA

WALTER HALLER
DR. IUR., PRIVATDOZENT AN DER UNIVERSITÄT ZÜRICH

SUPREME COURT UND POLITIK IN DEN USA

FRAGEN DER JUSTIZIABILITÄT IN DER HÖCHSTRICHTERLICHEN RECHTSPRECHUNG

VERLAG STÄMPFLI & CIE AG BERN · 1972

VERLAG STÄMPFLI & CIE AG BERN · 1972
GESAMTHERSTELLUNG STÄMPFLI & CIE AG BERN
PRINTED IN SWITZERLAND
ISBN 3-7272-9283-0

MEINER LIEBEN FRAU

Folgenden Persönlichkeiten gilt mein besonderer Dank: Herrn Prof. Dr. Werner Kägi, Zürich, der die vorliegende Arbeit anregte und mir immer wieder mit wertvollem Rat beistand; Herrn Prof. Paul G. Kauper, Ann Arbor, der mich nicht nur durch seine vielen Schriften und unvergesslichen Vorlesungen, sondern auch in zahlreichen Gesprächen in das amerikanische Verfassungsrecht einführte; Herrn Prof. Richard O. Lempert, Ann Arbor, der mich mit dem amerikanischen Verwaltungsrecht bekannt machte; den Herren Professoren Dres. Dietrich Schindler und Ulrich Häfelin, Zürich, welche diese Habilitationsschrift zuhanden der Rechts- und staatswissenschaftlichen Fakultät der Universität Zürich begutachteten.

Diese Arbeit wäre nicht möglich gewesen ohne die grosszügige Unterstützung durch den *Erziehungsrat des Kantons Zürich,* der mir einen Beitrag aus dem Kredit zur Förderung des akademischen Nachwuchses zwecks Finanzierung eines einjährigen Forschungsaufenthaltes in den USA (Januar bis Dezember 1969) bewilligte. Dem Erziehungsrat spreche ich meinen tiefempfundenen Dank aus.

Danken möchte ich ferner zahlreichen Fakultätsmitgliedern und Mitarbeitern der *University of Michigan Law School* für ihre Unterstützung; besonders erwähne ich dabei: Herrn Prof. William W. Bishop, Jr.; Herrn Prof. Whitmore Gray; Herrn Prof. Terrance Sandalow; Herrn Prof. Eric Stein; Frau Mary Broadley Gomes.

Während des Frühlings 1971 konnte die neueste einschlägige Judikatur und Literatur im Max-Planck-Institut für ausländisches öffentliches Recht und Völkerrecht in Heidelberg durchgearbeitet werden. Ich danke Herrn Prof. Dr. Hermann Mosler, Herrn Prof. Dr. Rudolf Bernhardt und Herrn Bibliotheksdirektor Otto Steiner für das mir entgegengebrachte Wohlwollen. Mein Kollege und Büronachbar aus der Ann Arbor-Zeit, Herr Dr. Michael Bothe, organisierte in vorbildlicher Weise meinen Heidelberger Aufenthalt; hiefür sei ihm herzlich gedankt.

Meinem Vater danke ich für die kritische Lektüre des Manuskriptes.

Meiner Frau gebührt besonderer Dank für das Verständnis, das sie dieser Arbeit und der damit verbundenen zeitlichen und materiellen Belastung entgegenbrachte.

Walter Haller

INHALTSVERZEICHNIS

Zweites Kapitel:
Akzessorisches richterliches Prüfungsrecht

Drittes Kapitel:
Allgemeine Grenzen der Justiziabilität

Viertes Kapitel: Zur Justiziabilität von Akten der Verwaltung

Fünftes Kapitel: Dogmatische Probleme

ABKÜRZUNGSVERZEICHNIS

APA	Administrative Procedure Act
Black	vgl. unter U.S.
CAB	Civil Aeronautics Board
C.F.R.	Code of Federal Regulations. Bereinigte Sammlung (von 1949, mit jährlichen Supplementbänden) der Erlasse von Exekutiv- und Administrativbehörden des Bundes
Cong.	Congress
Cong. Rec.	Congressional Record
Cranch	vgl. unter U.S.
Dall.	vgl. unter U.S.
FCC	Federal Communications Commission
Fed., F.2d	Federal Reporter. Entscheidungen der United States Courts of Appeals und – bis 1932 – der United States District Courts. (Entscheidungen der unteren und mittleren Bundesgerichte bis 1880 sind in den «Federal Cases» zu finden.) Nachdem die Bandzahl 300 erreicht war, wurde eine neue Reihe, die «Federal Reporter Second Series», angefangen.
FPC	Federal Power Commission
F.R.	Federal Register. Offizielles Publikationsorgan für Erlasse von Exekutiv- und Administrativbehörden des Bundes
F. Supp.	Federal Supplement. Entscheidungen der United States District Courts seit der zweiten Hälfte 1932
FTC	Federal Trade Commission
How.	vgl. unter U.S.
H.R.	House of Representatives
ICC	Interstate Commerce Commission
IRA	Independent Regulatory Agency
NLRB	National Labor Relations Board
Pet.	vgl. unter U.S.
S.	Senate
SEC	Securities and Exchange Commission
Stat.	Statutes at Large. Offizielles amerikanisches Bundesgesetzesblatt, in das neben Erlassen des Kongresses auch gewisse Präsidialerlasse aufgenommen werden
U.S.	United States Supreme Court Reports. Daneben gibt es andere Entscheidsammlungen des Obersten Bundesgerichts, nämlich den Supreme Court Reporter (S. Ct.) und die Lawyers' Edition, United States Supreme Court Reports (L. Ed. bzw. seit 1956 L. Ed. 2d). In der vorliegenden Abhandlung werden die Entscheide des Supreme Court nach den offiziellen U. S. Reports zitiert. Bezüglich der ersten neunzig

Bände ist es üblich, den Namen des Berichterstatters und die Bandzahl der betreffenden Serie anzugeben. Für die Bände 1–90 ergibt sich dabei folgende Konkordanzliste:

1 U. S. – 4 U. S. = 1 Dall. – 4 Dall. (Dallas)
5 U. S. – 13 U. S. = 1 Cranch – 9 Cranch
14 U. S. – 25 U. S. = 1 Wheat. – 12 Wheat (Wheaton)
26 U. S. – 41 U. S. = 1 Pet. – 16 Pet. (Peters)
42 U. S. – 65 U. S. = 1 How. – 24 How. (Howard)
66 U. S. – 67 U. S. = 1 Black – 2 Black
68 U. S. – 90 U. S. = 1 Wall. – 23 Wall. (Wallace)

Die Judikatur wurde verarbeitet bis zum Schluss des Oktober-Term 1969, der am 29. Juni 1970 zu Ende ging. Bis Ende Juni 1971 ergangene wichtigere Entscheide konnten noch berücksichtigt werden, doch erfolgt hier die Zitierung nach dem Supreme Court Reporter oder auf Grund von Meldungen in der Presse.

U. S. C. United States Code. Bereinigte Sammlung der Bundesgesetze. Die letzte Auflage datiert von 1964, wobei jährlich ein Supplementband herauskommt. Der U. S. C. stellt eine Kompilation verschiedener separat erlassener Rechtsnormen, geordnet nach Sachgebieten, dar. Diese Systematisierung wird manchmal mit materiellen Rechtsänderungen verbunden. Die Numerierung der einzelnen Bestimmungen weicht von derjenigen in den ursprünglichen Erlassen ab. Verschiedene Titel des U. S. C., darunter der dem Gerichtswesen gewidmete 28. Titel, wurden als solche (also mit der neuen systematischen Anordnung und Numerierung) in Kraft gesetzt. Eine kommentierte Ausgabe des U. S. C. stellt der U. S. C. A. (United States Code Annotated) dar.

Wall. vgl. unter U. S.

Wheat. vgl. unter U. S.

BEMERKUNGEN ZUR ZITIERWEISE

Entscheidungen von Gerichten und Erlasse anderer Staatsorgane sind auf amerikanische Weise zitiert: Vor der abgekürzten Wiedergabe der Gesetzes- oder Entscheidsammlung wird der Band angeführt, während die Seitenzahl bzw. die zitierten Bestimmungen nach der Abkürzung vermerkt werden. Am Schluss erfolgt die Angabe des Jahres in Klammern. Bei Gerichtsentscheidungen werden zudem am Anfang die Parteien genannt. Beispiel: *Miranda v. Arizona,* 384 U.S. 436 (1966) = Entscheid des Supreme Court aus dem Jahr 1966 über die Klage von Miranda gegen den Staat Arizona, enthalten im Band 384 der United States Supreme Court Reports auf S. 436f.

Dagegen wurde davon abgesehen, die Fachzeitschriften-Literatur nach amerikanischer Art zu zitieren.

Die im Literaturverzeichnis aufgeführten Schriften werden bloss mit dem Verfassernamen zitiert.

LITERATURVERZEICHNIS

ALVIN, LENNART, Förenta staternas Högsta Domstols politiska roll, Svensk Juristtidning *53*/1968, 460–470.

ATLESON, JAMES B., The Aftermath of Baker v. Carr – An Adventure in Judicial Experimentation, California Law Review *51*/1963, 535–572.

AUERBACH, CARL A., The Reapportionment Cases: One Person, one Vote – one Vote, one Value, The Supreme Court Review *1964*, 1–87.

BARNETT, VINCENT M., Constitutional Interpretation and Judicial Self-Restraint, Michigan Law Review *39*/1940–41, 213–237.

BEAN, RALPH J., The Supreme Court and the Political Question: Affirmation or Abdication?, West Virginia Law Review *71*/1968–69, 97–134.

BEARD, CHARLES A. The Supreme Court and the Constitution, New York 1912.

BECKER, THEODORE L. (Herausgeber), The Impact of Supreme Court Decisions, New York/London/Toronto 1969.

BERGER, RAOUL, Congress v. the Supreme Court, Cambridge 1969.

BICKEL, ALEXANDER M., (1) The Passive Virtues, Harvard Law Review *75*/1961–62, 40–79; abgedruckt in: *Selected Essays on Constitutional Law* 24–59.

– (2) The Least Dangerous Branch – The Supreme Court at the Bar of Politics, Indianapolis/New York 1962.

– (3) Politics and the Warren Court, New York 1965.

– (4) The Supreme Court and the Idea of Progress (Oliver Wendell Holmes Lectures, 1969), New York/Evanston/London 1970.

BISHOP, WILLIAM W., General Course of Public International Law, 1965, in: Recueil des Cours (Academy of International Law) II *1965*, 149–470.

BLACK, CHARLES L., (1) The Lawfulness of the Segregation Decisions, The Yale Law Journal *69*/1959–60, 421–430; abgedruckt in: *Selected Essays on Constitutional Law* 844–852.

– (2) The People and the Court – Judicial Review in a Democracy, New York 1960.

– (3) Inequities in Districting for Congress: Baker v. Carr and Colegrove v. Green, The Yale Law Journal *72*/1962–63, 13–22.

– (4) Perspectives in Constitutional Law, Englewood Cliffs 1963.

BOGNETTI, GIOVANNI, Malapportionment, ideale democratico e potere giudiziario nell'evoluzione costituzionale degli Stati Uniti, Milano 1966.

BONFIELD, ARTHUR E., (1) The Guarantee Clause of Article IV, Section 4: A Study in Constitutional Desuetude, Minnesota Law Review *46*/1961–62, 513–572.

– (2) Baker v. Carr: New Light on the Constitutional Guarantee of Republican Government, California Law Review *50*/1962, 245–263.

BORCHARD, EDWIN, Justiciability, The University of Chicago Law Review *4*/1936–37, 1–29.

BOUDIN, LOUIS B., Government by Judiciary, 2 Bände, New York 1932.

BOYLAN, LAURENCE W., The Political Question Doctrine and Adam Clayton Powell, Albany Law Review *31*/1967, 320–335.

BOZELL, L. BRENT, The Warren Revolution, New Rochelle 1966.

BRADEN, GEORGE D., The Search for Objectivity in Constitutional Law, in: LEVY 172–197 (Abdruck aus The Yale Law Journal *57*/1947–48, 571–594).

BROWN, ERNEST J., Quis Custodiet Ipsos Custodes? – The School-Prayer Cases, The Supreme Court Review *1963,* 1–33.

BURDEAU, GEORGES, Traité de science politique Bd. IV, 2. Aufl. Paris 1969.

BYSE, CLARK/RIEGERT, ROBERT A., Das amerikanische Bundesverwaltungsverfahrensgesetz von 1946, in: Staatsbürger und Staatsgewalt, Jubiläumsschrift zum hundertjährigen Bestehen der deutschen Verwaltungsgerichtsbarkeit und zum zehnjährigen Bestehen des Bundesverwaltungsgerichtes, Karlsruhe 1963, Band I 405–439.

CAHILL, FRED V., Judicial Legislation, New York 1952.

CAHN, EDMOND (Herausgeber), Supreme Court and Supreme Law, Bloomington 1954.

CARDOZO, BENJAMIN N., (1) The Nature of the Judicial Process, New Haven/London 1921.

– (2) The Growth of the Law, New Haven/London 1924.

CARDOZO, MICHAEL H., Judicial Deference to State Department Suggestions: Recognition of Prerogative or Abdication to Usurper?, Cornell Law Quarterly *48*/1962–63, 461–498.

CARR, ROBERT K., The Supreme Court and Judicial Review, New York 1942.

CARRINGTON, PAUL D., Political Questions: The Judicial Check on the Executive, Virginia Law Review *42*/1956, 175–201.

CARSTENS, KARL, Grundgedanken der amerikanischen Verfassung und ihre Verwirklichung, Kölner Habilitationsschrift, Berlin 1954.

CASSIN, WILLIAM B., Reapportionment: The Problem that will not go away, Houston Law Review *3*/1965–66, 310–326.

CAULEY, JOHN J., Political Questions as Distinguished from Judicial Questions, Notre Dame Lawyer *24*/1948–49, 231–236.

CLARK, CHARLES E./TRUBEK, DAVID M., The Creative Role of the Judge: Restraint and Freedom in the Common Law Tradition, The Yale Law Journal *71*/1961–62, 255–276.

*Comment:** (1) Baker v. Carr and Legislative Apportionments: A Problem of Standards, the Yale Law Journal *72*/1962–63, 968–1040.

– (2) Legislative Exclusion: Julian Bond and Adam Clayton Powell, The University of Chicago Law Review *35*/1967–68, 151–172.

– (3) Limiting Judicial Review of Congressional Exclusion with the Political Question Doctrine, Utah Law Review *1969,* 182–195.

* In den jeweils von Studenten herausgegebenen Law Reviews werden auch *Comments* und *Notes* von Studenten zu aktuellen Rechtsfragen abgedruckt, die oft ein erhebliches Niveau aufweisen und von Gerichten zitiert werden.

CORMACK, JOSEPH M., Baker v. Carr and Minority Government in the United States, William and Mary Law Review *3*/1961–62, 282–301.

CORWIN, EDWARD S., (1) Judicial Review in Action, University of Pennsylvania Law Review *74*/1925–26, 639–671.

– (2) Total War and the Constitution, New York 1947.

– (3) The President: Office and Powers, 4. Aufl. New York 1957.

– (4) The Constitution and what it means today, New York 1963.

CORWIN, EDWARD S./SMALL, NORMAN J./JAYSON, LESTER S., The Constitution of the United States of America – Analysis and Interpretation, prepared by the Legislative Reference Service, Library of Congress, Washington 1964. Revidierte Auflage der 1953 unter demselben Titel erschienenen, von Corwin vorgenommenen Darstellung der Praxis des Supreme Court. Die Neuauflage berücksichtigt die Rechtsprechung bis zum 22. Juni 1964.

COX, ARCHIBALD, (1) Reapportionment, Tennessee Law Review *30*/1962 – 63,28–35.

– (2) The Warren Court – Constitutional Decision as an Instrument of Reform, Cambridge 1968.

CROSSKEY, WILLIAM W., Politics and the Constitution in the History of the United States, 2 Bände, Chicago 1953.

DAHL, ROBERT A., Decision-Making in a Democracy: The Supreme Court as a National Policy-Maker, in: LEVY 105–123 (Abdruck aus Journal of Public Law *6*/1957, 279–295).

DAVIS, KENNETH CULP, (1) Standing to Challenge Governmental Action, Minnesota Law Review *39*/1954–55, 353–430.

– (2) Ripeness of Governmental Action for Judicial Review, Harvard Law Review *68*/1954–55, 1122–1153 und 1326–1373.

– (3) Administrative Law Text, St. Paul 1959. Die Paragraphen in diesem Buch stimmen überein mit denjenigen im viel umfangreicheren Werk: Administrative Law Treatise, 4 Bände, St. Paul 1958, mit einem 1965 erschienenen Supplementband.

– (4) Discretionary Justice – A Preliminary Inquiry, Baton Rouge 1969.

DEAN, HOWARD E., Judicial Review and Democracy, New York 1967.

DEGRAZIA, ALFRED, Apportionment and Representative Government, New York 1963.

DEUTSCH, JAN G., Neutrality, Legitimacy, and the Supreme Court: Some Intersections Between Law and Political Science, Stanford Law Review *20*/1967–68, 169–261.

DICKINSON, EDWIN D., The Law of Nations as National Law: «Political Questions», University of Pennsylvania Law Review *104*/1955–56, 451–493.

DIXON, ROBERT G., (1) Legislative Apportionment and the Federal Constitution, Law and Contemporary Problems *27*/1962, 329–389.

– (2) Apportionment Standards and Judicial Power, Notre Dame Lawyer *38*/1962–63, 367–400.

– (3) Reapportionment in the Supreme Court and Congress: Constitutional Struggle for Fair Representation, Michigan Law Review *63*/1964–65, 209–242.

– (4) Democratic Representation; Reapportionment in Law and Politics, New York/London/Toronto 1968.
– (5) The Warren Court Crusade for the Holy Grail of «One Man – One Vote», The Supreme Court Review *1969,* 219–270.

DODD, WALTER F., Judicially Non-Enforcible Provisions of Constitutions, University of Pennsylvania Law Review *80*/1931–32, 54–93.

EHMKE, HORST, Wirtschaft und Verfassung – Die Verfassungsrechtsprechung des Supreme Court zur Wirtschaftsregulierung, Karlsruhe 1961.

EMERSON, THOMAS I., Malapportionment and Judicial Power, The Yale Law Journal *72*/1962–63, 64–80.

FAHY, CHARLES, Judicial Review of Executive Action, The Georgetown Law Journal *50*/1961–62, 709–732.

FAULKNER, STANLEY, The War in Vietnam: Is it Constitutional?, The Georgetown Law Journal *56*/1967–68, 1132–1143.

Federalist Papers, The, Sammlung von 85 Essays über die neue Verfassung, die ALEXANDER HAMILTON, JAMES MADISON und JOHN JAY zwischen dem 27. Oktober 1787 und dem 16. August 1788 – also nach Annahme der Verfassung durch den Philadelphia Konvent und während des Prozesses der Ratifizierung durch die Staaten – unter dem Pseudonym «Publius» in New Yorker Zeitungen veröffentlichten. Mit diesen Aufsätzen sollte, vor allem im Schlüsselstaat New York, für die Ratifizierung der neuen Verfassung geworben werden. Das Hamilton zugeschriebene 78. Essay ist dem «judicial review» gewidmet.

FIELD, OLIVER P., The Doctrine of Political Questions in the Federal Courts, Minnesota Law Review *8*/1923–24, 485–513.

FINKELSTEIN, MAURICE, (1) Judicial Self-Limitation, Harvard Law Review *37*/1923–24, 338–364.
– (2) Further Notes on Judicial Self-Limitation, Harvard Law Review *39*/1925–26, 221–244.

FLEISHMAN, NEILL HOWARD, Power of Congress to Exclude Persons Duly Elected, The North Carolina Law Review *48*/1969–70, 655–666.

FORKOSCH, MORRIS D., Constitutional Law, Brooklyn 1963.

FRANCK, THOMAS M., The Courts, The State Department and National Policy: A Criterion for Judicial Abdication, Minnesota Law Review *44*/1959–60, 1101–1123.

FRANK, JOHN P., (1) Political Questions, in: CAHN 36 f.
– (2) Marble Palace – The Supreme Court in American Life, New York 1958.

FRANKFURTER, FELIX, (1) A Note on Adivisory Opinions, Harvard Law Review *37*/1923–24, 1002–1009.
– (2) John Marshall and the Judicial Function, Harvard Law Review *69*/1955–56, 217–238.
– (3) The Process of Judging in Constitutional Cases, in: WESTIN 267 f.

FRANKFURTER, FELIX/LANDIS, JAMES M., The Business of the Supreme Court, New York 1928.

FREUND, PAUL A., (1) The Supreme Court of the United States, Its Business, Purposes, and Performances, Cleveland/New York 1961. Wesentliche Teile des früheren Werkes von Freund, On Understanding the Supreme Court, wurden revidiert und in dieses Buch aufgenommen.

– (2) On Law and Justice, Cambridge 1968.

FRIEDELBAUM, STANLEY H., Baker v. Carr: The New Doctrine of Judicial Intervention and its Implications for American Federalism, The University of Chicago Law Review *29*/1961–62, 673–704.

GELLHORN, WALTER/BYSE, CLARK, Administrative Law: Cases and Comments, 4. Aufl. Brooklyn 1960.

GOLDBERG, ARTHUR L., The Statistics of Malapportionment, The Yale Law Journal *72*/1962–63, 90–106.

GROSSMANN, RUDOLF Heinrich, Die staats- und rechtsideologischen Grundlagen der Verfassungsgerichtsbarkeit in den Vereinigten Staaten von Amerika und in der Schweiz, Diss. Zürich 1948.

GUNTHER, GERALD, The Subtle Vices of the «Passive Virtues» – A Comment on Principle and Expediency in Judicial Review, Columbia Law Review *64*/1964, 1–25.

HAINES, CHARLES GROVE, The American Doctrine of Judicial Supremacy, 2. Aufl. Berkeley 1932.

HAND, LEARNED, The Bill of Rights (Oliver Wendell Holmes Lectures, 1958), New York 1968.

HANSON, ROYCE, The Political Thicket – Reapportionment and Constitutional Democracy, Englewood Cliffs 1966.

HART, HENRY M., The Time Chart of the Justices, Harvard Law Review *73*/1959–60, 84–125.

HART, HENRY M./WECHSLER, HERBERT, The Federal Courts and the Federal System, Brooklyn 1953.

HAUSHEER, HEINZ, Rechtsgleichheit, Due Process und Equal Protection, Diss. Bern 1966.

Hearings on S. 2097 before the Subcommittee on Constitutional Rights of the Committee on the Judiciary, United States Senate, 89th Cong., 2nd sess. (1966).

Hearings on the Supreme Court before the Subcommittee on Separation of Powers of the Committee on the Judiciary, United States Senate, 90th Cong., 2nd sess. (1968). (Die Zustellung dieses Berichts sowie weiterer wertvoller Unterlagen verdankt der Verfasser Herrn Senator Sam J. ERVIN, Jr.).

HENKIN, LOUIS, (1) The Foreign Affairs Power of the Federal Courts: Sabbatino, Columbia Law Review *64*/1964, 805–832.

– (2) Viet-Nam in the Courts of the United States: «Political Questions», American Journal of International Law *63*/1969, 284–289.

HOCHMAN, CHARLES B., Judicial Review of Administrative Processes in which the President Participates, Harvard Law Review *74*/1960–61, 684–712.

HOLIK, JOSEF, Der Einfluss politischer Kräfte auf die Entwicklung der amerikanischen Verfassungsgerichtsbarkeit, Diss. Würzburg 1959 (vervielfältigt).

HOLTER, TERRY C., The Expulsion Powers of Congress: Justiciable or not, North Dakota Law Review *46*/1969–70, 357–366.
HOPT, KLAUS, Die Dritte Gewalt als politischer Faktor – Eine Fallstudie zur Reform der Wahlkreiseinteilung in den USA, Schriften zum öffentlichen Recht *108*, Berlin 1969.
HUGHES, CHARLES EVANS, The Supreme Court of the United States – Its Foundation, Methods and Achievements, New York 1928.
HUGHES, GRAHAM, Civil Disobedience and the Political Question Doctrine, New York University Law Review *43*/1968, 1–19.
HURST, WILLARD, Review and the Distribution of National Powers, in: CAHN 140f.
HYNEMAN, CHARLES S., The Supreme Court on Trial, New York 1963.
IRWIN, WILLIAM P., Representation and Election: The Reapportionment Cases in Retrospect, Michigan Law Review *67*/1968–69, 729–754.
ISRAEL, JEROLD, (1) On Charting a Course Through the Mathematical Quagmire: The Future of Baker v. Carr, Michigan Law Review *61*/1962–63, 107–146.
– (2) Nonpopulation Factors Relevant to an Acceptable Standard of Apportionment, Notre Dame Lawyer *38*/1962–63, 499–517.
JACKSON, ROBERT H., (1) The Struggle for Judicial Supremacy, New York 1941.
– (2) The Supreme Court in the American System of Government, Cambridge 1955.
JAFFE, LOUIS L., (1) Judicial Aspects of Foreign Relations – In Particular of the Recognition of Foreign Powers, Cambridge 1933.
– (2) Judicial Control of Administrative Action, Boston/Toronto 1965. (Zahlreiche Aufsätze Jaffes, die vor allem in der Harvard Law Review erschienen, wurden in dieses Werk hineinverarbeitet.)
JAFFE, LOUIS L./NATHANSON, NATHANIEL L., Administrative Law: Cases and Materials, 3. Aufl. Boston/Toronto 1968.
KADISH, SANFORD H., A Note on Judicial Activism, Utah Law Review *6*/1958–59, 467–471.
KATZENBACH, NICHOLAS DE B., Some Reflections on Baker v. Carr, Vanderbilt Law Review *15*/1961–62, 829–836.
KAUPER, PAUL G., (1) Frontiers of Constitutional Liberty (The Thomas M. Cooley Lectures, Seventh Series), Ann Arbor 1956.
– (2) The Supreme Court and the Rule of Law, Michigan Law Review *59*/1960–61, 531–552.
– (3) Judicial Review of Constitutional Issues in the United States, in: Verfassungsgerichtsbarkeit der Gegenwart, Max-Planck-Institut für ausländisches öffentliches Recht und Völkerrecht, Köln/Berlin 1962, 568–642.
– (4) Civil Liberties and the Constitution, Ann Arbor 1962.
– (5) Some Comments on the Reapportionment Cases, Michigan Law Review *63*/1964–65, 243–254.
– (6) Constitutional Law: Cases and Materials, 3. Aufl. Boston/Toronto 1966 mit einem 1969 erschienenen Supplementband (1970 erschien ein weiterer Supplement-

band, der noch kurz vor der Drucklegung dieser Arbeit berücksichtigt werden konnte).*
– (7) Judicial Review and «Strict Construction» of the Constitution, Zeitschrift für ausländisches öffentliches Recht und Völkerrecht *30*/1970, 631–645.
KELLY ALFRED H./HARBISON, WINFRED A., The American Constitution – Its Origins and Development, 3. Aufl. New York 1963.
KINDREGAN, CHARLES P., The Cases of Adam Clayton Powell, Jr. and Julien Bond: The Right of Legislative Bodies to Exclude Members-Elect, Suffolk University Law Review *2*/1968, 58–80.
KRASTIN, KARL, The Implementation of Representative Government in a Democracy, Iowa Law Review *48*/1962–63, 549–577.
KRISLOV, SAMUEL, The Supreme Court in the Political Process, New York/London 1966.
KURLAND, PHILIP B., Politics, the Constitution and the Warren Court (The Thomas M. Cooley Lectures, Eighteenth Series), Chicago/London 1970.
LEONARD, WALTER J., Exclusion and Expulsion from the House of Representatives, Howard Law Journal *14*/1968, 162–172.
LEVY, LEONARD W. (Herausgeber), Judicial Review and the Supreme Court, New York/Evanston/London 1967.
LEWIS, ANTHONY, Legislative Apportionment and the Federal Courts, Harvard Law Review *71*/1957–58, 1057–1098.
LEWIS, THOMAS P., Constitutional Rights and the Misuse of «Standing», Stanford Law Review 14/1961–62, 433–454.
LINDE, HANS A., Zeitgemässe Reform aus zeitloser Verfassung – Der United States Supreme Court als politischer Motor gesellschaftlicher Entwicklung, Die öffentliche Verwaltung *22*/1969, 299–308.
LIPSTEIN, K., Recognition of Governments and the Application of Foreign Laws, Transactions of the Grotius Society *35*/1949, 157–188.
LOEB, LOUIS, The Courts and Vietnam, The American University Law Review *18*/1968–69, 376–397.
LOEWENSTEIN, KARL, (1) Verfassungsrecht und Verfassungspraxis der Vereinigten Staaten, Berlin/Göttingen/Heidelberg 1959.
– (2) Baker v. Carr: Policy Decision und der Supreme Court, in: Faktoren der politischen Entscheidung, Festgabe für Ernst Fraenkel, Berlin 1963, 237–272.

* In der vorliegenden Arbeit wurde vorab dieses *casebook* verwendet. Andere bekannte *casebooks* neueren Datums betreffend Verfassungsrecht sind: PAUL A. FREUND/ARTHUR E. SUTHERLAND/MARK DE WOLFE HOWE/ERNEST J. BROWN, Constitutional Law: Cases and other Problems, 2 Bände, 3. Aufl. Boston/Toronto 1967; WILLIAM B. LOCKHART/YALE KAMISAR/JESSE H. CHOPER, The American Constitution: Cases and Materials, 2. Aufl. St. Paul 1967; Cases and Materials on Constitutional Rights and Liberties, 2. Aufl. St. Paul 1967; Constitutional Law: Cases – Comments – Questions, 3. Aufl. St. Paul 1970.

– (3) Staatspolitik und Verfassungsrecht in den Vereinigten Staaten 1955–1964, Jahrbuch des öffentlichen Rechts der Gegenwart, Neue Folge *13*/1964, 1–116.

Lucas, Jo Desha, (1) Of Dukes and Drakes: Judicial Relief in Reapportionment Cases, Notre Dame Lawyer *38*/1962–63, 401–414.

– (2) Legislative Apportionment and Representative Government: The Meaning of Baker v. Carr, Michigan Law Review *61*/1962–63, 711–804.

McCleskey, Clifton, Judicial Review in a Democracy: A Dissenting Opinion, Houston Law Review *3*/1965–66, 354–366.

McCloskey, Robert G., (1) The American Supreme Court, Chicago/London 1960.

– (2) The Reapportionment Case, Harvard Law Review *76*/1962–63, 54–74.

MacIver, Kenneth F./Wolff, Beverly M./Locke, Leonard Bruce, The Supreme Court as Arbitrator in the Conflict Between Presidential and Congressional War-Making Powers, Boston University Law Review *50*/1970, 78–116.

McKay, Robert B., (1) Political Thickets and Crazy Quilts: Reapportionment and Equal Protection, Michigan Law Review *61*/1962–63, 645–710.

– (2) The Federal Analogy and State Apportionment Standards, Notre Dame Lawyer *38*/1962–63, 487–498.

– (3) Court, Congress, and Reapportionment, Michigan Law Review *63*/1964–65, 255–278.

– (4) Reapportionment: The Law and Politics of Equal Representation, New York 1965.

– (5) Reapportionment: Success Story of the Warren Court, Michigan Law Review *67*/1968–69, 223–236; ebenfalls abgedruckt bei Sayler/Boyer/Gooding 32–45.

McKean, Frederick G., Border Lines of Judicial Power, Dickinson Law Review *48*/1943–44, 1–21.

McWhinney, Edward, (1) The Supreme Court and the Dilemma of Judicial Policy-Making, Minnesota Law Review *39*/1954–55, 837–851.

– (2) The Great Debate: Activism and Self-Restraint and Current Dilemmas in Judicial Policy-Making, New York University Law Review *33*/1958, 775–795.

Mann, F. A., (1) The Sacrosanctity of the Foreign Act of State, The Law Quarterly Review *59*/1943, 42–57 und 155–171.

– (2) Judiciary and Executive in Foreign Affairs, Transactions of the Grotius Society *29*/1944, 143–170.

Merrill, Maurice, Blazes for a Trail through the Thicket of Reapportionment, Oklahoma Law Review *16*/1963, 59–88.

Metzger, Stanley D., Act-of-State Doctrine Refined: The Sabbatino Case, The Supreme Court Review 1964, 223–247.

Miller, Arthur S./Howell, Ronald F., The Myth of Neutrality in Constitutional Adjudication, in: Levy 198–241 (Abdruck aus The University of Chicago Law Review *27*/1959–60, 661–695).

Miller, William E., The Waterman Doctrine Revisited, The Georgetown Law Journal *54*/1965–66, 5–29.

Mooney, Eugene F., Foreign Seizures – Sabbatino and the Act of State Doctrine, University of Kentucky Press 1967.

MOORE, JOHN NORTON, The Justiciability of Challenges to the Use of Military Forces Abroad, Virginia Journal of International Law *10*/1969–70, 85–107.
MUELLER, ADDISON/SCHWARTZ, MURRAY L., The Principle of Neutral Principles, University of California, Los Angeles, Law Review *7*/1959–60, 571–588.
MURPHY, WALTER F., Congress and the Court, Chicago 1962.
NATHANSON, NATHANIEL L., The Supreme Court as a Unit of the National Government: Herein of Separation of Powers and Political Questions, Journal of Public Law *6*/1957, 331–362.
NEAL, PHIL C., Baker v. Carr: Politics in Search of Law, The Supreme Court Review *1962,* 252–327.
NIELSEN, KAI, The «Political Question» Doctrine, Archiv für Rechts- und Sozialphilosophie *54*/1968, 575–579.
NORTH, ARTHUR A., The Supreme Court – Judicial Process and Judicial Politics, New York 1966.
*Note:** (1) Judicial Determination of the End of the War, Columbia Law Review *47*/1947, 255–268.
– (2) Injunctive Protection of Political Rights in the Federal Courts, Harvard Law Review *62*/1948–49, 659–669.
– (3) The Non-Justiciable Controversy, Virginia Law Review *48*/1962, 922–938.
PAUL, ROLAND A., The Act of State Doctrine: Revived but Suspended, University of Pennsylvania Law Review *113*/1964–65, 691–713.
PAYOT, FRANÇOIS, Les instructions du gouvernement lors de l'interprétation judiciaire du droit international, Diss. Lausanne 1950.
PFEFFER, LEO, This Honorable Court – A History of the United States Supreme Court, Boston 1965.
POLLAK, LOUIS H., (1) Racial Discrimination and Judicial Integrity: A Reply to Professor Wechsler, University of Pennsylvania Law Review *108*/1959–60, 1–34. DerAufsatz ist ebenfalls abgedruckt in *Selected Essays on Constitutional Law* 819–843.
– (2) Judicial Power and «The Politics of the People», The Yale Law Journal *72*/1962–63, 81–89.
POST, CHARLES GORDON, The Supreme Court and Political Questions, Diss. Baltimore 1936 (unveränderter Neudruck New York 1969).
POTTER, PITMAN B., The «Political Question» in International Law in the Courts of the United States, The Southwestern Political and Social Science Quarterly *8*/1927–28, 127–142.
PRITCHETT, CHARLES HERMAN, (1) Congress versus the Supreme Court 1957–60, Minneapolis 1961.
– (2) The American Constitution, 2. Aufl. New York/Toronto/London 1968.
RAPPARD, WILLIAM E., Le contrôle de la constitutionnalité des lois fédérales par le juge aux Etats-Unis et en Suisse, Zeitschrift für Schweizerisches Recht N.F. *53*/1934, 36a–146a.

* Vgl. Fussnote auf S.XV.

RIBBLE, F. D. G., Some Aspects of Judicial Self-Restraint, Virginia Law Review *26*/1939–40, 981–998.

RIEGERT, ROBERT A., Das amerikanische Administrative Law, Schriften zum öffentlichen Recht 50 (Diss. Heidelberg), Berlin 1967.

RILEY, R. PATRICK, The Political Question Doctrine and the Power of Federal Courts to Determine the Qualifications of a Member of a Legislative Body, University of Cincinnati Law Review *38*/1969, 155–173.

ROCHE, JOHN P., Judicial Self-Restraint, The American Political Science Review *49*/1955, 762–772.

RODELL, FRED, For Every Justice, Judicial Deference is a Sometime Thing, The Georgetown Law Journal *50*/1961–62, 700–708.

ROSSITER, CLINTON L., The Supreme Court and the Commander in Chief, Ithaka 1951.

ROSTOW, EUGENE V., The Sovereign Prerogative – The Supreme Court and the Quest for Law, New Haven/London 1962.

ROUSSY, JEAN, Le contrôle judiciaire de la constitutionnalité des lois fédérales aux Etats-Unis et en Suisse, Diss. Lausanne 1969.

SAHLOUL, WASFI, Essai sur les pouvoirs du Président des Etats-Unis d'Amérique, Diss. Lausanne 1967.

SAYLER, RICHARD H./BOYER, BARRY B./GOODING, ROBERT E. (Herausgeber), The Warren Court, New York 1969.

SCHÄFER, HANS JÜRGEN, Inhalt und Grenzen der Richterlichen Gewalt nach der Verfassung der Vereinigten Staaten von Amerika, Neue Kölner Rechtswissenschaftliche Abhandlungen 56, Berlin 1968.

SCHARPF, FRITZ WILHELM, (1) Grenzen der richterlichen Verantwortung – Die political-question-Doktrin in der Rechtsprechung des amerikanischen Supreme Court, Freiburger Rechts- und Staatswissenschaftliche Abhandlungen 22, Diss. Freiburg/Br. 1965.

– (2) Judicial Review and the Political Question: A Functional Analysis, The Yale Law Journal *75*/1965–66, 517–597.

SCHATTSCHNEIDER, ELMER E., Urbanization and Reapportionment, The Yale Law Journal *72*/1962–63, 7–12.

SCHAUMANN, WILFRIED, Ausländische Konfiskationen, Devisenkontrolle und Public Policy, Schweizerisches Jahrbuch für internationales Recht *10*/1953, 131–187.

SCHINDLER, DIETRICH sen., Die Verfassungsgerichtsbarkeit in den Vereinigten Staaten von Amerika und in der Schweiz, Zeitschrift für Schweizerisches Recht N. F. *44*/1925, 19–62.

SCHINDLER, DIETRICH jun., Richterliches Prüfungsrecht und politischer Mehrheitswille; Erfahrungen der Vereinigten Staaten – Folgerungen für die Schweiz, Zeitschrift für Schweizerisches Recht N. F. *74*/1955, 289–313.

SCHMIDHAUSER, JOHN R., The Supreme Court – Its Politics, Personalities, and Procedures, New York/Chicago/San Francisco/Toronto/London 1960.

SCHNEIDER, HANS, Gerichtsfreie Hoheitsakte, Tübingen 1951.

SCHUBERT, GLENDON A., (1) The Presidency in the Courts, Minneapolis 1957.

– (2) The Political Role of the Courts Judicial Policy-Making, Chicago/Atlanta/Dallas/Palo Alto/Fair Lawn 1965.
– (3) (Herausgeber) Reapportionment, New York 1965.
SCHWARTZ, BERNARD, (1) The Supreme Court – Constitutional Revolution in Retrospect, New York 1957.
– (2) The Professor and the Commissions, New York 1959.
– (3) An Introduction to American Administrative Law, 2. Aufl. London/New York 1962.
– (4) A Commentary on the Constitution of the United States, 5 Bände, New York/London 1963–1968.
– (5) A Basic History of the U. S. Supreme Court, Princeton/Toronto/Melbourne/London 1968.
SCHWARTZ, WARREN F./MCCORMACK, Wayne, The Justiciability of Legal Objections to the American Military Effort in Vietnam, Texas Law Review *46*/1967–68, 1033–1053.
SEDLER, ROBERT ALLEN, Standing to Assert Constitutional Jus Tertii in the Supreme Court, The Yale Law Journal *71*/1961–62, 599–660.
Selected Essays on Constitutional Law, 1938–1962, Compiled and Edited by a Committee of the Association of American Law Schools, St. Paul 1963.
SHAPIRO, MARTIN, (1) Law and Politics in the Supreme Court, London 1964.
– (2) The Supreme Court and Administrative Agencies, New York/London 1968.
SIMSON, WERNER VON, Wehrdienstverweigerung in USA und Vietnamkrieg, U. S. District Court, District of Mass., U. S. v. Sisson, 1. April 1969, Zeitschrift für ausländisches öffentliches Recht und Völkerrecht *30*/1970, 99–112.
SINDLER, ALLAN P., Baker v. Carr: How to «Sear the Conscience» of Legislators, The Yale Law Journal *72*/1962–63, 23–38.
SINGER, RICHARD G., Justiciability and Recent Supreme Court Cases, Alabama Law Review *21*/1969, 229–286.
SMITH, LOUIS, American Democracy and Military Power – A Study of Civil Control of the Military Power in the United States, Chicago 1951.
STERN, ROBERT L./GRESSMAN, EUGENE, Supreme Court Practice, 3. Aufl. Washington 1962.
SUTHERLAND, ARTHUR E., Constitutionalism in America, New York/Toronto/London 1965.
SWINDLER, WILLIAM F., Reapportionment: Revisionism or Revolution?, The North Carolina Law Review *43*/1964–65, 55–91.
SWISHER, CARL B., (1) American Constitutional Development, 2. Aufl. Boston/New York/Chicago/Dallas/Atlanta/San Francisco 1954.
– (2) The Supreme Court in Modern Role, Revised edition, New York 1965.
TAFT, WILLIAM H., Our Chief Magistrate and His Powers, New York 1938.
THAYER, JAMES B., The Origin and Scope of the American Doctrine of Constitutional Law, Harvard Law Review *7*/1893–94, 129–156; ebenfalls abgedruckt bei LEVY 43–63.

THIERFELDER, HANS, Zur Überprüfung der Ausübung öffentlicher Gewalt, Die Verwaltungspraxis *1966,* 121–124.

TOCQUEVILLE, ALEXIS DE, De la Démocratie en Amérique. (Da sehr viele Ausgaben bestehen, wird nach Teilen und Kapiteln zitiert.)

TOLLETT, KENNETH S., Political Questions and the Law, University of Detroit Law Journal *42*/1964–65, 439–471.

TUNC, ANDRÉ/TUNC, SUZANNE, Le système constitutionnel des Etats-Unis d'Amérique, 2 Bände, Paris 1954.

TYLER, GUS, Court versus Legislature, Law and Contemporary Problems *27*/1962, 390–407.

VACHON, RICHARD A., Justiciability and the Nature of Judicial Obligation, New York 1962.

VAN ALSTYNE, ARVO, Judicial Protection of the Individual against the Executive in the United States of America, in: Gerichtsschutz gegen die Exekutive, Max-Planck-Institut für ausländisches öffentliches Recht und Völkerrecht, Köln/Berlin/Bonn/München/New York 1970, Band II, 1123–1177.

VELVEL, LAWRENCE R., The War in Viet Nam: Unconstitutional, Justiciable and Jurisdictionally Attackable, Kansas Law Review *16*/1967–68, 449–503e.

VOSS, HARALD K., Meinungsfreiheit und verfassungsmässige Ordnung; Verfassungsrechtsprechung und Verfassungslehre in den Vereinigten Staaten von Amerika, Schriften zum öffentlichen Recht *93* (Diss. Bonn), Berlin 1969.

WARREN, CHARLES, (1) The Supreme Court and Sovereign States, Princeton 1924.

– (2) The Supreme Court in United States History, Revised Edition in two Volumes, Boston 1928.

WARREN, EARL, The Cold War, Judicial Review and the Military, in: WESTIN 451 f.

WECHSLER, HERBERT, (1) Toward Neutral Principles of Constitutional Law (Oliver Wendell Holmes Lectures 1959), Harvard Law Review *73*/1959–60, 1–35; ebenfalls abgedruckt in: *Selected Essays on Constitutional Law* 463–486.

– (2) The Courts and the Constitution, Atlanta 1965.

WEINSTEIN, JACK B., The Effect of the Federal Reapportionment Decisions on Counties and other Forms of Municipal Government, Columbia Law Review 65/1965, 21–54.

WESTIN, ALAN F. (Herausgeber), An Autobiography of The Supreme Court, New York/London 1963 (Sammlung ausgewählter Aufsätze und Vorträge von Richtern des Supreme Court). Es handelt sich dabei im Grunde genommen um eine revidierte und stark erweiterte Auflage von WESTIN, The Supreme Court: Views from Inside, New York 1961.

WESTON, MELVILLE FULLER, Political Questions, Harvard Law Review *38*/1924–25, 296–333.

WILLOUGHBY, WESTEL W., The Constitutional Law of the United States, 3 Bände, 2. Aufl. New York 1929.

WOLF ERNST, Verfassungsgerichtsbarkeit und Verfassungstreue in den Vereinigten Staaten, Basel 1961.

WRIGHT, BENJAMIN F., The Supreme Court Cannot Be Neutral, Texas Law Review *40*/1961–62, 599–618.

WRIGHT, CHARLES ALAN, Handbook of the Law of Federal Courts, St. Paul 1963.

WRIGHT, J. SKELLY, The Role of the Supreme Court in a Democratic Society – Judicial Activism or Restraint ?, Cornell Law Review *54*/1968–69, 1–28.

WRIGHT, QUINCY, The Power of the Executive to Use Military Forces Abroad, Virginia Journal of International Law *10*/1969–70, 43–57.

ZANDER, MICHAEL, (1) The Act of State Doctrine, The American Journal of International Law *53*/1959, 826–852.

– (2) Validity of Acts of State under International Law, The International and Comparative Law Quarterly *12*/1963, 668–671.

Weitere Literatur im Text.

EINLEITUNG

Zur Zeit des Zustandekommens des Grundgesetzes für die Bundesrepublik Deutschland, das mit der Rechtsweg-Garantie des Art. 19 Abs. 4 eine umfassende gerichtliche Kontrolle der Verwaltung ermöglicht und dem Bundesverfassungsgericht in Art. 93 f. weitgehende Kompetenzen zur Entscheidung von Verfassungsstreitigkeiten einräumt, warnte WERNER WEBER vor der Gefahr einer *Politisierung der Justiz*[1]. Die Bedrohung durch eine «Hypertrophie des Rechtsstaates» wird von Befürwortern eines *Richterstaates* oft zuwenig klar gesehen[2].

Zwar soll in einem Rechtsstaat, in welchem auch Legislative und Regierung an das Recht gebunden sind, grundsätzlich eine *richterliche Überprüfung staatlicher Tätigkeit* stattfinden. Gerade im Interesse der *Objektivität* und *Effizienz* einer solchen Kontrolle bedarf aber die rechtsprechende Gewalt einer möglichst grossen *Unabhängigkeit gegenüber politischen Pressionen, und diese Unabhängigkeit erscheint als gefährdet, wenn der richterlichen Verantwortung keine Grenzen gezogen sind.* Oberste politische Staatsorgane müssen ab und zu weittragende Entscheide fällen, die – weil der Verfassung hiefür kaum materielle Richtlinien zu entnehmen sind – fast ausschliesslich von der staatspolitischen Einsicht der Handelnden, von ihrem Ermessen, bestimmt werden. Beispiele: Eine neue ausländische Regierung wird anerkannt; es erfolgt der Beitritt zu einer supranationalen Organisation; eigene Streitkräfte werden für eine militärische Aktion mobilisiert. Würden Richter derartige Entscheidungen überprüfen und gegebenenfalls aufheben, so bestünde eine akute Gefahr, dass das Richteramt in den Strudel der Politik hineingerissen würde[3]. Entweder läge das Zen-

[1] SCHNEIDER 30.

[2] Vgl. etwa RENÉ MARCIC, Vom Gesetzesstaat zum Richterstaat, Wien 1957; dazu kritisch FRITZ WERNER, Das Problem des Richterstaates, Berlin 1960.

[3] Vor ein ähnliches Problem sieht sich der *Ombudsmann* gestellt: Zwar kann er keine Hoheitsakte aufheben, doch würde eine Politisierung seines Amtes die Durchschlagskraft seiner Ermahnungen in Frage stellen. So lehnte es etwa der schwedische Justitieombudsman ab, zu hochpolitischen Fragen wie der Behandlung amerikanischer Vietnam-Deserteure und der Errichtung einer Gastprofessur für Andreas Papandreou Stellung zu nehmen; BERTIL WENNERGREN, JO – riksdagens ombudsmän, Uddevalla 1969, 61. Dagegen sind die skandinavischen Ombudsmänner in bezug auf die Beurteilung von Ermessensentscheidungen der

trum der politischen Macht bei den Gerichten, oder nach politischen Gesichtspunkten besetzte Gerichte könnten als Werkzeuge zur Legitimierung der Akte der politischen Staatsführung missbraucht werden. Die objektive, unparteiische Stellung der Gerichte, von der Befürworter des Richterstaates bisweilen axiomatisch ausgehen, erwiese sich mithin als illusorisch.

In bezug auf die *Verwaltungsgerichtsbarkeit* im besonderen stellt sich zudem das Problem, dass gerade im modernen Staat, in welchem die Leistungsverwaltung überwiegt, zahlreiche *Ermessensentscheide* zu treffen sind. Zwar sind derartige Entscheide nicht ohne weiteres ihrer Natur nach nicht-justiziabel, es sei denn, man gehe von einer verabsolutiert verstandenen Gewaltenteilungsdogmatik aus, doch fragt sich, ob nicht die richterliche Funktion denaturiert, der Richter überfordert und die Verantwortung der Verwaltungsorgane untergraben werde, wenn man den Gerichten – und der Verwaltung – eine uneingeschränkte gerichtliche Überprüfung administrativen Ermessens zumutet.

Aus den erwähnten Gründen bedarf in sämtlichen Ländern, welche Verfassungs- und/oder Verwaltungsgerichtsbarkeit in irgendeiner Form kennen, die Frage nach der *Abgrenzung zwischen den «justizfreien», «gerichtsfreien» Akten und denjenigen, die als einer richterlichen Überprüfung zugänglich angesehen werden,* der Abklärung. In diesem Zusammenhang erarbeitete die Rechtsprechung des französischen Conseil d'Etat den Begriff der *actes de gouvernement*. Englische Gerichte betrachten sogenannte *acts of state* als nicht-justiziabel, und in der deutschsprachigen Literatur stösst man auf den Begriff der *Regierungsakte*. In vielen Ländern, namentlich in der Bundesrepublik Deutschland, entstand eine umfangreiche Literatur und Praxis zur komplexen Frage der Überprüfbarkeit *administrativen Ermessens* und seiner Abgrenzung von an sich justiziablen *unbestimmten Rechtsbegriffen* (wobei im letzteren Fall gewisse Autoren von einem nicht-justiziablen *Beurteilungsspielraum* ausgehen). Für den Einzelnen erweist sich freilich die Judikatur und Doktrin zu diesem Kernproblem des Rechtsstaates als nicht mehr überblickbar[4].

Verwaltung eher weniger zurückhaltend als die Gerichte; vgl. etwa die Ausführungen des dänischen Ombudsmannes STEPHAN HURWITZ, Kritik af skønsmæssige afgørelser, Lov og Rett, Norsk Juridisk Tidsskrift 1962, 21–25.

[4] Ausführliche monographische Darstellungen, die vorab die Verhältnisse in andern Ländern als den USA betreffen, sind: PAUL DUEZ, Les actes de gouverne-

Wegen der Komplexität des Themas der Justiziabilität und der Fülle des auswertbaren Materials steht man vor der Alternative, entweder eine zahlreiche Rechtssysteme gleicherweise berücksichtigende Arbeit zu schreiben, die oberflächlich bleiben müsste, oder zu versuchen, die Besonderheiten einer einzigen Rechtsordnung, allenfalls einiger ausgewählter Rechtsordnungen, gründlicher herauszuarbeiten. Der Verfasser strebt letzteres an. Die vorliegende Abhandlung beschränkt sich auf die Darstellung des *amerikanischen Rechts*. Im Vordergrund steht dabei die *Praxis des Supreme Court*. Die *überragende Bedeutung des Richterrechts im anglo-amerikanischen Recht* bringt mit sich, dass die Rechtsprechung in einer dem amerikanischen Recht gewidmeten Abhandlung noch stärker berücksichtigt werden muss, als dies in bezug auf eine europäische Rechtsordnung angemessen wäre. Der-

ment, Paris 1935; HORST EHMKE, «Ermessen» und «unbestimmter Rechtsbegriff» im Verwaltungsrecht, Tübingen 1960; CARL AUGUST FLEISCHHAUER, Die Grenzen der sachlichen Zuständigkeit des Bundesverfassungsgerichts bei der Kontrolle der gesetzgebenden Gewalt, der Staatsleitung und der politischen Parteien, Diss. Heidelberg 1960; WOLFGANG DE HAAN, Politische Fragen vor dem Bundesverfassungsgericht, Diss. Kiel 1953; CHARLES JOHN HAMSON, Executive Discretion and Judicial Control – An Aspect of the French Conseil d'Etat, London 1954; REINHARD HOFFMANN, Das Ermessen der Verwaltungsbehörden in Frankreich, Schriften zum Öffentlichen Recht 47, Berlin 1967; HANS PETER IPSEN, Politik und Justiz – Das Problem der justizlosen Hoheitsakte, Hamburg 1937; EDUARD JÖHR, Die verwaltungsgerichtliche Überprüfung des administrativen Ermessens, Diss. Zürich 1931; GEORG KASSIMATIS, Der Bereich der Regierung, Schriften zum Öffentlichen Recht 66, Berlin 1967; GÜNTER KOHLMANN, Das subjektiv-öffentliche Recht auf fehlerfreien Ermessensgebrauch, Berlin 1964; HEINZ LAUFER, Verfassungsgerichtsbarkeit und politischer Prozess, Habil. München 1968; MARTIN LENDI, Legalität und Ermessensfreiheit, Diss. Zürich 1959; ANITHOTTAM THOMAS MARKOSE, Judicial Control of Administrative Action in India, Madras 1956; WERNER MOHRS, Der gerichtsfreie Hoheitsakt im Rechtsstaat, Diss. Mainz 1953; GEORG RESS, Die Entscheidungsbefugnis in der Verwaltungsgerichtsbarkeit, Wien/New York 1968 (bezieht sich auf das österreichische und das deutsche Recht); GERD ROELLECKE, Politik und Verfassungsgerichtsbarkeit, Heidelberg 1961; HELMUT RUMPF, Regierungsakte im Rechtsstaat – Rechtsvergleichende Beiträge zu einer Untersuchung des Verhältnisses von Politik und Recht, Habil. Heidelberg 1955 (befasst sich vorab mit den Verhältnissen in England und Frankreich); HANS HEINRICH RUPP, Grundfragen der heutigen Verwaltungsrechtslehre, Tübingen 1965 (insbesondere S. 177–221); JOACHIM SCHMIDT-SALZER, Der Beurteilungsspielraum der Verwaltungsbehörden, Schriften zum Öffentlichen Recht 74, Berlin 1968; STANLEY ALEXANDER DE SMITH, Judicial Review of Administrative Action, 2. Aufl. London 1968; HANS SPANNER, Rechtliche und politische Grenzen der Verfassungsgerichtsbarkeit (Verhandlungen des ersten Österreichischen Juristentages), Wien 1960; KLAUS STERN, Ermessen und jenige, der die Darstellungsweise zu kasuistisch findet, möge bedenken, dass der pragmatisch denkende amerikanische Jurist, der an einer Law School im *case law* geschult wurde, nicht viel für abstrakte Theorien und dogmatische Konstruktionen übrig hat und dass sich diese Denkweise auf die höchstrichterliche Rechtsprechung und das juristische Schrifttum auswirkt. Wollte man versuchen, die amerikanische Judikatur zu Fragen der Justiziabilität in einer streng systematischen Weise zu erfassen und nach Grundsätzen der Logik zu bewerten, so müsste sich ein verzerrtes Bild ergeben. «A page of history is worth a volume of logic», ermahnt uns Justice OLIVER W. HOLMES[5], dessen scharfsinnige Urteile Zeugnis davon ablegen, dass er Logik

unzulässige Ermessensausübung, Berlin 1964. Die meisten der vorstehend angeführten Abhandlungen enthalten jeweils im Literaturverzeichnis Zusammenstellungen der einschlägigen Zeitschriftenliteratur. Hinweise auf das italienische Schrifttum finden sich bei BARILE, Atto di governo e atto politico, in: Enciclopedia del diritto IV, Milano 1959, auf S. 232. Bezüglich des skandinavischen Rechts sei verwiesen auf NILS HERLITZ, Nordisk Offentlig Rätt, Stockholm 1958–1963, Band II 81–84 sowie Band III 727–758 und passim; ders., Legal Remedies in Nordic Administrative Law, The American Journal of Comparative Law *15*/1967, 687–708; ferner auf das schwedische Gutachten «Förvaltningsrättskipning», Statens offentliga utredningar 1966:70. Das Problem kann sich auch für ein supranationales Gericht stellen: vgl. FRIEDRICH CLEVER, Ermessensmissbrauch und détournement de pouvoir nach dem Recht der Europäischen Gemeinschaften, Berlin 1967. In bezug auf die Rechtsvergleichung erweist sich das 1970 vom Max-Planck-Institut für ausländisches öffentliches Recht und Völkerrecht unter dem Namen «Gerichtsschutz gegen die Exekutive» herausgegebene dreibändige Sammelwerk als ergiebig. Das Annuaire de l'Institut International de Droit Public 1931 II enthält auf S. 35–255 Abhandlungen zum Problem der Regierungsakte von PAUL DUEZ, RUDOLF LAUN, RUDOLF SMEND und MAURICE VAUTHIER. 1950 beschäftigten sich die deutschen Staatsrechtslehrer auf Grund von Referaten ERICH KAUFMANNS und MARTIN DRAHTS mit den Grenzen der Verfassungsgerichtsbarkeit: vgl. Veröffentlichungen der Vereinigung der Deutschen Staatsrechtslehrer Heft 9, Berlin 1952, 1–133.

Zwei bemerkenswerte deutsche Rektoratsreden zum Thema sind: OTTO BACHOF, Grundgesetz und Richtermacht, Tübingen 1959, sowie FRIEDRICH KLEIN, Bundesverfassungsgericht und richterliche Beurteilung politischer Fragen, Münster 1966. Vgl. auch die im Literaturverzeichnis angeführte Schrift SCHNEIDERS. Grundlegende Gedanken zum Problem der richterlichen Unabhängigkeit sind zu finden bei KURT EICHENBERGER, Die richterliche Unabhängigkeit als staatsrechtliches Problem, Bern 1960, mit einer ausführlichen Literaturübersicht auf S. 279–290. Mit der Verwendung juristischer Verfahrensmöglichkeiten zu politischen Zwecken befasst sich OTTO KIRCHHEIMER, Politische Justiz, Neuwied-Berlin 1965. Vgl. auch ROBERT CHARVIN, Justice et politique, thèse Nice, Paris 1968.

[5] *New York Trust Co. v. Eisner,* 256 U.S. 345 (1921) auf S. 349. Bereits vierzig Jahre früher hatte Holmes in seiner Darstellung des Common Law festgestellt:

keineswegs geringschätzte, jedoch nicht überbewertete. Eine zusätzliche Schwierigkeit rührt davon, dass aus manchen Entscheiden nicht ersichtlich ist, was die Auffassung des «Gerichts» ist, weil sich infolge divergierender Voten verschiedener Richter keine *communis opinio* einer Mehrheit herauskristallisieren lässt.

Aus den erwähnten Gründen kann keine logisch einwandfreie Abgrenzung zwischen justiziablen und nicht-justiziablen Fällen erfolgen. Es geht nur darum, den *ungefähren Verlauf der Grenzlinie* aufzuzeigen. Eine Vorstellung darüber lässt sich erst gewinnen, wenn nicht bloss Fälle erörtert werden, in denen das Gericht die Justiziabilität verneinte, sondern wenn man derartige Nicht-Entscheidungen im Zusammenhang mit der gesamten Rechtsprechung des Supreme Court sieht. Daher wird in dieser Abhandlung von materiellen Sachentscheidungen des Gerichts ebensosehr die Rede sein wie von Fällen der Nicht-Justiziabilität.

Amerika, dessen Supreme Court das Prüfungsrecht gegenüber Kongressgesetzen auf ihre Verfassungsmässigkeit hin schon seit 1796 beansprucht[6], wird im Ausland manchmal geradezu als Richterstaat angesehen. Eine derartige Behauptung stellt jedoch eine Simplifizierung dar. Zwar ist der *Einfluss des Supreme Court auf die Verfassungsentwicklung von erstrangiger Bedeutung,* was uns u.a. der skizzenhafte, unter dem Titel «Der Supreme Court als permanenter Verfassungskonvent»[7] zu vermittelnde Überblick zeigen wird. Anderseits wird die «Macht» der Richter, abgesehen von ihrer *Bindung an die – freilich sehr auslegungsbedürftige – Verfassung,* in mancherlei Beziehung stark beschränkt:

1. Vorab *kann einem Gesetz oder einem anderen staatlichen Akt nur in einem konkreten Streitfall, in welchem die Frage der Verfassungsmässigkeit nicht das eigentliche Streitthema bildet, die Anwendung wegen Verfassungswidrigkeit versagt werden:* Im Gegensatz zum Bonner Grundgesetz kennt das amerikanische Recht keine selbständige Verfassungsgerichtsbarkeit durch eine besondere Institution, sondern sämtliche Gerichte können Verfassungsfragen entscheiden, jedoch nur vorfrageweise, incidenter, wenn eine derartige *akzessorische Überprüfung* zur

«The life of the law has not been logic: it has been experience»; HOLMES, The Common Law, Boston 1881, 1.

[6] *Hylton v. United States,* 3 Dall. 171 (1796). Zu einer Verfassungswidrigerklärung kam es erstmals in *Marbury v. Madison,* 1 Cranch 137 (1803).

[7] Kapitel 1 Abschnitt II.

Entscheidung eines Prozesses erforderlich erscheint. Es gibt *keine selbständige Verfassungsbeschwerde* und *keine abstrakte Normenkontrolle. Gegenstand der Verfassungsgerichtsbarkeit bilden im allgemeinen konkrete Rechtsanwendungsakte* und nur ausnahmsweise – wenn eine besondere Beschwer dargetan werden kann – abstrakte Normen. Streitigkeiten zwischen obersten Staatsorganen im Sinne von Art. 93 Abs. 1 Ziff. 1 des Bonner Grundgesetzes erscheinen als undenkbar, und föderative Streitigkeiten im Sinne von Ziff. 3 und 4 der erwähnten Bestimmung sind nur beschränkt möglich, weil der Supreme Court nicht auf abstrakte Fragen der politischen Machtverteilung eintritt.

2. Der Supreme Court muss sich ständig bewusst sein, dass durch eine allzu kühne Rechtsprechung entstehende *Spannungen mit den politischen Organen letzten Endes zu einer empfindlichen Beschränkung der Richtermacht – und zwar nicht nur durch Verfassungsrevision – führen können.* Der Kongress darf nämlich durch einfaches Gesetz nicht bloss die Anzahl Richter erhöhen (und damit ermöglichen, dass durch Bestellung neuer Richter eine nicht genehme Mehrheit der Richter des Supreme Court in eine Minderheit versetzt wird), sondern er ist auch weitgehend zur Umschreibung der Zuständigkeit der Bundesgerichte kompetent.

3. Endlich wendet der Supreme Court selber verschiedene Mittel an, um der Entscheidung hochpolitischer Fragen durch *richterliche Selbstbeschränkung* auszuweichen: Dank dem *certiorari*-Verfahren vermag er in den meisten Fällen zu entscheiden, ob er einen Prozess überhaupt materiell behandeln will. Bei der Bestimmung der Beschwerdelegitimation kommt dem richterlichen Ermessen erheblicher Spielraum zu. Die elastische *political question*-Doktrin und weitere Mittel der richterlichen Strategie ermöglichen dem Gericht, politisch heisse Eisen nicht anzufassen und damit die endgültige Verantwortung der politischen Organe hiefür zu unterstreichen[8].

[8] Diese spezifisch amerikanische Doktrin hat Gerichte anderer Staaten beeinflusst. Das gilt namentlich in bezug auf Japan, wo das richterliche Prüfungsrecht seit der Verfassung von 1946 besteht; dazu KISABURO YOKOTA, Political Questions and Judicial Review: A Comparison, Washington Law Review *43*/1967–68, 1031–1056. Bezüglich der Bedeutung von «political questions» in der Gerichtspraxis der dem Britischen Commonwealth angehörenden Länder sei verwiesen auf GEOFFREY SAWER, Political Questions, University of Toronto Law Journal *15*/1963–64, 49–61.

Eine Betrachtung der Justiziabilität in der Rechtsprechung des höchsten amerikanischen Bundesgerichts sollte die erwähnten Punkte einbeziehen und sich nicht auf ein eng definiertes Justiziabilitäts-Konzept, etwa im Sinne der «ihrer Natur nach» nicht gerichtlich überprüfbaren Hoheitsakte, beschränken. Daher erscheint es als vertretbar, auch Fragen der *Überprüfbarkeit von Verwaltungsakten,* die keine «Regierungsakte» darstellen, kurz zu behandeln, obwohl in solchen Fällen kein eigentlicher Nicht-Entscheid durch das Gericht erfolgt (es sei denn, eine verfassungsmässige gesetzliche Norm schliesse die richterliche Kognition bezüglich der in Frage stehenden Fallkategorie und nicht nur allgemein zur Überprüfung von Ermessensentscheiden aus): Wenn z.B. das administrative Ermessen vom Richter respektiert wird, so hat er immerhin vorher die Grenzen des verwaltungsbehördlichen Ermessens abzuklären und zu prüfen, ob nicht eine Ermessensüberschreitung oder ein Ermessensmissbrauch vorliege, was ihn unter Umständen zu einer Erörterung der Motive, auf denen ein Ermessensentscheid beruht, zwingt. Allerdings sind die Betrachtungen über die allgemeinen Grenzen der Justiziabilität in bezug auf das Verständnis der Stellung des Supreme Court im politischen System der Vereinigten Staaten von erheblich grösserer Bedeutung, weshalb es sich rechtfertigt, auf besondere Fragen im Zusammenhang mit der Überprüfbarkeit von Akten der Verwaltung nur in summarischer Weise einzutreten.

De lege lata wäre freilich für den schweizerischen Praktiker eine Konzentration auf die Behandlung der Justiziabilität von Akten der Exekutive, insbesondere der Überprüfbarkeit des verwaltungsbehördlichen Ermessens, ergiebiger. Denn angesichts der Beschränkung der staatsrechtlichen Beschwerde an das Bundesgericht auf *kantonale* Erlasse und Verfügungen und der in Art. 113 Abs. 3 der Bundesverfassung festgesetzten Verbindlichkeit der von der Bundesversammlung erlassenen Gesetze und allgemein verbindlichen Beschlüsse sowie der von ihr genehmigten Staatsverträge für das Bundesgericht entfällt das Problem der nicht-justiziablen politischen Fragen fast vollständig[9]. De lege ferenda ist es jedoch möglich, dass

[9] Immerhin ergab es sich einige Male, etwa in *Lepeschkin c. Zürich Obergericht.* BGE *49* I 188, insbesondere S. 197/199, wo die Weitergeltung eines Staatsvertrages unter Hinweis auf vertragswidriges Verhalten des Gegenkontrahenten be-

auch die Schweiz dem Beispiel seiner Nachbarstaaten folgen und den Rechtsstaat durch Einführung einer diesen Namen verdienenden Verfassungsgerichtsbarkeit ausbauen wird. Gerade im Interesse einer rechtsstaatlichen Entwicklung bedarf aber in einem solchen Fall die Frage nach den *Grenzen der Richtermacht* sorgfältiger Abklärung, wobei die Betrachtung einer ausländischen Rechtsordnung von Nutzen sein mag, trotz der notwendigen Vorbehalte, die anzubringen sind, wenn man auf Grund einer solchen Analyse Schlussfolgerungen in bezug auf die Gestaltung und Weiterbildung des eigenen Rechts ziehen will.

stritten worden war. Das Bundesgericht bejahte die Weitergeltung, weil Rücktritt, Kündigung oder vorübergehende Einstellung des Vollzugs zum Zweck der Retorsion ausschliesslich in die Zuständigkeit der politischen Organe fielen. Vgl. allerdings *Landis & Gyr AG c. W. H. Joens & Co. und Justizkommission des Kantons Zug,* BGE *78* I 124. In *X gegen Staatsanwaltschaft des Kantons Zürich,* BGE *64* I 365, führte das Bundesgericht im Zusammenhang mit seiner Überprüfungsbefugnis einer 1936 ergangenen Verordnung des Bundesrates zur Durchführung des Verbots der Teilnahme an den Feindseligkeiten in Spanien auf S. 369 aus: «... wo es sich um vorwiegend politische Fragen handelt, kann der Richter kein einlässliches Prüfungsrecht für sich in Anspruch nehmen: er muss sich darauf beschränken, zu untersuchen, ob der Bundesrat das ihm zustehende Verordnungsrecht seinem Inhalt und Umfang nach offensichtlich unrichtig ausgelegt hat, und hat ihm ein grosses Mass von Ermessen einzuräumen». Gegenüber eigentlichen Notverordnungen wurde das richterliche Prüfungsrecht überhaupt verneint, weil solchen Erlassen Gesetzescharakter zukomme; Nachweise bei AUBERT, Traité de droit constitutionnel suisse I, Neuchâtel 1967, Nr. 456 auf S. 178. In Art. 100 des Bundesgesetzes über die Organisation der Bundesrechtspflege vom 16. Dezember 1943 in der seit dem 1. Oktober 1969 in Kraft stehenden Fassung wird die Verwaltungsgerichtsbeschwerde in einigen Sachgebieten als unzulässig erklärt, in denen sich sonst die Frage der Justiziabilität stellen könnte; vgl. namentlich lit. *a* und *d*.

ERSTES KAPITEL: ABRISS DES AMERIKANISCHEN VERFASSUNGS- UND VERWALTUNGSRECHTS

Keine aussereuropäische Rechtsordnung hat in Europa derart starke Beachtung gefunden wie die amerikanische, wobei jeweils vorab Verfassungsrecht und Verfassungspraxis der Vereinigten Staaten den ausländischen Betrachter fesselten. Es sei nur an die bekannten Untersuchungen von ALEXIS DE TOCQUEVILLE und JAMES BRYCE erinnert. KARL LOEWENSTEIN hat zudem die deutschsprachige Literatur mit einer guten neueren Darstellung bereichert[1], und die einzelne amerikanische Verfassungsfragen betreffende Literatur – auch in französischer und deutscher Sprache – darf mit Fug als sehr reichhaltig bezeichnet werden. Im vorliegenden Abriss des amerikanischen Verfassungs- und Verwaltungsrechts kann sich der Verfasser daher mit der Wiedergabe einiger wesentlicher Punkte begnügen, die für das Verständnis der in den weiteren Kapiteln erörterten Fragen der Justiziabilität von Bedeutung sind. Freilich müssen dabei Funktion und Bedeutung des Supreme Court im amerikanischen Verfassungsgefüge ausführlicher erörtert werden. Ferner ist dem Umstand Rechnung zu tragen, dass das amerikanische Verwaltungsrecht für den Europäer schwerer zugänglich ist als das Verfassungsrecht.

I. DIE AMERIKANISCHE VERFASSUNG

Die im Jahr 1787 in Philadelphia entworfene und zwei Jahre später in Kraft getretene amerikanische Verfassung stellt eine der ältesten geltenden Verfassungen der Welt dar. Sie wurde für einen Agrarstaat mit einer Gesamtbevölkerung von knapp vier Millionen Einwohnern geschaffen und hat sich während fast zwei Jahrhunderten bewährt. In dieser Zeit verfünfzigfachte sich die Bevölkerung, aus den ursprünglich dreizehn Staaten wurden dank ständigen Erweiterungen des Territoriums deren fünfzig, und ein Bürgerkrieg, zwei Weltkriege, der

[1] LOEWENSTEIN (1), durch LOEWENSTEIN (3) auf den Stand von 1964 nachgetragen; vgl. auch die Habilitationsschrift von CARSTENS sowie das Werk von ANDRÉ und SUZANNE TUNC.

Indochina-Krieg sowie tiefgreifende soziale und wirtschaftliche Spannungen stellten das Land, das sich mit der Zeit zu einer hochindustrialisierten, beherrschenden Weltmacht entwickelte, auf harte Proben.

Der Verfassungstext erfuhr in all diesen Jahren bewegter Geschichte erstaunlich wenige Revisionen. Die ersten zehn Zusatzartikel oder Amendments – die sogenannte «Bill of Rights» – wurden schon im Jahre 1791 in die Verfassung aufgenommen und stellen eigentlich einen Bestandteil des ursprünglichen Textes dar, da sie von Anfang an vorgesehen waren und drei Staaten (Massachusetts, New York, Virginia) ihre Zustimmung zur Verfassung von der Gewährleistung der betreffenden Grundrechte abhängig gemacht hatten. Zieht man zudem in Betracht, dass das XVIII. Amendment betreffend die Alkoholprohibition einige Jahre später durch das XXI. Amendment aufgehoben wurde, so ergibt sich, dass die heute gültige Fassung des amerikanischen Grundgesetzes gegenüber dem ursprünglichen Text nur dreizehn Ergänzungen bzw. Abänderungen aufweist. Möglicherweise werden in den nächsten Jahren zwei weitere Zusatzartikel ein anderes Verfahren für die Präsidentenwahl festsetzen und die Gleichberechtigung der Frau ausdrücklich verankern. Eine Abänderung der Verfassung ist wegen der Kompliziertheit des Revisionsverfahrens nicht leicht herbeizuführen.

Die Schöpfer der Verfassung erkannten mit weiser Voraussicht die Bedürfnisse der werdenden Union und erwiesen sich bei der Ausscheidung der Kompetenzen der Einzelstaaten und des Bundes als in hohem Masse fähig, sorgfältig abzuwägen zwischen dem Bedürfnis nach einer starken Zentralgewalt einerseits und dem Interesse an der Wahrung einzelstaatlicher Autonomie anderseits, wobei die getroffenen Lösungen bekanntlich später auch die föderalistische Konzeption anderer Bundesstaaten nachhaltig beeinflussten. Die Genialität der Mitglieder des Philadelphia Konventes erklärt jedoch noch nicht die lange Lebensdauer ihres Werkes. Ein wesentlicher Grund ist im *elastischen, auslegungsfähigen Wortlaut* der weniger als sechstausend Worte umfassenden Urkunde zu erblicken. So beansprucht die Umschreibung der Aufgaben des amerikanischen Präsidenten – des «wichtigsten Amtes auf Erden» – weniger Platz als die Normierung gebrannter Wasser in der schweizerischen Bundesverfassung! Die geschriebene Verfassung stellt nur *Richtlinien* auf, deren Konkretisierung den drei *branches of government* überlassen wird. Das Wesen der amerikanischen Verfassung lässt sich kaum treffender mit Worten einfangen, als es Justice LOUIS D. BRANDEIS getan hat:

«Our Constitution is not a strait-jacket. It is a living organism. As such it is capable of growth – of expansion and of adaptation to new conditions. Growth implies changes, political, economic and social. Growth which is significant manifests itself rather in intellectual and moral conceptions than in material things. Because our Constitution possesses the capacity of adaptation, it has endured as the fundamental law of an everdeveloping people[2].»

Die Kompetenzen der drei verfassungsunmittelbaren Organe werden in übersichtlicher und prägnanter Weise in den ersten drei Artikeln der Verfassung formuliert. Art. I zählt die vornehmlich legislativen Kompetenzen des aus einem *Senat* und einem *Repräsentantenhaus* bestehenden *Kongresses* auf, Art. II weist dem *Präsidenten* die exekutive Gewalt zu, und Art. III befasst sich mit dem *Supreme Court* und den unteren Bundesgerichten. Obwohl eine strenge *Gewaltentrennung* bisweilen als Charakteristikum der amerikanischen Verfassung angesehen wird, kommen bereits im Verfassungstext *Gewaltenvermischungen* zum Ausdruck. So ist etwa gemäss Art. I Sektion 8 Ziff. 11 der Kongress für Kriegserklärungen zuständig (formelle Kriegserklärungen sind allerdings in der neueren Verfassungspraxis ausser Gebrauch gekommen), gemäss Art. I Sektion 2 Ziff. 5 und Sektion 3 Ziff. 6 amten in Impeachment-Verfahren das Repräsentantenhaus als Ankläger und der Senat als Richter, bei Beamtenernennungen wie auch beim Abschluss völkerrechtlicher Verträge wird eine Mitwirkung des Senates vorgesehen (Art. II Sektion 2 Ziff. 2), und dem Präsidenten kommt ein suspensives Vetorecht gegenüber vom Kongress beschlossenen Gesetzen zu (Art. I Sektion 7 Ziff. 2 und 3). In der Verfassungspraxis spielen solche Gewaltenvermischungen, die sich oft im Sinne eines Machtzuwachses der Exekutive auswirken, eine hervorragende Rolle: Bei der Vorbereitung von Gesetzen kommt der Exekutive ein

[2] Zit. bei BICKEL (2) 107. Dieser Passus sollte ursprünglich Bestandteil einer *dissenting opinion* in *United States v. Moreland,* 258 U.S. 433 (1922), bilden, fand jedoch keinen Eingang in die offizielle Sammlung höchstrichterlicher Entscheidungen, weil Brandeis die betreffenden Sätze auf Wunsch von Chief Justice TAFT, der sich dem abweichenden Votum von Brandeis angeschlossen hatte, strich.

entscheidendes Gewicht zu. Überdies erfolgen häufig Gesetzesdelegationen. Mächtige, nicht in die administrative Hierarchie eingegliederte Verwaltungsinstanzen sowie das richterliche Prüfungsrecht gegenüber Akten der politischen Organe vervollständigen das Bild einer gegenseitigen Gewaltenvermischung und -hemmung[3].

Ein weiteres Wesensmerkmal der Verfassung stellt die *bundesstaatliche Struktur* dar. Aus den Kompetenzkatalogen der Bundesbehörden in Verbindung mit dem X. Amendment ergibt sich, dass die *Einzelstaaten alle diejenigen Kompetenzen ausüben, die nicht der Bundesgewalt übertragen sind,* während der *Bund auf die ihm durch die Verfassung übertragenen Befugnisse beschränkt ist.*

Schliesslich ist *alle öffentliche Gewalt beschränkt.* Die Staatsorgane dürfen nur das tun, was ihnen die Verfassung gestattet.

II. DER SUPREME COURT ALS PERMANENTER VERFASSUNGSKONVENT

Der Umstand, dass die Verfassung nur Richtlinien aufstellt und dass ihr elastischer, allgemein gehaltener Wortlaut oft mehrere Interpretationen zulässt, verlieh den unmittelbaren Staatsorganen – Kongress, Präsident und Supreme Court – eine hervorragende Bedeutung bei der Fortentwicklung der Verfassung. Durch die Auslegungspraxis dieser Organe ist der aus dem 18. Jahrhundert stammende Text immer wieder mit den jeweiligen politischen, sozialen und wirtschaftlichen Realien in Einklang gebracht worden. Lag die Fortbildung der Verfassung in den ersten Jahrzehnten nach Gründung der Union eher beim Kongress, so lässt sich für die nachfolgende Zeit eine Verlagerung des Schwergewichts auf die Praxis des Supreme Court feststellen, wobei – wie LOEWENSTEIN mit Recht betont – die ständige Auslegungsfunktion bedeutsamer ist «als die dramatischere und im Ausland mehr beachtete Ausübung des richterlichen Prüfungsrechts, das nur einen kleinen Ausschnitt aus der fortlaufenden Interpretationstechnik der Verfassung durch die Gerichte darstellt»[4]. Auch be-

[3] Vgl. DAVIS (3) § 1.09. auf S. 30: «...the principle that has guided us is the principle of check, not the principle of separation of powers.»

[4] LOEWENSTEIN (1) 36.

züglich der Gesetzesauslegung erweist sich die Gerichtspraxis als von ungewöhnlich grosser Bedeutung[5].

Die Rolle des Supreme Court haben KELLY/HARBISON trefflich wie folgt charakterisiert:

«In the last eighty years the Constitution has become more and more, as Charles Evans Hughes put it in 1926, ,what the Supreme Court says it is'. The Court has become the final arbiter of the American constitutional system. Its opinions on the nature and scope of federal and state power, on the functions of the various departments of government, and on the meaning of the written language of the Constitution have built up a great body of living and growing constitutional law. Supreme Court opinions are almost universally accepted as the final word on constitutional questions, so that in a practical, everyday sense it is this body of constitutional law rather than the document of 1787 which comprises the ,living constitution' today[6].»

Die ab und zu gehörte, WOODROW WILSON zugeschriebene Bemerkung, der Supreme Court sei faktisch eine Art «Constitutional Convention in continous session» erweist sich unter diesen Umständen als schlagwortartige Formulierung einer Tatsache, die nicht geleugnet werden kann. In viel höherem Masse als anderswo gilt in den Vereinigten Staaten die Feststellung, dass die Tragweite einzelner Verfassungsbestimmungen nur erfasst werden kann, wenn man sich darüber klar ist, wie die höchstrichterliche Rechtsprechung die Verfassung interpretiert und die zahlreichen Lücken des geschriebenen Textes ausfüllt. Dabei fällt auf, dass manchmal unter dem Vorwand der richterlichen Auslegung Verfassungspolitik getrieben wird und dass jedenfalls dort, wo der Verfassungstext mehrere Auslegungen zulässt (also in den meisten Fällen, die an den Supreme Court gelangen), die politischen Anschauungen der mitwirkenden Richter – allerdings nicht im Sinne einer engherzigen Parteipolitik verstanden – den Entscheid beeinflussen. So bemerkt KAUPER zur höchstrichterlichen Verfassungsauslegung:

[5] Diese Erscheinung bildet einen wesentlichen Grund dafür, dass in amerikanischen *Law Schools* der Stoff – nicht nur im Verfassungsrecht – vornehmlich anhand richterlicher Spruchpraxis, des sogenannten *case law,* erörtert wird. Gerichtsurteile bilden den Gegenstand zahlreicher offizieller und privater Sammlungen (bezüglich der letzteren stehen die berühmten *Reporters* von WEST im Vordergrund). Demgegenüber nehmen die weniger zahlreichen Gesetzessammlungen auf den Regalen amerikanischer Fachbibliotheken einen weniger prominenten Platz ein.

[6] KELLY/HARBISON 4.

«The words drawn from the four corners of the document furnish no automatic answer. Complete objectivity in the construction of the written document is not possible. The prepossessions and predilections of the judges and their policy preferences do shape the decisional process [7].»

Die Rolle des Obersten Bundesgerichts bei der Verfassungsfortbildung soll im folgenden skizzenhaft angedeutet werden.

1. Bundesstaatliche Kompetenzausscheidung in der Praxis des Supreme Court, unter besonderer Berücksichtigung der Rechtsprechung zur commerce clause

Steht die bundesstaatliche Kompetenzausscheidung in Frage, so kann es – heute allerdings weniger als bis zu den Dreissigerjahren dieses Jahrhunderts – von ausschlaggebender Bedeutung sein, ob im Richterkollegium die Anhänger einer starken Zentralgewalt oder diejenigen, welche die Rechte der Einzelstaaten betonen, dominieren. Diese Erscheinung mag am Beispiel der *Abgrenzung der Kompetenzen der Union und der Einzelstaaten* im allgemeinen und der berühmten *commerce clause* im besonderen erläutert werden.

Art. I Sektion 8 der Verfassung enthält eine Aufzählung der dem Kongress zugewiesenen Befugnisse; in andern Verfassungsbestimmungen finden sich vereinzelte weitere Bundeskompetenzen. Gemäss dem X. Amendment bleiben alle Zuständigkeiten, die nicht der Union durch die Verfassung übertragen sind und die den Staaten nicht von der Verfassung verboten sind, den Staaten oder dem Volk vorbehalten. Wichtig ist die in der letzten Ziffer von Art. I Sektion 8 der Verfassung enthaltene *necessary and proper clause,* die dem Kongress das Recht einräumt, alle Gesetze zu erlassen, die «notwendig und angemessen» (necessary and proper) sind, um die Bundeskompetenzen wahrzunehmen. Chief Justice JOHN MARSHALL leitete daraus die berühmt gewordene Lehre der *mitinbegriffenen Zuständigkeiten* (implied powers) ab. Als sich nämlich die Frage stellte, ob der Bund

[7] KAUPER (2) 545. Vgl. auch KAUPER (1) 117: «The whole history of constitutional interpretation is a history of judicial gloss on the written text. The gloss in many instances finds its warrant not in words used but in judicial appraisal of underlying policy considerations.» Noch weiter geht HYNEMAN 224: «The Constitution abounds in invitations to search for ideals and in phrases onto which ideals may be hooked.»

eine Nationalbank habe gründen dürfen, anerkannte zwar der Supreme Court in dem von Marshall redigierten, mehr als hundert Druckseiten umfassenden Entscheid *McCulloch v. Maryland,* dass dem Bund diesbezüglich keine ausdrückliche Kompetenz eingeräumt werde, leitete jedoch – der Argumentation des berühmten Anwalts und Politikers DANIEL WEBSTER folgend – eine solche Zuständigkeit aus andern Bundeskompetenzen in Verbindung mit der erwähnten Klausel ab. Marshall wies darauf hin, dass der Bund zuständig sei zur Erhebung von Steuern und Aufnahme von Geldern, zur Regelung des Handels sowie in bezug auf Verteidigungswesen und auswärtige Beziehungen. Bei der Bestimmung der Angemessenheit der Mittel zur Wahrnehmung solcher Aufgaben – so führte Marshall weiter aus – komme dem Kongress gestützt auf die *necessary and proper clause* ein weites, durch die Gerichte nicht überprüfbares Ermessen zu, und es könne nicht gesagt werden, dass der Kongress bei Gründung einer Nationalbank dieses Ermessen überschritten und eine Verfassungsbestimmung verletzt habe. Der Kernsatz des Entscheides ist der folgende:

«Let the end be legitimate, let it be within the scope of the constitution, and all means which are appropriate, which are plainly adapted to that end, which are not prohibited, but consist with the letter and spirit of the constitution, are constitutional[8].»

Hätte der Supreme Court damals mehrheitlich aus Gegnern einer starken Zentralgewalt bestanden, wäre wahrscheinlich auf Grund einer rechtlich ebenfalls vertretbaren, restriktiven Interpretation, die eine ausdrückliche Kompetenzeinräumung an die Union im Bankwesen gefordert hätte, ein gegenteiliger Entscheid ergangen.

Die Begründung des Entscheides McCulloch v. Maryland in Verbindung mit der Flexibilität des Verfassungstextes ermöglichten in der Folge dem Kongress, immer wieder neue Bundeszuständigkeiten aus der Verfassung abzuleiten und dadurch der wirtschaftlichen Entwicklung Rechnung zu tragen, ohne dass sich entsprechende Verfassungsrevisionen als notwendig erwiesen. Der Supreme Court amtete

[8] *McCulloch v. Maryland,* 4 Wheat. 316 (1819). Der zitierte Passus befindet sich auf S. 421 und geht auf eine Formulierung HAMILTONS zurück; dazu PFEFFER 112. In diesem bedeutsamen Entscheid wurde auch betont, dass die Unionsverfassung ihre Autorität vom Volk und nicht von den Einzelstaaten ableite. Ferner verneinte der Supreme Court das Recht des Staates Maryland, die von einer Bundesbank in Umlauf gesetzten Noten zu besteuern.

dabei als Schiedsrichter zwischen Kongress und Einzelstaaten, wobei jeweils die Zusammensetzung des Gerichts von entscheidender Bedeutung war und die Praxis daher eine geradlinige Entwicklung vermissen liess. Richter wie MARSHALL waren geneigt, die Zuständigkeit des Kongresses weit auszudehnen, während andere – z. B. Marshalls Nachfolger ROGER B. TANEY – stärker auf die Rechte der Staaten pochten.

Die Rechtsprechung zur berühmten *commerce clause,* die für die Entwicklung der bundesstaatlichen Kompetenzausscheidung als besonders repräsentativ gilt, veranschaulicht die wichtige Rolle des Supreme Court bei der Verfassungsfortbildung und die richterliche Sanktionierung der allmählichen Ausweitung der Bundeskompetenzen, wobei die Entwicklung immer wieder durch rückläufige Tendenzen unterbrochen wurde.

Art. I Sektion 8 Ziff. 3 der Verfassung räumt dem Kongress das Recht ein «to regulate commerce with foreign nations, and among the several States, and with the Indian tribes». In *Gibbons v. Ogden*[9] – wiederum von MARSHALL redigiert – betrachtete es das Oberste Bundesgericht als selbstverständlich, dass *commerce* mehr als nur den blossen Warenaustausch umfasse und dass der Kongress gestützt auf die *commerce clause* auch die Schiffahrt auf staatlichen Gewässern regeln könne, sofern irgendein Zusammenhang mit dem zwischenstaatlichen Handel gegeben sei. Diese Auffassung wurde im Fall *The Daniel Ball*[10] bestätigt, wobei der Begriff der schiffbaren Gewässer (navigable waters), auf denen der Kongress den Verkehr regeln durfte, eine erhebliche Ausweitung erfuhr.

Der Supreme Court bejahte auch die Zuständigkeit des Kongresses zur Regelung des Transportwesens auf dem Lande, sofern sich nur im entferntesten ein Zusammenhang mit dem zwischenstaatlichen Handel nachweisen liess. Erwähnenswert sind die Entscheidungen *Southern Railway Co. v. United States*[11] (Vorschriften über die Sicherheit im Eisenbahnwesen) sowie *Railroad Commission of Wisconsin v. Chicago, Burlington & Quincy R. R. Co.*[12] (Festsetzung von Eisenbahntarifen, auch im innerstaatlichen Verkehr).

[9] 9 Wheat. 1 (1824).
[10] 10 Wall. 557 (1871).
[11] 222 U. S. 20 (1911).
[12] 257 U. S. 563 (1922).

Bereits 1887 hatte der Kongress im *Interstate Commerce Act*[13] die Interstate Commerce Commission geschaffen und mit der Festsetzung von Eisenbahntarifen betraut. Die *commerce clause* ermöglichte dem Kongress auch die Verwirklichung einer kühnen, vom Supreme Court wiederholt sanktionierten *Antitrust-Gesetzgebung,* beginnend mit dem *Sherman Antitrust Act* von 1890[14]. Die Zeit industrieller Expansion und wirtschaftlicher Konzentration nach dem Sezessionskrieg hatte das Bedürfnis nach einer Eindämmung wirtschaftlicher Monopole spürbar werden lassen. Allerdings brachte erst FRANKLIN D. ROOSEVELTS *New Deal* die für das heutige Wirtschaftsrecht charakteristische umfassende *Lenkung der Wirtschaft durch nationale Behörden.*

Zwar wird die *Polizeigesetzgebung* im allgemeinen als Sache der einzelnen Staaten betrachtet, doch hat der Kongress immer wieder das Recht zum Erlass polizeilicher Bestimmungen beansprucht, wenn sich ein Zusammenhang mit einer Bundeskompetenz konstruieren liess. Ein Kongressgesetz von 1910, das die wissentliche (aber nicht notwendigerweise gewerbsmässige) Beförderung von Frauen und Töchtern für unsittliche Zwecke im zwischenstaatlichen Verkehr untersagte, wurde vom Gericht in *Caminetti v. United States*[15] geschützt unter Hinweis auf die Kompetenz des Kongresses «to keep the channels of interstate commerce free from immoral and injurious uses».

Weniger Erfolg hatte der Kongress mit dem sogenannten *Child Labor Act* von 1916[16], der die Beförderung von Waren im zwischenstaatlichen oder internationalen Handel untersagte, die von Unternehmen hergestellt worden waren, welche sich eine Verletzung der Bundesvorschriften über die Kinderarbeit hatten zuschulden kommen lassen. Der Supreme Court betrachtete das Gesetz in *Hammer v. Dagenhart*[17] als verfassungswidrig, weil es nicht den Handel, sondern die einzelstaatlicher Normierung vorbehaltene Produktion regle und weil – im Unterschied zum Caminetti-Fall und andern Entscheiden – der Transport nicht erforderlich sei zur Erreichung des gesetzlich

[13] 24 Stat. 379.
[14] 26 Stat. 209.
[15] 242 U.S. 470 (1917).
[16] 39 Stat. 675.
[17] 247 U.S. 251 (1918).

verpönten Zweckes; denn die in Missachtung der Vorschriften über die Kinderarbeit beförderten Güter seien an sich harmlos, und die Verletzung sei schon vollendet, bevor der Transport überhaupt begonnen habe. Dieser Entscheid erging mit einer Mehrheit von einer Stimme. Die vier *dissenters* betonten, dass sich das Gesetz seinem Inhalt nach nur auf den zwischenstaatlichen Handel beziehe und dass es nicht Sache des Gerichts sei darnach zu fragen, ob sich dadurch indirekt ein Konflikt mit einzelstaatlichen Befugnissen ergebe[18]. In *United States v. Darby*[19] schützte dann das Gericht ein Kongressgesetz, bei dem sich dasselbe Rechtsproblem stellte. Es ging dort um den *Fair Labor Standards Act* von 1938[20], der die Beförderung von Waren im zwischenstaatlichen Handel verbot, welche unter Verletzung der nationalen Vorschriften über Arbeitszeit und Mindestlöhne hergestellt worden waren. Das Gericht erkannte zwar das Motiv des Gesetzgebers, Arbeitszeit und Löhne – also einen die Produktion betreffenden Sachverhalt – von Bundes wegen zu regeln. Indessen verschaffte es dem Gesetz Nachachtung. In der Begründung wurde davon ausgegangen, dass solange sich der Kongress bei der Rechtssetzung formell im Rahmen seiner Zuständigkeit halte (hier der Kompetenz zur Regelung des zwischenstaatlichen Handels, wozu gemäss Praxis auch der Verkehr gehört), das Gericht nicht nach den Absichten des Gesetzgebers oder den praktischen Folgen des Gesetzes forschen und gestützt darauf die Ausübung einer Kompetenz des Kongresses beschränken dürfe. Es geht dabei im Grunde genommen um einen Aspekt der Gewaltentrennung: Der Kongress ist für etwas zuständig, also liegt es in seinem Ermessen, wie er davon Gebrauch machen will, und das Gericht schreitet nur ein, wo überhaupt kein vernünftiger Zusammenhang mehr mit der Kompetenznorm besteht oder andere Verfassungsbestimmungen verletzt werden. Dieser Gedanke wurde bereits in *Veazie Bank v. Fenno* formuliert:

[18] Folge dieses Entscheides war ein Versuch des Kongresses, die Kinderarbeit über das Mittel der Besteuerung zu regeln, indem er eine besondere Steuer von 10% auf dem Reingewinn von Unternehmen erhob, welche die Bestimmungen über die Kinderarbeit wissentlich verletzt hatten. Der Supreme Court betrachtete aber diese sogenannte Steuer wegen ihres offensichtlich pönalen Charakters als verfassungswidrig; *Bailey v. Drexel Furniture Co.,* 259 U.S. 20 (1922).

[19] 312 U.S. 100 (1941).

[20] 52 Stat. 1060.

«The judicial cannot prescribe to the legislative departments of the government limitations upon the exercise of its acknowledged powers[21].»

Wir stossen hier wiederum auf die Idee der richterlichen Selbstbeschränkung, die schon in *McCulloch v. Maryland* bei Beurteilung der Kompetenzmässigkeit eines Kongresserlasses von Bedeutung gewesen war.

Wenn wir die Praxis des Supreme Court zur *commerce clause* und andern Verfassungsnormen, die dem Kongress wirtschaftspolitische Kompetenzen einräumen, zu überblicken versuchen, fällt uns auf, dass sich das Gericht etwa *zwischen 1918 und 1937 von den eher zentralistischen Entscheiden Marshalls und anderer zugunsten einer Betonung einzelstaatlicher Kompetenzen entfernte,* wobei es immer wieder das X. Amendment (Restkompetenz der Staaten) heranzog. Wiederholt verneinte das Gericht auf wichtigen Gebieten die Zuständigkeit des Kongresses, obwohl eine gesetzgeberische Lösung für das Land als dringend notwendig erschien und eine einzelstaatliche Regelung nicht zulässig oder untauglich gewesen wäre, mit dem Ergebnis, dass eine Normierung der betreffenden regelungsbedürftigen Frage ausblieb. Das änderte sich während der Präsidentschaft FRANKLIN D. ROOSEVELTS, der in seiner langen Amtszeit nicht weniger als acht Richterstellen neu zu besetzen hatte und dabei nicht Persönlichkeiten auswählte, von denen er befürchtete, dass sie seiner unter dem Schlagwort *New Deal* berühmt gewordenen Wirtschafts- und Sozialgesetzgebung grössere Schwierigkeiten in den Weg legen würden. Die Grosse Depression (1929–1933), die das Land an den Rand des

[21] 8 Wall. 533 (1869) auf S. 548. Zu beurteilen war hier eine im Ergebnis prohibitiv wirkende Steuer auf Banknoten, die offenbar dazu bestimmt war, staatliches Papiergeld aus dem Verkehr zu eliminieren. Allerdings hätte der Kongress wohl solche Banknoten direkt verbieten dürfen. Vgl. auch die *dissenting opinion* von Justice FELIX FRANKFURTER in *United States v. Kahriger,* 345 U. S. 22 (1953), der im Zusammenhang mit der Kompetenz des Bundes, Steuern zu erheben, auf S. 40 ausführte: «The motive of congressional legislation is not for our scrutiny, provided only that the ulterior purpose is not expressed in ways which negative what the revenue words on their face express and which do not seek enforcement of the formal revenue purpose through means that offend those standards of decency in our civilization against which due process is a barrier.» Chief Justice WILLIAM H. TAFT drückte sich in *Stafford v. Wallace,* 258 U.S. 495 (1922) auf S. 521 wie folgt aus: «This court will certainly not substitute its judgment for that of Congress in such a matter unless the relation of the subject to interstate commerce and its effect upon it are clearly non-existent.»

wirtschaftlichen Abgrunds gebracht hatte, in Verbindung mit dem durchschlagenden Erfolg, der den rigorosen Stabilisierungsmassnahmen Roosevelts beschieden war, hatten die Notwendigkeit einer starken Zentralgewalt deutlich spürbar werden lassen. Das – allerdings bei weitem nicht reibungslose – Zusammenwirken von Gesetzgebung und richterlicher Verfassungsauslegung ermöglichte in dieser Zeit ohne Verfassungsrevision eine radikale Abkehr vom *laissez-faire*-Prinzip zu einer kraftvollen Steuerung der wirtschaftlichen und sozialen Entwicklung durch nationale Organe[22]. Was die *commerce clause* angeht, so kann die gegenwärtige Rechtslage dahin zusammengefasst werden, dass die Zuständigkeit des Kongresses überall zu bejahen ist, wo ein vernünftiger Gesetzgeber Veranlassung zur Annahme hat, dass die zu regelnde Materie irgendwie im Zusammenhang mit dem zwischenstaatlichen Handel stehe. Man hat manchmal geradezu das Gefühl, im Bereich der *commerce clause* bestehe die Aufgabe des Supreme Court heute darin, das Vorgehen des Kongresses zu legalisieren, indem es nachträglich eine Begründung für dessen Zuständigkeit findet. Bereits die Gegenüberstellung der Entscheidungen *Hammer v. Dagenhart* und *United States v. Darby* veranschaulicht den Umschwung, der sich im Supreme Court vollzog. Es liessen sich zahlreiche weitere Beispiele anführen; wir begnügen uns mit wenigen Hinweisen:

In *Schechter Poultry Corp. v. United States*[23] hatte der Supreme Court noch die Zuständigkeit des Bundes verneint, Bestimmungen über Arbeitszeit und Löhne sowie den Wettbewerb im Geflügelhandel aufzustellen. Von dem auf Grund des *National Industrial Recovery Act* von 1933[24] ergangenen Live Poultry Code betroffen waren dort New

[22] Vgl. zu dieser Entwicklung den Aufsatz von ROBERT L. STERN, The Commerce Clause and the National Economy, 1933–1946, in: *Selected Essays on Constitutional Law* 218–279. Mit den Auseinandersetzungen zwischen Supreme Court und politischen Behörden beschäftigte sich JACKSON (1) einlässlich in einem Werk, das kurz vor seiner Berufung an den Supreme Court herauskam. Eine vorzügliche deutschsprachige Darstellung der *commerce clause*-Rechtsprechung vermittelt EHMKE 115–157 und passim. Bereits lange vor der New Deal waren die Eingriffe der Gerichte auf dem Gebiet der Wirtschaftsgesetzgebung stark kritisiert worden von EDOUARD LAMBERT, Le gouvernement des juges et la lutte contre la législation sociale aux Etats-Unis, Paris 1921.

[23] 295 U. S. 495 (1935).

[24] 48 Stat. 195.

Yorker Geflügelgrossisten, die zwar die lebenden Tiere zum Teil aus andern Staaten bezogen, jedoch in New York schlachteten und dort weiterverkauften. Das Gericht nahm an, der «flow of interstate commerce» sei bereits vor dem Erwerb des Geflügels durch die Grosshändler zum Stillstand gekommen, und der Kongress dürfe nicht lokale Angelegenheiten bloss wegen allfälliger indirekter Einwirkungen auf den zwischenstaatlichen Handel regeln[25]. In *NLRB v. Jones & Laughlin Steel Corp.*[26] schützte dagegen das Gericht eine umfassende Bundesregelung des Arbeitsrechts im *National Labor Relations (Wagner) Act* von 1935[27], das den Arbeitern die volle Koalitionsfreiheit einräumte und den Arbeitgebern Beschränkungen dieser Freiheit, sogenannte «unfair labor practices», untersagte. Zur Begründung wies das Gericht hin auf die ernsten Auswirkungen, die Arbeitsstreitigkeiten auf die nationale Wirtschaft hätten. Allerdings wurde der Schechter-Entscheid nicht formell aufgehoben, indem Chief Justice CHARLES E. HUGHES, der in beiden Fällen die *majority opinion* verfasst hatte, das Interesse an einer Bundesregelung im Hinblick auf die Folgen für den zwischenstaatlichen Handel im zweiten Fall, wo es um die Stahlproduktion und nicht mehr um Geflügel ging, als erheblich stärker beurteilte[28].

[25] Der Schechter-Entscheid, in dem der Supreme Court auch eine unzulässige Delegation von Rechtssetzungsbefugnissen annahm, war von grosser Tragweite, weil dadurch eine der ersten wichtigen, von Roosevelt durchgesetzten Gesetze zur Bewältigung der wirtschaftlichen Krise praktisch aufgehoben wurde.

[26] 301 U.S. 1 (1937).

[27] 49 Stat. 449.

[28] Der Widerspruch zum knapp ein Jahr vorher ergangenen Entscheid *Carter v. Carter Coal Co.,* 298 U.S. 238 (1936), in welchem der Supreme Court arbeitsrechtliche Bestimmungen sehr ähnlichen Inhalts als verfassungswidrig erklärt hatte, wurde ebenfalls mit einem wenig überzeugenden Hinweis als nicht präjudiziell abgetan, obwohl dort die Wechselwirkung zwischen den Arbeitsverhältnissen in dem in Frage stehenden Zweig (Kohlenindustrie) und der Gesamtwirtschaft ebenso ausgeprägt war wie im Stahlfall. Als besonders bemerkenswert erscheint, dass sich die Zusammensetzung des Gerichts in der Zwischenzeit nicht geändert hatte. Was Chief Justice HUGHES (dessen *dissenting opinion* im Carter-Fall sich nicht auf die uns hier interessierende Frage der Kompetenzmässigkeit der arbeitsrechtlichen Bestimmungen bezog) und Justice OWEN J. ROBERTS bewog, zum «zentralistischen Flügel» überzugehen, wissen wir nicht. Ob wohl ihr Meinungsumschwung damit erklärt werden kann, dass zwischen dem Kohlen- und dem Stahlentscheid Präsident Roosevelt mit einem überwältigenden Mehr in seinem Amt bestätigt worden war und kurz darauf, am 5. Februar 1937, in einer Botschaft an den Kongress seinen unter dem Namen *court packing plan* bekannt

Noch weiter ging der Supreme Court in *Wickard v. Filburn*[29]. Hier hatte der Kongress durch eine 1941 erfolgte Abänderung des *Agricultural Adjustment Act* von 1938[30] zwecks Regulierung der Marktpreise Höchstquoten für den Weizenanbau festgelegt, unter Androhung von Bussen im Zuwiderhandlungsfall. Von dieser Regelung betroffen wurde ein Bauer, der in Ohio eine kleine Farm betrieb, wobei er den auf seinem Acker geernteten Weizen nicht einmal auf den Markt – geschweige denn in den zwischenstaatlichen Handel – brachte, sondern auf seinem Heimwesen verbrauchte. Dennoch nahm der Supreme Court keinen Anstoss an der Busse, die gegen den Bauern wegen Verletzung der Anbauquoten ausgefällt worden war. Der Entscheid ist deshalb von Bedeutung, weil sich das Gericht bei der Auslegung der *commerce clause* von früher aufgestellten starren Formeln (z.B. ob die Einwirkung auf den zwischenstaatlichen Handel eine direkte oder indirekte sei, ob Produktion vorliege) endgültig abwandte und im Sinne MARSHALLS lediglich darnach fragte, ob der Kongress «appropriate means to the attainment of a legitimate end» angewendet habe. Die Frage wurde nach längeren Betrachtungen über die Bedeutung der Weizenpreise für die Gesamtwirtschaft und den Einfluss des variablen Faktors des für den Eigenverbrauch bestimmten Weizens auf die Nachfrage bejaht. Ob Marshall in einem solchen Fall die Mittel als «appropriate» betrachtet hätte, erscheint freilich als zweifelhaft, und man muss nach dem Entscheid Wickard v. Filburn die Phantasie schon ziemlich stark beanspruchen, um sich ein Gebiet der Wirtschaft vorzustellen, dass der Kongress nicht regeln darf. Dass der Entscheid sogar einstimmig erging, kann aller-

gewordenen Vorschlag unterbreitet hatte? Jedenfalls wird der Meinungsumschwung innerhalb des Supreme Court manchmal als «switch in time that saved nine» bezeichnet! Gemäss Roosevelts Gerichtsreformplan (Text in 81 Cong. Rec. 893–896; vgl. auch HART/WECHSLER 1397/1399 und LOEWENSTEIN (1) 416/417) sollte dem Präsidenten das Recht zustehen, für jeden über siebzig Jahre alten Bundesrichter (nicht anstelle solcher Richter, da dies einer Verfassungsänderung bedurft hätte) einen weiteren Richter zu ernennen. Roosevelt gab vor, damit der Arbeitsüberlastung der Bundesgerichte abhelfen zu wollen, und sein Plan bezog sich auch auf die mittleren und unteren Bundesgerichte. Sein Hauptmotiv war aber, die knappe konservative Mehrheit im Supreme Court, die sein New Deal-Programm hemmte, durch Bestellung liberaler Richter in die Minderheit zu versetzen.

[29] 317 U.S. 111 (1942).

[30] 52 Stat. 31 und 55 Stat. 203.

dings nur damit erklärt werden, dass die vier konservativen Richter, die in *NLRB v. Jones & Laughlin Steel Corp.* eine *dissenting opinion* geäussert hatten, inzwischen alle aus dem Gericht ausgeschieden waren: PIERCE BUTLER durch den Tod, die drei andern (WILLIS VAN DEVANTER, GEORGE SUTHERLAND und JAMES C. MCREYNOLDS) durch freiwilligen Rücktritt, wobei die weit verbreitete Missbilligung ihrer New Deal-feindlichen Einstellung eine gewisse Rolle gespielt haben mag.

Zwei neuere Fälle, über die der Supreme Court gleichzeitig beriet, sind besonders instruktiv, nämlich *Heart of Atlanta Motel, Inc. v. United States*[31] und *Katzenbach v. McClung*[32]. Zu beurteilen war die Verfassungsmässigkeit von Titel II des *Civil Rights Act* von 1964[33], der u.a. Rassendiskriminierungen in Hotels und Motels, die durchreisende Gäste beherbergen, sowie in Speiselokalen, die einen erheblichen Teil der verkauften Güter aus dem zwischenstaatlichen Handel beziehen, untersagt. Der Kongress leitete die Zuständigkeit zum Erlass des betreffenden Gesetzes nicht nur aus dem V. und dem XIV. Amendment, sondern auch aus der *commerce clause* ab. Der Supreme Court nahm aus folgenden Gründen einen relevanten Zusammenhang mit dem zwischenstaatlichen Handel an: Das Motel in Georgia, das im ersten Fall die Beherbergung von Negern verweigerte, war von zwischenstaatlichen Autobahnen aus gut erreichbar, warb durch Reklamen in andern Staaten um Gäste, und etwa 75% der Kundschaft pflegte nicht aus Georgia zu stammen. Das Gericht fand, eine Rassendiskriminierung durch ein solches Motel beeinträchtige den Verkehr zwischen den Staaten. Im zweiten Fall, in welchem es um ein Restaurant ging, wies das Gericht u.a. darauf hin, dass das Lokal in den zwölf Monaten vor Erlass des Gesetzes 46% seines Fleischbedarfes bei einem Händler eingedeckt habe, der das Fleisch aus andern Staaten bezogen habe. In der Nichtbedienung von Negern im Essaal der betreffenden Gaststätte erblickte das Gericht eine Beeinträchtigung des zwischenstaatlichen Handels, wobei es sogar damit argumentierte, infolge der vom Restaurantinhaber praktizierten Rassendiskriminierung würden weniger Waren aus andern Staaten verkauft.

31 379 U.S. 241 (1964).
32 379 U.S. 294 (1964).
33 78 Stat. 243. Vgl. zu diesem wichtigen Gesetz BICKEL (3) 92–109.

Eine Rechtfertigung des Kongresserlasses mit dem Gleichheitssatz des XIV. Amendment, wie es die *dissenters* WILLIAM O. DOUGLAS und ARTHUR J. GOLDBERG beantragten, erwies sich als problematisch, da der Supreme Court in Übereinstimmung mit dem Verfassungstext als Voraussetzung für die Anwendung des Gleichheitssatzes ein Minimum an *state action* verlangt, also keine allgemeine Drittwirkung im Sinne einer Schranke auch des Verhaltens Privater annimmt; freilich versuchte DOUGLAS nachzuweisen, dass *state action* gegeben sei[34]. Für die Gerichtsmehrheit war in beiden Fällen die Überlegung massgebend, dass der Kongress zur Beseitigung von Hindernissen im zwischenstaatlichen Handel zuständig sei und dass ihm bei der Wahl der Mittel zur Erreichung dieses Zweckes ein weites, gerichtlich nicht überprüfbares Ermessen zukomme:

«How obstructions in commerce may be removed – what means are to be employed – is within the sound and exclusive discretion of the Congress. It is subject only to one caveat – that the means chosen by it must be reasonably adapted to the end permitted by the Constitution... But where we find that the legislators, in light of the facts and testimony before them, have a rational basis for finding a chosen regulatory scheme necessary to the protection of commerce, our investigation is at an end[35].»

Im Falle eines in Arkansas gelegenen, von Privaten betriebenen und sogar als privaten Club getarnten Parkes wurde der relevante Zusammenhang mit dem zwischenstaatlichen Handel in folgenden Umständen erblickt: Die im Park betriebene Snack Bar bot vier Arten von Lebensmitteln und Getränken feil, «at least three of which contain ingredients coming from outside the state». Ein im Park aufgestellter Musikautomat einschliesslich die dazu gehörigen Spielplatten, ferner die Boote, welche die Parkbesucher benützen konnten, stammten aus andern Staa-

[34] Vgl. zum Problem der *state action* die Erörterungen in Unterabschnitt 2*c* dieses Abschnitts. Der Entscheid könnte heute auch anders begründet werden. Einerseits liess der Supreme Court seither durchblicken, dass Sektion 5 des XIV. Amendment, die dem Kongress die Kompetenz zur Durchsetzung des betreffenden Artikels einräumt, unter Umständen in einem Sinne interpretiert werden könnte, wonach auch Diskriminierungen, die keine *state action* darstellen, bundesgesetzlich verboten werden dürfen; dazu Cox (2) 60 f. Anderseits können Verbote von Rassendiskriminierungen durch Private gemäss dem neuen Entscheid *Jones v. Alfred H. Mayer Co.,* 392 U. S. 409 (1968), gestützt auf das XIII. Amendment erfolgen.

[35] 379 U. S. auf S. 261/262 und 303/304.

ten. Ausserdem fand das Gericht, dass die von den Parkeigentümern betriebene Reklame geeignet war, auch Personen aus andern Staaten zum Besuch des Parkes zu veranlassen[36].

Der *commerce clause* kommt nicht nur die positive Funktion einer kaum je versiegenden Quelle neuer Bundeskompetenzen zu, sondern sie weist auch eine negative Komponente auf, nämlich als *Schranke einzelstaatlicher Befugnisse* zur Regelung der den zwischenstaatlichen Handel beeinflussenden Faktoren. Zu diesem Fragenkomplex besteht ebenfalls ein umfassendes, durch den Supreme Court entwickeltes *common law of the commerce clause.* Insbesondere musste entschieden werden, ob die Staaten eine Materie, die an sich in die Zuständigkeit des Bundes fällt, regeln dürfen, wenn der Kongress noch nicht von seiner diesbezüglichen Kompetenz Gebrauch gemacht hat. Föderalistisch gesinnte Richter pflegten die Frage eher zu bejahen, jedenfalls dann, wenn sich nicht als Folge der staatlichen Regelung eine Beeinträchtigung des zwischenstaatlichen Handels ergab. Andere Richter waren dagegen geneigt, die Zuständigkeit des staatlichen Gesetzgebers nur dort anzuerkennen, wo gewerbepolizeiliche Vorschriften von bloss lokaler Tragweite in Frage standen, allenfalls auch dann, wenn – wie in *Cooley v. Board of Wardens of Port of Philadelphia*[37] – der Kongress ausdrücklich angeordnet hatte, dass einzelstaatliches Recht massgebend sein sollte, und keine Notwendigkeit einer uniformen Regelung bestand[38].

Während der Supreme Court seit der New Deal-Periode die Bundeszuständigkeit auf dem Gebiet des Handels überall bejaht, wo sich eine solche Annahme irgendwie rechtfertigen lässt, legt er bezüglich der staatlichen Kompetenz einen erheblich strengeren Massstab an, besonders wenn es nicht um polizeiliche, sondern um wirtschaftspolitisch motivierte Regelungen geht[39]. So wurde vor wenigen Jahren

[36] *Daniel v. Paul,* 395 U.S. 298 (1969).

[37] 12 How. 299 (1851).

[38] Der Cooley-Entscheid betraf das Lotsenwesen auf Gewässern in Pennsylvania. In andern Fällen leitete der Supreme Court aus dem Schweigen des Kongresses ab, dass damit eine staatliche Regelung habe ausgeschlossen werden wollen; Beispiel: *Leisy v. Hardin,* 135 U.S. 100 (1890), wo ein Gesetz von Iowa, das den Verkauf alkoholischer Getränke untersagte, zu beurteilen war.

[39] Allerdings können die Entscheidungen des Gerichts betreffend die Zuständigkeit der Einzelstaaten auf dem Gebiet des Handels durch den Kongress gleichsam korrigiert werden, weil das Gericht in seiner neueren Praxis die Stel-

ein protektionistisches Gesetz von Florida über die Versorgung mit Milch und Milchprodukten, durch das offensichtlich ausserstaatliche Milchproduzenten benachteiligt wurden, als verfassungswidrig erklärt[40].

Als heute noch charakteristisch für die Überlegungen, die das Gericht in solchen Fällen anstellt, kann *Southern Pacific Co. v. Arizona*[41] angesehen werden, wo der Supreme Court auf Grund umfangreicher Beweiserhebungen[42] eine subtile Interessenabwägung vornahm. Umstritten war in jenem Fall die Verfassungsmässigkeit eines Gesetzes von Arizona, das den Verkehr von Eisenbahnzügen mit mehr als vierzehn Personenwagen oder mit über siebzig Frachtwagen untersagte. Zur Zeit der Übertretung des Gesetzes durch die Southern Pacific hatte der Kongress noch nicht über die Länge von Eisenbahnzügen legiferiert. Einerseits hatte Arizona das Gesetz zum Schutz polizeilicher Güter erlassen, indem der Betrieb längerer Eisenbahnzüge aus Sicherheitsgründen untersagt worden war. Anderseits lag auf der Hand, dass die umstrittene Vorschrift in empfindlicher Weise den *interstate commerce,* hier den zwischenstaatlichen Verkehr, beeinflusste, da umliegende Staaten keine entsprechenden Regelungen kannten und das Gesetz von Arizona für die Gesellschaften, die diesen Staat befuhren, zu kostspieligen Betriebsumstellungen führen musste. Der Supreme Court ging davon aus, dass, obwohl die Materie durch den Kongress hätte geregelt werden können, das Schweigen des Kongresses nicht a priori eine staatliche Normierung ausschliesse, trotz allfälliger Einwirkungen staatlichen Rechts auf den *interstate commerce*. Anderseits wies das Gericht darauf hin, dass das Gesetz zu einer «serious burden on the interstate commerce» führen würde. In längeren Ausführungen technischer Natur versuchte es nachzuweisen, dass Sicherheitsgründe nicht eine solche Vorschrift erheischten, weshalb das staatliche Gesetz im Hinblick auf die schweren Folgen für den zwischenstaatlichen Handel nicht aufrechterhalten werden könne. Was die Frage des Verhältnisses Gericht – Legislative anbe-

lungnahme des Kongresses darüber, ob in einer bestimmten Materie eine uniforme Regelung erforderlich sei oder nicht, im allgemeinen respektiert.

[40] *Polar Ice Cream & Creamery Co. v. Andrews*, 375 U.S. 361 (1964).

[41] 325 U.S. 761 (1945).

[42] Das gedruckte Protokoll umfasste über 4000 Seiten; Freund (1) Note 16 zu S.21.

langt, verdient die *dissenting opinion* HUGO L. BLACKS Beachtung. Black hob das Recht der Staaten zum Erlass polizeilicher Bestimmungen hervor und wandte sich energisch dagegen, dass in einem solchen Fall, in welchem die Tauglichkeit der Bestimmung zum Schutz wichtiger polizeilicher Güter derart umstritten sei und sich immerhin beachtliche Gründe zugunsten der als verfassungswidrig angefochtenen Norm anführen liessen, sich das Gericht gleichsam als Super-Gesetzgeber ein Urteil über die Weisheit der staatlichen Legislative anmasse. Unter anderem führte Black aus:

«Under those circumstances, the determination of whether it is in the interest of society for the length of trains to be governmentally regulated is a matter of public policy. Someone must fix that policy – either the Congress, or the state, or the courts. A century and a half of constitutional history and government admonishes this Court to leave that choice to the elected legislative representatives of the people themselves, where it properly belongs both on democratic principles and the requirements of efficient government [43].»

Es ist auch möglich, dass der Kongress ausdrücklich die Einzelstaaten zur Aufstellung von Bestimmungen, die den zwischenstaatlichen Handel betreffen, ermächtigt. Zwar lassen sich verschiedene Einwendungen gegen ein solches Vorgehen erheben, namentlich dass dies auf eine unzulässige Kompetenzdelegation hinauslaufe oder dass dadurch eine nicht uniforme Regelung einer dem nationalen Gesetzgeber zugewiesenen Materie ermöglicht werde [44]. Indessen zeigt der Supreme Court eine starke Tendenz, auch in solchen Fällen den vom Kongress geäusserten Willen zu respektieren [45]. KRISLOV würdigt diese Rechtsprechung wie folgt:

«Thus, although the Court acts as a constitutional agent, it has provided a means whereby the Congress is the final arbitor. The Court's function here is not very dif-

[43] 325 U.S. auf S. 789. Ähnlich argumentierte Justice WILLIAM O. DOUGLAS in einer weiteren *dissenting opinion*.

[44] Dazu FREUND (1) 22.

[45] Beispiele: *In re Rahrer,* 140 U.S. 545 (1891); *Clark Distilling Co. v. Western Maryland Ry. Co.,* 242 U.S. 311 (1917); *Prudential Insurance Co. v. Benjamin,* 328 U.S. 408 (1946). Vor allem der zuletzt erwähnte Entscheid erregt Bedenken, weil der Supreme Court darin eine Steuer schützte, die der Staat South Carolina nur auswärtigen Versicherungsgesellschaften auferlegte. South Carolina konnte sich auf den *McCarran Act* (59 Stat. 33) berufen, der die Staaten zur Regelung des Versicherungswesens und Besteuerung der Versicherungsgesellschaften ermächtigte.

ferent from its function of normal statutory interpretation in that it does not have the last word[46].»

In Art. I Sektion 8 Ziff. 1 der Verfassung wird dem Kongress das Recht eingeräumt, *Steuern* und andere Abgaben zu erheben. Die Tragweite dieser Bestimmung gewann ebenfalls erst durch die Spruchpraxis von Richtergenerationen fassbaren Inhalt. Dabei wurde die Steuerkompetenz des Kongresses – anders als die *commerce power* – nicht als eine grundsätzlich ausschliessliche angesehen, da die Staaten zur Wahrnehmung ihrer Aufgaben ebenfalls auf Steuergelder angewiesen sind. Es bestehen somit hier, wie auf andern Gebieten, *konkurrierende Gesetzgebungskompetenzen*. Indessen dürfen die Staaten nicht mit steuerrechtlichen Mitteln den zwischenstaatlichen Handel beeinträchtigen, wobei die Grenze zwischen den zulässigen und den nicht zulässigen staatlichen Steuern immer wieder neuer Festlegung durch das Oberste Bundesgericht bedurfte[47]. Zudem entwickelte der Supreme Court ein System von *Steuerimmunitäten*, das den Fiskus zeitweise schwer beeinträchtigte, was das Gericht schliesslich bewog, seine diesbezügliche Praxis abzuschwächen und in einem wesentlichen Punkt völlig aufzuheben. Nachdem im bereits mehrmals erwähnten Entscheid *McCulloch v. Maryland* die heute noch gültige Feststellung getroffen worden war, dass ein Staat nicht eine Bundesbank besteuern dürfe, ging das Gericht in *Collector v. Day*[48] gleich zwei Schritte weiter, indem es einerseits auch Steuerimmunitäten der Staaten gegenüber dem Bund anerkannte, anderseits Steuerfreiheit bei bloss «derivativer Immunität» annahm; die Besteuerung von Einkommen staatlicher Amtsträger durch den Bund wurde als unzulässig betrachtet, weil das indirekt zu einer Beeinträchtigung der Staaten bei der Erfüllung ihrer Aufgaben führe. Nach einem bescheidenen Ansatz in *Helvering v. Gerhardt*[49] wurde in *Graves v. New York ex rel. O'Keefe*[50] ein Schlussstrich unter die dornenvolle Geschichte der derivativen Immunitäten gezogen, indem der Supreme Court entschied, dass beim Fehlen einer ausdrücklichen Steuerbefreiung in einem Kongressgesetz sowohl der Bund das Einkommen staatlicher

[46] Krislov 93. Vgl. auch Black (4) 38.
[47] Instruktives Beispiel: *Spector Motor Service v. O'Connor*, 340 U.S. 602 (1951).
[48] 11 Wall. 113 (1871).
[49] 304 U.S. 405 (1938).
[50] 306 U.S. 466 (1939).

Arbeitnehmer als auch die Staaten das Einkommen von Bundesbeamten besteuern dürften. Bezeichnenderweise erfolgte diese für den Fiskus wertvolle Praxisänderung in der New Deal-Epoche.

2. Der Supreme Court als Wahrer der Bill of Rights sowie von Due Process und Equal Protection

a) Massgebende Verfassungsnormen

Seit dem New Deal hat sich der Supreme Court viel weniger mit der Abgrenzung der Zuständigkeiten des Bundes und der Einzelstaaten im Gebiet des Handels und des Steuerwesens befasst, und es lässt sich heute kaum ein Kongressgesetz denken, welches das Gericht etwa gestützt auf die *commerce clause* verfassungswidrig erklären würde. Das Schwergewicht der Gerichtspraxis liegt seit etwa 1937 eindeutig auf dem Gebiet der vor allem in den *ersten zehn Amendments* enthaltenen *Freiheitsrechte* und der *due process* und *equal protection clause* des XIV. Amendment[51].

Das sehr wichtige I. Amendment lautet:

> «Congress shall make no law respecting an establishment of religion, or prohibiting the free exercise thereof; or abridging the freedom of speech, or of the press; or the right of the people peaceably to assemble, and to petition the government for a redress of grievances.»

Seinem Wortlaut nach richtet sich die Vorschrift ausdrücklich nur an den Kongress, nicht an die gliedstaatlichen Organe.

Auch die übrigen Bestimmungen der «Bill of Rights», die folgenden neun Amendments[52], waren ursprünglich lediglich als *Schranken*

[51] Daneben weist die Verfassung an vereinzelten andern Stellen Bestimmungen auf, welche die Staatsgewalt im Interesse der Freiheit des Individuums beschränken. Gemäss Art. I Sektion 9 Ziff. 2 darf die *habeas corpus*-Garantie nur suspendiert werden «when in cases of rebellion or invasion the public safety may require it». Ferner ist sowohl dem Kongress als auch den Einzelstaaten der Erlass von *bills of attainder* (in praxi inklusive *bills of pains and penalties,* also sämtliche Arten der Bestrafung Einzelner durch ad hoc Gesetze) sowie von *ex post facto laws* (gemeint sind rückwirkende Strafgesetze) untersagt (Art. I Sektion 9 Ziff. 3 und Sektion 10 Ziff. 1). In der zuletzt erwähnten Bestimmung wird auch angeordnet, dass die Einzelstaaten die *Vertragsfreiheit* nicht beschränken dürfen.

[52] In einem engeren Sinne wird der Ausdruck «Bill of Rights» nur für die ersten acht Amendments verwendet.

der Bundesgewalt gedacht[53]. Die meisten dieser Zusatzartikel betreffen strafprozessuale Garantien. Das V. Amendment setzt zudem allgemein fest, dass niemandem Leben, Freiheit oder Eigentum «without due process of law» entzogen werden dürfe. Das IX. Amendment statuiert, dass die ausdrückliche Gewährleistung von Rechten nicht dazu dienen dürfe, andere dem Volk zukommende Rechte in Abrede zu stellen. Das X. Amendment verankert die amerikanische Konzeption der bundesstaatlichen Kompetenzausscheidung (Enumeration der Bundeszuständigkeiten, Restkompetenz der Staaten, unter Vorbehalt der Rechte des Volkes) und wurde von den Verfassungsvätern offenbar ebenfalls als wichtige Freiheitsrechtsgarantie empfunden, weil damals vorab ein Schutz gegen Übergriffe seitens der nationalen Regierung geboten schien.

Nach dem Sezessionskrieg gelangten drei wichtige Zusatzartikel in die Verfassung, die von Anfang an auch, ja vorab als *Schranken der gliedstaatlichen Organe* gedacht waren: Das XIII. Amendment betraf in erster Linie die Abschaffung der Sklaverei, und das XV. Amendment verbot Rassendiskriminierungen bei der Gewährung des Stimmrechts. Wichtig ist vor allem das XIV. Amendment, dessen erste Sektion bestimmt:

> «All persons born or naturalized in the United States, and subject to the jurisdiction thereof, are citizens of the United States and of the State wherein they reside. No State shall make or enforce any law which shall abridge the privileges or immunities of citizens of the United States; nor shall any State deprive any person of life, liberty, or property, without due process of law; nor deny to any person within its jurisdiction the equal protection of the laws.»

Das 1920 ratifizierte XIX. Amendment brachte das volle Erwachsenenstimmrecht.

b) Haupttendenzen der Rechtsprechung

Die rechtsschöpferische Rolle des Supreme Court lässt sich vorab aus der Praxis zum XIV. Amendment ersehen, die freilich im folgenden nur andeutungsweise behandelt werden kann, wobei die Entscheide betreffend *Erwerb und Verlust des amerikanischen Bürgerrechts*

[53] Vgl. *Barron v. Mayor and City Council of Baltimore,* 7 Pet. 243 (1833): Expropriation durch eine Gemeinde bewirkt keine Entschädigungspflicht gemäss dem V. Amendment.

ausser Betracht bleiben[54]. und das in neuester Zeit aus der *equal protection clause* abgeleitete Prinzip «*one man, one vote*» später zu erörtern sein wird.

Die erste gründliche Auseinandersetzung mit dem XIV. Amendment fand in den *Slaughter-House Cases*[55] statt, fünf Jahre nach Ratifikation des betreffenden Verfassungsartikels. Obwohl die mitwirkenden Richter das Zustandekommen der Bestimmung als politisch interessierte Zeitgenossen miterlebt hatten, divergierten ihre Auffassungen über deren Tragweite stark, und der Entscheid erging mit einer Mehrheit von bloss einer Stimme. Zu beurteilen war ein Gesetz von Louisiana, das einer Gesellschaft eine Monopolstellung auf dem Gebiet des Schlachthauswesens verlieh. Einige Metzger, die durch den sehr fähigen Anwalt und früheren Richter am Supreme Court JOHN A. CAMPBELL vertreten wurden, fochten das Gesetz als mit den XIII. und XIV. Amendments unvereinbar an. Das Oberste Bundesgericht wies jedoch ihre Klage ab, wobei es grosses Gewicht darauf legte, dass die betreffenden Zusatzartikel zur Verfassung *primär gegen die Rassendiskriminierung* gerichtet gewesen seien. Das Gericht ging in seiner Begründung davon aus, dass materiell nur «privileges or immunities of citizens of the United States» durch das XIV. Amendment geschützt würden, wobei die Mehrheit diesen Begriff derart restriktiv interpretierte, dass praktisch nur Rechte darunter fallen konnten, deren Verneinung durch einen Gliedstaat gleichsam das Funktionieren des Bundesstaates beeinträchtigt hätte oder welche die Unionsverfassung ausdrücklich vor Beschränkungen durch einzelstaatliche Organe schützte. Der *due process clause*, auf die sich Campbell ebenfalls berufen hatte, mass die Gerichtsmehrheit offenbar nicht mehr als die Bedeutung einer verfahrensmässigen Garantie bei. Die vier dissentierenden Richter erblickten im XIV. Amendment einen Schutz natürlicher, unveräusserlicher, jedem Bürger zukommender Rechte vor Beschränkungen durch Einzelstaaten, wobei zwei Richter dieses Ergebnis ausschliesslich auf die Bestimmung stützten, wonach Privilegien und Immunitäten der Bürger der Vereinigten Staaten nicht durch die

[54] Vgl. hiezu KAUPER (6) 519–554 und Supplement 24. KRISLOV bemerkt zur neueren Rechtsprechung auf diesem Gebiet: «In a series of decisions the Court has proceeded to strike down, perhaps to the vanishing point, the disabilities set by Congress upon naturalized citizens and to protect all citizens from inference of intended renunciation of citizenship»; KRISLOV 129.

[55] 16 Wall. 36 (1873).

Gliedstaaten verkürzt werden dürfen, während sich die Richter JOSEPH P. BRADLEY und NOAH H. SWAYNE hiefür auf die *due process clause* beriefen.

Die Slaughter-House Cases wurden in *Twining v. New Jersey*[56] bestätigt; dabei lehnte der Supreme Court ausdrücklich die von Justice JOHN M. HARLAN, Sen. in einem abweichenden Votum vertretene These ab, dass die in der Bill of Rights – d.h. in den ersten acht Amendments – als Schranken der Bundesgewalt ausgestalteten Rechte des Bürgers auf Grund des XIV. Amendment auch von den Staaten zu beachten seien.

Mit der Zeit leitete die Gerichtspraxis aus der *due process clause,* die ursprünglich nur als *prozessuale Garantie* eines rechtsstaatlichen Verfahrens verstanden worden war (procedural due process), *materielle Beurteilungsmassstäbe* (substantive due process) ab[57]. Grundlegende Rechte des Individuums, die Campbell und eine Minderheit des Gerichts in den Slaughter-House Cases unter die «privileges or immunities of citizenship» hatten subsumieren wollen, wurden nunmehr als durch die *due process clause* vor gliedstaatlichen Eingriffen geschützt angesehen. Damit stellte sich indessen eine neue Frage, nämlich diejenige nach Art und Umfang der durch die fragliche Klausel geschützten Rechte.

Parallel zu der im vorangehenden Unterabschnitt skizzierten konservativen, privatwirtschaftliche Interessen überbetonenden *commerce clause*-Rechtsprechung zeigte der Supreme Court, allerdings bereits vom Ende des 19. Jahrhunderts an, bis zur New Deal-Periode eine starke Tendenz, *wirtschaftsregulierende Gesetze* als unzulässige Beschränkungen der in die *due process clause* hineininterpretierten und gemäss dem *laissez faire*-Konzept der Gerichtsmehrheit umschriebenen wirtschaftlichen Freiheit und des Eigentumsrechts zu brandmarken[58]. Seit dem New Deal erwies sich das Oberste Bundesgericht jedoch auch hier als sehr zurückhaltend, sowohl wenn es um die Vereinbarkeit von Bundesgesetzen mit der *due process clause* des V. Amendment als auch wenn es um diejenige staatlicher Gesetze mit der *due process clause* des

[56] 211 U.S. 78 (1908).

[57] Vgl. Näheres zu dieser Entwicklung bei KAUPER (6) 605/607, EHMKE 270 f. und MCCLOSKEY (1) 127 f. Einen Wendepunkt markierte dabei *Chicago, Milwaukee, and St. Paul Railway Co. v. Minnesota,* 134 U.S. 418 (1890).

[58] Illustrativ hiefür sind *Lochner v. New York,* 198 U.S. 45 (1905), *Coppage v. Kansas,* 236 U.S. 1 (1915) and *Adkins v. Children's Hospital of the District of Columbia,* 261 U.S. 525 (1923).

XIV. Amendment ging[59]. Letzteres wird bisweilen von denjenigen übersehen, die dem Supreme Court mit einem gewissen Recht vorwerfen, seine Entscheidungen hätten zu einer immer stärkeren Kontrolle der gliedstaatlichen Organe geführt[59a].

Immerhin hat das Gericht auch nach den Dreissigerjahren in verschiedenen Entscheidungen grossen Wert darauf gelegt, dass für *Expropriationen* und *enteignungsähnliche Tatbestände* eine *gerechte Entschädigung* zu bezahlen sei, wobei es sich in den Fällen, in denen der Bund als Expropriant auftritt, auf eine ausdrückliche Verfassungsbestimmung berufen kann, schreibt doch der letzte Halbsatz des V. Amendment vor: «... nor shall private property be taken for public use without just compensation»[60]. Freilich gesteht die Gerichtspraxis der Legislative ein weit gehendes Ermessen bei der Bestimmung der Frage zu, wann das *öffentliche Interesse* eine Beschränkung des Eigentums rechtfertige. So bejahte der Supreme Court in *Berman v. Parker*[61] die Verfassungsmässigkeit eines Bundesgesetzes, das im District of Columbia zur Bekämpfung ungesunder Wohnverhältnisse die Möglichkeit der Expropriation ganzer Stadtteile – allerdings gegen Entschädigung – vorsah, wobei er auf S. 32 des Entscheides ausführte:

« Subject to specific constitutional limitations, when the legislature has spoken, the public interest has been declared in terms well-nigh conclusive. In such cases the legislature, not the judiciary, is the main guardian of the public needs to be served by social legislation, whether it be Congress legislating concerning the District of Columbia ... or the States legislating concerning local affairs. »

Eine ähnliche Toleranz dem Gesetzgeber gegenüber hat der Supreme Court in den letzten Jahrzehnten im allgemeinen auch dort bekundet, wo die Zulässigkeit von *Beschränkungen der Vertragsfreiheit* zu beurteilen war, obwohl Art. I Sektion 10 Ziff. 1 der Unionsverfas-

[59] Wichtig ist *West Coast Hotel Co. v. Parrish,* 300 U. S. 379 (1937), wo die Festsetzung von Mindestlöhnen für Frauen und Kinder durch ein Gesetz des Staates Washington – im Gegensatz zum Adkins-Entscheid – als verfassungsmässig qualifiziert wurde. Vgl. auch *Nebbia v. New York,* 291 U. S. 502 (1934), wo das Gericht eine Preisregulierung schützte.

[59a] Die These von der antiföderalen Tendenz der höchstrichterlichen Rechtsprechung wird energisch vertreten durch KURLAND 56 f. und passim.

[60] Beispiel für einen Fall aus dem Gebiet der materiellen Enteignung: *United States v. Causby,* 328 U. S. 256 (1946), wo die Entschädigungspflicht des Bundes gegenüber dem Eigentümer einer Hühnerfarm bejaht wurde, dessen Liegenschaft Militärflugzeuge regelmässig in einer Höhe von etwa zwanzig Metern überflogen.

[61] 348 U. S. 26 (1954).

sung ausdrücklich festsetzt, dass kein Gliedstaat ein Gesetz «impairing the obligation of contracts» erlassen dürfe, und somit die Notwendigkeit einer Ableitung der Vertragsfreiheit auf dem Umweg über die *due process clause* bezüglich der Einzelstaaten entfällt. Im vorigen Jahrhundert erschien die *contract clause* sogar als wichtigste bundesverfassungsrechtliche Schranke der einzelstaatlichen Wirtschaftsregulierung[62]. Mit der Anerkennung der *due process clause* als eines materiellen Beurteilungsmassstabes ging das Gericht jedoch dazu über, auch Eingriffe der Einzelstaaten in die Vertragsfreiheit vornehmlich unter dem Gesichtspunkt des *due process* zu beurteilen.

Das Schwergewicht der Rechtsprechung des Obersten Bundesgerichts liegt in neuerer Zeit eindeutig auf dem *Schutz nichtwirtschaftlicher Rechte*[63] *vor unerlaubten staatlichen Eingriffen,* und diesem Gebiet wollen wir uns im folgenden zuwenden, wobei zuerst auf die vorstehend aufgeworfene Frage nach Art und Umfang der durch die *due process clause* des XIV. Amendment geschützten Rechte einzugehen ist.

Dabei stehen einander dort, wo die Zulässigkeit einzelstaatlicher Grundrechtsbeschränkungen zu beurteilen ist, zwei von verschiedenen Richtern des Supreme Court vertretene Auffassungen gegenüber, wobei allerdings, wie FREUND andeutet, die Auseinandersetzungen um die Tragweite des XIV. Amendment und dessen Verhältnis zu andern Artikeln dazu angetan sind, die Meinungsverschiedenheiten innerhalb des Gerichts grösser erscheinen zu lassen als sie in Wirklichkeit sind und den Konsens zu verdecken, der sich oft hinter scheinbar divergierenden Theorien verbirgt[64]. Gemäss dem u.a. von den Richtern BENJAMIN N. CARDOZO und FELIX FRANKFURTER entwickelten, sogenannten «*fundamental rights approach*» ist von Fall zu Fall zu untersuchen, ob ein geltend gemachtes Recht derart fundamental sei, dass es gemäss der *due process clause* des XIV. Amendment von den Staaten beachtet werden muss. Auch wenn einem Grundrecht der Bill

[62] So EHMKE 221, der auf S. 219 f. die *contract clause*-Rechtsprechung sehr einlässlich behandelt. Vgl. etwa die Entscheide *Fletcher v. Peck,* 6 Cranch 87 (1810) und *Trustees of Dartmouth College v. Woodward,* 4 Wheat. 518 (1819).

[63] Es soll nicht verkannt werden, dass wirtschaftliche und nichtwirtschaftliche Aspekte in praxi ineinander übergehen können. In Prozessen betreffend die Pressefreiheit können etwa, um nur ein Beipiel zu nennen, erhebliche wirtschaftliche Interessen mit dem von einer Zeitung geltend gemachten I. Amendment-Recht verknüpft sein.

[64] FREUND (1) 48.

of Rights dieser Rang zuerkannt wird, heisst das noch nicht, dass es im genau gleichen Umfang gegenüber den Einzelstaaten gelten müsse[65]. Demgegenüber sind Justice BLACK und andere der Meinung, dass das XIV. Amendment die ganze Bill of Rights – die ersten acht Amendments – inkorporiere («*incorporationist approach*»). Eine vermittelnde, wiederholt von Justice BRENNAN vertretene These will eine «*selective incorporation*» vornehmen, d. h. im Einzelfall prüfen, ob eine in der Bill of Rights enthaltene Bestimmung kraft des XIV. Amendment auch als Schranke gegenüber den Staaten aufzufassen sei, und bejahendenfalls die betreffende Norm so anwenden, wie sie nach Massgabe der Verfassungsrechtsprechung gegenüber dem Bund gilt.

Typisch für den *fundamental rights approach* erscheint die Urteilsbegründung in *Palko v. Connecticut:*[66] In Frage stand die Zulässigkeit eines einzelstaatlichen Gesetzes, das in Strafsachen eine Berufungsmöglichkeit des Staates vorsah. Ein Angeklagter, der wegen Mordes von der ersten Instanz zu einer Freiheitsstrafe und auf Berufung des Staates hin von der zweiten Instanz zum Tode verurteilt worden war, focht das Todesurteil mit der Begründung an, das die erwähnte Berufungsmöglichkeit vorsehende Gesetz verletze dadurch das im V. Amendment enthaltene Verbot der doppelten Strafverfolgung (double jeopardy). Das Gericht wies die Klage ab, wobei es in der von Justice CARDOZO redigierten Begründung offenliess, ob in casu überhaupt *double jeopardy* vorliege und sogar andeutete, dass krasse

[65] In *Duncan v. Louisiana* und *Bloom v. Illinois,* 391 U. S. 145 und 194 (1968) bejahte der Supreme Court den fundamentalen Charakter des im VI. Amendment garantierten Rechts auf Aburteilung durch Geschworene in Straffällen, wobei Justice ABE FORTAS – allerdings in einer *concurring opinion* – auf S. 211 f. betonte, dass die Staaten deswegen nicht gezwungen seien, das bundesrechtliche Verfahren, das für den Fall eines Schuldspruches ein einstimmiges Verdikt durch zwölf Geschworene fordert, in globo zu übernehmen.

In *Williams v. Florida,* 399 U. S. 78 (1970), erklärte es der Supreme Court als zulässig, dass ein Staat in Straffällen, in denen nicht die Todesstrafe in Frage stehe, Verurteilung auf Grund eines einstimmigen Schuldspruchs von bloss sechs Geschworenen vorsehe. In der Begründung finden sich jedoch keine Anhaltspunkte dafür, dass das Gericht damit eine weniger weit gehende Bindung der Einzelstaaten an das VI. Amendment anerkennen wollte. Vielmehr stellt der Entscheid eine neue Auslegung des VI. Amendment (in welchem nicht von *zwölf* Geschworenen die Rede ist) dar, die – wenigstens wenn von der offiziellen Begründung ausgegangen wird – inskünftig auch für Strafverfahren des Bundes gelten könnte.

[66] 302 U. S. 319 (1937). Vgl. auch *Herbert v. Louisiana,* 272 U. S. 312 (1926) auf S. 316 sowie die Belege bei HAUSHEER 55/56.

Fälle doppelter Strafverfolgung den Einzelstaaten durch das XIV. Amendment verwehrt seien. Entscheidend war für das Gericht die Überlegung, dass der Geltungsbereich der ersten acht Amendments nicht durch das XIV. Amendment eo ipso auf das Verhältnis des Bürgers zu einzelstaatlichen Behörden ausgedehnt worden sei, sondern dass bei der Auslegung der ersten Sektion des XIV. Amendment vielmehr geprüft werden müsse, ob ein Recht «of the very essence of a scheme of ordered liberty», ein «principle of justice so rooted in the traditions and conscience of our people as to be ranked as fundamental» verletzt worden sei. Nach Auffassung der Gerichtsmehrheit beeinträchtigte die angefochtene Gesetzesbestimmung nicht ein derart grundlegendes Recht[67].

Auch was den *incorporationist approach* anbelangt, lassen sich schon frühe Ansatzpunkte aufzeigen[68]. Ihren eifrigsten Verfechter fand aber das Dogma, dass die Bill of Rights gleichsam im XIV. Amendment inkorporiert sei, in Justice BLACK. In *Adamson v. California*[69], als eine knappe Mehrheit von fünf Richtern noch auf dem Boden des *fundamental rights approach* stand, den Justice *Frankfurter* in einer *concurring opinion* in überzeugender Weise verteidigte, formulierte Justice Black auf S. 68 f. in einem berühmt gewordenen abweichenden Votum seine Inkorporationstheorie[70]. Deutlich wird dabei das Streben Blacks nach einer dem positiven, geschriebenen Verfassungsrecht zu entnehmenden, klaren und unter dem Vorbehalt der Verfassungsrevision für alle Zeiten in gleicher Weise gültigen Lösung. Das Konzept der Mehr-

[67] Das *fundamental rights*-Kriterium wurde nicht von Cardozo erfunden. Bereits im vorigen Jahrhundert war es verwendet worden, um den Inhalt des *procedural due process* zu bestimmen, und in den zu Beginn dieses Jahrhunderts entschiedenen *Insular Cases,* in denen sich die Frage nach der Anwendbarkeit der in den Amendments garantierten Grundrechte auf die Bewohner nicht inkorporierter amerikanischer Besitzungen gestellt hatte, war das Gericht davon ausgegangen, dass diesbezüglich nur «fundamental safeguards to life and liberty» zu beachten seien. Vgl. z. B. *Dorr v. United States,* 195 U.S. 138 (1904): Verneinung der Notwendigkeit der im VI. Amendment vorgeschriebenen Aburteilung durch Geschworenengerichte bezüglich der Philippinen.

[68] Vgl. etwa die *dissenting opinion* von Justice JOHN M. HARLAN sen. in *Hurtado v. California,* 110 U.S. 516 (1884), wo Harlan davon ausging, dass die in der Bill of Rights gewährleisteten strafprozessualen Garantien kraft des XIV. Amendment gleicherweise von den Staaten zu beachten seien.

[69] 332 U.S. 46 (1947).

[70] Dieser nicht offizielle Ausdruck ist nur als deskriptive Bezeichnung gedacht.

heit, wonach im Einzelfall eine subtile Interessenabwägung erforderlich ist, betrachtete Black als gefährlich, weil dadurch dem Richter das Hineininterpretieren eigener Anschauungen in das Grundgesetz ermöglicht werde. Unter anderem führte Black aus:

«This decision reasserts a constitutional theory spelled out in Twining v. New Jersey, 211 U. S. 78, that this Court is endowed by the Constitution with boundless power under ‚natural law' periodically to expand and contract constitutional standards to conform to the Court's conception of what at a particular time constitutes ‚civilized decency' and ‚fundamental liberty and justice' ... I think that decision [d. h. Twining v. New Jersey] and the ‚natural law' theory of the Constitution on which it relies degrade the constitutional safeguards of the Bill of Rights and simultaneously appropriate for this Court a broad power which we are not authorized by the Constitution to exercise[71].»

Im folgenden versuchte Black in längeren Ausführungen darzutun, es ergebe sich aus den Materialien, dass einer der Hauptzwecke des XIV. Amendment darin bestanden habe, die Bill of Rights auf die Staaten anwendbar zu machen.

FAIRMAN hat später nachgewiesen, dass die Blacksche Geschichtsbetrachtung falsch ist[72]. Hätten die Schöpfer des XIV. Amendment tatsächlich die Bill of Rights inkorporieren wollen, so hätten sie dies mit einem einfachen Satz tun können, etwa durch Hinzufügung folgender Bestimmung: «Amendments I–VIII are herewith made applicable to the States.» Ferner enthält die Bill of Rights selber im V. Amendment eine *due process clause,* und dennoch sah man gleichzeitig daneben spezifische Garantien vor, was darauf deutet, dass man die speziellen Normen als nicht von der im V. Amendment enthaltenen *due process clause* umfasst betrachtete[73].

Die *fundamental rights*-Theorie hat übrigens – vom Standpunkt der Freiheit des Individuums aus betrachtet – nicht nur den Nachteil einer weniger umfassenden Garantie der Bill of Rights im Verhältnis

[71] A.a.O. 69/70.

[72] CHARLES FAIRMAN, Does the Fourteenth Amendment Incorporate the Bill of Rights?, The Original Understanding, Stanford Law Review *2*/1949–50, 1–139; gl. M. JACOBUS TEN BROEK, The Antislavery Origin of the Fourteenth Amendment, Berkely/Los Angeles 1951, der auf S. 223 aufführt: «The rights sought to be protected were men's natural rights, some of which are mentioned in the first eight amendments and some of which are not.» Vgl. auch die *majority opinion* Justice FRANKFURTERS in *Bartkus v. Illinois,* 359 U. S. 121 (1959).

[73] Einen entsprechenden Umkehrschluss hatte das Gericht in *Hurtado v. California,* 110 U. S. 516 (1884), gezogen.

des Bürgers zu den Einzelstaaten, sondern auch den Vorteil, dass im Rahmen des XIV. Amendment Raum für die Bejahung verfassungsmässiger Rechte bleibt, welche nicht in der Bill of Rights gewährleistet sind[74]. Instruktiv ist in dieser Beziehung *Griswold v. Connecticut*[75], wo der Supreme Court die Verfassungsmässigkeit eines Antikonzeptionsmittel verbietenden einzelstaatlichen Gesetzes verneinte. Justice *Douglas,* der zu den Anhängern der Inkorporationstheorie zählt, hatte sichtlich Mühe, die offizielle Urteilsbegründung zu verfassen. Da kein Artikel der Bill of Rights die persönliche Freiheit als solche ausdrücklich und in allgemeiner Weise garantiert, leitete er aus verschiedenen Bestimmungen, einschliesslich der Versammlungsfreiheit und des im III. Amendment aufgestellten Verbotes, in Friedenszeiten Soldaten ohne Zustimmung des Eigentümers in ein Haus einzuquartieren, «zones of privacy» ab. Demgegenüber betrachtete sich Justice BLACK in einem abweichenden Votum ausserstande, dem ihm unvernünftig scheinenden Gesetz die Anwendung zu versagen, weil es nicht gegen eine spezifische verfassungsmässige Beschränkung verstiess. Justice JOHN M. HARLAN, Jr., der Enkel des bereits mehrmals erwähnten gleichnamigen Richters, der im Gegensatz zu seinem Grossvater die Inkorporationstheorie immer entschieden ablehnte, hatte auf Grund seines *fundamental rights*-Konzepts keine Schwierigkeit, das umstrittene Gesetz in einer differenzierenden *concurring opinion* als verfassungswidrig zu qualifizieren. In einer weiteren *concurring opinion* von Justice GOLDBERG, der sich Chief Justice EARL WARREN und Justice WILLIAM J. BRENNAN anschlossen, wurde im Sinne der *selective incorporation* davon ausgegangen, das XIV. Amendment mache einerseits nicht sämtliche Bestimmungen der Bill of Rights auf die Staaten anwendbar, würde aber anderseits auch verschiedene nicht ausdrücklich garantierte, grundlegende persönliche Rechte wie die «marital privacy» umfassen, ein Ergebnis, das sich auch auf das IX. Amendment stützen lasse.

Bereits verhältnismässig früh betrachtete der Supreme Court die *Pressefreiheit* als durch das XIV. Amendment auch vor einzelstaatlichen Eingriffen geschützt, wobei er durch einen *fundamental rights*

[74] Die Anhänger der Inkorporationstheorie beschränken nämlich aus unerfindlichen Gründen die Inkorporation auf die ersten acht Amendments und erstrecken sie nicht auf das IX. Amendment, wonach die ausdrückliche Gewährleistung von Rechten nicht dazu dienen darf, andere Rechte zu verneinen.

[75] 381 U.S. 479 (1965).

approach zu diesem Ergebnis gelangte[76]. Diesen Schutz liess er in der Folge auch den andern im I. Amendment gewährleisteten Freiheitsrechten zuteil werden, sich dabei in späteren Jahren direkt auf das I. Amendment, das als im XIV. Amendment mitenthalten angesehen wurde, berufend[77]. In den sechziger Jahren gelangten die Vertreter des *fundamental rights approach* in die Minderheit, und das Oberste Bundesgericht erklärte mittels selektiver Inkorporation die meisten Artikel der Bill of Rights als für die Staaten im gleichen Umfang wie für den Bund verbindlich[78].

Formell lieferte die *due process clause* des XIV. Amendment die Handhabe, um grundlegende prozessuale und materielle Rechte der Bill of Rights gegen die Einzelstaaten gerichtlich durchzusetzen, während die in der gleichen Verfassungsnorm enthaltene *equal protection clause* – wie noch zu zeigen sein wird – vorab der Eliminierung von Diskriminierungen aus Gründen der Rasse und anderer Ungleichheiten diente. Die Begriffe des *substantive due process* und der *equal protection* sind indessen praktisch *auswechselbar*. Hätte die *due process clause* im XIV. Amendment gefehlt, so wäre wohl die Rechtsprechung über den Gleichheitssatz zu sehr ähnlichen Ergebnissen wie den vorstehend besprochenen gelangt. Umgekehrt erklärte der Supreme Court die Rassensegregation in den öffentlichen Schulen des vom Bund verwalteten District of Columbia gestützt auf die *due process clause* des V. Amendment als unzulässig[79].

[76] *Near v. Minnesota,* 283 U. S. 697 (1931) auf S. 707; vgl. auch *Gitlow v. New York,* 268 U. S. 652 (1925) auf S. 666 bezüglich der *Redefreiheit.*

[77] Vgl. *De Jonge v. Oregon,* 299 U. S. 353 (1937) bezüglich *Versammlungsfreiheit; Cantwell v. Connecticut,* 310 U. S. 296 (1940) bezüglich *Religionsfreiheit* und *Everson v. Board of Education,* 330 U. S. 1 (1947) bezüglich der *establishment clause.*

[78] Beispiele: *Mapp v. Ohio,* 367 U. S. 643 (1961) – Verbot «unvernünftiger», nicht autorisierter Haussuchungen und Beschlagnahmen durch das IV. Amendment; *Gideon v. Wainwright,* 372 U. S. 335 (1963) – Recht des VI. Amendment auf anwaltliche Vertretung in Strafsachen; *Pointer v. Texas* 380 U. S. 400 (1965) – Recht des VI. Amendment, mit den Zeugen der Anklage konfrontiert zu werden; *Malloy v. Hogan,* 378 U. S. 1 (1964) und *Griffin v. California,* 380 U. S. 609 (1965) – Privileg des Angeklagten gemäss dem V. Amendment, nicht gegen sich selbst aussagen zu müssen; *Duncan v. Louisiana,* 391 U. S. 145 (1968) – Recht auf Aburteilung durch Geschworene in Strafprozessen gemäss dem VI. Amendment; *Benton v. Maryland,* 395 U. S. 784 (1969) – Verbot der doppelten Strafverfolgung durch das V. Amendment.

[79] *Bolling v. Sharpe,* 347 U. S. 497 (1954). Vgl. auch HAUSHEER 12–14 und 86 f. Das «equal protection» vorschreibende XIV. Amendment gilt ja nur gegenüber den Staaten, und die als Schranken der Bundesgewalt gedachten ersten zehn Amendments kennen keine entsprechende Klausel.

Während das Oberste Bundesgericht, wie wir gesehen haben, seit etwa 1937 die Wertungen der politischen Organe über die Zulässigkeit wirtschaftsregulierender Normen, deren Verfassungsmässigkeit – etwa gestützt auf die *commerce clause* – bestritten wird, in aller Regel respektiert, zeigt es sich dort, wo eine Verletzung nichtwirtschaftlicher Freiheitsrechte oder der Rechtsgleichheit in Frage steht, viel eher bereit, den angefochtenen Akt einer strengen Kontrolle zu unterwerfen, ja er legt sogar eine deutliche Tendenz an den Tag, von der in bezug auf die Wirtschafts- und Sozialgesetzgebung seit dem New Deal selbstauferlegten Regel abzuweichen, wonach die Verfassungsmässigkeit eines Erlasses im Zweifel zu vermuten ist. Statt zu fragen, ob das Gesetz eine *rational basis* habe, d.h. nicht willkürlich sei und sich irgendwie vernünftig rechtfertigen lasse, fordert das Gericht den Nachweis, dass dessen Erlass notwendig war, was im praktischen Ergebnis beinahe zu einer *Umkehr der Beweislast* führt, da im letzteren Fall keine Vermutung der Verfassungsmässigkeit Platz greift und die Behörde, die den umstrittenen Akt gesetzt hat, die Notwendigkeit einer solchen Massnahme in überzeugender Weise dartun muss. Die ersten Ansätze dieser neuen Doktrin finden sich in der berühmten «*Fussnote 4*» von Justice HARLAN F. STONE, einem nicht durchweg klaren *obiter dictum* folgenden Inhalts in *United States v. Carolene Products Co.*[80]:

«There may be narrower scope for operation of the presumption of constitutionality when legislation appears on its face to be within a specific prohibition of the Constitution, such as those of the first ten amendments, which are deemed equally specific when held to be embraced within the Fourteenth ... It is unnecessary to consider now whether legislation which restricts those political processes which can ordinarily be expected to bring about repeal of undesirable legislation, is to be subjected to more exacting judicial scrutiny under the general prohibitions of the Fourteenth Amendment than are most other types of legislation ... Nor need we enquire whether similar considerations enter into the review of statutes directed at particular religions ..., national ... or racial minorities ..., whether prejudice against discrete and insular minorities may be a special condition which tends seriously to curtail the operation of those political processes ordinarily to be relied upon to protect minorities and which may call for a correspondingly more searching judicial inquiry ...»

Mit der Zeit setzte sich die Auffassung durch, dass *den im ersten Amendment garantierten Grundrechten eine besondere Bedeutung zukomme.*

[80] 304 U. S. 144 (1938) auf S. 152.

Einzelne Richter, namentlich BLACK, sprachen von einer *preferred position,* ein Konzept, das Justice WILEY B. RUTLEDGE in *Thomas v. Collins*[81] wie folgt formulierte:

«The case confronts us again with the duty our system places on this Court to say where the individual's freedom ends and the State's power begins. Choice on that border, now as always delicate, is perhaps more so where the usual presumption supporting legislation is balanced by the preferred place given in our scheme to the great, the indispensable democratic freedoms secured by the First Amendment ... That priority gives these liberties a sanctity and a sanction not permitting dubious intrusions.»

Es besteht ein Zusammenhang zwischen der *perferred position*-Theorie und dem *incorporationist approach,* der in den Sechzigerjahren im Supreme Court – wenigstens im Sinne einer selektiven Inkorporation – die Oberhand gewann. Denn gemäss der Inkorporationstheorie sind die im I. Amendment (und in den andern Bestimmungen der Bill of Rights) statuierten Grundrechte, welche die Bundesgewalt beschränken, direkt und im gleichen Umfang für die Staaten verbindlich, und die kategorische Sprache des I. Amendment lässt im Gegensatz zur dehnbaren *due process clause* des XIV. Amendment – wenigstens ihrem Wortlaut nach – keinen Raum für eine Interessenabwägung zwischen der Freiheit des Bürgers und dem Interesse des Gemeinwesens an einer freiheitsbeschränkenden Regelung. Bei den Vertretern des *fundamental rights approach* stiess die *preferred position*-These denn auch auf Ablehnung[82].

Die neuere, aktivistische Tendenz der Rechtsprechung setzte sich nicht nur auf dem Gebiet des I. Amendment, sondern auch bei der Auslegung der verfassungsmässigen (namentlich strafprozessualen) Verfahrensgarantien der Zusatzartikel IV bis VI sowie in der Rechtsprechung zur *equal protection clause* durch. Die nachstehend zu erör-

[81] 323 U. S. 516 (1945) auf S. 529/530.

[82] Vgl. *concurring opinion* Justice FRANKFURTERS in *Kovacs v. Cooper,* 336 U. S. 77 (1949) auf S. 89 f. Sehr instruktiv erscheint in dieser Beziehung das besondere Votum Justice HARLANS jun. in den Parallelfällen *Roth v. United States* und *Alberts v. California,* 354 U. S. 476 (1957), wo gleichzeitig die Verfassungsmässigkeit eines Bundesgesetzes und diejenige eines staatlichen Gesetzes gegen obszöne Veröffentlichungen zu beurteilen waren und Harlan klar unterschied zwischen den strengeren, seines Erachtens nur vom Bundesgesetzgeber zu beachtenden Beschränkungen des I. Amendment und denjenigen des XIV. Amendment, das gemäss seiner Interpretation den staatlichen Behörden ein weit gehendes Ermessen einräumte.

ternde *Ausdehnung des Begriffs der «state action»* ist für diese Tendenz ebenfalls charakteristisch.

Das XIV. Amendment richtet sich nur *gegen Staaten*, nicht gegen Individuen («No State shall ...»). Entsprechendes gilt für die Amendments XV und XIX, die dem Bund und den Gliedstaaten Beschränkungen des Stimmrechts aus Gründen der Rasse bzw. des Geschlechts untersagen. Vorab die Phantasie südstaatlicher Weisser, die sich immer wieder neue, als nicht staatlich autorisiert getarnte Methoden zur Benachteiligung des Negers einfallen liessen, veranlasste das Oberste Bundesgericht im Laufe der Zeit, durch Ausweitung des *state action*-Konzepts solchen Machenschaften einen Riegel zu schieben. Möglichkeiten einer gerichtlichen Intervention zeigte bereits der ältere Justice *Harlan* in einem berühmt gewordenen abweichenden Votum auf.

In den *Civil Rights Cases*[83] war Negern in Verletzung eines Bundesgesetzes, des *Civil Rights Act* von 1875[84], der Zutritt zu Restaurants, Hotels, Kinos und Eisenbahnwagen verweigert worden. Der Supreme Court betrachtete die fraglichen Bundesnormen als Eingriff in die Gesetzgebungshoheit der Einzelstaaten, weil das XIV. Amendment nur diskriminierende *state action* verbiete, nicht aber die vom Gesetz anvisierte Verletzung individueller Rechte durch Private. Die Zuständigkeit des Bundesgesetzgebers, so fand das Gericht, werde nicht erweitert durch Sektion 5 des XIV. Amendment, die dem Kongress die Kompetenz zuweist, «to enforce, by appropriate legislation, the provisions of this article». In seiner *dissenting opinion* plädierte Justice HARLAN, Sen., für die Verfassungsmässigkeit des Gesetzes, einerseits gestützt auf das «involuntary servitude» untersagende XIII. Amendment, anderseits aber auch auf das XIV. Amendment, und zwar u. a. wegen der Stellung der Gastwirte, Kinobesitzer und Transportunternehmer, denen Pflichten der Öffentlichkeit gegenüber oblägen und deren Tätigkeit staatlich normiert werde.

Namentlich im Süden versuchte man das XV. Amendment, das dem Staat rassische Diskriminierungen bei Wahlen und Abstimmungen verbietet, durch die sogenannten *white primaries* zu umgehen. In den Primärwahlen werden die Kandidaten der Parteien für die ordentlichen Wahlen nominiert. Da die Demokraten in den Südstaa-

[83] 109 U. S. 3 (1883).
[84] 18 Stat. 335.

ten jeweils die dominierende Partei sind, wird oft faktisch bereits an diesen Vorwahlen die Entscheidung getroffen. Eine Bestimmung von Texas, welche Negern die Teilnahme an Primärwahlen der Demokratischen Partei untersagte, erklärte der Supreme Court als verfassungswidrig[85]. Hierauf änderte Texas die gesetzliche Regelung dahingehend ab, dass die Exekutivausschüsse der Parteien über das Stimmrecht der Parteimitglieder zu befinden hatten, worauf der Exekutivausschuss der Demokratischen Partei Neger vom Stimmrecht ausschloss. Auch diese Regelung erklärte der Supreme Court als unzulässig, dabei das Vorgehen des als Repräsentant des Staates auftretenden, mit hoheitlichen Befugnissen ausgestatteten Ausschusses als *state action* qualifizierend[86]. Grössere Schwierigkeiten bereitete dem Gericht wenige Jahre später ein Beschluss des texanischen demokratischen Parteikonvents, der Neger vom Stimmrecht bei Primärwahlen ausschloss. Das Gericht verneinte hier zuerst die *state action,* weil der Parteikonvent eines Staates kein Staatsorgan sei[87]. Derselbe Beschluss des Parteikonvents bildete jedoch knapp ein Jahrzehnt später Gegenstand einer Praxisänderung, indem der Supreme Court in *Smith v. Allwright*[88] das Vorgehen des Konvents als unzulässige *state action* wertete[89]. Das Gericht wies darauf hin, dass die Gesetzgebung von Texas die Primärwahlen regle und dass die Übertragung der Festsetzung der Wahlrechtsvoraussetzungen an eine Partei auf die Delegation einer staatlichen Funktion hinauslaufe, weshalb der Ausschluss von Negern trotz des an sich privatrechtlichen Charakters, welcher der Partei als Vereinigung zukomme, *state action* darstelle. Noch einen Schritt weiter ging das Oberste Bundesgericht in *Terry v. Adams*[90], wo es den Ausschluss von Negern durch die Jaybird Democratic

[85] *Nixon v. Herndon,* 273 U. S. 536 (1927).

[86] *Nixon v. Condon,* 286 U. S. 73 (1932).

[87] *Grovey v. Townsend,* 295 U. S. 45 (1935).

[88] 321 U. S. 649 (1944).

[89] In der Zwischenzeit war der Entscheid *United States v. Classic,* 313 U. S. 299 (1941) ergangen, in welchem das Gericht im Zusammenhang mit der Strafverfolgung von Wahlbeamten wegen Wahlfälschung anlässlich der Primärwahlen auf die entscheidende Bedeutung dieser Wahlen in Louisiana hingewiesen und sie – da sie auf Kosten des Staates und gemäss staatlicher gesetzlicher Regelung durchzuführen waren – in bezug auf die Gesetzgebungskompetenz des Kongresses laut Art. I Sektion 4 der Verfassung den ordentlichen Wahlen gleichgestellt hatte.

[90] 345 U. S. 461 (1953).

Association mit dem ein gerichtliches Intervenieren ermöglichenden Stempel der *state action* versah: Diese – nur im Sinne der parteipolitischen Bezeichnung – demokratische Bezirksvereinigung, der alle stimmberechtigten Weissen des Bezirks automatisch angehörten, pflegte eine Art «Vor-Vorwahlen» durchzuführen, an denen sie ihren Kandidaten für die *primaries* bestimmte. Hier wurde jedoch meist der Ausgang der Bezirkswahlen bestimmt, waren doch die betreffenden Kandidaten seit der Vereinsgründung im Jahre 1889 fast ausnahmslos erfolgreich aus den späteren Vorwahlen und ordentlichen Wahlen hervorgegangen.

Dass Private gleichsam als Instrumente des Staates handelten und ihr Verhalten daher *state action* darstellte, nahm der Supreme Court auch in *Burton v. Wilmington Parking Authority*[91] an. Die Verpflichtung eines Restaurateurs, einen Neger zu bewirten, wurde hier daraus abgeleitet, dass die Gaststätte von einer Gesellschaft, die der Staat Delaware mit der Erfüllung einer öffentlichen Aufgabe – der Schaffung von Parkplätzen – beauftragt hatte, an den Restaurateur vermietet worden war. Die Gesellschaft hatte ein Parkhaus gebaut, in dem sich Geschäftsräume und das betreffende Restaurant befanden, auf deren Vermietung die Gesellschaft zwecks Deckung der Kosten und Erzielung eines Ertrages angewiesen war; anderseits erwuchsen den Mietern durch die Lage des Mietobjektes erhöhte Einnahmen. Diese Wechselbeziehung zwischen der Erfüllung einer öffentlichen Aufgabe und dem an sich privaten Geschäftsgebaren des Wirtes genügte dem Gericht, um *state action* anzunehmen.

Wenn sich Staatsbeamte in Ausübung ihres Amtes Kompetenzüberschreitungen zuschulden kommen lassen, durch welche Freiheitsrechte oder die Rechtsgleichheit verletzt werden und die zugleich gegen die Rechtsordnung des betreffenden Einzelstaates verstossen, so können sie sich nicht wegen des Widerspruchs ihres Verhaltens mit dem einzelstaatlichen Recht auf mangelnde *state action* berufen, weil der Supreme Court in solchen Fällen davon ausgeht, die Fehlbaren hätten «under the color of law» gehandelt[92].

[91] 365 U.S. 715 (1961).

[92] *Screws v. United States,* 325 U.S. 91 (1945): Zulässigkeit der Bestrafung von Beamten, die einen Verhafteten zu Tode misshandelt hatten, auf Grund eines Bundesstrafgesetzes. (Grundsätzlich fällt das materielle Strafrecht in die Zuständigkeit der Einzelstaaten; bundesstrafrechtliche Normen bedürfen einer besonderen Kompetenzgrundlage in der Unionsverfassung.)

Dornenvolle Probleme ergeben sich, wenn der Staat bei der Durchsetzung privatrechtlicher Rechtsgeschäfte, die zu einer Diskriminierung von Negern führen, oder zum Schutze eines Grundeigentümers vor Betretung seiner Liegenschaft durch Neger angerufen wird. Auch hier hat der Supreme Court eine zunehmende Neigung gezeigt, *state action* zu konstruieren. In *Shelley v. Kraemer*[93] hatte jemand in Verletzung eines privatrechtlichen *restrictive covenant*, der Verkauf und Vermietung von Liegenschaften an Neger untersagte und durch öffentliche Beurkundung quasidingliche Wirkung erlangt hatte, Land an einen Neger verkauft, und der Supreme Court wies die Klage anderer am *covenant* beteiligter weisser Eigentümer au Rückgängigmachung des Kaufvertrages ab[94]. Auch einer letztwilligen Verfügung, wonach ein Grundstück an eine Gemeinde mit der Auflage vermacht worden war, dass es nur von Weissen benützt werden dürfe, verweigerte das Gericht in *Evans v. Newton*[95] in bezug auf die Auflage die Sanktionsmöglichkeit, allerdings unter Berücksichtigung des Umstands, dass die Liegenschaft – ein Park – im Zeitpunkt des Rechtsstreites schon seit langem von der betreffenden Gemeinde unterhalten und zu deren integrierendem Bestandteil geworden war. Das Gericht fand in *Bell v. Maryland*[96] auch einen Ausweg, um Strafurteile gegen Neger aufzuheben, die durch ein *sit-in* in einem Restaurant in Baltimore gegen die vom betreffenden Wirt betriebene Segregation demonstriert hatten. Dabei beriefen sich allerdings nur drei Richter auf das XIV. Amendment, während die offizielle Urteilsbegründung dem Umstand, dass Baltimore inzwischen die Segregation in Gaststätten gesetzlich verboten hatte, entscheidende Bedeutung beimass[97].

[93] 334 U.S. 1 (1948).

[94] Zwar war die privatrechtliche Vereinbarung einer solchen Belastung der Liegenschaft an sich zulässig. Dadurch, dass der Staat seine Maschinerie bei der Eintragung und Durchsetzung solcher stark verbreiteter *covenants* zur Verfügung stellte, entsprach der Tatbestand aber funktionell demjenigen einer durch staatliche Zonen-Verordnungen herbeigeführten Segregation im Wohnwesen; dazu BLACK (4) 103. Die Begründung des Gerichts erscheint als weniger subtil als diese nachträgliche Erklärung Professor BLACKS.

[95] 382 U.S. 296 (1966); vgl. allerdings *Evans v. Abney,* 396 U.S. 435 (1970).

[96] 378 U.S. 226 (1964).

[97] Vgl. weitere Beispiele zum Problem der *state action* bei EHMKE 605–659, HAUSHEER 127–185, KAUPER (4) 127–166, und KURLAND 125–154, ferner den Entscheid *Reitman v. Mulkey,* 387 U.S. 369 (1967), besprochen bei Walter HALLER, Die Bean-

Infolge des Wortlauts der Verfassung fällt es dem Gericht bei der *equal protection clause* vielleicht leichter als bei der *due process clause, state action* anzunehmen, weil im ersten Fall eine Verneinung («deny»), also auch ein bloss passives Verhalten, genügt, während im letzteren Fall von einem Entzug («deprive») die Rede ist[98].

Formell erfolgte nie eine Aufhebung der *Civil Rights Cases,* doch wurde das Fundament, auf dem sie ruhen, durch die spätere Rechtsprechung völlig untergraben. Gegen Diskriminierungen der Neger in öffentlichen Lokalen sieht überdies der *Civil Rights Act* von 1964, dessen Verfassungsmässigkeit der Supreme Court gestützt auf die *commerce clause* bejahte[99], wirksame Abhilfemassnahmen vor.

Im Hinblick auf einen aufsehenerregenden neueren Gerichtsentscheid kann man sich fragen, ob nicht verschiedenen der vorstehend erörterten Fälle nur noch historische Bedeutung zukomme. In *Jones v. Alfred H. Mayer Co.*[100] leitete nämlich der Supreme Court – anknüpfend an Gedanken, die bereits der ältere HARLAN in seinem abweichenden Votum in den *Civil Rights Cases* geäussert hatte – die Zulässigkeit eines Rassendiskriminierungen verbietenden Bundesgesetzes aus dem XIII. Amendment ab. Diese Verfassungsnorm statuiert die Abschaffung von Sklaverei und – unter Vorbehalt des strafrechtlichen Freiheitsentzuges – von «involuntary servitude» überhaupt, ermächtigt den Kongress zur Ausführungsgesetzgebung und richtet sich nicht nur gegen Bund und Staaten; mangels des *state action*-Erfordernisses ist sie nämlich auch Privaten gegenüber durchsetzbar. Der Supreme Court nahm nun im Jones-Fall an, der Kongress sei auf Grund dieser Bestimmung zuständig «to pass all laws necessary and proper for abolishing all badges and incidents of slavery», worunter man bei entsprechend extensiver Auslegung sämtliche Rassendiskriminierungen – mögen sie durch den Staat oder durch Privatpersonen erfolgen – subsumieren kann.

spruchung des amerikanischen Stimmbürgers, Erlenbach-Zürich/Stuttgart 1970, 19/20. Die Ausweitung des *state action*-Konzepts war im Hinblick auf die rechtliche Gleichstellung des Negers von hervorragender Bedeutung; vgl. hiezu insbesondere den Aufsatz von Charles BLACK, «State Action», Equal Protection, and California's Proposition 14, Harvard Law Review *81* /1967–68, 69–109.

[98] Cox (2) 64 betrachtet diese Unterscheidung offenbar als nicht relevant.

[99] Vgl. vorn S. 23 f.

[100] 392 U. S. 409 (1968). Bestätigung in *Sullivan v. Little Hunting Park, Inc.,* 396 U. S. 229 (1969)

c) Einige «causes célèbres»

c_1) Meinungsäusserungs- und Versammlungsfreiheit[101]

Im I. Amendment werden u. a. Rede-, Presse- und Versammlungsfreiheit vor Eingriffen des Kongresses geschützt, ohne dass sich ein Gesetzesvorbehalt findet. Einige Richter, vor allem Justice BLACK, lehnten aus diesem Grund jede gesetzliche Beschränkung dieser Grundrechte als verfassungswidrig ab, während andere, z. B. Justice FRANKFURTER, die Zulässigkeit gesetzlicher Eingriffe auf Grund einer starre Formeln und enge Wortinterpretationen meidenden Interessenabwägung im Einzelfall prüften[102]. Dabei wird eine – freilich nicht geradlinig verlaufende – *Tendenz nach verstärktem Schutz von Meinungsäusserungs- und Versammlungsfreiheit* erkennbar, wenn auch die *preferred position*-Formel (nicht aber der dahinterstehende Gedanke) von der Gerichtsmehrheit abgelehnt wurde.

Zu einer eigentlichen Krise der Freiheitsrechte kam es in der Phase, in der Senator JOSEPH R. MCCARTHY die politische Szene dominierte. FRANK schreibt über diese unglückselige Epoche:

> «The inauguration of an enormous loyalty and security program, as a large portion of this activity was euphemistically termed, spread into private industry from the government. Millions of Americans became subject to scrutiny, not, usually, for actual misdeeds but for what they had thought or said ten or twenty years before. The deportation mania recurred, and active criminal prosecutions, particularly of Communists, got under way. The whole program was given a superfrenetic atmosphere by Congressional investigating committees that began to substitute for the normal objective of legislation the objectives of ‚exposure' and of ‚getting the witness for perjury'[103].»

Auch der Supreme Court vermochte damals nicht gegen die politische Zeitströmung zu schwimmen. Einen Tiefpunkt erreichte seine

[101] Vgl. hiezu auch die Dissertation von VOSS, die sich vor allem mit dem Verhältnis der Meinungsäusserungsfreiheit zum Staatsschutz befasst. Das Verhältnis der Pressefreiheit zum Staatsschutz wurde im Juni 1971 aktuell, als die «New York Times», die «Washington Post» und andere Zeitungen als geheim bezeichnete Staatspapiere über das Zustandekommen der Entscheidungen in der amerikanischen Vietnampolitik publizierten. Am 30. Juni wies der Supreme Court mit sechs zu drei Stimmen die Forderung der Regierung nach einem Teilverbot der weiteren Veröffentlichung der sogenannten « McNamara-Studie » ab.

[102] Vgl. zu diesen verschiedenen richterlichen Betrachtungsweisen die ausgezeichneten Bemerkungen bei KAUPER (4) 111 f.

[103] FRANK (2) 189. Vgl. zu den *loyalty-security*-Programmen im besonderen ROSTOW 267–288.

Praxis in *Dennis v. United States*[104], wo die gestützt auf den *Smith Act*[105] erfolgte Verurteilung führender Kommunisten bestätigt wurde, denen man praktisch nur ihre Parteizugehörigkeit und jedenfalls nicht konkret subversive Tätigkeit nachweisen konnte. Formell hielt das Gericht dabei noch fest an dem von Justice HOLMES aufgestellten Kriterium, dass die Meinungsäusserungsfreiheit nur bei Vorliegen einer *clear and present danger* der Schädigung öffentlicher Interessen durch die fragliche Äusserung beschränkt werden dürfe[106]. In *Yates v. United States*[107] kehrte das Gericht dann wieder zu einer differenzierten Interessenabwägung zwischen Meinungsäusserungsfreiheit und öffentlichem Interesse zurück, indem es entschied, dass die blosse Kundgabe von Überzeugungen, auch revolutionären Charakters, an sich noch nicht für eine Freiheitsbeschränkung ausreiche.

In bezug auf die Versammlungsfreiheit ergingen u.a. Entscheide, in denen das Gericht die Kompetenz staatlicher Behörden beschränkte, von Vereinen die Offenlegung ihrer Mitgliederverzeichnisse zu fordern[108] oder von Beamten Erklärungen darüber zu verlangen, welchen Vereinen sie angehörten[109].

In den sechziger Jahren erwies sich die Gerichtspraxis als im allgemeinen geneigt, Beschränkungen der Meinungsäusserungsfreiheit – vor allem, wenn sie der Unterdrückung *politischer* Ansichten diente – mit äusserster Skepsis zu begegnen und nur beim Vorliegen zwingender Gründe zu schützen. Im Verhältnis zum Bundesgesetzgeber geschah dies dabei in aller Regel nicht durch Verfassungswidrigerklärung von Gesetzen, sondern durch deren restriktive Auslegung[110].

[104] 341 U.S. 494 (1951). Vgl. auch *American Communications Assn., CIO v. Douds,* 339 U.S. 382 (1950).

[105] 54 Stat. 671.

[106] *Schenck v. United States,* 249 U.S. 47 (1919) auf S. 52. In bezug auf einzelstaatliche Freiheitsbeschränkungen verneinte die damalige Gerichtsmehrheit, die noch vom *fundamental rights approach* ausging, die Anwendbarkeit des Kriteriums einer offenkundigen und gegenwärtigen Gefahr und gab sich schon dann zufrieden, wenn der am Massstab des XIV. Amendment gemessene gesetzgeberische Eingriff irgendwie als «reasonable» gerechtfertigt werden konnte; vgl. etwa *Gitlow v. New York,* 268 U.S. 652 (1925) und *Whitney v. California,* 274 U.S. 357 (1927).

[107] 354 U.S. 298 (1957).

[108] Z.B. *NAACP v. Alabama,* 357 U.S. 449 (1958).

[109] *Shelton v. Tucker,* 364 U.S. 479 (1960).

[110] Ausnahme, in der ein Bundesgesetz wegen Verletzung des I. Amendment als verfassungswidrig erklärt wurde: *Lamont v. Postmaster General,* 381 U.S. 301 (1965).

Was Justice DOUGLAS bereits 1949 in einer *majority opinion* schrieb, gilt im Hinblick auf die spätere Gerichtspraxis erst recht als repräsentativ:

«(A) function of free speech under our system of government is to invite dispute. It may indeed best serve its high purpose when it induces a condition of unrest, creates dissatisfaction with conditions as they are, or even stirs people to anger. Speech is often provocative and challenging. It may strike at prejudices and preconceptions and have profound unsettling effects as it presses for acceptance of an idea. That is why freedom of speech, though not absolute ... is nevertheless protected against censorship or punishment, unless shown likely to produce a clear and present danger of a serious substantive evil that rises far above public inconvenience, annoyance, or unrest. ... There is no room under our Constitution for a more restrictive view. For the alternative would lead to standardization of ideas either by legislatures, courts, or dominant political or community groups[111].»

Eine Frage bereitete dem Gericht wiederholt Kopfzerbrechen, nämlich wie *symbolic speech – Kundgabe von Meinungen durch symbolische Handlungen* – zu behandeln sei. In *United States v. O'Brien*[112] hatten vier Männer aus Protest gegen den Vietnamkrieg ihre Wehrpflichtigen-Ausweise auf der Treppe eines Bostoner Gerichts öffentlich verbrannt. Durch ein Kongressgesetz wurden derartige vorsätzliche Vernichtungen militärischer Ausweise pönalisiert. Im Gegensatz zur Vorinstanz erachtete der Supreme Court das Gesetz als verfassungsmässig, wobei er in der von Chief Justice WARREN verfassten offiziellen Begründung davon ausging, das Gesetz verbiete nicht Meinungsäusserungen als solche. Dort, wo ein Verhalten zugleich «speech» und «nonspeech» Elemente aufweise, könne – so führte das Gericht weiter aus – ein genügendes öffentliches Interesse an der Regelung des letzteren Aspekts auch incidenter eine Beschränkung von Grundrechten des I. Amendment rechtfertigen. Vorliegend bestehe ein wichtiges öffentliches Interesse daran, dass Wehrpflichtige im Besitz ihrer Ausweise seien. Dass der O'Brien-Entscheid nicht etwa grünes Licht für Verbote symbolischer Meinungsäusserungen bedeutete, zeigten im folgenden Jahr zwei Entscheide: In *Tinker v. Des Moines Independent School District*[113] erklärte das Oberste Bundesgericht das Vorgehen lokaler Schulbehörden, die Mittelschülern das als Protest

[111] *Terminiello v. Chicago*, 337 U. S. 1 (1949) auf S. 4/5.
[112] 391 U. S. 367 (1968).
[113] 393 U. S. 503 (1969).

gegen den Vietnamkrieg gedachte Tragen schwarzer Armbinden in der Schule untersagt hatten, als illegal, und in *Street v. New York*[114] hob es die Verurteilung eines Angeklagten auf, der bestraft worden war, weil er durch öffentliche Verbrennung einer amerikanischen Flagge gegen den Vietnamkrieg demonstriert hatte. Im letzteren Fall stützte sich die Gerichtsmehrheit allerdings darauf, dass das die Verurteilung ermöglichende New Yorker Gesetz in einer Weise ausgelegt worden war, die eine Bestrafung wegen der anlässlich des fraglichen symbolischen Akts geäusserten abschätzigen Bemerkungen über die Flagge für sich allein gestattet hätte; interessanterweise befanden sich in diesem Fall unter den *dissenters* Richter, die im allgemeinen sehr empfindlich gegen Beschränkungen der I. Amendment-Rechte zu reagieren pflegten, nämlich WARREN, BLACK und FORTAS.

Heikle Fragen stellten sich ebenfalls in bezug auf das *Verhältnis der Pressefreiheit zu Ehrverletzungsklagen.* War der Schutz, den der Supreme Court der Pressefreiheit ursprünglich zuteil werden liess, gegen *prior restraint,* gegen Vorzensur, gerichtet, so mass das Gericht diesem Grundrecht später eine umfassendere Bedeutung zu. Aufschlussreich ist *New York Times Co. v. Sullivan*[115]: Ein ganzseitiges Inserat in der «New York Times», das für Unterstützung MARTIN LUTHER KINGS und der Negerbewegung warb, warf Behörden Alabamas schwere Rassendiskriminierungen vor. Nachträglich stellte sich heraus, dass einige der aufgestellten ehrverletzenden Behauptungen nicht der Wahrheit entsprachen. Einem der betroffenen Beamten, der Klage erhoben hatte, sprach ein Geschworenengericht in Alabama einen Schadenersatz von einer halben Million Dollar zu, und das höchste staatliche Gericht bestätigte den Entscheid. Der Supreme Court hob das Urteil auf, weil er darin eine Verletzung der Meinungsäusserungsfreiheit erblickte. Dabei legte er Wert auf die Feststellung, dass kein kommerzielles Inserat sensu technico in Frage stehe und dass die betreffenden Äusserungen die Kritik an einem Beamten wegen seiner Amtsführung darstellten. Müsse jemand, der in guten Treuen solche Behauptungen aufstelle, derartige Sanktionen gewärtigen, so komme die angewendete staatliche Gesetzesbestimmung, wonach bei Ehrverletzungen nur im Falle eines Wahrheitsbe-

[114] 394 U. S. 576 (1969).
[115] 376 U. S. 254 (1964).

weises eine Abweisung der Klage in Frage kam, auf eine unzulässige Regulierung der freien Meinungsäusserung heraus. Das Gericht forderte, dass ein Ehrverletzungskläger in solchen Fällen «actual malice» seitens des Beklagten nachweisen müsse[116].

Der Supreme Court liess nicht nur politischen Meinungsäusserungen einen sehr weit gehenden Schutz zuteil werden, sondern auch Äusserungen in Wort und Bild, die manchmal als Ausdruck künstlerischen Schaffens verstanden werden mochten, manchmal aber offensichtlich lediglich dem kommerziellen Vertrieb von Pornographie dienten. Auf diesem Gebiet ist es wegen der zahlreichen Voten, die jeweils in den bekannteren neueren Entscheidungen abgegeben wurden, schlechthin unmöglich, die Rechtsprechung des Supreme Court zu umreissen[117]. Mit einem gewissen Recht beanstandete Chief Justice WARREN, dass der Supreme Court in solchen Fällen als eine Art Oberzensurbehörde, als «ultimate censor», auftrete, anstatt sich auf eine Prüfung darüber zu beschränken, ob die zuständigen Behörden ein Verbot auf «sufficient evidence» stützen könnten[118].

Das Gericht hat auch schon – statt eine Ermessensüberprüfung vorzunehmen – Gesetze ungültig erklärt, weil sie einer Behörde zu viel Ermessen einräumten. Das gilt gerade auf dem Gebiet der Vorzensur von Meinungsäusserungen[119].

[116] Die Richter BLACK, DOUGLAS und GOLDBERG wollten noch weiter gehen. Vgl. auch das Votum von Justice BLACK in *Rosenblatt v. Baer,* 383 U.S. 75 (1966) auf S. 95: «The only sure way to protect speech and press ... is to recognize that libel laws are abridgments of speech and press and therefore are barred in both federal and state courts by the First and Fourteenth Amendments. I repeat what I said in the New York Times case that ‚An unconditional right to say what one pleases about public affairs is what I consider to be the minimum guarantee of the First Amendment.»

[117] So gaben die neun Richter in den drei nacheinander entschiedenen «obscenity cases» *A Book Named «John Cleland's Memoirs of a Woman of Pleasure» v. Attorney General of Massachusetts,* 383 U.S. 413 (1966), *Ginzburg v. United States,* 383 U.S. 463 (1966), und *Mishkin v. New York,* 383 U.S. 502 (1966) insgesamt sechzehn gesonderte Voten ab.

[118] WARREN, *dissenting opinion* in *Jacobellis v. Ohio,* 378 U.S. 184 (1964).

[119] Z.B. *Joseph Burstyn, Inc. v. Wilson,* 343 U.S. 495 (1952): Gestützt auf eine Gesetzesnorm, welche die Erlaubnis zur Vorführung von Filmen u.a. davon abhängig machte, dass sie nicht «sacrilegious» seien, hatte eine Zensurbehörde den gegenüber dem Katholizismus kritischen Film «Miracolo a Milano» verboten. Der Supreme Court hob das Verbot auf, weil er das Kriterium «sacrilegious» als zu unbestimmt betrachtete, um der Zensurbehörde als Wegleitung und Ermessensbegrenzung zu dienen.

Zahlreich sind die Entscheide, in denen das Oberste Bundesgericht *lokalen Behörden* die Meinungsäusserungs- und Versammlungsfreiheit in Erinnerung rufen musste. FREUND charakterisiert die diesbezügliche Funktion des Gerichts als die eines «legislative drafting bureau for municipal authorities»[120]. Nicht wenige Fälle bezogen sich dabei auf die aufdringlichen Werbemethoden der unpopulären Zeugen Jehovas (wobei hier meistens die Religionsfreiheit mit hineinspielte), ferner auf Negerdemonstrationen[121].

c_2) Religionsfreiheit; Trennung von Kirche und Staat

Gemäss dem I. Amendment darf der Kongress – und das gilt nach Praxis sinngemäss für sämtliche Bundes- und staatlichen Behörden – kein Gesetz erlassen «respecting an establishment of religion, or prohibiting the free exercise thereof».

Religionsfreiheit (inkl. Kultusfreiheit) wird in einem weiten Sinne aufgefasst. In *West Virginia State Board of Education v. Barnette*[122], dem bekannten *flag salute case,* hiess das Gericht die Klage von Zeugen Jehovas gut, die das durch ein staatliches Gesetz vorgeschriebene, als regelmässige Übung erfolgende Salutieren der amerikanischen Fahne durch Schüler öffentlicher Schulen als Götzendienst abgelehnt hatten[123]. Eine Gesetzesbestimmung, welche die Befreiung vom bewaffneten Wehrdienst denjenigen gewährte, «who by reason of their religious training and belief are conscientiously opposed to participation in war in any form», wobei religiöser Glaube im wesentlichen dem Glauben an ein «Supreme Being» gleichgesetzt wurde, legte der Supreme Court weit aus, um nicht nur Angehörige etablierter religiöser Gemeinschaften zu erfassen[124].

[120] FREUND (1) 40.

[121] Beispiele bei KAUPER (6) 1141–1159 und Supplement 300–317.

[122] 319 U. S. 624 (1943).

[123] Wenige Jahre zuvor hatte es dieselbe Frage im gegenteiligen Sinn entschieden: *Minersville School District v. Gobitis,* 310 U. S. 586 (1940).

[124] *United States v. Seeger, United States v. Jakobson, Peter v. United States,* 380 U. S. 163 (1965). Kurz darauf verdeutlichte der Kongress die einschlägige Gesetzesbestimmung dahingehend, dass nur religiöse Gründe in einem engeren Sinn eine Befreiung vom Wehrdienst gestatteten. In *United States v. Sisson,* 297 F. Supp. 902 (District of Massachusetts, 1969) entschied der bekannte Richter CHARLES E. WYZANSKI, dass ein Wehrpflichtiger aus achtenswerten moralischen Gründen die Teilnahme am Vietnamkrieg ablehnen dürfe und dass die gesetzliche Beschränkung auf religiöse Motive gegen die *establishment clause* verstosse. Obwohl sich Wyzanski hütete, zur

Interessant ist vor allem die Praxis des Supreme Court zur *establishment clause* («Congress shall make no law respecting an establishment of religion»), aus welcher das Gericht in schwankender Praxis einerseits eine – auch von einzelstaatlichen Behörden zu beachtende – strenge *Trennung von Kirche und Staat* ableitete, um sich dann anderseits wieder von starren Formeln zu lösen und eine gewisse Interdependenz anzuerkennen. Wohl auf keinem Gebiet wird die höchstrichterliche Verfassungspraxis derart oft desavouiert wie dort, wo die Bedeutung der Religion im öffentlichen Erziehungswesen in Frage steht[125].

In *Everson v. Board of Education*[126] schützte eine knappe Gerichtsmehrheit den Beschluss einer lokalen Schulpflege, die gestützt auf eine staatliche Ermächtigung angeordnet hatte, dass eine Vergütung von Kosten für den Bustransport zur Schule sowohl den Eltern von Schülern öffentlicher als auch kirchlicher Schulen ausgerichtet werden sollte. Kurz darauf betrachtete der Supreme Court in *McCollum v. Board of Education*[127] die Durchführung freiwilligen Religionsunterrichts in öffentlichen Schulen als unzulässig. Die Tragweite dieses Entscheides wurde dann in *Zorach v. Clauson*[128], der ebenfalls den Reli-

Rechtmässigkeit des Vietnamkriegs Stellung zu nehmen, deutete er an, dass im Fall eines erklärten Krieges oder der Verteidigung des Landes gegen Invasion von Verfassungs wegen nichts im Wege stehe, um jedermann zum Kriegsdienst einzuziehen. Vgl. zu diesem interessanten Entscheid den Aufsatz von SIMSON. Die Regierung zog den Sisson-Entscheid an den Supreme Court weiter, der jedoch eine Berufung – u. a. unter Hinweis auf das Verbot der doppelten Strafverfolgung des V. Amendment (worunter die Praxis auch Berufungen der Strafverfolgungsbehörden gegen Freisprüche subsumiert) – als unzulässig betrachtete: *United States v. Sisson,* 399 U. S. 267 (1970). In *Welsh v. United States,* 398 U. S. 333 (1970), nahm der Supreme Court an, dass auch tiefe und aufrichtige moralische und ethische Überzeugungen nichtreligiöser Natur eine Befreiung von der Wehrpflicht rechtfertigten. Zu diesem Entscheid gelangte er jedoch mittels einer gekünstelt wirkenden Auslegung der massgebenden Bestimmung des Military Selective Service Act von 1967, die m. E. mit Gesetzeswortlaut und Materialien im Widerspruch steht. Es hätte näher gelegen, sich im Sinne von Justice HARLANS *concurring opinion* direkt auf die *establishment clause* des I. Amendment zu berufen. Im März 1971 entschied der Supreme Court in den Fällen *Gillette* und *Negre,* dass es unzulässig sei, aus Gewissensgründen lediglich die Teilnahme an einem bestimmten Krieg (in casu: am Vietnamkrieg) abzulehnen; *Time Newsmagazine* vom 22. März 1971 auf S. 52.

[125] Vgl. KRISLOV 132 und 151; ferner BICKEL (4) 92.

[126] 330 U. S. 1 (1947).

[127] 333 U. S. 203 (1948).

[128] 343 U. S. 306 (1952).

gionsunterricht betraf, erheblich abgeschwächt; als zulässig erachtete hier das Gericht eine Regelung, wonach Schülern öffentlicher Schulen Gelegenheit gegeben wurde, während der Schulzeit auswärts Religionsunterricht zu besuchen. (Im McCollum-Fall war der Unterricht im Schulgebäude selber erfolgt, wobei jedoch auch dort der Staat nicht für die Bezahlung der Lehrer hatte aufkommen müssen.) Der Supreme Court schützte ferner die leihweise Abgabe weltlicher Lehrbücher an Schüler öffentlicher und privater (inkl. religiöser) Schulen als verfassungsmässig[129]. Auch Vorschriften des Staates New York, wonach Kircheneigentum nicht zu besteuern ist, betrachtete er als zulässig[129a]. Nicht genügend neutral fand er dagegen ein Gesetz von Arkansas, das an öffentlichen Schulen und Universitäten das Lehren des Darwinismus verbot und dadurch die alttestamentliche Überlieferung der Schöpfungsgeschichte vor Kritik schützen wollte[130].

Interessant sind vier im Jahre 1961 ergangene Entscheidungen über die Verfassungsmässigkeit staatlicher und kommunaler Gesetze, die anordneten, dass die Geschäfte an Sonntagen geschlossen zu bleiben hatten. Der Supreme Court bejahte die Verfassungsmässigkeit, indem er davon ausging, dass sich solche Erlasse trotz dahinterstehender christlich-religiöser Motive rechtfertigen liessen als Ausübung der polizeilichen Kompetenz zur Festsetzung eines Ruhetages pro Woche zum Schutze der öffentlichen Gesundheit und Wohlfahrt[131]. In den letzteren beiden Entscheiden stand die Anwendung der Gesetze auf orthodoxe Juden in Frage, die das Arbeiten an Samstagen aus religiösen Gründen ablehnten und die demzufolge durch die angefochtene gesetzliche Regelung zur Schliessung ihrer Geschäfte

[129] *Board of Education of Central School District No. 1 v. Allen,* 392 U.S. 236 (1968).

[129a] *Walz v. Tax Commission of City of New York,* 397 U.S. 664 (1970). Gemäss einer unmittelbar vor der Drucklegung erschienenen Zeitungsmeldung entschied das Gericht Ende Juni 1971 auf Grund von Klagen von Steuerzahlern aus Rhode Island und Pennsylvania, dass die Bezahlung von Lehrersalären in katholischen Schulen durch den Staat verfassungswidrig sei, dagegen nicht die Subventionierung von Schulhausbauten; *Neue Zürcher Zeitung* Nr. 296 vom 29. Juni 1971.

[130] *Epperson v. Arkansas,* 393 U.S. 97 (1968).

[131] *McGowan v. Maryland,* 366 U.S. 420; *Two Guys from Harrison-Allentown, Inc. v. McGinley,* 366 U.S. 582; *Braunfeld v. Brown,* 366 U.S. 599; *Gallagher v. Crown Kosher Super Market of Massachusetts, Inc.,* 366 U.S. 617.

während zwei Tagen wöchentlich und der damit verbundenen Erwerbseinbusse verhalten wurden, wenn sie weiterhin den Sabbat heiligen wollten.

Starke Beachtung fanden in der Öffentlichkeit die Entscheidungen des Obersten Bundesgerichts, die sich mit der *Verfassungsmässigkeit von Bibellesen und Gebeten in öffentlichen Schulen* befassten. In *Engel v. Vitale*[132] erklärte der Supreme Court erstmals ein Schulgebet als verfassungswidrig. Gebete wurden dabei nicht schlechthin aus den öffentlichen Schulen verbannt, wie oft in simplifizierender Weise behauptet wird[133], sondern nur das gemeinsame Beten eines von der lokalen Schulbehörde vorgeschriebenen Textes. FREUND bemerkt hiezu:

«The difference between such prayer and a period of meditation during which each student may recite silently what his spirit or training prompts is a considerable constitutional difference but hardly a drastic one in practice; to regard it as drastic for religion is to exalt the words of the mouth over the meditations of the heart in a way repugnant to the great religious traditions and to exalt official conformity over religious voluntarism in a way offensive to the American political tradition[134].»

In den vereinigten Prozessen *School District of Abington Township, Pennsylvania v. Schempp* und *Murray v. Curlett*[135] qualifizierte das Gericht ausser Schulgebeten auch das Bibellesen in öffentlichen Schulen als verfassungwidrig, wobei zu beachten ist, dass ein als religiöse Andachtsübung erfolgendes Lesen der Heiligen Schrift in Frage stand, der Supreme Court mit seinem Entscheid also – wie die Richter GOLDBERG und HARLAN in einem besonderen Votum hervorhoben – nur das «teaching *of* religion», nicht aber das «teaching *about* religion» durch den Staat ausschliessen wollte.

Bei einer Würdigung dieser Entscheidungen müssen wir uns vor Augen halten, dass in den Vereinigten Staaten sehr viele religiöse Gemeinschaften nebeneinander bestehen und dass eine gerichtliche Legitimierung von Schulgebeten und andächtigem Bibellesen in öffentlichen Schulen die von BICKEL skizzierten Folgen haben könnte:

[132] 370 U.S. 421 (1962).

[133] Ein Repräsentant aus Alabama soll den Engel-Entscheid wie folgt kommentiert haben: «They [d.h. der Supreme Court] put the Negroes in the schools, and now they've driven God out»; zit. bei PFEFFER 421.

[134] FREUND (2) 21.

[135] 374 U.S. 203 (1963).

«For such an act of legitimation would have given enormous impetus to Heaven knows what insistent and pervasive incursions into the public school system by organized religion. In the end the system might well have been fragmented into regions and schools dominated by one or another of the churches, each tending to attract only the communicants of the dominant church – that is to say, public parochial schools[136].»

Freilich betraf der Engel-Fall ein Schulgebet, dessen Wortlaut so abgefasst war, dass Angehörige verschiedenster religiöser Gemeinschaften kaum hätten daran Anstoss nehmen können (u.a. fehlte jede Bezugnahme auf Christus). Es lässt sich aber durchaus die Ansicht vertreten, dass es nicht Sache eines Gerichts sein kann, Gebete daraufhin zu untersuchen, ob sie dogmatisch genügend neutral seien, um in öffentlichen Schulen rezitiert zu werden[137].

Der Supreme Court pflegt überhaupt *Fragen des religiösen Dogmas als nicht-justiziabel zu betrachten.* Ein neueres Beispiel hiefür liefert *Presbyterian Church in the United States v. Mary Elizabeth Blue Hull Memorial Presbyterian Church*[138]: Zwei Kirchgemeinden innerhalb der Presbyterianischen Kirche hatten sich selbständig gemacht und beanspruchten in ihrem Gebiet gelegenes Kircheneigentum, das gemäss den kirchlichen Satzungen von den Gemeinden nicht autonom verwaltet wurde. Dabei machten sie geltend, die nationale Kirche habe sich in gravierender Weise von den grundlegenden Lehren des Presbyterianismus entfernt (u.a. durch Zulassung der Frauen zur Priesterweihe, Unterstützung der Negerbewegung und Verurteilung des Vietnamkriegs). Das höchste Gericht des Staates Georgia ging davon aus, dass gemäss staatlichem Recht das Kircheneigentum durch die Kirchgemeinden treuhänderisch für die nationale Kirche unter der Bedingung verwaltet werde, dass diese den Lehrsätzen und Übungen zur Zeit des Anschlusses der regionalen kirchlichen Gemeinschaft treu bleibe, und hiess die Klage gut[139]. Der Supreme Court hob einstimmig den staatlichen Gerichtsentscheid auf, weil es in Anbetracht der im I. Amendment vorgesehenen Trennung von Kirche

[136] Bickel (3) 205/206.

[137] Gl. M. Freund (2) 58.

[138] 393 U.S. 440 (1969).

[139] Die «Tatsachenfeststellung» der Abweichung vom Dogma war durch eine von Baptisten dominierte Jury, in der die Presbyterianer nicht vertreten waren, erfolgt; dazu *New York Times* (City Edition) vom 28. Januar 1969 auf S. 16.

und Staat nicht Sache der Gerichte sei zu bestimmen, welche Lehrmeinungen eine Kirche vertrete und ob sie davon abgewichen sei[140].

Wie wir gesehen haben, leitete der Supreme Court im allgemeinen aus der *establishment clause* ein recht starres Trennungskonzept von Staat und Kirche ab, eine Notwendigkeit des Staates, in kirchlichen Dingen abseits zu stehen, sich neutral zu verhalten. Es lassen sich indessen Situationen denken, in denen der Staat gerade zur Wahrung der ebenfalls durch das I. Amendment geschützten Religionsfreiheit nicht religiös indifferent sein kann[141]. In den Entscheiden, in denen die Anwendbarkeit der *Sunday closing laws* auf orthodoxe Juden bejaht wurde, vermochte der Supreme Court diesem Problem auszuweichen, weil er sich damit zufrieden gab, dass die Beschränkung der Religionsfreiheit der Betroffenen bloss indirekt durch ein allgemeines wirtschaftspolizeiliches Gesetz erfolgt sei und dass die Durchführung des polizeilich erwünschten Ruhetages auf diese Weise ohne unproportionale Eingriffe in die Freiheit des Individuums verwirklicht werde. Dagegen verwickelte sich das Oberste Bundesgericht in *Sherbert v. Verner*[142] durch Betonung der Religionsfreiheit in den Stricken seiner eigenen *establishment clause*-Rechtsprechung, worauf Justice POTTER STEWART in einer ausgezeichneten *concurring opinion* hinwies[143]: Eine Angehörige der «Seventh-day Adventist Church», die aus religiösen Gründen nicht an Samstagen arbeiten wollte, bekam deswegen keine Stelle. Ihr Gesuch um Arbeitslosenunterstützung wurde von den staatlichen Behörden und Gerichten abgewiesen. Dagegen anerkannte der betreffende Staat, dass niemand an Sonntagen zur Arbeit angehalten werden dürfe. Der Supreme Court erblickte im Vorgehen der Behörden eine unzulässige Beschränkung der Religionsfreiheit der Betroffenen. Um zu diesem Ergebnis zu gelangen, musste er eine Pflicht des Staates annehmen, bei der Gewährung der aus öffentlichen Geldern finanzierten Arbeitslosenunterstützungen

140 Vgl. weitere Beispiele betreffend die Nicht-Justiziabilität kirchendogmatischer Fragen bei KAUPER (6) 1172/1173; ferner den Aufsatz KAUPERS, Church Autonomy and the First Amendment: The Presbyterian Church Case, The Supreme Court Review *1969*, 347–378.

141 Darauf weist KAUPER (1) 130/131 hin.

142 374 U. S. 398 (1963).

143 A. a. O. 413 f.

nicht religiös indifferent zu sein, sondern verschiedenen religiösen Überzeugungen Rechnung zu tragen[144].

c_3) Verfahrensgarantien

Es wurde bereits festgestellt, dass der Supreme Court vorab in den sechziger Jahren die meisten verfassungsmässigen Verfahrensgarantien der Bill of Rights, die fast ausschliesslich den *Strafprozess und das vorangehende Ermittlungsverfahren* betreffen, mittels selektiver Inkorporation als für die Staaten im gleichen Umfang wie für den Bund verbindlich erklärte[145].

Um nicht den Rahmen dieser Arbeit zu sprengen, soll lediglich ein – allerdings sehr wichtiger – Entscheid als Illustration dienen: Gemäss dem V. Amendment darf ein Angeschuldigter u. a. nicht gezwungen werden, gegen sich selber auszusagen. Der Supreme Court erklärte diese ursprünglich nur als Schranke der Bundesgewalt gedachte Bestimmung nicht nur auf die Gliedstaaten anwendbar, sondern er leitete daraus *detaillierte Regeln für das polizeiliche Ermittlungsverfahren* ab, die er in *Miranda v. Arizona*[146] in geradezu gesetzgeberischer Weise formulierte:

«... the Prosecution may not use statements, whether exculpatory or inculpatory, stemming from custodial interrogation of the defendant unless it demonstrates the use of procedural safeguards effective to secure the privilege against self-incrimination. By custodial interrogation, we mean questioning initiated by law enforcement officers after a person has been taken into custody or otherwise deprived of his freedom of action in any significant way. As for the procedural safeguards to be employed, unless other fully effective means are devised to inform accused persons of their right of silence and to assure a continuous opportunity to exercise it, the following measures are required. Prior to any questioning, the person must be warned that he has a right to remain silent, that any statement he does make may be used as evidence against him, and that he has a right to the presence of an attorney, either retained or appointed. The defendant may waive effectuation of these rights, provided

[144] Vgl. Näheres zum Verhältnis Staat–Kirche in den Vereinigten Staaten bei Paul G. Kauper, Religion and the Constitution, Louisiana State University Press 1964; ders., The Warren Court: Religious Liberty and Church–State Relations, in: Sayler/Boyer/Gooding 78–97; Philip B. Kurland, Of Church and State and the Supreme Court, in: *Selected Essays on Constitutional Law* 699–779; Anson Phelps Stokes/Leo Pfeffer, Church and State in the United States, Revised one-volume edition, New York/Evanston/London 1964.

[145] Vgl. Belege vorn in Fussnote 78 zu diesem Kapitel.

[146] 384 U. S. 436 (1966).

the waiver is made voluntarily, knowingly and intelligently. If, however, he indicates in any manner and at any stage of the process that he wishes to consult with an attorney before speaking there can be no questioning. Likewise, if the individual is alone and indicates in any manner that he does not wish to be interrogated, the police may not question him. The mere fact that he may have answered some questions or volunteered some statements on his own does not deprive him of the right to refrain from answering any further inquiries until he has consulted with an attorney and thereafter consents to be questioned[147].»

Der Miranda-Entscheid, der in einem Stimmenverhältnis von fünf zu vier erging, erweckte grosses Aufsehen und teilweise sehr heftige Kritik. Es liegt auf der Hand, dass durch die darin aufgestellten Richtlinien in erheblicher Weise in die Kompetenz der Einzelstaaten zur Regelung des Strafverfahrens eingegriffen wurde. Ein Federstrich des Obersten Gerichtshofes – und hunderte von Bestimmungen in den Gesetzessammlungen der fünfzig Einzelstaaten werden zu Makulatur, könnte man in Abwandlung eines bekannten Ausspruchs überspitzt bemerken. Der Supreme Court begnügte sich nicht etwa mit programmatischen Erklärungen, sondern er ging davon aus, dass unter Verletzung der aufgestellten Regeln herbeigeführte Geständnisse überhaupt nicht im nachfolgenden Prozess verwertet werden dürften (was allerdings nicht ausschloss, dass Miranda später in einem neuen Prozess gestützt auf zuverlässiges Beweismaterial verurteilt werden konnte[148]). Anderseits fällt in Betracht, dass in verschiedenen Teilen des Landes immer wieder schwere Missgriffe durch oft nicht genügend ausgebildete Polizisten vorgekommen waren, namentlich Erpressungen von Geständnissen durch psychischen Druck oder physische Gewalt. Ein Rechtsstaat darf sich zur Bekämpfung von Unrecht nicht unrechtmässiger Methoden bedienen. Dass Missstände der genannten Art behoben werden, kann nur erwartet werden, wenn die

[147] A.a.O. 444/445. Zwar sichert das VI. Amendment dem Angeklagten das Recht auf anwaltliche Verbeiständung, doch bezieht sich diese Norm auf das Prozessstadium. Die Ausdehnung auf das Ermittlungsverfahren erfolgte im Miranda-Entscheid gestützt auf das «privilege against self-incrimination» des V. Amendment. In *Escobedo v. Illinois,* 378 U.S. 478 (1964), war noch aus dem VI. Amendment abgeleitet worden, dass ein Angeschuldigter bereits im Ermittlungsverfahren ein Recht habe, sich durch einen Anwalt beraten zu lassen.

[148] Eine entsprechende *exclusionary rule* nimmt das Gericht seit *Mapp v. Ohio,* 367 U.S. 643 (1961), auch an, wenn sich staatliche Polizeiorgane auf illegale Weise – etwa durch widerrechtliche Haussuchung oder Telephonüberwachung – Beweismaterial beschafft haben.

mit der Strafverfolgung betrauten Organe damit rechnen müssen, in widerrechtlicher Weise herbeigeführte Geständnisse könnten dazu führen, dass ein Verbrecher wegen des Verfahrensmangels straflos ausgehe. Übrigens sind sich im allgemeinen gerade Gewohnheitsverbrecher durchaus ihrer verfassungsmässigen Rechte bewusst; die Praxis des Supreme Court kommt in erster Linie jenen zugute, die – erstmals in ein Strafverfahren verwickelt – nicht wissen, was für Rechte sie haben. Die scharfe Kritik an der liberalen Rechtsprechung des Warren-Gerichts zu Strafverfahrens-Garantien hängt zum Teil wohl damit zusammen, dass nach dem Miranda-Entscheid die Verbrechensrate in den USA stark anstieg[149]. Dass ein Zusammenhang zwischen der Rechtsprechung und der Zunahme der Kriminalität besteht, ist eine unbewiesene und äusserst unwahrscheinliche Behauptung[150, 150a].

[149] Im Jahr 1968 liessen einige aufsehenerregende Vorfälle, namentlich die Ermordungen von MARTIN LUTHER KING und ROBERT F. KENNEDY, ferner zahlreiche gewalttätige Rassenzwischenfälle und die Ausschreitungen am demokratischen Parteikonvent in Chicago, jedermann das Problem der Kriminalität bewusst werden. In der Präsidentschaftskampagne desselben Jahres spielte denn auch die «law-and-order»-Parole eine hervorragende Bedeutung (dazu THEODORE H. WHITE, The Making of the President 1968, London 1969, 188 f.), wobei der Kandidat GEORGE WALLACE wiederholt die Kriminalität mit der höchstrichterlichen Praxis in Zusammenhang brachte.

Der Kongress versuchte im selben Jahr, die Rechtsprechung des Supreme Court betreffend Garantien im Strafverfahren durch den *Omnibus Crime Control and Safe Streets Act,* 82 Stat. 197, zu modifizieren.

[150] In diesem Sinne äusserte sich übrigens auch NICHOLAS DE B. KATZENBACH, der zur Zeit der Johnson-Administration Justizminister gewesen war, in einem am 20. Februar 1969 in der University of Michigan Law School gewährten Interview. Kritiker pflegen zu übersehen, dass auch das «Warren-Gericht» bedeutsame Entscheide fällte, in denen die Rechte von Angeschuldigten dem Strafverfolgungszweck untergeordnet wurden; Beispiele bei A. KENNETH PYE, The Warren Court and Criminal Procedure, in: SAYLER/BOYER/GOODING 74/75.

[150a] Es ist nicht ausgeschlossen, dass der Supreme Court in naher Zukunft die *Todesstrafe* verfassungswidrig erklären wird. Auf diese Möglichkeit ist es zurückzuführen, dass seit dem Juni 1967 keine Todesstrafe mehr in den USA vollzogen wurde und dass Hunderte von zum Tode Verurteilten im Ungewissen über ihr Schicksal sind. Verschiedene Richter des Supreme Court haben ihre Abneigung gegen die Todesstrafe nicht verhehlt, doch ist das Gericht in den letzten Jahren immer wieder der Entscheidung dieser Frage ausgewichen, sei es durch Nichterteilung von *certiorari,* sei es durch Gutheissung der Klagen der Verurteilten aus andern, namentlich verfahrensrechtlichen Gründen, wie in *Witherspoon v. Illinois,* 391 U. S. 510 (1968); *Boulden v. Holman,* 394 U. S. 478 (1969); *Boykin v. Alabama,* 395 U. S. 238 (1969) und *Maxwell v. Bishop,* 90 Supreme Court Reporter 1578 (1970). Eine Verfassungswidrig-

c_4) Equal Protection[151]

Dem Umstand, dass der primäre Zweck der nach dem Bürgerkrieg zustandegekommenen *equal protection clause* des XIV. Amendment darin bestand, den Neger vor Diskriminierungen zu schützen, trug die Gerichtspraxis schon früh Rechnung. So erklärte der Supreme Court in *Strauder v. West Virginia*[152] eine staatliche Bestimmung als unzulässig, wonach Neger nicht als Geschworene amten durften[153].

Kurz vor der Jahrhundertwende erfolgte dann aber ausgerechnet von seiten des Obersten Bundesgerichts ein schwerer Schlag gegen die Negeremanzipation, der die amerikanische Geschichte auf Jahrzehnte hinaus in tragischer Weise belastete. In *Plessy v. Ferguson*[154] schützte das Gericht ein Gesetz von Louisiana, das die *Rassensegregation* in Eisenbahnwagen vorsah und Übertretungen mit Strafe bedrohte. Begründet wurde der Entscheid damit, dass zwar das XIV. Amendment rechtlich eine Gleichstellung der Rassen vorschreibe, dass das angegriffene Gesetz jedoch dem Schutz polizeilicher Güter diene (Wahrung von Ruhe und Ordnung durch Verhinderung von Rassenkrawallen) und «reasonable» sei, weil Weissen und Schwarzen ex lege zwar *getrennte, aber gleichwertige* («separate but equal») Eisenbahnwagen zur Verfügung stünden. Einzig Justice HARLAN, Sen., dissentierte, wobei er in seiner kraftvollen Begründung geltend machte, dass das segregationistische Gesetz nur formell Gleichheit gewähre, faktisch aber einseitig gegen die schwarze Bevölkerung gerichtet sei, und dass die Amendments XIII bis XV alle «badges of slavery», ja die Rasse als gesetzliches Einteilungskriterium überhaupt beseitigt hätten. Die Verfassung, so sagte Harlan pointiert, sei *farbenblind*[155].

erklärung der Todesstrafe gestützt auf das VIII. Amendment (Verbot von «cruel and unusual punishments») wird nachdrücklich gefordert von ARTHUR J. GOLDBERG/ALAN M. DERSHOWITZ, Declaring the Death Penalty Unconstitutional, Harvard Law Review *83*/1969–70, 1773–1819.

[151] Vgl. hiezu auch die Arbeit von HEIDE STEINBERGER, Rassendiskriminierung und Oberster Gerichtshof in den Vereinigten Staaten von Amerika, Beiträge zum ausländischen öffentlichen Recht und Völkerrecht 49, Köln/Berlin 1969.

[152] 100 U. S. 303 (1880).

[153] Vgl. auch *Ex parte Virginia*, 100 U. S. 339 (1880): Das Verhalten eines Richters, der bei der Konstituierung von Geschworenengerichten Neger übergeht, stellt *state action* in Verletzung der *equal protection* clause dar.

[154] 163 U. S. 537 (1896).

[155] «Our Constitution is color-blind»; a. a. O. 559.

Die im Plessy-Entscheid verkündete *separate but equal*-Doktrin diente in den folgenden Jahrzehnten als verfassungsmässige Legitimierung der Rassensegregation im öffentlichen Transportwesen, in den Schulen und anderswo. Sie erwies sich nicht nur deswegen als verhängnisvoll, weil sie ein gegenseitiges Sich-Begegnen und Sich-Verstehen der Rassen erschwerte, sondern auch weil sich der zweite Teil der Formel (equal) meist als illusorisch erwies. Auch wenn die Gesetze wohlklingende Deklarationen über die Gleichwertigkeit der dem Neger zur Verfügung gestellten öffentlichen Einrichtungen enthielten, sah die Wirklichkeit häufig anders aus, was namentlich im Erziehungswesen krass zutage trat und den Graben zwischen den Rassen gerade in sozialer Hinsicht vertiefen musste.

Es war denn auch auf dem Gebiet der Erziehung, auf welchem sich der Supreme Court zuerst vom *separate but equal*-Kriterium abwandte. Ab 1938 ergingen einige Entscheide, in denen staatliche Segregationen an Hochschulen als unzulässig erklärt wurden, weil die betreffenden Staaten den Negern keine *gleichwertigen* Ausbildungsmöglichkeiten zur Verfügung stellten, wobei das Gericht das Erfordernis der «equality» streng interpretierte[156].

Endgültig aufgegeben wurde die bereits unterhöhlte *separate but equal*-Doktrin – ohne dass dabei eine ausdrückliche Aufhebung des Plessy-Entscheides, der ja die Segregation im öffentlichen Transportwesen betraf, erfolgt wäre – im denkwürdigen Urteil *Brown v. Board of Education of Topeka*[157], in welchem der Supreme Court die *Rassensegregation in öffentlichen Schulen verfassungswidrig erklärte*[158]. Die Urteilsbegründung Chief Justice WARRENS, der sich sämtliche andern Richter anschlossen, enthält ein kühnes Bekenntnis zu einer *zeitgemässen Ver-*

[156] Vgl. etwa *Sweatt v. Painter,* 339 U. S. 629 (1950) betreffend die University of Texas Law School; weitere Beispiele bei KAUPER (6) 1253 und 1256.

[157] 347 U. S. 483 (1954).

[158] In den folgenden Jahren wurden auch Segregationen in andern von Staaten oder innerstaatlichen Verbänden betriebenen Einrichtungen – Sportplätzen, Parken, Gefängnissen usw. – als illegal gebrandmarkt; Beispiele bei KAUPER (6) 1260 und Supplement 337. Wichtig ist *Loving v. Virginia,* 388 U. S. 1 (1967), wo der Supreme Court ein Gesetz, dass die Heirat zwischen Farbigen und Weissen untersagte, als verfassungswidrig nicht anwandte. In einem andern Fall hatte sich der Virginia Supreme Court of Appeals so spät wie 1955 darauf berufen, dass «the natural law which forbids intermarriage and the social amalgamation which leads to a corruption of races is as clearly divine as that which imparted to them different natures»; zit. bei SCHMIDHAUSER 86.

fassungsauslegung. Das Gericht ging davon aus, dass sich die Tragweite des XIV. Amendment nicht auf Grund der Materialien fixieren lasse und dass jedenfalls «die Uhr nicht auf jenen Zeitpunkt [als das Amendment zustande kam] zurückgestellt werden könne»[159]. Die Zulässigkeit der Segregation sei vielmehr im Hinblick auf den gegenwärtigen Entwicklungsstand des öffentlichen Schulwesens und seiner Stellung im amerikanischen Leben zu beurteilen. Mit einer kurzen, eher soziologisch-psychologischen Begründung, in der auf die hervorragende Bedeutung der Erziehung und die Minderwertigkeitskomplexe, welche die Segregation bei den Negern züchte, hingewiesen wurde, kam das Gericht zum Ergebnis, dass die Segregation die *equal protection clause* verletze.

Was die *Durchsetzung der Desegregation im Schulwesen* betraf, so war mit erheblichen praktischen Schwierigkeiten zu rechnen: Legitimiert durch die bisherige höchstrichterliche Rechtsprechung, herrschte die Rassensegregation im Schulwesen in manchen Staaten vor, und ihre Überwindung machte nicht nur Revisionen zahlreicher Rechtsnormen notwendig, sondern erforderte eine Berücksichtigung regionaler Schulprobleme[160], vorab aber die Änderung der Mentalität unzähliger Weisser; namentlich in den Südstaaten, die praktisch durchweg ein segregiertes Schulsystem aufwiesen, war hartnäckiger Widerstand zu erwarten, und ein geschlossener Widerstand eines Landesteils, der sich ohnehin oft majorisiert wähnt, musste den Föderalismus einer erneuten harten Belastungsprobe aussetzen. Das Gericht sah sich daher zu einem ungewöhnlichen Schritt veranlasst: Es begnügte sich einstweilen mit einer Verfassungswidrigerklärung und verschob die Entscheidung der Frage, wie die Segregation zu beheben sei, auf einen späteren Zeitpunkt. Im folgenden Jahr, nachdem die Attorneys General des Bundes und der Staaten, deren Schulsysteme segregiert waren, Gelegenheit zur Vernehmlassung erhalten hatten, beauftragte

[159] Vgl. hiezu die sehr einlässliche Analyse BICKELS, The Original Understanding and the Segregation Decision, Harvard Law Review *69*/1955–56, 1–65; anhangsweise abgedruckt bei BICKEL (3) 211–261 sowie in *Selected Essays on Constitutional Law* 853–896. Bickel kommt zum Schluss, dass das XIV. Amendment gemäss dem «original understanding» nicht Rassensegregationen ausschliessen sollte, dass jedoch der damalige Kongress – wie seinerzeit der Philadelphia Konvent – die Möglichkeit einer Verfassungsfortbildung durch die Praxis bewusst in Kauf genommen habe.

[160] Das Schulwesen ist in den USA stark örtlich dezentralisiert.

es – wiederum einstimmig – die zuständigen District Courts damit, «*with all deliberate speed*» und unter gebührender Berücksichtigung der konkreten Umstände die erforderlichen Massnahmen zu treffen, um den betroffenen Prozessparteien den Zugang zu desegregierten Schulen zu eröffnen[161].

Brown v. Board of Education of Topeka betraf zwar nur die Segregation in Schulen in Kansas, South Carolina, Virginia und Delaware. Bereits im zweiten Brown-Entscheid hatte der Supreme Court jedoch eine weit über den konkreten Prozess hinausreichende Bedeutung der verkündeten Maxime, dass Rassenabsonderung im öffentlichen Schulwesen verfassungswidrig sei, beansprucht, indem er betont hatte, diesem Prinzip müssten alle entgegenstehenden Bestimmungen des Bundes, der Staaten oder innerstaatlicher Verbände weichen. Noch klarer drückte sich das Gericht diesbezüglich in *Cooper v. Aaron*[162] aus, wo es den Gouverneur und die Legislative von Arkansas, welche die Desegregation zu hintertreiben versuchten, wegen ihrer Nichtbeachtung des ersten Brown-Entscheides, an welchem Arkansas in keiner Weise beteiligt gewesen war, tadelte. Die höchstrichterliche Auslegung des XIV. Amendment bezeichnete der Supreme Court ausdrücklich als «supreme law of the land». Dass das Gericht damit *seine eigene Verfassungsauslegung der Verfassung selber gleichstellte,* ergibt sich besonders deutlich aus einer Bemerkung, dass alle Behörden und Beamten gemäss Art. VI Ziff. 3 der Verfassung kraft ihres Verfassungseides bzw. -gelübdes zur Beachtung der Auslegung der *equal protection clause* im ersten Brown-Entscheid verpflichtet seien[163, 164].

Die *Reaktion auf den Brown-Entscheid* war – trotz des in bezug auf die Vollstreckung zugestandenen Kompromisses («with all deliberate

[161] *Brown v. Board of Education of Topeka,* 349 U. S. 294 (1955).

[162] 358 U. S. 1 (1958).

[163] Art. VI Ziff. 3 der Verfassung lautet: «The senators and representatives ..., and the members of the several State legislatures, and all executive and judicial officers, both of the United States and of the several States, shall be bound by oath or affirmation to support this Constitution ...».

[164] Welchen Wert das Gericht auf den Entscheid *Cooper v. Aaron* legte, zeigt sich an einem aufschlussreichen Detail: Während sonst der offiziellen Urteilsbegründung – unabhängig davon, ob abweichende Voten abgegeben werden – nur der Name ihres Redaktors vorangestellt wird, bezeichnete der Supreme Court die *opinion of the court* hier ausdrücklich als diejenige sämtlicher Richter, wobei alle neun Namen aufgezählt wurden; m. W. war das ein Novum in der langen Geschichte des Supreme Court.

speed») – in den Südstaaten ausserordentlich heftig, wobei der organisierte Widerstand erst Jahre später, 1957 und 1958, seinen Höhepunkt erreichte, nachdem nicht nur südstaatliche Legislaturen den Entscheid als «nichtig» erklärt hatten[165], sondern auch ein von fast sämtlichen südstaatlichen Kongressabgeordneten unterzeichnetes Manifest die neue Rechtsprechung als illegalen und illegitimen richterlichen Übergriff in die Domäne des Gesetzgebers und in die staatliche Souveränität gerügt und zum Widerstand aufgerufen hatte. Dieser Widerstand blieb nicht aus und führte bekanntlich dazu, dass sich Präsident EISENHOWER – der übrigens der Negeremanzipations-Bewegung gegenüber im Gegensatz zu seinen Nachfolgern KENNEDY und JOHNSON eine bedauernswerte Gleichgültigkeit bekundete – schliesslich im Herbst 1957 vor die Notwendigkeit gestellt sah, zur Durchsetzung bundesgerichtlicher Anordnungen und Unterdrükkung entstandener Unruhen ein Fallschirmjägerbataillon nach Little Rock zu entsenden und die Staatsmiliz unter Bundesbefehl zu stellen. Bekannt ist auch die Intervention Präsident Kennedys in Jackson, Mississippi, im September 1962[166].

Die «with all deliberate speed»-Formel erwies sich als verhängnisvoll, weil unzählige Schulbehörden damit ihre Untätigkeit bei der Desegregation unter Hinweis auf besondere, regional bedingte Schwierigkeiten zu rechtfertigen versuchten und nicht selten Richter unterer Gerichte, welche die neue höchstrichterliche Praxis missbilligten, zu viel Verständnis für solche Einwände zeigten und mehr Gewicht auf «deliberation» als auf «speed» legten[167]. Das veranlasste den Supreme Court am 29. Oktober 1969 in *Alexander v. Holmes County Board of Education*[168], übrigens dem ersten wichtigen unter dem Vorsitz des neuen Chief Justice WARREN E. BURGER gefällten Entscheid, von Präsident NIXON gebilligte und vom Justizdepartement unterstützte Anträge um Aufschub der Desegregation in einigen Schuldistrikten in Mississippi abzulehnen und einstimmig eine

[165] Die General Assembly von Georgia verlangte sogar in einer Resolution Impeachment der Richter, weil sie versucht hätten, «by judicial decrees to carry out communist policies»!; PFEFFER 14.

[166] LOEWENSTEIN (3) 20/21.

[167] Vgl. hiezu das Buch von JACK PELTASON, Fifty-Eight Lonely Men, New York 1961.

[168] 396 U. S. 19 (1969).

sofortige Beendigung der Segregation anzuordnen, wobei das Gericht zu verstehen gab, dass die Ersetzung der bereits in früheren Entscheiden kritisierten «with all deliberate speed»-Formel durch «immediate compliance» grundsätzlich überall gelten sollte.

Ein noch schwierigeres Problem als dasjenige der Beseitigung rechtlicher Rassenabsonderungen stellt indessen die sogenannte *de facto Segregation* dar, die auch in vielen Gebieten im Norden des Landes noch nicht bewältigt wurde[169]: Da mancherorts Neger und Weisse in verschiedenen Quartieren wohnen – eine Entwicklung, die durch privatrechtliche, Neger von «weissen Quartieren» fernhaltende Rechtsgeschäfte verstärkt wurde –, kann auch ein rechtlich integriertes Schulsystem häufig wegen der Siedlungsverhältnisse nicht viel am Bestehenden ändern, da ja die Zuteilung der Schüler zu den vorhandenen Schulen in erster Linie nach regionalen Gesichtspunkten erfolgt. Ausser in Fällen, in denen die Schulkreiseinteilung offensichtlich ein segregationistisch motiviertes *gerry-mandering* darstellt, haben sich die Bundesgerichte mangels diskriminierender *state action* ausserstande betrachtet, etwas gegen solche *de facto* Segregationen vorzukehren[170]. Noch weniger kann ein Gericht verhindern, dass Eltern ihre Kinder in nicht integrierte Privatschulen schicken[171] oder ihren Wohnsitz wechseln, um sich in einem Schulkreis niederzulassen, in dem die Schulen faktisch segregiert sind. Dagegen kann sich ein Schulkreis selbstverständlich nicht seiner Pflicht zur Beseitigung der Rassenabsonderung dadurch entziehen, dass er kurzerhand die öffentlichen Schulen schliesst und statt dessen privaten, segregierten Schulen Subventionen gewährt[172]. Die lokalen Behörden können jedoch einen Beitrag zur Verhinderung faktischer Rassenabsonderungen lei-

[169] Dazu Bickel (3) 26 f. und (4) 128 f.

[170] Beispiele bei Kauper (6) 1260. Eine noch weitere Ausdehnung des *state action*-Konzepts zwecks Erfassung derartiger Fälle erscheint freilich für die Zukunft nicht als völlig undenkbar.

[171] Dass Eltern von Verfassungs wegen ihre Kinder in Privatschulen schicken dürfen, entschied der Supreme Court bereits 1925 in *Pierce v. Society of Sisters,* 268 U.S. 510.

[172] Im Entscheid *Griffin v. County School Board of Prince Edward County,* 377 U.S. 216 (1964), dem dieser Tatbestand zugrunde lag, überliess der Supreme Court dem zuständigen District Court, nötigenfalls sogar den Bezirks-Aufsichtsrat mit der Erhebung von Steuern zwecks Finanzierung der Wiedereröffnung der öffentlichen Schulen zu beauftragen.

sten, etwa – was wiederholt vorgekommen ist – durch Zuteilung von Kindern zu unter Umständen entlegenen andersrassigen Schulen, verbunden mit der Einrichtung eines unentgeltlichen Bustransports dorthin. Obwohl der Supreme Court beinahe von der von Justice HARLAN im Plessy-Entscheid postulierten Farbenblindheit der Verfassung ausgeht und die Verwendung der Rasse als relevantes Tatbestandselement in einem Rechtserlass, sogenannte *racial classifications,* unter Bezugnahme auf die Grundtendenz des XIV. Amendment als «constitutionally suspect» betrachtet[173], anerkennt er in gewissen Fällen, namentlich wenn dadurch antidiskriminierende Zwecke verfolgt werden, einen legitimen «overriding statutory purpose justifying the racial classification». Freilich stellt die Desegregation durch «Busing», bei der Kinder täglich meilenweit in Autobussen zu Schulen ausserhalb ihrer Nachbarschaft gefahren werden, nicht eine zufriedenstellende Lösung des Problems dar[173a].

Nicht nur *normativen rassischen Klassifizierungen* begegnet der Supreme Court mit Skepsis. Parallel zu seiner Zurückhaltung in Fragen des *economic due process* einerseits und seiner aktivistischen Rechtsprechung bei Beurteilung anderer Eingriffe in Rechte, die er als durch die *due process clause* des XIV. Amendment geschützt betrachtet, anderseits, zeigt er in neuerer Zeit ganz allgemein eine *Tendenz, gesetzliche Einteilungen und Tatbestandselemente als a priori suspekt zu betrachten, sofern dadurch verschiedene Gruppen von Rechtsunterworfenen rechtsungleich behandelt werden und zugleich ein vom Gericht hoch eingeschätztes Gut auf dem Spiel steht.* Sehr weit ging das Gericht in *Shapiro v. Thompson*[174], einem Entscheid, der für die Finanzen der Einzelstaaten unüberblickbare Konsequenzen hatte: Unzulässig erklärt wurden dort Gesetzesbestimmungen zweier Staaten sowie des Bundes, wonach Personen erst nach einjährigem Wohnsitz an einem bestimmten Ort Anspruch auf Armenunterstützung hatten. Dadurch würden, so fand das Gericht, zwei Kategorien von Bedürftigen ungleich behandelt, die sich

[173] Vgl. etwa *McLaughlin v. Florida,* 379 U. S. 184 (1964).

[173a] In einer Reihe von Entscheidungen vom 21. April 1971 finden sich Richtlinien des Supreme Court betreffend die Integration öffentlicher Schulen, wonach u. a. auch das «Busing» von Schulkindern durch die District Courts angeordnet werden darf; *Neue Zürcher Zeitung* Nr. 182 vom 21. April 1971 und *Time Newsmagazine* vom 3. Mai 1971 auf S. 9/10.

[174] 394 U. S. 618 (1969).

nur durch die Dauer ihres Wohnsitzes an einem Ort voneinander unterschieden. Ein Wohnsitzwechsel würde damit praktisch den Unterstützungsbedürftigen verwehrt. Das sei eine Klassifizierung, die das verfassungsmässige (allerdings nicht ausdrücklich statuierte) «right to travel» beeinträchtige und daher verfassungswidrig sei, «unless shown to be necessary to promote a compelling governmental interest». Als derartige zwingende Gründe liess der Supreme Court die fiskalischen Argumente der am Prozess beteiligten Staaten und des für den District of Columbia legiferierenden Kongresses nicht gelten.

Der Supreme Court vertrat immer wieder die Auffassung, dass Regelungen, die zu einer verschiedenen Wägung der Stimmkraft der Bürger führten, a priori suspekt seien[175].

Beachtung verdient das Mahnwort von Justice HARLAN, Jr.:

> «It is of course entirely fitting that legislatures should modify the law to reflect ... changes in popular attitudes. However, it is all wrong, in my view, for the Court to adopt the political doctrines popularly accepted at a particular moment of our history and to declare all others to be irrational and invidious, barring them from the range of choice by reasonably minded people acting through the political process. It was not too long ago that Mr. Justice Holmes felt impelled to remind the Court that the Due Process Clause of the Fourteenth Amendment does not enact the laissez-faire theory of society, Lochner v. New York, 198 U. S. 45, 75–76. The times have changed, and perhaps it is appropriate to observe that neither does the Equal Protection Clause of that Amendment rigidly impose upon America an ideology of unrestrained egalitarianism[176].»

3. Aktivisten und «strict constructionists»

Durch die vorstehende Skizzierung der Praxis des Supreme Court zur bundesstaatlichen Kompetenzausscheidung sowie zur Abgrenzung der Freiheitssphäre des Individuums gegenüber hoheitlicher Gewalt wurde die eingangs aufgestellte Behauptung über die *massge-*

[175] Dazu hinten Kapitel 3 Abschnitt IV 4.

[176] HARLAN, *dissenting* in *Harper v. Virginia Board of Elections,* 383 U. S. 663 (1966) auf S. 686. Vgl. auch die kritischen Bemerkungen über die «egalitaristische» Rechtsprechung des Warren Gerichts bei KURLAND 98 f. Immerhin nahm der Supreme Court nicht daran Anstoss, dass Schuldistrikte in Illinois – entsprechend ihrer finanziellen Kraft – verschieden hohe Beträge je Schüler aufwendeten; vgl. *McInnis v. Ogilvie,* 394 U. S. 322 (1969), wo er ohne Begründung *McInnis v. Shapiro,* 293 F. Supp. 327 (District Court for the Northern District of Illinois, 1968), bestätigte.

bende Rolle der höchstrichterlichen Rechtsprechung bei der Verfassungsfortbildung erhärtet. Wir haben gesehen, dass das Oberste Bundesgericht nicht nur auf Grund einer im herkömmlichen Sinn verstandenen Auslegung Lösungen auffindet, die bereits durch die positive Rechtsordnung vorgegeben sind, sondern dass es gerade in Fragen, die neben einem juristischen auch einen hochpolitischen Aspekt aufweisen und deren Lösung für die Entwicklung des Landes von weittragender Bedeutung ist, bisweilen durch *kühnes Hineininterpretieren neuer Grundsätze in die Verfassung* in Wirklichkeit Recht schafft. In Verfassungsstreitigkeiten lässt es sich angesichts der Auslegungsbedürftigkeit der nur Richtlinien aufstellenden Verfassung gar nicht vermeiden, dass die Auffassungen der Richter über ihre Funktion bei der Verfassungsauslegung und -fortbildung sowie ihre Grundeinstellung zu wichtigen Fragen auf die zu treffenden Entscheidungen einwirken. Professor FREUND, der als früherer *law clerk* von Justice BRANDEIS das Oberste Bundesgericht von innen kennt, gewann von der Rechtsfindung der Richter folgenden Eindruck:

«...the Court is governed less by canons of construction than by philosophic moods. By philosophic mood is not meant personal idiosyncrasy but rather that fusion of a sense of history, of the logical faculty, and of the practical ends in view which must in some subtle balance serve the judge in the judicial process[177].»

Manchmal hat man das Gefühl, dass das Gericht beim Vorliegen lösungsbedürftiger Fragen von nationaler Tragweite zwar zunächst abwartet und hofft, Kongress und Präsident würden zum Rechten sehen, dass es aber im Falle längerer Untätigkeit dieser Organe selber eingreift, wenn es davon überzeugt ist, etwas müsse geschehen (wobei, wie noch zu zeigen sein wird, immer ein konkreter, von einem Beschwerdeberechtigten anhängig gemachter Streitfall den äusseren Anlass für das richterliche Dazwischentreten bilden muss). So ergriff das «Warren-Gericht» nach jahrzehntelanger Untätigkeit des durch den Widerstand der Südstaaten-Demokraten in der Rassenfrage gelähmten Kongresses die ersten wirklich effektiven Massnahmen zum Abbau der rechtsungleichen Behandlung des Negers, und erst viel später doppelte der Gesetzgeber nach. Entsprechendes gilt

[177] FREUND (1) 18/19. Vgl. auch RODELL 700; ferner KAUPER (3) 627: «By its very nature judicial review of legislation can never be scientific or completely disinterested and neutral.»

ebenfalls in bezug auf die neuere Rechtsprechung zu Fragen der Wahlkreiseinteilung[178].

Allerdings zeigte der Supreme Court zur Zeit, als EARL WARREN Chief Justice war, eine ausgeprägte Tendenz, politisch explosive Fragen anzupacken und Anordnungen der politischen Organe besonders genau zu überprüfen, jedenfalls deren Verfassungsmässigkeit nicht zu präsumieren, wenn vom Gericht hoch eingeschätzte Güter auf dem Spiel standen. Die Geschichte des Obersten Bundesgerichts belehrt uns darüber, dass derartige aktivistische Gerichte bzw. Gerichtsmehrheiten früher oder später durch solche abgelöst werden, die sich grössere Selbstbeschränkung auferlegen und ihre wesentliche Aufgabe in der Auslegung, nicht in der Rechtsschöpfung erblicken. Freilich beeinflussen die Anschauungen und Wertungen eines Richters regelmässig seine Rechtsfindung, auch wenn er scheinbar nur Rechtsnormen auf einen Sachverhalt anwendet. Besonders in den nicht alltäglichen Streitigkeiten, die an höhere Gerichte gelangen, lässt sich die Lösung der Streitfragen selten unmittelbar den Normen des positiven Rechts entnehmen; die richterliche Subsumtionstätigkeit kann daher nicht frei von persönlichen Wertungen erfolgen. In besonderem Masse gilt dies für die amerikanische Verfassungsrechtsprechung, da die Verfassung der Vereinigten Staaten in hohem Masse der Konkretisierung durch die rechtsanwendenden Organe bedarf. KAUPER bemerkt hiezu:

«The text of the Constitution gives us the dry bones. It is to the decisions of the Supreme Court ... that we look for the flesh and blood of our constitutional system[179].»

Die Fachliteratur sowie die Gerichtsberichterstattung in der Presse unterscheiden häufig zwischen *aktivistischen Richtern,* die verhältnismässig leicht dazu bereit sind, in rechtsschöpferischer Weise in den

[178] Vgl. Cox (2) 70: «...the student of recent constitutional history will observe that the Warren Court has been most activist in areas where politicians were blind to fundamental injustice.»

BURDEAU, der stark unter dem Einfluss der veralteten Darstellung des amerikanischen Supreme Court durch LAMBERT steht, trägt in der 1969 erschienenen zweiten Auflage seines Werkes der Entwicklung der Praxis in den vergangenen beiden Jahrzehnten nicht Rechnung, wenn er in Nr. 227 auf S. 485 schreibt: «...le juge ne peut pas suivre une autre voie que celle d'une politique conservatrice.»

[179] KAUPER (1) 3.

politischen Prozess einzugreifen, und «*strict constructionists*», die sich eher von Überlegungen des *judicial self-restraint* leiten lassen, Präjudizien stärker beachten und das akzessorische Prüfungsrecht – auch gegenüber einzelstaatlichen Erlassen – nur als ultima ratio einsetzen wollen. Diese Etikettierungen erweisen sich aus folgenden Gründen als problematisch[180]:

1. Der Unterschied zwischen den beiden Richtertypen ist nur ein quantitativer, da auch «strict constructionists» immer wieder in die Lage kommen, die lückenhafte Verfassung in rechtsschöpferischer Weise fortzubilden.

2. Vor allem ist es ein simplifizierendes Unterfangen, eine komplexe Richterpersönlichkeit in eine der beiden Kategorien einzuordnen:

Sogar Justice FRANKFURTER, der allgemein als Prototyp eines gemässigten, immer wieder Selbstbeschränkung predigenden Richters gilt – manche werfen ihm geradezu «judicial laissez-faire» vor – sogar Frankfurter gesellte sich in gewissen Fällen zum «aktivistischen Flügel» des Gerichts. Er wirkte im einstimmig ergangenen *Brown-Entscheid*[181] mit, verfasste in *Gomillion v. Lightfoot*[182] die offizielle Urteilsbegründung und zeigte besonders dort, wo die Behandlung rassischer oder religiöser Minderheiten oder Verfahrensgarantien auf dem Spiel standen, eine kritische Haltung gegenüber angefochtenen hoheitlichen Akten, was ihn – allerdings selten – sogar veranlassen konnte, in Prozessen, in denen die Mehrheit die Verfassungsmässigkeit eines solchen Aktes bejahte, mit der «aktivistischen» Minderheit zu stimmen[183]. Ferner führte seine Tendenz, Entscheidungen über die Verfassungsmässigkeit von Gesetzen auszuweichen, manchmal zu verfassungskonformen Auslegungen, die im

[180] KADISH 467 f. spricht in diesem Zusammenhang von einer «vast and terribly distorting oversimplification»; vgl. zum Ausdruck «strict constructionist» auch KAUPER (7) 635 f. Vgl. ferner KURLAND 17/18, der davor warnt, «aktivistisch» mit «liberal» und «self-restraint» mit «konservativ» gleichzusetzen.

[181] Zit. vorn Fussnote 157.

[182] Vgl. hinten S. 171.

[183] Beispiele: *Everson v. Board of Education,* zit. vorn Fussnote 126; *Marcello v. Bonds,* zit. hinten Kapitel 4 Fussnote 42; ferner *Irvine v. California,* 347 U.S. 128 (1954), wo die Gerichtsmehrheit die Verwertbarkeit von Beweismaterial, das sich staatliche Polizeiorgane durch illegale Methoden beschafft hatten, in einem Strafprozess bejahte.

Grunde genommen die Tragweite von Rechtsnormen stark modifizierten[184].

Auf der andern Seite steht Justice BLACK, der vielen als der grosse Aktivist erscheint. Dort, wo die Zulässigkeit von Wirtschaftsregulierungen in Frage stand, erwies sich Black indessen als ausserordentlich zurückhaltend[185]. In Fällen, welche Freiheitsrechte und verfassungsmässige Verfahrensgarantien betrafen, motivierte Black seine im Ergebnis aktivistischen Voten gerade mit Überlegungen des *self-restraint*. Wenn er etwa davon ausging, die Freiheitsrechte des I. Amendment würden vorbehaltlos, absolut, garantiert, so liess er sich dabei von der Überlegung leiten, es sei nicht Sache des Richters, die klare Regelung der Verfassung durch dehnbare Einschränkungen, deren Bestimmung den Neigungen und Voreingenommenheiten des Richters Raum lassen würde, aufzuweichen[186]. Seine spezifische Auffassung von der richterlichen Selbstbeschränkung veranlasste also Black immer wieder, mit weniger Zurückhaltung als andere vom richterlichen Prüfungsrecht Gebrauch zu machen[187]. Dort, wo sich eine liberale Gerichtsmehrheit nach Auffassung Blacks nicht auf den Wortlaut der Verfassung berufen kann, finden wir diesen liberal gesinnten Richter ab und zu bei einer konservativen Minderheit von «strict constructionists»: Zum Beispiel verneinte er im erwähnten

[184] Dazu RODELL 705. Ein differenziertes Bild Frankfurters vermittelt neuerdings BICKEL (4) 29 f.

[185] Vgl. seine vorn S. 27 erwähnte *dissenting opinion* in *Southern Pacific Co. v. Arizona*.

[186] In *Scales v. United States,* 367 U. S. 203 (1961) sprach er von der freiheitszerstörenden Natur des von der Gerichtsmehrheit angewendeten «balancing test» (a. a. O. 261); vgl. auch seine *dissenting opinion* in *Konigsberg v. State Bar of California,* 366 U. S. 36 (1961) auf S. 56 f., vor allem die Bemerkungen über die Subjektivität von Interessenabwägungen auf S. 75; ferner seine *concurring opinion* in *Kingsley International Pictures Corp. v. Regents of the University of the State of New York,* 360 U. S. 684 (1959), wo er zur Filmzensur auf S. 690 ausführte: «My view is... that prior censorship of moving pictures like prior censorship of newspapers and books violates the First and Fourteenth Amendments. If despite the Constitution, however, this Nation is to embark on the dangerous road of censorship, my belief is that this Court is about the most inappropriate Supreme Board of Censors that could be found.»

[187] Dazu FREUND (2) 214–223. Vgl. auch BICKEL (2) 85: «... Justice Black and his ‚activist' brethren are very far from professing the exercise of any will of their own. They take sides, to be sure, but they unblushingly admit only to taking the side of the constitutional text.»

Entscheid *United States v. Causby*[188] die Entschädigungspflicht des Bundes im Falle einer materiellen Expropriation, weil die Verfassung nur bei einem «taking of property» Entschädigung vorsehe[189]; als das Gericht in *Katz v. United States*[190] in der bundespolizeilichen Abhörung von Gesprächen, die jemand von einer öffentlichen Telephonkabine aus geführt hatte, eine unzulässige «search and seizure» erblickte, dissentierte Black als einziger, und zwar gestützt auf eine wörtliche Auslegung des IV. Amendment, das vom «right of the people to be secure in their persons, houses, papers and effects, against unreasonable searches and seizures» spricht, und weil er eine Verfassungsfortbildung durch das Gericht ablehnte[191].

Der Umstand, dass Black manchmal grosses Gewicht auf die grammatikalische Interpretation legt, kann freilich nicht darüber hinwegtäuschen, dass er immer wieder *seine eigenen Wertvorstellungen in die Verfassung hineininterpretiert,* wobei er nicht selten den Wortlaut der herangezogenen Rechtsnormen strapaziert und vor historischen tours de force nicht zurückschreckt. Wenn er etwa bei der Beurteilung einer einzelstaatlichen Freiheitsbeschränkung die absolute Geltung der I. Amendment-Rechte betont[192], so stört ihn nicht, dass die dort aufgestellten Beschränkungen gemäss dem Wortlaut der Bestimmung nur für den Bundesgesetzgeber gelten («Congress shall make no law...») und von ihm lediglich mittels der Inkorporationstheorie, die geschichtlich schlecht fundiert ist, kraft des XIV. Amendment als auch für die Staaten verbindlich konstruiert wird.

Gerade auf dem Gebiet des I. Amendment zeigt sich die Relativität der Klassifizierung von Richtertypen besonders deutlich. Richter, die wie Black eine schrankenlose, *absolute Geltung des I. Amendment* betonen, nehmen im Grunde genommen – namentlich bei bloss indirekten Beschränkungen der dort gewährleisteten Rechte – ebenfalls eine *Interessenabwägung* vor und bejahen unter Umständen die Zulässigkeit von Eingriffen[193]. Wenn etwa Gesetze, welche die Redefreiheit be-

[188] Vgl. vorn Fussnote 60.
[189] 328 U. S. 256 (1946) auf S. 268 f.
[190] 389 U. S. 347 (1967).
[191] A. a. O. 364 f.
[192] Vgl. hiezu auch HUGO L. BLACK, The Bill of Rights, New York University Law Review *35*/1960, 865–881.
[193] Vgl. KAUPER (4) 114.

schränken, angefochten werden, so fragt sich, was überhaupt unter den Begriff der Redefreiheit falle und wann von einer Beschränkung gesprochen werden könne. Von der Beantwortung dieser Fragen hängt dann die Bestimmung des Ausmasses der Redefreiheit ab. Damit ist das Phänomen zu erklären, dass sogar der «Absolutist» Black unter den dissentierenden Richtern zu finden sein kann, wenn die Gerichtsmehrheit eine unzulässige Beschränkung der Meinungsäusserungsfreiheit annimmt: Als eine knappe Mehrheit in *Brown v. Louisiana*[194] ein *sit-in* von Negern, die in einer öffentlichen Bibliothek gegen die Rassensegregation demonstriert hatten, als zulässig betrachtete, hielt ihr Black entgegen, die Meinungsäusserungsfreiheit gewähre nicht das Recht, fremdes Eigentum (inkl. Eigentum des Staates) zu Demonstrationszwecken zu beanspruchen[195]; aus demselben Grunde betrachtete er das Aufstellen von Streikposten auf dem Areal eines Einkaufszentrums als unzulässig[196]; und im vorn erörterten Entscheid *Tinker v. Des Moines Independent School District*[197] erklärte Black in seinem abweichenden Votum, Redefreiheit bedeute nicht, dass jemand Vorträge halten und demonstrieren dürfe wann und wo es ihm beliebe[198].

Trotz ihrer Relativität hat jedoch die Unterscheidung zwischen Aktivisten und «strict constructionists» einen empirisch-deskriptiven Wert, wenn wir uns der vorstehend angeführten Vorbehalte bewusst bleiben. Analysieren wir etwa eine grössere Zahl von Voten der Richter Frankfurter und Black, so ergeben sich grundverschiedene Gesamtbilder: Auf der einen Seite eine Gelehrtenpersönlichkeit, die sich immer wieder die Frage nach den Grenzen richterlicher Verantwortung in einer föderalistisch strukturierten Demokratie stellt, auf der andern Seite ein von einem starken Sendungsbewusstsein erfüllter Richter und früherer Politiker, der trotz entgegenstehender verbaler Beteuerungen oft seine Auffassung von der Verfassung wie sie sein sollte in den geschriebenen Verfassungstext hineininterpretiert und dort, wo von ihm hoch eingeschätzte Güter auf dem Spiel stehen, den vom Volk bestellten

[194] 383 U.S. 131 (1966).

[195] A.a.O. 151 f., insbesondere 166.

[196] *Amalgamated Food Employees Union Local 590 v. Logan Valley Plaza, Inc.*, 391 U.S. 308 (1968) auf S. 327.

[197] Zit. in Fussnote 113.

[198] 393 U.S. 503 (1969) auf S. 517.

Organen des Bundes und der Einzelstaaten nur wenig Ermessen zugesteht[199].

Sowohl unter den Aktivisten wie auch unter den Befürwortern einer starken richterlichen Selbstbeschränkung haben sich hervorragende Richter befunden, und man kann nicht sagen, die «besseren» Richter hätten dem einen oder andern Flügel angehört. Den Chief Justices MARSHALL und WARREN, deren berühmtesten Urteilsbegründungen die Verfassungsentwicklung wohl stärker beeinflussten als irgendein Kongressgesetz es je getan hat, verdankt der Supreme Court das Ansehen, das er heute im allgemeinen geniesst, ebensosehr wie den massvollen, immer wieder die Grenzen richterlicher Verantwortung betonenden Voten der Richter HOLMES, BRANDEIS und FRANKFURTER[200], die durch ihr intellektuelles Differenzierungsvermögen ein wirksames Gegengewicht zu ihren mehr in rechtspolitischen Kategorien denkenden «brethren» – die Richter des Supreme Court sprechen voneinander als «Brüder» – schufen. Allerdings waren Richter wie Holmes, Brandeis und Frankfurter keineswegs politisch indifferent. Sie nahmen starken Anteil am politischen Geschehen (in einem weiteren, nicht mit Parteipolitik zu identifizierenden Sinn), zeigten jedoch bei der Beurteilung der vor sie gelangenden Rechtsstreite ein intensiveres Bestreben als andere, ihr Temperament zu zügeln und ihnen unvernünftig scheinende Entscheide der politischen Organe zu respektieren, sofern ein richterliches Eingreifen ihrem Justiziabilitätskonzept widersprochen hätte. Demgegenüber ging Marshall wiederholt so weit, wichtige politische Deklarationen in *obiter dicta* unterzubringen, und verschiedene seiner an sich brillanten Äusserungen bereiteten, weil sie zu allgemein gehalten waren, nachfolgenden Richtergenerationen schweres Kopfzerbrechen. Marshall war in erster Linie Staatsmann, nicht Jurist. Seine juristische Ausbildung scheint

[199] RODELL, der die Unterscheidung zwischen Aktivisten und «strict constructionists» völlig relativiert, charakterisiert indessen Frankfurter wie folgt: «What the Frankfurter credo on judicial review adds up to is deference neither to legislatures nor, as Black claims for himself, to the written Constitution. It is deference to a nonexistent blueprint of the United States' federal system, complete with dual sovereignity and separation of powers, *as he would draft it;* to the precedent of past decisions, *as he considers them compelling;* and to the reasonable-or-unreasonable test, *as he applies it*»; RODELL 704; ähnlich BRADEN 184–192.

[200] Die Aufzählung ist nur exemplifikativ und liesse sich durch Namen wie STONE und CARDOZO ergänzen.

eher dürftig gewesen zu sein, und seine Voten zeugen – anders als diejenigen von Justice JOSEPH STORY, der gleichzeitig Richter war – nicht von profunder rechtswissenschaftlicher Gelehrsamkeit[201]. Auch Warren packte die ihm unterbreiteten Streitfragen wie ein weiser Staatsmann an: Er scheint sich jeweils in erster Linie gefragt zu haben, welche Lösung die Gerechtigkeit gebiete; hinterher liess sich das auf diese Weise gefundene Ergebnis juristisch begründen, wobei seine undoktrinären, pragmatischen *opinions* den Rechtswissenschafter nicht immer befriedigen.

Da es in heiklen Fällen, deren Lösung in erster Linie von der Auffassung der Richter über die Abgrenzung ihrer Zuständigkeit von derjenigen der politischen Organe abhängt, nicht selten vorkommt, dass eine Entscheidung mit einer Mehrheit von nur einer Stimme zustandekommt, kann eine einzige Neubesetzung ein aktivistisches Gericht in ein gemässigtes verwandeln. Auf jeden Fall hängt die Rolle des Supreme Court im politischen Leben, das Mass, in dem er die soziale, politische und wirtschaftliche Entwicklung des Landes beeinflusst, vornehmlich davon ab, wie die neuen Persönlichkeiten, welche die oberste Richterwürde innehaben, ihre Aufgabe auffassen.

Als Präsident JOHN ADAMS Ende 1800, kurz vor Ablauf seiner Amtszeit, JOHN MARSHALL zum Chief Justice erkor, wurde der Grundstein einer starken Zentralgewalt wie auch der ausschlaggebenden Rolle des Supreme Court als einer Schiedsinstanz zwischen andern obersten Verfassungsorganen sowie Bund und Einzelstaaten gelegt. Hätte Adams eine mehr von der Notwendigkeit richterlicher Selbstbeschränkung überzeugte Persönlichkeit ernannt oder die Besetzung des höchsten Richterpostens seinem Nachfolger THOMAS JEFFERSON überlassen, der wahrscheinlich den konservativen SPENCER ROANE ausersehen hätte[202], so wäre die amerikanische Verfassungsgeschichte wohl in andere Bahnen geleitet worden.

In den frühen Dreissigerjahren dieses Jahrhunderts sassen wiederum mehrheitlich aktivistische Richter im Obersten Bundesgericht, die jedoch – anders als Marshall – ihre Hauptaufgabe in einem Schutz

[201] Dazu PFEFFER 71 und 120. Meisterhaft, jedoch in etwas verklärtem Licht wird Marshall von seinem Biographen dargestellt: ALBERT J. BEVERIDGE, The Life of John Marshall, 4 Bände, Boston/New York 1916–1919.

[202] PFEFFER 103.

der Einzelstaaten vor der sich verstärkenden Gewalt von Präsident und Kongress erblickten und immer wieder wichtigen Erlassen dieser Organe wegen Verfassungswidrigkeit die Anwendung versagten. In der zweiten Hälfte der Dreissigerjahre und besonders nachdem ROOSEVELT Vakanzen im Supreme Court hatte ausfüllen können, änderte sich das, und während vieler Jahre wurde kein Kongressgesetz für verfassungswidrig befunden. Später, im Warren-Gericht, verschob sich das Schwergewicht wieder auf den aktivistischen Flügel, besonders als ARTHUR J. GOLDBERG, der später durch ABE FORTAS abgelöst wurde, die Nachfolge des eher konservativen FRANKFURTER antrat. Präsident NIXON stellte 1968 in seiner Wahlkampagne in Aussicht, Vakanzen durch «strict constructionists» zu besetzen (wobei er vor allem die höchstrichterliche Rechtsprechung zu den verfassungsmässigen Verfahrensgarantien kritisierte), und seine bisherigen Ernennungen scheinen dazu angetan, den konservativen Trend im Supreme Court zu verstärken.

4. «*Stare decisis*» *in der höchstrichterlichen Rechtsprechung*

Wir haben gesehen, dass der Supreme Court ziemlich häufig eine bisherige Praxis geändert hat. Dass er die sonst für das angloamerikanische Richterrecht wegleitende – in den USA allerdings flexibler als in England[202a] gehandhabte – Maxime der *Bindung an Präjudizien* (stare decisis) nicht streng befolgt, hängt zusammen mit der Vorstellung von der Verfassung als eines lebenden Organismus, welcher der Fortbildung und Anpassung an gewandelte Realien bedarf. Die ständige Harmonisierung des geschriebenen Verfassungstextes mit der Rechtswirklichkeit wäre bei einem starren Festhalten an frühere Entscheide nicht möglich, und eine Verweisung auf die Möglichkeit der Verfassungsrevision als einzigen Ausweg würde die schwere Abänderbarkeit der Unionsverfassung nicht in realistischer Weise in Rechnung stellen. Justice LOUIS D. BRANDEIS gab diesem Gedanken in einem abweichenden Votum, das aber als repräsentativ gelten darf,

[202a] Das englische House of Lords wich erstmals im Jahre 1968 von der *ratio decidendi* einer früheren Entscheidung ab, als es die Frage, ob die Krone unter Berufung auf das öffentliche Interesse die Aktenvorlage verweigern dürfe, entgegen einem Präjudiz entschied: *Conway v. Rimmer,* (1968) 1 All England Law Reports 874.

auf folgende Weise Ausdruck, wobei er zahlreiche Praxisänderungen als Belege anführte:

«*Stare decisis* is usually the wise policy, because in most matters it is more important that the applicable rule of law be settled than that it be settled right. ... This is commonly true even where the error is a matter of serious concern, provided correction can be had by legislation. But in cases involving the Federal Constitution, where correction through legislative action is practically impossible, this Court has often overruled its earlier decisions. The Court bows to the lessons of experience and the force of better reasoning, recognizing that the process of trial and error, so fruitful in the physical sciences, is appropriate also in the judicial function[203].»

Und ein anderer Richter, ROBERT H. JACKSON, meinte:

«... to be right is a better way of maintaining respect than to be stable in the wrong[204].»

Allerdings sollte auch in Verfassungsstreitigkeiten von der Möglichkeit einer Praxisänderung mit Zurückhaltung Gebrauch gemacht werden. Sonst werden das Ansehen des Supreme Court und – was noch schlimmer ist – die Achtung vor der Verfassung als einer lex fundamentalis vermindert sowie die Rechtssicherheit beeinträchtigt. CORWIN kommentierte die häufige Änderung der Rechtsprechung zur Zeit der «Verfassungsrevolution» des New Deal[205] mit folgenden Worten:

«Certainly confession of error on such a scale by the official wielders of judicial review is not persuasive of its tendency to preserve the nations Constitution[206].»

Durch das Warren-Gericht erfolgten – ähnlich wie zur Zeit des New Deal – ausserordentlich zahlreiche Praxisänderungen, manchmal

[203] *Burnet v. Coronado Oil & Gas Co.,* 285 U. S. 393 (1932) auf S. 406–408.

[204] JACKSON (1) 44. Vgl. zum *stare decisis* auch CARDOZO (1) 149–160 und (2) 120 und 132 f. sowie passim.

[205] Der Ausdruck «Verfassungsrevolution» ist eher unglücklich: Bezüglich der Rechtsprechung zur bundesstaatlichen Kompetenzausscheidung knüpfte das Gericht 1937 im Grunde genommen wieder an die Rechtsprechung bis etwa 1918 an, welche die Wertungen des Kongresses über seine Zuständigkeit auf den Gebieten des Handels und des Steuerwesens weitgehend zu respektieren pflegte; dazu BLACK (4) 31/32. Was den *substantive due process* anbelangt, so war die neue Praxis bereits durch zahlreiche abweichende Voten vorbereitet worden.

[206] CORWIN (4) 145. Auf S. 47 spricht Corwin im Zusammenhang mit der Rechtsprechung zur *commerce clause* von einem «graveyard of discarded concepts».

innerhalb kürzerer Zeit. Auch 1944 hatte sich Justice ROBERTS über häufige Praxisänderungen beklagt und gefunden, sie hätten die Tendenz,

> «to bring adjudications of this tribunal into the same class as a restricted railroad ticket, good for this day and train only[207].»

Das wohl berühmteste Beispiel, in dem der Supreme Court seine eigene Verfassungsinterpretation bereits nach kurzer Zeit desavouierte, bilden die *Legal Tender Cases:* in *Hepburn v. Griswold*[208] wurden die *Legal Tender Acts* von 1862 und 1863[209], welche die Banknoten des Bundes – die sogenannten «greenbacks» – zum gesetzlichen Zahlungsmittel (auch für bereits vor Erlass des Gesetzes begründete Schulden) erklärten, vom Supreme Court wegen Verfassungswidrigkeit nicht angewendet. Der Entscheid erging im Stimmenverhältnis vier zu drei. Fünfzehn Monate später entschied das Gericht in einem andern Prozess[210] dieselbe Rechtsfrage im gegenteiligen Sinn. Der Meinungsumschwung war ausschliesslich damit zu erklären, dass Präsident Ulysses S. GRANT, der frühere erfolgreiche Unionsgeneral im Sezessionskrieg, in der Zwischenzeit zwei Vakanzen mit Richtern besetzt hatte, die der als für die Finanzierung des Krieges notwendig bezeichneten Regelung keinen Widerstand entgegensetzten. Da sich diese beiden Richter, WILLIAM STRONG und JOSEPH B. BRADLEY, den drei im Griswold-Entscheid dissentierenden Richtern anschlossen, kam eine 5:4-Mehrheit zustande, welche die Verfassungsmässigkeit der umstrittenen Gesetze bejahte. HUGHES bestreitet, dass Grant bei der Ernennung Strongs und Bradleys eine Aufhebung des Griswold-Entscheides im Auge gehabt habe, und begründet dies damit, die Richterernennungen seien bereits an dem Tage erfolgt, an dem der Entscheid Hepburn v. Griswold ergangen sei[211]. Indessen entdeckte RATNER später Tagebuchaufzeichnungen von Grants Staatssekretär HAMILTON FISH, aus denen sich ergibt, dass für Grant neben andern Motiven auch die Erwägung eine Rolle spielte, die Neubesetzungen

207 *Smith v. Allwright,* 321 U. S. 649 (1944) auf S. 669.
208 8 Wall. 603 (1870).
209 12 Stat. 345 und 709.
210 *Knox v. Lee,* 12 Wall. 457 (1871).
211 CH. E. HUGHES 52.

könnten zu einer Wiederherstellung der Verfassungsmässigkeit der Legal Tender Acts durch den Supreme Court führen. Überdies wies Ratner nach, dass Grants Schatzsekretär BOUTWELL bereits etwa zwei Wochen vor der offiziellen Verkündung des Griswold-Entscheides über den Ausgang des Prozesses informiert worden war[212].

In seltenen Fällen rollt der Supreme Court sogar einen bereits entschiedenen Prozess wieder auf. So erging der hinten erörterte Entscheid *Reid v. Covert*[213], der einen gegenteiligen Entscheid im selben Prozess aufhob, auf Grund eines Wiedererwägungsgesuches und nachdem das Gericht eine personelle Änderung erfahren hatte.

5. Bedeutung der Politik bei Richterernennungen

Als Präsident NIXON am 21. Mai 1969 WARREN E. BURGER zum Nachfolger EARL WARRENS ernannte, bezeichnete er in einer Fernsehsendung die Bestellung eines Chief Justice als die wichtigste vom Präsidenten vorzunehmende Ernennung.

Gerade wegen der politischen Rolle des Obersten Bundesgerichts als einer Art permanenten Verfassungskonventes ist jeweils für die Präsidenten, die Ernennungen in dieses Gremium vorzunehmen haben, *nicht nur die fachliche Qualifikation der Kandidaten massgebend.* Neben der vorab bundesstaatlich motivierten, nicht immer konsequent gehandhabten Berücksichtigung von Personen aus verschiedenen Landesteilen spielen primär politische Überlegungen in einem engeren Sinn eine erhebliche Rolle. Wohl die meisten Präsidenten trachten darnach, Richter zu ernennen, deren Ideologie und Einstellung zu wichtigen Gegenwartsproblemen sowie deren Auffassung über die Funktion des Richters bei der Verfassungsauslegung weitgehend den ihrigen entsprechen, wobei die parteipolitische Zugehörigkeit des Kandidaten meistens, jedoch nicht immer mit derjenigen des ihn ernennenden Präsidenten übereinstimmt. Auch bei der Zustimmung des Senats zu Richterernennungen lassen sich im allgemeinen Abgeordnete von politischen Erwägungen mitbestimmen, ihre Opposition gegen eine Ernennung nicht selten mit Einwänden gegen

[212] SIDNEY RATNER, Was the Supreme Court Packed by President Grant?, Political Science Quarterly *50*/1935, 343–358, insbesondere 351/52.
[213] Zit. hinten Kapitel 3 Fussnote 178.

die fachliche oder charakterliche Eignung des Betreffenden verbrämend. Verschiedene Interessenorganisationen versuchen immer wieder, auf den Ernennungs- und Bestätigungsprozess Einfluss zu nehmen, wobei – wie SCHMIDHAUSER überzeugend nachgewiesen hat – sogar die Stellungnahmen der oft von Präsidenten konsultierten, überparteilichen American Bar Association trotz ihrer verbalen Beschränkung auf die fachliche und moralische Eignung der Kandidaten manchmal von der Billigung oder Missbilligung der Weltanschauung des Ernannten durch die tonangebenden Mitglieder dieser mächtigen nationalen Anwältevereinigung beeinflusst sind[214].

Die politische Exponiertheit der neun Männer, die in einem Marmorpalast in Washington ihres Amtes als Hüter der Verfassung walten, zeigte sich anlässlich der «*Affären Fortas, Haynsworth und Carswell*»:

Justice ABE FORTAS hatte durch seine liberalen Auffassungen über die Rechte rassischer und religiöser Minderheiten sowie Angeschuldigter in Strafprozessen in konservativen Kreisen viel Anstoss erregt. Nachdem der Senat bereits im Herbst 1968 seine Ernennung durch Präsident JOHNSON zum Chief Justice durch einen Filibuster vereitelt hatte, brachte eine Zeitschrift einen Vorfall heraus, der einen Schatten auf die charakterliche Integrität dieses fachlich hochqualifizierten Juristen warf[215]. Das Verhalten von Fortas soll hier nicht entschuldigt werden. Was uns interessiert ist der Umstand, dass der betreffende Vorfall hauptsächlich von Personen, denen es weniger um die

[214] Vgl. SCHMIDHAUSER 14 f. So opponierte die American Bar Association in vehementer Weise gegen die Ernennung von BRANDEIS, der schon damals als Anwalt einen hervorragenden Ruf genoss, später als einer der fähigsten Richter des Supreme Court in die Geschichte einging, beim konservativen Anwaltsverband jedoch wegen seiner liberalen Ansichten Missfallen erregt hatte.

[215] Fortas hatte von einer Familienstiftung für nebenamtliche Tätigkeit ein beachtliches Honorar entgegengenommen. Der Stifter, Louis E. Wolfson, war später wegen illegaler Wertschriften-Transaktionen verurteilt worden. Obwohl die inkriminierten Handlungen nichts mit der Familienstiftung zu tun hatten und Fortas sofort nach deren Bekanntwerden das bereits empfangene Geld zurückbezahlt hatte, konnte man ihm einerseits seine Verbindung mit einem dubiosen Geschäftsmann vorwerfen, anderseits den Umstand, dass es sich beim fraglichen Honorar immerhin um eine jährliche Vergütung von 20000 Dollar handelte. Von einem Richter des Supreme Court wird erwartet, dass er – wissenschaftliche, unpolitische Vorträge und dergleichen in sehr bescheidenem Rahmen vorbehalten – seine ganze Arbeitskraft dem Gericht zur Verfügung stellt und jedenfalls nicht einen erheblichen Bruchteil seines Jahresgehalts für nebenamtliche Aufträge einkassiert.

charakterliche Integrität der Richter als vielmehr um die Eliminierung eines liberalen Richters ging, dazu verwendet wurde, die öffentliche Meinung in einem Masse gegen Fortas zu mobilisieren, dass sich dieser im Mai 1969 im Interesse des Ansehens des Supreme Court zum Rücktritt entschliessen musste.

Einige Monate später ernannte Präsident Nixon CLEMENT F. HAYNSWORTH zum Nachfolger von Fortas. Haynsworth, der bereits einen Court of Appeals präsidierte, galt als sehr konservativ. Namentlich seine Zurückhaltung bei der gerichtlichen Durchsetzung der Gleichstellung des Negers, ferner seine einseitig arbeitgeberfreundliche Haltung in arbeitsrechtlichen Konflikten wurden häufig kritisiert. Indessen passte die Ernennung gut in die sogenannte «südliche Strategie» Präsident Nixons; von südstaatlichen Kongressabgeordneten wurde sie mit Begeisterung aufgenommen. Da die Haynsworth-Gegner keine Möglichkeit sahen, die Bestätigung im Senat unter Hinweis auf Haynsworths reaktionäre Einstellung zu verhindern, machten sie sich auf die Suche nach Material, das die Integrität des Ernannten belasten konnte. Das veranlasste Justizminister MITCHELL, dem die Hauptverantwortung für die Ernennung Haynsworths zugeschrieben wird, zur Bemerkung, sogar die zwölf Apostel würden Mühe haben, ein Bestätigungsverfahren im Senat heil zu überstehen. Bezüglich Haynsworth zeigte sich freilich, dass er empfindliche Angriffsflächen bot, hatte er doch in vereinzelten Prozessen mitgewirkt, die Unternehmen betrafen, an denen er finanziell beteiligt gewesen war. Eine monatelange Kampagne, während der systematisch und unter Ausnützung aller Mittel der modernen Meinungsbildung die charakterliche Integrität Haynsworths in Frage gestellt wurde, hatte schliesslich im November 1969 seine Nicht-Bestätigung im Senat zur Folge. Immerhin dürfte in bezug auf einige Senatoren die Sorge um das richterliche Ethos ausschlaggebendes Motiv und nicht bloss taktisch bedingte Rechtfertigung der negativen Stimmabgabe gewesen sein, stimmten doch auch einige konservative Senatoren, die seinerzeit Fortas zum Rücktritt aufgefordert hatten, gegen die Bestätigung. Andere Abgeordnete, die sich mehr von Rachsucht als von der Sorge um das Gemeinwesen bestimmen liessen, hatten bereits vor der Abstimmung über die Bestätigung Haynsworths für den Fall eines negativen Ausgangs ein Impeachment des sehr liberalen und aktivistischen Justice DOUGLAS in Aussicht gestellt, wobei sie sich darauf berufen hatten, dass Douglas als Verwaltungsratsmitglied einer als anrüchig bezeichneten Gesellschaft tätig gewesen sei[216].

Anstelle des vom Senat abgelehnten Haynsworth brachte hierauf Präsident Nixon den Richter HAROLD CARSWELL in Vorschlag. Dieser Ernennung versagte der Senat im April 1970 ebenfalls seine Zustimmung, wobei diesmal ausser der Weltanschauung des Kandidaten – Carswell hatte wiederholt segregationistische Bestrebungen unterstützt – auch dessen mangelhafte fachliche Qualifikation entscheidend ins Gewicht fiel. Dekane von Rechtsfakultäten hatten ihn als «Federgewicht» bezeichnet, und sogar seine Befürworter im Kongress hatten ihre Stellungnahme u.a. damit begründet, auch die Mediokren hätten ein Recht, im Supreme Court vertreten zu sein[217]!

Präsident Nixon versuchte, seine beiden Niederlagen im Senat dadurch politisch auszuwerten, dass er den Senatoren, die eine Bestätigung von Haynsworth und Carswell abgelehnt hatten, Vorurteile gegenüber Kandidaten aus Südstaaten unterschob. Dass der nächste Kandidat, HARRY BLACKMUN, der nicht aus dem Süden stammte, ohne weiteres bestätigt wurde, spricht nicht für diese These. Entscheidend war vielmehr, dass sowohl Blackmuns Integrität wie auch seine fachliche Qualifikation unbestritten waren und dass Blackmuns Ansichten, soweit sie bekannt waren, weder als extrem konservativ noch als extrem liberal gelten konnten.

Die Ablehnung Carswells hatte unter anderem zur Folge, dass konservative Kongressabgeordnete unter Führung des Repräsentanten GERALD FORD ihre Bestrebungen verstärkten, ein Impeachment von Justice DOUGLAS herbeizuführen[218].

Bezüglich der Ernennungen in mittlere und besonders in untere Bundesgerichte erweist sich der Einfluss des Senats im allgemeinen als stark; zeitweise hat man sogar das Gefühl, den Senatoren der betroffenen Staaten komme faktisch ein Vetorecht gegen Ernennungen

[216] *New York Times* (City Edition) vom 8. November 1969, S. 1 und 16.

[217] *Neue Zürcher Zeitung* Nr. 130 vom 19. März 1970.

[218] *Time Newsmagazine* vom 27. April 1970, S. 21/22. Ende 1970 veröffentlichte die Rechtskommission des Repräsentantenhauses ihren 900 Seiten umfassenden Untersuchungsbericht; darnach liegt kein Anlass vor, Douglas unter Anklage zu stellen.

der Richter der District Courts (die sich gemäss Gesetz innerhalb der Grenzen eines Einzelstaates befinden) zu[219].

Bei der Auswahl der Kandidaten wird der Präsident vom Justizdepartement beraten. Der hervorragende Einfluss, den das Departement dabei faktisch auszuüben pflegt, sowie der Umstand, dass gerade in die Gerichte des District of Columbia immer wieder frühere Rechtskonsulenten der Bundesverwaltung ernannt werden (weil der District of Columbia keine Kongressmitglieder wählt und deshalb die Möglichkeit eines senatorischen Vetos entfällt), erweist sich als problematisch: Denn das Justizdepartement tritt ausserordentlich häufig als Partei oder *amicus curiae* in bundesgerichtlichen Verfahren auf, und da sich die meisten Verwaltungsbehörden in Washington befinden, tragen die für den District of Columbia zuständigen Gerichte bei der Überprüfung von Akten der Bundesverwaltung die Hauptlast[220].

In seiner 1960 erschienenen Untersuchung stellte SCHMIDHAUSER fest, dass von den bis dahin 92 Richtern des Supreme Court nur einer (GEORGE SHIRAS) sich nicht vorher politisch aktiv betätigt hatte[221]. Beispielsweise bekleidete EARL WARREN vor seiner Ernennung zum Chief Justice während vielen Jahren das Amt eines Gouverneurs von California. Zu interessanten Ergebnissen gelangte KRISLOV, der sich auf Grund umfangreichen statistischen Materials mit der Richterauslese befasste. Er kam zum Schluss, dass die Chancen eines ehemaligen Attorney General prozentual am grössten sind, in den Supreme Court berufen zu werden; ferner dass republikanische Präsidenten – was übrigens Nixons bisherige Ernennungen bestätigen – die Tendenz haben, Mitglieder staatlicher oder unterer Bundesgerichte in den

[219] Was teilweise den Umstand erklären mag, dass Präsident KENNEDY, der bedeutende Anstrengungen zur Gleichstellung des Negers unternahm, in gewisse für Südstaaten zuständige Bundesgerichte Richter mit eindeutig segregationistischen Tendenzen ernannte; hiezu drei Beispiele bei BICKEL (3) 69–74.

[220] Vgl. KRISLOV 21 und 48.

[221] SCHMIDHAUSER 33, 45/46 und 51. Allerdings fasst Schmidhauser den Begriff der aktiven politischen Betätigung sehr weit, worauf KRISLOV 7 hinweist. Auf S. 56 führt Schmidhauser zutreffend aus: «In a large number of instances the justices, prior to their appointments, not only held high political office but were deeply involved in party and campaign management and had close political associations and personal ties with the men who later nominated and appointed them.» Aufschlussreiche biographische Angaben über die Richter des Supreme Court vermittelt das neue vierbändige Werk von LEON FRIEDMAN/FRED L. ISRAEL (Herausgeber), The Justices of the United States Supreme Court 1789–1969, New York 1969.

Supreme Court zu entsenden, während demokratische Präsidenten dazu neigen, Juristen vorzuschlagen, die sich als Politiker auf Bundesebene – z.B. als Kongressabgeordnete oder Kabinettsmitglieder – bewährt haben[222]. Ernennungen von Professoren sind selten[223].

Eine gewisse politische Erfahrung mag sich sogar positiv auf die Urteilsfindung auswirken, sofern die Richter mit der Ernennung in den Supreme Court ihre politischen Ambitionen ablegen, sich um strikte Neutralität in Fragen der Parteipolitik bemühen und sich des Unterschieds zwischen richterlicher und politischer Tätigkeit bewusst sind. Zwischen 1850 und 1876, als das Prestige des Obersten Bundesgerichts verhältnismässig gering war, kandidierten nicht weniger als vier seiner Mitglieder (John McLean, Salmon P. Chase, David Davis und Stephen J. Field) für die Präsidentschaft, wobei sie eine rege politische Tätigkeit entfalteten. Später waren sich die Richter im allgemeinen darüber bewusst, dass solche politischen Ambitionen der Rechtsfindung und dem Ansehen des Supreme Court schadeten: Als Justice Charles E. Hughes 1916 – übrigens gegen seinen Willen – als Präsidentschaftskandidat aufgestellt wurde, trat er sofort von seinem Richteramt zurück[224].

III. SPANNUNGEN ZWISCHEN SUPREME COURT, POLITISCHEN BEHÖRDEN DES BUNDES UND EINZELSTAATEN

Gerade wegen der bedeutungsvollen Rolle des oft von aktivistischen Richtern dominierten Supreme Court bei der Verfassungsfortbildung lassen sich Auseinandersetzungen zwischen dem Obersten Bundesgericht und andern verfassungsunmittelbaren Organen des Bundes sowie den Einzelstaaten nicht vermeiden.

[222] Krislov 22–30. Krislov bemerkt sogar, dass man im Hinblick auf den im allgemeinen viel besseren Ruf der von demokratischen Präsidenten ernannten Richter versucht sei zu folgern «that the Democrats may in fact have had a keener perception of the proper balance of legal ability and political instinct in their choices for the judiciary»; Krislov 29.

[223] Beispiel: Justice Frankfurter.

[224] Vgl. zu den vorstehenden Angaben Bickel (3) 135–137. Vierzehn Jahre später kehrte Hughes als Chief Justice in den Supreme Court zurück.

Allerdings sind die Reaktionen auf Supreme Court-Entscheidungen heutzutage etwas weniger heftig als Ende des 18. Jahrhunderts, als der Supreme Court in *Chisholm v. Georgia*[225] die Zulässigkeit von Klagen eines Einzelnen gegen einen Staat bejaht hatte: Damals genehmigte eine der beiden Kammern des Parlaments von Georgia einen Gesetzesvorschlag, wonach einem Vollzugsbeamten des Bundes oder sonst jemandem, der es wagen sollte, im betreffenden Prozess Vollstreckungshandlungen vorzunehmen, angedroht wurde, er würde erhängt, ohne vorher Trost durch einen Geistlichen zu empfangen[226]. Auf den massiven Widerstand der Südstaaten gegen den Brown-Entscheid, der die Rassenabsonderung in öffentlichen Schulen illegal erklärte, wurde bereits hingewiesen. Überhaupt reagieren einzelstaatliche Behörden oft in empfindlicher Weise gegen das, was sie als Eingriff des Supreme Court in ihren Kompetenzbereich empfinden. Sogar die Konferenz der State Chief Justices – offenbar unwillig darüber, dass der Supreme Court mehrere ihrer Entscheide aufgehoben hatte – forderte in einer 1958 (nicht einhellig) gefassten Resolution grössere Zurückhaltung seitens des Obersten Bundesgerichts bei der Verneinung einzelstaatlicher Kompetenzen[227]. Merkwürdige Vorschläge erfolgten im Dezember 1962 durch den Council of State Governments, wonach u.a. ein aus den fünfzig obersten Richtern der Einzelstaaten bestehender Court of the Union gewisse Entscheide des Supreme Court sollte aufheben können[228]! Den teilweise hartnäckigen Versuchen seitens der Gliedstaaten, die Bundesgerichtsbarkeit einzuschränken, war so gut wie ausnahmslos kein Erfolg beschieden[229].

Auch Spannungen zwischen starken Präsidenten und profilierten Richterpersönlichkeiten lassen sich nicht vermeiden. Es sei nur an die Auseinandersetzungen zwischen JEFFERSON und MARSHALL, LINCOLN und TANEY, FRANKLIN D. ROOSEVELT und der während seiner ersten Amtszeit im Gericht ausschlaggebenden Mehrheit erinnert. Glücklicherweise kann ein Präsident lange nicht immer voraussehen,

[225] 2 Dall. 419 (1793).

[226] PFEFFER 52; POST 113; CH. WARREN (2) I 100.

[227] Der Text der Resolution ist abgedruckt bei PRITCHETT (1) 141–159. Vgl. auch die ausführliche Kritik der Resolution bei ROSTOW 96–111.

[228] Der Text der Vorschläge und eine kritische Würdigung finden sich bei BICKEL (3) 146–161; vgl. neuerdings auch HOPT 75–80.

[229] CH. A. WRIGHT 150.

in welcher Weise die von ihm auf Lebenszeit ernannten Bundesrichter die Rechtsprechung beeinflussen werden. CHARLES WARREN, dem wir die wohl beste Geschichte des Supreme Court verdanken, belegt diese Feststellung mit eindrücklichen Beispielen und kommt zu folgendem Schluss:

«In fact, nothing is more striking in the history of the Court than the manner in which the hopes of those who expected a Judge to follow the political views of the President appointing him have been disappointed[230].»

Dass sich diese Beobachtung auch in späterer Zeit als treffend erwies, zeigt das Beispiel seines Namensvetters, Chief Justice EARL WARRENS, dessen Kurs Präsident DWIGHT D. EISENHOWER ausserordentlich überraschte[231].

PRITCHETT findet, dass einerseits der Supreme Court, in dem die von Präsident TRUMAN ernannten Richter ein Übergewicht hatten, sich gerade bei der Durchsetzung der Freiheitsrechte dem Kongress gegenüber im allgemeinen als nachgiebig erwies, obwohl Truman, ein starker, liberal gesinnter Präsident, immer wieder mit dem Kongress uneinig war, und dass anderseits die von Präsident EISENHOWER berufenen Richter weitgehend für die spätere liberale und aktivistischere Praxis des Gerichts verantwortlich waren, während Eisenhower selber eine konservative Einstellung zeigte und im allgemeinen Auseinandersetzungen mit dem Kongress aus dem Weg ging[232]. Freilich bedarf Pritchetts Behauptung über die nachgiebige Haltung des Gerichts zur Zeit, als FREDERICK M. VINSON Chief Justice war (1946–1953), einer Erklärung und Berichtigung. Kein Supreme Court hätte in jener Phase des Kalten Krieges die Hysterie, welche gleichsam die ganze Nation bei der Verfolgung wirklicher oder vermeintlicher subversiver Elemente ergriff, eindämmen können. Die zahlreichen mutigen abweichenden Voten, welche die Richter BLACK und DOUGLAS damals abgaben – die ebenfalls sehr liberalen Richter MURPHY und RUTLEDGE waren 1949, bevor die erwähnte Verfolgungs-

[230] CH. WARREN (2) I 22; ähnlich der erfahrene Gerichtsberichterstatter ANTHONY LEWIS in der *New York Times* (City Edition) vom 24. Oktober 1969 auf S. 44.

[231] Eisenhower soll einmal die Ernennung Warrens zum Chief Justice als seinen «dümmsten Fehler» («the biggest damfool mistake I ever made») bezeichnet haben. Hätte Eisenhower nie einen grösseren Fehler begangen, so könnte man ihn wohl als den grössten amerikanischen Präsidenten feiern.

[232] PRITCHETT (1) 10.

welle ihren Höchststand erreichte, gestorben – waren «a luxury made possible only by the fact that they were dissenting opinions»[233]. Hätte das Gericht die mit der nationalen Sicherheit gerechtfertigten Hexenjagden der damaligen Zeit auf das notwendige Minimum zu beschränken versucht, so wäre ihm das mit an Sicherheit grenzender Wahrscheinlichkeit nicht gelungen, was dem Gericht als Institution eine kaum wieder gutzumachende Autoritätseinbusse zugefügt und wahrscheinlich auch zu gesetzgeberischen Beschränkungen seiner Kompetenzen geführt hätte. Dort, wo nicht Fragen der nationalen Sicherheit auf dem Spiel standen, erwies sich auch das «Vinson-Gericht» als überzeugter und unverzagter Verfechter der Freiheitsrechte, und was die Rechtsgleichheit anbelangt, so kann darauf verwiesen werden, dass das Fundament des Brown-Entscheides, der die Segregation in öffentlichen Schulen unzulässig erklärte, weitgehend schon in der Vinson-Periode gelegt worden war[234]. Dass Gerichte die Freiheitsrechte wirksamer schützen, wenn diese weniger bedroht sind, hat Frank kurz und treffend formuliert:

> «...courts love liberty most when it is under pressure least[235].»

Seit der Roosevelt-Ära wurden die giftigsten Pfeile gegen den Supreme Court nicht aus dem Weissen Haus, sondern aus dem Kapitol abgeschossen. Allerdings hatten mit einzelnen Entscheiden unzufriedene Kongressmitglieder auch früher wiederholt versucht, den Supreme Court zu «zügeln»[236]. Einen Höhepunkt erreichten diese «Court-curbing»-Vorschläge jedoch in den Jahren 1958/59, und zwar als Reaktion einerseits auf den Schulsegregations-Entscheid, anderseits darauf, dass der Supreme Court wiederholt den politischen Behörden des Bundes und der Staaten rechtsstaatliche Schranken bei der Bekämpfung subversiver Umtriebe in Erinnerung gerufen hatte[237],

[233] Pfeffer 377.

[234] Vgl. Pfeffer 378, 386–390 und 409.

[235] Frank in: Cahn 114; ähnlich Smith 302.

[236] Nach Freund (2) 52 wurden in den Jahren 1821–1882 mindestens zehn Gesetzesvorlagen im Kongress eingebracht, wonach die Appellationszuständigkeit des Supreme Court eingeschränkt werden sollte.

[237] Vgl. die im dritten Kapitel erwähnten Entscheide *Watkins v. United States* (Fussnote 108), *Greene v. McElroy* (Fussnote 112), *Kent v. Dulles* (Fussnote 117), ferner *Sweezy v. New Hampshire,* 354 U.S. 234 (1957) und *Pennsylvania v. Nelson,* 350 U.S. 497 (1956).

was ihm den simplifizierenden Vorwurf eintrug, er billige die Gefährdung der inneren Sicherheit durch Extremisten. Dass die Versuche zur gesetzlichen Beschränkung der Kompetenzen des Supreme Court schliesslich scheiterten, war nicht nur der Einsicht gemässigter Kongressmitglieder zu verdanken, sondern auch zwei am selben Tag ergangenen Urteilen des Supreme Court, in denen er Stellungnahmen in *Watkins v. United States* und andern Entscheiden die viel Opposition hervorgerufen hatten, erheblich abschwächte[238].

Zwar hat die Geschichte des Supreme Court immer wieder gezeigt, dass er im allgemeinen nicht vor unpopulären Entscheidungen zurückschreckt. So machte sich das «Warren-Gericht» auch nach den scharfen Angriffen, die Ende der Fünfzigerjahre im Kongress erfolgt waren, bei immer neuen Kreisen unbeliebt: bei vielen Bürgern, einzelstaatlichen Beamten und der Polizei ganz allgemein durch das Abhängigmachen strafrechtlicher Verurteilungen von der strengen Beachtung wichtiger Verfahrensgarantien; bei Wählern auf dem Lande durch die Veranlassung neuer, die Übervertretung dünnbesiedelter Gebiete beseitigender Wahlkreiseinteilungen; bei Vertretern kirchlicher Interessen vorab durch Entscheide, die uniforme Schulgebete und Bibellesen in öffentlichen Schulen als verfassungswidrig erklärten. Über die Schuldesegregations-Rechtsprechung erzürnte südstaatliche Politiker, die dank dem Senioritätsprinzip oft einflussreiche Stellungen in Kongress-Ausschüssen bekleiden, versuchten immer wieder, die Volksmeinung gegen das Oberste Bundesgericht zu mobilisieren, wenn dieses auf irgendeinem Gebiet einen kontroversen Entscheid gefällt

[238] Es sind die im Stimmenverhältnis von fünf zu vier ergangenen Entscheidungen *Barenblatt v. United States,* 360 U. S. 109 (1959) und *Uphaus v. Wyman,* 360 U. S. 72 (1959). Dass Gründe der politischen Strategie bei der Entscheidung dieser Fälle eine Rolle spielten, ist zwar bestritten, m. E. jedoch anzunehmen. Die erfolglosen Versuche des 85. und des 86. Kongresses, die Kompetenzen des Supreme Court zu beschränken, bilden den Gegenstand der Untersuchung von PRITCHETT (1); vgl. auch LOEWENSTEIN (1) 570–575. Eine eingehende, u. a. auf Interviews mit zahlreichen Senatoren und Repräsentanten basierende Untersuchung über das Verhältnis des Kongresses zum «Warren-Gericht» verdanken wir MURPHY. Vgl. ferner aus neuester Zeit die Aufsätze von THOMAS HALPER, Supreme Court Responses to Congressional Threats: Strategy and Tactics, Drake Law Review *19*/1970, 292–326, und WILLIAM F. SWINDLER, The Supreme Court, the President and Congress, The International and Comparative Law Quarterly *19*/1970, 671–692.

hatte[239]. Wenn sich Missbilligungen der Gerichtspraxis durch die öffentliche Meinung zu konkreten und ernst zu nehmenden Vorschlägen auf Reform des Supreme Court zu verdichten pflegen, hat man freilich den Eindruck, dass sich wenigstens gemässigtere Aktivisten eine Zeitlang bei der Kontrolle von Kongress, Präsident und gliedstaatlichen Behörden grössere Zurückhaltung auferlegen, um den Kritikern Wind aus den Segeln zu nehmen. RAPPARD zitiert aus dem Brief eines mit ihm befreundeten amerikanischen Professors:

> «Notre Cour Suprême sent courir le vent. ... C'est une super-Chambre des Lords qui possède un droit de véto, mais qui évite de l'exercer lorsque la hache risquerait de s'abattre sur sa tête[240].»

Dass diese allerdings überspitzt formulierte Beobachtung auch für die Folgezeit einen gewissen Wahrheitsgehalt bewahrt hat, lässt sich nicht nur aus einer Analyse der Reaktion des Supreme Court auf die 1958 und 1959 im Kongress eingebrachten Vorschläge zur Beschneidung seiner Kompetenzen schliessen, sondern auch aus den bedeutungsvollen Praxisänderungen, die nach Bekanntwerden von Roosevelts Gerichtsreformplan[241] erfolgten.

Allerdings hat der Supreme Court in Fragen, die ihm ausserordentlich wichtig schienen, in der Regel nicht versucht, durch Kompromisse seine Kritiker zu besänftigen. Es ist ihm hoch anzurechnen, dass er in der Segregationsfrage trotz heftigster Reaktionen auf den Brown-Entscheid an den dort verkündeten Prinzipien festhielt und nur bezüglich des Vollzugs von einer sofortigen und kompromisslosen Durchsetzung absah.

Anderseits mögen in gewissen Fällen kleinere Kompromisse auf lange Sicht der Wahrung der Bedeutung des Supreme Court dienen. Denn eine starke Kritik könnte zu gefährlichen, die institutionelle Bedeutung des Obersten Bundesgerichts schmälernden Gegenschlägen der politischen Organe führen.

[239] Das von BECKER herausgegebene Buch enthält eine bunte Sammlung politologischer Essays zur Frage der Reaktion politischer Organe des Bundes, unterer Gerichte, staatlicher und lokaler Behörden sowie der öffentlichen Meinung im allgemeinen auf höchstrichterliche Entscheidungen.

[240] RAPPARD 98a.

[241] Vgl. vorn Fussnote 28.

Dass einzelne Gerichtsentscheidungen bzw. deren Auswirkungen durch die spätere Gesetzgebung korrigiert werden, was verschiedentlich vorgekommen ist, erregt zwar keine Bedenken, jedenfalls wenn in den betreffenden Urteilen die Auslegung des Sinnes eines Gesetzes oder einer andern Willensäusserung des Kongresses in einer Weise erfolgte, von welcher der zur Gesetzgebung berufene Kongress Abstand nehmen will. Justice BRENNAN sprach in diesem Zusammenhang von einem «healthy interplay between the Courts and the Congress in the areas of law-making which are the exclusive province of the Legislative Branch»[242]. Auch gegen die wegen der Starrheit der amerikanischen Verfassung erst dreimal vorgekommenen Korrekturen von Verfassungsentscheidungen durch Amendments[243] lässt sich nichts einwenden. Sogar die – freilich für die Gerichte nicht eo ipso verbindliche – «Korrektur von Verfassungsentscheidungen durch die Gesetzgebung» mag in gewissen Fällen als ein «healthy interplay», als zulässiger und sogar erwünschter Dialog zwischen Gesetzgeber und Gericht, gerechtfertigt werden: Wenn nämlich das Gericht ein Gesetz wegen Verfassungswidrigkeit nicht anwendet, kann damit nicht für alle Zeiten der Erlass künftiger, im wesentlichen gleichlautender Gesetze als rechtswidrig stigmatisiert werden. Nicht nur irrt sich das Gericht manchmal, was bei späterer Erkenntnis zu einer – in Verfassungsfragen leichter möglichen – Praxisänderung führen kann, sondern die Verfassung selber erfährt bisweilen – wenigstens wenn man sie nicht als Zwangsjacke, sondern als «living organism» betrachtet – einen Bedeutungswandel. Was gestern verfassungswidrig war, wird es morgen vielleicht nicht mehr sein.

Als problematisch erscheint dagegen, dass die politischen Behörden durch – rechtlich an sich zulässige – Gesetzesänderung ihrem Ärger über unwillkommene höchstrichterliche Entscheide auf folgende Weise Ausdruck geben können:

1. durch Erhöhung oder – sofern dies mittels Nichtbesetzung vakant gewordener Stellen erreicht wird – durch Verminderung der Anzahl Richter des Supreme Court;

[242] BRENNAN in: WESTIN 260.

[243] XI. Amendment = Reaktion auf *Chisholm v. Georgia,* 2 Dall. 419 (1793); XIII. und XIV. Amendment = Reaktion auf *Scott v. Sanford,* 19 How. 393 (1857); XVI. Amendment = Reaktion auf *Pollock v. Farmers' Loan & Trust Co.,* 157 U.S. 429 (1895), 158 U.S. 601 (1895).

2. ferner, da die Umschreibung der Zuständigkeit der Bundesgerichte weitgehend Sache des Kongresses ist[244], durch Kürzung des für den Supreme Court massgebenden Kompetenzkatalogs[245].

Freilich ist den politischen Organen zugute zu halten, dass sie von solchen Möglichkeiten sparsamen Gebrauch gemacht haben. Roosevelts Gerichtsreformplan scheiterte, und seither sind in diese Richtung zielende Revisionsvorschläge nicht mehr ernsthaft erwogen worden. Kongressabgeordnete, die über einzelne Entscheidungen aufgebracht waren und dem Supreme Court durch Gesetz die Zuständigkeit gerade auf den betreffenden Gebieten entziehen wollten, stiessen in aller Regel auf unüberwindlichen Widerstand durch besonnenere Kollegen. Dasselbe Schicksal widerfuhr jeweils masslosen Forderungen nach formellen Richteranklagen (impeachments), die sogar in bezug auf derart integre Amtsinhaber wie Warren erhoben wurden. In einer Beziehung ging allerdings der Senat, der die Richterernennungen des Präsidenten zu bestätigen hat, vor allem aber sein Justizausschuss, wiederholt zu weit, indem manchmal die Bestätigungsverfahren zu eigentlichen Verhören über die Einstellung der Kandidaten zu kontroversen, bei Bundesgerichten hängigen und möglicherweise bald vom Supreme Court zu entscheidenden Fragen ausgeweitet wurden, wobei die Befragten bisweilen mit Recht eine Antwort verweigerten, um nicht später in einem konkreten Streitfall als befangen zu erscheinen.

Das Gericht ist endlich in finanzieller Hinsicht darauf angewiesen, dass der Kongress die erforderlichen Geldmittel bewilligt[246]. Immerhin darf gemäss Art. III Sektion 1 der Verfassung das Gehalt eines Bundesrichters nicht reduziert werden.

[244] Näheres im folgenden Abschnitt.

[245] Black vertritt den Standpunkt, dass der Kongress gestützt auf den in Art III Sektion 2 Ziff. 2 enthaltenen Vorbehalt der «regulations as the Congress shall make» sogar festsetzen könnte, dass Gesetze nur im Falle der Einstimmigkeit verfassungswidrig erklärt werden dürften; Black (4) 12. Allerdings betrachtet Black eine solche Regelung als unerwünscht.

[246] Jackson (2) 11.

IV. ORGANISATION UND ZUSTÄNDIGKEIT DER BUNDESGERICHTE

1. *Die dualistische Organisation des Gerichtswesens in den Vereinigten Staaten*

In den Vereinigten Staaten bestehen parallel nebeneinander staatliche Gerichte und solche des Bundes, wobei auch die Bundesgerichtsbarkeit eine *mehrstufige Pyramide* darstellt. Grundsätzlich ist es Sache der einzelstaatlichen Gerichte, staatliches Recht anzuwenden, während die Bundesgerichte über Fragen des Bundesrechts zu befinden haben. Diese Grundkonzeption wird allerdings, wie noch zu zeigen sein wird, durch zahlreiche Ausnahmen stark verwischt. Die *dualistische Organisation des Gerichtswesens* hängt damit zusammen, dass in Amerika Bundesrecht und staatliches Recht, trotz gegenseitiger Interdependenzen, in viel höherem Masse als es in den meisten Bundesstaaten üblich ist gleichsam voneinander getrennte Komplexe darstellen. Es sei nur daran erinnert, dass nicht bloss Verfahrens- und Polizeirecht, sondern grundsätzlich auch materielles Zivil- und Strafrecht nicht vereinheitlicht sind[247]. Wie die Betrachtungen zur *commerce clause*-Praxis gezeigt haben, nimmt allerdings der Bund auf wichtigen Gebieten, auf denen sich interstaatliche Implikationen aufzeigen lassen, Gesetzgebungskompetenzen in Anspruch[248].

Die staatlichen Gerichte werden uns nur am Rande beschäftigen.

2. *Die Bundesgerichte*[249]

Der dritte Artikel der Unionsverfassung regelt in drei Sektionen das Gerichtswesen. Sektion 1 bezieht sich auf die *Organisation*, Sektion 2 auf die *Zuständigkeit der Bundesgerichte*. Die dritte Ziffer von Sektion 2, wel-

[247] Die amerikanische Lehre des *conflict of laws* beschäftigt sich denn auch in starkem Masse mit Fällen, in denen kein ausländisches Recht in Frage steht, die jedoch interstaatliche Elemente aufweisen.

[248] Ferner ermöglicht die Zusammenarbeit der Staaten immer wieder praktisch eine gewisse Vereinheitlichung, namentlich im Handelsrecht, indem etwa von der *National Conference of Commissioners on Uniform State Laws* ausgearbeitete *uniform acts* und Modellgesetze durch staatliche Legislaturen übernommen werden. Formell handelt es sich dabei aber um gliedstaatliches Recht.

[249] Einen als erste Einführung geeigneten, mit graphischen Darstellungen bereicherten Überblick über Organisation und Zuständigkeit der Bundesgerichte ver-

che in Straffällen die Aburteilung durch Geschworene gewährleistet, sowie Sektion 3, die den Landesverrat zum Gegenstand hat, können hier ausser Betracht bleiben. Dagegen lohnt es sich, den Rest der Bestimmung im Wortlaut wiederzugeben:

«Section 1. The judicial power of the United States shall be vested in one Supreme Court, and in such inferior courts as the Congress may from time to time ordain and establish. The judges, both of the Supreme and inferior courts, shall hold their offices during good behavior, and shall, at stated times, receive for their services, a compensation, which shall not be diminished during their continuance in office.

Section 2. 1. The judicial power shall extend to all cases, in law and equity, arising under this Constitution, the laws of the United States, and treaties made, or which shall be made, unter their authority; – to all cases affecting ambassadors, other public ministers and consuls; – to all cases of admiralty and maritime jurisdiction; – to controversies to which the United States shall be a party; – to controversies between two or more States; – between a State and citizens of another State; – between citizens of different States; – between citizens of the same State claiming lands under grants of different States, and between a State, or the citizens thereof, and foreign States, citizens or subjects.

2. In all cases affecting ambassadors, other public ministers and consuls, and those in which a State shall be party, the Supreme Court shall have original jurisdiction. In all the other cases before mentioned, the Supreme Court shall have appellate jurisdiction, both as to law and to fact, with such exceptions, and under such regulations as the Congress shall make.»

Es fällt auf, dass die Verfassung auch hier nur eine sehr rudimentäre Regelung trifft. Nicht einmal die Anzahl der Mitglieder des Supreme Court wird festgelegt, und die Normierung der Organisation der unteren Bundesgerichte wird völlig dem Kongress überlassen, dem sogar die Abgrenzung der Zuständigkeit des Obersten Bundesgerichts in Berufungsfällen obliegt. Gerichtsorganisation und Zuständigkeit ergeben sich weitgehend aus dem mehrmals revidierten *Judiciary Act* von 1789[250], der in der heute massgebenden Fassung in den *United States Code* aufgenommen wurde. Das Wesentliche lässt sich dem 28. Kapitel des U.S.C. entnehmen, der positives Recht darstellt.

Sämtliche Bundesrichter werden vom Präsidenten mit «advice and consent» des Senates bestellt, was sich aus Art. II Sektion 2 Ziff. 2 der

mitteln John H. Ferguson/Dean E. McHenry, The American System of Government, 10. Aufl. New York 1969, 360–367.

[250] 1 Stat. 73.

Verfassung ergibt. Vorschlägen auf Einführung der Volkswahl der Richter des Obersten Bundesgerichts war kein Erfolg beschieden[251]. Juristische Ausbildung ist nicht von Rechts wegen, wohl aber de facto eine Wählbarkeitsvoraussetzung. Die Richter sind grundsätzlich unabsetzbar. Eine Amtsenthebung kommt nur bei schweren Verfehlungen durch eine Zweidrittelsmehrheit des Senates auf Grund einer Anklage des Repräsentantenhauses in Frage. Bisher ist es nur einmal (1805) zu einem *impeachment*-Verfahren gegen einen Richter des Supreme Court gekommen. Die politisch motivierte Anklage betraf Justice SAMUEL CHASE, dessen Entscheidungen seinen politischen Gegnern nicht genehm waren. Der Senat sprach jedoch frei, und seither haben sich politische Druckversuche nie wieder zu einer formellen Richteranklage verdichtet[252]. Nur einmal ist es vorgekommen, dass ein Richter – Justice FORTAS – wegen öffentlicher Kritik zurücktrat.

Während die Qualität der Rechtsprechung einzelstaatlicher Gerichte manchenorts zu wünschen übriglässt, geniessen die Bundesgerichte im allgemeinen einen ausgezeichneten Ruf, und Ansehen sowie Besoldung der Richter bewirken, dass hervorragend ausgewiesene Juristen auch Stellen an unteren und mittleren Bundesgerichten attraktiv finden. Hiefür ein Beispiel: Als Präsident LYNDON B. JOHNSON 1968 den Gouverneur von Illinois, OTTO KERNER, zum Richter an einem Court of Appeals ernannte, und Kerner, ein bekannter Jurist und General, der seit 1961 einen Staat mit einer Bevölkerung von knapp 11 Millionen Einwohnern erfolgreich regiert hatte, dem Ruf folgte, erblickten viele in der Ernennung eine Anerkennung der grossen Verdienste, die sich KERNER als Vorsitzender der nach den Rassenunruhen von 1967 eingesetzten *Commission on Civil Disorders* erworben hatte[253].

Tatsachenermittlung und erstinstanzliche Entscheidung von Streitigkeiten sind Sache der *District Courts,* wobei die meisten Prozesse

[251] SCHMIDHAUSER 10/11 verzeichnet für die Zeit von 1889–1926 insgesamt dreizehn im Kongress erfolgte Anregungen einer entsprechenden Verfassungsänderung.

[252] Näheres bei CH. WARREN (2) I 273 f.

[253] Das umfangreiche Gutachten, dass die Kerner-Kommission erstattete, stellt m. E. eine der besten Darstellungen der Ursachen und Erscheinungsformen der Rassenunruhen in den USA dar, und die zahlreichen darin vorgeschlagenen Abhilfemassnahmen werden die amerikanische Politik wohl noch auf lange Zeit befruchten: vgl. *U.S. National Advisory Commission on Civil Disorders, Report,* March 1, 1968.

durch Einzelrichter entschieden werden[254]; in besonderen Fällen, z. B. wenn die Verfassungsmässigkeit eines Gesetzes abzuklären ist, entscheidet ein Dreier-Kollegium.

Berufungen gegen Urteile der District Courts werden im allgemeinen durch einen der elf *Courts of Appeals* als Kollegialgericht behandelt. Diese traten an die Stelle der früheren *Circuit Courts of Appeals,* die ursprünglich ad hoc aus einem Richter des Supreme Court und mehreren District Court-Richtern gebildet und erst später verselbständigt wurden. Manchmal amten die Courts of Appeals als erste Instanz, z. B. wenn Entscheide gewisser selbständiger Verwaltungsbehörden angefochten werden. Anderseits gelangen bisweilen Entscheidungen der District Courts, gegen die appelliert wurde, direkt an den Supreme Court; das gilt namentlich in Fällen, in denen erstinstanzlich ein Dreier-Kollegium entschieden hat[255].

Oberstes Bundesgericht ist der Supreme Court in Washington. Die Zahl seiner Mitglieder wird jeweils durch den Kongress festgesetzt, betrug anfänglich sechs, stieg einmal auf zehn und verblieb seit 1869 bei einem *Chief Justice* und acht *Associate Justices.* Um gültig verhandeln und entscheiden zu können, müssen mindestens sechs Richter anwesend sein[256]; Mehrheitsentscheidungen können also bereits mit vier Stimmen ergehen. Indessen ist Mitwirkung sämtlicher neun Richter üblich, und da der Verfasser der offiziellen Urteilsbegründung erst nach der internen Abstimmung bezeichnet wird, muss sich auch jeder einzelne Richter eingehend mit der Sache befassen. Spaltungen innerhalb des Gerichts kommen nach aussen dadurch zum Ausdruck, dass auch die abweichenden Voten, die sogenannten *dissenting opinions,* amtlich veröffentlicht werden. Bis zur Zeit, als JOHN MARSHALL Chief Justice war (1801–1835), pflegten sämtliche Richter ihre Urteilsbegründungen seriatim abzugeben. Marshall, der durch Betonung der Einheit des Gerichts dessen Ansehen heben (und möglicherweise auch den Mythos, dass der Supreme Court das Recht nicht schafft, sondern findet, wahren) wollte, führte dann die Einrichtung der offiziellen Urteilsbegründung ein, die er in allen wichtigen Fällen selber zu verfassen pflegte[257]. Da-

[254] 28 U. S. C. § 132 lit. *c.*
[255] 28 U. S. C. § 1253.
[256] 28 U. S. C. § 1.
[257] Dazu SCHMIDHAUSER 105/106 und 109.

mals erfolgten abweichende Voten, die Marshall nur widerwillig duldete, höchst selten, während bezüglich der neuesten Zeit eher das andere Extrem, das Überhandnehmen verschiedener Begründungen desselben Entscheids, zu beklagen ist. Es ist eine bekannte Erscheinung, dass *dissenting opinions* markanter Richterpersönlichkeiten manchmal der Zeit vorauseilen und später zur herrschenden Praxis werden[258]. Richter, die zwar mit einer Entscheidung der Gerichtsmehrheit, nicht aber mit der offiziellen Begründung durch den jeweils nach der internen Abstimmung vom Chief Justice aus der Mehrheit bezeichneten Referenten einig gehen[259], verfassen ein Sondervotum, eine sogenannte *concurring opinion*[260].

[258] Beispiele:

1. Die extensive Interpretation des XIII. und des XIV. Amendment durch Justice HARLAN sen. in seiner *dissenting opinion* in den *Civil Rights Cases,* 109 U. S. 3 (1883), ferner seine Ablehnung der von der Mehrheit des Gerichts in *Plessy v. Ferguson,* 163 U. S. 537 (1896), vertretenen *equal-but-separate*-Doktrin.

2. Zahlreiche abweichende Voten von Justice HOLMES, der die vom *laissez-faire*-Konzept massgebend beeinflusste Gerichtsmehrheit immer wieder davor warnte, ihr unsympathische wirtschaftliche Gesetze durch Hineininterpretation persönlicher Auffassungen in das XIV. Amendment als verfassungswidrig zu erklären und damit die Meinung des Richters über Vernünftigkeit und Zweckmässigkeit einer gesetzlichen Regelung anstelle des Ermessens des Gesetzgebers zu setzen. Vgl. etwa seine *dissenting opinions* in *Lochner v. New York,* 198 U. S. 45 (1905) auf S. 74 f. (Unzulässigkeit von Höchstarbeitszeiten); *Coppage v. Kansas,* 236 U. S. 1 (1915) auf S. 26/27 (Verfassungswidrigkeit eines Gesetzes, das Arbeitgebern die Beschränkung der Rechte der Arbeitnehmer auf Mitgliedschaft bei einer Gewerkschaft untersagte); *Adkins v. Children's Hospital of the District of Columbia,* 261 U. S. 525 (1923) auf S. 567 f. (Unzulässigkeit von Mindestlöhnen für Frauen und Kinder).

3. Das Plädoyer Justice BLACKS für die Inkorporationstheorie in *Adamson v. California,* 332 U. S. 46 (1947).

Die Vorteile und Gefahren abweichender Voten werden gegeneinander abgewogen bei JACKSON (2) 17–19; vgl. ferner SCHMIDHAUSER 141–147 sowie – aus deutscher Sicht – LINDE 307/8 und HANS GEORG RUPP, Zur Frage der dissenting opinion, in: Die moderne Demokratie und ihr Recht II (Festschrift Leibholz), Tübingen 1966, 531–549.

[259] Gehört der Chief Justice zu den *dissenters,* so bezeichnet der amtsälteste Associate Justice, der sich auf der Seite der Mehrheit befindet, den Referenten. Vgl. zur Bedeutung dieser Funktion, den Referenten zu bestimmen, SCHMIDHAUSER 140.

[260] Es kann sich die eigenartige Situation ergeben, dass die offizielle Begründung in der sogenannten Mehrheitsentscheidung, der erhöhte präjudizielle Wirkung beigemessen wird, im Grunde genommen die von sämtlichen andern Richtern nicht geteilte persönliche Auffassung des Referenten darstellt. Beispiel: Im berühmten, weiter hinten zu erörternden Stahlwerkbeschlagnahmefall, *Youngstown Sheet & Tube Co. v. Sawyer,* 343 U. S. 579 (1952), verfasste Justice BLACK die sogenannte «opinion of

Der Kongress hat noch weitere Bundesgerichte geschaffen (z. B. den für Forderungsklagen gegen den Fiskus zuständigen Court of Claims), deren Organisation und Zuständigkeit hier nicht näher zu erörtern ist. Teils handelt es sich dabei um sogenannte *constitutional courts,* deren Richter den in Art. III der Verfassung umschriebenen Status geniessen[261], teils aber um blosse *legislative courts,* bei denen der Kongress Bestellung der Richter auf Amtszeit sowie Tätigwerden in andern als den in der Verfassung vorgesehenen Fällen, etwa auch wenn kein «case or controversy» vorliegt, festsetzen kann[262].

Aus dem auszugsweise wiedergegebenen Artikel III der Unionsverfassung lässt sich nur eine skizzenhafte Umschreibung der Zuständigkeit der Bundesgerichte gewinnen. Hervorgehoben zu werden verdient, dass zwar der Supreme Court und die übrigen Bundesgerichte, ja sogar die einzelstaatlichen Gerichte, auch *verfassungsgerichtliche Funktionen* ausüben, dass diese Tätigkeit jedoch nur *incidenter,* im Rahmen von Zivil-, Straf- und Verwaltungsrechts-Verfahren erfolgt[263]. Anders als etwa in der Bundesrepublik Deutschland, Frankreich, Italien, Österreich, der Türkei und Zypern gibt es in den Vereinigten Staaten keine *besondere Institution der Verfassungsgerichtsbarkeit.*

In den in Art. III Sektion 2 Ziff. 2 erwähnten, praktisch nicht häufigen Fällen, in denen ein Einzelstaat als Partei auftritt oder die diplomatisches Personal betreffen[264], entscheidet der Supreme Court als *einzige Instanz,* und der Kongress kann seine Zuständigkeit nicht beschränken oder erweitern[265].

In den übrigen Fällen dagegen, in denen das Oberste Bundesgericht als *Berufungsinstanz* amtet, *unterliegt seine Zuständigkeit den vom Kongress*

the Court». Fünf Richter kamen zwar zum selben Ergebnis wie Black, konnten sich aber nicht mit seiner Begründung befreunden und verfassten je eine *concurring opinion,* während sich die übrigen drei Richter wenigstens auf eine einheitliche *dissenting opinion* zu einigen vermochten.

261 Beispiele: Court of Claims, Court of Customs and Patent Appeals.

262 CH. A. WRIGHT 24–32.

263 KAUPER (3) 572 f. und passim.

264 Nach zehnjähriger Erfahrung als Richter des Supreme Court stellte TOM C. CLARK 1959 fest: «In very few Terms does the Court dispose of more than two or three such cases; sometimes an entire Term will expire without the Court's having disposed of a single original case»; CLARK, How Cases get into the Supreme Court, in: WESTIN 292.

265 A. M. WOLF 38/39.

festgesetzten Begrenzungen[266]. Der Kongress kann vorsehen, dass gewisse Fallkategorien letztinstanzlich durch die Courts of Appeals zu behandeln seien. Instruktiv ist der Entscheid *Ex parte McCardle*[267], der ein *habeas corpus*-Verfahren betraf: Während das Begehren des inhaftierten Klägers beim Supreme Court anhängig war und nachdem das Gericht bereits einen Eintretensbeschluss gefasst hatte, schränkte der Kongress gesetzlich die Berufungszuständigkeit des Supreme Court ein, indem er dessen Kompetenz zur Behandlung von *habeas corpus*-Begehren ausschloss, worauf sich der Supreme Court als unzuständig erklärte. Trotz dieses merkwürdigen Entscheides kann das Recht des Kongresses zur Einschränkung der *appellate jurisdiction* des Obersten Bundesgerichts nicht als unbegrenzt qualifiziert werden, wie manchmal behauptet wird. Zweifellos müsste – um ein sehr theoretisches Beispiel anzuführen – ein Erlass, der die Kompetenz des Supreme Court zur Behandlung von Berufungen von Negern ausschliessen würde, als Verletzung der im V. Amendment enthaltenen *due process clause* qualifiziert werden. Allerdings fällt eine Umschreibung zulässiger Kriterien für die Begrenzung der Berufungszuständigkeit des Supreme Court ausserordentlich schwer, weil sich die Grenzen zwischen der unzulässigen Beeinträchtigung der Rechte von Personengruppen und der an sich statthaften abstrakten Aufzählung von Fallkategorien, die der Kongress von der Berufungszuständigkeit ausnehmen will, als fliessend erweisen, kann sich doch auch im letzteren Fall bei näherer Analyse eine Benachteiligung der Rechte bestimmter Personengruppen (z. B. in Ex parte McCardle der Inhaftierten) ergeben. Überdies dürften wohl nicht so viele Fallgruppen von der *appellate jurisdiction* ausgeschlossen werden, dass dadurch dem Supreme Court die Wahrnehmung seiner von der Verfassung vorgesehenen Funktion vereitelt würde[268].

[266] Vgl. den Zuständigkeitskatalog in 28 U. S. C. § 1252–1258. 1953 regte Senator John M. Butler eine Verfassungsrevision zwecks Aufhebung der Kompetenz des Kongresses zur Beschränkung der Appellationszuständigkeit des Supreme Court an. Derselbe Senator setzte sich vier Jahre später ein für eine gesetzliche Beschränkung der Zuständigkeit des Obersten Bundesgerichts auf fünf Gebieten, auf denen in der Zwischenzeit umstrittene Entscheidungen ergangen waren; Wechsler (2) 7.

[267] 7 Wall. 506 (1869).

[268] Dazu Henry M. Hart, The Power of Congress to Limit the Jurisdiction of Federal Courts: An Exercise in Dialectic, in: *Selected Essays on Constitutional Law* 62.

Von grosser Bedeutung ist ferner der Umstand, *dass sich die Zuständigkeit der unteren Bundesgerichte* (District Courts und Courts of Appeals) *erst aus der Gesetzgebung ergibt.* Da Art. III Sektion 1 der Verfassung dem Kongress die Entscheidung überlässt, wie viele untere Bundesgerichte er schaffen wolle («such inferior courts as the Congress may from time to time ordain and establish»), wird allgemein angenommen, dass der Kongress zu entscheiden habe, in welchem Umfang er die in Art. III der Verfassung aufgezählten Kompetenzen den ordentlichen unteren Bundesgerichten einräumen wolle; ferner wird es als zulässig betrachtet, dass der Kongress ein Sondergericht mit der Erledigung besonderer bundesrechtlicher Streitigkeiten beauftrage[269]. Bezüglich vermögensrechtlicher Streitigkeiten hat der Kongress beispielsweise die Zuständigkeit der Bundesgerichte vom Erreichen gesetzlich festgelegter, relativ hoher Mindest-Streitwerte abhängig gemacht[270].

Im grossen ganzen übte jedoch der Kongress seine Befugnis zur Beschränkung der Zuständigkeit unterer Bundesgerichte und der Berufungszuständigkeit des Supreme Court mit grosser Zurückhaltung aus.

Quantitativ gesehen liegt das Schwergewicht der Tätigkeit der Bundesgerichte bei der *federal question jurisdiction* (Streitigkeiten, deren Ent-

Vgl. auch Ch. A. Wright 21 sowie die Diskussion in *Hearings on the Supreme Court* 122/124, 130–138, 167–173, 196/197, 200–202.

Berger gelangte sogar auf Grund mehrjähriger verfassungsgeschichtlicher Studien zum Schluss, dass die Verfassungsschöpfer – entgegen dem Wortlaut von Art. III Sektion 2 Ziff. 2 – dem Kongress überhaupt nicht die Befugnis einräumen wollten, die Berufungszuständigkeit des Supreme Court in bezug auf die Beurteilung verfassungsrechtlicher Fragen einzuschränken; Berger 285 f. und 336/337.

[269] Beispiele: *Yakus v. United States,* 321 U. S. 414 (1944) und *Lockerty v. Phillips,* 319 U. S. 182 (1943), wo das Gericht ein Kongressgesetz schützte, das für die Erledigung von Streitigkeiten über die Anwendung kriegswirtschaftlicher Preiskontrollvorschriften die Anfechtbarkeit bei einem *Administrator* mit Weiterzugsmöglichkeit an einen *Emergency Court of Appeals* und von dort an den Supreme Court vorsah. Auf S. 187 des zuletzt erwähnten Entscheides behauptete das Gericht sogar, dass der Kongress überhaupt von der Schaffung unterer Bundesgerichte hätte absehen und die Rechtsuchenden auf die Anrufung staatlicher Gerichte hätte verweisen können, unter Vorbehalt der durch den Kongress ebenfalls beschränkbaren Weiterzugsmöglichkeit an den Supreme Court. Demgegenüber war es in *Martin v. Hunter's Lessee,* 1 Wheat. 304 (1816), in einer von Justice Story verfassten, heute in diesem Punkt allerdings nicht mehr als «controlling» betrachteten Entscheidung davon ausgegangen, dass der Kongress auch untere Bundesgerichte schaffen müsse und dass auf jeden Fall bezüglich sämtlicher in Art. III aufgezählten Streitigkeiten die Zuständigkeit irgend eines Bundesgerichts gegeben sein müsse (a. a. O. S. 331 f.).

[270] Z. B. 28 U. S. C. § 1331 f., wo jeweils 10000 Dollar verlangt werden.

scheidung von einer Bundesnorm abhängt) und bei den *diversity of citizenship cases* (Prozesse zwischen Bürgern verschiedener Staaten). In vielen Fällen kann der Kläger den gleichen Streit entweder vor die staatlichen oder die nationalen Gerichte bringen, wobei im ersteren Fall der Beklagte in der Regel einredeweise die Überweisung an die Bundesgerichte veranlassen kann. Oft ergibt sich die Situation, dass ein staatliches Gericht auf Grund von Bundesrecht zu entscheiden hat[271] oder dass ein Bundesgericht – etwa in einem *diversity case* – das gemäss der *conflict of laws*-Lehre massgebende einzelstaatliche Recht anwendet, wobei seit dem berühmten, von Justice BRANDEIS redigierten Entscheid *Erie Railroad Co. v. Tompkins*[272] im Falle der Anwendbarkeit einzelstaatlichen Rechts grundsätzlich nicht nur auf die Gesetzgebung, sondern auch auf die herrschende Gerichtspraxis des betreffenden Staates abzustellen ist[273].

[271] Dazu BLACK (4) 42/43.

[272] 304 U. S. 64 (1938). Vgl. hiezu KLAUS THANNHÄUSER, Die «Erie-Doctrine» im Spannungsfeld zwischen den Bundes- und Staatengerichten der Vereinigten Staaten, Neue Kölner Rechtswissenschaftliche Abhandlungen 60, Berlin 1969.

[273] Früher hatte der Supreme Court während fast eines Jahrhunderts in solchen Fällen anstelle des einzelstaatlichen *common law* ein besonderes *federal common law* angewendet; vgl. *Swift v. Tyson,* 16 Pet. 1 (1842). Allerdings erscheint die Bemerkung von Justice BRANDEIS im Erie-Entscheid, es gebe kein «federal general common law», als missverständlich. Denn es lässt sich manchmal nicht vermeiden, dass eine Frage auf Grund von *federal common law* entschieden werden muss. Es sei nur auf die Fälle originärer Zuständigkeit des Supreme Court verwiesen, in denen ein Staat gegen einen andern Staat klagt, z. B. wegen eines Streites über die gemeinsame Grenze oder über die Ausnützung eines durch beide Staaten fliessenden Gewässers; hier kommt selbstverständlich nicht die Erledigung des Streites gestützt auf allfällige Rechtsnormen des einen Staates in Frage, und wenn weder zwischenstaatliche Vereinbarungen noch eine ausdrückliche Bundesregelung gegeben sind, wird der Supreme Court nicht um die Heranziehung von *federal common law* herumkommen, was Brandeis in dem am gleichen Tag entschiedenen Fall *Hinderlider v. La Plata River & Cherry Creek Ditch Co.,* 304 U. S. 92 (1938) auf S. 110 klar erkannte. Dort, wo Bundesrecht massgebend ist, muss nötigenfalls auch *federal common law* angewendet werden, während die Ablehnung eines «*general*» *federal common law* durch Justice Brandeis im Hinblick auf einen nach einzelstaatlichem Recht zu entscheidenden Prozess erfolgte. In *Banco Nacional de Cuba v. Sabbatino,* 376 U. S. 398 (1964) ging der Supreme Court auf S. 424–427 davon aus, der im Erie-Entscheid aufgestellte Grundsatz sei nicht anwendbar bei der Bestimmung des Anwendungsbereichs der *act-of-state*-Doktrin, zum mindesten insoweit die Justiziabilität ausländischer Hoheitsakte durch «federal law» (d. h. durch die Praxis des Supreme Court) beschränkt werde. Einem fremden Hoheitsakt, der gemäss bundesgerichtlicher Praxis nicht gerichtlich überprüfbar ist, darf also nicht unter Berufung auf eine entgegenstehende *public policy* eines Gliedstaates die Anwendung versagt werden. (Der Sabbatino-Entscheid be-

Haben die Parteien einen Streit vor die staatlichen Gerichte gebracht, so wenden diese nötigenfalls auch Bundesrecht an, es sei denn, die Parteien hätten sich diesbezüglich ausdrücklich die Anrufung der Bundesgerichte vorbehalten. Erfolgte kein solcher Vorbehalt, so kann höchstens noch der letztinstanzliche Entscheid eines staatlichen Gerichts direkt beim Obersten Bundesgericht angefochten werden. Bringen die Parteien dagegen ihren Streit direkt vor die Bundesgerichte, so können diese – auch in *diversity*-Fällen – unter gewissen Voraussetzungen gemäss der vom Supreme Court entwickelten, allerdings umstrittenen *abstention rule* das bundesgerichtliche Verfahren einstellen, bis die einzelstaatlichen Gerichte für die Streiterledigung wesentliche Fragen der Anwendung einzelstaatlichen Rechts entschieden haben[274].

3. Klagen gegen die Vereinigten Staaten und gegen Einzelstaaten[275]

Der englische Grundsatz «The King can do no Wrong» beeinflusste auch das amerikanische Rechtsdenken und führte dazu, dass die Ge-

traf den Fall eines mit Wirkung für das Territorium des betreffenden Staates ergangenen ausländischen Hoheitsakts; dass die *public policy* der Staaten auch dann nicht massgebend sei, wenn es darum geht, dem Akt einer ausländischen Behörde im Inland Wirkung zu verleihen, kann daraus nicht abgeleitet werden.) Mit dem hier erörterten Aspekt des Sabbatino-Falles beschäftigt sich HENKIN (1).

[274] Vgl. *Spector Motor Service, Inc. v. McLaughlin,* 323 U. S. 101 (1944) sowie SCHÄFER 146–148.

[275] Bezüglich der hier nicht behandelten Frage der *Parteifähigkeit ausländischer Staaten vor amerikanischen Gerichten* sei verwiesen auf SCHARPF (1) 89–92. Die Gerichtspraxis lässt sich dahin zusammenfassen, dass einerseits nur anerkannte ausländische Regierungen, die nicht mit den USA im Krieg stehen, vor amerikanischen Gerichten klagen können, wobei der Abbruch diplomatischer Beziehungen das Klagerecht nicht beseitigt, dass aber anderseits weder anerkannte noch nicht anerkannte ausländische Staaten ohne ihre Zustimmung vor amerikanischen Gerichten verklagt werden können. Dass die Bestimmung des Klagerechts eines fremden Staates heikle Fragen der Justiziabilität aufwerfen kann, zeigt *Banco Nacional de Cuba v. Sabbatino,* 376 U. S. 398 (1964), wo der Supreme Court das Klagerecht der kubanischen Nationalbank bejahte. Zu den beiden Einwänden, durch den Abbruch der diplomatischen Beziehungen sei das Klagerecht beseitigt worden, und überdies sei es schon auf Grund des Gegenseitigkeitsprinzips zu versagen, führte das Gericht aus: «This Court would hardly be competent to undertake assessments of varying degrees of friendliness or its absence, and, lacking some definite touchstone for determination, we are constrained to consider any relationship, short of war, with a recognized sovereign power as embracing the privilege of resorting to United States courts. ... Political recognition is exclusively a function of the Executive. The possible incongruity of judicial ‚recognition‘, by permitting suit, of a government not recognized by

richtspraxis Klagen gegen die Vereinigten Staaten nur im Falle ihrer Zustimmung materiell behandelte[276].

Der Wortlaut von Art. III Sektion 2 Ziff. 1 der Verfassung[277] liesse nicht nur Raum für Klagen gegen die Vereinigten Staaten, sondern auch für Klagen von Bürgern eines Staates gegen andere Staaten, und auf ein Begehren der zuletzt erwähnten Art trat der Supreme Court in *Chisholm v. Georgia*[278] ein. Indessen hatte die weitverbreitete negative Reaktion auf diesen Gerichtsentscheid zur Folge, dass bereits am Ende des 18. Jahrhunderts eine neue Verfassungsbestimmung, das XI. Amendment, erlassen wurde, welche solche Klagen ausschloss. Dagegen sind – falls sich der Fall im übrigen als justiziabel erweist – Klagen gegen einen Einzelstaat möglich, wenn die Vereinigten Staaten oder andere Einzelstaaten als Kläger auftreten[279], nicht aber, wenn ein ausländischer Staat klagt[280]. Zwar lässt der Wortlaut von Art. III der Verfassung in Verbindung mit demjenigen des XI. Amendment die Möglichkeit von Prozessen ausländischer Staaten gegen amerikanische Einzelstaaten vor Bundesgerichten offen, doch fand das Gericht im erwähnten Monaco-Entscheid, hinter den Verfassungsbestimmungen stünden die Postulate, dass die gerichtlich zu beurteilenden Streitigkeiten ihrer Natur nach justiziabel sein müssten und dass die Staaten der Union, «still possessing attributes of sovereignity, shall be immune from suits, without their consent, save where there has been ‚a surrender of this immunity in

the Executive is completely absent when merely diplomatic relations are broken ... the doctrine of reciprocity has apparently been confined to foreign judgments. There are good reasons for declining to extend the principle to the question of standing of sovereign states to sue. Whether a foreign sovereign will be permitted to sue involves a problem more sensitive politically than whether the judgments of its courts may be re-examined, and the possibility of embarrassment to the Executive Branch in handling foreign relations is substantially more acute.» (a. a. O. 410–412).

[276] JAFFE (2) 198 f. hat nachgewiesen, dass die *sovereign immunity* in England bereits zur Zeit der amerikanischen Revolution praktisch von geringer Bedeutung war. Es überrascht, dass die republikanisch gesinnten Amerikaner diese typisch monarchische Maxime übernahmen und – wenigstens während langer Zeit – viel konsequenter als die Engländer handhabten.

[277] Zit. vorn S. 94.

[278] 2 Dall. 419 (1793).

[279] Zahlreiche Prozesse zwischen Einzelstaaten werden bei HUGHES 123 f. behandelt.

[280] *Monaco v. Mississippi,* 292 U. S. 313 (1934). Dieser Entscheid vermittelt einen ausgezeichneten Querschnitt durch die höchstrichterliche Praxis zur «immunity from suits».

the plan of the convention‘[281], was nur in bezug auf Klagen des Bundes oder der Staaten gegen einen Staat zutreffe.

Heute sind Einschränkungen der Zuständigkeit der Bundesgerichte, die sich aus der Immunitäts-Doktrin ergeben, von weniger grosser praktischer Bedeutung als früher. Denn einerseits hat der Bund seine Passivlegitimation im Falle von Schadenersatzklagen ziemlich weitgehend anerkannt[282] und Entsprechendes gilt auch bezüglich der meisten Gliedstaaten, anderseits besteht oft in Fällen, in denen eine Klage gegen Bund oder Einzelstaat nicht zulässig ist, weil weder ein ausdrücklicher noch ein konkludenter Verzicht auf Immunität vorliegt, ein Ausweg darin, dass gegen den fehlbaren Beamten geklagt werden kann, nämlich wenn dieser durch Verletzung von Bundesrecht seine Eigenschaft als offizieller Repräsentant des Bundes oder eines Staates eingebüsst hat. Wann dies zutreffe, ist «an extraordinarily difficult question which the Court's decisions have failed to clarify»[283]. Dort, wo vertragliche Rechte oder Eigentumsrechte des Staates in Frage stehen oder wo weder eine Verfassungsverletzung noch eine Kompetenzüberschreitung geltend gemacht werden[284], besteht die Tendenz, die Immunitäts-Doktrin anzuwenden. Sonst aber gilt, dass derjenige, der die Verfassungsmässigkeit eines Erlasses anfechten will, in der Regel gegen den Beamten klagen kann, der das Gesetz auf ihn anwendet, was im praktischen Ergebnis auf dasselbe herauskommt wie eine Klage gegen den Staat. Die Unsicherheit der Gerichtspraxis dürfte teilweise darauf zurückzuführen sein, dass sie zwischen der von ihr entwickelten Konstruktion, wonach solche Klagen nicht gegen den Staat selber gerichtet sind, und der Realität hin- und herschwankt. Der Supreme Court sieht sich nicht daran gehindert, einzelstaatlichen Beamten die Durchsetzung eines staatlichen Gesetzes, dessen Verfassungsmässigkeit gerichtlich angefochten wird, zu untersagen[285]. Gleiches gilt in bezug auf Bundesbeamte, deren Hand-

[281] A. a. O. 322/323.

[282] Vgl. *Federal Tort Claims Act* von 1946, 60 Stat. 842, 28 U. S. C. § 2671 f.

[283] So CH. A. WRIGHT 62; vgl. auch FAHY 716/717, ferner DAVIS (3) § 27., der auf S. 481 das geltende Recht als «fundamentally chaotic» bezeichnet.

[284] Beispiel: *Larson v. Domestic and Foreign Commerce Corp.*, 337 U. S. 682 (1949); dazu sehr ausführlich JAFFE (2) 222–231.

[285] Nachweise bei CORWIN (4) Note 6 auf S. 241. In *Ex parte Young*, 209 U. S. 123 (1908) wird auf S. 159 ausgeführt: «The act to be enforced is alleged to be unconstitutional, and if it be so, the use of the name of the State to enforce an unconstitutional act to the injury of complainants is a proceeding without the authority of and one

lungen wegen behaupteter Verfassungswidrigkeit vor Gericht gerügt werden[286]. Gerichtliche Anordnungen gegenüber Beamten können auch dort von Bedeutung sein, wo zwar eine Schadenersatzklage gegen den Staat nicht ausgeschlossen ist, jedoch ein Bedürfnis besteht, dass ein gerichtlicher Befehl bereits vor Eintritt eines Schadens erwirkt werden kann. Allerdings wird das Gericht keine solche Verfügung gegen den Präsidenten oder den Kongress erlassen[287].

4. «Appeal» und «Certiorari»

Gelangt ein Prozess an den Supreme Court, zu dessen Behandlung das Oberste Bundesgericht gemäss der einschlägigen Gesetzgebung an sich zuständig ist, so steht damit noch lange nicht fest, dass das Gericht einen materiellen Entscheid treffen wird. Ein Nichteintretens-Entscheid kann ergehen, weil die Sache als *nicht-justiziabel* erscheint, was später zu erörtern sein wird, oder auch, weil das Gericht die Streitfrage als nicht genügend wichtig für eine höchstrichterliche Entscheidung betrachtet.

Der Supreme Court muss nur auf Beschwerden, in denen *Endentscheidungen staatlicher Gerichte* angefochten werden, eintreten, wenn die *staatlichen Rechtsmittel ausgeschöpft* sind und dem Beschwerdeführer ferner ein sogenannter *appeal* (der an die Stelle des früheren *writ of error* trat) zusteht, was für die folgenden, praktisch nicht sehr häufigen Fälle zutrifft[288]:

– wenn die Gültigkeit eines Staatsvertrages oder eines Gesetzes der Vereinigten Staaten in Frage steht und das letztinstanzliche staatliche Gericht Ungültigkeit angenommen hat;

– wenn ein gliedstaatliches Gesetz als bundesrechtswidrig angefochten wurde und die Vorinstanz Gültigkeit angenommen hat.

which does not affect the State in its sovereign or governmental capacity. It is simply an illegal act upon the part of a state official in attempting by the use of the name of the State to enforce a legislative enactment which is void because unconstitutional.» Vgl. auch *Dombrowski v. Pfister,* 380 U. S. 479 (1965) auf S. 483 f.

[286] Beispiel: *Philadelphia Co. v. Stimson,* 223 U. S. 605 (1912), wo eine Klage betreffend Verletzung von Eigentumsrechten durch eine Verfügung des Secretary of War vom Supreme Court entschieden wurde.

[287] Vgl. hinten S. 192/193.

[288] 28 U. S. C. § 1257.

Was die *Entscheidungen unterer Bundesgerichte* anbelangt, so besteht ebenfalls nur unter gesetzlich genau umschriebenen Voraussetzungen Anspruch auf Überprüfung durch den Supreme Court, z.B. wenn das untere Bundesgericht in einem Verfahren, in dem die Vereinigten Staaten als Partei auftreten, in einem Zwischen- oder Endentscheid die Verfassungswidrigkeit eines Kongresserlasses angenommen hat[289].

In sämtlichen andern Fällen, in denen das Oberste Bundesgericht an sich zuständig wäre, entscheidet es – seit einer 1925 vom damaligen Chief Justice und früheren Präsidenten TAFT durchgesetzten Revision des Judiciary Code[290] – völlig nach seinem Ermessen, ob ein sogenannter *writ of certiorari* zu gewähren sei, d.h. ob die Wichtigkeit der Sache eine materielle Entscheidung rechtfertige[291]. Der Umstand, dass gut 90% der Geschäfte, die an den Supreme Court gelangen, sogenannte *certiorari*-Fälle darstellen, in denen im Gegensatz zu den *appeal*-Fällen keine Eintretenspflicht besteht, erklärt das für den ausländischen Betrachter erstaunliche Phänomen, dass die Arbeitslast des Obersten Bundesgerichts eines Staates von der Grösse Amerikas von neun Richtern und rund zwanzig juristischen Hilfskräften, sogenannten *law clerks,* bewältigt wird[292].

Hinzu kommt, dass dem Gericht auch in *appeal*-Fällen ein Mittel zur Verfügung steht, um seine Tätigkeit auf wichtiges zu konzentrieren: Die Mehrzahl der Fälle wird in einem summarischen Verfahren, ohne vorgängige mündliche Verhandlung, entschieden, weil die Streitfrage

[289] 28 U.S.C. § 1252; weitere Fälle in § 1253 und 1254. Dazu KAUPER (3) 579.

[290] 43 Stat. 936. Hiezu FRANKFURTER/LANDIS 255 f.

[291] Der Ausdruck «certiorari» stammt aus dem englischen Recht und rührt davon her, dass jeweils das höhere Gericht die Vorinstanz anwies, ihre Akten zu überweisen und deren Richtigkeit zu bescheinigen, weil das Gericht auf zuverlässige Weise über das vorinstanzliche Verfahren informiert werden wollte («certiorari volumus»).

[292] Immerhin hat die Arbeitsbelastung des Supreme Court, der jährlich bis zu 3000 *certiorari*-Begehren zu erledigen hat, gewaltige Ausmasse angenommen. Professor KURLAND schlug zur Entlastung vor, ein weiteres Gericht zu schaffen, welches als letzte bundesgerichtliche Instanz alle nicht verfassungsmässigen Streitigkeiten zu entscheiden hätte, damit sich der Supreme Court auf Verfassungsfragen konzentrieren könnte, wobei es völlig dem Ermessen des letzteren überlassen würde, welche Prozesse er materiell entscheiden wollte; PHILIP B. KURLAND in *Hearings on the Supreme Court* 92 f. und 653. Ein weiterer Vorschlag auf Einsetzung eines Gerichts als Zwischeninstanz zwischen Courts of Appeals und Supreme Court erfolgte durch Professor MISHKIN auf S. 162/163 desselben Hearing-Berichts.

wegen offensichtlicher Unbegründetheit des Rechtsmittelbegehrens oder des geringen Interesses des Rechtsmittelklägers als nicht genügend «substantial» angesehen wird «to require plenary consideration»[293]. Sensu technico handelt es sich dabei um Sachentscheide und nicht bloss um Prozessurteile[294]. Bei Betrachtung des praktischen Resultats für den Rechtsuchenden kann jedoch SCHMIDHAUSER zugestimmt werden:

> «In practice, the distinction between the right of appeal and the discretionary grant of certiorari became a meaningless one[295].»

Vor allem ist es dem Supreme Court dank dem *certiorari*-Verfahren möglich, seine Tätigkeit auf die Entscheidung grundlegender Fälle zu konzentrieren. Damit wird die in manchen Staaten bestehende Situation vermieden, dass sogar Richter eines obersten Gerichts einen wesentlichen Teil ihrer Zeit für die Behandlung von Routinegeschäften, querulatorischen Rechtsschriften und dergleichen verwenden müssen.

In den von ihm selber aufgestellten Regeln, den *Rules of the Supreme Court of the United States* von 1967, hat das Gericht näher umschrieben, wann Begehren um Gewährung des *certiorari* zu entsprechen sei[296]. Gründe, die das Gericht zum Eintreten veranlassen können, sind etwa: Neuartigkeit und allgemeine Bedeutung des Falles[297], Widersprüche zwischen der Praxis verschiedener Courts of Appeals in bezug auf die betreffende Rechtsfrage oder der Umstand, dass die Vorinstanz von der Rechtsprechung des Supreme Court abgewichen ist. Grundsätzlich beraten sämtliche Richter darüber, ob ein *writ of certiorari* zu erteilen sei, wobei die Zustimmung von *vier* Richtern für die Gewährung genügt.

[293] Supreme Court Rule 15 Ziff. 1 lit. *e* und *f*.

[294] STERN/GRESSMAN 164.

[295] SCHMIDHAUSER 122; vgl. auch 128 f.

[296] Vgl. insbesondere Regel 19, die wie folgt eingeleitet wird: «A review on writ of certiorari is not a matter of right, but of sound judicial discretion, and will be granted only where there are special and important reasons therefor ...»

[297] Und zwar nicht in erster Linie für die Parteien, sondern für die allgemeine Rechtsentwicklung. Der Supreme Court hat sogar schon in Fällen, in denen Todesurteile angefochten wurden, *certiorari* verweigert: *Sacco v. Massachusetts* (Sacco/Vanzetti-Fall), 275 U. S. 574 (1927); *Rosenberg v. United States* (Verurteilung des Ehepaars Rosenberg wegen Spionage), 346 U. S. 273 (1953) und dort angeführte Beschlüsse. Anderseits gewährte er in *Thompson v. City of Louisville,* 362 U. S. 199 (1960), wo die Verurteilung durch ein Polizeigericht zu zwei Bussen à zehn Dollar angefochten war, wegen der grundsätzlichen Bedeutung der Streitfrage (Zulässigkeit der Verurteilung ohne Schuldbeweis) *certiorari*.

Verweigerung des *certiorari* bedeutet nicht, dass der Supreme Court mit der angefochtenen Entscheidung einig geht, sondern nur, dass weniger als vier Richter die Sache als wichtig genug für eine oberstrichterliche Entscheidung betrachten[298]. Die Nichtgewährung erfolgt jeweils – ebenso wie die Erteilung – ohne Begründung, wobei aber schon wiederholt *dissenting opinions* vorgekommen sind. Durchschnittlich wird etwa 10% der gestellten *certiorari*-Begehren entsprochen.

Ausser durch *appeals* und durch *certiorari*-Begehren können Fälle noch auf eine dritte Art an den Supreme Court gelangen: Die Courts of Appeals und der Court of Claims sind befugt, das Oberste Bundesgericht um Instruktionen darüber zu ersuchen, wie eine in einem konkreten Prozess sich stellende Rechtsfrage zu behandeln sei[299]. Solche *certified questions* kommen nicht häufig vor.

Da der Supreme Court einen Prozess in erster Linie wegen seiner Tragweite für die allgemeine Rechtsentwicklung materiell entscheidet, nicht bloss um einen konkreten Streitfall zu schlichten, besteht ein dringendes Bedürfnis darnach, dass die zu lösende Rechtsfrage in kompetenter Weise vor Gericht disputiert wird und nicht wegen des Unvermögens der Anwälte der Parteien ein unrichtiger Entscheid ergeht. Die amerikanische Ausgestaltung der Verfassungsgerichtsbarkeit hat z.B. zur Folge, dass oft Fragen der bundesstaatlichen Kompetenzausscheidung in Prozessen zu entscheiden sind, in denen sich ausschliesslich Privatpersonen als Parteien gegenüberstehen; nur selten kommen Prozesse zwischen Bund und Staaten über derartige Fragen vor[300]. Auch wenn die materielle Verfassungsmässigkeit eines Erlasses des Bundes oder eines Gliedstaates vor Gericht angefochten wird, sind die betreffenden Hoheitsträger lange nicht immer als Parteien am Verfahren beteiligt. Die Gerichtspraxis hat daher eine alte Einrichtung des Common Law reaktiviert, wonach unter gewissen Voraussetzungen *Schriftsätze von nicht am Prozess beteiligten Dritten,* sogenannte *amicus curiae briefs,* zugelassen werden, etwa in einem die Religionsfreiheit betreffenden Prozess die

[298] In einem Vortrag vor der Florida Bar Convention führte Justice Brennan in bezug auf Begehren zur Gewährung von *certiorari* bei Anfechtung gliedstaatlicher Urteile aus: «Very often I have voted to deny an application when I thought that the State Court's result was very wrong»; Brennan, Working at Justice, in: Westin 301.

[299] 28 U.S.C. § 1254 Ziff. 3 und § 1255 Ziff. 2.

[300] Kauper (3) 591/592.

Stellungnahmen der Vertreter verschiedener Kirchen, oder in einem Verfahren betreffend die Zuständigkeit eines Staates zum Erlass einer Wirtschaftsregulierung die Meinungsäusserungen des Bundes und anderer Gliedstaaten. Auch hat die Regierung seit 1937 das Recht, in Fällen betreffend Verfassungsmässigkeit eines Bundesgesetzes vertreten zu sein. Heute dient der *amicus curiae brief* als wichtiges Mittel der *Repräsentation von Gruppeninteressen vor Gericht*[301].

V. GRUNDZÜGE DES VERWALTUNGSRECHTS[302]

Unter dem Begriff «*administrative law*» fasst der Amerikaner im wesentlichen verwaltungsrechtliche Verfahrensregeln zusammen, die bei der Setzung von Verwaltungsakten oder beim Erlass von Verordnungen zu beachten sind, ferner den administrativen Instanzenzug und die

[301] Dazu eingehend SAMUEL KRISLOV, The Amicus Curiae Brief: From Friendship to Advocacy, Yale Law Journal *72*/1962–63, 694–721.

[302] Zu den führenden Darstellungen des amerikanischen Verwaltungsrechts zählen die im Literaturverzeichnis enthaltenen Werke von DAVIS (3), GELLHORN/BYSE, JAFFE (2), JAFFE/NATHANSON. Nützlich ist das Buch von SCHWARTZ (3), das vor allem für englische Leser geschrieben wurde. Eine scharfsinnige politologische Analyse des Verhältnisses zwischen Supreme Court und Verwaltungsbehörden verdanken wir SHAPIRO (2). Aus der Fülle der einschlägigen Literatur seien noch besonders erwähnt: William L. CARY (Chairman der SEC 1961–1964), Politics and the Regulatory Agencies, New York 1967; FRANK E. COOPER, Administrative Agencies and the Courts, Ann Arbor 1951; JOHN DICKINSON, Administrative Justice and the Supremacy of Law in the United States, New York 1927; MORRIS D. FORKOSCH, A Treatise on Administrative Law, Indianapolis 1956; HENRY J. FRIENDLY, The Federal Administrative Agencies, Cambridge 1962. Der Amerikaner RIEGERT hat in der im Literaturverzeichnis ebenfalls angeführten Heidelberger Dissertation die Grundzüge des Verwaltungsrechts seines Landes für deutschsprachige Juristen übersichtlich dargestellt. Vgl. ferner in bezug auf deutsches Schrifttum FRITZ MORSTEIN MARX, Amerikanische Verwaltung, Schriftenreihe der Hochschule Speyer 15, Berlin 1963 sowie REGINALD PARKER, Das öffentliche Recht der Vereinigten Staaten von Amerika, Wien 1963, 84–125. Während der Drucklegung dieser Arbeit erhielt der Verfasser Kenntnis von der Schrift von FRITZ W. SCHARPF, Die politischen Kosten des Rechtsstaats, Schriftenreihe Wirtschaft und Gesellschaft 1, Tübingen 1970, die auf S. 14–38 und passim eine knappe, aber sehr zutreffende Beschreibung des Verwaltungsverfahrens und der gerichtlichen Verwaltungskontrolle in den USA enthält. Scharpf kommt zum Ergebnis, «dass im amerikanischen Verwaltungssystem gerade die relativ geringe Intensität der rechtlichen Bindung und der richterlichen Kontrolle des Verwaltungsprogramms eine besonders wirksame Form der politischen Steuerung und Kontrolle dieses Programms erlaube» (S. 80).

gerichtliche Nachprüfung von Verwaltungsakten. Das *Verfahrensrecht* steht mithin im Vordergrund. Probleme der Verwaltungsorganisation in einem weiteren Sinne fallen jedoch bereits in das Gebiet der «*public administration*», einem Teilgebiet der politischen Wissenschaften. Das Fehlen einer Unterscheidung zwischen privatem und öffentlichem Recht hat zur Folge, dass die Kluft zwischen «administrative law» und «Verwaltungsrecht» oder «droit administratif» im Sinne der kontinentaleuropäischen Terminologie noch vergrössert wird: Gewisse Fragen des besonderen Verwaltungsrechts werden an amerikanischen Universitäten in «privatrechtlichen» Vorlesungen behandelt, während anderseits auch «privatrechtliche» Probleme dem «administrative law» zugerechnet werden[303]. In diesem Abschnitt wird «Verwaltungsrecht» in einem weiteren Sinne verwendet: Vor der Skizzierung des Verfahrens bei der Entscheidung von Einzelfällen und beim Erlass von Verordnungen sowie von Problemen der Verwaltungskontrolle sind einige Bemerkungen über die Organisation der amerikanischen Bundesverwaltung anzubringen. Das Verwaltungsrecht der Einzelstaaten sowie innerstaatlicher Verbände (Bezirke, Kreise, Gemeinden usw.) fällt ausser Betracht.

1. Die Organisation der Bundesverwaltung

Der *Vizepräsident* sowie die zur Zeit zwölf *Departementschefs*[303a], die – abgesehen von dem das Justizdepartement betreuenden Attorney General und vom Postmaster General[304] – den Titel «Secretary» führen, beraten den *Präsidenten,* doch sind sämtliche wichtigen Entscheidungen vom Präsidenten in eigener Verantwortung zu treffen. Auch stehen dem Präsidenten verschiedene weitere, keinem Departement unterstellte Organe beratend zur Seite, z.B. das Office of Executive Management, das National Security Council und die mächtige Central Intelligence Agency, ferner ad hoc eingesetzte Kommissionen und persönliche Berater, die oft einen erheblichen Einfluss auf den Präsidenten auszuüben scheinen (was etwa in bezug auf Präsident NIXONS Berater für Sicher-

[303] Vgl. zum Vorstehenden BYSE/RIEGERT 405–407; DAVIS (3) § 1.01.; RIEGERT 20–26.

[303a] In seiner im Januar 1971 erstatteten «State of the Union»-Botschaft an den 92. Kongress regte Präsident NIXON eine Reduktion der Departemente auf acht an.

[304] Im Sommer 1970 wurde im Kongress ein Gesetzesentwurf verabschiedet, der eine Verselbständigung des Postministeriums vorsieht.

heitsfragen, Professor HENRY KISSINGER, immer wieder behauptet wird).

Eine typisch amerikanische Erscheinung, die gerade bei einer Darstellung der gerichtlichen Verwaltungskontrolle näher erörtert zu werden braucht, sind die *Independent Regulatory Agencies* (IRA), deren Bedeutung kaum überschätzt werden kann. Es handelt sich dabei um Organe, die vom Kongress mit bestimmten Aufgaben, meistens der *Regulierung und Kontrolle eines wichtigen Sektors der Wirtschaft,* betraut werden und *keinem Departement eingegliedert sind.* Zwar werden die Vorsitzenden (ausser bei der ICC) und Mitglieder der IRA vom Präsidenten mit Zustimmung des Senats auf eine bestimmte Amtsdauer bestellt, doch kann ihnen der Präsident keine Anweisungen erteilen. Im allgemeinen sind diese Organe auf ihrem Gebiet sowohl zur *Entscheidung von Einzelfällen* wie auch – im Rahmen der vom Kongress aufgestellten Richtlinien – zum *Erlass von Verordnungen* zuständig. Letzteres ist damit zu erklären, dass der Kongress sich ausserstande betrachtet, in bezug auf die Wirtschaftsgesetzgebung in umfassender Weise zu legiferieren, anderseits aber nicht zu viel an den Präsidenten oder die seiner Kontrolle unterstellten Verwaltungsorgane delegieren will[305]. Freilich kommen auch im Wirtschaftsverwaltungsrecht immer wieder weit reichende Delegationen an Departemente, etwa an das Department of Agriculture, vor.

Bereits 1887 wurde die erste selbständige wirtschaftslenkende Verwaltungsbehörde, die ICC, ins Leben gerufen. Die FTC und die FPC bestehen seit 1914 bzw. 1920, während die übrigen nachstehend angeführten *agencies* zur Zeit des New Deal, in den Dreissigerjahren dieses Jahrhunderts, geschaffen wurden. Die sieben wichtigsten IRA sind auf folgenden, stichwortartig erwähnten Gebieten zuständig[306]:

- *Interstate Commerce Commission (ICC):* Verkehrs- und Transportwesen (exklusive Luftfahrt).
- *Federal Trade Commission (FTC):* Aufrechterhaltung des freien Wettbewerbs, vorab durch Bekämpfung von unlauterem Wettbewerb und Unterbindung von Monopolen.
- *Federal Power Commission (FPC):* Energieversorgung.
- *Federal Communications Commission (FCC):* Telefon, Rundfunk und Fernsehen.

[305] Dazu BYSE/RIEGERT 408/409.
[306] Hiezu ausführlicher CARSTENS 81–88 und RIEGERT 35–39.

– *Securities and Exchange Commission (SEC):* Wertpapierhandel.
– *National Labor Relations Board (NLRB):* Aufrechterhaltung des Arbeitsfriedens.
– *Civil Aeronautics Board (CAB):* Zivile Luftfahrt.

Einige konkrete Beispiele mögen die Bedeutung der IRA, die manchmal als «fourth branch of government» bezeichnet werden[307], veranschaulichen: Manche Tarife werden von ihnen festgesetzt, z.B. in bezug auf den Eisenbahnverkehr (ICC), den Flugverkehr (CAB) oder die Elektrizitätswirtschaft (FPC). Auch wird durch sie der Wettbewerb zwischen verschiedenen Unternehmen geregelt, etwa wenn sich mehrere Gesellschaften um die Bedienung einer Flugstrecke (CAB) oder die Ausstrahlung von Fernseh-Sendungen auf demselben Kanal (FCC) bewerben. Im letzteren Fall sind nicht nur die finanziellen Implikationen – oft geht es um Millionenbeträge –, sondern auch die politischen Folgen ausserordentlich weitreichend, wenn man sich die Bedeutung der öffentlichen Media für die Meinungsbildung vergegenwärtigt. Die SEC sorgt u.a. dafür, dass Wertpapiere nur dann emittiert werden, wenn sich potentielle Käufer durch sachliche Information ein zuverlässiges Bild über die für den Wert des Papiers relevanten Faktoren machen können; ferner verhindert sie nach Möglichkeit, dass Verwaltungsräte oder leitende Angestellte von Gesellschaften, sogenannte «insiders», auf Grund vertraulicher Informationen zum Nachteil des Publikums mit Wertpapieren des betreffenden Unternehmens handeln. Dem NLRB gelingt es ab und zu, einen drohenden Streik abzuwenden. Damit den IRA, die ja Organe des Bundes sind, Aufgaben übertragen werden können, erweist sich zwar eine besondere verfassungsmässige Zuständigkeit des Bundes auf dem betreffenden Gebiet als erforderlich. Die höchstrichterliche *commerce clause*-Rechtsprechung hat jedoch zur Folge, dass in bezug auf die Wirtschaftslenkung eine derartige verfassungsmässige Kompetenzgrundlage leicht angerufen werden kann, da hier die Geltendmachung zwischenstaatlicher Implikationen in aller Regel nicht schwerfällt[308].

307 So das von F. D. Roosevelt eingesetzte President's Committee on Administrative Management, zit. bei Davis (3) § 1.09. auf S. 28 und Jaffe/Nathanson 182.

308 Vgl. die bei Kauper (6) 122–128 angeführten Präjudizien. Bezüglich der Vereinbarkeit der Übertragung legislativer und rechtsprechender Gewalt auf *administrative agencies* mit der Verfassung wird auf Davis (3) § 1.09., § 2.01. f., § 2.12., § 8.16., Jaffe (2) 87 f. und 109 f. sowie Riegert 48–56 verwiesen.

Die gesetzlichen Richtlinien, die der Kongress zwecks Regelung der Tätigkeit der IRA aufstellt, enthalten jeweils Schulbeispiele *unbestimmter Rechtsbegriffe.* So wird diesen Organen etwa vorgeschrieben, ihre Entscheidungen unter Berücksichtigung des öffentlichen Interesses (public interest) oder der Angemessenheit (convenience) zu treffen; Tarife festzulegen, die gerecht und vernünftig (just and reasonable) sind; oder ungerechte Wettbewerbs-Praktiken (unfair methods of competition) zu unterbinden. Es liegt auf der Hand, dass durch derartige Formulierungen der ohnehin bedeutende Einfluss der IRA auf das Wirtschaftsleben noch erheblich verstärkt wird. Die erwähnten Generalklauseln wollen zwar nicht ad hoc Entscheidungen nach Belieben der Kommissionen ermöglichen; diese sollen vielmehr gestützt auf ihre Sachkenntnis und Erfahrung Regeln, «administrative standards», entwickeln, die auf Einzelfälle in konsequenter Weise anzuwenden sind[309].

Der Staat tritt auch als Unternehmer und Konkurrent privater Gesellschaften auf. In diesem Zusammenhang ist die *Tennessee Valley Authority* zu erwähnen, deren Aktien sich im Besitz der Vereinigten Staaten befinden und deren Verwaltungsräte vom Präsidenten ernannt werden. Ihr Zweck besteht in der Erschliessung des Tennesseetals, wobei sie u.a. elektrische Energie erzeugt.

[309] Leider hat sich diese Hoffnung nicht immer erfüllt. Vgl. die skeptischen Bemerkungen von William O. Douglas (Richter am Supreme Court), Judicial Review and the Protection of Liberty, in: Westin 284 f., ferner die bei Jaffe/Nathanson 563 f. erörterte *Biscayne Controversy* sowie die beissende Kritik von Schwartz (2) 144–164, der seinen Vorwurf inkonsequenter Praxis der wirtschaftslenkenden Behörden mit der FCC exemplifizierte, deren willkürliche Praxis wiederholt auf parteipolitische Überlegungen bei der Vergebung von Bewilligungen zur Ausstrahlung von Fernseh-Sendungen zurückgeführt werden konnte. Ein von der FCC verkündetes Prinzip war die «diversification of ownership», d.h. es sollte bei der Vergebung von Sendebewilligungen nach Möglichkeit eine Akkumulation mehrerer Media der Massenkommunikation in einer Hand vermieden werden. Auf S. 163/64 schrieb Schwartz über die Praxis der FCC zur Zeit, als sie von Mitgliedern dominiert wurde, die Präsident Eisenhower ernannt hatte: «...no Republican papers have lost comparative TV applications except in cases where they were opposed by powerful Republican interests. On the other side, no important newspaper that supported Adlai Stevenson has won a comparative TV case before the present FCC.» Freilich war die Praxis der FCC damals, als Schwartz sein Buch schrieb, in besonderer Weise tadelnswert. Im Jahre 1958 setzte der Kongress einen Unterausschuss zur Prüfung der IRA ein, der sich zunächst mit der FCC beschäftigte und dabei schwerwiegende Missstände feststellte; vgl. Loewenstein (3) 46/47. Eine Betrachtung etwa der SEC, der ICC oder des NLRB hätte ein günstigeres Bild ergeben.

2. *Der Administrative Procedure Act*

Das Verwaltungsverfahren des Bundes ist besser überblickbar, seitdem 1946 ein Verwaltungsverfahrensgesetz, der *Administrative Procedure Act* (APA), erlassen wurde[310]. Es fällt jedoch schwer, den Inhalt dieses umständlich formulierten und immer wieder Ausnahmen statuierenden Gesetzes kurz zusammenzufassen[311]. Gemäss § 2 sowie einigen später erlassenen Normen in andern Gesetzen findet der APA nicht auf alle Verwaltungsbehörden Anwendung, doch gilt er im grossen ganzen für die IRA, wobei aber bezüglich der einzelnen Verfahrensvorschriften zahlreiche Ausnahmen Platz greifen oder in besonderen Gesetzen enthaltene Spezialvorschriften vorgehen. Im folgenden geht es lediglich darum, einige der wesentlichsten Vorschriften des APA kurz zu erläutern:

1. § 3 bezweckt, die Verwaltung durchsichtiger zu gestalten, indem den Behörden u. a. vorgeschrieben wird, eine Beschreibung ihrer Organisation und des von ihnen angewendeten Verfahrens im Federal Register (F. R.) zu veröffentlichen. Auch die von ihnen erlassenen Verordnungen sind daselbst zu publizieren. Ferner haben sie für genügende Bekanntmachung ihrer Entscheide und – soweit tunlich – für die Möglichkeit der Einsichtnahme in ihre Akten zu sorgen.

2. § 4 regelt das Verfahren der *rule making*. Will eine Behörde eine Materie normieren, so ist dies im allgemeinen im F. R. anzukündigen. Dadurch erhalten nicht nur ausgewählte Organisationen, sondern alle interessierten Personen Gelegenheit, mittels Eingaben und allenfalls mündlicher Darlegungen auf die Ausgestaltung der Verordnungen Einfluss zu nehmen. Sieht ein Gesetz vor, dass Verordnungen erst erlassen werden dürfen, nachdem den Beteiligten Gelegenheit zu einem formellen Hearing eingeräumt wurde («when rules are required by statute to be made on the record after opportunity for an agency hearing»), so kommt das strengere, nachstehend unter Ziff. 3 skizzierte Verfahren zur Anwendung.

3. Von den *rules* zu unterscheiden sind die *orders*, d. h. Verwaltungsakte, in denen eine individuelle, konkrete Anordnung getroffen

[310] 60 Stat. 237; 5 U. S. C. § 551–559, 701–706, 3105, 3344, 5362, 7521; ebenfalls abgedruckt bei Davis (3) 563–571, Gellhorn/Byse 1219–1230 und Jaffe/Nathanson 1086–1101.

[311] Vgl. hiezu den Aufsatz von Byse/Riegert.

wird[312]. Das Verfahren, in dem eine *order* zustandekommt, heisst *adjudication.* Es handelt sich dabei um ein *gerichtsähnliches, formstrenges Verfahren,* das in § 5, 7 und 8 einlässlich normiert wird, jedoch – was oft übersehen wird – nur Anwendung findet, wenn ein Gesetz ein derartiges formelles Entscheidungsverfahren vorsieht[313]. In solchen Fällen finden Hearings[314] statt, wobei die Betroffenen rechtzeitig über Zeit, Ort und Art der Hearings, die Rechtsgrundlage für deren Durchführung und die zu verhandelnden tatsächlichen und rechtlichen Fragen zu informieren sind und Gelegenheit erhalten, Anträge zu stellen sowie ihren Standpunkt zu erläutern.

Eine *behördeninterne Aufgabenteilung* ist dazu angetan, die Anonymität des Entscheidungsprozesses zu verringern und das Verfahren demjenigen der Gerichte anzunähern. Manche Verwaltungsbehörden des Bundes beschäftigen eine vierstellige Zahl von Funktionären, und es führt zu unbefriedigenden Ergebnissen, wenn sämtliche Entscheidungen formell vom leitenden Beamten oder Kollegium zu treffen sind, ohne dass erkennbar wird, wer in Wirklichkeit den Entscheid getroffen hat[315]. Der APA begegnet teilweise diesem Missstand, indem er vorsieht, dass *hearing examiners* oder *hearing officers* das Hearing durchführen, wobei sie im allgemeinen auch Beweise erheben dürfen, und hierauf eine *vorläufige Entscheidung* (initial decision) treffen. Diese Verhandlungsleiter geniessen gemäss § 11 eine gewisse Unabhängigkeit, die sich freilich nicht mit derjenigen eines Richters vergleichen lässt[316]: Es dürfen ihnen keine

[312] Die Unterscheidung zwischen Verordnung und Verwaltungsakt wird freilich im amerikanischen Verwaltungsrecht im allgemeinen nur unklar gesehen, und diese Unsicherheit kommt in den in § 2 des APA aufgestellten Legaldefinitionen von *rule* und *order*, auf die hier nicht näher einzutreten ist, zum Ausdruck. Die *rules,* für deren Erlass das strengere, auf die Einzelfallentscheidung gemünzte Verfahren vorgeschrieben wird, entsprechen im Grunde genommen eher Verwaltungsakten als Verordnungen; RIEGERT 68 und 74. Ob neue Prinzipien in *rules* oder in *orders* zu verkünden sind, liegt weitgehend im Ermessen der Verwaltungsbehörde; dazu *SEC v. Chenery Corp.,* 332 U. S. 194 (1947).

[313] Vgl. allerdings *Wong Yang Sung v. McGrath,* zit. hinten Kapitel 4 Fussnote 41.

[314] Mit Hearing ist hier ein *trial type hearing* gemeint, ein kontradiktorisches, gerichtsähnliches Verfahren mit Beweiserhebungen. Davon zu unterscheiden sind die *investigatory hearings* des Kongresses, ferner die von Verwaltungsorganen im Zusammenhang mit *rule making* durchgeführten mündlichen Vernehmlassungen *(argument type of hearing* oder *speech-making hearing)*; hiezu DAVIS (3) § 6.05.

[315] Vgl. zur Problematik von «institutional decisions» DAVIS (3) § 11.

[316] Vgl. *Ramspeck v. Federal Trial Examiners Conference,* 345 U. S. 128 (1953).

Aufgaben zugewiesen werden, die mit ihrer quasi-richterlichen Funktion unvereinbar sind; andern Beamten der betreffenden *agencies* gegenüber, die «investigative or prosecuting functions» ausüben, d.h. die Fakten zusammentragen und den Standpunkt der Behörde vertreten, sind sie nicht verantwortlich, und diese andern Beamten dürfen auch nicht an ihren Entscheidungen mitwirken (ausser als Parteien oder Zeugen, die vor dem *hearing officer* erscheinen); endlich wird ihr Gehalt nicht von der sie beschäftigenden Behörde, sondern vor der Civil Service Commission festgesetzt, deren Mitwirkung auch bei der Entlassung eines Verhandlungsleiters erforderlich ist. Die Interessen der betreffenden Behörde werden von besonderen Beamten wahrgenommen, womit vermieden wird, dass der *hearing officer* gleichsam als Richter in eigener Sache entscheidet. Sowohl der den Standpunkt der Behörde vertretende Beamte als auch die betroffenen Parteien können den vorläufigen Entscheid des *hearing officer* an die Behördenleitung weiterziehen. Von der Mitwirkung im «Berufungsverfahren» ist der *hearing officer* grundsätzlich ausgeschlossen. Erfolgt kein Weiterzug und will die Behördenleitung nicht von sich aus eine eigene Entscheidung treffen, was ihr freisteht, so wird die vorläufige Entscheidung verbindlich[317]. Allerdings kann auch das leitende Gremium oder eines seiner Mitglieder anstelle des *hearing officer* das Hearing durchführen; dadurch fällt die behördeninterne Zweiteilung des Verfahrens dahin.

Dank dem geschilderten Procedere wird die Verwaltung durchsichtiger gestaltet, wobei freilich die Behördenleitung nach wie vor viel stärker auf die Exposés ihrer Untergebenen angewiesen ist als Richter auf die Erhebungen ihrer *clerks*[318]. Vor allem ermöglicht die Einrichtung des Verhandlungsleiters, dass die – allerdings nur vorläufige – Entscheidung von jemandem getroffen wird, dem nicht die Verfolgung der Interessen der betreffenden Behörde obliegt und der von der Behördenleitung weitgehend unabhängig ist, was die Möglichkeit unvoreingenommener Entscheidungen erhöht und zudem bewirkt, dass die im allgemeinen ausschlaggebende *initial decision* nicht von einem anonymen Beamten getroffen wird, sondern von demjenigen, der das Ermittlungsverfahren geleitet hat. Anderseits wurde dieses System nicht logisch zu

317 Dadurch unterscheidet sich die *initial decision* von der weiter hinten erwähnten *recommended decision*.

318 RIEGERT 81.

Ende geführt, um nicht die Kompetenzen der Verwaltungsbehörden zu stark zu beschneiden: Die Behördenleitung ist nicht an die Feststellungen und an den vorläufigen Entscheid des *hearing officer* gebunden, ja sie kann diesen überhaupt ausschalten, indem sie selber das Hearing durchführt. Aus arbeitstechnischen Gründen wir ihr letzteres aber nur in einem kleinen Bruchteil aller Fälle möglich sein. Ferner darf sie anordnen, dass ihr das Hearing-Protokoll zur Entscheidung vorzulegen ist, ohne dass ein vorläufiger Entscheid getroffen wird, wobei aber in solchen Fällen der *hearing officer* einen Entscheidungsantrag *(recommended decision)* abzufassen hat.

Das vorstehend erörterte Verfahren kommt auch beim Erlass der bereits erwähnten *rules* zur Anwendung, für die dies gesetzlich vorgesehen ist. Indessen greifen bei der *rule making* sowie bei Erteilung, Erneuerung und Entzug von *licenses*[319] besondere Vorbehalte des APA Platz.

4. Der APA enthält zahlreiche weitere Regelungen, etwa betreffend den Erlass von Feststellungs-Entscheiden, Rechte der Parteien, Vorladungen, Beweismittel, Beweislast, Beweisabnahme und Protokollierung.

Das im APA vorgesehene Verfahren mag schwerfällig erscheinen. Es ist jedoch auf die teilweise riesigen Verwaltungsbehörden des Bundes, die meistens mit Aufgaben der Wirtschaftslenkung betraut sind, zugeschnitten. Der Bund führt in aller Regel seine Gesetze selber aus. Für die einzelstaatlichen Verwaltungsorgane, die staatliches Recht vollziehen, gelten andere Verfahrensregeln, die allerdings dem verfassungsmässigen Erfordernis des *due process* genügen müssen. Abgesehen davon werden sogar dort, wo der APA anwendbar wäre, die meisten Entscheide in einem *formlosen* Verfahren getroffen, was im allgemeinen dann möglich ist, wenn sich die Verwaltungsbehörde und das betroffene Individuum bzw. die Betroffenen gütlich verständigen können. Freilich nützen dabei die *agencies* ihre starke Verhandlungsposition oft in sehr problematischer Weise aus[320].

[319] Unter diesem Begriff werden verschiedene Arten von Konzessionen, Polizeierlaubnissen und andern Bewilligungen zusammengefasst.

[320] Näheres bei DAVIS (3) § 4. und RIEGERT 110–117. Auf S. 113 erwähnt Riegert folgendes Beispiel: Die SEC erteilt Genehmigungen für die Herausgabe von Wertpapieren, wenn alle wesentlichen Tatsachen über die zu verkaufenden Titel bekannt gegeben werden. Es überrasche nicht, so meint Riegert, dass die SEC alle Fälle ohne Hearing erledigen könne, da die Antragsteller kaum ein öffentliches Verfahren ver-

3. Die Kontrolle der Bundesverwaltung

§ 10 des APA regelt die *gerichtliche Kontrolle der Verwaltung*. Dieses Thema wird später, im vierten Kapitel, behandelt. Es genügt hier die Feststellung, dass die gerichtliche Kontrolle der Verwaltung grundsätzlich durch die *ordentlichen Gerichte* erfolgt[321]. Daneben üben gewisse *Spezialgerichte,* etwa der Court of Claims, auch Funktionen aus, die als Verwaltungsrechtsprechung bezeichnet werden können[322]. Der Vorschlag der zweiten Hoover-Kommission[323] auf Einführung eines Administrative Court of the United States, bestehend aus einer Tax Section, einer Trade Section und einer Labor Section, wurde nicht verwirklicht. Die gerichtliche Kontrolle der Verwaltung wird dadurch verstärkt, dass *bei der Verhängung von Sanktionen und Erteilung von Befehlen durch agencies oft die Mitwirkung der Gerichte notwendig ist*[324]. Nur ausnahmsweise können Verwaltungsbehörden Bussen verhängen. Weigert sich jemand, als Zeuge vor einer *agency* auszusagen oder ihr Urkunden vorzulegen, so kann er grundsätzlich nur in einem vor Gericht durchzuführenden *contempt*-Verfahren bestraft werden; dabei wird das Gericht prüfen, ob eine Aus-

langen würden, um zu beweisen, dass z.B. gewisse unveröffentlichte Tatsachen für die zu verkaufenden Papiere nicht nachteilig seien! Überhaupt werden Meinungsverschiedenheiten zwischen der SEC und Gesellschaften fast immer informell entschieden, da deren Bekanntwerden den Ruf der betreffenden Unternehmen in Finanzkreisen in verheerender Weise beeinträchtigen könnte; dazu DAVIS (3) § 4.01., der im folgenden über ähnliche Verhältnisse bei der FTC, der FCC und der Aufsicht über das Bankwesen berichtet. Vgl. ferner die statistischen Angaben bei DAVIS (4) 21, GELLHORN/BYSE 213/14 und SHAPIRO (2) 262.

[321] Die Kostspieligkeit des Gerichtsverfahrens führt im praktischen Ergebnis zu einer empfindlichen Beschränkung der gerichtlichen Anfechtbarkeit von Verwaltungsakten. Es wird geschätzt, dass bundesgerichtliche Verfahren von durchschnittlicher Komplexität mindestens 5000 Dollar kosten und dass selbst für einfachste Fälle mit Kosten von etwa 1500 Dollar gerechnet werden muss, wobei im allgemeinen der obsiegenden Partei kein Ersatz der am meisten ins Gewicht fallenden Anwaltskosten zugesprochen werden kann. Vgl. dazu DAVIS (4) 155 f., der zwecks Behebung dieses Missstandes die Einrichtung eines billiger arbeitenden Tribunals zur Beurteilung von Streitigkeiten mit geringeren Streitwerten fordert, dessen Personal den nicht anwaltlich vertretenen Parteien behilflich sein sollte.

[322] Dagegen ist der Tax Court eher als *agency* zu betrachten; dazu DAVIS (3) Note 1 zu § 1.01. sowie VAN ALSTYNE 1140.

[323] United States Commission on Organization of the Executive Branch of the Government, 1953–55.

[324] Dazu JAFFE (2) 261–319.

sage- oder Vorlagepflicht bestehe[325]. Im allgemeinen gelten die *orders*, in denen einem Individuum die Vornahme einer Handlung befohlen oder untersagt wird, bloss als vorläufig; während sie zwar in manchen Fällen nach unbenütztem Ablauf der Rechtsmittelfrist eo ipso wirksam werden, wird ab und zu gesetzlich vorgesehen, dass sie nur dann verbindlich sind, wenn ein Gericht sie nachgeprüft und in einen gerichtlichen Befehl umgewandelt hat[326]. Endlich erfolgt im Zusammenhang mit *Schadenersatzklagen gegen den Staat oder gegen Beamte wegen fehlerhafter Verwaltungshandlungen* eine gerichtliche Kontrolle der Verwaltung[327].

Ausser durch die Bundesgerichte sowie verwaltungsinterne Behelfe[328] wird die Bundesverwaltung auf mannigfache Weise durch den Kongress und den Präsidenten kontrolliert, indem z. B.

1. Kongress und Präsident durch Gesetzgebung und Budget Organisation, Verfahren, Praxis und Wirkungsmöglichkeiten der Verwaltungsbehörden beeinflussen können;

2. Der Präsident mit Zustimmung des Senats die wichtigeren Beamten bestellt und nötigenfalls aus ihrem Amt entfernt[329];

3. der Kongress durch seine Untersuchungsausschüsse oder besondere, allenfalls vom Präsidenten zu bestellende Gremien die Tätigkeit von Verwaltungsbehörden oder die angewendeten Verfahren überprüfen lassen kann[330];

4. einzelne Kongressabgeordnete, oft auf Grund individueller Beschwerden, Missständen in der Verwaltung nachgehen, was ihnen dank ihrem im allgemeinen grossen und qualifizierten Mitarbeiterstab eher in effektiver Weise möglich ist als selbst ihren englischen Kollegen;

5. der Präsident kraft seiner Möglichkeit, die öffentliche Meinung zu mobilisieren, oft auch dort erheblichen Einfluss auf die Verwaltungs-

[325] Vgl. DAVIS (3) § 3.11. und 3.12. mit zahlreichen Judikatur-Hinweisen.

[326] Vgl. etwa bezüglich des NLRB 29 U. S. C. § 160 lit. *e*.

[327] Vgl. hiezu DAVIS (3) § 25. und 26.; JAFFE (2) 197–260; ARVO VAN ALSTYNE, Liability of the State for Illegal Conduct of its Organs, in: Haftung des Staates für rechtswidriges Verhalten seiner Organe, Max-Planck-Institut für ausländisches öffentliches Recht und Völkerrecht, Köln/Berlin 1967, 675–722.

[328] Dazu VAN ALSTYNE 1171/1172.

[329] Näheres zur *removal power* hinten Kapitel 4 Abschnitt 6.

[330] Zu denken ist hier vor allem an das Subcommittee on Administrative Practice and Procedure des Senats, das Subcommittee on Legislative Oversight des Repräsentantenhauses, ferner an die Administrative Conference of the United States (78 Stat. 615).

praxis ausüben kann, wo ihm – wie bezüglich der IRA – kein Weisungsrecht zusteht. Die nötigen Unterlagen wird ihm dabei in der Regel das Justizdepartement, namentlich dessen Office of Administrative Procedure, liefern. Abgesehen davon sind die IRA in gewissen Fällen auf Zusammenarbeit mit dem Justizdepartement angewiesen[331].

Die *Ombudsmann-Einrichtung* fand in den Vereinigten Staaten sehr starke Beachtung, konnte jedoch bis anhin auf Bundesebene nicht verwirklicht werden[332].

[331] Dass soviel Gewicht auf die Kontrolle durch den Präsidenten gelegt wurde, mag erstaunen, ist aber damit zu erklären, dass die Bundesverwaltung zu einem grossen Teil nicht durch vom Präsidenten abhängige Verwaltungsstellen, sondern durch IRA ausgeübt wird. Im Zusammenhang mit der Verwaltungskontrolle stellt die Beschränkung der Macht dieser Behörden ein wichtiges Anliegen dar.

[332] Vgl. die Vorschläge des Abgeordneten Reuss und des Senatoren Long, abgedruckt bei Donald C. Rowat (Herausgeber), The Ombudsman, 2. Aufl. London/Toronto/Stockholm 1968, 305–321; ferner das im März 1966 durchgeführte *Hearing on the Ombudsman* before the Subcommittee on Administrative Practice and Procedure of the Committee on the Judiciary, United States Senate, 89th Cong., 2d sess. (Die Zustellung dieses nahezu 400 Seiten umfassenden Hearing-Berichts verdankt der Verfasser Herrn Senator Edward Kennedy.) Aus der reichhaltigen Literatur seien folgende Arbeiten erwähnt, in denen die Schaffung entsprechender Einrichtungen in den Vereinigten Staaten ernsthaft erwogen wird: Stanley V. Anderson (Herausgeber), Ombudsmen in America?, Englewood Cliffs 1968; Kenneth C. Davis, Ombudsmen in America, University of Pennsylvania Law Review *109*/1960–61, 1057–1076; Walter Gellhorn, When Americans Complain, Cambridge 1966.

ZWEITES KAPITEL: AKZESSORISCHES RICHTERLICHES PRÜFUNGSRECHT

I. MARBURY V. MADISON

Der Umstand, dass amerikanische Bundesgerichte *Kongressgesetzen, die sie als verfassungswidrig qualifizieren, die Anwendung versagen,* fand in andern Ländern grösste Beachtung, und oberflächliche ausländische Darstellungen des Supreme Court erwecken bisweilen den Eindruck, dass die *judicial review* im engeren Sinne, die Prüfung von Gesetzen auf ihre Verfassungsmässigkeit, die Hauptträtigkeit des Supreme Court darstelle. Indessen können manchmal viele Jahre vergehen, ohne dass der Supreme Court auf Verfassungswidrigkeit eines Kongressgesetzes erkennt; besteht die Möglichkeit einer Kollision zwischen Verfassung und Gesetz, so bemüht sich das Gericht oft, das Gesetz durch verfassungskonforme Auslegung aufrechtzuerhalten, wenn es nicht sogar Mittel findet, um einer materiellen Entscheidung aus dem Weg zu gehen. In bezug auf die verfassungsrechtliche Stellung und die Bedeutung des Obersten Bundesgerichts ist freilich die ihm – und übrigens auch unteren Gerichten – zustehende Möglichkeit, Bundesgesetze auf ihre Verfassungsmässigkeit hin zu überprüfen und gegebenenfalls wegen Verfassungswidrigkeit nicht anzuwenden (im folgenden kurz als *Prüfungs*recht bezeichnet), von erheblicher Bedeutung. Auch in dieser Abhandlung muss der von MARSHALL verfasste Entscheid *Marbury v. Madison*[1] behandelt werden, obwohl die über diesen berühmtesten Gerichtsentscheid publizierte Literatur eine Bibliothek zu füllen vermöchte; denn einerseits hat der Supreme Court die dort erfolgte Statuierung des richterlichen Prüfungsrechts seither nie ernsthaft in Frage gestellt, anderseits lässt sich ein bedeutsamer Zusammenhang zwischen Prüfungsrecht und richterlicher Selbstbeschränkung aufzeigen.

1. Der Entscheid

Dem Entscheid lag folgender Sachverhalt zugrunde: Aus der Präsidentenwahl von 1800, deren Ergebnisse am 17. Februar 1801 verkündet

[1] 1 Cranch 137 (1803).

wurden, ging THOMAS JEFFERSON als Sieger hervor. Als Republikaner setzte sich Jefferson für eine enge Auslegung der Bundeskompetenzen und eine Betonung der Rechte der Einzelstaaten ein, während der bisherige Präsident JOHN ADAMS zu den *Federalists* gehörte, welche eine starke nationale Regierung befürworteten. Durch Schaffung neuer Richterstellen und deren Besetzung versuchte der abtretende Präsident Adams den Einfluss der *Federalists* über seine Amtszeit hinaus zu wahren. Nachdem er bereits vor Bekanntwerden des Ausgangs der Präsidentenwahl mit Zustimmung des Senats seinen Staatssekretär Marshall zum neuen Chief Justice bestellt hatte, ernannte er am 2. März 1801 zweiundvierzig *justices of the peace* für den District of Columbia. Am 3. März 1801 bestätigte der Senat diese Ernennungen, doch gelangten die vom Präsidenten unterzeichneten und mit Siegeln versehenen Ernennungsurkunden wegen eines Versehens von JOHN MARSHALL, der vorübergehend als Staatssekretär und Chief Justice zugleich amtete, nicht bis Mitternacht jenes Tages, als Adams Amtszeit ablief, aus dem Büro des Staatssekretärs. Eine der ersten Amtshandlungen Präsident Jeffersons bestand darin, seinen Staatssekretär MADISON anzuweisen, bloss fünfundzwanzig der zweiundvierzig Ernennungsurkunden auszuhändigen und die übrigen zurückzubehalten[2]. Einige der dadurch Benachteiligten, darunter Marbury, klagten hierauf beim Supreme Court, es sei Madison gestützt auf den *Judiciary Act* durch *writ of mandamus* die Auslieferung der Urkunden zu befehlen.

In dieser Situation wies der Supreme Court durch Marshall, der genau wusste, dass eine Gutheissung der Klage von der Exekutive nicht beachtet würde, was eine empfindliche Prestigeeinbusse des Obersten Bundesgerichts zur Folge gehabt hätte, das von Marbury und andern gestellte Begehren von der Hand. Das tat er aber mit einer Begründung, welche die politischen Behörden als eigentlichen Pyrrhussieg empfinden mussten: Er behauptete, Sektion 13 des Judiciary Act von 1789[3] würde zwar die Kompetenz des Supreme Court zur Erteilung eines *mandamus* an den Staatssekretär zulassen, damit jedoch eine verfassungswidrige Ausübung der «original jurisdiction» des Supreme Court ermöglichen, weshalb dieser vom Kongress erlassenen Bestimmung die An-

[2] So PFEFFER 80. Oft wird davon ausgegangen, Jefferson habe sämtliche Ernennungsurkunden zurückbehalten lassen.

[3] 1 Stat. 81.

wendung versagt werden müsse. Damit begründete er das in der Verfassung weder vorgesehene noch von ihr ausgeschlossene Recht der Bundesgerichte, Kongressgesetze auf ihre Verfassungsmässigkeit zu überprüfen, und sicherte dem Supreme Court für die Zukunft einen massgebenden Einfluss auf das Geschick des Landes, eine grundsätzliche Gleichberechtigung mit den andern beiden *branches of government* (Kongress und Präsident). Die Exekutive hatte gemäss dem Dispositiv des Entscheides Recht bekommen; sie konnte daher ihrer Missbilligung des von Marshall beanspruchten Prüfungsrechts – anders als wenn ihr ein Befehl erteilt worden wäre – keinen sinnfälligen Ausdruck geben. Auch aus einem andern Grund war die Gelegenheit, das Prüfungsrecht zu statuieren, ausserordentlich günstig gewählt: Da Marshall ja annahm, der Kongress habe dem Supreme Court eine diesem gar nicht zustehende Kompetenz einräumen wollen, schützte er sich gegen den Vorwurf der Machtusurpation seitens des Gerichts.

2. *Kritik der Urteilsbegründung Marshalls*

Marshalls Schachzug in Marbury v. Madison stellt zwar eine politisch-taktische Glanzleistung dar. Dass auch die rechtliche Begründung des Entscheides immer wieder als vorzüglich gepriesen wird, lässt sich jedoch nur damit erklären, dass der kritische Sinn vieler durch ihre Billigung der wesentlichsten Schlussfolgerung Marshalls – Überprüfbarkeit von Gesetzen durch Gerichte – getrübt wurde[4].

Was das Verfahren anbelangt, so fällt sofort ein schwerer Mangel auf: Marshall hätte in den Ausstand treten sollen[5]. Denn er war im kritischen Zeitpunkt Staatssekretär gewesen und trug die Verantwortung für die Nichtzustellung der Ernennungsurkunden.

Es sei gestattet, auf Schwächen von Marshalls Begründung hinzuweisen, da gerade im Interesse der Verfassungsgerichtsbarkeit Postulate nach einer gerichtlichen Überprüfbarkeit von Gesetzen auf stärkerem Fundament ruhen sollten:

Wenn schon Gerichte auf Grund eines bloss akzessorischen Prüfungsrechts Erlasse der vom Volk bestellten Legislative ungültig erklären, sollten sie von dieser Möglichkeit nur Gebrauch machen, falls eine

[4] Darauf weist Bickel (2) 2 hin.
[5] Gl. M. Haines 194; Wolf 37.

Notwendigkeit hiezu besteht, um einen Prozess zu entscheiden[6]. In Marbury v. Madison war das nicht der Fall. Zwar trifft zu, dass Art. III Sektion 2 Ziff. 2 der Verfassung die *original jurisdiction* des Obersten Bundesgerichts abschliessend umschreibt[7], ferner dass im Marbury-Fall das Begehren direkt beim Supreme Court gestellt wurde, obwohl keine der dort erwähnten Streitigkeiten zu beurteilen war. Ein «case affecting ambassadors, other public ministers and consuls» lag nicht vor, da sich diese Formulierung nur auf diplomatisches Personal, nicht aber auf den Staatssekretär bezieht. Die Klage hätte also von Verfassungs wegen bei einem unteren Bundesgericht anhängig gemacht werden sollen. Indessen bestand kein Anlass zur Annahme, der Kongress habe die originäre Zuständigkeit des Supreme Court in verfassungswidriger Weise erweitern wollen. Denn gemäss dem fraglichen Passus des Judiciary Act, den Marshall als verfassungswidrig qualifizierte, war die Erteilung eines *writ of mandamus* durch den Supreme Court an «persons holding office, under the authority of the United States» nicht voraussetzungslos zulässig, sondern nur «in cases warranted by the principles and usages of law», also nur im Rahmen der durch Gesetz gar nicht erweiterten verfassungsmässigen Zuständigkeit des Gerichts. Der Supreme Court hätte daher das Begehren ohne weiteres mit wenigen Sätzen, unter Hinweis auf die auszugsweise wiedergegebene, verfassungskonform ausgelegte Bestimmung des Judiciary Act in Verbindung mit Art. III Sektion 2 Ziff. 2 der Verfassung, wegen offensichtlicher Unzuständigkeit von der Hand weisen können[8].

Um Jefferson und Madison eine Lektion zu erteilen, warf Marshall übrigens nicht nur unnötigerweise die Frage der Verfassungsmässigkeit einer Gesetzesnorm auf, sondern er prüfte zuerst, obwohl sich ja das Gericht schliesslich als gar nicht zuständig erklärte, auf neunzehn Druckseiten die nicht zu beurteilende materielle Frage (für die Begrün-

[6] Vgl. zur diesbezüglichen Praxis des Supreme Court die Erwägungen hinten Kapitel 3 Abschnitt III.

[7] Die Bestimmung ist vorn S. 94 wiedergegeben.

[8] Dass es nicht notwendig gewesen wäre, die Frage der Verfassungsmässigkeit aufzurollen, nehmen auch Beard 115, Holik 33 und Dietrich Schindler sen. 24 an, letzterer unter Hinweis auf Charles G. Haines, The American Doctrine of Judicial Supremacy, New York 1914, 170. Kelly/Harbison 229 führen zu diesem Punkt aus: « Marshall's interpretation of the section in question was a strained and unreasonable one, and was out of accord with the principles of statutory construction laid down by Marshall himself in subsequent opinions ... »

dung des Prüfungsrechts benötigte er weniger als fünf Seiten), damit wieder einmal seine Vorliebe für politisch motivierte *obiter dicta* bekundend. Dabei gelangte er zum Schluss, dass die Richterernennungen spätestens mit Unterzeichnung und Siegelung der Urkunden perfekt geworden seien und dass Staatssekretär Madison in Erfüllung einer vom Willen des Präsidenten unabhängigen Rechtspflicht gerichtlich durch *writ of mandamus* zur Aushändigung der Ernennungsurkunden angehalten werden könne, nur eben nicht durch den Supreme Court[9]!

Auch die in Marbury v. Madison zur Begründung des richterlichen Prüfungsrechts angeführten Argumente lassen Raum für zahlreiche Einwände[10]. Freilich müssen wir uns bewusst sein, dass Marshall, der das Zustandekommen der Unionsverfassung als Zeitgenosse bewusst miterlebt und in seinem Heimatstaat Virginia sogar bei deren Ratifizierung mitgewirkt hatte, gleichsam den Geist der neuen Verfassung in sich spürte. Er war von der Zulässigkeit und Notwendigkeit des richterlichen Prüfungsrechts überzeugt. Dieses Prüfungsrecht wollte er vorab Jefferson, der nach Schmälerung der Bedeutung des Obersten Bundesgerichts trachtete[11], nachdrücklich in Erinnerung rufen, aber weshalb sollte er das Selbstverständliche ausführlich begründen? Seither sind mehr als anderthalb Jahrhunderte vergangen, in denen die Rechtslehre wie auch zahlreiche rechtspolitische Auseinandersetzungen in vielen Ländern über die Wünschbarkeit der Verfassungsgerichtsbarkeit den Blick für die Problematik der richterlichen Kontrolle legislativer Akte geschärft haben.

Marshall legte grosses Gewicht auf die Feststellung, dass die Verfassung, welche alle öffentliche Gewalt beschränke, als *paramount law* den Gesetzen vorgehen müsse. Denn wäre dies – so führte er weiter aus – nicht der Fall, so könnte die Verfassung als Erlass höherer Stufe durch

[9] Dieser Passus scheint den Unwillen der Republikaner in viel höherem Masse als die Begründung des richterlichen Prüfungsrechts erregt zu haben; dazu CH. WARREN (2) I 232 f.

[10] CHARLES BLACK, ein überzeugter Befürworter des richterlichen Prüfungsrechts, wirft Marshall mit einer gewissen Berechtigung vor, er habe «presented his case as one of inescapable logic, and thus set himself an infeasible task». Black charakterisiert Marshall als «one of those frightening people who have the air of seizing something by force even when picking a plum of the ripest and readiest to fall»; BLACK (2) 26. Möglicherweise wurde die Problematik des Prüfungsrechts von Marshall absichtlich vereinfacht; so WOLF 35.

[11] Dazu KELLY/HARBISON 224/226.

gewöhnliches Gesetz abgeändert werden. Als von besonderer Bedeutung für den bindenden Charakter der Verfassung betrachtete Marshall den Umstand, dass die amerikanische Verfassung eine *geschriebene Verfassung* ist.

Dass die Verfassung sämtliche Staatsorgane, auch die Legislative, bindet, kann im Ernst nicht bestritten werden. Allein, daraus lässt sich nicht eo ipso ableiten, dass der *Richter* zur Prüfung der Verfassungsmässigkeit des Handelns anderer Organe berufen sei, sogar wenn die Verfassung eine geschriebene ist[12]. Im amerikanischen Kongress sitzen jeweils auch hervorragende Juristen, und es wird kaum ein wichtiges Gesetz erlassen, ohne dass der Kongress dessen Verfassungsmässigkeit einlässlich und manchmal durch Einvernahme rechtswissenschaftlicher Experten abklärt.

Weshalb die Auslegung der Verfassung durch den Richter derjenigen durch den Gesetzgeber vorgehen soll, beantwortete Marshall nicht in schlüssiger Weise. Er wies auf einige konstruierte Beispiele krasser Verfassungsverletzungen durch den Gesetzgeber hin, um zu zeigen, wie stossend es wäre, wenn das Gericht in solchen Fällen das Gesetz statt die Verfassung anwenden müsste. Ferner nahm er darauf Bezug, dass Richter einen Eid auf die Verfassung ablegen müssen, ohne zu erwähnen, dass schon zu seiner Zeit auch der Präsident und sämtliche Kongressmitglieder ihre Verfassungstreue eidlich bekräftigen mussten.

Allerdings glaubte Marshall, das Prüfungsrecht direkt aus der Verfassung ableiten zu können. Die Bestimmungen, die er dabei im Auge hatte, sind jedoch nicht beweiskräftig. Art. III Sektion 2 Ziff. 1, wonach der Supreme Court «cases ... arising unter this Constitution» zu beurteilen hat, liesse ebenfalls eine das Prüfungsrecht ausschliessende Auslegung zu[13], und Art. VI Ziff. 2 will nur die Bindung der Einzelstaaten an das Bundesrecht zum Ausdruck bringen.

[12] So wird das richterliche Prüfungsrecht gegenüber gewissen Erlassen der Legislative durch Art. 113 Abs. 3 der schweizerischen Bundesverfassung ausdrücklich ausgeschlossen. Art. 131 Abs. 2 der niederländischen Verfassung von 1815 erklärt Gesetze als «unantastbar».

[13] Dazu Bickel (2) 5/6.

II. VERSUCH EINER BEGRÜNDUNG DES RICHTERLICHEN PRÜFUNGSRECHTS

In Wirklichkeit lässt die Verfassung die Frage des richterlichen Prüfungsrechts unbeantwortet. Freilich muss daraus nicht gefolgert werden, dass das Prüfungsrecht ausgeschlossen sei. Statt auf ein qualifiziertes Schweigen kann auf eine *echte Lücke* der Verfassung geschlossen und das Prüfungsrecht etwa wie folgt begründet werden[14]:

1. Bei einer Würdigung der *Materialien* zur Verfassung, die Marshall geläufig waren und die er möglicherweise deshalb nicht erwähnte, weil er sie als bekannt voraussetzte, lag die Schlussfolgerung nahe, dass die Verfassungsschöpfer das Prüfungsrecht als eine Selbstverständlichkeit voraussetzten und dass diese Auffassung der *communis opinio* zur Zeit des Zustandekommens der Verfassung entsprach[15,16].

[14] Die folgenden Erwägungen sind nur sehr summarisch. Das komplexe Problem des Prüfungsrechts gemäss der amerikanischen Verfassung kann mit diesen wenigen Bemerkungen nicht gebührend gewürdigt werden. Für eine eingehendere Analyse vgl. BICKEL (2) 1–33 und passim, ferner die ausgezeichnete Darstellung von HAINES.

[15] HART/WECHSLER 14 stellen unter Hinweis auf BEARD sowie auf CHARLES WARREN, The Making of the Constitution, 2. Aufl. Boston 1937 und die Dokumentation MAX FARRANDS, The Records of the Federal Convention, New Haven 1911, fest: «The grant of judicial power was to include the power, where necessary in the decision of cases, to disregard state or federal statutes found to be unconstitutional ... the Convention's understanding on this point emerges from its records with singular clarity.» Gl. M. BERGER 335/336; BICKEL (2) 15; BLACK (2) 23; HAINES 146/147; ROSTOW 150; SCHWARTZ (4) I 17/18. Kritisch LEVY 2 f. und WOLF 19 f. Bei der Begründung seiner abweichenden Auffassung legt CROSSKEY II 938–1046 u.a. zu grosses Gewicht darauf, dass Vorschläge JAMES WILSONS und anderer, der richterlichen Gewalt zusammen mit der Exekutive ein allgemeines Vetorecht gegen legislative Akte einzuräumen, vom Konvent abgelehnt wurden. Denn die *judicial review* wird in den USA ja nur incidenter, in konkreten Streitfällen, ausgeübt und unterscheidet sich daher wesensmässig sowohl von der Verfassungsgerichtsbarkeit «par voie d'action» als auch vor allem von einer (ausdrücklichen oder stillschweigenden) richterlichen Zustimmung als Gültigkeitsvoraussetzung für das Inkrafttreten von Gesetzen. Die lesenswerten, wenn auch zum Teil abwegigen Thesen Crosskeys zum richterlichen Prüfungsrecht werden – m.E. überzeugend – widerlegt durch HENRY M. HART, Professor Crosskey and Judicial Review, Harvard Law Review 67/1953–54, 1456–1486. BOUDIN versucht in seinem umfangreichen Werk ebenfalls, das richterliche Prüfungsrecht gleichsam als Usurpation darzustellen. Besonders deutlich wird der Gedanke des richterlichen Prüfungsrechts in den *Federalist Papers* ausgedrückt, vorab im berühmten 78. Essay. Interessant ist, dass derselbe JAMES MADISON, dessen Verhalten Anlass zur Ausübung des richterlichen Prüfungsrechts in Marbury v. Madison gab, im 48. Essay der Federalist Papers auf die Gefahr

2. Dass der Kongress selber davon ausgegangen war, das Gericht könne seine Erlasse auf ihre Verfassungsmässigkeit überprüfen, kann aus Sektion 25 des vom ersten Kongress erlassenen *Judiciary Act* von 1789[17] abgeleitet werden. Darnach konnten Entscheide der letztinstanzlichen staatlichen Gerichte, in denen auf Verfassungswidrigkeit eines Bundesgesetzes erkannt worden war, vom Supreme Court aufgehoben oder bestätigt werden. Wie BEARD zutreffend ausführt, wäre die Annahme absurd, «that an act of Congress might be annulled by a state court with the approval of the Supreme Court, but not by the Supreme Court directly»[18].

3. Das Prüfungsrecht gegenüber Kongressgesetzen war bereits vorher mindestens einmal vom Supreme Court beansprucht worden, nämlich in *Hylton v. United States*[19]. Freilich hatte das Gericht damals nach eingehender Prüfung der Verfassungsmässigkeit das Gesetz geschützt, weil es gefunden hatte, der Kongress habe darin die ihm gemäss der Verfassung zustehende Kompetenz (in casu: seine Steuerkompetenz) nicht überschritten. In späteren Entscheiden, die jedoch noch vor Marbury v. Madison ergangen waren, hatten einzelne Richter in *concurring opinions* ein Prüfungsrecht gegenüber Kongressgesetzen vorausgesetzt[20]. In den Einzelstaaten war ein richterliches Prüfungs-

von Machtmissbräuchen durch die Legislative hingewiesen und über eine «mere demarcation on parchment of the constitutional limits» hinausgehende Sicherungen verlangt hatte.

[16] Auf den geschichtlichen Zusammenhang zwischen Prüfungsrecht und englischer kolonialer Praxis, auf den HAINES 44 f. Wert legt, mag hingewiesen werden, ohne auf die kontroverse Frage näher einzutreten. Dass in der Zeit vor der Revolution die Akte der Legislaturen der Kolonien vom englischen *Privy Council* überprüft werden konnten, war wohl in erster Linie ein «outgrowth of ... the Imperial system»; so B. L. STRAYER, Judicial Review of Legislation in Canada, Toronto 1968, 3. In England selber war das Prüfungsrecht gegenüber Gesetzen des englischen Parlaments keineswegs anerkannte Praxis und nur bis ins 18. Jahrhundert vereinzelt in Anspruch genommen worden, vorab durch Chief Justice Lord EDWARD COKE im berühmten, 1610 entschiedenen DR. BONHAM'S CASE, 77 English Reports auf S. 646 f. Vgl. zum angelsächsischen Rechtsdenken auch GROSSMANN 56 f. sowie ROUSSY 65 f. und passim.

[17] 1 Stat. 85/86.

[18] BEARD 45; gl. M. BLACK (2) 24/25.

[19] 3 Dall. 171 (1796).

[20] Z.B. Justice JAMES IREDELL in *Calder v. Bull,* 3 Dall. 386 auf S. 399 (1798); Justice SAMUEL CHASE in *Cooper v. Telfair,* 4 Dall. 14 (1800) auf S. 19. Vgl. auch das Resümee des unveröffentlichten, 1794 ergangenen Entscheides *United States v. Todd* in 13 How. 52/53 (1851).

recht gegenüber staatlichen Gesetzen noch früher beansprucht worden[21].

4. Würde man die Gesetzesmaterialien, den erwähnten Passus des Judiciary Act und die genannten Präjudizien als unmassgeblich betrachten, so fielen bei der Ausfüllung der wegen des Schweigens der Verfassung in bezug auf das Prüfungsrecht bestehenden Lücke die bekannten Argumente in Betracht, die auch im Ausland immer wieder in rechtspolitischen Diskussionen zur Verteidigung der Verfassungsgerichtsbarkeit geltend gemacht werden. In Berücksichtigung der amerikanischen Verhältnisse liesse sich zugunsten des Prüfungsrechts etwa anführen:

Obwohl auch im Kongress Verfassungsexperten sitzen, darf dem Supreme Court eine grössere Sachkenntnis bei der Bestimmung der Vereinbarkeit verschiedener Rechtsnormen miteinander zuerkannt werden. Denn die Auslegung von Rechtserlassen ist, wie HAMILTON im 78. Essay der *Federalist Papers* ausführte, die «proper and peculiar province of the courts». Das deutete übrigens auch MARSHALL im wohl wichtigsten Passus des Entscheides Marbury v. Madison an[22], in welchem er überdies das Prüfungsrecht mit der Pflicht zur Entscheidung konkreter Streitfälle wie folgt in Zusammenhang brachte:

> «Those who apply the rule to particular cases, must of necessity expound and interpret that rule. If two laws conflict with each other, the courts must decide on the operation of each[23].»

Die Mehrheit einer gesetzgebenden Versammlung lässt sich in aller Regel mehr von politischen als von rechtlichen Überlegungen leiten, fragt eher darnach, was zweckmässig und wünschbar als was verfassungsmässig zulässig sei. Ein Gesetzgeber, der etwas verwirklichen will, kann nicht ohne weiteres unbefangen darüber urteilen, ob das Gewollte rechtmässig sei; im Gesetzgebungsverfahren kommt ihm gleichsam die Stellung einer interessierten Partei zu. Daraus erwächst die Gefahr, dass infolge zu starker Berücksichtigung vorübergehend herrschender Zeitströmungen, des momentanen politischen Willens, nicht

[21] Dazu HAINES 88 f. und 148 f.

[22] 1 Cranch 137 (1803) auf S. 177/178.

[23] Vgl. auch BLACK (2) 14: «It was a natural consequence of conceiving the Constitution as law to assume that the uncertainities of the Constitution, like the uncertainities of law in general, were to be resolved by the courts, where the decision of cases regularly brought before the courts requires that the questions be decided.»

nur die Rechte von Minderheiten verletzt, sondern Schranken, welche die demokratisch legitimierte, grundsätzlich auf Dauer ausgerichtete Verfassung aufgestellt hat, überschritten werden, ohne dass eine formelle Verfassungsrevision stattfindet. Ein Gericht wie der Supreme Court ist nicht nur wegen seiner Nichtbeteiligung am Gesetzgebungsverfahren sowie der besonderen Rechtskenntnisse seiner Mitglieder und ihrer Vertrautheit mit der Verfassung als etwas historisch Gewachsenem geeignet, Verfassungsverletzungen seitens des Parlaments in einem objektiven Verfahren festzustellen, sondern auch wegen seiner infolge der Bestellung der Richter auf Lebenszeit bestehenden Unabhängigkeit von den gerade herrschenden politischen Konstellationen[24], wegen seines Sinnes für Kontinuität, Stabilität und Wahrung der Verfassung als einer *lex fundamentalis*.

Als von grosser Bedeutung erweist sich ferner, dass das richterliche Prüfungsrecht – da es ja nur in aktuellen Streitfällen ausgeübt wird – die Abklärung der Verfassungsmässigkeit eines Erlasses im allgemeinen erst in einem Zeitpunkt gestattet, in dem der Erlass nicht nur auf dem Papier steht, sondern bereits faktischen Bewährungsproben ausgesetzt war. BICKEL meint hiezu:

> «One of the chief faculties of the judiciary, which is lacking in the legislature and which fits the courts for the function of evolving and applying constitutional principles, is that the judgment of courts can come later, after the hopes and prophecies expressed in legislation have been tested in the actual workings of our society; the judgment of courts may be had in concrete cases that exemplify the actual consequences of legislative or executive actions[25].»

Der Richter kann sich also ein besseres Bild von den Konsequenzen des Gesetzes in der Rechtswirklichkeit machen. Überdies entscheidet er oft in einem Zeitpunkt, in dem die zur Zeit des Erlasses des Gesetzes bestehenden politischen Kontroversen darüber abgeflaut sind und einer eher nüchternen Betrachtungsweise Platz gemacht haben.

Dem Einwand, dass das Prüfungsrecht zu einer zu grossen Machtakkumulation beim Supreme Court führe, ist entgegenzuhalten, dass die richterliche Gewalt von Natur aus schwächer ist als Legislative und Exekutive. Während die Legislative Recht setzt und Ausgaben bewil-

[24] FRANK spricht in diesem Zusammenhang von «that great corrupter of conscience, the local constituency»; FRANK (2) 46. Vgl. auch BLACK (2) 177.
[25] BICKEL (2) 115.

ligt, der Exekutive anderseits ein Arsenal von Zwangsmitteln zur Verfügung steht, bestimmt das Gericht lediglich, was im Einzelfall, bei Vorliegen eines konkreten Streites, Rechtens sei, wobei es für die Vollstreckung seiner Entscheidungen sehr oft[26] auf die Hilfe anderer Organe angewiesen ist[27]. Masst sich das Gericht ihm nicht zustehende politische Kompetenzen an, so riskiert es, dass seine Entscheidungen unbeachtet bleiben, dass der Kongress seine Zuständigkeit beschneidet, ja in krassen Fällen sogar die Erhebung formeller Richteranklagen durch die Legislative, so dass bezüglich des Supreme Court die Frage «Quis custodiet custodes?» keineswegs mit «nemo» beantwortet werden muss. Im Gegensatz zu den politischen Organen können Gerichte allfällige Machtusurpationen, durch die in die Sphäre anderer Verfassungsorgane eingegriffen wird, nicht mit Gewalt behaupten[28, 29].

Da ausserdem die Möglichkeit der Korrektur von Verfassungsentscheidungen durch Verfassungsrevision und allenfalls durch eine vom Gesetzgeber provozierte spätere Gerichtsentscheidung besteht, kann

[26] Es lassen sich durchaus Fälle denken, in denen die Durchsetzbarkeit eines Gesetzes notwendigerweise vom Tätigwerden der Gerichte abhängt. Wendet das Gericht etwa ein Strafgesetz wegen Verfassungswidrigkeit nicht an, so hat es dabei sein Bewenden, da die Verhängung von Kriminalsanktionen ausschliesslich Sache der Gerichte ist; dazu BLACK (2) 17–19. Das traf auch in *Marbury v. Madison* zu, wo das als verfassungswidrig erklärte Gesetz die Zuständigkeit des Supreme Court umschrieb. Viele Entscheide – und das gilt meist für solche von erheblicher politischer Tragweite (z.B. Verbot der Rassensegregation, Ungültigerklärung von Wahlkreiseinteilungen) – bedürfen jedoch der Vollstreckung durch nichtrichterliche Organe.

[27] Daher betitelt BICKEL (2) sein Buch über den Supreme Court in Anlehnung an eine prägnante Formulierung HAMILTONS im 78. Essay der *Federalist Papers* als «The Least Dangerous Branch». Auf S. 252 bemerkt Bickel: «In an enforcement crisis of any real proportions, the judiciary is wholly dependent upon the Executive.» Vgl. auch CH. WARREN (1) 77/78 und SAMUEL F. MILLER bei WESTIN auf S. 109. Präsident JACKSON wird sogar – wohl zu Unrecht – der Ausspruch zugeschrieben: «John Marshall has made his decision, now let him enforce it»; dazu PFEFFER 118.

[28] Dazu HAMILTON im 81. Essay der *Federalist Papers*.

[29] CROSSKEY vertritt eine sogenannte *tripartite theory*, wonach Kongress, Präsident und Supreme Court je «judge of its own constitutional powers» sein müssten, was übrigens dem Gewaltentrennungskonzept JEFFERSONS entspricht; zum letzteren vgl. KELLY/HARBISON 224/225. Gestützt auf diese Vorstellung hätte das Prüfungsrecht in Marbury v. Madison beansprucht werden können, weil es dort um die Festlegung der verfassungsmässigen Zuständigkeit des Supreme Court zur Erteilung eines *mandamus* ging. Marshall wollte das Prüfungsrecht jedoch im Hinblick auf künftige Fälle auf breiterer Basis beanspruchen.

auch nicht gesagt werden, das Oberste Bundesgericht spreche bei der Auslegung und Fortbildung der Verfassung immer das letzte Wort. Autoritativ entschieden wird nur der konkrete Streitfall.

Freilich ist sich das Gericht – wenn auch nicht immer gleich stark – bewusst, dass seine durch das Prüfungsrecht unterstrichene wichtige Stellung die Gefahr abenteuerlicher Exkursionen in den Bereich des Politischen in sich birgt, was zu einer die richterliche Funktion beeinträchtigenden Verpolitisierung der Justiz führen könnte. Nicht nur der dogmatischen Begründung des Prüfungsrechts als einer zur Entscheidung *konkreter* Streitfälle notwendigen Befugnis des Richters, sondern auch dieser Erkenntnis der *Gefahr des Abgleitens ins Politische* ist es zuzuschreiben, dass sich der Supreme Court immer wieder fragt, ob die ihm zur Beurteilung vorgelegten Fälle *justiziabel* seien, wobei er sich in Verfassungsfragen im allgemeinen – wenn auch nicht immer – besonders grosse Zurückhaltung auferlegt. Vorab lässt sich damit die später näher zu erörternde Selbstbeschränkung erklären, die den Supreme Court bisweilen veranlasst, Streitfragen wegen ihrer *politischen Natur* als nicht-justiziabel zu qualifizieren[30].

III. RICHTERLICHE ÜBERPRÜFUNG EINZELSTAATLICHER ERLASSE

Die Zulässigkeit der *richterlichen Überprüfung einzelstaatlicher Erlasse auf ihre Vereinbarkeit mit dem Bundesrecht* entspricht nicht nur einer bundesstaatlichen Notwendigkeit, sondern kann aus Art. VI Ziff. 2 der Verfassung abgeleitet werden, wo der *Vorrang des Bundesrechts* statuiert und den staatlichen Richtern dessen Beachtung sogar ausdrücklich vorgeschrieben wird. Wenn Crosskey aus dieser Bestimmung *e contrario* ableiten will, man habe damit das richterliche Prüfungsrecht gegenüber Kongressgesetzen ausschliessen wollen[31], so schenkt er zu wenig dem Umstand Beachtung, dass zur Zeit der Gründung der Union die Überprüfbarkeit staatlicher Erlasse durch richterliche Instanzen auf ihre Übereinstimmung mit dem Bundesrecht besonders leidenschaftlich umstritten war und sich daher eine klare Regelung dieses Punktes auf-

[30] Vgl. Näheres im folgenden Kapitel.
[31] Crosskey 1002 und 1009.

drängte. Erst sieben Jahre nach dem Marbury-Entscheid erklärte der Supreme Court erstmals den Erlass einer staatlichen Legislatur als bundesverfassungswidrig[32].

IV. WIRKUNG UND RÜCKWIRKUNG GERICHTLICHER VERFASSUNGSENTSCHEIDUNGEN

Es wurde bereits erwähnt, dass der amerikanische Supreme Court nicht verfassungswidrige Gesetze als solche aufhebt. Im Gegensatz zum westdeutschen Bundesverfassungsgericht übt er keine Verfassungsgerichtsbarkeit auf Grund von Verfassungsbeschwerden, *par voie d'action,* aus, sondern nur – in der von GEORGES BURDEAU verwendeten Terminologie[32a] – eine solche *par voie d'exception,* indem er mittels des *akzessorischen richterlichen Prüfungsrechts* verfassungswidrigen Gesetzen *im Einzelfall die Anwendung versagt*[33]. Im praktischen Ergebnis ist die Wirkung des Entscheids (nicht aber die Bedeutung der Ausgestaltung der Verfassungsgerichtsbarkeit im Hinblick auf die Funktion des Richters) freilich beinahe dieselbe, indem ein vom Obersten Bundesgericht als verfassungswidrig befundenes Gesetz – auch wenn es noch «on the books» ist – wegen der präjudiziellen Wirkung höchstrichterlicher Entscheidungen inskünftig nicht gerichtlich durchgesetzt werden kann, es sei denn, der Supreme Court selber ändere später seine Praxis. In *Cooper v. Aaron*[34] stellte der Supreme Court sogar seine Verfassungsauslegung der Verfassung selber gleich. Besonderes Gewicht kommt einem Entscheid zu, in welchem ein Gesetz als «on its face» verfassungswidrig er-

[32] *Fletcher v. Peck,* 6 Cranch 87 (1810). Immerhin hatte er bereits Ende des 18. Jahrhunderts ein einzelstaatliches Gesetz wegen Widerspruchs mit einem Staatsvertrag als verfassungswidrig erklärt: *Ware v. Hylton,* 3 Dall. 199 (1796).

[32a] BURDEAU Nr. 163 f. auf S. 377 f. Freilich erscheint die Tätigkeit des Gerichts in Ausnahmefällen als eine solche «par voie d'action»; Beispiel: Ein Individuum wird durch einen Rechtserlass derart stark und unmittelbar betroffen, dass das Gericht auch ohne Vorliegen eines Einzelanwendungsaktes die *ripeness* (dazu hinten Kapitel 4 Abschnitt III 3) bejaht und auf das Begehren des Betroffenen eintritt, in welchem etwa die Feststellung der Verfassungswidrigkeit des «self-executing statute» oder eine hiegegen gerichtete *injunction* verlangt wurde.

[33] Das ist zu beachten, wenn in dieser Abhandlung manchmal der Einfachheit halber gesagt wird, der Supreme Court habe ein Gesetz «als verfassungswidrig erklärt».

[34] Zit. vorn Fussnote 162 zu Kapitel 1.

klärt wird[35]. Oft wird jedoch bloss untersucht, ob ein Gesetz ungültig sei «in its application to factual circumstances peculiar to the person raising the issue»[36].

Aus der Urteilsbegründung ergibt sich jeweils, ob der ganze Erlass oder nur eine einzelne Bestimmung als ungültig zu behandeln sei[37].

Ausserordentlich heikel ist das Problem der *Rückwirkung von Verfassungsentscheidungen.* Der Grundsatz der *res iudicata* schliesst im allgemeinen aus, dass Gerichte bereits entschiedene Fälle, in denen das später in einem andern Verfahren als verfassungswidrig qualifizierte Gesetz angewendet wurde, wieder aufrollen[38]. In neuerer Zeit hat der Supreme Court dort eine gewisse Rückwirkung späterer Verfassungsentscheidungen angenommen, wo ihm dies durch besondere Umstände geboten schien, namentlich bei strafrechtlichen Verurteilungen, die nur dank später als verfassungswidrig qualifizierten Verfahrensvorschriften erfolgen konnten. Dabei ist das Gericht der Auffassung, dass die Verfassung eine Rückwirkung weder vorschreibe noch ausschliesse und die Frage unter Abwägung der auf dem Spiel stehenden Interessen von Fall zu Fall gerichtlich zu bestimmen sei[39]. In Strafsachen ist das Problem

[35] Dazu hinten S. 178/179.

[36] Vgl. KAUPER (3) 620 und 611.

[37] Dazu *Williams v. Standard Oil Company of Louisiana,* 278 U. S. 235 (1929), wo das Gericht ein Gesetz als Ganzes für ungültig hielt, obwohl der Gesetzgeber angeordnet hatte, dass wenn einzelne Bestimmungen ungültig erklärt würden, die übrigen im Gesetz enthaltenen Normen davon nicht betroffen werden sollten. Das Gericht erachtete eine Teilungültigkeit wegen der Untrennbarkeit der einzelnen Bestimmungen voneinander als nicht angängig.

[38] Dazu *Chicot County Drainage District v. Baxter State Bank,* 308 U. S. 371 (1940). Vgl. ferner OLIVER P. FIELD, The Effect of an Unconstitutional Statute, Minneapolis 1935.

[39] Vgl. zum Problem der Rückwirkung von Verfassungsentscheidungen *Linkletter v. Walker,* 381 U. S. 618 (1965); *Tehan v. United States ex rel. Shott,* 382 U. S. 406 (1966); *Stovall v. Denno,* 388 U. S. 293 (1967); *Johnson v. New Jersey,* 384 U. S. 719 (1966). Im zuletzt erwähnten Urteil entschied das Gericht, dass *Escobedo v. Illinois,* 378 U. S. 478 (1964), sowie *Miranda v. Arizona,* 384 U. S. 436 (1966), welche strafrechtliche Verurteilungen ungültig erklärten, wenn das Recht des Angeschuldigten auf anwaltliche Vertretung bzw. sein Privileg gegen Selbstinkriminierung im polizeilichen Ermittlungsverfahren verletzt worden war, nur anwendbar sein sollten auf Strafverfahren, die erst nach Verkündung der betreffenden Entscheidungen angehoben worden waren, also nicht einmal auf Verfahren, die im kritischen Zeitpunkt bloss erstinstanzlich entschieden und vor einer höheren Instanz noch hängig waren. Vgl. weitere Judikatur zur Rückwirkung bei KAUPER (6) Supplement 4. Solche weitgehend nach Billigkeits- und Zweckmässigkeitserwä-

der Rückwirkung besonders aktuell, weil in den USA ein rechtskräftig Verurteilter während des Andauerns des Freiheitsentzuges grundsätzlich jederzeit mittels *habeas corpus*-Begehren oder besonderer «post-conviction remedies» die Rechtmässigkeit der Verurteilung wieder in Frage stellen kann[40].

V. DEKADENZ DES PRÜFUNGSRECHTS: SCOTT V. SANFORD

Der zweite Prozess, in welchem das Oberste Bundesgericht von seinem Prüfungsrecht gegenüber Erlassen des Kongresses Gebrauch machte, der berühmt-berüchtigte *Dred-Scott-Fall*[41], stellt die wohl unglücklichste Episode in der Supreme Court-Geschichte dar[42]. Dem Entscheid lag folgender Sachverhalt zugrunde: Durch den *Missouri Compromise* von 1820[43] war die Sklaverei in einem genau bezeichneten Territorium der USA auf immer unzulässig erklärt worden[44]. Es stellte sich die Frage, ob ein Sklave, den sein Herr in dieses Territorium mitgenommen hatte, dadurch frei geworden sei. Als Kläger trat der betreffende Sklave Dred Scott auf, und in der offiziellen Urteilsbegründung ging Chief Justice TANEY davon aus, Dred Scott dürfe gar nicht vor Bundesgericht klagen, da er als Angehöriger der Negerrasse nicht Bürger der Vereinigten Staaten sein könne. Statt aber gestützt auf diese Erwägung den Prozess durch Nichteintreten zu erledigen, ging Taney dazu über, den Missouri Compromise als verfassungswidrig zu erklären, weil dadurch Eigentumsrechte an Sklaven in Verletzung der *due process clause* des V. Amendment verletzt würden. Sogar wenn wir von der Problematik der Begründung zur prozessualen und zur materiellen Frage abse-

gungen, unter Abwägung der Interessen der Angeschuldigten und der sich oft auf die bisherige höchstrichterliche Rechtsprechung stützenden Strafverfolgungsbehörden getroffenen Entscheidungen lassen die rechtsschöpferische Rolle des Supreme Court deutlich werden. Vgl. die Diskussion dieses Problems in *Hearings on the Supreme Court* 184–187 sowie die kritischen Betrachtungen BICKELS (4) 54–57.

40 Dazu KAUPER (6) 736–739.

41 *Scott v. Sanford,* 19 How. 393 (1857).

42 McCLOSKEY spricht von der «most disastrous opinion the Supreme Court has ever issued»; McCLOSKEY (1) 94.

43 3 Stat. 545.

44 Sektion 8 des Missouri Compromise, a. a. O. 548.

hen[45], bleibt der Vorwurf, dass das Gericht unnötigerweise die Frage der Verfassungsmässigkeit eines Kongressaktes entschied. Dabei handelte es sich sogar in zweifacher Hinsicht um ein überflüssiges *obiter dictum:* Eine Verfassungswidrigerklärung des Missouri Compromise erübrigte sich nicht nur wegen des vom Gericht angenommenen Fehlens einer Sachurteilsvoraussetzung, der Aktivlegitimation des Klägers, sondern auch, weil der Missouri Compromise drei Jahre zuvor vom Kongress selber durch den *Kansas-Nebraska Act*[46] aufgehoben worden war! Der Aktivismus, den die Gerichtsmehrheit im Dred-Scott-Fall zeigte, erscheint um so bedenklicher, als es sich bei der Sklavenfrage um das wohl explosivste politische Thema der damaligen Zeit handelte. Im Norden des Landes war die Reaktion auf den Entscheid ausserordentlich heftig, und die *dissenting opinions* der Richter McLean und Curtis wurden in Kirchen von den Kanzeln verlesen[47]. Manche erblicken im Dred-Scott-Urteil sogar eine Mitursache des Bürgerkrieges[48].

VI. BEDEUTUNG DES PRÜFUNGSRECHTS

Eine Würdigung der *Bedeutung des richterlichen Prüfungsrechts,* die hier nicht mehr als andeutungsweise versucht werden soll, weist deswegen eine hypothetische Komponente auf, weil es schwerfällt, die *Präventivwirkung* des Prüfungsrechts objektiv zu veranschlagen. Der These, dass die rechtssetzenden Organe wegen der Überprüfbarkeit ihrer Akte deren Verfassungsmässigkeit im Stadium der Rechtssetzung besonders genau abklärten, stehen etwa die oft wiederholten, mutatis mutandis als

[45] Kauper weist auf die bedauernswerte Tatsache hin, dass das Gericht einen seiner ersten Versuche, die Bedeutung von *due process* auf materielle Rechte auszudehnen, dazu benützte, dingliche Rechte an Sklaven verfassungsmässig zu schützen; Kauper (1) 194.

[46] 10 Stat. 277 (1854), Sektion 14.

[47] Pfeffer 156/158.

[48] Vgl. z.B. Ernst Fraenkel, Das amerikanische Regierungssystem, Köln/Opladen 1960, 187: «Die Dred-Scott-Entscheidung war einer der Hauptanlässe, der schliesslich den Ausbruch des Sezessionskrieges ausgelöst hat». Realistischer ist m.E. die Einschätzung Freunds (1) 96: «The *Dred Scott* case was perhaps the most dramatic [decision], though it is doubtful whether the gathering tensions in the nation could have been dispelled by a decision recognizing power in the national government to deal with slavery in the territories.»

Einwände gegen jede Art von Rechtskontrolle gehörten Behauptungen THAYERS gegenüber, das Verantwortungsbewusstsein des Gesetzgebers werde wegen des Prüfungsrechts vermindert, weil er davon ausgehe, dass allfällige Fehler vom Gericht korrigiert würden, und zudem leiste das Prüfungsrecht der Tendenz Vorschub, Rechtsfragen eher unter dem Gesichtswinkel des positivrechtlich Zulässigen als der materialen Gerechtigkeit zu betrachten[49]. CARDOZO, der m. E. mit Recht grosses Gewicht auf die prophylaktische Wirkung des Prüfungsrechts legt, hält Einwänden dieser Art entgegen:

«Such dangers must be balanced against those of independence from all restraint, independence on the part of public officers elected for brief terms, without the guiding force of a continuous tradition. On the whole, I believe the latter dangers to be the more formidable of the two[50].»

SCHINDLER vertritt die Auffassung, die Ansicht Thayers in bezug auf die Schwächung des gesetzgeberischen Verantwortungsbewusstseins finde in der Praxis keine Bestätigung; vielmehr werde im amerikanischen Kongress die Frage der Verfassungsmässigkeit der Gesetze eingehender diskutiert als in der Schweizerischen Bundesversammlung[51]. Zutreffend bemerkt Schindler überdies, dass der Hauptwert des Prüfungsrechts nicht in der Aufhebung oder Verhinderung irgendwelcher konkreter Gesetze liege, sondern in seinem viel allgemeineren Einfluss auf das Rechtsbewusstsein[52]. Das Verfassungsbewusstsein des Durchschnitt-Amerikaners ist m. E. ausgeprägter als dasjenige des Durchschnitt-Schweizers.

Sogar im Falle des Fehlens eines Prüfungsrechts hätte der Supreme Court wohl dennoch in massgebender Weise die Verfassungsentwicklung beeinflusst, da – wie KAUPER bemerkt – «the interpretative process is creative and normative at all levels»[53]. Gerade auf dem Gebiet der I. Amendment-Rechte hat das Gericht immer wieder durch verfassungskonforme Auslegung von Rechtsnormen die Rechtsordnung weiterentwickelt. Immerhin kann die Behauptung gewagt werden, dass das Fehlen eines Prüfungsrechts gegenüber einzelstaatlichen Gesetzen die

[49] THAYER 155/156; vgl. auch RIBBLE 981.
[50] CARDOZO (1) 93.
[51] SCHINDLER jun. 300.
[52] SCHINDLER jun. 303; ähnlich CARSTENS 129.
[53] KAUPER (1) 8; vgl. auch HURST 142 und 153.

bundesstaatliche Entwicklung Amerikas gehemmt, die Beseitigung von Rassendiskriminierungen verzögert[54] sowie den Schutz des Einzelnen vor Beeinträchtigung seiner Freiheitsrechte und Verfahrensgarantien in gravierender Weise vermindert hätte, während sich das Fehlen eines Prüfungsrechts gegenüber Bundesgesetzen nicht derart verhängnisvoll ausgewirkt hätte. Was Justice HOLMES bereits 1920 schrieb, verdient heute noch wiederholt zu werden:

> «I do not think the United States would come to an end if we lost our power to declare an act of Congress void. I do think the union would be imperiled if we could not make that declaration as to the laws of the several states[55]».

Gerade einige der bekanntesten Entscheide des «Warren-Gerichts» – z.B. diejenigen, in denen Rassenabsonderungen in öffentlichen Schulen, Schulgebete, Wahlkreiseinteilungen und strafprozessuale Praktiken in Einzelstaaten als verfassungswidrig erklärt wurden – erforderten keine Stellungnahme zur Verfassungsmässigkeit einer bundesgesetzlichen Norm. Die knapp hundert Entscheide, in denen der Supreme Court während seiner langen Geschichte Kongressgesetze als verfassungswidrig erklärte, waren in den meisten Fällen nicht von grosser Bedeutung[56]; in bezug auf viele derartige Fälle desavouierte das Gericht später seine eigene Verfassungsinterpretation. Auch kann nicht übersehen werden, dass der Supreme Court durch Ausübung des Prüfungsrechts von Erlassen des Kongresses wiederholt der Verfassungsentwicklung schweren Schaden zufügte. Es sei nur erinnert an den im vorhergehenden Abschnitt erörterten *Dred Scott-Fall,* an die *Civil Rights Cases*[57] und an die anfängliche Vereitelung von Präsident F. D. ROOSEVELTS New Deal Programm[58].

[54] Wobei allerdings der Supreme Court selber dafür verantwortlich gemacht werden muss, dass die Segregation jahrzehntelang als legal galt: vgl. *Plessy v. Ferguson,* zit. vorn Fussnote 154 zu Kapitel 1.

[55] HOLMES, Collected Legal Papers, New York 1920, 295/296.

[56] Dazu HURST 150 f.; LEVY 22 f.

[57] Zit. vorn Fussnote 83 zu Kapitel 1.

[58] Die negative Beurteilung des Prüfungsrechts durch WOLF ist vor allem darauf zurückzuführen, dass er seine sorgfältigen Untersuchungen im wesentlichen auf die Fälle beschränkt, in denen der Supreme Court Bundesgesetze als verfassungswidrig erklärte. Auf S. 220 räumt Wolf ein, dass sich die Überprüfung gliedstaatlicher Gesetze durch das Gericht vorteilhaft ausgewirkt habe; die von ihm gegen die Verfassungsgerichtsbarkeit geltend gemachten Einwände (vor allem Inkonsistenz der Praxis und «politische» Komponente der Rechtsfindung) lassen sich freilich auch hier erheben. Die Frage der Präventivwirkung der Verfassungsgerichtsbarkeit wird von Wolf kaum berührt.

DRITTES KAPITEL: ALLGEMEINE GRENZEN DER JUSTIZIABILITÄT

Bei der Erörterung der Zuständigkeit der Bundesgerichte[1] sind wir bereits auf Begrenzungen der Justiziabilität – in einem weiteren Sinn verstanden – gestossen. Wir haben gesehen, dass sich die Tätigkeit der Bundesgerichte im allgemeinen, wenn auch nicht immer, auf die Prüfung von Fragen des *Bundesrechts* beschränkt; dass die *Umschreibung der Berufungskompetenz des Obersten Bundesgerichts sowie der Zuständigkeit der unteren und mittleren Bundesgerichte* im wesentlichen durch den Kongress erfolgt; ferner dass die im *common law* verwurzelte und im XI. Amendment in bezug auf Klagen gegen Einzelstaaten ausdrücklich sanktionierte *Immunitäts-Doktrin* dem richterlichen Tätigwerden Schranken setzt, die der Gesetzgeber freilich durch Verzicht auf Immunität beseitigen kann. Endlich wurde gezeigt, dass der Supreme Court dank dem *certiorari*-Verfahren meistens nach freiem Ermessen bestimmen kann, ob die Wichtigkeit der Streitsache eine materielle Entscheidung erfordere.

Auch prozessuale Vorschriften (etwa betreffend Einhaltung von Rechtsmittelfristen, Ausschluss von Nova und dergleichen), auf die im Interesse einer geordneten Prozessabwicklung keine Rechtsordnung verzichten kann, wirken sich als Grenzen einer im weiteren Sinne verstandenen Justiziabilität aus, doch interessieren uns derartige Verfahrensnormen im Rahmen dieser Abhandlung nicht. Es mag in diesem Zusammenhang nur erwähnt werden, dass im amerikanischen Prozessrecht der Grundsatz «quod non est in actis non est in mundo» nicht nur auf Tatsachenbehauptungen, sondern grundsätzlich auch auf die Anrufung von Verfassungsnormen Anwendung findet, der Richter also nicht im Sinne unserer Vorstellung das Recht von Amtes wegen anwendet; so muss die Verfassungswidrigkeit eines Gesetzes rechtzeitig und ausdrücklich behauptet werden, soll eine richterliche Entscheidung darüber ergehen. Die *Erörterung verfassungsrechtlicher Fragen durch das Gericht hängt also* (ausser in bezug auf Normen betreffend die Zuständigkeit des erkennenden Gerichts) *prozessual von der Initiative der Prozessparteien ab.*

[1] Vgl. vorn Kapitel 1 Abschnitt IV.

Dagegen sind im folgenden die Erscheinungen zu untersuchen, die üblicherweise mit « Justiziabilität» anvisiert werden. Eine jahrhundertelange Gerichtspraxis hat – teils auf Grund des Verfassungstextes, teils in Erkenntnis der Notwendigkeit der Selbstbeschränkung, die sich der Richter auferlegen muss, um einer Politisierung seines Amtes entgegenzuwirken – immer wieder an der Ziehung der Grenzen richterlicher Kognitionsbefugnis gearbeitet. In diesem Zusammenhang wird der Ausspruch von Justice BRANDEIS verständlich: «The most important thing we do is not doing[2].» Es fällt schwer, diese Spruchpraxis von Richtergenerationen in Form von Kategorien nicht-justiziabler Fälle zu präsentieren, nicht nur, weil sich die Auffassungen über die Justiziabilität immer wieder ändern, sondern auch, weil sich die Grenzen zwischen den einzelnen Fallgruppen, die der richterlichen Kognition entzogen sind, als fliessend erweisen. Die Entwicklung eines Systems von nicht-justiziablen, logisch voneinander abgrenzbaren Fallkategorien müsste dem pragmatischen Denken des Amerikaners Gewalt antun. Die in diesem Kapitel vorgenommene Unterteilung ist daher in erster Linie als eine empirisch-deskriptive und nicht als eine logisch-systematische aufzufassen.

I. VORLIEGEN EINES KONKRETEN STREITFALLES (CASE OR CONTROVERSY), ABLEHNUNG DER ERTEILUNG VON GUTACHTEN (ADVISORY OPINIONS) UND ZURÜCKHALTUNG IN FÄLLEN, IN DENEN EIN FESTSTELLUNGSURTEIL (DECLARATORY JUDGMENT) VERLANGT WIRD

Eine wichtige, durch Art. III der Verfassung gezogene Schranke richterlicher Tätigkeit besteht darin, dass das Gericht *keine abstrakte Normenkontrolle* ausübt, sondern nur in *konkreten Streitfällen,* in sogenannten *cases* oder *controversies* (die Ausdrücke werden meist als Synonyma verwendet), materiell entscheidet. Erforderlich ist im allgemeinen, *dass sich Parteien mit einander widersprechenden Interessen gegenüberstehen, wel-*

[2] Zit. bei BICKEL (2) 71 und 112. Bickel selber spricht von den «passive virtues» des Gerichts.

che in einem Prozessverfahren eine gerichtliche Entscheidung, die den Streitfall beenden soll, erstreben[3]. FREUND bezeichnet diesen Umstand als das zentrale Paradoxon der Funktion des Supreme Court: Seine besondere, durch das *certiorari*-Verfahren unterstrichene Aufgabe besteht darin, Fragen von besonderer, die Interessen der Prozessparteien überschattender Tragweite zu lösen, und doch wird er das nur tun, wenn es zur Lösung eines konkreten Rechtsstreites zwischen den Prozessparteien erforderlich ist[4].

Es besteht, wie bereits angedeutet wurde, ein *enger Zusammenhang zwischen der Beschränkung der Entscheidungsbefugnis des Gerichts auf konkrete Streitfälle und dem richterlichen Prüfungsrecht:* Einerseits begründete Chief Justice MARSHALL das Prüfungsrecht mit der Pflicht zur Entscheidung *konkreter* Streitigkeiten, anderseits kann das Prüfungsrecht – da es infolge der *case or controversy*-Klausel nur akzessorischer Natur ist, nur incidenter ausgeübt wird – eher bejaht werden, weil in Anbetracht dieser Beschränkung die Gefahr weniger gross erscheint, dass der Supreme Court gleichsam als Super-Legislative eine allgemeine Kontrolle über die Gesetzgebung der politischen Behörden ausübt. Entsprechende Überlegungen lassen sich in bezug auf das Verhältnis der richterlichen Gewalt zur Exekutive anstellen. Eine der beiden *rationes legi* der *case or controversy*-Klausel liegt denn auch in der *Wahrung des Gewaltentrennungskonzepts der Unionsverfassung,* während die andere darin besteht, den *Richter davor zu bewahren, Aufgaben erfüllen zu müssen, zu deren Lösung sich das gerichtliche Verfahren nicht eignet.* EARL WARREN hat diesen Gedanken in prägnanter Weise ausgedrückt:

«Embodied in the words ‚cases' and ‚controversies' are two complementary but somewhat different limitations. In part those words limit the business of federal courts to questions presented in an adversary context and in a form historically viewed as capable of resolution through the judicial process. And in part those words define the role assigned to the judiciary in a tripartite allocation of power to assure that the federal courts will not intrude into areas committed to the other branches of government. Justiciability is the term of art employed to

[3] Allerdings hat der Supreme Court nicht daran Anstoss genommen, dass den Gerichten gewisse Funktionen zugewiesen wurden, bei deren Wahrnehmung sich nicht notwendigerweise Parteien mit widerstreitenden Interessen gegenüberstehen, z.B. die Mitwirkung von Bundesgerichten bei der Erteilung von Befehlen durch Verwaltungsbehörden oder bei Einbürgerungen; dazu DAVIS (3) § 21.01. auf S. 373.

[4] FREUND (1) 16; ähnlich BICKEL (2) 247.

give expression to this dual limitation placed upon federal courts by the case-and-controversy doctrine[5].»

Im berühmten Fall *Muskrat v. United States*[6] hatte der Kongress ad hoc die Zuständigkeit gewisser Personen zur gerichtlichen Anfechtung eines Kongressgesetzes, dessen Verfassungsmässigkeit als zweifelhaft erschien, zu begründen versucht. Der Supreme Court trat jedoch nicht auf die Sache ein, weil er sich mangels eines konkreten Streitfalles als unzuständig betrachtete. Um zu diesem Ergebnis zu gelangen, musste er freilich die Begründung der gerichtlichen Zuständigkeit durch den Kongress als verfassungswidrig qualifizieren, womit er jedoch vermied, sich vorzeitig, bevor ein aktueller Streitfall vorlag, im Sinne einer abstrakten Normenkontrolle mit der Verfassungsmässigkeit des Gesetzes selber zu befassen. Möglicherweise würde der Muskrat-Fall heute anders entschieden. Von zentraler Bedeutung ist jedoch immer noch folgender Passus auf S. 361 des Entscheides:

«That judicial power ... is the right to determine actual controversies arising between adverse litigants, duly instituted in courts of proper jurisdiction. The right to declare a law unconstitutional arises because an act of Congress relied upon by one or the other of such parties in determining their rights is in conflict with the fundamental law. The exercise of this, the most important and delicate duty of this court, is not given to it as a body with revisory power over the action of Congress, but because the rights of the litigants in justiciable controversies require the court to choose between the fundamental law and a law purporting to be enacted within constitutional authority, but in fact beyond the power delegated to the legislative branch of the Government.»

Allerdings sind sogenannte *test cases* zulässig, sobald eine *case or controversy*-Situation vorliegt. Fehlt es an diesem Erfordernis, so kann freilich nicht immer vermieden werden, dass Parteien und vor allem Anwälte einen konkreten Streitfall konstruieren, um eine gerichtliche Entscheidung zu erlangen[7].

[5] *Flast v. Cohen,* 392 U. S. 83 (1968) auf S. 94/95. Im Anschluss an den zitierten Passus unterscheidet Warren vier Fälle, in denen keine Justiziabilität anzunehmen sei: Beim Vorliegen einer *political question;* wenn die Parteien nur eine *advisory opinion* einholen wollen; wenn die zu entscheidende Frage gegenstandslos (*moot*) geworden ist; wenn der Beschwerdeführer kein *standing* hat. Vgl. Näheres zu diesen Erfordernissen in den folgenden Abschnitten.

[6] 219 U. S. 346 (1911).

[7] Über einen solchen Fall berichtet STERN, zit. vorn Fussnote 22 zu Kapitel 1, auf S. 267 f., im Zusammenhang mit dem Public Utility Holding Company Act von 1935. Vgl. ein weiteres Beispiel bei SCHMIDHAUSER 136; ferner *Comment* in Yale

Insbesondere erteilen die Bundesgerichte *keine gutachtlichen Äusserungen (advisory opinions)*[8]. Es ist also nicht angängig, dass Präsident oder Kongress beim Supreme Court eine Stellungnahme über die Verfassungsmässigkeit eines Erlasses vor dessen Inkraftsetzung einholen, im Gegensatz zum Recht verschiedener Einzelstaaten, das bezüglich ihrer obersten Gerichte die Möglichkeit der Erteilung solcher Gutachten vorsieht[9].

Die Frage wurde bereits im 18. Jahrhundert aktuell, als Präsident GEORGE WASHINGTON durch seinen Staatssekretär Jefferson den Supreme Court um ein Gutachten zu verschiedenen völkerrechtlichen Fragen ersuchte, worauf das Gericht eine Stellungnahme mangels Vorliegens eines konkreten Rechtsstreites ablehnte[10].

Es lassen sich auch Fälle denken, in denen zwar ein *case* vorliegt, ein Gerichtsentscheid aber dennoch auf eine blosse *advisory opinion* herauskäme. Das traf zu im *Hayburn's Case*[11]*:* Gemäss einem Gesetz von 1792 hatte der Kongress den Bundesgerichten Tatsachenermittlungsbefugnisse im Zusammenhang mit der Bestimmung der Höhe der an kriegsversehrte Veteranen auszuzahlenden Pensionen übertragen, wobei die Folgerungen der Gerichte für den Secretary of War nicht verbindlich sein sollten. Richter des Supreme Court betrachteten es jedoch als unzulässig, den Bundesgerichten solche nichtrichterliche Funktionen zuzuweisen, und der Kongress beeilte sich, die fraglichen Bestimmungen aufzuheben, bevor ein höchstrichterlicher Entscheid erging[12].

Law Journal *45*/1935–36, 649–671. CH. A. WRIGHT 34 ist sogar der Auffassung, dass einige der bekanntesten Entscheidungen über Verfassungsfragen in sogenannten «collusive cases» ergangen seien.

[8] Vgl. Literaturhinweise zur Frage der *advisory opinions* bei KAUPER (6) Ziff. 6 auf S. 16. Ferner sei hingewiesen auf den Aufsatz von FRANKFURTER (1).

[9] Z.B. Art. III Sektion 8 der Verfassung von Michigan von 1964.

[10] Dazu Ch. WARREN (2) I 108–111. Ein Beispiel aus neuerer Zeit bildet *United States v. Fruehauf,* 365 U. S. 146 (1961). Freilich haben einzelne Richter des Supreme Court wiederholt Präsidenten, mit denen sie befreundet waren, in wichtigen Situationen Rat erteilt (z.B. Justice FRANKFURTER – Präsident F. D. ROOSEVELT; Justice FORTAS – Präsident L. B. JOHNSON) oder Expertenaufträge angenommen (z.B. Vorsitz Chief Justice WARRENS in der Kommission zur Abklärung der Ermordung Präsident KENNEDYS).

[11] 2 Dall. 409 (1792).

[12] Ursprünglich mussten die Richter des Supreme Court zweimal jährlich im Land herumreisen, um in den verschiedenen *circuit courts* mitzuwirken; dazu CH. WARREN (2) II 58 f. Die im Hayburn's Case erwähnte Ablehnung gutachtlicher Äusserungen war durch solche untere Bundesgerichte, in denen Richter des Supreme Court sassen, erfolgt.

In diesen Zusammenhang gehört, dass der Supreme Court in der Regel nicht materiell über Beschwerden entscheidet, welche infolge von Umständen, die seit ihrer Erhebung eingetreten sind, als gegenstandslos geworden (moot) erscheinen[13]. In seltenen Fällen weicht er von dieser Regel ab, nämlich wenn Wiederholungen der in der Beschwerde geltend gemachten Rechtsverletzung zu erwarten sind und eine gerichtliche Überprüfung beim Festhalten am Erfordernis des aktuellen praktischen Interesses kaum je möglich wäre. Als Beispiel hiefür lässt sich *Moore v. Ogilvie*[14] anführen. Hier wurde eine Regelung von Illinois angefochten, wonach nur Personen als Elektoren-Kandidaten für die Präsidentenwahl aufgestellt werden durften, wenn dies durch eine gewisse Anzahl von Stimmberechtigten aus einer bestimmten Zahl von Bezirken verlangt wurde. Als der Supreme Court die Frage entschied, waren die Präsidentenwahlen, in denen sich die Beschwerdeführer als benachteiligt betrachtet hatten, weil sie nicht auf die Kandidatenliste gesetzt worden waren, bereits vorüber. Dennoch trat der Supreme Court auf die Frage der Zulässigkeit der Regelung von Illinois ein, weil im Hinblick auf zukünftige Präsidentenwahlen und auf ein früheres, möglicherweise nicht mehr der neuen Praxis entsprechendes Gerichtsurteil[15] (das dann auch ausdrücklich umgestossen wurde) ein Bedürfnis nach Klärung der Rechtslage bestand. Hätte das Gericht von einer materiellen Entscheidung abgesehen, so wäre wohl auch später keine Entscheidung des Obersten Bundesgerichts möglich gewesen, weil in der kurzen Zeit nach Aufstellung der Kandidatenliste für die Elektorenwahlen, in der ein aktuelles praktisches Interesse geltend gemacht werden könnte, der Supreme Court in dem zuerst von einem District Court zu entscheidenden Prozess kaum für Abhilfe sorgen könnte.

Der Supreme Court hat schon wiederholt angenommen, da seine Aufgabe gemäss Art. III der Verfassung darin bestehe, das Recht auf konkrete Streitfälle anzuwenden, könne er nicht das innerhalb der Schranken des Rechts ausgeübte *Ermessen von Verwaltungsbehörden* überprüfen und sich damit gleichsam eine ausserrechtliche Entscheidungsbefugnis anmassen[16].

[13] *California v. San Pablo and Tulare Railroad Company,* 149 U. S. 308 (1893).
[14] 394 U. S. 814 (1969).
[15] *MacDougall v. Green,* 335 U. S. 281 (1948).
[16] Vgl. Näheres in Kapitel 4 Abschnitt II.

Allerdings schliesst das Erfordernis, dass die Gerichte nur in konkreten Streitfällen tätig werden dürfen, nicht a priori *Feststellungsurteile (declaratory judgments)* aus. Solche Feststellungsurteile sind nämlich zulässig, wenn eine *case or controversy*-Situation vorliegt und die Parteien nicht lediglich eine abstrakte Determination des Gerichts verlangen[17]. Der *Federal Declaratory Judgments Act* von 1934[18], der vom Supreme Court seit *Aetna Life Insurance Co. v. Haworth*[19] mehrmals angewendet wurde, lässt – ausser in Bundessteuersachen – Feststellungsurteile «in a case of actual controversy» ausdrücklich zu. Dass diese Voraussetzung gegeben sei, wird das Gericht besonders in Verfassungsstreitigkeiten im allgemeinen zwar nicht leichthin annehmen, wobei es dort, wo ihm – wie etwa in Fällen von Rassendiskriminierung – das Rechtsschutzbedürfnis als dringend erscheint, eher weniger zurückhaltend zu sein pflegt. So bejahte es seine Zuständigkeit in *Evers v. Dwyer*[20]: Dort ging es darum, dass ein Neger, der sich in Verletzung des Rechts von Tennessee in einem für Weisse reservierten Abteil eines kommunalen Busses niedergelassen hatte, auf ausdrückliche Aufforderung zweier Polizisten das Abteil wieder verlassen und darnach auf Feststellung der Ungültigkeit des segregationistischen Gesetzes geklagt hatte.

Weniger entgegenkommend zeigte sich das Gericht in *Poe v. Ullman*[21], wo die Verfassungsmässigkeit eines Gesetzes von Connecticut in Frage stand, das den Gebrauch von Antikonzeptionsmitteln und – gemäss der Interpretation des obersten staatlichen Gerichts – ärztliche Beratung hierüber untersagte. Als Kläger traten auf: Eheleute, welche schon drei missgebildete Kinder zur Welt gebracht hatten, die kurz nach der Geburt gestorben waren; eine Frau, für die eine weitere Schwangerschaft nach ärztlicher Auffassung lebensgefährlich gewesen wäre; ferner der Arzt, den die betreffenden Frauen konsultiert hatten und der in Anbetracht von Verlautbarungen des Justizministers von Connecticut, er werde Zuwiderhandlungen gegen das fragliche Gesetz strafrechtlich

[17] *Nashville, C. & St. L. Ry. Co. v. Wallace,* 288 U. S. 249 (1933).

[18] 28 U. S. C. § 2201 und 2202. Vgl. dazu Edwin Borchard, The Federal Declaratory Judgments Act, Virginia Law Review *21*/1934–35, 35–50; John A. Schroth, The «Actual Controversy» in Declaratory Actions, Cornell Law Quarterly *20*/1934–35, 1–32.

[19] 300 U. S. 227 (1937).

[20] 358 U. S. 202 (1958).

[21] 367 U. S. 497 (1961).

verfolgen lassen, vor der Empfehlung der medizinisch dringend gebotenen Präventivmassnahmen zurückschreckte. In einem von Justice Frankfurter redigierten Entscheid – es war nicht sein bester[22] – kam eine knappe Mehrheit von fünf Richtern zum Schluss, dass die Voraussetzungen für ein materielles Eintreten auf die Streitfrage im betreffenden Zeitpunkt nicht gegeben wären, was im wesentlichen wie folgt begründet wurde: Es sei nicht geltend gemacht worden, dass der State Attorney beabsichtigt habe, die Kläger des vorliegenden Prozesses strafrechtlich zu verfolgen; während des über fünfundsiebzigjährigen Bestehens des Gesetzes sei es nur in einem, anders gelagerten Fall zu einer Strafverfolgung gekommen; endlich ergebe sich aus den Akten, dass in Connecticut Antikonzeptionsmittel ohne weiteres erhältlich seien. Unter diesen Umständen habe das Gericht der Regel zu folgen, dass Fragen der Verfassungsmässigkeit eines Gesetzes nur zu entscheiden seien, wenn sich dies als absolut notwendig erweise. Die Abneigung des Gerichts gegen Feststellungsurteile wurde also noch dadurch verstärkt, dass die Verfassungsmässigkeit eines Gesetzes die Streitfrage bildete[23].

Es ist interessant, *Poe v. Ullman* mit dem erwähnten Fall *Epperson v. Arkansas*[24] zu kontrastieren: Dort ging es darum, dass gemäss einem staatlichen Gesetz das Lehren des Darwinismus an öffentlichen Unterrichtsanstalten untersagt war. Das Gericht befasste sich materiell mit der Klage einer Biologielehrerin, die im Zusammenhang mit der Einführung eines neuen, den Darwinismus berücksichtigenden Lehrbuchs die Feststellung der Verfassungswidrigkeit des betreffenden Gesetzes verlangte. Dabei anerkannte das Gericht, dass offenbar keine Strafverfolgungen wegen Verletzungen des Gesetzes, das es ausdrücklich als ein

[22] Vgl. die zutreffende Kritik bei SCHARPF (1) 366/367; ferner *Note* (3) 930. Auf originelle, jedoch m. E. nicht überzeugende Weise wird der Entscheid verteidigt bei BICKEL (1) 58–64 und (2) 143–156.

[23] Im späteren Entscheid *Griswold v. Connecticut,* erwähnt vorn Fussnote 75 zu Kapitel 1, kam es dann doch noch zu einem – negativen – Entscheid des Supreme Court über die Verfassungsmässigkeit des Gesetzes von Connecticut betreffend Verbot der Geburtenkontrolle. In jenem Fall musste das Vorhandensein eines *case* bejaht werden, weil die Parteien, welche die Sache an das Oberste Bundesgericht weitergezogen hatten, ihre strafrechtliche Verurteilung wegen Übertretung des betreffenden Gesetzes beanstandeten. Es ging also nicht mehr um eine blosse Feststellungsklage.

[24] Zit. vorn Fussnote 130 zu Kapitel 1.

Kuriosum bezeichnete, vorgekommen waren[25], bejahte aber ohne nähere Begründung die Justiziabilität, was Justice BLACK zu kritischen Bemerkungen in einer *concurring opinion* veranlasste[26].

II. BESCHWERDELEGITIMATION (STANDING) IM BESONDEREN[27]

Dass ein Bundesgericht nur dann einen Prozess materiell entscheiden soll, wenn eine Partei *standing* hat, d.h. eine *Verletzung besonderer, ihre persönliche Rechtssphäre betreffender Interessen* geltend zu machen vermag, ergibt sich im Grunde genommen ebenfalls aus der durch die Verfassung vorgenommenen Beschränkung richterlicher Kognition auf *cases* und *controversies*. Denn nur in konkreten Streitfällen wird die Beschwer einer Partei als genügend intensiv angesehen, um eine gerichtliche Entscheidung zu rechtfertigen und um ein gerichtliches Verfahren als zur Lösung des Konfliktes geeignet erscheinen zu lassen. Eine zu weite Umschreibung der Beschwerdelegitimation oder gar die Zulassung von Popularklagen kämen darauf hinaus, dass die Gerichte auch zu theoretischen Fragen Stellung nehmen müssten, welche die Parteien nur indirekt tangieren, etwa weil sie in ihrer Eigenschaft als Bürger oder Steuerzahler Wert legen auf die Rechtmässigkeit des Handelns der Staatsorgane und auf die gerechte Verwendung öffentlicher Gelder[28]. Damit erweist sich die Grenze zwischen dem *case or controversy*-Erfordernis und demjenigen des *standing* der Partei, die gerichtlichen Schutz anruft, als fliessend. Eigentlich handelt es sich beim *standing*-Erfordernis um einen Aspekt des in der *case or controversy*-Klausel ausgedrückten Grundgedankens, nämlich dass die Aufgabe amerikanischer Bundesgerichte nicht in einer abstrakten Normenkontrolle besteht, sondern darin, konkrete

[25] A.a.O. 101/102.

[26] A.a.O. 109/110.

[27] Zahlreiche Judikatur zum *standing* wird verarbeitet bei CORWIN/SMALL/JAYSON 602–607; vgl. ferner DAVIS (1); HART/WECHSLER 160–166; SCHWARTZ (4) I 438–462.

[28] Interessant ist *Ex parte Lévitt,* 302 U.S. 633 (1937), wo das *standing* eines zur Praxis vor dem Supreme Court zugelassenen Anwalts zur Anfechtung der Ernennung HUGO BLACKS als Richter am Obersten Bundesgericht verneint wurde, weil der Beschwerdeführer bloss ein «general interest common to all members of the public» geltend machen könne.

Streitigkeiten zwischen Parteien in autoritativer Weise zu entscheiden, wenn sich die eine Partei durch das Verhalten der anderen in ihrer Rechtssphäre in qualifizierter Weise betroffen fühlt.

Allerdings können *standing* und *case or controversy* einander nicht gleichgesetzt werden. Die Verneinung des *standing* bedeutet nicht unbedingt, dass kein konkreter Streitfall vorliege. Es entspricht einer im Prozessrecht allgemein anerkannten Maxime, dass ein Kläger *standing* haben müsse, und das Gericht kann das Interesse des Klägers an der materiellen Entscheidung einer Streitfrage gestützt auf die *standing*-Praxis auch dann als nicht genügend intensiv qualifizieren, wenn ein aktueller Streitfall im Sinne von Art. III der Verfassung vorliegt. KAUPER führt in diesem Zusammenhang aus:

> «The point is that the standing doctrine in its general features is a flexible judicially formulated doctrine standing on the level of a procedural rule and applied by reference to standards, tests and policy considerations that admit of much discretion in their application[29].»

Beim Studium einschlägiger Urteile gewinnt man den Eindruck, dass der Supreme Court dort, wo er das Vorliegen eines konkreten Streitfalles verneint, ausdrücken will, er sei durch die Verfassung an der Entscheidung gehindert, während bei der Prüfung der Beschwerdelegitimation dem Ermessen des Richters ein grösserer Spielraum zugebilligt wird, indem er sich im Falle der Geltendmachung weniger schutzwürdiger Interessen eine weitergehende Selbstbeschränkung auferlegt. Auch das *standing*-Erfordernis ist jedoch – wie sich LEWIS ausdrückt – «a banner waved sometimes on the basis of the commands of article III, sometimes in the exercise of discretion»[30].

Das *Ermessenselement bei der Bestimmung der Beschwerdelegitimation* kommt besonders stark zum Zug, wenn das *standing* zur Geltendmachung einer *Verfassungsfrage* der Abklärung bedarf. Wenn nämlich in einem Prozess, in welchem der Kläger eine Verfassungsfrage aufwirft, die Beschwerdelegitimation als solche, das *standing to sue,* an sich gegeben ist, heisst das nicht eo ipso, dass auch ein *standing to assert a constitutional claim* bejaht werden muss[31]: Als ein staatliches Gesetz vorschrieb, dass

[29] KAUPER in *Hearings on S.2097* auf S. 502.

[30] TH. P. LEWIS 434.

[31] Vgl. zu dieser Unterscheidung BLACK (4) 9/10; ähnlich SCHARPF (1) 358/361. Vgl. auch JAFFE (2) 513/514.

alle Kinder zwischen acht und sechzehn Jahren öffentliche Schulen besuchen mussten und sich die Eigentümerin einer Privatschule dagegen beschwerte, erschienen die Beschwer der Klägerin und ihr Interesse an einer Streitentscheidung als offensichtlich. Weniger klar war jedoch, ob sie auch zur Geltendmachung des verfassungsrechtlichen Arguments berechtigt sei, dadurch würden Rechte Dritter, nämlich der Eltern, ihre Kinder in die Schulen ihrer Wahl zu schicken, beeinträchtigt. Der Supreme Court bejahte die Legitimation zur Geltendmachung dieser Verfassungsfrage[32]. In der Rechtsprechung wird die vorstehende Unterscheidung im allgemeinen nicht klar getroffen.

Die *standing*-Doktrin lässt sich ebenfalls am Beispiel des bereits erwähnten Gesetzes von Connecticut, in welchem die Verwendung von Antikonzeptionsmitteln untersagt wurde, illustrieren. Beinahe zwanzig Jahre vor der Entscheidung *Poe v. Ullman* war die Verfassungsmässigkeit des Erlasses bereits einmal beim Supreme Court gerügt worden, nämlich in *Tileston v. Ullman*[33]. Beschwerdeführer war damals ein Arzt, der ein Feststellungsurteil anfocht, in dem das letztinstanzliche Gericht von Connecticut auf Verfassungsmässigkeit des Gesetzes erkannt hatte. Der Arzt machte geltend, im Falle der Anwendbarkeit des Gesetzes könne drei Patientinnen, deren Leben durch eine Schwangerschaft gefährdet würde, der notwendige Rat nicht erteilt werden. Der Supreme Court verneinte die Beschwerdelegitimation des Arztes, weil dieser nur die Beeinträchtigung der Rechte anderer, am Prozess nicht beteiligter Personen – nämlich eine Gefährdung des Lebens seiner Patientinnen – geltend mache. Möglicherweise hätte der Arzt mehr Erfolg gehabt, wenn er sich darauf berufen hätte, das Gesetz hindere ihn daran, seinen beruflichen Verpflichtungen nachzukommen und verletze damit seine «liberty to practice medicine».

Allerdings gilt der Grundsatz, dass keine *Legitimation zur Wahrung der Rechte Dritter* besteht, nicht absolut, was wir bereits bei der Erörterung des Pierce-Falles sahen. Durch eine flexible, wenn auch nicht immer widerspruchsfreie Praxis hat es das Oberste Bundesgericht verstanden, im Falle eines dringenden Rechtsschutzbedürfnisses seine Zuständigkeit zur materiellen Entscheidung anzuerkennen. Dabei lässt sich in neuerer Zeit eine Tendenz feststellen, weniger strenge Anforderungen an die

[32] *Pierce v. Society of Sisters,* 268 U.S. 510 (1925).
[33] 318 U.S. 44 (1943).

Beschwerdelegitimation zu stellen[34]. In *National Association for the Advancement of Colored People* (NAACP) *v. Alabama*[35] ging es darum, dass der NAACP von einem staatlichen Gericht befohlen worden war, ihre Mitgliederverzeichnisse offenzulegen. Da die NAACP dieser Aufforderung nicht nachkam, wurde sie mit 100000 Dollar gebüsst. Das Gericht bejahte hier das *standing* der NAACP zur Geltendmachung der verfassungsmässigen Rechte ihrer Mitglieder auf Geheimhaltung der Mitgliedschaft; denn hätte es die Beschwerdelegitimation nur bei Einreichung einer Beschwerde durch einzelne Mitglieder annehmen wollen, so wäre bezüglich dieser Mitglieder der Zweck der Klage (Verhinderung der Offenlegung der Mitgliedschaft) vereitelt worden.

Vor allem zeigt das Gericht die Tendenz, das *standing* zu bejahen, wenn sich jemand gleichsam verteidigungsweise, zur Abwendung strafrechtlicher oder zivilrechtlicher Verantwortlichkeit, auf Rechte Dritter beruft. In *Barrows v. Jackson*[36] zog ein Beklagter ein Urteil an den Supreme Court weiter, gemäss welchem er zur Bezahlung von Schadenersatz verhalten worden war, weil er in Verletzung einer privatrechtlichen Vereinbarung Land an einen Neger verkauft hatte. Das Gericht bejahte das *standing* des Beklagten, eines Weissen, sich darauf zu berufen, dass die gerichtliche Durchsetzung der Vereinbarung zu einer Rassendiskriminierung in Verletzung der *equal protection clause* des XIV. Amendment führen würde. Dabei spielte auch die Überlegung eine Rolle, dass sich kaum eine Prozessituation denken liess, in der die durch die Vereinbarung betroffenen Farbigen ihre Rechte hätten geltend machen können[37].

Das *standing*-Erfordernis kann *durch Kongressgesetz modifiziert* werden[38]. In der neueren, gegen die Rassendiskriminierung gerichteten *Civil*

[34] Vgl. die scharfe Kritik an der früheren Praxis durch Davis (1) 353 f.

[35] 357 U.S. 449 (1958).

[36] 346 U.S. 249 (1953).

[37] Was Sedler 631 näher ausführt. Sedlers Aufsatz stellt wohl die ausführlichste monographische Bearbeitung der komplexen Frage des *standing* zur Geltendmachung von Rechten Dritter dar.

[38] Vgl. Paul A. Freund in *Hearings on S. 2097* auf S. 498: «If any of the features of nonjusticiability is present in an extreme form, the rejection of jurisdiction may be placed on the ‚case or controversy' requirement of article III of the Constitution. In a lesser degree, the objection may be placed on lack of ‚standing' of the plaintiff, or lack of sufficient interest on his part to warrant the exercise of the court's jurisdiction under traditional practice, as in equity.» Im letzteren Fall kann das *standing* gesetzlich

Rights-Gesetzgebung ist der Kongress seit 1957 dazu übergegangen, jeweils den Attorney General zu ermächtigen, im Falle von Gesetzesverletzungen im Namen der Vereinigten Staaten bei den Bundesgerichten geeignete Verfahren vornehmlich zivilrechtlicher Natur zum Schutz der Rechte der Betroffenen – z. B. Unterlassungsklagen (injunctions) gegen Beamte, die bundesverfassungswidrige segregationistische Gesetze anwenden – einzuleiten[39]. In Ermangelung einer solchen besonderen Kompetenznorm würde das Gericht wohl das *standing* des Justizministers zur Wahrung der Rechte benachteiligter Dritter auf andere Weise als durch Geltendmachung eines staatlichen Strafanspruchs verneinen. Wenn aber eine derartige gesetzliche Ermächtigung vorliegt, ein starkes öffentliches Interesse an der Rechtsdurchsetzung angenommen werden kann und nicht bloss eine abstrakte Normenkontrolle in Frage steht, indem die Rechtssphäre derjenigen, deren Interessen der Attorney General vertritt, effektiv beeinträchtigt ist, betrachtet sich der Supreme Court als zuständig. In *United States v. Raines,* wo der Attorney General auf Unterlassung diskriminierender Praktiken durch Stimmregister-Beamte in Georgia geklagt hatte, bejahte das Gericht die Beschwerdelegitimation, wobei es ausführte:

«It is urged that it is beyond the power of Congress to authorize the United States to bring this action in support of private constitutional rights. But there is the highest public interest in the due observance of all the constitutional guarantees, including those that bear the most directly on private rights, and we think it perfectly competent for Congress to authorize the United States to be the guardian of that public interest in a suit for injunctive relief[40].»

begründet werden, nicht aber im ersteren. Schliesst die Verfassung in einer bestimmten Prozessituation das *standing* nicht aus, in welcher der Supreme Court aus Erwägungen des *judicial self-restraint* nicht materiell entscheiden würde, so kommt der gesetzlichen Statuierung der Beschwerdelegitimation erhebliche Bedeutung zu. Denn mit der Erweiterung des *standing* gibt der Kongress seinem Willen Ausdruck, dass eine gerichtliche Entscheidung über die Verfassungsmässigkeit seiner Erlasse ermöglicht werden soll, während sich das Gericht vorab dort Selbstbeschränkung auferlegt, wo es dem Einwand Rechnung tragen will, dass ein Entscheid als undemokratischer Eingriff in den Kompetenzbereich volksgewählter politischer Organe angesehen werden und zu politischen Konflikten führen könnte. Vgl. dazu auch Louis L. Jaffe in *Hearings on S.2097* auf S. 444. Selbstverständlich muss der Kongress dabei die verfassungsmässigen Schranken beachten; er ist in erster Linie für die Verfassungsmässigkeit seiner Gesetze verantwortlich und darf z. B. nicht die Kompetenz des Gerichts zur Lösung abstrakter Verfassungsfragen vorsehen.

[39] Vgl. z. B. 42 U. S. C. § 1971 c, 2000 a-5., 2000 b, 2000 c-6., 2000 e-6.

[40] 362 U. S. 17 (1960) auf S. 27.

Die Ermächtigung des Attorney General zur prozessualen Wahrung der Rechte Benachteiligter bildet ein wichtiges Glied in der Kette der Massnahmen, die zur Verbesserung der Stellung des Negers ergriffen wurden. Nicht nur stehen dem Justizminister ein hochqualifizierter Mitarbeiterstab und ein vorzüglicher Dokumentationsdienst zur Verfügung, sondern es wird dem individuellen Neger die Bürde abgenommen, die finanziellen Risiken eines Prozesses einzugehen und sich der Gefahr von Vergeltungsmassnahmen seitens aufgebrachter Segregationisten auszusetzen[41]. Gerade der letztere Gesichtspunkt dürfte das Gericht bei Entscheidungen wie *United States v. Raines* beeinflusst haben, weil eine enge Auslegung des *standing*-Erfordernisses zur Folge gehabt hätte, dass ausserordentlich wichtigen, durch Verfassung und Gesetze gewährleisteten Rechten in vielen Fällen mangels eines beschwerdelegitimierten und zur Anhebung eines Prozesses willigen Klägers kein gerichtlicher Schutz zuteil geworden wäre.

Die Flexibilität der Rechtsprechung des Supreme Court zum *standing*-Erfordernis zeigt sich besonders deutlich auf dem Gebiet der sogenannten *taxpayer suits*. Grundsätzlich kann der konkrete Adressat einer steuerbehördlichen Verfügung diese gerichtlich anfechten. Kann aber jemand bei den Bundesgerichten auch einen Erlass rügen, weil dieser den Fiskus belastet und sich der Beschwerdeführer davon indirekt, in seiner Eigenschaft als Steuerzahler, betroffen fühlt?

Die Frage wurde vom Supreme Court in den Parallelfällen *Massachusetts v. Mellon* und *Frothingham v. Mellon*[42] verneint[43]. Angefochten war hier die Verfassungsmässigkeit des *Maternity Act* von 1921[44], der den Einzelstaaten Bundessubventionen zusicherte, falls sie gewisse Massnahmen zum Schutze von Wöchnerinnen und Kleinkindern treffen würden. Der Staat Massachusetts machte im wesentlichen eine Verletzung seiner Souveränitätsrechte geltend: Entweder müsse er sich auf einem den Gliedstaaten vorbehaltenen Gebiet der Bundesregelung unterziehen oder auf die Subventionen verzichten. Die Klägerin Frothing-

[41] Dazu KAUPER (4) 197.

[42] 262 U.S. 447 (1923).

[43] In einigen früheren *taxpayer suits,* die sich gegen Bundesausgaben richteten, hatte der Supreme Court die *standing*-Frage offengelassen: *Bradfield v. Roberts,* 175 U.S. 291 (1899); *Millard v. Roberts,* 202 U.S. 429 (1906); *Wilson v. Shaw,* 204 U.S. 24 (1907).

[44] 42 Stat. 224.

ham berief sich ihrerseits darauf, es werde ihr unter dem Titel der Besteuerung in Missachtung des *due process* Eigentum weggenommen. Im Falle der Klage Massachusetts nahm der Supreme Court an, es liege keine «justiciable controversy» vor, weil einerseits nicht der Staat, sondern nur seine Bürger wegen der zur Ausrichtung der Subventionen aufzubringenden Steuergelder betroffen würden, anderseits das Gericht nicht abstrakte Fragen der politischen Machtverteilung, der Souveränität, beurteilen dürfe. Das Gericht sprach in diesem Zusammenhang von einer *political question,* meinte aber – was sich bei näherer Analyse des Entscheids ergibt – dass dem Staat Massachusetts das erforderliche *standing* fehle. Mit Recht kritisiert SCHARPF, der noch andere Fälle der Geltendmachung von Souveränitätsrechten durch Einzelstaaten anführt, den Umstand, «dass eine Verletzung der verfassungsmässigen Kompetenzverteilung zwischen Bund und Einzelstaaten wohl von den einer Regulierung unterworfenen Parteien, nicht aber von den eigentlich betroffenen Einzelstaaten» angegriffen werden kann, «von denen die Klärung der relevanten tatsächlichen Gegebenheiten und die antagonistische Erörterung und Herausbildung praktikabler Kriterien am ehesten zu erwarten gewesen wären»[45]. Auch die Beschwerdelegitimation Frothinghams wurde vom Supreme Court verneint. Das Gericht, das schon wiederholt das *standing* des Steuerzahlers einer Gemeinde zur Anfechtung der Art der Verwendung von Gemeindegeldern bejaht hatte[46], stützte sich hier, wo es um die Rüge des Verwendungszweckes von Bundesgeldern ging, auf ein quantitatives Argument, indem es auf S. 487 ausführte:

> «But the relation of a taxpayer of the United States to the Federal Government is very different. His interest in the moneys of the Treasury – partly realized from taxation and partly from other sources – is shared with millions of others; is comparatively minute and indeterminable; and the effect upon future taxation, of any payment out of the funds, so remote, fluctuating and uncertain, that no basis is afforded for an appeal to the preventive powers of a court of equity.»

Heute fällt die Steuerbelastung durch den Bund gerade für grössere Gesellschaften viel stärker ins Gewicht als diejenige durch Gemeinden[47].

[45] SCHARPF (1) 378/379.
[46] Beispiel: *Crampton v. Zabriskie,* 101 U. S. 601 (1880).
[47] Dazu DAVIS (3) § 22.09. auf S. 408.

Vom Frothingham-Fall zu unterscheiden ist *United States v. Butler*[48], wo zwar ebenfalls eine Bundesabgabe angefochten wurde, das Gericht aber deshalb das *standing* des Beschwerdeführers bejahen konnte, weil die Abgabe nur von gewissen Personen (Verarbeitern landwirtschaftlicher Produkte) zu einem besonderen, in dem Grundlage für die Steuererhebung bildenden Erlass genau umschriebenen Zweck erhoben wurde und einen integrierenden Bestandteil der dort vorgesehenen Massnahmen zur Sanierung der Landwirtschaft bildete.

Als schwankend erwies sich die Gerichtspraxis bei der Beurteilung der Legitimation zur Anfechtung von Massnahmen, die in irgendeiner Weise die *Verwendung einzelstaatlicher oder kommunaler Mittel zu religiösen Zwecken* involvierten und von Bürgern in ihrer Eigenschaft als Steuerzahler angefochten wurden[49]. Wiederholt, aber nicht immer[50], bejahte das Gericht in solchen Fällen seine Zuständigkeit[51].

Die nicht widerspruchsfreie Praxis des Supreme Court zum *standing*-Erfordernis hängt damit zusammen, dass er eine materielle Entscheidungsbefugnis eher annimmt, wenn ihm die Streitfrage wesentlich, die auf dem Spiel stehenden Interessen besonders schützenswert erscheinen, ferner wenn die Sache sonst kaum je vor Gericht gebracht werden könnte[52]. So führte die in neuerer Zeit feststellbare Vorliebe des Gerichts zur Entscheidung von Fragen über die Beziehungen zwischen Kirche und Staat[53] nicht nur dazu, dass es mehrmals auf Beschwerden eintrat, in denen die Verwendung staatlicher Steuergelder zu religiösen Zwecken in Verletzung des I. Amendment geltend gemacht wurde, sondern sie hatte 1968 zur Folge, dass das Gericht in *Flast v. Cohen*[54] eine Bresche in die im Frothingham-Entscheid gegen die Anfechtungsmöglichkeit von Bundesausgaben aufgestellte Mauer schlug, ohne aller-

[48] 297 U.S. 1 (1936).

[49] Mit diesem Fragenkomplex befasst sich NOBUO KUMAMOTO, Upon the Establishment Clause and Standing to Sue in the United States of America, Sonderdruck aus der Hokkaigakuen Law Journal *5*/1970 (japanische Abhandlung mit englischer Zusammenfassung).

[50] Vgl. *Doremus v. Board of Education,* 342 U.S. 429 (1952).

[51] Beispiele bei HART/WECHSLER 160–162 und KAUPER (6) Note 5 auf S. 26/27. Vgl. die sorgfältige Kritik der teilweise widersprüchlichen Rechtsprechung des Supreme Court bei SCHARPF (1) 370–373.

[52] Vgl. auch KAUPER (1) 7/8.

[53] Vgl. die in Kapitel 1 Abschnitt II 2 c_2 erwähnten Entscheidungen.

[54] 392 U.S. 83 (1968).

dings den neuen Entscheid als Aufgabe seiner bisherigen Praxis zu kennzeichnen[55].

Dem Entscheid Flast v. Cohen lag folgender Sachverhalt zugrunde: Der *Elementary and Secondary Education Act* von 1965[56] sah die Ausrichtung von Bundessubventionen an lokale Schulbehörden zur Finanzierung der Erziehung von Kindern aus Familien mit niedrigen Einkommen vor, wobei auch Besucher privater Schulen als Genussberechtigte vorgesehen waren. In dem in der Beschwerde gerügten Fall waren solche Bundeszuschüsse zur Finanzierung des Unterrichts in kirchlichen Schulen in Fächern wie Lesen und Rechnen sowie zum Kauf von Lehrmitteln, die für den Gebrauch in solchen Schulen bestimmt waren, verwendet worden. Die Beschwerdeführer erblickten darin eine verfassungswidrige, im Widerspruch zur *establishment clause* des I. Amendment stehende Verwendung von Bundesgeldern, wobei sie ihre Beschwer im Verfahren vor dem Supreme Court einzig daraus ableiteten, dass sie Bundeseinkommenssteuern bezahlten. (Dass die Kinder eines Beschwerdeführers öffentliche Schulen besuchten, war nur in der Vorinstanz geltend gemacht worden und aus prozessualen Gründen vom Supreme Court nicht zu berücksichtigen.) Das Gericht bejahte das *standing* der Beschwerdeführer.

Die von Chief Justice WARREN begründete Entscheidung enthält interessante Erwägungen über die *Justiziabilität*. Ausgehend von Fro-

[55] 1965 war im Senat ein Gesetzesvorschlag eingebracht worden (S. 2097, 89th Cong., 1st sess.), wonach das *standing* zur Anfechtung verschiedener, näher aufgeführter Bundesausgaben auf breiter Basis gesetzlich vorgesehen werden sollte, falls eine Verletzung des I. Amendment geltend gemacht wurde. Die Initianten wollten damit, ausgehend vom Frothingham-Entscheid, eine leichtere gerichtliche Überprüfbarkeit der Verfassungsmässigkeit von Ausgaben zu religiösen Zwecken herbeiführen. Gemäss Sektion 3 des Entwurfes sollten auch *taxpayer suits* zugelassen werden. Anlässlich der Hearings, die ein Unterausschuss des Senats im Zusammenhang mit diesem Gesetzesvorschlag durchführte (*Hearings on S. 2097;* vgl. Literaturverzeichnis), wurden u. a. mehrere der bekanntesten Verfassungsrechts-Spezialisten des Landes einvernommen. Das Hearing-Protokoll, das übrigens vom Supreme Court im Flast-Entscheid berücksichtigt wurde, vermittelt auf über 800 Seiten einen ausgezeichneten Einblick in die *standing*-Problematik. Der Gesetzesentwurf wurde zwar vom Senat angenommen, vom Repräsentantenhaus dagegen ad acta gelegt (S. Report No. 85, 90th Cong., 1st sess. 3; S. Report No. 473, 90th Cong., 1st sess. 15). Einer im 90. Kongress eingebrachten Vorlage (S. 3) war dasselbe Schicksal beschieden. Indessen wurde das Anliegen der Motionäre durch den Flast-Entscheid weitgehend verwirklicht.

[56] 79 Stat. 27; 20 U. S. C. § 241 a f. und § 821 f.

thingham v. Mellon und der Interpretation dieses Entscheides in juristischen Kommentaren zeigte Warren auf, wie bei Fragen der Justiziabilität einerseits die verfassungsmässige Schranke des Vorliegens eines *case* bzw. einer *controversy*, anderseits aber auch das Element der *richterlichen Selbstbeschränkung* die Entscheidung beeinflussen, wobei «constitutional requirements» und «policy considerations» gleichsam ineinander übergehen. Neben den (fast nur in Lehrbüchern anzutreffenden) klaren Fällen, in denen eine materielle Entscheidung offensichtlich Art. III Sektion 2 Ziff. 1 der Verfassung verletzen würde, weil etwa eine rein abstrakte Frage zum Prozessgegenstand erhoben wird, gibt es viele Fälle, in denen bei der Bestimmung der Zuständigkeit eines Bundesgerichts das Schwergewicht beim Ermessen des Richters liegt, der subtile Interessenabwägungen vorzunehmen hat, etwa zwischen der Eignung des Streites für eine gerichtliche Entscheidung und der Schutzwürdigkeit des Interesses einer Partei an einer Sachentscheidung. Warren führte aus, wenn das *standing*-Erfordernis zu beurteilen sei, stelle sich die Kernfrage, ob die Partei, deren Beschwerdelegitimation angefochten werde, ein derart starkes persönliches Interesse am Ausgang des Prozesses darzulegen vermöge, dass die für die richterliche Rechtsfindung so wichtige Vorlegung der strittigen Punkte in einem kontradiktorischen Verfahren als gewährleistet erscheine. Ob die Streitfragen selber justiziabel seien, stehe dabei noch nicht zur Diskussion. Das *standing*-Erfordernis diene nicht der Wahrung der Gewaltentrennung und der Verhinderung richterlicher Einmischung in den Kompetenzbereich anderer Organe, sondern wolle nur ermöglichen, dass die gerichtlich geltend gemachten Streitpunkte präsentiert würden «in an adversary context and in a form historically viewed as capable of judicial resolution»[57].

Mit diesen Erwägungen grundsätzlicher Natur war der Weg freigelegt, um trotz des Frothingham-Entscheides unter gewissen, näher zu umschreibenden Voraussetzungen das *standing* in *taxpayer suits* bejahen zu können. Bei der Erarbeitung der Kriterien kam das Gericht zum Schluss, *standing* unter folgenden, kumulativ zu erfüllenden Vorausset-

[57] S. 101 des Flast-Entscheides. Allerdings kann m. E. der Zusammenhang zwischen dem aus der *case or controversy*-Klausel abgeleiteten *standing*-Erfordernis und dem durch diese Klausel zum Ausdruck gebrachten Gewaltentrennungskonzept nicht schlechthin verneint werden. Denn eine zu leichtfertige Annahme der Beschwerdelegitimation führt in die Richtung der abstrakten Normenkontrolle, welche die Verfassung wohl auch im Interesse der Gewaltentrennung verhindern will.

zungen anzunehmen: Einerseits müsse ein logischer Zusammenhang zwischen der Steuerzahler-Eigenschaft und dem angefochtenen, Ausgaben bedingenden Erlass nachgewiesen werden, was zutreffe, wenn eine Ausübung des allgemeinen Steuererhebungs- und Ausgabenbewilligungsrechts des Kongresses[58] angefochten werde (der Beschwerdeführer also eine zusätzliche Belastung des Fiskus dartun konnte), nicht aber, wenn bloss eine «incidental expenditure of tax funds in the administration of an essentially regulatory statute» geltend gemacht würde[59]. Als weitere Voraussetzung verlangte das Gericht, der klagende Steuerzahler müsse geltend machen können, dass der Kongress durch Bewilligung der angefochtenen Ausgabe nicht bloss – wie im Frothingham-Fall behauptet worden war – seine allgemeinen Kompetenzen überschritten, sondern «specific constitutional limitations» verletzt habe. Beide Erfordernisse erachtete der Supreme Court im vorliegenden Fall als gegeben, weil zur Vollziehung des angefochtenen Subventionsgesetzes beinahe eine Milliarde Dollar bewilligt worden waren und eine Verletzung der *establishment clause* des I. Amendment, die nach Auffassung des Gerichts eine «specific limitation» des Ausgabenbewilligungsrechts darstellt, behauptet wurde.

Dass das *standing*-Erfordernis keinen feststehenden, klar definierbaren Inhalt aufweist und immer wieder zu Meinungsverschiedenheiten zwischen erfahrenen Richtern Anlass gibt, zeigen die Voten, die andere Richter, welche sich der Warren-Begründung nicht anschliessen konnten, in *Flast v. Cohen* abgaben. Justice DOUGLAS wollte in seiner *concurring opinion* den Frothingham-Entscheid umstossen und *standing* in *taxpayer suits* allgemein bejahen. Demgegenüber beantragte Justice HARLAN, Jr., in einer längeren *dissenting opinion,* den Nichteintretens-Entscheid der Vorinstanz zu bestätigen; er beanstandete die «logische In-

[58] Art. I Sektion 8 Ziff. 1 der Verfassung.

[59] Damit sollte eine Unterscheidung zu *Doremus v. Board of Education,* 342 U.S. 429 (1952) getroffen werden, wo das Gericht entschieden hatte, dass man nicht in seiner Eigenschaft als Steuerzahler zur Anfechtung eines einzelstaatlichen Gesetzes legitimiert sei, das Bibellesen in öffentlichen Schulen vorsah. Dass sich das Gericht später dennoch materiell mit der Zulässigkeit von Bibellesen und Gebeten in öffentlichen Schulen befasste, war deshalb möglich, weil in den bereits erwähnten Entscheiden *Engel v. Vitale,* 370 U.S. 421 (1962) und *School District of Abington Township, Pennsylvania v. Schempp,* 374 U.S. 203 (1963) die Beschwerdeführer in ihrer Eigenschaft als Eltern von Kindern, die im Zeitpunkt der gerichtlichen Beurteilung öffentliche Schulen besuchten, geklagt hatten.

adäquanz» der beiden Voraussetzungen, welche die Gerichtsmehrheit konstruiert habe, um ein persönliches Interesse zur gerichtlichen Anfechtung von Ausgaben annehmen zu können, und fand, die Bejahung der Legitimation verletze zwar nicht Art. III der Verfassung, doch gebiete die richterliche Selbstbeschränkung, in solchen Fällen, in denen ein Privater gleichsam als «private attorney general» Interessen der Öffentlichkeit verfechte, *standing* grundsätzlich nur beim Vorliegen einer entsprechenden gesetzlichen Ermächtigung anzunehmen[60]. Die Richter POTTER STEWART und ABE FORTAS versuchten mit separaten *concurring opinions*, in *taxpayer suits* das *standing* auf die Anfechtung von Ausgabenbewilligungen zu religiösen Zwecken zu beschränken, wobei sie sich auf den Wortlaut des ersten Teils des I. Amendment stützten («Congress shall make no law respecting an establishment of religion»).

Mit den *competitor suits* lässt sich die Praxis zum *standing* ebenfalls exemplifizieren. In *Tennessee Electric Power Co. v. Tennessee Valley Authority* (TVA)[61] fochten Elektrizitätsgesellschaften die Verfassungsmässigkeit des *Tennessee Valley Authority Act* von 1933[62] an, der u. a. die bundeseigene TVA mit Erzeugung und Verkauf elektrischer Energie betraut hatte. Der Supreme Court fand, den Beschwerdeführern fehle das *standing,* weil sie durch Erteilung der Konzession zum Betrieb eines Elektrizitätswerkes nicht ein Recht erlangt hätten, von Konkurrenz frei zu sein[63]. Diese Argumentation überzeugt nicht. Zwar mussten die Kläger Konkurrenz in Kauf nehmen, nicht aber eine – wie sie geltend machten – verfassungswidrige Konkurrenz durch den Bund[64].

[60] Den Ausdruck «private attorney general» verwendete bereits JUDGE FRANK im Zusammenhang mit der Beschwerdelegitimation in *Associated Industries v. Ickes,* 134 F. 2d 694 (2d Circuit, 1943) auf S. 704.

[61] 306 U. S. 118 (1939).

[62] 48 Stat. 58, 49 Stat. 1075; 16 U. S. C. § 831 f.

[63] Demgegenüber hatte das Gericht einige Jahre vorher in *Ashwander v. Tennessee Valley Authority,* 297 U. S. 288 (1936), die Verfassungsmässigkeit des Tennessee Valley-Projektes materiell entschieden. Geklagt hatten dort Aktionäre einer Gesellschaft, welche mit der TVA einen Vertrag betreffend Verkauf von Liegenschaften und elektrischen Installationen, Austausch von Energie und Festsetzung von Absatzgebieten abgeschlossen hatte.

[64] Vgl. DAVIS (3) § 22.04. auf S. 401: «The question was not whether the plaintiffs had standing to challenge lawful competition but whether they had standing to challenge competition the lawfulness of which was at issue»; ähnlich SCHWARTZ (4) I 441.

Allerdings geht der Supreme Court davon aus, dass auch in *competitor suits* das *standing* durch Kongressgesetz modifiziert werden könne, wofür *FCC v. Sanders Brothers Radio Station*[65] und *Scripps-Howard Radio, Inc. v. FCC*[66] anschauliche Beispiele sind. In jenen Fällen wurde die Beschwerdelegitimation von Radiostationen zur Anfechtung der Erteilung von Sendekonzessionen an Konkurrenten gestützt auf Sektion 402 des *Federal Communications Act* von 1934[67] bejaht, allerdings nicht um ihre von der FCC höchstens indirekt zu berücksichtigenden privaten wirtschaftlichen Interessen geltend zu machen, sondern weil – wie das Gericht ausführte – der Gesetzgeber sie offenbar als besonders geeignet erachtet habe, um öffentliche Interessen der Hörerschaft, die sonst kaum in einem Prozess geltend gemacht werden könnten[68], gerichtlich zu verfechten[69]. Es lässt sich der Standpunkt vertreten, eine solche gesetzliche Regelung der Beschwerdelegitimation verletze nicht Art. III der Verfassung, wonach Bundesgerichte nur *cases* oder *controversies* beurteilen dürfen, da infolge der starken widerstreitenden Interessen der Parteien die von der Verfassung bezweckte Vorlegung der strittigen Punkte in einem kontradiktorischen Verfahren als gewährleistet erscheine; damit wäre die Bestimmung des *standing* in derartigen Fällen Sache des durch Kongressgesetz einschränkbaren richterlichen Ermessens.

In bezug auf die Legitimation zur Anfechtung von Verwaltungsakten erscheint die Ordnung in § 10 lit. a APA als wichtig. Ein Recht auf Überprüfung hat darnach «a person suffering legal wrong because of agency action, or adversely affected or aggrieved by agency action within the meaning of a relevant statute».

Fehlt eine klare gesetzliche Regelung der Legitimation, so kommt dem Richter bei der Bestimmung der Frage, ob eine Partei ein legitimes Interesse an der Geltendmachung der Streitfrage habe, eine besonders verantwortungsvolle Aufgabe zu. Das zeigt der Entscheid *Office of Com-*

[65] 309 U.S. 470 (1940).

[66] 316 U.S. 4 (1942).

[67] 48 Stat. 1093; 47 U.S.C. § 402. Die Beschwerdelegitimation wurde ex lege Personen eingeräumt «aggrieved or whose interests are adversely affected by any decision of the Commission granting or refusing [an] ... application.»

[68] Vgl. allerdings den nachstehend besprochenen Entscheid *Office of Communication of United Church of Christ v. FCC*.

[69] In den Gesetzesmaterialien findet diese Theorie allerdings keine Stütze; vgl. JAFFE (2) Note 81 auf S. 522.

munication of United Church of Christ v. FCC[70], der vom nachmaligen Chief Justice des Supreme Court WARREN E. BURGER verfasst wurde, besonders deutlich. Angefochten war dort ein Entscheid der FCC, in welcher einer Gesellschaft die Konzession zum Betrieb einer Fernsehstation in Jackson, Mississippi, erneuert worden war. Die in der «prime service area» der Fernsehgesellschaft niedergelassenen beschwerdeführenden Individuen und Organisationen hatten geltend gemacht, sie verträten die Interessen des Fernsehpublikums, und sich beschwert über exzessive Reklamesendungen sowie vor allem über Diskriminierungen auf Grund von Rasse und Religion seitens der Gesellschaft, die um eine Konzessionsverlängerung nachgesucht hatte[71]. Die FCC hatte die Beweisofferten der Beschwerdeführer abgewiesen und die Konzession der Gesellschaft verlängert, allerdings nicht wie üblich auf drei Jahre, sondern nur auf ein Jahr und mit Auflagen. Der Court of Appeals des District of Columbia Circuit bejahte das *standing* der Beschwerdeführer, hob den angefochtenen Entscheid auf und wies die Sache zur Durchführung eines Beweisverfahrens über die in der Beschwerde aufgestellten Behauptungen an die FCC zurück[72]. Dabei betonte das Gericht, es müsse von Fall zu Fall geprüft werden, ob *standing* gegeben sei; denn das *standing*-Konzept sei nicht statischer Natur und lasse sich kaum mit Formeln einfangen (wie z. B. dass eine Konzessionserteilung oder -verlängerung nur angefochten werden könne, wenn der Beschwerdeführer «electrical interference» oder «economic injury» geltend mache). Vorliegend sei ein echtes und legitimes Interesse der Beschwerdeführer als «responsible representatives» des Fernsehpublikums anzunehmen, was das Gericht unter Hinweis auf die bedeutungsvolle Einwirkung solcher Media auf die Meinungsbildung ausführlich begründete. Zwar ist es vor allem Aufgabe der FCC, öffentliche Interessen der Konsumenten von Rund-

[70] 359 F. 2d 994 (District of Columbia Circuit, 1966).

[71] In der Beschwerdeschrift wurde u.a. behauptet, die Gesellschaft habe immer wieder Sendungen ausgestrahlt, in denen abfällige Äusserungen über Neger und auch über Katholiken vorgekommen seien, ferner habe sie die Beibehaltung der Rassensegregation propagiert, ohne den Gegnern einer Rassenabsonderung Sendezeit einzuräumen; als einmal ein Exponent der Bewegung für gleiche Rechte der farbigen Bevölkerung dennoch zum Wort gekommen sei, habe man die Sendung unter Hinweis auf technische Störungen unterbrochen.

[72] Nach Durchführung des angeordneten Beweisverfahrens erneuerte die FCC wiederum die Konzession, doch wurde ihr Entscheid erneut vom Court of Appeals aufgehoben; vgl. die Besprechung in Harvard Law Review *83*/1969–70, 1412–1421.

funk- und Fernsehsendungen wahrzunehmen, doch erachtete das Gericht dies nicht als ausreichende Garantie[72a].

Es besteht ein enger Zusammenhang zwischen dem *standing*-Erfordernis und der *ripeness*-Doktrin[73]. Auf die Erörterung anderer, von Rechtsprechung und Lehre im Zusammenhang mit dem *case or controversy*-Erfordernis und dem *standing* aufgestellter Formeln, wie z. B. dass der Beschwerdeführer durch die angefochtene Handlung mit «*sufficient directness*» betroffen sein müsse[74], kann verzichtet werden, weil damit nur Aspekte des vorstehend umschriebenen Erfordernisses eines vorab durch richterliches Ermessen zu bestimmenden, genügend intensiven Rechtsschutzinteresses bzw. der genügend konkreten Natur der Beschwer mit Etiketten versehen werden. Das gilt zwar weitgehend auch für das *ripeness*-Erfordernis, wobei jedoch die grosse Bedeutung, die dieser Voraussetzung als einer Beschränkung der gerichtlichen Verwaltungskontrolle zukommt, eine besondere Behandlung an anderer Stelle rechtfertigt.

III. ZURÜCKHALTUNG BEI DER BEURTEILUNG DER VERFASSUNGSMÄSSIGKEIT VON ERLASSEN DER LEGISLATIVE

Die skizzenhafte Behandlung der Rechtsprechung zur *commerce clause*[75] hat gezeigt, dass der Supreme Court seit dem New Deal grundsätzlich davon ausgeht, er habe nicht nach der Vernünftigkeit eines Gesetzes zu forschen, sondern die diesbezügliche vom Kongress getroffene, politische Entscheidung zu respektieren, sofern sie sich innerhalb der von der Verfassung gezogenen Schranken halte, wobei im Zweifel die Verfassungsmässigkeit vermutet wird. Justice HUGHES stellte auf

[72a] Das «Burger-Gericht» scheint die Erfordernisse der Beschwerdelegitimation zu lockern. Vgl. *Association of Data Processing Service Organizations, Inc. v. Camp,* 397 U. S. 150 (1970) und *Barlow v. Collins,* 397 U. S. 159 (1970); ferner KENNETH CULP DAVIS, The Liberalized Law of Standing, The University of Chicago Law Review 1969–70 450–473.

[73] Vgl. hinten Kapitel 4 Abschnitt III 3.

[74] Vgl. *concurring opinion* von Justice Frankfurter in *Joint Anti-Fascist Refugee Committee v. McGrath,* 341 U. S. 123 (1951) auf S. 153/154 und dort enthaltene Judikaturhinweise.

[75] Vgl. vorn Kapitel 1 Abschnitt II 1.

Grund eigener Erfahrungen fest, die Richter kämen ständig in die Lage, die Gültigkeit von Gesetzen zu bestätigen, die sie als Gesetzgeber wahrscheinlich verurteilen würden[76], während Justice FRANKFURTER mahnte, «that this Court is concerned with the bounds of legal power and not with the bounds of wisdom in its exercise by Congress», wobei er darauf hinwies, dass der Kongress den Wählern gegenüber für die Ausübung seines praktischen Urteils über die Bedürfnisse einer komplexen Gesellschaft verantwortlich sei[77]. In diesem Zusammenhang mag ein Passus aus der berühmten *dissenting opinion* von Justice HOLMES in *Lochner v. New York* wiedergegeben werden:

> «This case is decided upon an economic theory which a large part of the country does not entertain. If it were a question whether I agreed with that theory, I should desire to study it further and long before making up my mind. But I do not conceive that to be my duty, because I strongly believe that my agreement or disagreement has nothing to do with the right of a majority to embody their opinions in law. ... The Fourteenth Amendment does not enact Mr. Herbert Spencer's Social Statics[78].»

Wahrscheinlich wurde beim Lesen des Exkurses über die Rolle des Supreme Court bei der Verfassungsfortbildung ebenfalls deutlich, dass – gerade wegen des sehr oft verschiedene Interpretationen zulassenden weiten Wortlautes der Verfassung – die Auffassung darüber, wann der Kongress seine verfassungsmässigen Kompetenzen überschritten hat, von Richter zu Richter stark variiert.

Ferner sollte die Tendenz des Obersten Bundesgerichts erkennbar geworden sein, die Verfassungsmässigkeit gesetzgeberischer Eingriffe in Rechte, die es besonders schützenswert betrachtet, strenger zu beurteilen als die Rechtmässigkeit anderer Erlasse. Die starke persönliche Missbilligung eines Gesetzes kann einen Richter veranlassen, mit weniger Zurückhaltung von seiner Kompetenz zur Prüfung der Verfassungsmässigkeit eines Erlasses Gebrauch zu machen, als er dies in bezug auf eine ihm wertindifferent erscheinende gesetzliche Normierung tun würde. Man denke nur an die ausgesprochene Interventionsfreudigkeit

[76] CH. E. HUGHES 38.

[77] *Polish National Alliance v. NLRB,* 322 U. S. 643 (1944) auf S. 650.

[78] 198 U. S. 45 (1905) auf S. 75. In jenem Entscheid hatte die Gerichtsmehrheit ein Gesetz von New York, das für Bäckereiangestellte Höchstarbeitszeiten von wöchentlich sechzig Stunden und täglich zehn Stunden festsetzte, als verfassungswidrigen, polizeilich nicht motivierbaren Eingriff in die Vertragsfreiheit qualifiziert.

der konservativen Gerichtsmehrheit vor 1937 in bezug auf Eingriffe in wirtschaftliche Freiheiten. Dennoch hielt das Gericht damals formell an der selbstaufgestellten Regel fest, *dass die Verfassungsmässigkeit eines Gesetzes im Zweifel zu vermuten sei,* was BARNETT zur Feststellung veranlasste:

«In recent years this doctrine has so often been paid meaningless lip-service in the very opinions striking down legislation, that to many its enunciation has seemed an almost automatic preliminary to the invalidation of a statute[79].»

Seit dem New Deal wird jedoch die Zuständigkeit des Kongresses – und mit etwas grösserer Zurückhaltung auch diejenige der Einzelstaaten – zur Beschränkung der wirtschaftlichen Freiheit des Individuums durch Erlasse sozial-, finanz- und wirtschaftspolitischer Natur im Zweifel bejaht. Eine Minderheit des Gerichts geht immer noch davon aus, dass dieselbe Maxime auch bei der Beurteilung von Eingriffen in nichtwirtschaftliche Rechte des Individuums Platz greife und widersteht in solchen Fällen ebenfalls der Versuchung, einem ihr Billigkeitsempfinden verletzenden, jedoch ihres Erachtens nicht verfassungswidrigen Gesetz die Anwendung zu versagen. Im bereits erwähnten Entscheid *Griswold v. Connecticut,* der ein den Gebrauch von Antikonzeptionsmitteln verbietendes staatliches Gesetz als verfassungswidrig erklärte, bemerkte Justice STEWART in einem abweichenden Votum:

«I think this is an uncommonly silly law. As a practical matter, the law is obviously unenforceable, except in the oblique context of the present case. As a philosophical matter, I believe the use of contraceptives in the relationship of marriage should be left to personal and private choice, based upon each individual's moral, ethical, and religous beliefs. As a matter of social policy, I think professional counsel about methods of birth control should be available to all, so that each individual's choice can be meaningfully made. But we are not asked in this case to say whether we think this law is unwise, or even asinine. We are asked to hold that it violates the United States Constitution. And that I cannot do[80].»

Mit der Zeit setzte sich jedoch die Praxis durch, *Eingriffe in nichtwirtschaftliche Freiheitsrechte und – unter gewissen Voraussetzungen – in die Rechtsgleichheit strenger zu beurteilen.* Das geschah aber im allgemeinen nicht

[79] BARNETT 232.

[80] 381 U. S. 479 (1965) auf S. 527. Die besondere Zurückhaltung Justice Stewarts in diesem Fall dürfte allerdings damit zusammenhängen, dass ein nicht ausdrücklich durch die Bill of Rights geschütztes Gut – die *marital privacy* – in Frage stand.

mehr in verhüllter Form, durch Lippenbekenntnisse zum Grundsatz der *presumption of constitutionality*. Vielmehr pflegte sich das Gericht ausdrücklich auf neue Kriterien zu berufen, indem es etwa eine besondere Schutzwürdigkeit der Rechte des I. Amendment ableitete oder die rechtsungleiche Behandlung verschiedener Kategorien von Bürgern dort, wo ein vom Gericht hoch eingeschätztes Gut wie die Freiheit vor Rassendiskriminierung auf dem Spiel stand, von der gesetzgeberischen Notwendigkeit solcher Unterscheidungen, von einem «compelling governmental interest», abhängig machte. Für diese Tendenz lassen sich immerhin Rechtfertigungsgründe anführen, denen zum Teil bereits Justice STONE in seiner «Fussnote 4»[81] Ausdruck verlieh:

1. Das I. Amendment wie auch die übrigen Bestimmungen der Bill of Rights, welche die neuere Gerichtspraxis als auch für die Einzelstaaten unmittelbar verbindlich betrachtet, enthalten – im Gegensatz etwa zur *commerce clause*, die dem Kongress eine Kompetenz zuweist – klar umschriebene *Beschränkungen der Staatsgewalt*, sogenannte *specific limitations* oder *express prohibitions*. Einerseits liefern sie dem Richter als Ausgangspunkt eine zuverlässige, wenn auch auslegungsbedürftige, *rechtliche* Beurteilungsgrundlage, anderseits wollen sie ja gerade die Macht der politischen Organe im Interesse des Individuums beschränken, so dass durch eine Nachgiebigkeit des Richters gegenüber dem Willen dieser Organe, durch ein *laissez faire* des Gerichts, die *ratio* der betreffenden Bestimmungen vereitelt würde[82]. Diese Feststellungen gelten freilich nicht nur im Hinblick auf die in der Bill of Rights enthaltenen Grundrechte, sondern auch bezüglich der in Art. I Sektion 10 Ziff. 1 der Verfassung gewährleisteten Vertragsfreiheit, bei deren Auslegung der Supreme Court im Zweifel von der Zulässigkeit eines gesetzgeberischen Eingriffs auszugehen pflegt. Weshalb das Gericht gerade auf dem Gebiet der nichtwirtschaftlichen Grundrechte verhältnismässig aktivistisch ist, bedarf daher weiterer Begründung.

2. Wenn ein die Wirtschaft regulierendes Gesetz Mängel aufweist, kann eher erwartet werden, dass die Legislative ihren Fehler korrigieren oder dass das Volk eine vernünftigere Legislative wählen wird. Werden jedoch die für die politische Willensbildung grundlegenden Rechte der Meinungsäusserungsfreiheit oder gar das Stimmrecht beeinträchtigt, so

[81] Vgl. vorn S. 40.

[82] Vgl. BLACK (2) 94 f.

besteht nicht derselbe Verlass auf eine Korrektur durch das demokratische Rechtssetzungsverfahren, weil ja dieses Verfahren selber durch die korrekturbedürftigen Mängel beeinträchtigt wird[83]. KIRSLOV formuliert diesen Gedanken geradezu aphoristisch:

«The ballot box is the remedy for ills that can be cured by voting. The Court, however, must act to preserve the ballot box. ... The majority cannot artificially turn itself into a permanent majority by eliminating the right of the minority to attempt to become a majority[84].»

Beschränkungen individueller Rechte, z.B. Benachteiligungen des Negers im Stimmrecht, werden zudem manchmal vom Gesetzgeber in raffinierter Weise getarnt; hier würde sich eine Vermutung der Verfassungsmässigkeit des Erlasses durch das Gericht besonders verhängnisvoll auswirken.

Freilich liefert auch die vorstehende Begründung noch keine zuverlässige Grundlage, um bezüglich sämtlicher nichtwirtschaftlicher Rechte eine aktivistischere Rechtsprechung zu befürworten[85]. Im Gegensatz zur politischen Meinungsäusserungsfreiheit ist z.B. die Religionsfreiheit nicht ein funktionales Element des demokratischen Prozesses. Wird jemand in seiner Glaubensfreiheit beeinträchtigt, so versperrt man ihm damit – anders als etwa im Falle der Ausschliessung von der Teilnahme an Wahlen – nicht den Weg, Abhilfe durch den «political process» zu suchen. Hier kann die Gerichtspraxis letzten Endes nur mit einer höheren Einschätzung der betreffenden Rechte, mit einer geschichtlich fundierten Überzeugung von ihrer besonderen Schutzbedürftigkeit gegenüber einer despotischen Majorität, allenfalls auch mit der Nichteignung des Richters zur Beurteilung von Eingriffen in die wirtschaftliche Freiheit verteidigt werden[86]. Dass die Religionsfreiheit

[83] Vgl. PFEFFER 341. Aus diesem Grunde hatte der Philosoph MEIKLEJOHN einen absoluten verfassungsmässigen Schutz des sogenannten «public speech», der Redefreiheit in politischen Belangen, gefordert; Alexander MEIKLEJOHN, Free Speech and Its Relation to Self-Government, New York 1948. Vgl. auch ders., What Does the First Amendment Mean ?, in: *Selected Essays on Constitutional Law* 600–617.

[84] KRISLOV 114/115.

[85] Darauf weist EHMKE 444 hin.

[86] Im Hinblick auf den Aspekt der besonderen Schutzbedürftigkeit ist auf EHMKE zu verweisen, der betont, dass in der modernen Wirtschaftsgesetzgebung der Kompromiss im Sinne des Zustandekommens von Gesetzen durch Gruppenabkommen charakteristisch sei, während diese Art von Kompromiss in der «*civil-liberties*-Gesetzgebung», wo es fast immer um ein Majoritäts-Minderheits-Verhältnis gehe, na-

ausdrücklich durch die Verfassung gewährleistet wird und dass in verschiedenen Zusatzartikeln eine starke Tendenz zum Ausdruck kommt, Rechte der Minderheiten, namentlich der Neger, zu schützen, ist dagegen kein durchschlagendes Argument. Denn auch die Vertragsfreiheit wird ausdrücklich wenigstens vor staatlichen Eingriffen geschützt, und es steht ausser Frage, dass dieser Bestimmung eine erhebliche Bedeutung zugedacht war; überdies kann sich ja auch ein die Vertragsfreiheit beschränkendes Gesetz zum Nachteil einer Minderheit auswirken[87].

Zweck der Erörterungen unter Ziff. 2 ist nicht eine vorbehaltlose Apologie der aktivistischen Rechtsprechung des «Warren Gerichts». Gerade Entscheide, in denen – um nur zwei Beispiele zu nennen – eine verabsolutierte Trennung von Kirche und Staat aus dem I. Amendment abgeleitet wurde, ferner der fast grenzenlose Schutz, den der Supreme Court manchmal nicht nur der politischen Meinungsäusserungsfreiheit, sondern auch obszönen Veröffentlichungen und ehrverletzenden Äusserungen zuteil werden liess, haben mit den unter Ziff. 2 angeführten Gründen für ein verstärktes Bedürfnis nach richterlicher Intervention wenig zu tun.

3. Was endlich die vom Gericht namentlich in den Sechzigerjahren stark betonten verfassungsmässigen Verfahrensgarantien anbelangt, so mag einerseits auf die Notwendigkeit der Einhaltung solcher Bestimmungen in einem Rechtsstaat sowie auf die hervorragende Bedeutung des *procedural due process* in der *common law*-Entwicklung hingewiesen werden, anderseits aber auch auf die besondere Eignung des Richters, Umfang und Grenzen derartiger Garantien zu bestimmen.

Justice JACKSON, der immer wieder durch pointierte Formulierungen auffiel, schrieb einmal:

hezu völlig fehle; EHMKE 473. Auch in wirtschaftlichen Belangen zeigt sich der Supreme Court heute noch eher interventionsbereit, wenn die Zuständigkeit eines Gliedstaates in Frage steht. Das kann man damit begründen, dass hier die Betroffenen – z. B. die durch protektionistische Wirtschafts- und Steuergesetze benachteiligten Rechtssubjekte *anderer* Staaten – keine wirksame Möglichkeit haben, den politischen Prozess zu beeinflussen, in welchem Normen in einem andern Staat zustandekommen.

[87] Erklären, aber nicht rechtfertigen kann man die Praxis damit, dass das Gericht Eingriffe in die Vertragsfreiheit vornehmlich unter dem Gesichtspunkt des *due process,* also nicht unter demjenigen einer *specific limitation,* beurteilt; vgl. hiezu Ziff. 1 vorstehend.

«Procedural fairness and regularity are of the indispensable essence of liberty. Severe substantive laws can be endured if they are fairly and impartially applied. Indeed, if put to the choice, one might well prefer to live under Sovjet substantive law applied in good faith by our common-law procedures than under our substantive law enforced by Soviet procedural practices[88].»

Und Professor FREUND stellte fest:

«The judges are not experts by virtue of their training or their commissions in the field of economics or public policy. They are, however, the special guardians of legal procedures, of the standards of decency and fair play that should be the counterpoise to the extensive affirmative powers of government[89].»

Allerdings hat wohl kein Richter des Obersten Bundesgerichts je die Massgeblichkeit der in der juristischen Theorie sakrosankten Maxime bestritten, dass der Verfassungsrichter nur auf Verfassungswidrigkeit eines Gesetzes erkennen soll, wenn das Gesetz im Widerspruch zur Verfassung steht, keineswegs aber, wenn der Richter eine sich im Rahmen der Verfassung haltende gesetzliche Normierung aus politischen Gründen missbilligt. In der praktischen Wirklichkeit ergibt sich jedoch – im wesentlichen aus folgenden Gründen – ein anderes Bild: Einem Grundgesetz, das wie die amerikanische Verfassung einen hohen Grad der Abstraktion aufweist, indem es nur Richtlinien aufstellt, kann nicht mit mathematischer Sicherheit entnommen werden, wo die politische Entscheidungsfreiheit der Legislative aufhört, indem sie auf verfassungsrechtliche Schranken stösst. Denn solche durch die Verfassung aufgestellten Schranken – etwa dass Leben, Freiheit und Eigentum nicht ohne «due process of law» entzogen werden dürfen – erweisen sich oft als in hohem Masse auslegungsbedürftige Generalklauseln, die eine der faktischen Entwicklung Rechnung tragende Fortbildung der Verfassung durch die mit ihrer Auslegung betrauten Organe, also auch durch den Supreme Court, ermöglichen. Grammatikalische, systematische und andere Auslegungsmethoden mehr technischer Art führen in vielen Fällen nicht weit, der Versuch einer historischen Auslegung konfrontiert den Richter jeweils mit einer Fülle sich widersprechender Materialien und kann die offenbar von der Verfassung angestrebte, eine Anpassung an die Entwicklung ermöglichende Dynamik in Frage stel-

[88] JACKSON, *dissenting opinion* in *Shaughnessy v. United States ex. rel. Mezei,* 345 U.S. 206 (1953) auf S. 224.
[89] FREUND (2) 56.

len[90], während eine teleologische Auslegung die Gefahr in sich birgt, dass der Richter seine Wertvorstellungen mit der *ratio legis* identifiziert. Einem Richter, der sein politisches Temperament nicht zu zügeln vermag, fällt es nicht schwer, aus dem reichhaltigen hermeneutischen Arsenal das ihm Passende auszuwählen und damit eine vorgefasste Meinung a posteriori wissenschaftlich zu verbrämen. Aber auch ein zurückhaltender Richter wird wenigstens dort, wo ihm das geschriebene Recht lückenhaft, widersprüchlich oder unklar erscheint, nach der seinem Gerechtigkeitsgefühl konformen Wertung tendieren, und je stärker ihm sein Gewissen in einem Prozess eine bestimmte Lösung gebietet, umso eher wird ihn die «Rechtsanwendung» zu dieser Lösung führen[91]. In Zweifelsfällen führt Logik allein nicht zu einer einzigen richtigen Lösung; der Richter muss seine «sovereign prerogative of choice» ausüben und sich für eine Auslegung entscheiden[92]. Obwohl also die *communis opinio* innerhalb des Supreme Court immer dahin ging, dass sich die Prüfung der Verfassungsmässigkeit eines Gesetzes auf eine *Rechtskontrolle* zu beschränken habe, kommt es wegen der Schwierigkeit der Bestimmung des Gehalts verfassungsmässiger Gebote und Verbote oft vor, dass die Meinungen darüber geteilt sind, ob der Gesetzgeber in einem konkret zu beurteilenden Fall verfassungswidrig legiferiert habe oder nicht.

[90] Vgl. die Warnungen vor einer Überbewertung der historischen Interpretation bei BICKEL (2) 98–110; ferner CARDOZO (1) 17: «The great generalities of the constitution have a content and significance that vary from age to age.» Diese Dynamik hatte Chief Justice MARSHALL mit seinem berühmten Ausspruch «we must never forget that it is a constitution we are expounding» im Auge; *McCulloch v. Maryland,* 4 Wheat. 316 (1819) auf S. 407.

[91] Die Bedeutung dieses «subconcious element in the judicial process» hat CARDOZO schon lange vor seiner Berufung in das Oberste Bundesgericht, gestützt auf seine Erfahrungen als Richter am höchsten Gericht New Yorks, trefflich aufgezeigt. Vgl. B. N. CARDOZO (1) 58 und 167 f. Auf S. 12 bemerkt er: «There is in each of us a stream of tendency ... which gives coherence and direction to thought and action. Judges cannot escape that current any more than other mortals. All their lives, forces which they do not recognize and cannot name, have been tugging at them – inherited instincts, traditional beliefs, acquired convictions; and the resultant is an outlook on life, a conception of social needs, a sense in James's phrase of ‚the total push and pressure of the cosmos', which, when reasons are nicely balanced, must determine where choice shall fall.» Vgl. auch CARDOZO (2) 89 f.; CLARK/TRUBEK 264 f.; ROSTOW 37. Diese Erscheinung wurde auch in andern Ländern beobachtet. Vgl. bezüglich der Bundesrepublik Deutschland WOLFGANG BÖHME (Herausgeber), Weltanschauliche Hintergründe in der Rechtsprechung, Karlsruhe 1969.

[92] Darauf ist der Titel von ROSTOWS Buch zurückzuführen, der auf einem HOLMES-Zitat basiert.

Illustrativ erscheint in diesem Zusammenhang der für ROOSEVELTS *court packing plan*[93] in hohem Masse mitverantwortliche Entscheid *United States v. Butler*[94], in welchem der Supreme Court den *Agricultural Adjustment Act* von 1933[95], eine umfassende gesetzliche Regelung zur Sanierung der Landwirtschaft, zu Fall brachte. Der Entscheid wurde berühmt wegen der in der von Justice STONE verfassten *dissenting opinion* enthaltenen Bemerkungen über die *Grenzen richterlicher Verantwortung*. Stone führte u. a. aus:

«The power of courts to declare a statute unconstitutional is subject to two guiding principles of decision which ought never to be absent from judicial consciousness. One is that courts are concerned only with the power to enact statutes, not with their wisdom. The other is that *while unconstitutional exercise of power by the executive and legislative branches of the government is subject to judicial restraint, the only check upon our own exercise of power is our own sense of self-restraint.* For the removal of unwise laws from the statute books appeal lies not to the courts but to the ballot and to the processes of democratic government[96].

Indessen ging auch die Gerichtsmehrheit davon aus, dass sie nur eine Rechtskontrolle ausübe, wobei die feste Überzeugung der betreffenden Richter über den Umfang der den Gliedstaaten vorbehaltenen Kompetenzen und über die Notwendigkeit, zentralistischen Tendenzen entgegenzuwirken, sie veranlasste, einen verfassungswidrigen Übergriff seitens der nationalen Legislative anzunehmen[97]. So bemerkte Justice ROBERTS in der offiziellen Urteilsbegründung:

«It is sometimes said that the court assumes a power to overrule or control the action of the people's representatives. This is a misconception. The Constitution is the supreme law of the land ordained and established by the people. All legislation must conform to the principles it lays down. *When an act of Congress is appropriately challenged in the courts as not conforming to the constitutional mandate the judicial branch of the Government has only one duty, to lay the article of the Constitution which is invoked beside*

[93] Vgl. vorn Fussnote 28 zu Kapitel 1.
[94] 297 U. S. 1 (1936).
[95] 48 Stat. 31.
[96] A.a.O. 78/79; Hervorhebung durch den Verfasser.
[97] Ein weiteres illustratives Beispiel dafür, dass gerade Richter, die sehr geneigt sind, persönliche Auffassungen in die Verfassung hineinzuinterpretieren, sich energisch gegen eine unter dem Vorwand der Auslegung betriebene Verfassungsfortbildung wenden, bietet die *dissenting opinion* der Richter *Sutherland, Van Devanter, McReynolds* und *Butler* in *West Coast Hotel Co. v. Parrish,* 300 U. S. 379 (1937) auf S. 400 f. Vgl. auch die Bemerkungen über den Blackschen Aktivismus vorn Kapitel 1 Abschnitt II 3.

the statute which is challenged and to decide whether the latter squares with the former.... This court neither approves nor condemns any legislative policy. Its delicate and difficult office is to ascertain and declare whether the legislation is in accordance with, or in contravention of, the provisions of the Constitution; and, having done that, its duty ends[98].»

Der zitierte Passus erweckt den m.E. unrichtigen Anschein, Justice Roberts habe mit seiner mehr als Sinnbild gedachten Formulierung angenommen, eine Verfassungswidrigkeit lasse sich durch Gegenüberstellung von Gesetz und Verfassung gleichsam mechanisch registrieren. Eine solche Annahme käme einem Trugschluss gleich, weil sie die *rechtsschöpferische Komponente der richterlichen Rechtsfindung* völlig ausser Acht liesse und voraussetzen würde, dass der Massstab des Verfassungsrichters – die Verfassungsnormen – eine feststehende, lückenlose, jedem vernünftigen Menschen ohne weiteres ersichtliche oder zum mindesten auf Grund allgemein anerkannter logischer Deduktionen ablesbare Skala enthalte[99]. Wäre dies der Fall, so würde die der Verfassungsgerichtsbarkeit inhärente Problematik weitgehend dahinfallen. Der Richter wäre dann bloss «la bouche qui prononce les paroles de la loi» (hier: der Verfassung)[100], und seine Aufgabe könnte ebensogut einem seelenlosen Computer übertragen werden. Da aber Rechtsnormen und ganz besonders derart abstrakte Generalklauseln wie die *commerce clause* und die *due process clause* der amerikanischen Verfassung der Konkretisierung, ja sogar der Fortbildung durch die rechtsanwendenden Organe (in einem weiteren Sinne, also auch durch die verfassungsanwendende Legislative) bedürfen, die dabei oft eine subtile Wertung vornehmen müssen, welchen von mehreren einander widerstreitenden, von der Verfassung anerkannten Interessen in Anbetracht einer zu regelnden Frage der Vorzug zu geben sei, wobei hervorragende Juristen immer wieder zu verschiedenen, überzeugend begründbaren Lösungen kommen, sollte sich der Verfassungsrichter – der Mahnung von Justice

[98] A.a.O. 62/63; Hervorhebung durch den Verfasser.

[99] Vgl. die einlässliche Kritik der «mechanical theory of the judicial function» bei Barnett 220–229; ferner die Ausführungen Blacks (2) 160–182, Rostows 8 f. und Schäfers 11–13. Die viel gelesenen Schriften der Rechtsphilosophen Roscoe Pound und Benjamin Cardozo, in Verbindung mit den scharfsinnigen Analysen von Justice Holmes, haben den Blick amerikanischer Juristen für die kreative Komponente des Rechtsfindungsprozesses geschärft.

[100] Montesquieu, De l'Esprit des Lois XI/6.

Stone eingedenk, dass die richterliche Machtausübung nur durch Selbstbeschränkung kontrolliert werde – eine gewisse Zurückhaltung auferlegen und Erlassen der durch das Volk zur Gesetzgebung berufenen Organe in konkreten Streitfällen nicht bereits dann die Anwendung versagen, wenn sich die Lösung des Gesetzgebers ohne gekünstelt wirkende Konstruktionen mit der Verfassung vereinbaren lässt, das Gericht aber glaubt, es habe ein noch besseres Argument, um Verfassungswidrigkeit annehmen zu können.

Bei der Beurteilung der Verfassungsmässigkeit eines Gesetzes fallen die *Motive,* von denen sich der Gesetzgeber beim Erlass leiten liess und die sich jeweils nur schwer auf zuverlässige Weise feststellen lassen, für das Gericht im allgemeinen ausser Betracht[101]. Steht jedoch fest, dass mit einem Gesetz ein einziger, von der Verfassung verpönter *Zweck* verfolgt wurde, so wird das Gericht den Erlass als verfassungswidrig behandeln, wie in *Gomillion v. Lightfoot*[102]*:* Verfassungswidrig erklärt wurde hier ein Gesetz von Alabama, wonach die Grenzen der Stadt Tuskegee derart geändert wurden, dass aus einem Viereck eine achtundzwanzig Seiten umfassende Fläche entstand. Nicht einmal der Anwalt des Staates Alabama konnte ernsthaft in Abrede stellen, dass der einzige Zweck dieser geometrischen Operation darin bestand, die farbige Bevölkerung von den kommunalen Wahlen auszuschliessen. Denn gemäss der neuen Grenzziehung wohnten inskünftig von den vierhundert schwarzen Wählern alle bis auf vier oder fünf nicht mehr im Stadtgebiet, während kein einziger weisser Wähler davon betroffen wurde!

Bevor es überhaupt zu einer Prüfung der Verfassungsfrage kommt, sind indessen verschiedene Hürden zu überspringen. Denn ein wichtiger, wenn auch nicht immer streng befolgter Grundsatz des Supreme Court besteht darin, *Verfassungsfragen wenn möglich zu meiden* («to avoid the constitutional issue»)[103], d.h. nur dann zu entscheiden, wenn der Streit nicht auf andere Weise erledigt werden kann.

[101] Näheres bei BICKEL (2) 208 f. Der Grundsatz der Unbeachtlichkeit gesetzgeberischer Motive wurde in dem von Chief Justice WARREN redigierten Entscheid *United States v. O'Brien,* 391 U. S. 367 (1968) auf S. 383/384 bestätigt.

[102] 364 U. S. 339 (1960). Vgl. hiezu die Studie von BERNARD TAPER, Gomillion v. Lightfoot, New York/Toronto/London 1962.

[103] Im allgemeinen meint man mit «Verfassungsfrage» die Frage der Vereinbarkeit eines Erlasses der Legislative (des Kongresses oder einer einzelstaatlichen Legislative) mit der Verfassung, und in diesem Sinne wird der Ausdruck hier verwen-

Justice BRANDEIS versuchte in seiner *concurring opinion* in *Ashwander v. TVA*[104] auf Grund der Gerichtspraxis Leitsätze zu formulieren, die den Richter bestimmen sollen, wenn ihm Verfassungsfragen zur Beurteilung vorgelegt werden. Einige der von Brandeis erwähnten Punkte sind allerdings immer und nicht nur bei der Entscheidung verfassungsrechtlicher Fragen massgebend, nämlich dass das Gericht nur im Zusammenhang mit konkreten Streitfällen und nur, wenn sich ein in seiner Rechtssphäre Betroffener beschwert hat, zu Verfassungsfragen Stellung nimmt; dabei dachte Brandeis an die schon behandelte, verfassungsmässige Beschränkung der Tätigkeit der Bundesgerichte auf *cases* oder *controversies* und an das damit zusammenhängende *standing*-Erfordernis. Dass eine vom Gericht formulierte Verfassungsregel nicht weiter gehen soll, als es der konkret zu beurteilende Lebenssachverhalt erfordert, lässt sich ebenfalls aus diesem Prinzip herleiten. Bei Beurteilung von Verfassungsstreitigkeiten ist der Supreme Court geneigt, das Vorhandensein eines konkreten Streitfalles und die Beschwerdelegitimation besonders streng zu prüfen[105]. Ferner ergibt sich bereits aus der allgemei-

det. Allerdings wird «Verfassungsfrage» bisweilen in der Literatur und Judikatur in einem weiteren Sinne verstanden, indem man auch die Frage der Verfassungsmässigkeit von Akten oberster Exekutivorgane dazurechnet. Die im Zusammenhang mit dem Grundsatz «to avoid the constitutional issue» entwickelten Prinzipien spielen denn auch in solchen Fällen eine gewisse Rolle. Wenn etwa die Verfassungsmässigkeit einer Anordnung des Präsidenten in Frage steht, wird das Gericht in der Regel versuchen, den Prozess unter Aufrechterhaltung dieser Anordnung, z.B. durch deren restriktive, verfassungskonforme Auslegung, zu entscheiden. Vgl. SCHUBERT (1) 315 f. und dort angeführte Entscheidungen.

[104] 297 U.S. 288 (1936) auf S. 345–348.

[105] Vgl. *Poe v. Ullman,* zit. vorn Fussnote 21 zu diesem Kapitel. Dabei mag es bisweilen schwerfallen, das *standing*-Erfordernis sauber von der materiellen Frage zu trennen. Dazu THOMAS P. LEWIS 435 f., der u.a. hinweist auf *Joint Anti-Fascist Refugee Committee v. McGrath,* 341 U.S. 123 (1951): Dort klagten drei Vereine, die ohne Vorwarnung in ein vom Justizdepartement nachgeführtes, andern Amtsstellen zugänglich gemachtes Verzeichnis kommunistischer Organisationen aufgenommen worden waren, u.a. auf Feststellung der Unzulässigkeit einer solchen ohne rechtliches Gehör erfolgten Diffamierung, wobei sie sich auf die Verletzung verschiedener Amendments beriefen. Die von Justice FRANKFURTER in seiner *concurring opinion* (a.a.O. 149 f.) vorgenommene «treshold inquiry», ob den Klägern das erforderliche, eine gerichtliche Beurteilung rechtfertigende rechtliche Interesse zukomme, liess sich dabei nach Lewis' Auffassung kaum von der materiellen Frage trennen. Freilich wird die Schwierigkeit, die beiden Fragen zu trennen, m.E. von LEWIS überbewertet. Bei der Prüfung des *standing* untersuchte FRANKFURTER nämlich, wie schwer die Interessen der Beschwerdeführer durch die angefochtene Anordnung betroffen wurden; erst nach Bejahung der Beschwerdelegitimation ging er auf die

nen *estoppel*-Doktrin, dass das Gericht unter Umständen die Verfassungsmässigkeit eines Gesetzes nicht prüft, wenn sich jemand darüber beschwert, der Vorteile des Gesetzes in Anspruch genommen hat. Dagegen sind die übrigen von Brandeis aufgestellten Richtlinien nur bei verfassungsrechtlichen Streitfragen von Bedeutung. Sie lassen sich wie folgt zusammenfassen: Das Gericht entscheidet Verfassungsfragen nur, wenn eine *absolute Notwendigkeit* hiezu besteht, also nicht, wenn der Fall mit einer andern, nicht verfassungsrechtlichen Begründung entschieden werden kann. Wird also die Verfassungsmässigkeit eines Gesetzes angefochten, so prüft das Gericht zuerst, ob nicht durch *verfassungskonforme Auslegung* die Entscheidung der Verfassungsfrage vermieden werden könne; diese verfassungskonforme Auslegung kann dazu führen, dass das Gericht im Ergebnis die Tragweite eines Rechtssetzungsaktes beschränkt[106]. Ist etwa die Zulässigkeit der in einem Gesetz vorgesehenen Beschränkung eines Freiheitsrechts zu beurteilen, so ist es dem Gericht manchmal möglich, durch restriktive Auslegung der Freiheitsrechtsbeschränkung selber oder durch Betonung der im Falle einer Freiheitsrechtsbeschränkung zu beachtenden Verfahrensgarantien das Gesetz aufrechtzuerhalten oder zum mindesten die Frage seiner Verfassungsmässigkeit offenzulassen und dennoch dem Kläger Recht zu geben.

Da die Zurückhaltung des Supreme Court zur Entscheidung von Verfassungsfragen bei der Aufzeigung der Grenzen der Justiziabilität von Bedeutung ist, stellt sie doch einen wichtigen Aspekt der richterlichen Selbstbeschränkung dar[107], mögen einige Beispiele der Illustration des Vorgehens des Obersten Bundesgerichts in solchen Fällen dienen:

Verfassungsmässigkeit der unter Verweigerung des rechtlichen Gehörs erfolgten Registrierung der klägerischen Organisationen auf der schwarzen (oder roten) Liste ein. Schwierigkeiten bereitet eine Trennung allerdings in den *competitor suits* (vgl. vorn S. 127), wenn das Gericht das *standing* davon abhängig macht, dass der Kläger ein Recht habe, von Konkurrenz frei zu sein.

[106] Vgl. KRISLOV 88: «The justices thereby have the opportunity to rewrite legislation; that is to say that the question of possible invalidity can be used to give the Court more leeway in expounding what a law means.» Bei der Auslegung einzelstaatlichen Verfassungsrechts ist freilich gemäss der «Erie-Doktrin» auf die herrschende Gerichtspraxis des betreffenden Staates abzustellen; vgl. vorn S. 101.

[107] Justice RUTLEDGE verglich in *Rescue Army v. Municipal Court of Los Angeles*, 331 U. S. 549 (1947) auf S. 570 die «policy of strict necessity in disposing constitutional issues» mit dem *case and controversy*-Erfordernis und der *political question*-Doktrin, wobei er von Regeln «basic to the federal system and this Court's appropriate place within that structure» sprach.

In *Watkins v. United States*[108] war der kommunistischer Umtriebe bezichtigte Gesuchsteller wegen *contempt of Congress* zu einem Jahr Gefängnis und zu einer Busse verurteilt worden, weil er sich anlässlich eines Hearing vor einem Unterausschuss des Committee on Un-American Activities geweigert hatte, über mögliche frühere kommunistische Betätigung anderer Personen, die seines Wissens im Zeitpunkt des Hearing nicht mehr Parteimitglieder waren, Auskunft zu geben (während er über seine eigenen Beziehungen zur kommunistischen Partei in detaillierter Weise Aufschluss erteilt hatte). Seine Weigerung hatte er damit begründet, der Ausschuss sei nicht zuständig, solche Fragen zu stellen. Die Resolution des Repräsentantenhauses von 1938, welche das Committee on Un-American Activities ins Leben rief, umschrieb dessen Aufgaben derart allgemein, dass davon auch Erhebungen gedeckt waren, die in keiner Beziehung zu den Aufgaben des Kongresses (vorab Gesetzgebung und Verwaltungskontrolle) standen, deren Wahrnehmung ja die jeweils von Ausschüssen durchgeführten Hearings dienen sollen. Der vom Repräsentantenhaus kaum kontrollierte Ausschuss für unamerikanische Umtriebe hatte denn auch gestützt auf die weite Fassung der Resolution öffentliche Hearings immer wieder dazu missbraucht, um einzelne Personen, die er «subversiver Umtriebe» verdächtigte, vor aller Welt blosszustellen; viele wurden dadurch in ihrer wirtschaftlichen Existenz ruiniert und zu Aussenseitern der Gesellschaft gestempelt, ohne dass sie sich – wie dies in einem geordneten Gerichtsverfahren möglich gewesen wäre – gebührend gegen die erhobenen Vorwürfe hatten verteidigen können[109]. Da die erwähnte Resolution derartige Eingriffe in Rechte, die durch die Verfassung geschützt waren, ermöglichte, auch wenn solche öffentlichen Diskreditierungen von Privatpersonen in keiner Weise der Wahrnehmung der Aufgaben des Kongresses dienten, hätte der Supreme Court auf Verfassungswidrigkeit der Resolution erkennen können. Das Gericht entschied sich aber in einer von Chief Justice WARREN verfassten *opinion* für eine andere Lösung, die weniger geeignet schien, es in die leidenschaftlichen politischen Auseinandersetzungen der damaligen Zeit über die Bekämpfung sub-

[108] 354 U.S. 178 (1957).

[109] Vgl. zur Bedeutung der Untersuchungsausschüsse des Kongresses in jener Zeit FERDINAND MEYER, Die Untersuchungskompetenzen des Amerikanischen Kongresses, Europäische Hochschulschriften II/5, Bern 1968, 44 f.

versiver Bewegungen zu ziehen[110]. Es wies darauf hin, dass der Kongress seit dem Zweiten Weltkrieg *contempt*-Verfahren nicht mehr selber durchführte, sondern den Attorney General mit der Einleitung von Strafprozessen gegen Personen, die seine Anordnungen missachtet hatten, zu beauftragen pflegte. Aus einer gesetzlichen Bestimmung[111] ergab sich, wann eine Verurteilung wegen *contempt of Congress* zu erfolgen hatte. Darnach machte sich derjenige strafbar, der sich dem Kongress bzw. einem parlamentarischen Ausschuss gegenüber weigerte, eine «question pertinent to the question under inquiry» zu beantworten. Aus dieser Wendung leitete der Supreme Court ab, der Einvernommene müsse ersehen können, was überhaupt die «question under inquiry» sei, damit er im Zeitpunkt der Fragestellung ermessen könne, ob er zur Erteilung einer Antwort verpflichtet sei, wobei er freilich die Folgen einer allfälligen falschen Beurteilung der Relevanz der Frage selber zu verantworten habe. Da aber vorliegend – so führte das Gericht weiter aus – der Kläger weder der Resolution noch den Bemerkungen der Kommissionsmitglieder noch den übrigen Umständen mit genügender Klarheit habe entnehmen können, was die «question under inquiry» gewesen sei (was das Gericht einlässlich begründete), komme eine Verurteilung wegen *contempt of Congress* im Hinblick auf die erwähnte Gesetzesbestimmung nicht in Frage.

In *Greene v. McElroy*[112] vermied der Supreme Court durch restriktive, verfassungskonforme Auslegung von Kongressgesetzen und Präsidialerlassen, deren Verfassungsmässigkeit zu überprüfen. Beim Kläger Greene handelte es sich um einen Flugzeugingenieur, der in einer Unternehmung, welche die Flugwaffe belieferte, die Stellung eines Generaldirektors und Vizepräsidenten bekleidete. Das Verteidigungsdepartement hatte Greene die *security clearance* entzogen, die Zugang zu militärischen Geheimnissen verschaffte, auf deren Kenntnis der Kläger für die Ausübung seiner Tätigkeit unbedingt angewiesen war[113], und zwar im

[110] Dennoch erregte der Watkins-Entscheid in hohem Masse den Unwillen zahlreicher Kongressmitglieder; dazu PRITCHETT (1) 45–48.

[111] 2 U.S.C. § 192.

[112] 360 U.S. 474 (1959).

[113] Nach dem Entzug wurde er von seiner Firma entlassen und musste anderswo eine verhältnismässig unselbständige Arbeit verrichten, die ihm weniger als einen Vierteil seines früheren Gehalts eintrug.

wesentlichen gestützt auf Denunziationen betreffend Sympathie mit dem Kommunismus, von denen Greene keine genaue Kenntnis gegeben worden war. Der Entzug war in einem summarischen, durch Direktiven des Verteidigungsdepartements und der Sekretäre der Armee, der Marine und der Luftwaffe geregelten Verfahren erfolgt. Aus Kongressgesetzen und Verordnungen des Präsidenten ergab sich zwar, dass die Verwaltung weitgehend darüber zu entscheiden hatte, wem Einblick in militärische Geheimnisse gewährt werden könne, doch nahm das Gericht – wiederum in einer von WARREN redigierten Entscheidung – an, dass die betreffenden Rechtsnormen das Verteidigungsdepartement nicht ermächtigten, Entzüge von *security clearances* zu verfügen, ohne dem dadurch in seiner beruflichen Existenz schwer Betroffenen die Möglichkeit zu geben, das gegen ihn gesammelte Beweismaterial – insbesondere durch Konfrontation mit den Denunzianten und durch Kreuzverhör – zu entkräften[114, 115].

[114] Auf Grund dieses Entscheides erliess Präsident EISENHOWER eine Verordnung, die den Zugang zu geheimem Material durch die Industrie regelte und einerseits den vom Gericht im Greene-Fall geäusserten verfahrensrechtlichen Bedenken Rechnung trug, anderseits durch elastisch formulierte Ausnahmen vom Recht einer Konfrontation mit Informanten den Departementen ein wohl grösseres Ermessen einräumte, als es die nationale Sicherheit unbedingt erforderte; vgl. Executive Order 10865, 25 F.R. 1583/1584 (1960).

[115] Zur Zeit der antikommunistischen Verfolgungswelle duldete allerdings auch der Supreme Court verschiedentlich Exzesse der politischen Behörden. Als besonders stossend erscheint der Bailey-Fall: Ein gegen die Bundesangestellte Bailey eingeleitetes *loyalty*-Verfahren zur Überprüfung ihrer Staatstreue führte zu ihrer Entlassung. Die zuständige Kommission (Loyalty Board) und eine Rekurskommission (Loyalty Review Board) hatten ihr zwar ein Hearing gewährt, wobei sie die erhobenen Vorwürfe bestritten und Zeugen nur zu ihren Gunsten ausgesagt hatten. Dennoch erklärten sie beide Instanzen als für den Staatsdienst ungeeignet, und zwar gestützt auf Berichte des Federal Bureau of Investigation (FBI), gemäss denen «zuverlässige» Zeugen – deren Namen das FBI nicht einmal den mit der Staatstreue-Überprüfung betrauten Behörden mitteilte – Bailey als Kommunistin identifiziert hätten. Weder Bailey noch die ihre Entlassung verfügenden Behörden hatten also die Möglichkeit, die Glaubwürdigkeit der Belastungszeugen zu bestreiten bzw. zu beurteilen. (Zahlreiche Kronzeugen des FBI, das bisweilen dubiose Personen mit Spitzelaufgaben betraute, wurden übrigens später wegen Meineides verurteilt.) Dennoch bestätigten der zuständige Court of Appeals und der Supreme Court – letzterer allerdings in einem 4:4-*per curiam*-Entscheid (d.h. einem Entscheid, der keine ausführliche, die Stellungnahme einzelner Richter unterscheidende Begründung enthält) – die Entlassung Baileys. Vgl. *Bailey v. Richardson,* 182 F.2d 46 (District of Columbia Circuit, 1950); 341 U.S. 918 (1951).

Die Tendenz des Supreme Court, Verfassungsstreitigkeiten wenn möglich aus dem Weg zu gehen, zeigt sich deutlich, sobald das Gericht mit dem Problem der *Gesetzesdelegation* konfrontiert wird. Wenn der Kongress der Exekutive in einer als Generalklausel formulierten Kompetenznorm weit gehende Rechtssetzungsbefugnisse einräumt, welche die in der Verfassung zum Ausdruck gebrachte Gewaltentrennung in Frage stellen könnte, rollt der Supreme Court in aller Regel die Frage der Verfassungsmässigkeit der Delegationsnorm nicht auf, sondern prüft, ob irgendwelche *standards* bestehen, an die sich die Behörde mit der delegierten Kompetenz zu halten hat, wobei manchmal auf Grund einer restriktiven Auslegung der in der Delegationsnorm enthaltenen Kompetenz die Art, wie diese ausgeübt wurde, als unstatthaft erklärt wird. Damit wird im Ergebnis das Ermessen der Exekutive durch gerichtlich implizierte, rechtliche Schranken begrenzt, und es besteht die Gefahr, dass der gesetzgeberische Wille (falls sich ein solcher überhaupt aufzeigen lässt) nur formell respektiert wird, weil das Gericht im praktischen Ergebnis den Anwendungsbereich des Gesetzes einschränkt. Freilich kann der Gesetzgeber hier die richterliche Auslegung dadurch korrigieren, dass er seinen Willen in einem späteren Erlass präzisiert[116].

Als Beleg für die vorstehend wiedergegebene Beobachtung lässt sich *Kent v. Dulles*[117] anführen: Die Kläger, amerikanische Staatsangehörige, klagten gegen Staatssekretär Dulles, weil ihnen das Staatsdeparte-

[116] Dem Verfasser sind nur zwei Fälle bekannt, in denen der Supreme Court auf Verfassungswidrigkeit einer Gesetzesdelegation durch den Kongress an die Exekutive erkannte: *Panama Refining Co. v. Ryan,* 293 U.S. 388 (1935) und der bereits in einem andern Zusammenhang erwähnte Entscheid *Schechter Poultry Corp. v. United States,* 295 U. S. 495 (1935). Bezeichnenderweise ergingen beide Entscheidungen zur Zeit, als eine konservative Gerichtsmehrheit selten Gelegenheiten verpasste, um ihrer Missbilligung der New Deal-Gesetzgebung Ausdruck zu geben. Vgl. auch NATHANSON 333: «There is little doubt that delegations of authority just as broad if not broader than the one involved in *Panama* have since been sustained by the Supreme Court with scarcely a whimper»; ferner DAVIS (3) § 2.01. auf S. 32: «In absence of palpable abuse or true congressional abdication, the non-delegation doctrine to which the Supreme Court has in the past often paid lip service is without practical force». Diese Feststellungen werden durch zahlreiche höchstrichterliche Entscheide belegt, z.B. *Fahey v. Mallonee,* 332 U. S. 245 (1947) und *Lichter v. United States,* 334 U. S. 742 (1948). Allerdings ist wohl seit dem Schechter-Fall nie mehr eine solche weit gehende Delegation von Rechtssetzungsbefugnissen des Kongresses an die Exekutive erfolgt; vgl. JAFFE (2) 69.

[117] 357 U. S. 116 (1958). Vgl. weitere Beispiele bei JAFFE/NATHANSON 82–86; ferner *Schneider v. Smith,* 390 U. S. 17 (1968).

ment gestützt auf einen Departementserlass keine Pässe ausgestellt hatte, nachdem sie sich geweigert hatten, in einer eidesstattlichen Erklärung zu bezeugen, dass sie nicht Mitglieder der kommunistischen Partei seien. Die massgebende Gesetzesbestimmung ermächtigte den Staatssekretär, Pässe auszustellen «under such rules as the President shall designate and prescribe for and on behalf of the United States»[118]. Statt nun diese Bestimmung, die ihrem Wortlaut nach der Exekutive eine unbeschränkte Gesetzgebungskompetenz auf dem Gebiet des Passwesens einräumte, als verfassungswidrige Gesetzesdelegation zu qualifizieren, legte der Supreme Court die Norm sehr eng aus und gab den Klägern recht, ohne sich zur Verfassungsmässigkeit der Kompetenznorm zu äussern: Das Recht zum Reisen – so führte das Gericht aus – gehöre zur «liberty», die dem Bürger gemäss dem V. Amendment nur unter Beachtung des «due process of law» entzogen werden dürfe. Der Kongress habe der Exekutive trotz der weiten Fassung der Kompetenznorm bloss die Befugnis einräumen wollen, die Ausstellung von Pässen zu verweigern, wenn eine der Weigerungsgründe der damaligen Verwaltungspraxis vorgelegen habe, nämlich wenn die amerikanischen Behörden – namentlich mangels amerikanischer Staatsangehörigkeit des Gesuchstellers – überhaupt nicht zur Ausstellung eines Passes zuständig waren oder wenn der Gesuchsteller gewisse Straftatbestände erfüllt hatte. Dass aber der Kongress die Exekutive darüber hinaus habe ermächtigen wollen, nach ihrem Ermessen Pässe zurückzubehalten, könne in Anbetracht des Umstandes, dass ein Pass zur Ausübung des durch die Verfassung geschützten Rechts zum Verlassen des Landes erforderlich sei, nicht angenommen werden[119].

Die verfassungskonforme Auslegung findet dort ihre Grenzen, wo das Gericht eine wichtige Rechte beschränkende Gesetzesbestimmung als zu *unbestimmt* (vague) oder zu *umfassend* (overbroad) qualifiziert und

[118] 22 U.S.C. § 211a.

[119] Allerdings bejahte der Supreme Court im *Zemel v. Rusk,* 381 U.S. 1 (1965), das Recht des Staatsdepartements, für Reisen nach Kuba, mit dem die Vereinigten Staaten die diplomatischen Beziehungen abgebrochen hatten, neben einem gültigen Pass eine besondere Bewilligung des Departements zu verlangen. Dabei betonte das Gericht, dass solche aussenpolitisch motivierte *area restrictions* alle Bürger treffen würden und dass es nicht – wie im Kent-Fall – darum gehe, dass einem Bürger wegen seiner politischen Überzeugungen kein Pass ausgestellt worden sei. Die Anwendbarkeit des *Subversive Activities Control Act,* zit. in der folgenden Fussnote, wurde im Kent-Fall verneint.

daher als «*on its face*» ungültig erklärt, auch wenn der in casu angefochtene Rechtsanwendungsakt an sich mit der Verfassung vereinbart werden könnte. Obwohl *vague* und *overbroad* in der Literatur manchmal durcheinandergebracht werden, sind die Begriffe zu unterscheiden. Im ersten Fall ist die Tragweite einer Bestimmung unklar, unbestimmt, während im zweiten Fall eine Beschränkung wichtiger Rechte an sich klar, aber derart weit umschrieben wird, dass auch behördliche Eingriffe darunter subsumiert werden können, die den Grundsatz der Proportionalität verletzen. Eine Bestimmung der letzteren Art stellte § 6 des *Subversive Activities Control Act* von 1950[120] dar, wonach Mitgliedern registrierungspflichtiger kommunistischer Organisationen verboten wurde, um die Ausstellung oder Erneuerung amerikanischer Pässe nachzusuchen oder solche Pässe zu benützen. Diese Bestimmung war keineswegs «vague», wohl aber «overbroad», weil sie im Ergebnis auf ein vorbehaltloses Verbot von Auslandreisen durch die betreffenden Kommunisten herauskam. Das Gericht erachtete die Norm, die sämtliche Mitglieder der betreffenden Organisationen traf und nicht nach Zweck oder Bestimmungsort einer geplanten Auslandreise fragte – also z.B. auch verhinderte, dass ein Passivmitglied einer solchen Vereinigung einen todkranken Verwandten in einem mit den USA befreundeten Staat besuchte – in *Aptheker v. Secretary of State*[121] wegen ihrer weiten Fassung als verfassungswidrig. In der offiziellen Urteilsbegründung legte Justice GOLDBERG weniger Wert darauf, dass «overbreadth» den rechtsanwendenden Behörden zu viel Ermessen einräume (bzw. dass «vagueness» den Rechtsunterworfenen die Voraussehbarkeit der Recht- oder Unrechtmässigkeit eines Verhaltens verunmögliche), sondern er wies ganz allgemein hin auf die Gefahr, im Bereich der I. Amendment-Rechte die Existenz von Strafnormen zu dulden, die eine «sweeping and improper application» zuliessen[122]. Die Androhung von Strafen, so meinte Goldberg, könne vor Ausübung der Rechte des I. Amendment fast so wirkungsvoll abschrecken wie die Strafverhängung selber.

[120] 64 Stat. 993.

[121] 378 U.S. 500 (1964).

[122] Die angefochtene Regelung konnte nicht nur als Eingriff in das in *Kent v. Dulles* anerkannte «right to travel», sondern auch als Beschränkung der Versammlungsfreiheit des I. Amendment interpretiert werden, da Kommunisten, die ins Ausland reisen wollten, ihre Parteimitgliedschaft aufgeben mussten.

IV. NICHTENTSCHEIDUNG «POLITISCHER FRAGEN»

Im Zusammenhang mit der Justiziabilität ist die berühmte *political question-Doktrin* des Supreme Court von hervorragender Bedeutung. Das Gericht lehnt die materielle Entscheidung einer als *political question* qualifizierten Frage ab. Das heisst nicht, dass in allen Prozessen mit politischen Fragen ein Nichteintretens-Entscheid ergehen müsse. Oft fällt das Gericht dennoch eine Sachentscheidung, wobei es aber einzelne Akte, die den Prozess beeinflussen, als für die Gerichte bindend und nicht auf ihre Rechtmässigkeit überprüfbar hinnimmt, oder einzelne Anträge oder Einwendungen als nicht-justiziabel qualifiziert. Eine eigene Sachentscheidung ist nur ausgeschlossen, wenn die *political question* die einzige entscheidungserhebliche Frage darstellt.

Freilich fällt der Supreme Court immer wieder Entscheidungen von erheblicher politischer Tragweite. Der Umstand, dass er Streitigkeiten zwischen den Staaten unter sich oder zwischen Bund und Staaten autoritativ entscheidet und in gewissen Fällen Gesetze, auch solche des Kongresses, als verfassungswidrig erklärt, verleiht seiner Tätigkeit einen politischen Anstrich[123]. Aus verschiedenen, noch anzuführenden Gründen sieht das Gericht jedoch davon ab, in *Streitigkeiten, die sich in einer qualifizierten Weise als solche politischer Natur erweisen,* Sachurteile zu fällen.

SCHARPF hat auf Grund mehrjähriger Studien eine sehr umfangreiche, auch in qualitativer Hinsicht sogar bei Berücksichtigung der einschlägigen amerikanischen Literatur m. E. unübertroffene Abhandlung in deutscher Sprache über die *political question*-Doktrin in der Rechtsprechung des amerikanischen Supreme Court verfasst, und es rechtfertigt sich daher, in dieser Arbeit den Gegenstand knapper zu behandeln, als es sonst geboten erschiene. Einige wichtige Entscheidungen, die seit dem Erscheinen von Scharpfs Arbeit ergangen sind, bedürfen freilich aus-

[123] Zutreffend bemerkt RUPP: «...a constitutional court must be aware that almost all issues it is called upon to decide have some political coloring and, in a broader sense, concern ‚political questions‘»; HANS G. RUPP, Some Remarks on Judicial Self-Restraint, Ohio State Law Journal 21/1960, 515. Vgl. auch BLACK (2) 29; JACKSON (1) 311 f.; ferner NATHANSON 333: «... beneath every vibrant separation of powers determination there lies at least a quiescant ‚political question‘ issue.» FRANK bezeichnet den Ausdruck «political question» als «one of the least satisfactory terms known to the law»; FRANK (1) 36.

führlicher Erörterung, namentlich die neuere Praxis zum Prinzip «one man, one vote», der Powell-Fall, ferner der von Scharpf nur noch in einer Fussnote berücksichtigte Sabbatino-Fall, endlich Beschlüsse des Gerichts im Zusammenhang mit Prozessen, in denen die Rechtmässigkeit des Vietnamkriegs angefochten wurde.

1. *Anfänge der political question-Doktrin*

In *Marbury v. Madison* lassen sich Ansätze der *political question*-Doktrin feststellen[124]. Chief Justice MARSHALL deutete nämlich an, dass es Akte der Exekutive gebe, die ihrer Natur nach nicht überprüfbar seien. So räume die Verfassung dem Präsidenten politische Kompetenzen ein, bei deren Ausübung er von seinem Ermessen bestimmt und nur seinem Gewissen sowie dem Lande «in his political character» verantwortlich sei. Wo die Departementschefs vom Präsidenten zur Erfüllung solcher politischer Aufgaben herangezogen würden, seien Akte der Exekutive nur «politically examinable», im Gegensatz zu den Fällen, in denen eine klare gesetzliche Umschreibung der Pflichten eines Exekutivorgans bestehe[125].

Bereits Jahre bevor Marbury v. Madison entschieden worden war, hatte jedoch ein Mitglied des Supreme Court, Justice JAMES IREDELL, in *Ware v. Hylton*[126] einen Streitpunkt als nicht-justiziable *political question* qualifiziert und dies ausführlich begründet. John Marshall wirkte übrigens auch in jenem Fall mit, allerdings nicht als Richter, sondern als Anwalt der unterlegenen Partei. Der englische Kläger belangte die in Virginia domizilierten amerikanischen Beklagten auf Zahlung einer Schuld. Die Beklagten wandten ein, sie hätten die Schuld gemäss einem Gesetz von Virginia aus dem Jahre 1777 getilgt, das britisches Eigentum als beschlagnahmt erklärte und amerikanischen Schuldnern englischer Gläubiger die Möglichkeit einräumte, die Schuld mit befreiender Wirkung an die Staatskasse zu bezahlen. Demgegenüber machte der Kläger geltend, der zwischen den USA und England 1783 in Paris abgeschlossene Friedensvertrag sehe die Bezahlung solcher Schulden an bri-

[124] Gl. M. BEAN 98; a. M. offenbar SCHARPF (1) 7 Note 26.
[125] 1 Cranch auf S. 164/166 und 170. Vgl. allerdings den hinten S. 240f. besprochenen Stahlwerkbeschlagnahmefall.
[126] 3 Dall. 199 (1796).

tische Gläubiger vor. Der Supreme Court hiess die Klage gut, wobei die Richter in seriatim abgegebenen Voten, in denen zahlreiche Völkerrechtler – namentlich DE VATTEL – ausgiebig zitiert wurden, davon ausgingen, zwar sei Virginia seinerzeit (während des Unabhängigkeitskrieges gegen England) zum Erlass des Sequestrationsgesetzes befugt gewesen, doch gehe der später abgeschlossene Friedensvertrag einzelstaatlichem Recht vor, und aus Art. 4 des Vertrages ergebe sich klar, dass die Beklagten zur Bezahlung ihrer Schuld an den Kläger verpflichtet seien[127]. Die erwähnte Erörterung der *political question* findet sich in einem Votum von Justice IREDELL, das sensu technico gar nicht Bestandteil der Supreme Court-Entscheidung bildet. Iredell hatte nämlich an der angefochtenen vorinstanzlichen Entscheidung mitgewirkt – damals nahmen Richter des Obersten Bundesgerichts auch an Verhandlungen unterer Bundesgerichte teil – und trat daher in den Ausstand, als der Prozess an den Supreme Court weitergezogen wurde. Seine im Circuit Court gegebene Begründung wurde jedoch in der offiziellen Begründung des Supreme Court ebenfalls abgedruckt[128]. Die Vorinstanz hatte die Klage abgewiesen, und zwar mit der Begründung, die Beklagten hätten mit befreiender Wirkung die Schuld an die Staatskasse von Virginia bezahlt, und der Kläger, der zwar auf Grund des später abgeschlossenen Friedensvertrages die Schuldsumme zugute habe, müsse – was allerdings nur vorsichtig angedeutet wurde – seine Forderung dem Staat Virginia gegenüber geltend machen. Zuerst hatte jedoch Iredell zum Eventualstandpunkt der Beklagten Stellung genommen, wonach der Friedensvertrag nicht mehr gelte, da Grossbritannien darin enthaltene Klauseln verletzt und sich neuerdings feindliche Handlungen Amerika gegenüber habe zuschulden kommen lassen. Iredell fand, dass in solchen Fällen ein Staatsvertrag nicht «absolutely void», sondern nur «voidable» sei, und zwar durch den vertragstreuen Staat, der dabei durch die zuständigen politischen Organe handle. Vorliegend wäre es im Falle von Vertragsverletzungen oder kriegerischen Handlungen seitens Grossbritanniens entweder Sache von Präsident und Senat,

[127] Die auf S. 204, 239 und 249 des Entscheides abgedruckte Vertragsbestimmung lautete: «It is agreed, that creditors on either side, shall meet with no legal impediment to the recovery of the full value in sterling money, of all *bona fide* debts heretofore contracted.»

[128] 3 Dall. 199 auf S. 256–280.

auf Grund ihrer *treaty making power* vom Vertrag zurückzutreten, oder Sache des Kongresses, England den Krieg zu erklären. Iredell zählte auf, was für Erwägungen in Betracht fielen, wenn über die Weitergeltung eines Vertrages zu befinden sei, und sprach dabei von «considerations of policy, considerations of extreme magnitude, and certainly entirely incompetent to the examination and decision of a Court of Justice»[129]. Um zu beurteilen, ob die USA oder England den Vertrag verletzt hätten – so führte Iredell weiter aus –, müsste das Gericht die Möglichkeit haben «of bringing both the parties before us»[130].

Oft wird – allerdings unzutreffenderweise – *Luther v. Borden*[131] als derjenige Entscheid bezeichnet, in dem die *political question*-Doktrin erstmals deutlich formuliert wurde[132]. Dem Entscheid lag folgender Sachverhalt zugrunde: Rhode Island hatte anlässlich der Bildung der Union keine neue Staatsverfassung erlassen, sondern lediglich die bisher gültige, 1663 von Charles II. verliehene Satzung durch legislative Akte den veränderten Verhältnissen angepasst. Das im Falle weiterer Grundgesetzesänderungen zu beachtende Verfahren erwies sich als unklar, da die Charter keine entsprechenden Anordnungen enthielt. Im Jahre 1841 von einem Teil der Bevölkerung Rhode Islands durchgeführte Versammlungen hatten die Bestellung eines Verfassungskonvents zur Folge. Dieser arbeitete eine neue Verfassung aus, liess eine Abstimmung darüber durchführen und erklärte sodann, der Verfassungsentwurf sei von einer Mehrheit der Bevölkerung angenommen worden. Auf Grund der neuen Verfassung fanden Wahlen des Gouverneurs und der Legislative statt. Die bisherige «Charter-Regierung» unter Gouverneur SAMUEL W. KING, die ebenfalls eine neue Verfassung hatte ausarbeiten lassen, versagte der rebellischen Gegenregierung Gouverneur THOMAS W. DORRS die Anerkennung und verhängte, nachdem bewaffnete Aufstände stattgefunden hatten, das Kriegsrecht. Martin Luther, der die Regierung Dorr unterstützte, beschwerte sich gerichtlich darüber, dass

[129] A. a. O. 260.
[130] A. a. O. 261.
[131] 7 How. 1 (1849).
[132] Es lassen sich verschiedene frühere Entscheidungen anführen, in denen der Supreme Court Streitfragen wegen ihrer politischen Natur nicht materiell entschied; vgl. die von Justice LEVI WOODBURY in seiner *dissenting opinion* auf S. 56 f. von Luther v. Borden angeführte Judikatur. Weitere Hinweise finden sich bei BARNETT 230 Note 66.

Militärpersonen gestützt auf das Kriegsrecht in sein Haus eingedrungen waren. Schliesslich, als die Dorr-Rebellion bereits unterdrückt war, gelangte der Fall vor den Supreme Court. Um die Streitfrage (Rechtmässigkeit des Eindringens in das Haus Luthers) zu beurteilen, hätte abgeklärt werden müssen, welche der beiden sich gleichermassen als legitim bezeichnenden Staatsregierungen im fraglichen Zeitpunkt die rechtmässige gewesen wäre. Beide Gouverneure waren von den Stimmberechtigten gewählt worden, wobei gemäss den von der «Charter-Regierung» als massgebend anerkannten Vorschriften nur Grundbesitzer wahlberechtigt waren, während die Anhänger Dorrs die Wahlberechtigung auf sämtliche mindestens einundzwanzig Jahre alten männlichen amerikanischen Staatsbürger mit permanentem Wohnsitz in Rhode Island ausgedehnt hatten.

In der von Chief Justice TANEY – der sonst nicht wegen seiner Zurückhaltung politischen Behörden gegenüber bekannt war[133] – verfassten *opinion of the court* lehnte der Supreme Court eine materielle Entscheidung ab. Taney wies auf die weittragenden politischen Konsequenzen hin, die eine Entscheidung zu Ungunsten der «Charter-Regierung» haben müsste, und leitete daraus die Pflicht des Gerichts ab, die Frage der Justiziabilität besonders sorfältig zu prüfen. Mit folgender Begründung betrachtete er die Streitsache als nicht-justiziabel:

1. Ein staatliches Gericht müsse von der Legalität der «Charter-Regierung» ausgehen. Denn die richterliche Gewalt setze «an established government capable of enacting laws and enforcing their execution»

[133] Während des Bürgerkrieges führte Taney in *Ex parte Merryman,* 17 Federal Cases 144 (1861), einen direkten Konflikt mit Präsident LINCOLN herbei. John Merryman, ein angesehener Bürger von Baltimore, war auf Grund zweifelhafter Verdächtigungen vom Militär verhaftet und in Fort McHenry inhaftiert worden. Taney befahl General GEORGE CADWALADER, Merryman – der den Erlass eines *writ of habeas corpus* verlangt hatte – sofort auf freien Fuss zu setzen. Als sich der General auf den Gegenbefehl des Präsidenten berief, beauftragte Taney einen Vollzugsbeamten mit der zwangsweisen Durchsetzung des gerichtlichen Befehls. Der Beamte wurde jedoch durch die Wache daran gehindert, das Fort zu betreten. (Diese Sachdarstellung ist der von der Foundation of the Federal Bar Association 1965 herausgegebenen Broschüre Equal Justice under Law; The Supreme Court in American Life, S. 48 und 50, entnommen; vgl. auch ROSSITER 18–26 und SAHLOUL 174/175). Hierauf stellte Taney in einer schriftlichen Verlautbarung fest, dass der Präsident in verfassungswidriger Weise die *habeas corpus*-Garantie suspendiert habe; eine Kopie seiner Stellungnahme liess er Präsident Lincoln durch einen Gerichtsbeamten überbringen; dazu CH. WARREN (2) II 369 f.

voraus[134]. Würde ein Gericht von Rhode Island die Dorr-Regierung als die rechtmässige betrachten, so käme dies auf eine Verneinung der Rechtsordnung, aus der sich die Kompetenzen des betreffenden Gerichts ergäben, heraus.

2. Die Bundesgerichte hätten zwar gewisse Befugnisse, die staatlichen Gerichten nicht zukämen. Hiezu gehöre aber nicht die Beurteilung der vorliegenden Streitfrage. Als anwendbares Bundesrecht kam damals einzig die in Art. IV Sektion 4 der Verfassung enthaltene *Garantieklausel* in Frage[135], die wie folgt lautet:

«The United States shall guarantee to every State in this Union a republican form of government, and shall protect each of them against invasion; and on application of the legislature, or of the executive (when the legislature cannot be convened) against domestic violence.»

Was die Verfassungsschöpfer mit dieser Klausel bezweckten, ist nicht ohne weiteres klar[136]. Jedenfalls kam Taney zum Schluss, es sei gemäss der Unionsverfassung Sache des Kongresses, staatliche Regierungen anzuerkennen und zu bestimmen, ob die Regierungsform den Anforderungen der Garantieklausel entspreche, und zwar im Zusammenhang mit der Aufnahme von Senatoren und Repräsentanten in den Kongress[137]. Der Kongress habe auch die zur Durchsetzung der Garantieklausel erforderlichen Massnahmen anzuordnen. Ferner wies Taney darauf hin, dass die Aufgabe, auf Anrufung des betroffenen Staates hin Massnahmen zur Unterdrückung von «domestic violence» zu treffen, durch ein Gesetz von 1795[138] vom Kongress an den Präsidenten delegiert worden sei, der dabei bestimmen müsse, ob ein Hilfegesuch seitens der legalen Legislative oder Exekutive vorliege. In casu hatte der Präsident die «Charter-Regierung» als die rechtmässige betrachtet.

Der Supreme Court argumentierte hier also im wesentlichen nicht damit, die Garantieklausel stelle wegen der Unbestimmtheit und politischen Natur des darin enthaltenen Begriffs der republikanischen Regierungsform einen für die richterliche Rechtsanwendung untauglichen Beurteilungsmassstab dar, sondern er ging davon aus, die Auslegung

[134] A. a. O. 40.
[135] Das XIV. Amendment trat erst etwa zwanzig Jahre später in Kraft.
[136] Vgl. WALTER HALLER, zit. vorn Fussnote 97 zu Kapitel 1, 9.
[137] In casu lag freilich keine entsprechende Stellungnahme des Kongresses vor.
[138] 1 Stat. 424.

der Garantieklausel sei, soweit die Anerkennung einer einzelstaatlichen Regierung in Frage stehe, durch Verfassung und Gesetz in die ausschliessliche Zuständigkeit der politischen Organe verwiesen worden, eine These, die sich bei Prüfung der von Taney angeführten Bestimmungen zum mindesten nicht zwingend ergibt.

2. Möglichkeit des Supreme Court, der politischen Natur einer Streitfrage ohne Berufung auf die political question-Doktrin Rechnung zu tragen

Es kommt vor, dass das Gericht der politischen Natur einer Frage auf andere Weise als durch direkte Anwendung der *political question*-Doktrin Rechnung trägt:

1. Einmal ist es dem Gericht in solchen Fällen meistens möglich, durch Nichtgewährung eines *writ of certiorari*[139] eine materielle Entscheidung ohne jede Begründung abzulehnen. Illustrativ hiefür ist m. E. *Mora v. McNamara*[140]: Wehrpflichtige klagten darauf, es sei Verteidigungsminister McNamara gerichtlich zu untersagen, sie nach Vietnam zu beordern, und es sei in einem Feststellungsurteil auf Illegalität der Kampftätigkeit amerikanischer Truppen in Vietnam zu erkennen. District Court und Court of Appeals wiesen die Begehren von der Hand. Der Supreme Court hätte eine *political question* annehmen und dasselbe tun können, wich jedoch einer Stellungnahme zur Justiziabilität durch Nichtgewährung von *certiorari* aus. Mit dieser Art der Erledigung waren die Richter Stewart und Douglas nicht einverstanden. In ihren *dissenting opinions* wiesen sie darauf hin, dass zur Entscheidung des Begehrens die Beantwortung bedeutsamer Fragen erforderlich sei, wie: Stellt die gegenwärtige Kampftätigkeit amerikanischer Truppen in Vietnam einen Krieg im Sinne von Art. I Sektion 8 Ziff. 11 der Verfassung dar? Falls dies zutrifft: Darf die Exekutive die Kläger zur Teilnahme an solchen militärischen Operationen beordern, wenn keine Kriegserklärung durch den Kongress erfolgte? Was für eine Bedeutung kommt bei Beantwortung der letzteren Frage den Vertragsverpflichtungen der Vereinigten Staaten und der Tonkin Gulf Resolution des Kongresses vom 10. August 1964 zu? Freilich liessen die *dissenters* offen, ob das Gericht diese Fragen auch zu entscheiden habe. Sie wandten sich

[139] Vgl. vorn Kapitel 1 Abschnitt IV 4.
[140] 389 U. S. 934 (1967); Wiedererwägung abgelehnt in 389 U. S. 1025 (1967).

nur dagegen, dass ihre «brethren» die Frage der Justiziabilität mit Hilfe des *certiorari*-Verfahrens überhaupt mieden[141, 142].

2. Es ist denkbar, dass in einer beim Supreme Court hängigen Sache eine materielle Entscheidung wegen der politischen Natur der Streitfrage abgelehnt werden könnte, dass es das Gericht aber vorzieht, seinen Beschluss auf Vonderhandweisung damit zu begründen, es fehle eine der anderen Sachurteilsvoraussetzungen, z. B. das Vorliegen eines konkreten Streitfalles oder die Beschwerdelegitimation. Hätte etwa – um ein theoretisches Beispiel anzuführen – Präsident L. B. Johnson den Supreme Court mit der Ausarbeitung eines Rechtsgutachtens über seine Kompetenzen zur Führung des Vietnamkriegs auf Grund der Verfassung, der Tonkin Gulf Resolution und des Völkerrechts beauftragt, so ist anzunehmen, dass das Oberste Bundesgericht unter Hinweis auf ein

[141] Es ist nicht unwahrscheinlich, dass zum mindesten der für seine gemässigten Ansichten bekannte Justice Stewart die von ihm aufgeworfenen Fragen als nichtjustiziabel qualifiziert hätte. Wie sich Douglas verhalten hätte, erscheint eher als zweifelhaft; vgl. sein abweichendes Votum in *United States v. O'Brien.* 391 U. S. 367 (1968) auf S. 389 f. In späteren Entscheiden ging Douglas davon aus, dass die Frage, ob der Präsident ohne eine entsprechende Erklärung des Kongresses Krieg führen könne, justiziabel sei. Vgl. etwa sein abweichendes Votum in *McArthur v. Clifford,* 393 U. S. 1002 (1968), wo er u. a. ausführte: «There should not be the slightest doubt but that whenever the Chief Executive of the country takes any citizen by the neck and either puts him in prison or subjects him to some ordeal or sends him overseas to fight in a war, the question is a justiciable one. To call issues of that kind ‚political' would be to abdicate the judicial function which the Court honored in the midst of the Civil War in the Prize Cases.»

[142] Bereits in *Mitchell v. United States,* 386 U. S. 972 (1967), wo ein Kriegsdienstverweigerer verteidigungsweise Völkerrechtswidrigkeit des Vietnamkriegs geltend gemacht hatte, war der Supreme Court durch Nichtgewährung von *certiorari* einer Stellungnahme über die Justiziabilität ausgewichen, wobei Justice Douglas ein abweichendes Votum abgegeben hatte. Graham Hughes 18 kritisiert dieses Vorgehen: «If Courts cannot decide questions about the legality of government action, then they have a public duty to give acceptable legal reasons for their inability to seize the issue.»

Im April 1970 trat in Massachusetts ein Gesetz in Kraft, durch welches u. a. der Justizminister damit betraut wurde, die Entsendung Wehrpflichtiger aus Massachusetts nach dem Ausland zwecks Teilnahme an vom Kongress nicht autorisierten kriegerischen Auseinandersetzungen durch Klage bei den Bundesgerichten zu verhindern; (1970) Massachusetts Acts chapter 174. Der Zweck dieses «Antivietnamkriegsgesetzes» bestand darin, einen höchstrichterlichen Entscheid über die Justiziabilitätsfrage herbeizuführen. In der Folge erhob Massachusetts Klage, doch lässt ein prozessleitender Entscheid des Supreme Court die Annahme zu, dass die Erfolgschancen Massachusetts klein sind: *Massachusetts v. Laird,* 91 Supreme Court Reporter 128 (1970). Bis Mitte Februar 1971 war noch kein Endentscheid ergangen.

bekanntes Präjudiz[143] eine solche Stellungnahme als mit der richterlichen Funktion unvereinbare *advisory opinion* abgelehnt hätte, obwohl sich die Verweigerung einer solchen Expertise auch im Sinne der *political question*-Doktrin damit begründen liesse, es gehe dabei um eine hochpolitische Auseinandersetzung, welche die den Wählern gegenüber verantwortlichen politischen Organe, Kongress und Präsident, unter sich bereinigen müssten.

3. Schliesslich spielen oft Überlegungen, die der *political question*-Doktrin zugrundeliegen, auch dann eine Rolle, wenn der Supreme Court zwar materiell entscheidet, der Behörde, deren Akte gerichtlich angefochten sind, jedoch einen besonders grossen *Ermessensspielraum* zugesteht[144]. Es wurde bereits darauf hingewiesen, dass sich das Gericht bei der Entscheidung verfassungsrechtlicher Fragen im allgemeinen, wenn auch nicht immer, eine besondere Zurückhaltung auferlegt, indem es etwa nicht nach der Vernünftigkeit eines Gesetzes forscht, Gesetze verfassungskonform auslegt usw.[145].

Freilich kommt es nicht auf dasselbe heraus, ob das Gericht feststellt, etwas liege im Ermessen eines andern Organs, oder ob es von einer *political question* ausgeht. Die Verfassung weist in oft sehr auslegungsbedürftiger Weise die Zuständigkeit auf einem bestimmten Gebiet mehreren Organen zu: Bund und Gliedstaaten müssen die *tax power* und die *commerce power* teilen; Präsident und Kongress haben je wichtige Befugnisse in Angelegenheiten, die auswärtige Beziehungen betreffen, sowie in bezug auf die *war power*. Wenn der Supreme Court – um bei unserem Beispiel zu bleiben – festgestellt hätte, die Führung des Vietnamkriegs liege innerhalb des Kompetenzbereiches des Präsidenten als Oberkommandierender der Streitkräfte (Art. II Sektion 2 Ziff. 1 der Verfassung), so hätte er damit einen materiellen Entscheid getroffen. In der hochpolitischen Auseinandersetzung über den Umfang der Kriegskompetenzen des Präsidenten hätte er Stellung bezogen, das Vorgehen des Präsidenten gerichtlich sanktioniert und sich von der Auffassung Senator J. W. Fulbrights und anderer einflussreicher Kongressmitglieder distanziert, wonach dem Kongress bei der Bestimmung des Ob und Wie der Kriegführung sowie der Führung der Aussenpolitik im allgemeinen

[143] Vgl. das vorn S. 143 erwähnte Begehren Präsident Washingtons.

[144] Bisweilen wird auch in solchen Fällen die *political question*-Sprache verwendet.

[145] Vgl. den vorangehenden Abschnitt III.

eine aktivere Rolle zukommen sollte. Dagegen würde die Annahme einer *political question* die Neutralität des Gerichts in einer gerichtlicher Beurteilung schwer zugänglichen, politischen Materie, seine Überzeugung, dass die Entscheidung den politischen Kräften überlassen werden müsse, bekunden[146].

Auch dort, wo nicht in erster Linie zwischen verschiedenen politischen Organen die Zuständigkeit auf einem bestimmten Gebiet umstritten ist, kann es von Bedeutung sein, ob das Gericht überhaupt nicht materiell entscheidet oder eine Massnahme als durch das Ermessen des handelnden Organs gedeckt betrachtet. Ein klassisches Beispiel hiefür sind die *Japanese Relocation Cases*[147]:

Während des Zweiten Weltkrieges, nach dem Angriff der Japaner auf Pearl Harbor, befürchteten viele, dass Spionage- und Sabotageakte grösseren Ausmasses in den USA verübt werden könnten, wobei man die an die Westküste grenzenden Staaten (Washington, Oregon, California) als besonders gefährdet betrachtete. Durch Verordnung vom 19. Februar 1942[148] ermächtigte Präsident ROOSEVELT den Secretary of War und die von diesem zu bezeichnenden militärischen Befehlshaber, Gebiete zu militärischen Zonen zu erklären und Personen daraus wegzuschaffen. Eine durch eine weitere Präsidialverordnung geschaffene Behörde, die War Relocation Authority, sollte ein Programm betreffend Evakuierung und Internierung solcher Personen ausarbeiten[149]. Der Kongress doppelte durch ein Gesetz vom 21. März 1942[150] nach, indem er Verletzungen der betreffenden Verordnungen und der gestützt darauf ergangenen bzw. noch zu ergehenden Verfügungen von Militärkommandanten mit Strafe bedrohte. Auf Grund solcher Erlasse des für

[146] Auf die «legitimierende» Wirkung positiver, die Verfassungsmässigkeit bejahender Sachurteile legt BLACK (2) 55 Gewicht. Vgl. auch SCHARPF (1) 348–351. HENKIN (2) 286/287 trägt diesem Umstand zu wenig Rechnung. Skeptisch zur Legitimationswirkung äussert sich KURLAND 34–39.

[147] Hiezu sehr eingehend ROSTOW 193–266 mit zahlreichen Literaturhinweisen. Rostow betrachtet diese Entscheide mit Recht als eine Katastrophe. Er weist hin auf die rassendiskriminierende Komponente der im Zweiten Weltkrieg gegen Japaner ergriffenen «vorsorglichen Massnahmen». Weissen Angehörigen von Feindstaaten, d. h. Deutschen und Italienern, liess man im grossen ganzen eine rechtsstaatliche, individualisierende Behandlung zuteil werden.

[148] Executive Order 9066, 7 F. R. 1407.

[149] Executive Order 9102, 7 F. R. 2165.

[150] 56 Stat. 173.

die Westregion zuständigen Generals J. L. DeWitt wurden mit der Zeit rund 112000 Personen japanischer Abstammung, von denen etwa zwei Drittel amerikanische Staatsangehörige waren[151], zwangsweise von ihren Heimen in den Westküste-Staaten und einem Teil Arizonas entfernt und – in gewissen Fällen über drei Jahre lang – in unbequemen Lagern im Landesinnern interniert[152]. Als ein Prozess, in dem die Verfassungsmässigkeit der Zwangsevakuierung angefochten wurde, an den Supreme Court gelangte, nahm dieser an, es liege eine «appropriate exercise of power» seitens der zuständigen Organe vor. Dabei ging er davon aus, dass solche Massnahmen in Friedenszeiten unzulässig wären und nur durch die besonderen Umstände der Kriegssituation gerechtfertigt werden könnten[153].

Das Gericht trug also dem Umstand Rechnung, dass im Krieg die Möglichkeiten der Gerichte, im Falle von Freiheitsrechtsbeschränkungen zu intervenieren, beschränkt sind. Statt aber daraus den Schluss zu ziehen, die vorgelegte Frage sei nicht-justiziabel – etwa mit der Begründung, es fehle dem Gericht an der erforderlichen sachlichen Information, um die Angemessenheit solcher in Zeiten nationaler Bedrohung getroffener Entscheidungen der für die Verteidigung des Landes verantwortlichen Organe in einem justizförmigen Verfahren zu überprüfen – hüllte es durch seinen Sachentscheid die angefochtenen Massnahmen in einen Mantel der Legalität und machte sich damit dafür mitverantwortlich. In seiner *dissenting opinion* im Korematsu-Fall erkannte Justice Jackson in klarer Weise das Verhängnisvolle dieses Vorgehens:

«Much is said of the danger to liberty from the Army program deporting and detaining these citizens of Japanese extraction. But a judicial construction of the due process clause that will sustain this order is a far more subtle blow to liberty than the promulgation of the order itself. A military order, however unconstitutional, is not apt to last longer than the military emergency. Even during that pe-

151 So Corwin (4) 67.

152 Welches Ausmass die Furcht vor den Japanern angenommen hatte, kann man daran ermessen, dass sogar Earl Warren – damals noch Gouverneur von California – das Internierungsprogramm aktiv unterstützte; Lewis, Earl Warren, in: Sayler/Boyer/Gooding 9.

153 *Korematsu v. United States,* 323 U. S. 214 (1944); vgl. auch *Hirabayashi v. United States,* 320 U. S. 81 (1943), wo das Gericht die Verfassungsmässigkeit eines vor der eigentlichen Evakuierung über Personen japanischer Abstammung verfügten Ausgehverbotes bejahte. In *Ex parte Endo,* 323 U. S. 283 (1944), ordnete dann das Gericht an, dass eine loyale amerikanische Staatsbürgerin japanischer Herkunft aus einem Internierungslager freigelassen werden müsse.

riod a succeeding commander may revoke it all. But once a judicial opinion rationalizes such an order to show that it conforms to the Constitution, or rather rationalizes the Constitution to show that the Constitution sanctions such an order, the Court for all time has validated the principle of racial discrimination in criminal procedure and of transplanting American citizens.... A military commander may overstep the bounds of constitutionality, and it is an incident. But if we review and approve, that passing incident becomes the doctrine of the Constitution[154].»

BICKEL, der den angeführten Passus ebenfalls zitiert, führt zum Korematsu-Fall aus:

«The rule that the Court must legitimate whatever it is not justified in striking down fails to attain its intended purpose of removing the Court from the political arena; rather, it works an uncertain and uncontrolled change in the degree of the Court's intervention, and it shifts the direction[155].»

Freilich vertrat Jackson im erwähnten abweichenden Votum eine problematische Ansicht, als er gleichsam davon ausging, Militärkommandanten müssten manchmal verfassungswidrig handeln (er stellte im Widerspruch zur herrschenden Praxis für Kriegs- und Friedenszeiten dieselben Anforderungen an die Zulässigkeit von Freiheitsrechtsbeschränkungen) und als er ohne Vorbehalt anführte, militärische Entscheidungen seien «not susceptible of intelligent judicial appraisal»[156]. Auch wenn in Korematsu v. United States angesichts besonderer Umstände beachtenswerte Gründe für die Annahme einer *political question* im Sinne von Jacksons abweichendem Votum sprachen, geht es nicht an, dass das Gericht ganz allgemein eine Vogel-Strauss-Taktik betreibt, wenn es mit im Krieg getroffenen Entscheidungen militärischer Befehlshaber konfrontiert wird. Wie SCHARPF mit Recht kritisiert, würde eine allgemeine Übernahme von Jacksons Lösung zwar die verfassungsrechtliche Legitimation zweifelhafter Massnahmen vermeiden, zugleich aber die militärische Gewalt von jeder gerichtlichen Grundrechtskontrolle freistellen, und «ein dem Gemeinwesen verantwortliches Gericht kann in der Existenzkrise des Gemeinwesens, die zugleich immer eine Verfassungskrise ist, nicht den Ausweg des Pilatus wählen»[157].

[154] S. 245/246 des Korematsu-Entscheides.

[155] BICKEL (2) 131.

[156] S. 245 des Korematsu-Entscheides.

[157] SCHARPF (1) 210/211; ähnlich ROSTOW 228/229. Rostow vertritt sogar mit plausibler Argumentation die Ansicht, dass die Japanese Relocation Cases vom Supreme Court materiell, aber im gegenteiligen Sinne hätten entschieden werden sollen; vgl. insbesondere ROSTOW 233, 236, 241, 253, 257, 259 und 261.

3. Fallgruppen

Eine einigermassen klare Vorstellung über den Anwendungsbereich der *political question*-Doktrin in der Rechtsprechung des Supreme Court und über die Abgrenzung der wegen ihrer politischen Natur nicht-justiziablen Fragen von denjenigen, die richterlicher Kognition zugänglich sind, lässt sich nur gewinnen, wenn ausser den eigentlichen *political question*-Fällen einerseits solche in die Betrachtung einbezogen werden, die eine politische Frage in sich zu schliessen scheinen, welche jedoch trotzdem vom Gericht entschieden wird, anderseits Prozesse der bereits angeführten Art, in denen das Gericht der politischen Natur einer Streitfrage auf andere Weise als durch Annahme einer *political question* Rechnung trägt. Denn das *political question*-Konzept ist, wie zu zeigen sein wird, *flexibel:* die Grenzen zwischen justiziablen und nicht-justiziablen Fällen erweisen sich als fliessend, und die Auffassungen über den Verlauf dieser Grenzen divergieren stark. Eine zusätzliche Komplikation resultiert daraus, dass das Gericht selber den Ausdruck *political question* manchmal nicht sensu technico verwendet, indem es eine solche Frage dennoch materiell entscheidet, den angefochtenen Akt aber als durch den politischen Ermessensspielraum der ihn setzenden Behörde gedeckt betrachtet.

Eine *political question* wird jeweils angenommen, wenn das Gericht eine *Sachfrage* als nicht-justiziabel betrachtet, nicht deshalb, weil ein bestimmtes *Organ* bereits einen Entscheid getroffen hat. Weder Anordnungen des Kongresses noch solche des Präsidenten sind eo ipso tabu. Dass das Gericht immer wieder das Prüfungsrecht von Kongressgesetzen beansprucht hat, wurde bereits wiederholt erwähnt. Dasselbe gilt jedoch auch in bezug auf Anordnungen des Präsidenten[158]. Freilich lehnt es das Gericht ab, dem Präsidenten – und Entsprechendes gilt auch im Verhältnis zum Kongress – durch *prohibitory injunction* die Vornahme einer rechtswidrigen Handlung zu untersagen oder durch *writ of mandamus* bzw. *mandatory injunction* die Erfüllung einer vom Recht geforderten Aufgabe zu befehlen[159]. In *Mississippi v. Johnson*[160] wies das Ge-

[158] Beispiele: *Ex parte Milligan,* zit. hinten Fussnote 288; *Youngstown Sheet & Tube Co. v. Sawyer,* zit. hinten Fussnote 336.

[159] Dazu SCHUBERT (1) 318–321. Im später zu erörternden *Stahlwerkbeschlagnahmefall* wurde zwar eine Anordnung des Präsidenten als rechtswidrig qualifiziert, doch

richt ein Begehren von der Hand, in welchem der Staat Mississippi gegen Präsident ANDREW JOHNSON, den Nachfolger des ermordeten ABRAHAM LINCOLN, auf Unterlassung des Vollzugs der nach dem Sezessionskrieg ergangenen *Reconstruction Acts,* welche u. a. die Südstaaten in militärisch zu verwaltende Distrikte einteilten, geklagt hatte. Das Gericht betonte, dass beim Vollzug der betreffenden Erlasse das Ermessen des Präsidenten von Bedeutung sei und dass die Erteilung einer *injunction* einen verbotenen Eingriff des Richters in dieses Ermessen darstellen würde[161], [162]. Dass das Gericht Handlungen des Präsidenten nicht allgemein als nicht-justiziabel qualifizieren wollte, ergibt sich aus folgendem Passus:

«The Congress is the legislative department of the government; the President is the executive department. Neither can be restrained in its action by the judicial department; though the acts of both, when performed, are, in proper cases, subject to its cognizance[163].»

SCHARPF unterscheidet zwischen *political question*-Entscheidungen in den Sachbereichen der *auswärtigen Beziehungen,* der *militärischen Gewalt* und der *Notstandsgewalt* sowie der *inneren Politik.* Alle Entscheidungen, in denen der Supreme Court Streitfragen wegen ihrer politischen Natur überhaupt nicht entschied oder zum mindesten das Vorhandensein eines richterlicher Kognition nicht zugänglichen politischen Bereiches anerkannte, lassen sich in eine dieser Hauptkategorien einordnen. Vor-

erging die *injunction* des Gerichts nicht gegen den Präsidenten, sondern gegen den Secretary of Commerce.

[160] 4 Wall. 475 (1867).

[161] Ein gegen den Kriegssekretär gerichtetes Begehren gleichen Inhalts wurde allerdings vom Supreme Court in *Georgia v. Stanton,* 6 Wall. 50 (1867), ebenfalls von der Hand gewiesen, jedoch nicht wegen der Person des Beklagten – *injunctions* gegen Departementschefs sind wiederholt vorgekommen –, sondern weil das Gericht fand, der Staat Georgia berufe sich nicht auf «rights of persons or property», sondern auf «merely political rights» und sei deshalb nicht beschwerdelegitimiert. Der Entscheid zeigt, wie fliessend die Grenzen zwischen mangelndem *standing* und *political questions* sind. In der Literatur wird Georgia v. Stanton meist als Beispiel einer *political question*-Entscheidung angeführt; vgl. statt vieler DODD 85; SWISHER (1) 324; WILLOUGHBY III 1328/1329.

[162] In *Kentucky v. Dennison,* 24 How. 66. (1861), hatte sich der Supreme Court sogar als ausserstande betrachtet, einem staatlichen Gouverneur einen gerichtlichen Befehl zu erteilen, obwohl das Gericht dessen Rechtspflicht zur Vornahme der in Frage stehenden Handlung – Auslieferung eines Delinquenten im Sinne von Art. IV Sektion 2 Ziff. 2 der Verfassung – nicht bezweifelte.

[163] 4 Wall. 475 auf S. 500.

stehend wurden bereits Fälle aus allen drei Gebieten erörtert[164]. Im folgenden ist auf weitere Entscheidungen hinzuweisen. Von einer einlässlichen Darstellung der zu erwähnenden Rechtsprechung und der relevanten faktischen Umstände wie auch von einer Vollständigkeit erstrebenden Erfassung der einschlägigen Fälle wird bewusst abgesehen, da dies im Hinblick auf Scharpfs Abhandlung, die bei der Zusammenstellung der nachstehenden Fallgruppen als wichtigste Unterlage diente[165], zu unnötigen Doppelspurigkeiten führen würde. Eine Aufzählung verschiedener Gründe, die das Gericht zur Annahme einer *political question* veranlassen können, soll später versucht werden[166].

a) Auswärtige Beziehungen

Werden in einem Prozess Fragen aufgeworfen, die das Verhältnis zum Ausland betreffen, so betrachtet sich der Supreme Court oft – aber nicht immer – an die Entscheidungen der Exekutive und des Kongresses gebunden. Die sogenannten *suggestions* des Staatsdepartements spielen in diesem Zusammenhang – namentlich bei der Bestimmung der Fragen, ob ein ausländisches Schiff gegen Vollstreckungsmassnahmen immun sei oder ob eine ausländische Regierung als anerkannt zu gelten habe – eine wichtige Rolle[167]. Sogar wenn keine schlüssige Stellungnahme eines für die auswärtigen Beziehungen zuständigen politischen Organs vorliegt, was vor allem bezüglich der Gültigkeit ausländischer Hoheitsakte immer wieder aktuell wird, kommt es oft vor, dass das Gericht die betreffenden Fragen wegen ihrer allgemeinen Zugehörigkeit zum Entscheidungsbereich der für die auswärtigen Beziehungen verantwortlichen politischen Organe als nicht-justiziabel betrachtet.

[164] Auswärtige Beziehungen: *Ware v. Hylton,* zit. vorn Fussnote 126; militärische Gewalt und Notstandsgewalt: *Japanese Relocation Cases,* zit. vorn Fussnote 153; Innenpolitik: *Luther v. Borden,* zit. vorn Fussnote 131.

[165] Auch der Entscheid *Baker v. Carr,* 369 U.S. 186 (1962), vermittelt auf S. 211–226 und 277–297 eine gute Übersicht über die verschiedenen *political question*-Fallgruppen.

[166] Vgl. Kapitel 5 Abschnitt IV.

[167] Vgl. dazu den Aufsatz Michael H. Cardozos, die Arbeit Payots sowie A. B. Lyons, The Conclusiveness of the ‚Suggestion' and Certificate of the American State Department, The British Year Book of International Law *24*/1947, 116–147. Diese *suggestions* lassen sich mit den von Lyons in derselben Zeitschrift (*23*/1946, 240–281) behandelten *certificates* des britischen Foreign Office vergleichen.

Dabei zeigt der Supreme Court dort, wo *völkerrechtliche Fragen* zu klären sind, eher eine *Tendenz zur richterlichen Abstinenz,* was freilich nicht vorbehaltlos gilt: Die *Auslegung völkerrechtlicher Verträge* wird grundsätzlich als richterliche Aufgabe angesehen, wobei allfälligen Stellungnahmen der politischen Organe immerhin grosses Gewicht zugemessen wird[168]. Schliesslich ist das Völkerrecht gemäss der in den USA herrschenden monistischen These – was sich bezüglich der Staatsverträge aus Art. VI Sektion 2 der Verfassung ergibt, im übrigen jedoch aus dem Völkergewohnheitsrecht abgeleitet wird – «part of the law of the land»[169].

Was dagegen die auf Grund der Verfassung zu beurteilende *innerstaatliche Kompetenz zur Vornahme von Handlungen, die sich auf die auswärtigen Beziehungen auswirken,* anbelangt, entspricht es sogar der Regel, dass der Supreme Court selber entscheidet und der politischen Natur der Materie nötigenfalls durch Anerkennung eines weit gehenden Ermessens der politischen Organe Rechnung trägt. So ist seit *Ware v. Hylton*[170] in ständiger Rechtsprechung angenommen worden, dass die vom Bund abgeschlossenen Staatsverträge[171] einzelstaatlichem Recht vorgehen[172], während Staatsverträge und Kongressgesetze grundsätzlich auf gleicher Stufe stehen und ein Konflikt nach der *lex posterior* zu entscheiden ist[173]. Wenn möglich wird allerdings versucht, durch Auslegung die Annahme eines Konflikts zwischen Staatsverträgen und Gesetzen zu vermeiden[174]. Kongressgesetze werden möglichst völkerrechtskon-

168 Vgl. Bishop 209/11; M.H. Cardozo 496/98; ferner Scharpf (1) 34–41 und dort enthaltene Hinweise auf die Rechtsprechung.

169 So Marshall in *The Nereide,* 9 Cranch 388 (1815) auf S. 423; Bestätigung in *Hilton v. Guyot,* 159 U. S. 113 (1895) auf S. 163 und zahlreichen anderen Entscheiden. Weitere Nachweise bei Bishop 198.

170 Zit. vorn Fussnote 126.

171 «Staatsvertrag» wird in dieser Abhandlung als Oberbegriff für *treaties* und *executive agreements* verwendet.

172 Vgl. *Hauenstein v. Lynham,* 100 U. S. 483 (1880), der einen 1850 mit der Schweiz abgeschlossenen erbrechtlichen Staatsvertrag betraf. Weitere Nachweise bei Scharpf (1) Noten 168 und 169 auf S. 45/46.

173 *Cook v. United States,* 288 U. S. 102 (1933) auf S. 118: Bundesgesetz wird durch späteren Staatsvertrag derogiert. Vgl. zum umgekehrten Fall der Derogation eines Staatsvertrages durch ein späteres Bundesgesetz: *The Cherokee Tobacco,* 11 Wall. 616 (1871) auf S. 621; *Whitney v. Robertson,* 124 U. S. 190 (1888) auf S. 194; *Rainey v. United States,* 232 U. S. 310 (1914) auf S. 316.

174 Bishop 207/208.

form ausgelegt[175]. Auch sieht sich das Gericht jeweils nicht gehindert, materiell zu beurteilen, ob der Bund Verträge auf Sachgebieten abschliessen dürfe, die gemäss der von der Verfassung vorgenommenen Kompetenzverteilung in die Zuständigkeit der Einzelstaaten fallen, ferner was für materielle Schranken allenfalls beim Abschluss von Staatsverträgen zu beachten seien. Dabei zeigt es eine starke Tendenz, nicht nur die Kompetenzverteilung der Verfassung als nur im innerstaatlichen Verhältnis massgebend zu betrachten, sondern überhaupt den Willen der vertragschliessenden politischen Organe über die Eignung der Materie für eine internationale Regelung, ja sogar über die materielle Zulässigkeit der Regelung, weitestgehend zu respektieren. In *Missouri v. Holland*[176] stellte das Gericht auf Grund einer begriffsjuristischen Interpretation der *supremacy clause* das Vorhandensein materieller Schranken der *treaty making power* überhaupt in Frage[177].

Der erste Entscheid, in dem einem *Staatsvertrag wegen Verfassungswidrigkeit die Anwendbarkeit versagt wurde,* erging erst Mitte der Fünfzigerjahre dieses Jahrhunderts: In *Reid v. Covert*[178] waren Ehefrauen von in England und Japan stationierten amerikanischen Wehrmännern durch Militärgerichte abgeurteilt worden, nachdem sie ihre Gatten getötet hatten. Die völkerrechtliche Zuständigkeit der amerikanischen Militärgerichte ergab sich aus Stationierungsabkommen mit England und Japan. Der Supreme Court hob indessen die Verurteilungen auf, weil er fand, die Übereinkommen widersprächen insofern Art. III Sektion 2 Ziff. 3 der Verfassung sowie dem V. und dem VI. Amendment (Garantie der Aburteilung durch Geschworenengerichte in einem öffentlichen Verfahren nach Anklageerhebung durch eine *grand jury*), als sie auch die

[175] *McLeod v. United States,* 229 U. S. 416 (1913) auf S. 434 f.

[176] 252 U. S. 416 (1920).

[177] Art. VI Ziff. 2 der Verfassung lautet: «This Constitution, and the laws of the United States which shall be made *in pursuance thereof;* and all treaties made, or which shall be made, *under the authority* of the United States, shall be the supreme law of the land ...» (Hervorhebung durch den Verfasser). Das Gericht stützte seine Auffassung auf die Gegenüberstellung der vorstehend gesperrt gedruckten Wendungen. Dass diese Begründung nicht haltbar war, erkannte es später selber, indem es in *Reid v. Covert,* 354 U. S. 1 (1957) auf S. 16/17 unter Hinweis auf die Beratungen im Verfassungskonvent feststellte: «... the reason treaties were not limited to those made in ‚pursuance' of the Constitution was so that agreements made by the United States under the Articles of Confederation, including the important peace treaties which concluded the Revolutionary War, would remain in effect.»

[178] Vereinigt mit dem Prozess *Kinsella v. Krueger,* 354 U. S. 1 (1957).

Unterstellung ziviler Begleiter von Militärpersonen unter die Militärgerichtsbarkeit ermöglichten[179].

Aus zwei Gründen interessant ist der wichtige Entscheid *United States v. Curtiss-Wright Export Corp.*[180]: Einerseits betonte hier das Gericht, dass die Kompetenzverteilung der Verfassung zwischen Bund und Gliedstaaten nur innerstaatlich relevant sei und bezüglich des Abschlusses von Staatsverträgen nicht gelte. Anderseits betrachtete es das Gericht als zulässig, dass der Präsident allein Verträge mit ausländischen Staaten abschliesse, obwohl Art. II Sektion 2 Ziff. 2 der Verfassung für den Abschluss von «treaties» ausdrücklich «advice and consent» des Senates verlangt, der überdies durch zwei Drittel der anwesenden Senatoren erteilt werden muss[181].

[179] Die von der Gerichtsmehrheit übergangenen praktischen Konsequenzen dieses Entscheides sind unbefriedigend: Mangels Zuständigkeit der Militärgerichte fallen solche Zivilisten bezüglich der im Ausland verübten Verbrechen wohl regelmässig unter die Gerichtsbarkeit der betreffenden ausländischen Staaten, die nicht immer eine Aburteilung durch Geschworenengerichte vorsehen und deren Strafverfahren – was für England und Japan nicht zutrifft – manchmal weniger rechtsstaatlichen Anforderungen genügt als das Verfahren amerikanischer Militärgerichte.

[180] 299 U. S. 304 (1936).

[181] Solche vom Präsidenten allein oder allenfalls mit vorgängiger Ermächtigung oder nachträglicher Genehmigung durch den Kongress (also nicht durch den Senat) abgeschlossene *executive agreements* sind in den USA von erheblicher Bedeutung. Ausser für Routineangelegenheiten eignen sie sich besonders dann, wenn ein Bedürfnis nach Geheimhaltung besteht. Einige der wichtigsten Abkommen, wie diejenigen von Teheran und Jalta, wurden in dieser Form abgeschlossen; Corwin (4) 115; weitere Beispiele bei John B. Mason, The Constitutional Powers of the American President over the Conduct of Foreign Affairs, Jahrbuch des öffentlichen Rechts der Gegenwart N. F. 7/1958, 83–85. Im erwähnten Curtiss-Wright-Fall war zwar ein auf Grund vorgängiger Ermächtigung durch *joint resolution* des Kongresses vom Präsidenten abgeschlossenes *executive agreement* zu beurteilen. Die vom Gericht gegebene Begründung wurde jedoch später herangezogen, um auch ohne eine solche Ermächtigung abgeschlossene *executive agreements* gerichtlich zu legalisieren; vgl. *United States v. Belmont*, 301 U. S. 324 (1937) und *United States v. Pink*, 315 U. S. 203 (1942), wo das *executive agreement* in einem Briefwechsel des sowjetischen Aussenministers mit dem amerikanischen Präsidenten enthalten war. Dabei ging der Supreme Court jeweils davon aus, dass nicht nur *treaties*, sondern auch *executive agreements* einzelstaatlichem Recht vorgingen. Bisher hat das Oberste Bundesgericht noch nie entschieden, ob ein Kongressgesetz oder eine *treaty* später durch *executive agreement* abgeändert werden könne. Bereinigte Versionen des sogenannten *Bricker Amendment*, wodurch der Abschluss von *executive agreements* durch den Präsidenten allein verhindert werden sollten, verfehlten im Senat – allerdings nur sehr knapp – die für Verfassungsrevisionen erforderliche Zweidrittelsmehrheit; 100 Cong. Rec. 2349–2358, 2364–2375 (1954).

Während das Gericht die vorstehend erwähnten Fragen materiell entschied, sah es sich in folgenden Fällen veranlasst, eine *political question* anzunehmen und den Entscheid darüber den politischen Organen zu überlassen:

a_1) Zustandekommen eines Staatsvertrages[182], wenn geltend gemacht wird, der ausländische Kontrahent sei nicht zum Vertragsabschluss bevollmächtigt gewesen[183]. Die Nicht-Justiziabilität wurde später auf Verträge mit Indianerstämmen erstreckt[184], obwohl man solche Stämme nicht als ausländische Staaten betrachtete[185].

a_2) Weitergeltung eines Staatsvertrages, wenn eingewendet wird:

- der *Partnerstaat sei als Völkerrechtssubjekt untergegangen*[186];
- der *Gegenkontrahent habe seine vertraglichen Verpflichtungen nicht erfüllt*[187, 188];
- die *USA hätten den Vertrag verletzt.*

Erlässt der Kongress ein Gesetz, das im Widerspruch zu einem früheren, direkt als innerstaatliches Recht anwendbarem Staatsvertrag

[182] Selbstverständlich muss das Gericht, das ja gemäss Art. III Sektion 2 Ziff. 1 der Verfassung auch zur Beurteilung von Streitfällen aus *treaties* zuständig ist, grundsätzlich die Vertragsqualität einer Norm überprüfen. Nur gewisse gegen die Gültigkeit des Vertrages gerichtete Einwendungen betrachtet es als nicht-justiziabel.

[183] *Doe v. Braden,* 16 How. 635 (1853): Kompetenz des spanischen Königs nach spanischem Recht, Übertragungen von Ländereien im damals spanischen Florida später in einem Staatsvertrag mit den USA rückgängig zu machen.

[184] *Fellows v. Blacksmith,* 19 How. 366 (1857).

[185] *Cherokee Nation v. Georgia,* 5 Pet. 1 (1831).

[186] *Terlinden v. Ames,* 184 U.S. 270 (1902), wo sich die Frage stellte, ob ein 1852 mit Preussen abgeschlossener Vertrag die Reichsgründung überdauert habe; vgl. auch *Clark v. Allen,* 331 U.S. 503 (1947).

[187] *Ware v. Hylton,* zit. vorn Fussnote 126; *Charlton v. Kelly,* 229 U.S. 447 (1913): Verbindlichkeit eines italienisch-amerikanischen Auslieferungsvertrages, obwohl Italien in Verletzung des Abkommens eigene Staatsangehörige jeweils nicht auslieferte. SCHARPF rechnet diese Entscheidungen nicht zu den Anwendungsfällen der *political question*-Doktrin, weil das Gericht einfach einen gewissen Tatbestand (Nicht-Ausübung des Rücktrittsrechts durch die USA) unter die von ihm gefundene völkerrechtliche Norm (blosse Vernichtbarkeit des Vertrags durch rechtsgestaltende Willenserklärung der politischen Organe) subsumiert habe; SCHARPF (1) 27 und 43, (2) Note 100 auf S. 545/546; ähnlich SCHÄFER 109.

[188] Wenn sich die Frage stellte, ob ein Vertrag nach Eintritt des *Kriegszustandes zwischen den Parteien* weitergelte, behielt sich das Gericht wenigstens dort eine selbständige Prüfung vor, wo die politischen Organe nicht eine mit der Weitergeltung unvereinbare *policy* zum Ausdruck gebracht hatten; SCHARPF (1) 28–31 und 43.

steht[189], so wendet der Supreme Court – wie bereits festgestellt – das Gesetz als *lex posterior* an. Dabei will er jedoch die Frage offenlassen, ob die völkerrechtliche Rechtswidrigkeit des Gesetzes seine innerstaatliche Geltung in Frage stellen könnte[190], was sich aus Hinweisen in den Urteilsbegründungen ergibt, die politischen Organe und nicht das Gericht hätten zu entscheiden, ob die USA durch Erlass des Gesetzes seine vertraglichen Verpflichtungen verletzt habe und wie sich eine allfällige Vertragsverletzung auf die Weitergeltung des Vertrags auswirke[191].

a_3) Bestimmung der Grenzen der amerikanischen Gebietshoheit

Stellt sich in einem Prozess die Frage, ob ein Gebiet völkerrechtlich der territorialen Souveränität der USA unterstehe, so betrachtet sich der Supreme Court an die diesbezügliche Qualifizierung politischer Organe gebunden, falls entsprechende Stellungnahmen vorliegen[192].

Von der völkerrechtlichen Frage nach den Grenzen der amerikanischen Gebietshoheit zu unterscheiden ist die verfassungsrechtliche Frage, unter welchen Voraussetzungen ein völkerrechtlich der amerikani-

[189] Die berühmte Unterscheidung zwischen *self-executing* und *non self-executing treaties* wurde von MARSHALL in *Foster v. Neilson,* 2 Pet. 253 (1829), auf S. 314 getroffen. Vgl. hiezu JEAN RUSSOTTO, L'application des traités self-executing en droit américain, Diss. Lausanne 1969, 41 f.

[190] SCHARPF (1) 33.

[191] Beispiel: *The Chinese Exclusion Case (Chae Chan Ping v. United States),* 130 U. S. 581 (1889) auf S. 602. Weitere Hinweise bei POST 70–75.

[192] *Foster v. Neilson,* 2 Pet. 253 (1829); *Garcia v. Lee,* 12 Pet. 511 (1838); *United States v. Reynes,* 9 How. 127 (1850): In diesen drei Fällen fragte sich, innerhalb welcher Grenzen Louisiana von Frankreich abgetreten worden sei; *Jones v. United States,* 137 U. S. 202 (1890): Bestätigung eines Todesurteils wegen eines auf der Guanoinsel Navassa begangenen Mordes, gegen das der Verurteilte eingewendet hatte, das *forum delicti* unterstehe nicht der amerikanischen Gerichtsbarkeit; *Wilson v. Shaw,* 204 U. S. 24 (1907): keine Überprüfung der Gültigkeit des Vertrags über den Erwerb der Panama-Kanal-Zone; weniger eindeutig *Pearcy v. Stranahan,* 205 U.S. 257 (1907), wo die Gerichtsmehrheit zuerst Erwägungen materieller Art darüber anstellte, ob die im Süden Kubas gelegene Pinos-Insel durch ein spanisch-amerikanisches Übereinkommen von 1898 und den 1899 ratifizierten Friedensvertrag an die Vereinigten Staaten abgetreten worden sei oder zu Kuba gehöre, bevor es der *de facto*-Anerkennung der kubanischen Souveränität über die Insel seitens der USA entscheidende Bedeutung beimass. Vgl. zu diesen Fällen auch DICKINSON 453–463. Bezüglich der Festsetzung der zeitlichen Grenzen militärischer Herrschaft über besetztes feindliches Territorium wird auf die Ausführungen unter lit. b_3 verwiesen.

schen Souveränität unterstehendes Gebiet auch innerstaatlich als Teil der USA zu behandeln sei. Hier behält sich das Gericht eine selbständige Prüfung vor[193]. Justiziabel sind auch Grenzstreitigkeiten zwischen amerikanischen Gliedstaaten oder zwischen Bund und Gliedstaaten oder – was früher aktuell werden konnte – zwischen Gliedstaaten und Indianer-Territorien[194].

a_4) Bestimmung der Grenzen der ausländischen Gebietshoheit

An Entscheidungen der für die auswärtigen Beziehungen zuständigen politischen Organe, ob einem ausländischen Staat *de iure* die Souveränität über ein bestimmtes Gebiet zustehe oder nicht, fühlt sich der Supreme Court ebenfalls gebunden[195]. Immerhin beurteilt er selbständig, ob Akten einer nicht anerkannten Territorialgewalt dennoch eine rechtlich relevante Wirkung zukommen könne[196].

a_5) Anerkennung ausländischer Staaten und Regierungen[197]

Liegt seitens der Exekutive die Anerkennung einer fremden Macht vor, so gilt die Frage der Richtigkeit der Anerkennung gemäss konstanter Rechtsprechung als nicht-justiziabel[198]. Diese Bindung der Gerichte spielte früher besonders im Zusammenhang mit der Anerkennung süd- und mittelamerikanischer Regierungen, die sich gegen ihre europäischen Beherrscher wandten, eine erhebliche Rolle und war geeignet, der *Monroe-Doktrin* zusätzliches Gewicht zu geben[199]. Bei den Prozessen, in

[193] Nachweise bei SCHARPF (1) 67–73.

[194] SCHARPF (1) 73–83; CHARLES WARREN (1) 39–44. Auf S. 53 stellt Warren fest, der Supreme Court habe «never yet found any kind of an interstate controversy which it has held itself incapable to decide».

[195] *Williams v. Suffolk Insurance Co.*, 13 Pet. 415 (1839): Massgebend war hier für das Gericht, dass die Zugehörigkeit der Falkland Inseln zu Buenos Aires durch die USA auf dem diplomatischen Weg bestritten worden war.

[196] Näheres bei SCHARPF (1) 85–87.

[197] Entsprechendes gilt auch bezüglich der Anerkennung als *kriegführende Partei* oder als *Insurgent*. Vgl. zum Problemkreis der Anerkennung vorab das Buch von JAFFE (1), ferner DICKINSON 464 f. und PAYOT 76 f.

[198] Beispiele: die am selben Tag entschiedenen Fälle *Oetjen v. Central Leather Co.*, 246 U.S. 297 (1918) und *Ricaud v. American Metal Co.*, 246 U.S. 304 (1918), wo die Anerkennung der mexikanischen Revolutionsregierung General *Carranzas* durch die USA als für die Gerichte verbindlich angesehen wurde. Diese Beispiele werden auch immer wieder als Anwendungsfälle der unter lit. a_{10} zu erörternden *act of state*-Doktrin angeführt; vgl. etwa ZANDER (1) 831.

[199] Vgl. MOONEY 31 f.

denen der Anerkennung Gewicht beigemessen wurde, ging es oft um Klagen auf Herausgabe von Gegenständen, die von der später anerkannten Regierung beschlagnahmt worden waren[200].

a_6) Zuerkennung des diplomatischen Status

Das Gericht erachtet die diesbezügliche, positive oder negative Qualifizierung des Staatsdepartements als verbindlich[201].

a_7) Immunität von Schiffen ausländischer Staaten[202]

Bei der gerichtlichen Durchsetzung von Schiffspfandrechten ergibt sich ein heikles Problem, wenn das Pfandobjekt einem ausländischen Staat gehört. Wer entscheidet darüber, ob solche in den USA befindliche Schiffe eines ausländischen Souveräns gegen eine Zwangsvollstreckung oder Verarrestierung immunisiert seien? Die Frage der Immunität stellt sich auch, wenn das Schiff eines Privaten von einem fremden Staat gekapert wird, später in einem amerikanischen Hafen vor Anker liegt und der Eigentümer seinen dinglichen Anspruch vor dem örtlich zuständigen amerikanischen Gericht geltend macht. Ursprünglich entschied das Gericht in solchen Fällen selber, ob Immunität anzunehmen sei. Aus dem Völkerrecht, dem nationalen Recht und den Erfordernissen des internationalen Verkehrs zwischen souveränen Staaten leitete Chief Justice MARSHALL ab, dass ein französisches Kriegsschiff, das einen amerikanischen Hafen in friedlicher Absicht angelaufen hatte, dort nicht festgehalten werden dürfe[203]. Diese Immunität erstreckte das Gericht später auf staatseigene ausländische Handelsschiffe[204]. Indessen behandelt die neuere Praxis die Frage der Immunität staatseigener ausländischer Schiffe als eine *political question,* indem die diesbezügliche Qualifizierung des Staatsdepartements als für die Gerichte verbindlich

[200] Vgl. lit. a_{10} nachstehend.

[201] *Ex parte Hitz,* 111 U.S. 766 (1884): Nichtanerkennung des diplomatischen Status eines in den USA verurteilten früheren schweizerischen Generalkonsuls, der aber im massgebenden Zeitpunkt vom Staatsdepartement nicht mehr als diplomatischer Vertreter der Schweiz angesehen wurde; vgl. auch *In re Baiz,* 135 U.S. 403 (1890).

[202] Bezüglich der Prisennahme von Schiffen im Kriegsfall wird auf die Erörterungen hinten S. 232 f. verwiesen.

[203] *The Schooner Exchange v. McFaddon,* 7 Cranch 116 (1812).

[204] *Berizzi Bros. Co. v. Pesaro,* 271 U.S. 562 (1926): Immunität eines italienischen Handelsschiffes.

betrachtet wird[205]. In *Mexico v. Hoffman*[206] ging das Gericht noch einen Schritt weiter, indem es mangels Anerkennung der Immunität durch das Staatsdepartement ohne eigene Prüfung auf fehlende Immunität schloss[207].

a_8) Konzessionserteilung für den Flugverkehr mit dem Ausland

In *Chicago & Southern Air Lines, Inc. v. Waterman Steamship Corp.*[208] stellte sich die Frage der Überprüfbarkeit einer Konzessionserteilung des CAB für den Flugverkehr mit dem Ausland. Gemäss den einschlägigen Gesetzesvorschriften hatte das CAB dabei u. a. die Leistungsfähigkeit des Gesuchstellers in Betracht zu ziehen, und seine Entscheidung bedurfte der Zustimmung des Präsidenten, falls die Konzession den Flugverkehr mit dem Ausland betraf oder ein ausländisches Unternehmen als Antragsteller auftrat. Beschlüsse des CAB, mit Ausnahme derjenigen über Gesuche ausländischer Gesellschaften, konnten gerichtlich angefochten werden. Vorliegend klagte eine inländische Gesellschaft. Sie beanstandete, dass das CAB bei der Konzessionserteilung für den Flugverkehr mit dem Ausland an ein inländisches Konkurrenzunternehmen ohne *substantial evidence* von deren Leistungsfähigkeit ausgegangen sei. Da die massgebende Bestimmung des *Civil Aeronautics Act* von 1938[209] nur Entscheide über Konzessionserteilungen an Ausländer, nicht auch solche betreffend den Flugverkehr mit dem Ausland von der gerichtlichen Kontrolle ausnahm, wäre die vorliegende Klage gemäss dem Gesetzeswortlaut justiziabel gewesen. Der Supreme Court nahm jedoch an, dass sämtliche vom Präsidenten zu genehmigenden Konzessionserteilungen gerichtlich nicht überprüft werden könnten, weil es sich dabei um aussen- und militärpolitisch bedingte, auf Grund vertraulicher Information zu treffende Entscheide einer Art handle, «for which the Judiciary has neither aptitude, facilities nor responsibility and which

[205] *Ex parte Peru,* 318 U. S. 578 (1943).

[206] 324 U. S. 30 (1945).

[207] Die Praxis des Supreme Court zur Immunität von Schiffen ausländischer Staaten wird kritisch dargestellt bei Dickinson 469–479 und Payot 89–92, 109–118. Dickinson, Payot sowie Philip C. Jessup, Has the Supreme Court Abdicated One of Its Functions?, The American Journal of International Law *40*/1946, 168–172, beklagen die neuere Entwicklung der Gerichtspraxis.

[208] 333 U. S. 103 (1948).

[209] § 1006 a, 52 Stat. 973 auf S. 1024. Heute ist der *Federal Aviation Act* von 1958, 72 Stat. 731, massgebend.

has long been held to belong in the domain of political power not subject to judicial intrusion or inquiry»[210]. Die vier *dissenters* gingen zwar ebenfalls von der Nicht-Justiziabilität der Verfügung des Präsidenten in solchen Fällen aus. Sie fanden aber, dass vorliegend der Präsident trotz seiner Zustimmung zum Beschluss des CAB gar nicht zur Frage der Leistungsfähigkeit Stellung genommen habe und dass dieser Teil der Entscheidung, der auf Grund einschlägiger gesetzlicher Bestimmungen zu treffen sei, gerichtlich überprüft werden könne; denn «that part of the orders which is the work of the Board is clearly identifiable»[211].

a_9) Einreiseverbote gegenüber und Ausweisungen von Ausländern

Es fällt schwer, die Gerichtspraxis zu Fragen betreffend Einreiseverboten (exclusions) gegenüber und Ausweisungen (deportations) von Ausländern einigermassen systematisch darzustellen. Gemeinsam ist diesen Entscheidungen, dass der Supreme Court den politischen Organen in aller Regel sehr weit gehende Befugnisse auf diesem Gebiet zugesteht, weil er die Fernhaltung unerwünschter Ausländer als wichtigen Aspekt der Aussenpolitik und Ausfluss nationaler Souveränität erachtet. Im allgemeinen wird jedoch darin keine eigentliche *political question* erblickt. Meist betrachtet das Gericht die Verfügungen der zuständigen Organe als durch deren Ermessen gedeckt, was auf eine Legitimierung der angefochtenen Anordnungen, nicht auf ein neutrales Abseitsstehen des Gerichts herauskommt.

[210] A.a.O.111.

[211] A.a.O. 116. Die Praktikabilität dieser Unterscheidung wird kritisiert bei SCHARPF (1) Note 690 auf S. 149. Vgl. demgegenüber HOCHMAN 708–712. In *American Airlines, Inc. v. CAB,* 348 F.2d 349 (District of Columbia Circuit, 1965) nahm ein Court of Appeals in einer vom späteren Chief Justice BURGER redigierten *opinion* an, dass vom Präsidenten genehmigte Konzessionserteilungen durch das CAB, deren Kompetenzwidrigkeit behauptet war und deren Justiziabilität sowohl das CAB wie auch das Justizdepartement anerkannten, gerichtlich überprüfbar seien. Das Gericht unterschied diesen Fall vom Waterman-Entscheid und mass dem «Executive consensus that there is no cogent policy consideration militating against judicial review» Bedeutung bei, ferner und vor allem dem Umstand, dass nicht bloss eine unrichtige Beurteilung durch das CAB, sondern ein «excess of powers» geltend gemacht worden war. Vgl. hiezu den interessanten Aufsatz MILLERS, der im Hinblick auf diesen Entscheid sowie auf die in *Baker v. Carr*, 369 U.S. 186 (1962), aufgestellten, elastischen Justiziabilitäts-Kriterien eine weitere Auflockerung der «Waterman Doctrine» postuliert.

Die Zurückhaltung des Gerichts greift namentlich dort Platz, wo die Rechtmässigkeit der vom Kongress gesetzlich vorgesehenen *materiellen* Einreiseverbots- und Ausweisungsbeschränkungen in Frage steht. Denn obwohl sich die im Lande befindlichen Ausländer auf die meisten Grundrechte berufen können, die amerikanischen Bürgern zustehen, wird das Verweilen im Lande oft nicht als «*right*», sondern als grundsätzlich entziehbares «*privilege*» qualifiziert[212].

Seit dem bereits in anderem Zusammenhang erwähnten *Chinese Exclusion Case*[213] hat der Supreme Court in konstanter Rechtsprechung angenommen, dass die *materielle Zulässigkeit von Einreiseverboten nicht gerichtlich überprüft werden könne*. Aber auch bei der Bestimmung der *materiellrechtlichen Ausweisungsgründe* hat das Gericht dem Kongress – wenigstens im Ergebnis – *keine Schranken gezogen*. Instruktiv ist *Harisiades v. Shaughnessy*[214]*:* Hier waren die drei Kläger wegen lange zurückliegender Mitgliedschaft zur kommunistischen Partei ausgewiesen worden, nachdem sie bereits über ein Vierteljahrhundert in den USA gewohnt hatten. Ihr Austritt aus der kommunistischen Partei war vor Erlass des *Alien Registration (Smith) Act* von 1940[215], der die Grundlage späterer Kommunistenverfolgungen bildete und gestützt auf welchen die Ausweisungsverfügungen ergingen, erfolgt. Justice JACKSON, der die offizielle, die Ausweisungen schützende Begründung verfasste, ging vom doppelten Status der im Inland wohnenden Ausländer aus: Einerseits wür-

[212] Die m. E. unglückliche Unterscheidung zwischen *rights* und *privileges* spielt bezüglich der gerichtlichen Kontrolle der Verwaltung eine erhebliche Rolle; dazu DAVIS (3) 7.11. und (4) 172 f. sowie JAFFE/NATHANSON 827–888. Wenn davon ausgegangen wird, etwas sei kein Recht, sondern ein Privileg, so ist die Möglichkeit einer gerichtlichen Aufhebung des Verwaltungsentscheides darüber starken Beschränkungen unterworfen. Das Ziehen logischer Schlüsse aus dem scheinbar gegensätzlichen Begriffspaar *rights* und *privileges* hat sich wiederholt als verhängnisvoll erwiesen. Man sollte meinen, dass auch administrative Verfügungen betreffend *privileges* – etwa der Entzug einer Monopolkonzession oder die Einstellung in einem Amt – gemäss rechtsstaatlichen Grundsätzen, unter Beachtung des *due process* erfolgen und in materieller Hinsicht jedenfalls nicht willkürlich sein sollten. Immerhin legt die Gerichtspraxis auch im Zusammenhang mit *privileges* immer mehr Gewicht auf *procedural fairness;* dazu DAVIS (3) § 7.12. In ganz wenigen, besonders gelagerten Fällen (z.B. bei Begnadigungen oder wenn der Präsident ein Kabinettsmitglied, das nicht mit seiner Politik übereinstimmt, entlässt) mag die *privilege*-Doktrin eine Berechtigung haben.

[213] 130 U. S. 581 (1889).

[214] 342 U. S. 580 (1952).

[215] 54 Stat. 670.

den solche Ausländer gewisser Rechte, zu denen allerdings das Verbleiben im Lande nicht gehöre, im gleichen Masse wie amerikanische Bürger teilhaftig; anderseits hätten sie Ansprüche gegenüber ihren Heimatländern, die sich auf diplomatischem Weg darüber beschweren könnten, wenn die Ausweisungen im Widerspruch zum Völkerrecht stünden. Die USA dürften jederzeit, nicht nur im Kriegsfall, Ausländer ausweisen. Dass solche Ausweisungen schlechthin nicht-justiziabel seien, nahm Jackson, der sich über den Unterschied zwischen einer Nicht-Entscheidung im Sinne der *political question*-Doktrin und einer legitimierenden Sachentscheidung klar bewusst war[216], zwar nicht an. Er gestand jedoch den Ausweisungsbehörden derart viel Ermessen zu, dass für eine gerichtliche Überprüfung kaum Raum blieb. Typisch ist folgender Passus aus Jacksons Begründung:

«It is pertinent to observe that any policy toward aliens is vitally and intricately interwoven with contemporaneous policies in regard to the conduct of foreign relations, the war power, and the maintenance of a republican form of government. Such matters are so exclusively entrusted to the political branches of government as to be largely immune from judicial inquiry or interference.

These restraints upon the judiciary, occasioned by different events, do not control today's decision but they are pertinent. It is not necessary and probably not possible to delineate a fixed and precise line of separation in these matters between political and judicial power under the Constitution[217].»

Ferner wies Jackson darauf hin, dass Ausweisungen vom Völkerrecht anerkannt seien; dass das Völkerrecht Ausweisungen schrankenlos zulasse, deutete er freilich bloss mit nicht sehr schlüssigen Literaturhinweisen in einer Fussnote[218] an.

Während Jacksons Begründung zahlreiche Ausführungen über allfällige materielle Schranken der Ausweisung enthält, ging Justice Frankfurter in seiner *concurring opinion* von einer *political question* sensu technico aus, was er mit den nachstehend wiedergegebenen Sätzen deutlich zum Ausdruck brachte:

«It is not for this Court to reshape a world order based on politically sovereign States. ... Ever since national States have come into being, the right of people to enjoy the hospitality of a State of which they are not citizens has been a matter of political determination by each State. ... Though as a matter of political outlook and eco-

[216] Vgl. sein vorn S.190/191 erwähntes abweichendes Votum im Korematsu-Fall.
[217] A.a.O. 588/590.
[218] Note 14 auf Seite 588.

nomic need this country has traditionally welcomed aliens to come to its shores, it has done so exclusively as a matter of political outlook and national self-interest. This policy has been a political policy, belonging to the political branch of the Government wholly outside the concern and the competence of the Judiciary[219].»

Auch seither hat das Gericht nicht nur in Fällen der Einreiseverweigerung, sondern auch bei Ausweisungen grundsätzlich den vom Kongress geäusserten Willen als für die Gerichte massgebend hingenommen[220], und es hat höchstens auf Grund verfassungskonformer Auslegung einschlägiger Gesetze Entscheide der zuständigen Verwaltungsorgane aus materiellen Gründen aufgehoben[221].

Anderseits hat der Supreme Court wiederholt Anordnungen der Verwaltungsbehörden aufgehoben, weil in *verfahrensrechtlicher* Hinsicht elementare rechtsstaatliche Grundsätze missachtet wurden. Dabei legt sich das Gericht weniger Zurückhaltung auf, wenn die Zulässigkeit einer Ausweisung in Frage steht. Ausweisungsverfügungen treffen den Adressaten im allgemeinen schwerer als «blosse» Einreiseverbote, obwohl auch letztere für den Betroffenen mit schwerwiegenden Nachteilen verbunden sein können, wie etwa in *United States ex rel. Knauff v. Shaughnessy*[222]: Dort war der ausländischen Frau eines Amerikaners, der im Zweiten Weltkrieg für sein Land gekämpft hatte, die Einreise verweigert worden, weil der Attorney General ohne Anhörung der Betroffenen auf Grund geheimer Information gefunden hatte, dass ihre Zulassung den Interessen der USA schaden würde. Das Vorgehen des Attorney General war an sich durch ein Gesetz und gestützt darauf ergangene Verordnungen gedeckt, doch beanstandete die Betroffene, dass eine unzulässige Gesetzesdelegation an die Exekutive stattgefunden habe und dass das *due process*-Erfordernis des V. Amendment verletzt worden sei. Der Supreme Court wies ihre Klage jedoch mit im wesentlichen folgender Begründung ab:

«... an alien who seeks admission to this country may not do so under any claim of right. Admission of aliens to the United States is a privilege. ... Such privilege is granted to an alien only upon such terms as the United States shall prescribe. It must

[219] A.a.O. 596.

[220] Beispiel: *Galvan v. Press,* 347 U. S. 522 (1954).

[221] Beispiel bei SCHARPF (1) Note 654 auf S. 141; vgl. ferner *Costello v. United States,* 365 U. S. 265 (1961).

[222] 338 U. S. 537 (1950).

be exercised in accordance with the procedure which the United States provides ... there is no question of inappropriate delegation of legislative power involved here. The exclusion of aliens is a fundamental act of sovereignty. The right to do so stems not alone from legislative power but is inherent in the executive power to control the foreign affairs of the nation. ... Thus the decision to admit or to exclude an alien may be lawfully placed with the President, who may in turn delegate the carrying out of this function to a responsible executive officer of the sovereign, such as the Attorney General. The action of the executive officer under such authority is final and conclusive. Whatever the rule may be concerning deportation of persons who have gained entry into the United States, it is not within the province of any court, unless expressly authorized by law, to review the determination of the political branch of the Government to exclude a given alien. ... Executive officers may be entrusted with the duty of specifying the procedures for carrying out the congressional intent. Whatever the procedure authorized by Congress, it is due process as far as an alien denied entry is concerned[223].»

Im weiteren führte das Gericht aus, die auf Grund gesetzlicher Ermächtigung ergangenen Regelungen der Exekutive seien in Anbetracht der besonderen Umstände («national emergency», die durch das Ende des Zweiten Weltkrieges nicht beseitigt worden sei) «reasonable» gewesen, und auch der *War Brides Act*[224], der die Einreise von Frauen und Kindern amerikanischer Soldaten und Veteranen erleichterte, stehe der Einreiseverweigerung nicht entgegen. Obwohl also das Gericht im wesentlichen davon ausging, die Rechtmässigkeit der Einreiseverweigerung sei eine nicht-justiziable politische Frage, enthält die Begründung auch Ausführungen über die Legalität der angefochtenen Verfügung[225, 226].

[223] A. a. O. 542–544.

[224] 59 Stat. 659.

[225] Justice FRANKFURTER, der in seiner *dissenting opinion* die Ansicht vertrat, der War Brides Act gestatte vorliegend die Einreise, ging offenbar davon aus, dass zwar der Kongress das Privileg der Einreise nach freiem, gerichtlich nicht überprüfbarem Ermessen gewähren oder versagen könne, dass aber die Gerichte die Auslegung der einschlägigen Gesetzgebung durch die Exekutive zu überprüfen hätten; ähnlich das von Justice JACKSON verfasste, von BLACK und FRANKFURTER unterstützte abweichende Votum.

[226] Trotz des höchstrichterlichen Entscheides durfte Frau Knauff schliesslich dennoch in die USA einreisen. Der Attorney General ordnete nämlich in der Folge die Bekanntgabe eines Teils des vorher als vertraulich klassifizierten belastenden Materials an die Betroffene an. Da sich der Beweiswert dieser Informationen als zweifelhaft erwies, wurde der ursprüngliche, gerichtlich geschützte Verwaltungsentscheid betreffend Einreiseverweigerung aufgehoben; JAFFE/NATHANSON 857/858.

Dass die Einreiseverweigerung eine gerichtlich nicht überprüfbare Entscheidung politischer Natur darstelle und dass diesbezüglich jedes vom Kongress autorisierte Verfahren als *due process* zu gelten habe, wurde in *Shaughnessy v. United States ex. rel. Mezei*[227] bestätigt. Dieser Fall zeigt besonders deutlich, wie stossend es sein kann, wenn das Gericht zwar bei Ausweisungen gewisse verfahrensmässige Minimalanforderungen stellt, nicht aber dort, wo die Verweigerung einer Einreisebewilligung angefochten wird. Der mit einer Amerikanerin verheiratete Kläger Mezei hatte sich bereits ein Vierteljahrhundert in den USA aufgehalten, und die Wiedereinreise war ihm ohne Anhörung und Angabe konkreter Gründe, gestützt auf geheime Informationen, verweigert worden, nachdem er von einem Besuch seiner sterbenden Mutter aus Rumänien zurückgekehrt war. Da ausserdem andere Länder Mezei nicht aufnehmen wollten, war er beinahe zwei Jahre lang aus Gründen, die nur den Einwanderungsbehörden bekannt waren, auf einer Insel festgehalten worden, und die Abweisung seines *habeas corpus*-Begehrens kam praktisch einer Perpetuierung des unfreiwilligen Aufenthalts gleich.

Wie derartige Fälle, in denen die Verweigerung der Einreise im Ergebnis zu einer schweren Freiheitsbeschränkung führt, auf befriedigendere Weise entschieden werden könnten, zeigte Justice JACKSON in seiner *dissenting opinion* auf: Auch er ging zwar davon aus, dass die materielle Regelung der Einreise durch die politischen Behörden nicht vom Richter mit dem Massstab des *substantive due process* gemessen werden könne, dass das Gericht jedoch zu untersuchen habe, ob *procedural due process* gewährt worden sei. Dabei führte Jackson aus:

> «Procedural due process is more elemental and less flexible than substantive due process. It yields less to the times, varies less with conditions, and defers much less to legislative judgment. Insofar as it is technical law, it must be a specialized responsibility within the competence of the judiciary on which they do not bend before political branches of the Government, as they should on matters of policy which comprise substantive law. .... Our law may, and rightly does, place more restrictions on the alien than on the citizen. But basic fairness in hearing procedures does not vary with the status of the accused. .. It is inconceivable to me that this measure of simple justice and fair dealing would menace the security of this country. No one can make me believe that we are that far gone[228].»

[227] 345 U. S. 206 (1953).

[228] A. a. O. 224/225 und 228. Ins Schwarze trifft auch Jacksons ironische Bemerkung auf S. 219: «This man, who seems to have led a life of unrelieved insigni-

In früheren Entscheidungen hatte der Supreme Court auch bei Einreiseverweigerungen manchmal die Beachtung minimaler prozessualer Garantien verlangt, manchmal dagegen jedes vom Kongress autorisierte Verfahren eo ipso als *due process* anerkannt[229]. Bei Ausweisungen entspricht es dagegen seit Beginn dieses Jahrhunderts der Praxis, dass gerichtlich überprüft werden kann, ob die von der Verfassung gewährten Verfahrensgarantien eines *due process* beachtet worden seien[230].

a_{10}) Gültigkeit ausländischer Hoheitsakte

Für die Respektierung solcher Akte durch die Gerichte sind verschiedene Überlegungen massgebend, einerseits solche der *political question*-Doktrin (z.B. Verbindlichkeit eines Aktes, weil der amerikanische Präsident ihn anerkannt hat), anderseits Erwägungen, die der von englischen Gerichten begründeten und von amerikanischen Richtern abgewandelten *act of state*-Rechtsprechung entnommen sind (Respektierung eines ausländischen Hoheitsakts als Ausfluss souveräner Gewalt), endlich Rücksichten auf die internationale *comity*. Dass namentlich die *political question*- und die *act of state*-Doktrin zahlreiche Berührungspunkte aufweisen, zeigt der ausführlich zu besprechende *Sabbatino-Fall* m.E. besonders deutlich.

In *Oetjen v. Central Leather Co.*[231] entschied der Supreme Court, die diplomatische Anerkennung einer ausländischen Macht verleihe den Akten der anerkannten Regierung rückwirkende Geltung und habe zur

ficance, must have been astonished to find himself suddenly putting the Government of the United States in such fear that it was afraid to tell him why it was afraid of him.» Dem im Hinblick auf die mangelnde Bereitschaft anderer Länder, Mezei Asyl zu gewähren, unrealistischen Einwand der Exekutive, Mezei sei es nicht verwehrt, die USA zu verlassen und sich nach einem Lande seiner Wahl zu begeben, hielt Jackson auf S. 220 entgegen: «That might mean freedom, if only he were an amphibian.» Möglicherweise liessen sich die Einwanderungsbehörden vom abweichenden Votum Jacksons beeindrucken; jedenfalls wurde Mezei in der Folge der Aufenthalt im Lande – allerdings unter Auflagen – gestattet.

229 Beispiele zu dieser widersprüchlichen Praxis bei SCHARPF (1) 124–128.

230 Beispiele bei JAFFE/NATHANSON 856. Früher war das nicht der Fall; vgl. *Fong Yue Ting v. United States,* 149 U.S. 698 (1893). Bezüglich Ausweisungen, die auf Grund der *war power* erfolgen, wird auf *Ludecke v. Watkins,* 335 U.S. 160 (1948), erörtert unter lit. b_2, verwiesen.

231 246 U.S. 297 (1918).

Folge, dass sie nicht von amerikanischen Gerichten überprüft werden könnten. Diese Praxis wurde bestätigt in den beiden berühmten Entscheidungen *United States v. Belmont*[232] und *United States v. Pink*[233]: Anlässlich der 1933 erfolgten Anerkennung der Sowjetunion hatte Präsident ROOSEVELT mit dem die Sowjetunion vertretenden MAXIM LITWINOW in einem Notenwechsel u.a. vereinbart, dass sowjetische Forderungen gegen amerikanische Staatsbürger an die USA abzutreten seien. Die sowjetische Regierung hatte seit 1918 durch verschiedene Erlasse private Gesellschaften ohne Entschädigung enteignet. Vermögenswerte enteigneter russischer Gesellschaften befanden sich auch in den USA. Als nun die Vereinigten Staaten auf Grund der erwähnten Zession sowjetischer Forderungen ihre Ansprüche auf solche Vermögenswerte gerichtlich geltend machten, hiess der Supreme Court die Klagen gut, was darauf hinauskam, dass den konfiskatorischen sowjetischen Erlassen in den USA gerichtlich Geltung verliehen wurde. Zwar besteht auch in den Vereinigten Staaten die Möglichkeit der Nichtanwendung fremden Rechts wegen Widerspruchs mit dem *ordre public;* bekanntlich hat STORY in diesem Zusammenhang den Begriff der *public policy* entwikkelt. Im Belmont-Fall, wo die Klage auf Herausgabe des von einer expropriierten russischen Gesellschaft bei einer New Yorker Bank angelegten Geldbetrages lautete, hatte die Vorinstanz die Klage denn auch abgewiesen, weil die Expropriation der *public policy* des Staates New York widerspreche. Demgegenüber schrieb der Supreme Court der diplomatischen Anerkennung der Sowjetunion die weitgehende Wirkung einer die *public policy* der Einzelstaaten derogierenden, gerichtlich nicht überprüfbaren Anerkennung der konfiskatorischen Erlasse seitens der USA zu. Im Pink-Fall wurde diese Rechtsprechung bestätigt, wobei die vorsichtiger als in United States v. Belmont formulierte Urteilsbegründung immerhin dahingehend verstanden werden kann, dass sich die Massgeblichkeit der konfiskatorischen Erlasse nicht aus der diplomatischen Anerkennung als solcher, sondern direkt aus dem Litwinow-Abkommen ergebe. Denn das Gericht betonte, dass der Präsident bei der Anerkennung die «policy which was to govern the question of recognition» habe festlegen müssen und in diesem Zusammenhang von der Verbindlichkeit der sowjetischen Enteignungsdekrete ausgegangen

[232] 301 U.S. 324 (1937).
[233] 315 U.S. 203 (1942).

sei[234]. Diese Annahme der Nicht-Justiziabilität der *policy of recognition* hielt den Supreme Court im Pink-Fall davon ab, die Enteignungsakte auf ihre Vereinbarkeit mit dem V. Amendment zu überprüfen[235].

In Anlehnung an die in England begründete *act of state*-Doktrin[236] wurde, manchmal ohne Bezugnahme auf eine diplomatische Anerkennung, angenommen, *ausländische Hoheitsakte* seien, soweit sie *mit Wirkung für das Territorium des betreffenden Staates* ergingen[237], als *Ausfluss souveräner Gewalt* nicht überprüfbar[238].

[234] Vgl. auch die *concurring opinion* von Justice FRANKFURTER auf S. 241/242 des Pink-Entscheides: «One needs to be no expert in Russian law to know that the expropriation decrees intended to sweep the assets of Russian companies taken over by that government into Russia's control no matter where those assets were credited. Equally clear is it that the assignment by Russia (d. h. die mit Litwinow getroffene Vereinbarung) meant to give the United States, as part of the comprehensive settlement, everything that Russia claimed under its laws against Russians.»

[235] Mit Recht stellt daher SCHARPF (1) 59 fest, dass der Pink-Entscheid mit *Reid v. Covert,* zit. vorn Fussnote 178 zu diesem Kapitel, vereinbart werden könne, weil in United States v. Pink für die Nichtüberprüfbarkeit der Vereinbarung mit Litwinow auf ihre Verfassungsmässigkeit nicht deren Eigenschaft als internationales Abkommen, sondern deren Beziehung zur Anerkennung einer ausländischen Regierung der ausschlaggebende Umstand gewesen sei. Vgl. auch CARRINGTON 193.

[236] Vgl. *Blad v. Bamfield,* 36 English Reports 992 (1674): Englischen Gerichten ist es verwehrt, über die Rechtmässigkeit der Beschlagnahme englischen Eigentums durch einen Dänen auf Island, die mit Zustimmung der dänischen Regierung erfolgte, zu urteilen. Häufig zitierte englische Präjudizien sind: *Luther v. James Sagor and Co.,* (1921) 3 King's Bench Division 532 (Court of Appeal); *Princess Paley Olga v. Weisz,* (1929) 1 King's Bench Division 718 (Court of Appeal): In diesen beiden Fällen wurde die Rechtmässigkeit sowjetischer Enteignungsdekrete aus dem Jahre 1918 als nicht-justiziabel qualifiziert, unter Hinweis darauf, dass England die Sowjetunion (im ersten Fall erst de facto) anerkannt habe. Die enteigneten Gegenstände, welche die früheren Eigentümer beanspruchten, hatten sich im Zeitpunkt der Enteignung in der Sowjetunion befunden und waren später nach England gelangt. LIPSTEIN vertritt die Auffassung, dass Luther v. Sagor Prinzipien übernehme, die vom amerikanischen Supreme Court entwickelt worden seien (161, 187). Vgl. zur früheren englischen Praxis: WILLIAMS HARRISON MOORE, Act of State in English Law, New York 1906. Eine knappe moderne Zusammenfassung vermittelt O. HOOD PHILLIPS, Constitutional and Administrative Law, 3. Aufl. London 1962, 259–264; daraus ergibt sich, dass die diesbezügliche englische Rechtsprechung interessante Berührungspunkte mit der amerikanischen *political-question*-Doktrin aufweist.

[237] Beispiel: Eine im Staat X gelegene Sache wird dort von der Regierung des Staates X konfisziert und gelangt hierauf in die USA, wo der enteignete Eigentümer auf Herausgabe klagt.

[238] Ob die Nicht-Justiziabilität ohne Einschränkung gelten soll, ist fraglich. In seiner *dissenting opinion* in *Banco Nacional de Cuba v. Sabbatino,* 376 U. S. 398 (1964), kam Justice BYRON R. WHITE nach einer Analyse der Rechtsprechung auf S. 441–444 zum Schluss, dass das Gericht in solchen Fällen eine Überprüfung auf Übereinstim-

Bereits gegen Ende des vorigen Jahrhunderts stellte der amerikanische Supreme Court in einem später oft zitierten Passus fest:

«Every sovereign State is bound to respect the independence of every other sovereign State, and the courts of one country will not sit in judgment of the acts of government of another done within its own territory. Redress of grievances by reason of such acts must be obtained through the means open to be availed of by sovereign powers as between themselves[239].»

Die Verbindlichkeit ausländischer Hoheitsakte wird auch aus der *comity* abgeleitet, indem man findet, die gerichtliche Überprüfung solcher Akte würde den freundnachbarlichen Beziehungen schaden, und Meinungsverschiedenheiten über deren Rechtmässigkeit sollten auf diplomatischem Wege bereinigt werden[240]. Dieser Gedanke kommt im be-

mung mit der inländischen *public policy* habe ablehnen, nicht aber die Massgeblichkeit völkerrechtswidriger ausländischer Hoheitsakte habe statuieren wollen. Dass ausländische, mit Wirkung für das Territorium des betreffenden Staates ergangene Hoheitsakte kraft der *act of state*-Doktrin schlechthin für inländische Gerichte verbindlich sein sollen, ist eine verabsolutierte Maxime, die im anglo-amerikanischen Rechtsbereich viel Unheil angestiftet hat. In einem vor dem Sabbatino-Entscheid geschriebenen Aufsatz stellte ZANDER (1) 835, 843 fest, dass sich in den wichtigen in diesem Zusammenhang angerufenen Präjudizien englischer und amerikanischer Gerichte die Frage der Völkerrechtmässigkeit der angefochtenen Akte gar nicht gestellt habe (womit Zander offenbar meinte, dass die betreffenden Akte völkerrechtsgemäss gewesen und Erwägungen des Gerichts betreffend Überprüfbarkeit auf Völkerrechtmässigkeit blosse *obiter dicta* gewesen seien). Zander wies auch darauf hin (837, 843/844), dass die Gerichte schon immer davon abgesehen hätten, ausländische Straf- und Steuergesetze durchzusetzen. Nach seiner Auffassung sollten die Gerichte u.a. grundsätzlich überprüfen dürfen, ob ausländische Hoheitsakte gemäss dem massgebenden fremden Recht gültig seien (falls den betreffenden ausländischen Gerichten eine solche Überprüfungsbefugnis zukäme), ferner ob sie der inländischen *public policy* und dem Völkerrecht entsprächen (834/835). Ähnlich MANN (1).

239 *Underhill v. Hernandez*, 168 U. S. 250 (1897) auf S. 252. Mit dieser Begründung wies das Gericht die Schadenersatzklage eines Amerikaners von der Hand, der seinen Anspruch mit der Widerrechtlichkeit schädigender Handlungen des venezolanischen Generals Hernandez begründet hatte. Dem Umstand, dass die USA inzwischen die Revolutionsregierung, der Hernandez diente, anerkannt hatte, mass das Gericht dabei keine entscheidende Bedeutung zu. Vgl. auch Justice HOLMES in *American Banana Co. v. United Fruit Co.*, 213 U. S. 347 (1909) auf S. 358: «The very meaning of sovereignity is that decree of the sovereign makes law»; angefochten war in jenem Prozess die Rechtmässigkeit von Handlungen, die Soldaten und Beamte Costa Ricas mit Zustimmung ihrer Regierung vorgenommen hatten.

240 SCHAUMANN 174 weist hin auf die manchmal zu starke Betonung des Gesichtspunktes der guten zwischenstaatlichen Beziehungen durch angelsächsische Gerichte.

reits erwähnten Entscheid *Oetjen v. Central Leather Co.*[241] deutlich zum Ausdruck:

«To permit the validity of the acts of one sovereign State to be reexamined and perhaps condemned by the courts of another would very certainly imperil the amicable relations between governments and vex the peace of nations.»

Es ist sogar möglich, dass Akte einer nicht anerkannten Regierung von amerikanischen Gerichten als verbindlich respektiert werden, sofern dies die *comity* gebietet[242].

Soll dem Akt einer ausländischen Behörde *im Inland* gerichtliche Geltung verliehen werden[243], so ist dem Gericht die Überprüfung des Aktes nicht verwehrt, ausser wenn sich – etwa aus einer völkerrechtlichen Vereinbarung mit dem betreffenden Staat – eine Anerkennung des in Frage stehenden Hoheitsakts durch die politischen Organe ergibt[244].

Bei einer logische Unterscheidungen anstrebenden Betrachtungsweise der *political question*- und der *act of state*-Doktrin könnte man annehmen: In beiden Fällen ergeht kein selbständiger Entscheid des Gerichts zu einer an sich entscheidungserheblichen Frage, wobei die Motivierungen für die richterliche Abstinenz verschieden sind. Bei *political questions* betrachtet das Gericht die politischen Organe der USA als ausschliesslich zuständig zur Lösung der betreffenden Fragen, während die Annahme der Massgeblichkeit ausländischer *acts of state,* die mit Wirkung für das Territorium des betreffenden Staates ergingen, einer Respektierung der Souveränität jener Staaten entspringt. Es lassen sich Fälle denken, in denen es – wenn man von der Massgeblichkeit der vorstehenden Unterscheidung ausgeht – im praktischen Ergebnis einen Unterschied macht, ob eine *klageweise* geltend gemachte Streitfrage wegen der *political question*- oder wegen der *act of state*-Doktrin als nichtjustiziabel qualifiziert wird. Im ersten Fall würde – falls keine schlüssige Stellungnahme der politischen Organe erfolgt wäre, die das Gericht sei-

[241] 246 U. S. 297 (1918) auf S. 304.

[242] Beispiele solcher Entscheidungen einzelstaatlicher Gerichte bei Scharpf (1) 96–98.

[243] Beispiel: Der Staat X enteignet eine Gesellschaft, die u. a. auch in den USA Vermögenswerte hat. Die enteignete Gesellschaft erhebt hierauf vor amerikanischen Gerichten Anspruch auf diese Werte, die sich bereits im Zeitpunkt der Enteignung in den USA befanden.

[244] Vgl. die vorstehend besprochenen Entscheide *United States v. Belmont,* 301 U. S. 324 (1937), und *United States v. Pink,* 315 U. S. 203 (1942).

nem Urteil zugrundelegen könnte – die Klage von der Hand gewiesen, in der Meinung, dass der Kläger sich an die politischen Behörden zu wenden habe. Im zweiten Fall könnte jedoch, wenn etwa auf Durchsetzung eines ausländischen Hoheitsaktes geklagt wurde, eine Gutheissung der Klage erfolgen, weil ja der ausländische Akt vom Gericht als Ausfluss der Souveränität eines andern Staates anerkannt würde[245].

Auch hier erweist es sich jedoch als ein müssiges Unterfangen, die Rechtsprechung des Supreme Court in ein logisches System bannen zu wollen. Das zeigt der in der völkerrechtlichen Literatur vieldiskutierte Entscheid *Banco Nacional de Cuba v. Sabbatino*[246]: Ein amerikanischer Makler hatte sich einer von Amerikanern beherrschten kubanischen Gesellschaft gegenüber zur Übernahme von Zucker zwecks Weiterverkaufs verpflichtet. Auf die um diese Zeit erfolgte Reduktion der Einfuhrkontingente von Zucker aus Kuba durch die USA hatte Kuba mit der Nationalisierung und Zwangsexpropriation von Gesellschaften, die ganz oder teilweise Amerikanern gehörten, geantwortet. Davon wurde auch die erwähnte Gesellschaft betroffen, und zwar in einem Zeitpunkt, als sich der Gegenstand des Vertrags bildende Zucker noch in einem kubanischen Hafen befand. Die Expropriation wurde also in Kuba wirksam. Nachdem sich der Makler den kubanischen Behörden gegenüber vertraglich verpflichtet hatte, den Verkaufserlös nach Kuba zu überweisen, wurde die Ware verschifft und hierauf vom Makler, dem die Konnossemente in New York übergeben worden waren, weiterverkauft. Der Makler überwies jedoch den Verkaufserlös nicht nach Kuba, sondern an Sabbatino, der vom zuständigen New Yorker Gericht als Sachwalter der enteigneten kubanischen Gesellschaft eingesetzt worden war. In der Folge klagte die kubanische Nationalbank gegen Sabbatino auf Auszahlung des Verkaufserlöses. Nachdem die unteren Bundesgerichte die Klage abgewiesen hatten, weil der konfiskatorische Erlass Völkerrecht verletze, hiess sie der Supreme Court in einem Entscheid, der im Stimmenverhältnis 8:1 erging, gut. (Formell wies er allerdings den Prozess zwecks Erledigung im Sinne der Erwägungen an die erste Instanz zurück). Die wesentlichen Punkte der Begründung sind die folgenden:

[245] Ob allenfalls der Vorbehalt der Völkerrechtmässigkeit des Aktes gelte, ist umstritten; vgl. vorn Fussnote 238.

[246] 376 U.S. 398 (1964).

1. Die Massgeblichkeit des *act of state*-Konzepts ergebe sich weder aus der «inherent nature of sovereign authority» (wie frühere Entscheidungen anzudeuten schienen), noch aus dem Völkerrecht. Letzteres belegte das Gericht mit Hinweisen auf die Praxis internationaler Instanzen und anderer Länder[247].

2. Die in früheren Entscheiden formulierte, von der Verfassung allerdings nicht ausdrücklich statuierte *act of state*-Doktrin stütze sich jedoch auf «constitutional underpinnings»; sie entspringe dem starken Bewusstsein der richterlichen Gewalt, dass ihre Mitwirkung bei der Bestimmung der Gültigkeit ausländischer Hoheitsakte «may hinder rather than further this country's pursuit of goals both for itself and for the community of nations as a whole in the international sphere»[248]. Das Gericht müsse sich der *richtigen Funktionsverteilung* zwischen ihm und den für die Führung der auswärtigen Beziehungen zuständigen politischen Organen bewusst sein.

3. Justiziabilität sei eher anzunehmen, wenn *allgemein anerkannte Beurteilungsmassstäbe* für die Lösung einer völkerrechtlichen Frage bestünden oder wenn die betreffende Frage die auswärtigen Beziehungen weniger stark tangiere.

4. Unter Hinweis auf divergierende Auffassungen über die Kompetenz eines Staates zur Konfiszierung des Eigentums von Ausländern kam das Gericht zum Schluss, dass

> «the Judicial Branch will not examine the validity of a taking of property within its own territory by a foreign sovereign government, extant and recognized by this country at the time of suit, in the absence of a treaty or other unambiguous agreement regarding controlling legal principles, even if the complaint alleges that the taking violates customary international law»[249].

5. Als weitere Begründung dafür, dass es die Rechtmässigkeit der kubanischen Expropriation nicht überprüfte, wies das Gericht darauf hin, dass eine solche Entscheidung den *Erfolg diplomatischer Bemühungen in*

[247] Sogar ein Hinweis auf Blätter für Zürcherische Rechtsprechung *40* Nr. 65 (172/173) findet sich. Dass ein Vorbehalt gegenüber der *act of state*-Doktrin Platz greifen müsse, wenn der ausländische Hoheitsakt – im betreffenden Fall eine entschädigungslose Konfiskation durch Iran – Völkerrecht verletzt, hatte der Supreme Court der damals britischen Kolonie Aden bereits 1953 in *Anglo-Iranian Oil Co. Ltd. v. Jaffrate,* 316 International Law Reports (1953) entschieden. Dazu: ALAN W. FORD, The Anglo-Iranian oil dispute of 1951–52, Berkeley/Los Angeles 1954.

[248] A. a. O. 423.

[249] A. a. O. 428.

Frage stellen könnte. Ein Entscheid, dass die Expropriation mit dem Völkerrecht vereinbar sei, würde «greatly strengthen the bargaining hand of the other state with consequent detriment to American interests»[250]. Aber auch ein die Expropriation rechtswidrig erklärender Entscheid könne sich auf die Verhandlungsposition der USA negativ auswirken, denn:

> «Following an expropriation of any significance, the Executive engages in diplomacy aimed to assure that United States citizens who are harmed are compensated fairly. Representing all claimants of this country, it will often be able, either by bilateral or multilateral talks, by submission to the United Nations, or by the employment of economic and political sanctions, to achieve some degree of general redress. Judicial determinations of invalidity of title can, on the other hand, have only an occasional impact, since they depend on the fortuitous circumstance of the property in question being brought into this country. Such decisions would, if the acts involved were declared invalid, often be likely to give offense to the expropriating country. ... Piecemeal dispositions of this sort involving the probability of affront to another state could seriously interfere with negotiations being carried on by the Executive Branch and might prevent or render less favorable the terms of an agreement that could otherwise be reached[251].»

Ob das Gericht zu Recht davon absah, die Legalität der Konfiskation selbständig zu überprüfen, interessiert uns in diesem Zusammenhang weniger[252]. Immerhin mag bezweifelt werden, dass das Völkerrecht, das ja grundsätzlich von amerikanischen Gerichten als «law of the land» angewendet wird, dem Richter keine anerkannten Beurteilungsmassstäbe liefert, um über die Rechtmässigkeit einer nicht kriegsbedingten, als Retorsionsmassnahme gedachten, gegen eine bestimmte Nation diskriminierenden und praktisch ohne Entschädigung erfolgenden Enteignung zu entscheiden. Ferner ist nicht ohne weiteres einzusehen, weshalb Gerichte nur «klares Völkerrecht» anwenden sollen. Justice WHITE beanstandete denn auch in seiner *dissenting opinion,* dass der Entscheid der Mehrheit darauf hinauslaufe, die Anwendung und Fortbildung des Völkerrechts, zu dessen Weiterentwicklung auch nationale Gerichte bedeutende Beiträge leisten können[253], inskünftig weitestgehend den po-

[250] A.a.O. 432.
[251] A.a.O. 431/32.
[252] Vgl. die kritische Darstellung des Sabbatino-Entscheides bei MOONEY 73–106 und passim.
[253] Dazu BISHOP 230–234.

litischen Organen zu überlassen[254]. Abgesehen davon stärkte das Gericht mit seinen Ausführungen über das Fehlen anerkannter *standards* zur Beurteilung der Konfiskation nicht unbedingt die Verhandlungsposition der politischen Organe, auf die es so grosses Gewicht legte.

Was uns hier vor allem beschäftigen muss, ist folgendes: *Der Supreme Court stützte die bisher aus der Respektierung ausländischer Souveränität abgeleitete act of state-Doktrin auf das durch die political question-Rechtsprechung gelegte Fundament*[255]. Die vom Gericht für die Nicht-Justiziabilität der Konfiskation angeführten Gründe gehören zu den typischen Argumenten, die immer wieder in *political question*-Fällen angeführt werden: richterliche Selbstbeschränkung im Hinblick darauf, dass die Führung auswärtiger Beziehungen in erster Linie Sache der politischen Behörden ist, deren Verhandlungsposition zudem durch einen richterlichen Entscheid geschwächt werden könnte; Fehlen zuverlässiger Beurteilungsmassstäbe.

Da die als nicht-justiziabel qualifizierte Frage (Rechtmässigkeit der konfiskatorischen Erlasse) nur einredeweise vom Beklagten aufgeworfen worden war, wirkte sich der Umstand, dass der Supreme Court *political questions* und *acts of state* einander praktisch gleichsetzte, nicht auf den Ausgang des Prozesses aus. Eine interessante Prozesslage hätte sich ergeben, wenn z.B. auf Feststellung der Rechtmässigkeit der konfiskatorischen Erlasse geklagt worden wäre. Hier hätte wohl bei Annahme einer *political question* eine Vonderhandweisung[256], bei Zugrundelegung der *act of state*-Doktrin dagegen möglicherweise eine Gutheissung der Klage erfolgen müssen.

Der Sabbatino-Fall hatte im Kongress ein interessantes Nachspiel: In einer unter dem Namen *Hickenlooper Amendment* bekannt gewordenen

[254] A. a. O. 456 f. Im American Bar Association Journal *51*/1965 kritisierte Victor C. Folsom auf S. 725–731 den Sabbatino-Entscheid in einem Aufsatz, der folgenden Titel trägt: The Sabbatino Case: Rule of Law or Rule of «No Law».

[255] Vgl. auch William J. Bogaard in Michigan Law Review *63*/1964–65 auf S. 542: «The *Sabbatino* rule, therefore, seems to be in the mainstream of policy-oriented jurisprudence»; ähnlich Henkin (1) 830/831 und Paul 695. Metzger 230 findet, das Gericht habe im Sabbatino-Fall die *act of state*-Doktrin verwendet als Werkzeug «for distributing domestic power over matters bearing upon foreign affairs».

[256] Bei Annahme einer politischen Frage wäre es auch denkbar gewesen, die Klage abzuweisen, und zwar unter Hinweis darauf, dass das Staatsdepartement in einer vom 16. Juli 1960 datierten Note an das kubanische Aussenministerium die Konfiskation als Bruch des Völkerrechts bezeichnet habe und dass diese Stellungnahme für die Gerichte verbindlich sei.

Bestimmung[257] «korrigierte» der Kongress den Sabbatino-Entscheid, indem er vorsah:

«Notwithstanding any other provision of law, no court in the United States shall decline on the ground of the federal act of state doctrine to make a determination on the merits giving effect to the principles of international law in a case in which a claim of title or other right is asserted by any party including a foreign state ... based upon ... a confiscation or other taking after January 1, 1959, by an act of that state in violation of the principles of international law, including the principles of compensation and the other standards set out in this subsection...» (Es folgen Einschränkungen, u.a. dass der Präsident im Einzelfall die Anwendbarkeit der *act of state*-Doktrin anordnen kann, in welchem Fall dem Gericht eine Überprüfung verwehrt ist.)[258]

[257] *Foreign Assistance Act* von 1964, 78 Stat. 1009 auf S. 1013; 22 U.S.C. § 2370e. Im *Foreign Assistance Act* von 1965, 79 Stat. 653 auf S. 659, fiel die ursprünglich vorgeschene Befristung bis zum 1. Januar 1966 dahin.

[258] Dass Stellungnahmen der Exekutive in *konkreten Prozessen* gerichtliche Entscheidungen über die Justiziabilität der Streitfrage massgebend beeinflussen können, ist nicht zu übersehen. Berühmt sind in diesem Zusammenhang vorab die *Bernstein-Entscheidungen:* In *Bernstein v. Van Heyghen Frères Société Anonyme,* 163 F.2d 246 (1947), und *Bernstein v. N.V. Nederlandsche-Amerikaansche Stoomvaart-Maatschappij,* 173 F.2d 71 (1949), betrachtete der Court of Appeals des zweiten Circuit gegen einen jüdischen Schiffsreeder gerichtete konfiskatorische Erlasse deutscher Nazi-Behörden als nicht-justiziable *acts of state* einer von den USA im kritischen Zeitpunkt anerkannten Regierung. (Näheres bei MOONEY 70/71. Der erste Bernstein-Entscheid war übrigens vom berühmten jüdischen Richter LEARNED HAND redigiert.) Als Reaktion auf diese im Ergebnis sehr stossende Rechtsprechung bekundete das Staatsdepartement seinen Willen «to relieve American courts from any restraint upon the exercise of their jurisdiction to pass upon the validity of the acts of Nazi officials», worauf der Court of Appeals den zuständigen District Court anwies, den zweiten Prozess ohne Rücksicht auf aus der *act of state*-Doktrin resultierende Beschränkungen materiell zu entscheiden; *Bernstein v. N.V. Nederlandsche-Amerikaansche Stoomvaart-Maatschappij,* 210 F.2d 375 (1954). In der Folge kam ein Vergleich zustande. Über die Massgeblichkeit einer solchen «Bernstein exception to the act of state doctrine» hat der Supreme Court noch nie befunden. Im Sabbatino-Fall wurde die Frage offengelassen; denn obwohl dort das Staatsdepartement ursprünglich zum Ausdruck gebracht hatte, dass das Gericht über die Gültigkeit der Konfiskation befinden solle, hatte der stellvertretende Attorney General NICHOLAS DE B. KATZENBACH, der die Interessen des Staatsdepartements vor dem Supreme Court als *amicus curiae* vertrat, ausdrücklich geltend gemacht, es liege keine die Anwendung der «Bernstein exception» rechtfertigende Willensäusserung seitens der Exekutive vor. MOONEY 122 bezeichnet den Teil des Hickenlooper Amendment, wonach der Präsident im Einzelfall die Anwendbarkeit der *act of state*-Doktrin anordnen kann, treffend als «reverse-Bernstein Exception». Vgl. zum Hickenlooper Amendment auch ROBERT E. HOLLWEG, The Sabbatino Amendment: Congressional Modification of the American Act of State Doctrine, Zeitschrift für ausländisches öffentliches Recht und Völkerrecht *29*/1969, 316–330.

Dank dieser Bestimmung kam es schliesslich doch noch zu einer Abweisung der Klage der kubanischen Nationalbank[259], obwohl die Rückweisung des Sabbatino-Prozesses durch den Supreme Court an die erste Instanz in der Meinung erfolgt war, die Klage sei gutzuheissen. Für unsere Untersuchung interessanter als der Endentscheid ist der Zwischenentscheid von Judge FREDERICK VAN PELT BRYAN, der das Hickenlooper Amendment als verfassungsmässig qualifizierte, eine materielle Entscheidung jedoch aufschob, indem er der Exekutive eine Frist von sechzig Tagen einräumte, um wenn nötig die Anwendbarkeit der *act of state*-Doktrin zu verlangen[260]. Innert Frist teilte die Exekutive Judge Bryan mit, dass kein Beschluss betreffend Anwendbarkeit der *act of state*-Doktrin erwogen werde.

Dass der Kongress an sich zum Erlass des Hickenlooper Amendment zuständig war, kann aus verschiedenen Kompetenznormen, namentlich aus der *commerce clause,* abgeleitet werden. Indessen fragt sich, ob die Bestimmung nicht inhaltlich gegen die von der Verfassung vorgenommene Abgrenzung der richterlichen Gewalt von derjenigen der politischen Organe verstosse. Leitet man die Nicht-Justiziabilität eines ausländischen Hoheitsaktes aus der Verfassung ab, indem man etwa davon ausgeht, Kongress und Präsident hätten gemäss Verfassung ausschliesslich über die Wirksamkeit ausländischer Hoheitsakte im Inland zu befinden, so wäre das Hickenlooper Amendment als verfassungswidrige Erweiterung der Kompetenz der Bundesgerichte zu qualifizieren, ähnlich wie seinerzeit die von Marshall angenommene Erweiterung der originären Zuständigkeit des Supreme Court in *Marbury v. Madison.* Dagegen kann die Verfassungsmässigkeit bejaht werden, wenn man mit Judge BRYAN im Sabbatino-Entscheid des Supreme Court eine *selbstauferlegte Beschränkung des Richters* erblickt, die der Besorgnis entsprang, durch einen Gerichtsentscheid könnten die für die auswärtigen Beziehungen zuständigen Organe in Verlegenheit gebracht werden. Unter anderem führte Judge Bryan aus:

« Under the act of state doctrine the courts abstain from passing on the acts of a foreign state not because they are required to do by the Constitution but because of a

[259] *Banco Nacional de Cuba v. Farr,* 272 F. Supp. 836 (District Court for the Southern District of New York, 1965); 383 F. 2d 166 (Second Circuit, 1967); *certiorari* durch Supreme Court abgelehnt in 390 U. S. 956 (1968).

[260] *Banco Nacional de Cuba v. Farr,* 243 F. Supp. 957 (District Court for the Southern District of New York, 1965).

sensitive regard for the functions entrusted by the Constitution to the political branches of the government in the field of foreign affairs and the foreign policy interests of the nation which may be affected by a determination on the merits of the case before the courts.... By applying the act of state doctrine the courts have merely declined as a matter of judicial policy to decide such issues where a decision may affect our foreign relations. The doctrine is a self-imposed discretionary rule of ‚judicial abnegation' [261, 262].»

b) Militärwesen und kriegs- oder krisenbedingte Massnahmen

Wie bereits erwähnt[263], hat der Supreme Court durch Nichtgewährung von *certiorari* vermieden, zur *Rechtmässigkeit des Vietnamkriegs* Stellung zu nehmen. Würde er einmal in einem solchen Fall *certiorari* erteilen, so wäre die Ablehnung eines Sachentscheides naheliegend, und zwar unter Hinweis auf den hochpolitischen Charakter der Streitfrage[264].

[261] A. a. O. 974/75. Dieser Betrachtungsweise schloss sich der Court of Appeals an: *Banco Nacional de Cuba v. Farr,* 383 F. 2d 166 (Second Circuit, 1967) auf S. 180/181.

[262] Nützliche Hinweise auf den Sabbatino-Fall und die *act of state*-Doktrin verdankt der Verfasser Herrn Professor William W. Bishop, University of Michigan Law School. Die Literatur zum Sabbatino-Fall, zum Hickenlooper Amendment und zur *act of state*-Doktrin erweist sich als kaum überschaubar. Ausser den im Literaturverzeichnis dieser Abhandlung erwähnten Beiträgen verdient besondere Erwähnung: The Aftermath of Sabbatino, Background Papers and Proceedings of the Seventh Hammarskjöld Forum (author of the Working Paper: Richard A. Falk), 1965 herausgegeben zuhanden der Association of the Bar of the City of New York. Dieses Buch enthält auf S. 211–228 eine der ausführlichsten Bibliographien zum Thema. Weitere Literaturhinweise finden sich bei Bishop 211 Note 68 und 212 Note 70 sowie Mooney 161–164.

[263] *Mora v. McNamara,* zit. vorn Fussnote 140 zu diesem Kapitel.

[264] Untere und mittlere Bundesgerichte hatten wiederholt Gelegenheit, eine materielle Entscheidung über die Rechtmässigkeit des Vietnamkrieges unter Hinweis auf die politische Natur der Frage abzulehnen, etwa im Zusammenhang mit der Anfechtung militärischer Versetzungen nach Vietnam oder der Berufung gegen Strafurteile wegen Vernichtung von Marschbefehlen oder von Kartotheken der Aushebungsbehörden. Vgl. *Luftig v. McNamara,* 252 F. Supp. 819 (District Court for the District of Columbia, 1966); 373 F. 2d 664 (District of Columbia Circuit, 1966); *certiorari* durch Supreme Court abgelehnt in 387 U. S. 945 (1967); *Cooper v. United States,* 403 F. 2d 71 (Tenth Circuit, 1968); *United States v. Berrigan,* 283 F. Supp. 336 (District Court for the District of Maryland, 1968). Weitere Nachweise bei Loeb 377, Moore 85/86 und Quincy Wright 52/53. Velvel 480 f. vertritt die Auffassung, dass zwar die Frage, ob das Land Krieg zu führen habe, eine politische sei, dass aber gerichtlich beurteilt werden könne, welchem Organ die Entscheidungsbefugnis über den Krieg zukomme. Dabei geht Velvel davon aus, die Unzuständigkeit des Präsidenten zur Entsendung von Truppen nach Vietnam liege auf der Hand und könne ohne weiteres in einem gerichtlichen Verfahren festgestellt werden. Die

Schon eine autoritative Geltung beanspruchende Entscheidung des Supreme Court über die *innerstaatliche Zuständigkeit zur Kriegsführung* könnte das Gericht in schwere politische Konflikte verwickeln und wäre im Hinblick auf die Frage der Vollstreckbarkeit eines auf Kompetenzwidrigkeit erkennenden Urteils von zweifelhaftem Wert. In bezug auf das Verteidigungswesen gilt dasselbe wie bei der *foreign relations power:* Die Verfassung zählt sowohl im Kompetenzkatalog des Kongresses wie in demjenigen des Präsidenten einzelne einschlägige Befugnisse auf, beantwortet aber entscheidende Fragen nicht eindeutig oder lässt sie offen. Im Hinblick auf die Kompetenzverteilung in auswärtigen und militärischen Angelegenheiten führte der auch als Verfasser völkerrechtlicher Publikationen bekannte frühere Justizminister und stellvertretende Aussenminister NICHOLAS de B. KATZENBACH 1967 vor dem Senatsausschuss für auswärtige Beziehungen aus:

> «The Constitution left to the judgment and wisdom of the Executive and the Congress the task of working out the details of their relationships. Disagreements susceptible of decision by the Supreme Court have been rare. As a result, controversies over the line of demarcation in foreign affairs have been settled, in the end, by the instinct of the Nation and its leaders for political responsibility[265].»

Auch im Militärwesen lässt sich eine deutliche *Verlagerung der politischen Macht vom Kongress auf den Präsidenten* feststellen[266], eine Erschei-

Kompetenzfrage ist aber viel schwieriger zu beurteilen als Velvel annimmt. Vgl. dazu die differenziertere Betrachtungsweise in der Note «Congress, the President and the Power to Commit Forces to Combat» in der Harvard Law Review *81*/1967–68, 1771–1805. Eine Klage Velvels auf Feststellung der Kompetenzwidrigkeit des Vietnamkriegs wurde von der Hand gewiesen, wobei die untere bundesgerichtliche Instanz u.a. eine *political question* annahm, während die Mittelinstanz ihren Entscheid allein mit der mangelnden Beschwerdelegitimation begründete: *Velvel v. Johnson,* 287 F. Supp. 846 (District Court for the District of Kansas, 1968); *Velvel v. Nixon,* 415 F.2d 236 (Tenth Circuit, 1969); *certiorari* durch Supreme Court abgelehnt in 396 U.S. 1042 (1970). FAULKNER, der die Wehrpflichtigen in *Mora v. McNamara* anwaltlich vertrat, geht noch weiter als Velvel und postuliert Justiziabilität des Vietnamkriegs sowohl in bezug auf Kompetenzmässigkeit wie auch auf Vereinbarkeit mit dem Völkerrecht; gl. M. SCHWARTZ/MCCORMACK. LOEB 395 f. tritt ebenfalls für Justiziabilität ein, wobei aus seinen Ausführungen nicht hervorgeht, ob sich die gerichtliche Sachentscheidung nur auf die Kompetenzfrage oder auch auf diejenige der Völkerrechtmässigkeit erstrecken soll. Demgegenüber nehmen MACIVER/WOLFF/LOCKE eine typische *political question* an. Eine nuancierte Analyse dieser Frage findet sich bei MOORE 87–107.

265 Hearings on S. Res. 151 before the Committee on Foreign Relations, United States Senate, 90th Cong., 1st sess., S. 72.

266 Vgl. hiezu bereits CORWIN (2) 174/176 und passim.

nung, die im Bereich der auswärtigen Beziehungen eine Parallele in der zunehmenden Bedeutung der *executive agreements* findet. Gemäss Art. I Sektion 8 Ziff. 11 der Verfassung fallen zwar Kriegserklärungen in die Zuständigkeit des Kongresses. Bereits Präsident LINCOLN führte indessen den Sezessionskrieg anfänglich ohne Ermächtigung der Legislative, und die neuere Verfassungspraxis anerkennt, dass der Präsident in gewissen Situationen in seiner Eigenschaft als Oberbefehlshaber der Streitkräfte (Art. II Sektion 2 Ziff. 1 der Verfassung) – jedenfalls beim Fehlen ausdrücklicher entgegenstehender Anordnungen des Kongresses – von sich aus Truppen auch irgendwohin ins Ausland entsenden dürfe[267].

Der Begriff des Krieges ist bekanntlich in der völkerrechtlichen Praxis und Literatur umstritten. Dass von der Exekutive veranlasste bewaffnete Interventionen im Ausland die verfassungsmässig verankerte Zuständigkeit des Kongresses «to declare war» verletzen, kann bei Berücksichtigung der verschiedenen dem Präsidenten von Verfassungs wegen zustehenden Kompetenzen zur Regelung auswärtiger Beziehungen sowie im militärischen Bereich, ferner im Hinblick auf staatsvertragliche Verpflichtungen der USA, in vielen Fällen nicht ohne weiteres angenommen werden. Solche Interventionen können dazu dienen, amerikanische Staatsangehörige im Ausland zu schützen[268], einer befreundeten Nation – wenn auch nicht notwendigerweise aus rein altruistischen Motiven – bei der Unterdrückung innerer Unruhen beizustehen[269], oder sie können sich auf eine Resolution der Vereinigten Nationen stützen[270, 270a].

[267] In diesem Sinn äusserte sich KATZENBACH in einer am 20. Februar 1969 an der University of Michigan Law School gehaltenen Vorlesung, wobei er hinzufügte, dass der Kongress nicht nur durch sein Geldbewilligungsrecht auch in militärischen Belangen eine Kontrolle ausübe, sondern wahrscheinlich überhaupt die Entsendung von Truppen nach einem ausländischen Staat verbieten könne; dagegen dürfe er nicht dem Präsidenten detaillierte Anweisungen betreffend die Modalitäten einer militärischen Intervention (z. B. Festsetzung eines Kontingents) erteilen. Die Kompetenz zur Unterdrückung innerer Unruhen wurde dem Präsidenten bereits in einem Gesetz von 1795 (1 Stat. 424) delegiert.

[268] Dazu CORWIN (4) 126.

[269] Beispiel: Entsendung amerikanischer Truppen nach dem *Libanon* am 15. Juli 1958 durch Präsident EISENHOWER auf Grund eines Hilfegesuches des libanesischen Präsidenten CHAMOUN.

[270] Beispiel: Entsendung amerikanischer Truppen nach *Korea* durch Präsident TRUMAN auf Grund der Resolution 83 des Sicherheitsrates vom 27. Juni 1950. Die

Schwerer dürfte es freilich fallen, die Intervention der USA in *Vietnam,* die ja nicht von einer formellen Kriegserklärung begleitet war, als eine blosse Aktion mit «limited objectives» zu bezeichnen[271]. Immerhin sicherte sich Präsident JOHNSON hier die berühmte *Tonkin Gulf Resolution* vom 10. August 1964, die ihn in einer elastischen Generalklausel ermächtigte, alle erforderlichen Massnahmen, «including the use of armed forces», zu ergreifen[272].

wichtigsten auf den Koreakonflikt bezüglichen Dokumente sind abgedruckt bei William W. BISHOP, International Law, Cases and Materials, 2. Aufl. Boston/Toronto 1962, 759–770 (Neuauflage dieses Werkes steht bevor). Vgl. hiezu und zur *war power* allgemein die interessante Abhandlung von FRANZ PFEFFER, Die Aktion der USA in Korea und das Problem der Entscheidung über Krieg und Frieden in der amerikanischen Verfassungspraxis, Nr. 23 der Hektographierten Veröffentlichungen der Forschungsstelle für Völkerrecht und ausländisches öffentliches Recht der Universität Hamburg, 1955.

[270a] Vgl. neuerdings zum Problem bewaffneter Interventionen amerikanischer Streitkräfte im Ausland die Symposia im Virginia Journal of International Law *10*/1969–70, 33–117, und im American Journal of International Law *65*/1971, 1–83, sowie die Beiträge in der Boston University Law Review *50*/1970, 1–149, und in der New York University Law Review *45*/1970, 625–759 (mit einem sehr ausführlichen Verzeichnis der «Vietnam-Literatur» auf S. 749–759).

[271] Wie dies NICHOLAS DE B. KATZENBACH gegenüber dem Senatsausschuss für Auswärtiges tat; S. 161 des in Fussnote 265 angeführten Hearing-Berichts. Der Court of Military Appeals entschied denn auch, dass die USA in Vietnam Krieg führe. Die Frage stellte sich im Zusammenhang mit der strafrechtlichen Beurteilung eines unerlaubten Verlassens der Truppe. Bei Annahme, dass dieses privilegierte Desertionsdelikt in Friedenszeiten begangen worden sei, wäre die zweijährige Verfolgungsverjährung eingetreten gewesen, während dasselbe Delikt im Krieg gemäss amerikanischem Recht unverjährbar ist (10 U. S. C. § 843); *United States v. Anderson,* 17 U. S. Court of Military Appeals 588 (1968).

[272] House Joint Resolution 1145, 88th Cong., 2d sess., 78 Stat. 384. Die Golf von Tongking-Resolution wurde im Juni 1970 aufgehoben. Welche folgenschweren Entschlüsse ein amerikanischer Präsident von sich aus auf diesem Gebiet fassen kann, zeigte sich, als Präsident NIXON anfangs Mai 1970 Truppen in das – wenigstens auf dem Papier – neutrale Kambodscha einmarschieren liess, ohne vorher den Kongress zu befragen. Auch wenn der Kongress in derartigen Fällen vorher konsultiert wird, handelt es sich – wie Senator FULBRIGHT unter Bezugnahme auf die Kubakrise vom Oktober 1962 vor einem Unterausschuss des Senats ausführte – weniger um eine Konsultation als um ein «briefing, a kind of courtesy or ceremonial occasion for the leadership of the Congress»; Hearings before the Subcommittee on Separation of Powers of the Committee on the Judiciary, United States Senate, 90th Cong., 1st sess., 45). Die Intervention des Präsidenten in Kambodscha führte im Kongress zu einer Neubesinnung über die Kompetenzverteilung auf dem Gebiet der *war power:* Unter anderem beschloss der Senat am 30. Juni 1970 – am selben Tag, an dem Nixon den Rückzug aus Kambodscha als «endgültig» proklamierte –, dem Präsidenten nach dem 1. Juli Kredite für militärische Operationen in Kambodscha

Fragen der *materiellen Zulässigkeit eines Krieges* erweisen sich in mindestens gleich hohem Masse wie solche der innerstaatlichen Zuständigkeit zur Kriegsführung als nicht-justiziabel. Verschiedene der immer wieder als für *political questions* typisch bezeichneten Umstände sind hier kumulativ vorhanden: Nicht nur fehlt dem Gericht jeweils die Möglichkeit, sich auf zuverlässige Weise über die für die Beurteilung massgebenden Fakten zu informieren, sondern es erscheint überhaupt als zweifelhaft, ob für die Anwendung durch einen nationalen Richter geeignete Normen, unter die diese Fakten zu subsumieren wären, bestehen. Das Bedürfnis, dass die Nation mit einer Stimme spreche und sich die obersten Verfassungsorgane nicht gegenseitig in den Arm fallen, ist nirgends derart ausgeprägt wie bei der Ausübung der *war power*. Dass Entscheide betreffend Kriegführung von den politischen Organen in gegenseitigem Zusammenwirken und unter Ausschluss gerichtlicher Überprüfung zu treffen seien, wird zwar in der Verfassung nicht ausdrücklich festgesetzt; wenn man aber versuchen würde, aus der Verfassung durch historische oder teleologische Auslegung einen gerichtsfreien Raum abzuleiten, so fiele dies hier weniger schwer als auf andern Gebieten. Auch eine Beurteilung der zu erwartenden Auswirkungen eines Sachentscheids des Gerichts spricht gegen die Justiziabilität: Einem die Rechtmässigkeit eines Krieges verneinenden Entscheid würde die allerdings dadurch in eine gewisse Verlegenheit gebrachte Exekutive in der Regel keine Nachachtung verschaffen, während sich das Gericht durch eine autoritative Stellungnahme zugunsten der Rechtmässigkeit ohne genaue Kenntnis der relevanten faktischen Umstände dafür mitverantwortlich machen würde. Wie auch der materielle Entscheid ausfiele, eine dadurch bewirkte Politisierung der Justiz wäre kaum zu vermeiden.

Was die *Modalitäten der Kriegführung* anbelangt, so liegt es in der Natur der Sache, dass sich vieles – etwa Aktionen auf dem Schlachtfeld – kaum nachträglich in einem Gerichtsverfahren beurteilen lässt. Das gilt aber nicht schlechthin für sämtliche unter Anrufung der manchmal als Vorwand dienenden «military necessity» getroffenen Massnahmen. So darf etwa, wie zu zeigen sein wird, selbst im Krieg die Militärgerichtsbarkeit nicht beliebig ausgedehnt werden, während Requisitionen zu militäri-

zu sperren. Das Repräsentantenhaus verwarf jedoch diese unter dem Namen *Cooper/Church-Amendment* bekannt gewordene Vorlage.

schen Zwecken Schadenersatzforderungen der Betroffenen begründen können[273].

In einem sehr oft zitierten *obiter dictum* setzte Chief Justice HUGHES die *war power* der «power to wage war successfully» gleich, wobei er freilich keinen Zweifel darüber aufkommen liess, dass auf diesem Gebiet ebenfalls verfassungsmässige Beschränkungen bestehen[274]. Die *war power* wird auch in Friedenszeiten angerufen, um im Interesse der Landesverteidigung liegende Vorsorgen zu treffen. Ein illustratives Beispiel hiefür bildet der *Atomic Energy Act* von 1946[275], der in Sektion 6 die Herstellung von Atombomben, Bombenbestandteilen und anderen Atomwaffen mit ausdrücklicher Zustimmung und gemäss Anweisung des Präsidenten vorsieht[276]. Bereits vor einem Jahrhundert hatte Justice SWAYNE erklärt, die *war power* impliziere die «power to guard against the immediate renewal of the conflict, and to remedy the evils which have arisen from its rise and progress»[277]. Gerade um im Ernstfall in der Lage zu sein, den Krieg zu einem erfolgreichen Abschluss zu bringen,

[273] *United States v. Russel,* 13 Wall. 623 (1871). Weitere Beispiele bei SCHARPF (1) Note 193 auf S. 184. Auch die Frage, ob die kriegsbedingte Zerstörung von Vermögenswerten, um sie dem Feind zu entziehen, eine Schadenersatzpflicht begründe, wurde vom Gericht in *United States v. Caltex Inc.,* 344 U. S. 149 (1952) als justiziabel angesehen und materiell – wenn auch negativ – entschieden. In *National Board of Young Men's Christian Assns. v. United States,* 395 U. S. 85 (1969), wies der Supreme Court eine Schadenersatzforderung ab, die darauf gestützt wurde, dass während des Aufstandes von 1964 in der Panamakanal-Zone Demonstranten zwei von amerikanischen Truppen besetzte Gebäude des Klägers beschädigt hatten. Das Gericht ging dabei davon aus, dass das Militär mit der Besetzung in erster Linie die betreffenden Gebäude habe schützen wollen; namentlich die *concurring opinion* Justice Stewarts auf S. 94 legt die Annahme nahe, dass eine Gutheissung der Schadenersatzklage erfolgt wäre, wenn das Gebäude vom Militär als allgemeine Verteidigungsmassnahme requiriert worden wäre.

[274] *Home Building & Loan Association v. Blaisdell,* 290 U. S. 398 (1934) auf S. 426.

[275] 60 Stat. 755.

[276] Ein Court of Appeals nahm in einem vom nachmaligen Chief Justice BURGER redigierten Entscheid eine *political question* an, als der Chemie-Nobelpreisträger LINUS C. PAULING und andere gegen den Verteidigungsminister und die Atomenergiekommission auf Erlass eines gerichtlichen Verbots, gewisse Versuche mit Atomwaffen durchzuführen, klagten: PAULING v. MCNAMARA, 331 F. 2d 796 (District of Columbia Circuit, 1963); *certiorari* durch Supreme Court abgelehnt in 377 U. S. 933 (1964). Dagegen betrachteten die Bundesgerichte im August 1970 die Frage als justiziabel, ob die Armee 410 Betonbehälter mit Nervengas 450 Kilometer östlich der Küste Floridas im Meer versenken dürfe; «Neue Zürcher Zeitung» Nr. 379 vom 17. August 1970.

[277] *Stewart v. Kahn,* 11 Wall. 493 (1871) auf S. 507.

müssen in Friedenszeiten zahlreiche Anordnungen mit militärischen Implikationen – sowohl durch Militär- als auch durch Zivilbehörden – erfolgen, und Delikte von Militärpersonen werden jeweils in militärgerichtlichen Verfahren abgeurteilt. Heute – im Zeitalter der Atombombe – liegt das Schwergewicht weniger auf der Vorbereitung einer erfolgreichen Abwehr des angreifenden Feindes als bei der Abschreckungswirkung, was auch verfassungsrechtliche Konsequenzen hat. CORWIN schreibt über die Atombombe:

«... *the effect will not be confined to wartime* (wars waged with atomic bombs are likely to be over in a few hours), *but will be spread through peacetime. The effects of the impact of total war on the Constitution will thus become embedded in the peacetime Constitution*[278].»

Das Problem der Justiziabilität militärischer Akte ist mithin nicht bloss von kriegsbedingter Aktualität. Freilich zeigt sich der Supreme Court in Friedenszeiten eher bereit, ganz oder teilweise militärisch bedingte Massnahmen zu überprüfen, während er sich im Krieg diesbezüglich grösste Zurückhaltung auferlegt. Denn, wie CORWIN zutreffend bemerkt:

«Total War is itself a highly justifying, not to say compulsory circumstance, in the presence of which judicial review is apt to be properly self-distrustful, and proportionately ineffective[279].»

Der Widerspruch zwischen verschiedenen Entscheidungen des Supreme Court auf diesem Gebiet kann überhaupt erst damit erklärt werden, *dass sich das Gericht bezüglich der in Kriegszeiten entschiedenen Fälle regelmässig grössere Selbstbeschränkung auferlegte*[280]. Die wichtigeren Entscheidungen, in denen auf Verfassungswidrigkeit militärisch bedingter Massnahmen erkannt wurde, ergingen jeweils erst nach Kriegsende. Aber auch wenn während des Krieges über die Zulässigkeit von Anordnungen, die mit militärischer Notwendigkeit gerechtfertigt werden, zu befinden ist, nimmt der Supreme Court seltener als man vermuten könnte eine eigentliche *political question* an. Meist betrachtet er die angefochtene Anordnung als durch das in Zeiten nationaler Bedrohung beinahe unbegrenzte Ermessen der für die Landesverteidigung verant-

[278] CORWIN (2) 8.
[279] CORWIN (4) 66.
[280] GL. M. SCHARPF (1) 209 unter Hinweis auf ROSSITER 126 f.

wortlichen politischen und militärischen Organe gedeckt[281]. Ein charakteristisches Beispiel hiefür sind die bereits erörterten *Japanese Relocation Cases*[282].

Als weitere Illustrationen mögen Fälle dienen, in denen in *militärgerichtlichen Strafverfahren* gefällte Urteile vor zivilen Bundesgerichten angefochten wurden. Hier sind die Gerichte in aller Regel davon ausgegangen, ihre Zuständigkeit beschränke sich auf die Prüfung der *Jurisdiktion* der militärischen Behörden zur Aburteilung der betreffenden Personen für die in Frage stehenden Delikte und zur Verhängung der ausgefällten Strafen; falls diese zu bejahen sei, könne dagegen nicht überprüft werden, ob das angefochtene Verfahren fehlerhaft gewesen sei[283]. Letzteres wurde jedoch nicht aus der Annahme einer *political question* gefolgert, sondern auf Grund einer Auslegung von Rechtsnormen, die der für die Umschreibung der Kompetenz der unteren Bundesgerichte, der Berufungskompetenz des Supreme Court und der Regelung der Militärorganisation zuständige Kongress erlassen hatte[284].

In einigen neueren Entscheiden bejahte der Supreme Court allerdings eine beschränkte Überprüfbarkeit militärgerichtlicher Entscheide auf Übereinstimmung mit dem vom Kongress vorgeschriebenen Verfahren und mit den verfassungsmässigen Rechten des Angeklagten, indem er jeweils davon ausging, gewisse krasse Fehler (z.B. nicht gehörige Besetzung des Gerichts, Verstoss gegen das Verbot der Strafverfolgung für ein bereits abgeurteiltes Delikt) würden die Jurisdiktion des Militärgerichts in Frage stellen[285].

Seit dem Inkrafttreten des *Uniform Code of Military Justice* von 1950[286], der einen aus drei zivilen, auf fünfzehn Jahre ernannten Rich-

[281] Der Bereich des nicht-justiziablen Ermessens ist freilich auch in Friedenszeiten sehr gross. Es versteht sich von selbst, dass es nicht Sache des Gerichts sein kann, militärische Beförderungen oder Entscheide betreffend Stationierung, Ausrüstung und Ausbildung der Truppen – um nur wenige Beispiele zu nennen – zu überprüfen.

[282] Zit. vorn Fussnote 153 zu diesem Kapitel.

[283] So bereits *In re Grimley,* 137 U.S. 147 (1890) auf S. 50.

[284] Heute massgebend ist 10 U.S.C. § 876, wonach letztinstanzliche militärgerichtliche Entscheide «final» und «conclusive» sind.

[285] Vgl. *Hiatt v. Brown,* 339 U.S. 103 (1950); *Whelchel v. McDonald,* 340 U.S. 122 (1950); *Wade v. Hunter,* 336 U.S. 684 (1949). In *Burns v. Wilson,* 346 U.S. 137 (1953), nahm die Gerichtsmehrheit sogar an, sie könne über die Frage der *jurisdiction* hinaus die Vereinbarkeit des militärgerichtlichen Verfahrens mit grundlegenden Regeln der *fairness,* deren Beachtung die Verfassung fordere, prüfen.

[286] 64 Stat. 107.

tern bestehenden, von der Exekutive grundsätzlich unabhängigen *Court of Military Appeals* als oberste Berufungsinstanz einsetzte und zahlreiche verfahrensrechtliche Garantien vorsah, erscheint das Bedürfnis nach Überprüfbarkeit der Rechtmässigkeit von in militärgerichtlichen Verfahren gefällten Urteilen durch Zivilgerichte als weniger gross. Sogar Chief Justice EARL WARREN bezeichnete den *Military Code* als «diligent effort of Congress to insure that military justice is administered in accord with the demands of due process»[287]. Nach wie vor ist es jedoch, vor allem im Hinblick auf die im ordentlichen Strafverfahren von Verfassungs wegen gewährleistete Aburteilung durch Geschworene, von erheblicher Bedeutung, dass die Frage der *Zuständigkeit der Militärgerichte* vom Supreme Court als justiziabel qualifiziert wird, wobei das Gericht freilich in Friedenszeiten viel eher geneigt ist, eine selbständige Überprüfung der Kompetenzfrage vorzunehmen.

Bereits in *Ex parte Milligan*[288] hob der Supreme Court ein von einer Militärkommission gefälltes und von Präsident ANDREW JOHNSON gebilligtes Todesurteil mangels Zuständigkeit der urteilenden Instanz auf. Beim verurteilten Milligan handelte es sich um einen Anwalt, der während zwanzig Jahren in Indiana gewohnt und im Sezessionskrieg auf Geheiss eines Militärkommandanten in seinem Heim wegen angeblich subversiver Umtriebe verhaftet worden war. Obwohl Milligan nie den amerikanischen Streitkräften angehört hatte, auch nicht in einem der rebellierenden Südstaaten domiziliert war und nicht als Kriegsgefangener gelten konnte, wurde er durch eine von General HOVEY bestellte Militärkommission abgeurteilt. Der Supreme Court liess den Einwand nicht gelten, dass die Zuständigkeit der Kommission auf einer Proklamation Präsident LINCOLNS vom 24. September 1862[289] beruhe; denn die «laws and usages of war» könnten nicht angerufen werden, um den Bürger eines bundestreuen Staates, in welchem – wie in Indiana – das Funktionieren der ordentlichen Gerichte trotz der Kriegsereignisse gewährleistet gewesen sei, durch eine Militärkommission aburteilen zu lassen und ihm dadurch das von der Verfassung geschützte Recht auf Aburteilung durch Geschworene zu versagen. Ex parte Milligan betraf zwar eine während des Sezessionskrieges erfolgte Verurteilung, doch erging der

[287] EARL WARREN 458.
[288] 4 Wall. 2 (1866).
[289] 13 Stat. 730.

Entscheid des Obersten Bundesgerichts nach Kriegsende. Dass eine gerichtliche Stellungnahme während des Krieges möglicherweise weniger eindeutig ausgefallen wäre, lässt sich nicht in Abrede stellen, wenn man folgenden Passus auf S. 109 des Entscheides liest:

«During the late wicked Rebellion, the temper of the times did not allow that calmness in deliberation and discussion so necessary to a correct conclusion of a purely judicial question. *Then,* considerations of safety were mingled with the exercise of power; and feelings and interests prevailed which are happily terminated. *Now,* that the public safety is assured, this question, as well as all others, can be discussed and decided without passion or the admixture of any element not required to form a legal judgment.»

In *Ex parte Vallandigham*[290] war dem Supreme Court die Frage der Zuständigkeit von Militärkommissionen zur Aburteilung von Zivilpersonen noch während des Kriegs vorgelegt worden. Das Gericht hatte damals jedoch eine Sachentscheidung vermieden und sich mit einer verfahrensrechtlichen Begründung auf die «fortress of technicality» – wie sich ROSSITER ausdrückt – zurückgezogen[291]. Dagegen hatte Chief Justice TANEY als Einzelrichter zu Beginn des Bürgerkriegs im berühmten *Merryman-Entscheid*[292] die Suspendierung des writ of *habeas corpus* durch Präsident LINCOLN als verfassungswidrig qualifiziert[293]. Der Umstand, dass Lincoln Taneys Entscheid nicht beachtete, trug wohl wesentlich zur späteren Zurückhaltung des sich über die Grenzen richterlicher Interventionsmöglichkeiten im Krieg klarer bewusst gewordenen Supreme Court in solchen Fragen bei.

Der im Milligan-Entscheid entwickelte Grundsatz, dass Zivilpersonen im Falle der Funktionsfähigkeit der ordentlichen Gerichte nicht vor Militärgerichte gestellt werden dürfen, wurde in *Duncan v. Kahanomoku*[294] bestätigt. Der Fall betraf die Verurteilung zweier Zivilisten durch ein Militärgericht auf Hawaii, wo Gouverneur J. B. POINDEXTER

[290] 1 Wall. 243 (1864).

[291] ROSSITER 29. Freilich fehlte im Vallandigham-Fall eine Zuständigkeitsvoraussetzung; dazu MCCLOSKEY (1) 107/109.

[292] Vgl. vorn Fussnote 133 zu diesem Kapitel.

[293] Die Verfassung sieht zwar in Art. I Sektion 9 Ziff. 2 vor, dass der *writ of habeas corpus* in Fällen der Rebellion und Invasion aufgehoben werden könne. Ob auch der Präsident hiezu kompetent sei, erscheint als zweifelhaft, gerade im Hinblick darauf, dass sich die erwähnte Vorschrift im Artikel über den Kongress befindet.

[294] 327 U. S. 304 (1946).

am 7. Dezember 1941, unmittelbar nach dem Angriff der Japaner auf Pearl Harbor, gestützt auf Sektion 67 des *Hawaiian Organic Act* von 1900[295] und mit Zustimmung Präsident ROOSEVELTS den *writ of habeas corpus* suspendiert, das Kriegsrecht verhängt und sämtliche Gewalt auf den kommandierenden General übertragen hatte. Bezeichnenderweise datiert der Entscheid des Supreme Court, in welchem die militärgerichtliche Aburteilung der Zivilisten in Anbetracht der vorliegenden Umstände als nicht durch die angerufene Bestimmung des Organic Act gedeckt betrachtet wurde[296], von einem Zeitpunkt nach dem Krieg[297].

Sogar wenn jemand grundsätzlich der Militärgerichtsbarkeit untersteht, behält sich der Supreme Court eine Prüfung darüber vor, ob diese Zuständigkeit auch bezüglich des in Frage stehenden Deliktes Platz greife. So hob er in *O'Callahan v. Parker*[298] eine militärgerichtliche Verurteilung auf, weil das eingeklagte Delikt nicht im Zusammenhang mit dem Militärdienst stehe und daher im ordentlichen Verfahren unter Beizug von Geschworenen zu beurteilen sei. Der Angeklagte, ein auf Hawaii stationierter Unteroffizier, war während des Urlaubs in Zivilklei-

[295] 31 Stat. 141 auf S. 153. Vgl. Näheres bei SMITH 282 f.

[296] Das Gericht gelangte also in seiner offiziellen Begründung auf dem Weg der *Auslegung einer Gesetzesbestimmung* zum erwähnten Ergebnis. Demgegenüber hatte es in *Ex parte Milligan* nicht nur direkt auf Grund der Verfassung entschieden, sondern die Gerichtsmehrheit war damals in ihrer an *obiter dicta* reichen Begründung davon ausgegangen, dass nicht einmal der Kongress solche Verfahren gegen Zivilpersonen vorsehen dürfe. Im bereits erwähnten Fall *Reid v. Covert,* 354 U. S. 1 (1957), sowie in *United States ex rel. Toth v. Quarles,* 350 U. S. 11 (1955), versagte dann der Supreme Court Bestimmungen im *Military Code* betreffend Zuständigkeit der Militärgerichte über Begleitpersonen von Wehrmännern bzw. über ehemalige Soldaten wegen Verfassungswidrigkeit die Anwendung. Im Reid-Entscheid führte Justice BLACK auf S. 34/35 der offiziellen Urteilsbegründung aus: «While we recognize that the ‚war powers' of the Congress and the Executive are broad, we reject the Government's argument that present threats to peace permit military trial of civilians accompanying the armed forces overseas in an area where no actual hostilities are under way. The exigencies which have required military rule on the battlefront are not present in areas where no conflict exists.» In *Madsen v. Kinsella,* 343 U. S. 341 (1952), war die Zuständigkeit eines vom Präsidenten eingesetzten Militärgerichts zur Aburteilung von Zivilpersonen in dem vom amerikanischen Militär besetzten Deutschland vom Supreme Court bejaht worden. Weitere Beispiele bei KAUPER (6) 517.

[297] Vgl. Näheres bei J. GARNER ANTHONY, Hawaii under Army Rule, Stanford 1955, insbesondere 77–97.

[298] 395 U. S. 258 (1969). Vgl. dazu *Note* in Northwestern University Law Review *64*/1969–70, 930–942, sowie *Note* in Columbia Law Review *70*/1970, 1262–1291.

dern in ein Hotelzimmer eingedrungen und hatte dort versucht, ein Mädchen zu vergewaltigen.

Dass der Supreme Court im Krieg kaum willens ist, militärgerichtliche Urteile wegen fehlender Zuständigkeit aufzuheben, zeigt *Ex parte Quirin*[299]. Der Fall betraf acht Nazi-Saboteure, die im Juni 1942 in zwei Unterseebooten an der amerikanischen Küste gelandet waren und dort für die Zerstörung strategisch wichtiger amerikanischer Anlagen bestimmte Sprengstoffe vergraben sowie ihre Uniformen mit Zivilkleidern vertauscht hatten, um sich hernach ins Landesinnere zu begeben. Präsident F. D. ROOSEVELT erliess am 2. Juli 1942 zwei Proklamationen, in denen er für solche Fälle die Zuständigkeit der Militärgerichte begründete und eine Militärkommission zur Aburteilung der Saboteure einsetzte[300]. Der Supreme Court trat zwar auf die *habeas corpus*-Begehren der von der Militärkommission zum Tode Verurteilten ein, bejahte jedoch einstimmig, gestützt auf eine grosszügige Interpretation der *war power* des Präsidenten, die Jurisdiktion der Militärkommission.

Weniger verständlich ist allerdings, dass der Supreme Court in dem erst nach Kriegsende entschiedenen Fall *In re Yamashita*[301] – diesmal allerdings nicht einstimmig – die Zuständigkeit der von einem amerikanischen General eingesetzten Militärkommission bejahte, die den japanischen Oberbefehlshaber auf den Philippinen, General Tomoyuki Yamashita, zum Tode verurteilt hatte. Chief Justice EARL WARREN, der damals noch nicht dem Supreme Court angehörte, schrieb später über diesen Fall, das Gericht habe «denied habeas corpus relief to an officer of the enemy vanquished in a war fought in the cause of the Constitution, but who, for his wartime actions, was subjected to an American military court whose procedures were questionably squared with the spirit of due process»[302].

Strafurteile internationaler Militärgerichte werden grundsätzlich nicht vom Supreme Court überprüft, weil sich das Gericht als hiezu nicht zuständig betrachtet[303].

[299] 317 U. S. 1 (1942).
[300] 7 F. R. 5101 und 5103.
[301] 327 U. S. 1 (1946).
[302] EARL WARREN 473 Note 31; vgl. auch ROSSITER 117.
[303] Vgl. *Hirota v. MacArthur,* 338 U. S. 197 (1948), wo sich der Supreme Court als unzuständig zur materiellen Behandlung der *habeas corpus*-Begehren verschiedener hoher japanischer Funktionäre – unter denen sich Minister und Generäle befanden –

Im Bereich der militärischen Gewalt ergingen eigentliche *political question*-Entscheidungen nur bezüglich folgender Fragen[304]:

b$_1$) Bestimmung von Beginn und Dauer des Krieges im Hinblick auf daraus resultierende völkerrechtliche Konsequenzen

Aktuell wurde diese Selbstbeschränkung des Gerichts im Zusammenhang mit dem gegenüber ausländischen Schiffen beanspruchten *Prisenrecht*. Eine heikle Situation ergibt sich dabei für das Gericht, wenn faktisch Kriegszustand herrscht, ohne dass jedoch eine formelle Kriegserklärung erfolgt wäre. Das traf während des Sezessionskrieges zu, und Prozesse, in denen die Zulässigkeit der von Präsident LINCOLN über verschiedene Häfen verhängten Blockade und der gestützt darauf ergangenen Aufbringung neutraler Blockadenbrecher angefochten wurde, gelangten damals an den Supreme Court. In den im Stimmenverhält-

erklärte, die durch das von General MacArthur in seiner Eigenschaft als Oberbefehlshaber der Alliierten Streitkräfte eingesetzte internationale Militärtribunal zum Tode oder zu hohen, meist lebenslänglichen Freiheitsstrafen verurteilt worden waren. In seiner *concurring opinion* wollte zwar Justice DOUGLAS die Zuständigkeit bejahen, vorab weil sich die Verurteilten im Gewahrsam des amerikanischen Militärs befanden, einem Sachentscheid jedoch durch Annahme einer *political question* ausweichen. Auf den Kriegsverbrecherprozess von Tokio bezügliche Dokumente sind abgedruckt im Sammelband *Judgment of the International Military Tribunal for the Far East,* ohne Ortsangabe, November 1948. In den berühmten Nürnberger Kriegsverbrecherprozessen wirkte Justice JACKSON als Hauptankläger mit, weshalb er mehrmals in den Ausstand trat, als solche Fälle – ohne Erfolg – an den Supreme Court weitergezogen wurden; vgl. etwa *In re Heim,* 335 U. S. 856 (1948) und dort erwähnte Nichteintretens-Beschlüsse. Interessant ist *Everett v. Truman,* 334 U. S. 824 (1948), weil hier der amerikanische Präsident als Beklagter angeführt wurde; es handelt sich dabei um den Nichteintretens-Entscheid auf ein gegen Präsident Truman gerichtetes *habeas corpus*-Begehren, das der mit der Verteidigung deutscher Kriegsverbrecher in Dachau beauftragte Oberst Everett namens eines Angeklagten gestellt hatte.

304 Dass die *Zuständigkeit zur Kriegführung* und die *Rechtmässigkeit eines Krieges* als *political questions* qualifiziert würden, ist anzunehmen, doch kam es meines Wissens nie zu Entscheidungen des Supreme Court über die Justiziabilität solcher Fragen. In *Mora v. McNamara,* zit. vorn Fussnote 140 zu diesem Kapitel, wich das Gericht durch Nichtgewährung von *certiorari* einer diesbezüglichen Stellungnahme aus. In *Johnson v. Eisentranger,* 339 U. S. 763 (1950), wo deutsche Staatsangehörige ohne Erfolg ihre Verurteilungen durch eine mit Zustimmung der chinesischen Regierung in Nanking eingesetzte amerikanische Militärkommission anfochten, bemerkte der Supreme Court in einem nicht entscheidungserheblichen Passus auf S. 789: «Certainly it is not the function of the Judiciary to entertain private litigation – even by a citizen – which challenges the legality, the wisdom, or the propriety of the Commander-in-Chief in sending our armed forces abroad or to any particular region.»

nis 5:4 entschiedenen *Prize Cases*[305] fand der Supreme Court, dass das Prisenrecht Ausfluss des *ius belli* sei und dass der Präsident zu bestimmen habe, ob Aufständische als Belligerenten zu betrachten seien, wobei dessen Qualifizierung das Gericht binde. Die Verkündung der Blockade sei «official and conclusive evidence», dass Kriegszustand geherrscht habe[306]. Freilich traf das Gericht seinen Entscheid erst, nachdem es in längeren Erwägungen materieller Natur versucht hatte, Lincolns Vorgehen zu rechtfertigen.

In *The Pedro*[307] hing die Zulässigkeit der Aufbringung eines spanischen Schiffes davon ab, ob die Prisennahme vor oder während des spanisch-amerikanischen Krieges erfolgt war. Das Gericht betrachtete sich hier – wie auch in späteren Entscheiden[308] – an die Festsetzung des Kriegsbeginns durch den für Kriegserklärungen zuständigen Kongress gebunden.

Political question ist aber in solchen Fällen nur das Vorliegen eines Kriegszustandes als Voraussetzung für die Ausübung einer auch neutrale Staaten treffenden Blockade. Auf welche Objekte sich das Prisenrecht erstrecke, entscheidet das Gericht unter Umständen selbständig[309].

Sogar wenn das Gericht Deklarationen politischer Organe über Beginn, Dauer und Ende des Krieges als verbindlich betrachtet, kommt es manchmal nicht darum herum, eine Auswahl zwischen zeitlich auseinanderliegenden Willensäusserungen treffen zu müssen. So entschied der Supreme Court in *Ribas y Hijo v. United States*[310], wo ebenfalls die Rechtmässigkeit der Beschlagnahme eines Schiffes angefochten war, dass der amerikanisch-spanische Krieg erst durch die im April 1899 erfolgte Ratifizierung des am 10. Dezember 1898 in Paris unterzeichneten Friedensvertrages[311] beendet worden sei und nicht bereits durch das

[305] 2 Black 635 (1863).
[306] A.a.O. 670.
[307] 175 U.S. 354 (1899).
[308] Post 37 Note 103; Scharpf (1) 157 Note 20.
[309] *The Paquete Habana,* 175 U.S. 677 (1900): Unzulässigkeit der von Admiral Sampson angeordneten Erstreckung der Blockade auf unbewaffnete Fischerboote in Küstengewässern. Das Gericht wandte hier Völkergewohnheitsrecht an, weil keine einschlägige Regelung durch Staatsvertrag, Gesetz oder Präsidialakt bestand. Eine Entscheidung des Kongresses oder des Präsidenten über den Umfang des Prisenrechts hätte der Supreme Court kaum desavouiert; gl. M. Scharpf (1) 177.
[310] 194 U.S. 315 (1904).
[311] 30 Stat. 1754.

Protokoll vom 12. August 1898[312], in welchem die von den Regierungen der USA und Spaniens hiezu Bevollmächtigten u. a. eine Einstellung der Feindseligkeiten vereinbart hatten, in Verbindung mit einer entsprechenden Proklamation Präsident WILLIAM McKINLEYS[313] vom gleichen Tag[314].

Meistens ist die Bestimmung der Dauer des Kriegszustandes nur zur Lösung einer Frage des *innerstaatlichen Rechts* entscheidend, z. B. wenn die Geltung eines Gesetzes oder Vertrages auf die Dauer des Kriegszustandes begrenzt wird, eine prozessrechtliche Frist gemäss gesetzlicher Anordnung während des Krieges ruhen soll oder die verfassungsmässige Zuständigkeit zur Ausübung der *war power* in einem bestimmten Zeitpunkt als fraglich erscheint.

Ist die Festsetzung der Kriegsdauer lediglich deshalb vorzunehmen, weil ein vom Gericht auszulegendes und anzuwendendes Gesetz Ausdrücke wie «Krieg» oder «Frieden» verwendet, so entscheidet der Supreme Court jeweils selber, ob auf den de facto-Zustand oder auf eine Proklamation der politischen Organe abzustellen sei, wobei er dazu neigt, sich auf irgendeinen politischen Akt zu stützen[315]. Dasselbe gilt bezüglich der Vertragsauslegung, etwa wenn in einem Versicherungs-

[312] 30 Stat. 1742.

[313] 30 Stat. 1780.

[314] Bereits in den *Prize Cases* hatte der Supreme Court im Grunde genommen eine Wahl zwischen zeitlich auseinanderliegenden Deklarationen der politischen Organe getroffen, indem er die Verhängung der Blockade durch den Präsidenten als massgebend betrachtet hatte, nicht die erst nach der Aufbringung der Schiffe am 13. Juli 1861 erfolgte Anerkennung des Bürgerkriegs-Zustandes durch den für Kriegserklärungen zuständigen Kongress. POST vertritt daher die Auffassung, der Supreme Court habe im betreffenden Fall «in part, at least, determined when the war began»; POST 43. Immerhin konnte kaum Zweifel darüber bestehen, dass der Kongress das Verhalten LINCOLNS nachträglich genehmigt hatte.

[315] Vgl. *The Protector,* 12 Wall. 700 (1871): Ruhen einer Rechtsmittelfrist während des Sezessionskrieges, dessen Dauer das Gericht auf Grund von Proklamationen des Präsidenten bestimmte. Vgl. demgegenüber *Lee v. Madigan,* 358 U. S. 228 (1959): Gemäss gesetzlicher Regelung war die Zuständigkeit der Militärgerichte für bestimmte in Friedenszeiten begangene Verbrechen ausgeschlossen. Der Supreme Court entschied, dass ein am 10. Juni 1949 – also nach Beendigung der Feindseligkeiten im Jahr 1945, aber bevor das Ende des Krieges mit Deutschland und Japan vom Präsidenten oder vom Kongress verkündet worden war – verübtes Delikt «in time of peace» begangen worden sei. Derartige Begriffe müssten in Berücksichtigung der konkreten Umstände und des in Frage stehenden Gesetzes ausgelegt werden, wobei die Zuständigkeit der Militärgerichte im Zweifel zu verneinen sei.

vertrag die Leistungspflicht des Versicherers während des Krieges ausgeschlossen wurde. Hier erscheint eine selbständige Äusserung des Gerichts über die Kriegsdauer als unbedenklich, denn:

«Whether or not this clause applies to a particular instance is not a question on which the nation must speak with one voice[316].»

Die Ermittlung, ob in einem bestimmten Zeitpunkt Krieg bestanden habe, kann ferner eine Rolle spielen, wenn die *Verfassungsmässigkeit der Ausübung der war power* als *implied power*[317] bestritten wird. Auch über das Vorhandensein der Voraussetzungen für die Anrufung der *war power* entscheidet das Gericht jeweils materiell, wobei es freilich den politischen Organen ein weit gehendes Ermessen zugesteht, das im aktuellen Kriegsfall kaum begrenzt ist und sich auch auf wirtschafts- und finanzpolitische Massnahmen erstrecken kann[318]. Wie bereits erwähnt wurde, kann die *war power* auch in Friedenszeiten ausgeübt werden. Anderseits rechtfertigt nicht jedes mangels Abschluss eines Friedensvertrages Andauern des formellen Kriegszustandes eine Anrufung der *war power* als Kompetenzgrundlage für Gesetze und Verfügungen mit Notstandscharakter, wenn de facto Friede herrscht. Das Gericht pflegt unabhängig von formellen Kriterien zu prüfen, ob unter Berücksichtigung der konkreten Umstände eine die angefochtene Massnahme rechtfertigende Situation vorgelegen habe[319].

Freilich lassen sich Präjudizien anführen, in denen der Supreme Court die Wertung der politischen Behörden über das Vorhandensein der Voraussetzungen zur Ausübung der *war power* als nicht-justiziabel betrachtete. SCHARPF gelangte auf Grund der Auswertung zahlreicher

[316] M. H. CARDOZO 491.

[317] Vgl. zum Begriff der mitinbegriffenen Zuständigkeiten die Bemerkungen vorn S. 14 f.

[318] Vgl. etwa den vorn Fussnote 210 zu Kapitel 1 zit. Entscheid *Knox v. Lee*.

[319] Beispiele: *Hamilton v. Kentucky Distilleries & Warehouse Co.,* 251 U.S. 146 (1919): Zulässigkeit des Verkaufsverbots von Trinkbranntwein bis zum Abschluss der nach dem Ersten Weltkrieg erfolgten Demobilmachung; *Woods v. Cloyd W. Miller Co.,* 333 U.S. 138 (1948): Kompetenz des Kongresses, gestützt auf die *war power* und im Hinblick auf die als Folge des Zweiten Weltkrieges durch Unterbrechung der Bautätigkeit und Demobilmachung der Streitkräfte entstandenen Wohnungsknappheit Höchst-Mietzinse in «defense-rental areas» festzusetzen. Diese und weitere Beispiele sind bei SCHARPF (1) 163 f. ausführlich erörtert. Vgl. auch ROSSITER 82–87 und 92–100.

Entscheide zum interessanten Ergebnis, der scheinbare Widerspruch in der höchstrichterlichen Rechtsprechung lasse sich damit erklären, dass in solchen Fällen *kein Eingriff in einen spezifischen grundrechtlichen Bereich* in Frage gestanden habe und dass erst ein solcher Eingriff die tatsächlichen Voraussetzungen dieser Kompetenzausübung justiziabel mache[320].

b_2) Ausübung der war power gegen Angehörige eines feindlichen Staates

Die erwähnte These SCHARPFS basiert auf der Prämisse, dass feindliche Ausländer generell nicht unter dem Schutz der Grundrechte stehen. Wie dem auch sei, die Grenze zwischen justiziablen und nicht-justiziablen Fällen erweist sich als fliessend, und das gilt besonders dort, wo der Richter zu beurteilen hat, ob eine Streitfrage eine *political question* darstelle oder nicht. Die besondere Schutzwürdigkeit der geltend gemachten Interessen kann den Supreme Court veranlassen, strengere Anforderungen an die Rechtmässigkeit des angefochtenen Aktes zu stellen. Während auch Ausländer einen – wenn auch nicht umfassenden – Grundrechtsschutz geniessen, ist das Bedürfnis des Obersten Bundesgerichts, zugunsten von Angehörigen feindlicher Staaten zu intervenieren, nicht ausgeprägt. Wäre überdies in solchen Fällen ein gerichtlicher Sachentscheid mit politischen Implikationen verbunden, was bei der Überprüfung der Ausübung der *war power* gegen Angehörige von Feindstaaten oft zutrifft, so fällt es dem Gericht nicht schwer, einer materiellen Prüfung durch Annahme einer *political question* aus dem Weg zu gehen. Meist zieht der Supreme Court allerdings auch hier vor, materiell zu entscheiden, wobei er dann – wie im *Yamashita-Fall*[321] – die Tendenz hat, den angefochtenen Akt durch extensive Auslegung der *war power* zu legalisieren.

In *Commercial Trust Co. v. Miller*[322] wurde die Frage der zeitlichen Grenze für die Ausübung der *war power* als eine politische qualifiziert: Der *Trading with the Enemy Act* von 1917[323] ermächtigte den Präsidenten zur Sequestration von Eigentum «held... for the benefit of an enemy». Diese Kompetenz durfte er an einen Treuhänder delegieren, des-

[320] SCHARPF (1) 191/193.
[321] Zit. vorn Fussnote 301 zu diesem Kapitel.
[322] 262 U.S. 51 (1923).
[323] 40 Stat. 411 und 1020.

sen Verfügungen «conclusive» sein sollten. Der Alien Property Custodian ordnete an, dass ihm die Commercial Trust Co. Geld und Obligationen, in bezug auf welche ein deutscher Staatsangehöriger verfügungsberechtigt war, abzuliefern habe. Die Bank, an die diese Verfügung gerichtet war, wendete u. a. ein, dass das Sequestrationsgesetz im Hinblick auf die «emergency of war» erlassen worden sei und seit dem Ende des Ersten Weltkrieges nicht mehr gelte. Dabei berief sie sich auf die *joint-resolution* des Kongresses vom 2. Juli 1921, die den Krieg mit Deutschland als beendet erklärte[324], sowie auf die Friedens-Proklamation des Präsidenten vom 25. August 1921[325]. Der Supreme Court prüfte jedoch gar nicht, ob die Anwendung des Gesetzes in einem Zeitpunkt, nachdem die politischen Organe den Frieden verkündet hatten, noch verfassungsmässig sei, sondern begnügte sich mit der Überlegung, es sei Sache der Legislative, die fraglichen Normen durch *contrarius actus* aufzuheben, wenn sie die bei deren Erlass angenommene «necessity» als nicht mehr vorhanden betrachte. Weiter führte das Gericht aus:

«A court cannot estimate the effects of a great war and pronounce their termination at a particular moment of time, and that its consequences are so far swallowed up that legislation addressed to its emergency had ceased to have purpose or operation with the cessation of the conflict in the field[326].»

Mit einer Mehrheit von bloss einer Stimme nahm der Supreme Court nach dem Zweiten Weltkrieg in *Ludecke v. Watkins*[327] an, die Frage der Fortdauer des Kriegszustandes sei bezüglich der gestützt auf die *war power* erfolgten Ausweisungen von Angehörigen aus Feindstaaten nichtjustiziabel: Der deutsche Staatsangehörige Ludecke war auf Grund des *Alien Enemy Act* von 1798[328], der den Präsidenten zur Ausweisung feindlicher Ausländer im Krieg ermächtigte, sowie einer gestützt darauf ergangenen Proklamation des Präsidenten ausgewiesen worden. Ludecke machte geltend, die Voraussetzungen zur Ausübung der *war power* seien nicht mehr gegeben. Das Gesetz beschränkte zwar die Ermächtigung des Präsidenten auf die Dauer eines «declared war», doch

[324] 42 Stat. 105.
[325] 42 Stat. 1939.
[326] 262 U.S. auf S. 57.
[327] 335 U.S. 160 (1948).
[328] 1 Stat. 577, revidiert durch 40 Stat. 531; 50 U.S.C. § 21.

stellte sich die Frage, ob eine solche Ermächtigung vor der Verfassung standhalte, wenn – wie im betreffenden Fall – der Krieg de facto bereits beendet war. Das Gericht gab sich jedoch damit zufrieden, der Kriegszustand sei formell nicht beendet worden, wobei Justice FRANKFURTER in der offiziellen Begründung u. a. ausführte:

«The political branch of the Government has not brought the war with Germany to an end. ... It is not for us to question a belief by the President that enemy aliens who were justifiably deemed fit subjects for internment during active hostilities do not lose their potency for mischief during the period of confusion and conflict which is characteristic of a state of war even when the guns are silent but the peace of Peace has not come. These are matters of political judgment for which judges have neither technical competence nor official responsibility[329].»

Die beiden vorstehend erwähnten Entscheidungen betrafen die Frage der *zeitlichen Grenzen für die Ausübung der war power,* die vom Supreme Court als *political question* bewertet wird, wenn die *Kompetenzmässigkeit* einer Massnahme gegen den *Angehörigen eines Feindstaates* davon abhängt. Was die *materielle Zulässigkeit* der gegen solche Personen getroffenen Anordnungen anbelangt, so scheint sich das Oberste Bundesgericht als daran gehindert zu betrachten, Akte des Kongresses auf ihre *Vereinbarkeit mit dem Völkerrecht* zu überprüfen. Chief Justice MARSHALL führte in *Brown v. United States,* wo es um die völkerrechtliche Zulässigkeit einer Beschlagnahme feindlichen Eigentums ging, aus:

«When war breaks out, the question, what shall be done with enemy property in our country, is a question rather of policy than of law. The rule which we apply to the property of our enemy, will be applied by him to the property of our citizens. Like all other questions of policy, it is proper for the consideration of a department which can modify it at will; not for the consideration of a department which can pursue only the law as it is written[330].»

Dagegen wird die Zulässigkeit von Massnahmen gegen feindstaatliche Angehörige gemäss *innerstaatlichem Recht* vom Gericht – wenn auch mit grösster Zurückhaltung – jeweils materiell überprüft, wobei es Anordnungen, die irgendwie als für die Fortführung des Krieges notwendig gerechtfertigt werden können, ungeachtet der dadurch bewirkten Beeinträchtigung der Rechte der Betroffenen legalisiert und überdies eine sehr weit gehende Kompetenz des Gesetzgebers anerkennt, die Zu-

329 A.a.O. 170.
330 8 Cranch 110 (1814) auf S. 128/129.

ständigkeit der zivilen Bundesgerichte oder den Rechtsweg überhaupt auszuschliessen[331].

b$_3$) Festsetzung der zeitlichen Grenzen der militärischen Herrschaft über besetztes feindliches Territorium

Dass der Supreme Court die Bestimmung der Grenzen der amerikanischen Gebietshoheit als eine politische Frage betrachtet, wurde bereits festgestellt[332]. Dabei wird nicht nur der Entscheid der politischen Organe über die *räumliche* Ausdehnung der Gebietshoheit der USA als verbindlich respektiert, sondern auch deren Festsetzung der *zeitlichen* Grenzen dieser Herrschaft, was im Falle militärischer Okkupation feindlichen Territoriums aktuell wird. In *United States v. Yorba* führte das Oberste Bundesgericht aus:

«The political department of the government at least appears to have designated that day as the period when the conquest of California was completed, and the Mexican officials were displaced, and in this respect the judiciary follows the action of the political department[333].»

Bei der Beurteilung der Kompetenzen des Präsidenten in bezug auf die Beherrschung feindlicher, militärisch besetzter Gebiete erreicht die gerichtliche Kontrolle – trotz zahlreicher materieller Entscheidungen – beinahe den Nullpunkt. ROSSITER spricht dabei von einem «field in which the Court has done a great deal of interpreting and exercised no control, indeed has been a sort of judicial handmaiden to perfect absolutism»[334].

b$_4$) Massnahmen zur Überwindung innerstaatlicher Krisen

Bezüglich der gerichtlichen Überprüfbarkeit von Massnahmen zur Überwindung einer innerstaatlichen Krise kommt der *political question*-Doktrin wenig Bedeutung zu.

331 Beispiele bei SCHARPF (1) 177–179.

332 Vgl. Abschnitt IV 3a_3 dieses Kapitels.

333 1 Wall. 412 (1863) auf S. 423. Bestätigung in *Hornsby v. United States,* 10 Wall. 224 (1869) auf S. 239. Vgl. auch *Neely v. Henkel,* 180 U.S. 109 (1901) auf S. 124, wo der Supreme Court beiläufig feststellte, es sei Sache der «political branch of the Government» zu bestimmen, wann die militärische Besetzung und Kontrolle Kubas aufgehört habe.

334 ROSSITER 125; vgl. die von Rossiter auf S. 120 f. angeführten Entscheide.

Zwar steht die Polizeigewalt grundsätzlich den Einzelstaaten zu, doch kann auch der Bund zum Schutz polizeilicher Güter tätig werden, nicht nur bei Ausübung seiner enumerierten Kompetenzen, sondern allgemein dann, wenn dies zur Unterdrückung innerer Unruhen erforderlich ist. Der Supreme Court entscheidet grundsätzlich materiell, ob derartige Notstandsmassnahmen notwendig gewesen und durch die zuständige Instanz angeordnet worden seien, wobei er ein weit gehendes Ermessen der politischen Organe anerkennt und sogar schwerwiegende Eingriffe in Freiheitsrechte aufrechthält, wenn die Notwendigkeit der angefochtenen Massnahmen einigermassen plausibel erscheint.

Während der Supreme Court aber im Bereich der auswärtigen und der militärischen Gewalt eine deutliche Tendenz zeigt, eine unabhängig von in der Verfassung aufgezählten einzelnen Kompetenzen und von gesetzlichen Delegationsnormen bestehende, allgemeine Handlungsbefugnis des Präsidenten anzuerkennen[335], ist er auf dem Gebiet der Innenpolitik sogar im Falle der Anfechtung von krisenbedingten Anordnungen eher bereit, die Zuständigkeit des Präsidenten kritisch zu überprüfen.

Freilich darf man aus dem berühmten *Stahlwerkbeschlagnahmefall*[336] nicht zuviel ableiten. Der Entscheid erging in einem Stimmenverhältnis von 6:3, wobei sämtliche sechs Richter der Mehrheit besondere, in wesentlichen Punkten voneinander divergierende Begründungen verfassten. Dem Entscheid lag folgender Sachverhalt zugrunde: Im Jahre 1951 fanden Auseinandersetzungen zwischen Stahlwerken und deren Arbeitnehmern über die Bedingungen eines künftigen kollektiven Arbeitsvertrages statt. Nachdem die Stahlarbeitergewerkschaft einen Streik von nationalem Ausmass angekündigt hatte und mehrere Schlichtungsversuche der Bundesexekutive missglückt waren, kündete die Gewerkschaft am 4. April 1952 einen Streik an, dessen Beginn auf den Nachmittag des 9. April festgesetzt wurde. Am 8. April wies Präsident TRUMAN seinen Secretary of Commerce an, Besitz von den meisten Stahlwerken zu ergreifen und deren Betrieb aufrechtzuerhalten[337]. Dabei betonte der Präsident die Notwendigkeit von Stahl im Zusammenhang mit dem

[335] Vgl. etwa den bereits erwähnten *Curtiss-Wright-Fall,* 299 U.S. 304 (1936).

[336] *Youngstown Sheet & Tube Co. v. Sawyer,* 343 U.S. 579 (1952).

[337] Der Text dieser *executive order* 10340, 17 F.R. 3139, ist auf S. 589–592 des Entscheides abgedruckt.

Koreakonflikt und der Landesverteidigung allgemein. Die Stahlwerke erblickten im Vorgehen des Präsidenten eine unzulässige, dem Kongress vorbehaltene Ausübung legislativer Funktionen.

Eine vom zuständigen District Court auf ihre Klage hin verfügte *preliminary injunction,* wonach dem Handelssekretär einstweilen die Fortsetzung der Beschlagnahme und die Besitzergreifung der Werke untersagt wurde, bestätigte der Supreme Court, wobei er von der Rechtswidrigkeit der Anordnung des Präsidenten ausging. Immerhin konnte das Gericht darauf hinweisen, dass sich der Kongress bei der Beratung des *Labor Management Relations (Taft-Hartley) Act* von 1947[338] gegen die Möglichkeit der Beschlagnahme von Werken als Mittel zur Lösung von Arbeitskonflikten ausgesprochen hatte[339]. Die sechs Richter der Mehrheit waren sich darüber einig, dass der Präsident in solchen Fällen nicht dem Willen des Kongresses zuwiderhandeln dürfe. Einige dieser Richter wollten weiter gehen und das Vorgehen des Präsidenten schon deshalb verurteilen, weil es eine weder durch ausdrückliche Kompetenznormen der Verfassung noch durch Ermächtigung seitens der Legislative autorisierte Ausübung legislativer Gewalt darstelle. Anderseits gingen die drei *dissenters* davon aus, dass die Anordnung des Präsidenten angesichts der bestehenden Krise gerechtfertigt gewesen sei und dass sich nicht in schlüssiger Weise ergebe, dass der Kongress in einer Situation wie der vorliegenden ein solches Vorgehen habe ausschliessen wollen. Wäre der Präsident durch den Kongress ausdrücklich zur Beschlagnahme der Stahlwerke bevollmächtigt worden, so kann nicht bezweifelt werden, dass der Supreme Court die angefochtene Anordnung als rechtmässig betrachtet hätte; ein Entscheid zugunsten der Verfassungsmässigkeit der Beschlagnahme wäre aber voraussichtlich – was sich aus der Analyse der abgegebenen Voten ergibt – auch ergangen, wenn zwar keine Ermächtigung durch Verfassung oder Gesetz vorgelegen hätte, der Kongress jedoch nicht früher gegen die Einsetzung solcher Mittel zur Lösung von Arbeitskonflikten Stellung genommen hätte. Zudem gingen die Richter der Mehrheit offenbar davon aus, dass die Beschlagnahme keine kriegsbedingte Massnahme darstelle[340].

338 61 Stat. 136.

339 93 Cong. Rec. 3637 f. und 3835/3836.

340 Dass Justice JACKSON den Koreakonflikt nicht als eigentlichen Krieg auffasste, ergibt sich aus S. 641–643 seiner *concurring opinion.*

Präsident Truman befolgte sofort den Entscheid des Supreme Court, den er später in seinen Memoiren wie folgt kommentierte:

«Whatever the six justices of the Supreme Court meant by their differing opinions about the constitutional powers of the President, he must always act in a national emergency. It is not very realistic for the justices to say that comprehensive powers shall be available to the President only when a war has been declared or when the country has been invaded. We live in an age when hostilities begin without polite exchanges of diplomatic notes. ... Nor can we separate the economic facts from the problems of defense and security. ... The President, who is Commander in Chief and who represents the interest of all the people, must be able to act at all times to meet any sudden threat to the nation's security. A wise President will always work with Congress, but when Congress fails to act or is unable to act in a crisis, the President, under the constitution, must use his powers to safeguard the nation[341].»

In einem Fall nimmt allerdings das Oberste Bundesgericht eine *political question* an, nämlich bezüglich der *Feststellung der Exekutive, dass eine die Einsetzung von Truppen erfordernde innere Unruhe vorliege*. Damit besteht eine Parallele zum Gebiet der *war power,* wo das Gericht offenbar nicht willens ist, die Zulässigkeit der vom Präsidenten angeordneten Truppenentsendungen zu überprüfen.

Wichtiges Präjudiz ist hier *Martin v. Mott*[342]*:* Gemäss Art. I Sektion 8 Ziff. 15 der Verfassung steht dem Kongress die Kompetenz zu, «to provide for calling forth the militia to execute the laws of the Union, suppress insurrections and repel invasions». Diese Kompetenz wurde bereits 1795 weitgehend dem Präsidenten delegiert[343]. Als Martin, der in einem solchen Falle einem Marschbefehl nicht Folge geleistet hatte und deshalb mit einer Busse bestraft worden war, das Vorhandensein der materiellen Voraussetzungen einer Einberufung in casu in Frage stellte, hielt ihm der Supreme Court entgegen:

«We are all of opinion, that the authority to decide whether the exigency has arisen, belongs exclusively to the President, and that his decision is conclusive upon all

[341] Dieser Passus ist zitiert auf S. 175 von Alan F. Westin, The Anatomy of a Constitutional Law Case, New York 1958, einem Buch, in welchem der Entscheidungsprozess des Supreme Court anhand des Stahlwerkbeschlagnahmefalles illustriert wird. Aus der Literatur zu diesem Fall seien noch erwähnt: Edward S. Corwin, The Steel Seizure Case: A Judicial Brick without Straw, Columbia Law Review *53*/1953, 53–66; Paul G. Kauper, The Steel Seizure Case: Congress, The President and the Supreme Court, in: *Selected Essays on Constitutional Law* 129–159 (Abdruck aus Michigan Law Review *51*/1952–53, 141 f.)

[342] 12 Wheat. 19 (1827).

[343] 1 Stat. 424.

other persons. ... The power itself is to be exercised upon sudden emergencies, upon great occasions of state, and under circumstances which may be vital to the existence of the Union [344, 345].»

In *Moyer v. Peabody*[346] ging der Supreme Court in der von Justice HOLMES geschriebenen Urteilsbegründung davon aus, die Verkündung eines «state of insurrection» durch den Gouverneur eines Staates sei für die Gerichte verbindlich; freilich liess Holmes durchblicken, dass damit nicht alle Massnahmen, sondern nur die «in good faith and in the honest belief that they are needed»[347] getroffenen gerechtfertigt werden könnten.

In *Sterling v. Constantin*[348], wo das Gericht Notstandsmassnahmen eines staatlichen Gouverneurs (Regelung der Ölproduktion während der Wirtschaftskrise der Dreissigerjahre) als ungültig erklärte, betonte es, dass die Stellungnahme der Bundesexekutive darüber, *ob* eine «exigency requiring military aid» vorliege, für die Gerichte bindend sei, und dass dem Entschluss eines staatlichen Gouverneurs, Truppen zur Unterdrückung von Aufständen und Unruhen einzusetzen, «similar effect» zukomme. Bezüglich des «Wie», der Adäquanz der – abgesehen von der Truppenaufbietung als solcher – zur Bekämpfung der Krise eingesetzten Mittel, behielt sich das Gericht jedoch in Übereinstimmung mit bewährter Praxis eine beschränkte Prüfungsbefugnis vor, indem es ausführte:

«The nature of the power also necessarily implies that there is a permitted range of honest judgment as to the measures to be taken in meeting force with force, in suppressing violence and restoring order. ... Such measures, conceived in good faith, in the face of the emergency and directly related to the quelling of the disorder or the prevention of its continuance, fall within the discretion of the Executive in the exercise of his authority to maintain peace. ... What are the allowable limits of military

[344] A.a.O. 30.

[345] SCHARPF, der die Feststellung der Exekutive betreffend Notwendigkeit der Einsetzung von Truppen zur Unterdrückung innerer Unruhen nicht als eine besondere *political question*-Fallkategorie anführt, zieht den Entscheid Martin v. Mott als weiteren Beleg für seine These heran, dass der Supreme Court die Kompetenz zur Ausübung militärischer Gewalt nur beim Vorliegen eines Eingriffes in einen spezifisch grundrechtlichen Bereich überprüfe und dass im betreffenden Fall Grundrechtsfragen nicht diskutiert worden seien; SCHARPF (1) 192/193.

[346] 212 U.S. 78 (1909).

[347] A.a.O. 85.

[348] 287 U.S. 378 (1932).

discretion, and whether or not they have been overstepped in a particular case, are judicial questions[349].»

c) Innenpolitik

Zieht man die in den Sechzigerjahren dieses Jahrhunderts ergangenen Entscheide zur *Wahlkreiseinteilung* sowie den *Powell-Fall* in Betracht[350], so gelangt man zum Schluss, dass der *political question*-Doktrin im Bereich der Innenpolitik nur *geringe aktuelle Bedeutung* zukommt.

In folgenden Fällen nahm der Supreme Court eine *political question* an:

c_1) Zeitliche Begrenzung der Kompetenz des Bundes zur Regelung von Indianerangelegenheiten

Diese Fallgruppe ist nur noch von historischer Bedeutung. Die Praxis nahm eine umfassende Bundeskompetenz zur Regelung von Indianerangelegenheiten an. Als sich jedoch die Stammesverbände aufzulösen begannen und die Indianer, die vorher oft in geschlossenen Reservaten gelebt hatten, sich zusehends mehr mit der weissen Bevölkerung vermischten, fielen die tatsächlichen Voraussetzungen der Ausübung dieser Bundeskompetenz weitgehend dahin. In welchem Zeitpunkt der Wegfall dieser tatsächlichen Voraussetzungen erfolgt sei, erachtete der Supreme Court dabei als *political question,* m.a.W. er fühlte sich an die diesbezügliche Qualifizierung der politischen Organe des Bundes gebunden[351].

c_2) Zustandekommen von Verfassungsänderungen

Gemäss Art. V der Verfassung sind beim Verfahren der Verfassungsrevision zwei Phasen zu unterscheiden, nämlich die *Initiative*

[349] A.a.O. 399–401. Vgl. zu diesem Entscheid den Aufsatz von CHARLES FAIRMAN, Martial Rule in the Light of Sterling v. Constantin, Cornell Law Quarterly *19*/1933–34, 20–34.

[350] Vgl. hinten Unterabschnitte 4 und 5 dieses Abschnitts.

[351] *United States v. Holliday,* 3 Wall. 407 (1866); *United States v. Sandoval,* 231 U.S. 28 (1913). Aus dem zuletzt erwähnten Entscheid ergibt sich indessen, dass sich das Gericht eine selbständige Prüfung darüber vorbehielt, ob eine bestimmte Volksgruppe – vorliegend die Pueblos – als Indianer zu qualifizieren sei. Vgl. Näheres zu den Entscheidungen des Supreme Court über Indianerfragen bei POST 27–36 und SCHARPF (1) 225–231.

und die *Ratifikation*. Der Vorschlag auf Verfassungsänderung kommt zustande, wenn er entweder von einer Zweidrittelsmehrheit im Senat und im Repräsentantenhaus unterstützt wird oder – was in praxi noch nie vorgekommen ist – wenn die Legislaturen in zwei Drittel der Gliedstaaten die Einberufung eines Verfassungskonventes verlangen. Die Ratifikation hat durch die Dreiviertelsmehrheit der einzelstaatlichen Legislaturen oder – wenn der Kongress dies im Einzelfall vorschreibt, was er bisher nur einmal getan hat – durch von den Einzelstaaten einzuberufende Verfassungskonvente in drei Viertel der Staaten zu erfolgen.

Zahlreiche Fragen lässt die Verfassung offen, wie z.B.: Gilt das in Art. I Sektion 7 Ziff. 2 und 3 der Verfassung vorgesehene Vetorecht des Präsidenten gegenüber Kongresserlassen auch im Verfassungsrevisionsverfahren? Bezieht sich die für das Zustandekommen einer Verfassungsinitiative im Kongress vorgeschriebene Zweidrittelsmehrheit auf die anwesenden Mitglieder, oder ist von der gesamten Mitgliederzahl der beiden Häuser auszugehen? Ist es zulässig, dass der Kongress besondere Ratifikationsfristen vorsieht? Dürfen im Falle des Fehlens einer solchen Fristansetzung Amendments beliebig lange bei den Einzelstaaten zirkulieren und beispielsweise noch zehn Jahre nach Überweisung an die Staatenlegislaturen ratifiziert werden? Darf ein Einzelstaat auf seinen Ratifikationsbeschluss zurückkommen?

Verschiedene das Zustandekommen von Verfassungsänderungen beschlagende Fragen hat das Oberste Bundesgericht materiell entschieden. Bereits in *Hollingsworth v. Virginia*[352] kam es zum Schluss, dass das Vetorecht des Präsidenten bei der Verfassungsrevision nicht Platz greife. In *Hawke v. Smith*[353] entschied der Supreme Court, dass die Ratifikation – entsprechend dem Wortlaut von Art. V der Verfassung – jeweils durch die staatliche gesetzgebende Körperschaft erfolgen müsse, was ein Referendum ausschliesse. In den *National Prohibition Cases*[354] stellte das Gericht u.a. fest, dass sich die für das Zustandekommen des Vorschlags einer Verfassungsrevision vorgesehene Zweidrittelsmehrheit auf die anwesenden Abgeordneten beziehe,

[352] 3 Dall. 378 (1798).
[353] 253 U.S. 221 (1920).
[354] 253 U.S. 350 (1920).

sofern in jedem der beiden Häuser ein Quorum anwesend sei. Die Zulässigkeit einer Fristansetzung von sieben Jahren an die Einzelstaaten zwecks Ratifikation wurde in *Dillon v. Gloss*[355] bejaht. In *United States v. Sprague*[356] entschied der Supreme Court, dass es im Ermessen des Kongresses liege, ob er Ratifikation einer vorgeschlagenen Verfassungsbestimmung durch die gliedstaatlichen Legislaturen oder durch von den Staaten einzuberufende Vefassungskonvente vorsehen wolle. Es war argumentiert worden, dass die letztere Ratifikationsmethode angewendet werden müsse, wenn nicht bloss organisatorische Änderungen, sondern die Freiheit des Bürgers tangierende Revisionen in Frage stünden.

In *Leser v. Garnett*[357] wurde die Gültigkeit des XIX. Amendment, welches das allgemeine Erwachsenenstimmrecht vorsieht, von Gegnern des Frauenstimmrechts angefochten. Die Kläger erhoben drei Einwände, von denen der Supreme Court in einer von Justice BRANDEIS redigierten Urteilsbegründung zwei materiell behandelte und nur den dritten als nicht-justiziabel qualifizierte. Das Argument, dass eine derartige Vergrösserung der Wählerschaft gegen den Willen eines Einzelstaates dessen Autonomie als politischen Verband zerstöre, wies das Gericht ab unter Hinweis auf die durch die Praxis erfolgte Anerkennung der Gültigkeit des XV. Amendment, das Beschränkungen des Wahlrechts aus Gründen der Rasse verbietet. Dem Einwand der Kläger, dass verschiedene Staaten, welche die strittige Bestimmung ratifiziert hatten, durch ihre eigenen, das Männerstimmrecht statuierenden Grundgesetze ausdrücklich daran gehindert gewesen seien, hielt das Gericht entgegen, es handle sich bei der Ratifikation um eine durch die Unionsverfassung vorgesehene «federal function», die in keiner Weise durch einen Staat beschränkt werden dürfe. Endlich machten die Kläger geltend, die Ratifikation des Zusatzartikels durch die Legislaturen von Tennessee und West Virginia seien in Verletzung der in jenen Staaten bezüglich des Rechtssetzungsverfahrens vorgesehenen Vorschriften erfolgt. Diesen letzten Einwand prüfte das Gericht nicht materiell, sondern es erachtete die offiziellen Erklärungen der betreffenden Staaten über die erfolgte

[355] 256 U.S. 368 (1921).
[356] 282 U.S. 716 (1931).
[357] 258 U.S. 130 (1922).

Ratifikation in Verbindung mit deren Vormerknahme durch den Secretary of State unter Hinweis auf die das Gesetzgebungsverfahren betreffenden, noch zu erörternden Entscheidungen *Field v. Clark*[358] und *Harwood v. Wentworth*[359] als verbindlich. *Ratio decidendi* des Entscheides ist also nicht, wie manchmal behauptet wird[360], eine allgemeine Unterstellung der Frage des Zustandekommens von Verfassungsänderungen unter die *political question*-Doktrin, sondern nur der *Ausschluss eines Gegenbeweises gegen die offizielle Feststellung der zuständigen Organe über das Vorliegen einer Ratifikation durch eine einzelstaatliche Legislatur*[361].

Eine Ausdehnung erfuhr die *political question*-Doktrin freilich in *Coleman v. Miller*[362], dem im wesentlichen folgender Sachverhalt zugrunde lag: Im Juni 1924 beschloss der Kongress einen Zusatzartikel zur Verfassung, das sogenannte *Child Labor Amendment*[363]. Im Januar 1925 lehnte die Legislative von Kansas einen solchen Zusatzartikel ab, und bis zum März 1927 hatten sich sechsundzwanzig Staaten gegen die vorgeschlagene Revision ausgesprochen, womit das Zustandekommen der erforderlichen Dreiviertelsmehrheit als ausgeschlossen erschien. Im Januar 1937 kam jedoch die Legislative von Kansas, wie zuvor andere Staaten, auf ihren zwölf Jahre früher gefassten Beschluss zurück und sprach sich für die Ratifikation des Artikels aus. Es stellten sich nun in einem bundesgerichtlichen Prozess die Fragen, ob ein Staat auf seinen Ratifizierungsbeschluss zurückkommen dürfe und wie lange ein vom Kongress beschlossenes Amendment in Umlauf bleiben könne, ehe es als überholt gelte. Beide Fragen qualifizierte das Gericht als nicht-justiziabel. Zur Begründung wies es darauf hin, die politischen Organe hätten im Zusammenhang mit der Ratifikation des XIV. Amendment entschieden, dass zwar einerseits ein Staat, der die Ratifikation ursprünglich verweigert habe, später den betreffenden Zusatzartikel annehmen dürfe, dass jedoch die ein-

358 143 U. S. 649 (1892).
359 162 U. S. 547 (1896).
360 Vgl. Fussnote 364 nachstehend.
361 Gl. M. Scharpf (1) 251.
362 307 U.S. 433 (1939).
363 Dieser Revisionsvorschlag, der dem Bund die Kompetenz zur Normierung der Kinderarbeit verleihen sollte, wurde durch den späteren Entscheid *United States v. Darby,* zit. vorn Fussnote 19 zu Kapitel 1, gegenstandslos.

mal erfolgte Ratifikation nicht Gegenstand einer Wiedererwägung bilden könne. In Anbetracht dieses «historischen Präzedenzfalles» sei die Beurteilung der Wirksamkeit einer Ratifikationserklärung Sache der politischen Organe. Was den zweiten Punkt anbelangte, räumte das Gericht zwar ein, dass die Ratifikation innerhalb einer «reasonable period» erfolgen müsse, führte aber weiter aus, dass die Bestimmung dieser vernünftigen Zeitspanne nicht Sache des Richters, sondern der politischen Organe sei, da in erster Linie politische, soziale und wirtschaftliche Gesichtspunkte hiefür in Betracht fielen und «satisfactory criteria for a judicial determination» fehlten[364].

SCHARPF gibt eine interessante Erklärung für die richterliche Abstinenz, die das Oberste Bundesgericht in Colemann v. Miller zeigte: Mit dem Child Labor Amendment sollten seine eigenen, sehr umstrittenen Entscheidungen in *Hammer v. Dagenhart* und *Bailey v. Drexel Furniture Co.*[365] korrigiert werden. Das Verfassungsänderungsverfahren erweist sich in den Vereinigten Staaten ohnehin als ausserordentlich schwerfällig, und durch seine Nicht-Intervention im Coleman-Fall vermied das Gericht, dem Verfassungsgesetzgeber durch strenge Auslegung von Verfahrensvorschriften eine demokratische Kontrolle seiner materiellen Verfassungsrechtsprechung zu erschweren[366].

c_3) Gesetzgebungsverfahren

Auch von einer generellen Unterstellung der Frage der formellen Verfassungsmässigkeit von Gesetzen unter die *political question*-Doktrin kann keine Rede sein. Die Nicht-Justiziabilität reduziert sich hier bei näherer Betrachtung darauf, dass das Gericht seit *Field v. Clark*[367]

[364] Die von Chief Justice HUGHES verfasste *opinion of the court* fand nur die Zustimmung zweier weiterer Richter, doch wollten die vier Richter BLACK, ROBERTS, FRANKFURTER und DOUGLAS in ihrer *concurring opinion* den Anwendungsbereich der *political question* unter Hinweis auf den hiefür als Präjudiz ungeeigneten Entscheid *Leser v. Garnett,* zit. in Fussnote 357, auf das Zustandekommen von Verfassungsänderungen allgemein ausdehnen. Die zwei dissentierenden Richter BUTLER und MCREYNOLDS hätten materiell entschieden, dass das Amendment infolge Zeitablaufs obsolet geworden sei.

[365] Vgl. Fussnoten 17 und 18 zu Kapitel 1.

[366] SCHARPF (1) 414/415. Vgl. auch SCHARPF (2) 589: «...judicial review in a democracy remains defensible only to the extent that the Court itself will be defenseless against the processes through which the community may assert and enforce its own considered understanding of its basic code.»

[367] 143 U.S. 649 (1892).

den ordnungsgemäss verkündeten Wortlaut eines Bundesgesetzes[368] *als massgebend betrachtet und keine Gegenbeweise gegen dessen Richtigkeit* – etwa auf Grund abweichender Sitzungsprotokolle – *zulässt.* Zur Begründung führte das Gericht im Field-Entscheid aus, dass die Verfassung zwar die Führung von Sitzungsprotokollen verlange (Art. I Sektion 5 Ziff. 3), der Kongress jedoch grundsätzlich selber entscheide, was zu protokollieren sei. Es würde – so fand das Gericht – zu einer starken Beeinträchtigung der Rechtssicherheit führen, wenn der Wortlaut eines ordnungsgemäss verkündeten Gesetzes später durch Geltendmachung der Nichtübereinstimmung mit dem oft unzuverlässig geführten Sitzungsprotokoll in Frage gestellt werden dürfte. Dem unrealistischen Einwand, dadurch könnten die Vorsitzenden der beiden Häuser ein nie vom Kongress beschlossenes Gesetz in Kraft setzen, hielt das Gericht entgegen:

«It suggests a deliberate conspiracy to which the presiding officers, the committees on enrolled bills and the clerks of the two houses must necessarily be parties, all acting with a common purpose to defeat an expression of the popular will in the mode prescribed by the Constitution[369].»

Das Gericht liess sich also im wesentlichen von *Zweckmässigkeitserwägungen* leiten. Daneben führte es allerdings auch aus, der einem «coequal department» (also dem Kongress oder dem Präsidenten) gebührende Respekt schliesse in einem solchen Fall die Abnahme von Gegenbeweisen aus.

In *Harwood v. Wentworth*[370] bestätigte das Oberste Bundesgericht den Field-Entscheid, obwohl hier die Richtigkeit des Wortlautes eines von der Legislative eines Bundesterritoriums verkündeten Gesetzes in Frage stand und die «co-equal department»-Argumentation daher kaum ins Gewicht fallen konnte (es sei denn, dass man das Schwergewicht auf die Aufsicht der politischen Bundesorgane über Territorien lege). Dafür fügte das Gericht seiner Begründung eine weitere praktische Überlegung hinzu, indem es darauf hinwies, dass die Kontrolle über die zur Gesetzesverkündung zuständigen Organe primär Sache der politisch interessierten Parlamentsmehrheit sei.

[368] Hiezu sind erforderlich: Unterzeichnung durch den Speaker des Repräsentantenhauses, den Vorsitzenden des Senates und den Präsidenten sowie Hinterlegung im Staatsdepartement.
[369] A.a.O. 673.
[370] 162 U.S. 547 (1896).

Die ordnungsgemässe Verkündung eines Gesetzes schliesst indessen gemäss der Gerichtspraxis nur *Einwände gegen den Gesetzeswortlaut,* nicht aber die Geltendmachung anderer Verfahrensmängel aus. Diesbezüglich erkannte das Gericht z.B. durch Sachentscheidungen, dass bei der Berechnung des verfassungsmässig vorgesehenen Quorums auch die anwesenden Abgeordneten, die sich nicht an der Abstimmung beteiligen, mitzuzählen seien[371]; ferner legte es den Begriff «adjournment» in Art. I Sektion 7 Ziff. 2 der Verfassung aus[372, 373].

c_4) Garantie einer republikanischen Regierungsform

Es kommt ab und zu vor, dass einer Bemerkung in einem Gerichtsentscheid später eine präjudizielle Bedeutung beigemessen wird, die ihr ursprünglich kaum zugedacht war. Das gilt namentlich im Bereich der Garantieklausel von Art. IV Sektion 4 der Verfassung, wonach die Vereinigten Staaten u. a. jedem Staat eine republikanische Regierungsform gewährleisten.

Im bereits ausführlich erörterten Entscheid *Luther v. Borden*[374] lehnte es der Supreme Court ab, auf Grund der Garantieklausel zu entscheiden, welche der beiden sich gleichermassen als legitim bezeichnenden Regierungen von Rhode Island in einem bestimmten Zeitpunkt die rechtmässige gewesen sei. Eine Entscheidung zugunsten der rebellischen Dorr-Regierung hätte eine Negation der auch vom Präsidenten der USA als rechtmässig anerkannten «Charter»-Regierung bedeutet. Allerdings lassen Ausführungen auf S. 42 des Luther-Entscheides, die BONFIELD m. E. zu Recht als «unfortunate dicta» bezeichnet[375], den Eindruck entstehen, das Gericht habe alle

[371] *United States v. Ballin,* 144 U. S. 1 (1892).

[372] *The Pocket Veto Case,* 279 U. S. 655 (1929). Die Bestimmung betrifft das «stillschweigende Veto» des Präsidenten. Unterzeichnet der Präsident ein Gesetz nicht, so tritt es dennoch zehn Tage nach der Zustellung an ihn in Kraft, jedoch nur, wenn der Kongress sich nicht vor Ablauf der Frist vertagt. Im betreffenden Entscheid und in späteren Fällen stellte sich die Frage, ob auch eine Sitzungspause während einer fortdauernden Legislaturperiode als «adjournment» zu gelten habe.

[373] SCHARPF (1) bespricht auf S. 260–263 und 266 verschiedene weitere Sachentscheidungen des Supreme Court, welche die formelle Verfassungsmässigkeit von Gesetzen betreffen.

[374] Vgl. vorn S. 183 f.

[375] BONFIELD (1) 535.

Fragen im Zusammenhang mit der Auslegung der Garantieklausel als nicht-justiziabel betrachtet[376].

Während der zweiten Hälfte des 19. Jahrhunderts und anfangs des 20. Jahrhunderts ergingen dann aber Entscheide, in denen das Oberste Bundesgericht die verfassungsrechtlichen, gerichtlich durchsetzbaren Schranken der dem Kongress aus der Garantieklausel erwachsenden Kompetenz betonte und den Begriff der republikanischen Regierungsform materiell auslegte[377].

Allerdings nahm der Supreme Court in *Taylor v. Beckham*[378], wo es darum ging, wer von zwei Personen der rechtmässig gewählte Gouverneur Kentuckys sei, unter Berufung auf den Luther-Entscheid eine *political question* an, wobei er davon ausging, die Garantieklausel stelle eine für den Ausnahmezustand vorgesehene, von den politischen Organen allein durchzusetzende Bestimmung dar.

Obwohl der Luther- und der Taylor-Fall Fragen der Anerkennung eines Staates bzw. einer staatlichen Regierung in einem engeren Sinn betrafen, wurde durch die Begründungen jener Entscheide der Weg geebnet, um die Garantieklausel als für die richterliche Rechtsfindung schlechthin unstatthaften Beurteilungsmassstab zu klassifizieren. Der für diese Entwicklung entscheidende Schritt erfolgte in *Pacific States Telephone and Telegraph Co. v. Oregon*[379]: Oregon hatte 1902 durch Verfassungsänderung verschiedene direktdemokratische Institutionen,

[376] Während das Gericht auf S. 41 des Luther-Entscheides auf die mangelnden Kriterien für eine Auslegung der Garantieklausel Bezug nahm, ging es auf S. 45 offensichtlich davon aus, dass gewisse Tatbestände die Klausel verletzen würden; es führte nämlich aus: «Unquestionably a military government, established as the permanent government of the State, would not be a republican Government, and it would be the duty of Congress to overthrow it.» Richtig ist m. E. die Würdigung *Bonfields:* «Luther does not hold that the guarantee is solely enforceable by Congress. Rather, its holding is only that the particular determination there involved resided with the President»; Bonfield (2) 249.

[377] Näheres bei Scharpf (1) 237–240. Auf S. 235–237 bespricht Scharpf den interessanten Entscheid *Texas v. White,* 7 Wall. 700 (1869), in welchem sich das Gericht über die ausdrückliche Anerkennung eines Staates durch den Kongress hinwegsetzte; vgl. hiezu Post 20–27. Interessant ist *Minor v. Happersett,* 21 Wall. 162 (1875), wo der Supreme Court zum Schluss kam, dass das Frauenstimmrecht nicht aus der Garantieklausel oder anderen Verfassungsbestimmungen abgeleitet werden könnte. (Das XIX. Amendment, welches das allgemeine Erwachsenenstimmrecht vorsieht, gilt erst seit 1920.)

[378] 178 U. S. 548 (1900).

[379] 223 U. S. 118 (1912).

nämlich Verfassungs- und Gesetzesinitiative sowie Gesetzesreferendum, eingeführt. Auf Grund einer Gesetzesinitiative kam 1906 ein Gesetz zustande, wonach verschiedene Gesellschaften mit einer besonderen Steuer belegt wurden. Eine der betroffenen Gesellschaften focht die Verfassungsmässigkeit der Steuer u.a. mit der Begründung an, Initiative und Referendum verletzten die Garantieklausel. Diese Frage erachtete das Gericht als nicht-justiziabel, wobei es *Luther v. Borden* als «leading and absolutely controlling case» bezeichnete[380], was nur mittels einer Unterstellung möglich war: Das Gericht deutete nämlich den Angriff gegen das Zustandekommen eines Gesetzes auf direktdemokratischem Weg in eine Infragestellung des betreffenden Staates, der ein solches Gesetzgebungsverfahren vorsah, um, was auf S. 142 und S. 150 besonders deutlich wird:

> «As a result, it becomes the duty of the courts of the United States, where such a claim is made, to examine as a justiciable issue the contention as to the illegal existence of a State and if such contention be thought well founded to disregard the existence in fact of the State, of its recognition by all of the departments of the Federal Government, and practically award a decree absolving from all obligation to contribute to the support of or obey the laws of such established state government ... the assault which the contention here advanced makes it not on the tax as a tax, but on the State as a State.»

Möglicherweise spielte für das Gericht die Überlegung eine Rolle, dass es im Falle der materiellen Interpretation des sehr umstrittenen Begriffs der republikanischen Regierungsform gleichsam Neuland hätte betreten müssen, wobei sich eine richterliche Interpretation auf die verfassungspolitische Entwicklung hätte hemmend auswirken können[381]. Freilich findet sich hiefür im Text der Urteilsbegründung kein Anhaltspunkt.

Pacific States Telephone and Telegraph Co. v. Oregon diente in den folgenden Jahren neben *Luther v. Borden* immer wieder als massgebendes Präjudiz, um auf die Garantieklausel gestützte Begehren als nicht-justiziabel von der Hand zu weisen[382]. Diese Praxis beeinflusste insbesondere die gerichtlichen Entscheidungen zu Fragen der *Wahlkreiseinteilung*.

[380] A.a.O. 143.

[381] Dazu SCHARPF (1) 245.

[382] Vgl. die in *Baker v. Carr,* 369 U.S. 186 (1962) auf S. 223/224 angeführten Entscheide; ferner CORWIN/SMALL/JAYSON 795/796 und SCHARPF (1) 246/247.

4. Flexibilität der Rechtsprechung: Die Entscheide zur Wahlkreiseinteilung

Im vorstehenden Unterabschnitt 3 wurden Fälle, in denen das Oberste Bundesgericht eine politische Frage annahm, nach Sachgebieten geordnet. Dabei konnte es sich nur um eine *deskriptive Erfassung der Praxis* handeln, nicht um eine Zuordnung auf Grund einer feststehenden Systematik nicht-justiziabler Fälle. Denn es erscheint als aussichtsloses Unterfangen, gestützt auf eine Betrachtung der Judikatur des Supreme Court eine saubere Trennung zwischen justiziablen und nicht-justiziablen Fragen vorzunehmen. *Die Auffassungen über die Grenzen richterlicher Verantwortung ändern sich immer wieder.* Was gestern von einer zurückhaltenden Gerichtsmehrheit als nicht der richterlichen Kognition zugänglich angesehen wurde, wird eine aktivistische Gerichtsmehrheit möglicherweise morgen materiell entscheiden, wobei die Stimme eines einzigen Richters den Ausschlag geben mag. Zudem können gewandelte Verhältnisse denselben Richter zu einer Praxisänderung veranlassen. Ein typisches Beispiel für die Flexibilität der Rechtsprechung bilden die Entscheide zur Wahlkreiseinteilung.

Die Verfassung schreibt vor, dass die Repräsentanten und Senatoren des Bundes-Kongresses vom Volk zu wählen seien (Art. I Sektion 2 Ziff. 1 und Abs. 1 des XVII. Amendment), ferner dass der Kongress die Zahl der den einzelnen Staaten zustehenden Mitglieder des Repräsentantenhauses alle zehn Jahre festzulegen habe (Art. I Sektion 2 Ziff. 3). Dagegen ist es gemäss Art. I Sektion 4 Ziff. 1 Sache der Einzelstaaten, Zeit und Ort der Wahlen sowie den Wahlmodus festzulegen, wobei folgende Einschränkung Platz greift: «Congress may at any time by law make or alter such regulations, except as to the places of choosing senators». Zwischen 1872 und 1929 hatte der Kongress mehrmals durch Gesetz eine annähernd gleich grosse Bevölkerung in den Kongresswahlkreisen gefordert[383], dieses von der Praxis wenig beachtete Erfordernis jedoch bereits 1929 fallengelassen[384].

Neben den von den Staaten gezogenen Wahlkreisen für die Kongresswahlen zerfällt jeder Staat in Wahlkreise zwecks Bestellung der Mitglieder der einzelstaatlichen Legislaturen, wobei meistens verschie-

383 Vgl. 17 Stat. 28 und 37 Stat. 14.

384 46 Stat. 26.

dene Wahlkreise für jede der beiden Kammern[385] bestehen. Was die einzelstaatlichen Wahlen anbelangt, kommen neben Einmännerwahlkreisen auch Mehrmännerwahlkreise in Frage. Meist erfolgt die Ziehung der Wahlkreise durch die staatlichen Legislaturen; erst in neuerer Zeit lässt sich eine Tendenz feststellen, besondere Gremien – etwa *bipartisan commissions* – damit zu betrauen.

Mit der zunehmenden *Verstädterung* ergab sich – vor allem in den staatlichen Legislaturen, aber auch im Kongress – eine *Übervertretung ländlicher, dünnbesiedelter Gebiete,* was auf verschiedene Gründe zurückzuführen ist: Einerseits wurde diese Entwicklung durch Verfassungsbestimmungen begünstigt, wonach etwa die verschiedenen Bezirke oder Kreise unabhängig von ihrer Bevölkerung Anspruch auf gleiche Vertretung oder wenigstens auf eine Mindestvertretung hatten oder nicht mehr als eine bestimmte Anzahl Abgeordneter wählen durften, anderseits versäumten die Staatenlegislaturen dort, wo die Verfassung eine periodische Neuziehung der Wahlkreise unter Berücksichtigung des Zensus forderte, oft ihre Pflicht[386].

Es war somit folgende Lage entstanden, welche das Funktionieren der Demokratie in Frage stellen musste:

1. Die aus der Verstädterung resultierenden Probleme nahmen ständig zu, während die Vertretung der Städte in den für die Lösung der betreffenden Probleme wesentlich mitverantwortlichen staatlichen Legislaturen zusehends abnahm.

2. Die Legislaturen selber, von denen man Abhilfe hätte erwarten sollen, waren an der Erhaltung des status quo interessiert, da eine Neuzie-

[385] Nur Nebraska weist ein Einkammersystem auf.

[386] Vgl. zum Vorstehenden Clyde F. Snider, American State and Local Government, 2. Aufl. New York 1965, 188–193; A. Lewis 1059 f.; Loewenstein (2) 239–249; Sindler 23/24. Ein krasses Beispiel führt Bonfield an: Gemäss der Verfassung Vermonts stand jedem Kreis (town) ein Sitz im Repräsentantenhaus zu, was zur Folge hatte, dass der kleinste Kreis mit einer Bevölkerung von 38 Einwohnern gleich vertreten war wie der grösste mit über 33000 Einwohnern. 11,6% der Stimmberechtigten von Vermont bestellten die Mehrheit der Mitglieder des Repräsentantenhauses; Bonfield (2) 254. Es liessen sich unzählige weitere – meist etwas weniger krasse – Beispiele anführen; vgl. dazu den Aufsatz Goldbergs sowie A. Lewis 1061/1063. In Abwandlung von George Orwells Aphorismus (Animal Farm, Kapitel X) hätte man sagen können: «All voters are equal but some voters are more equal than others.» In England hatte bereits im 17. Jahrhundert John Locke die Problematik der «rotten boroughs» aufgegriffen; vgl. Second Treatise of Government, § 157/158.

hung der Wahlkreise für zahlreiche Abgeordnete den Verlust ihres Mandates hätte bedeuten können. Aus demselben Grunde war es auch kaum denkbar, dass der Bundes-Kongress – wozu er an sich zuständig gewesen wäre – den Staaten gegenüber auf eine Berücksichtigung des Zensus bei der Ziehung der Wahlkreise für die nationalen Wahlen dringen würde. In den dreissig Staaten, die auf staatlicher Ebene weder eine Verfassungs- noch eine Gesetzesinitiative kennen, war die Einführung eines wirklich repräsentativen Wahlsystems kaum vorstellbar.

In dieser Situation blickten manche hoffnungsvoll zur Instanz, die wiederholt beim Versagen der politischen Behörden zum Rechten gesehen hatte, nämlich zum Supreme Court.

Das Oberste Bundesgericht hatte immer wieder interveniert, um das *Wahlrecht des Negers* sicherzustellen. Dabei konnte es sich auf die klar gegen Rassendiskriminierungen gerichteten Amendments XIV und besonders XV berufen[387].

In bezug auf *Wahlkreiseinteilungen* zeigte sich die Praxis dagegen während längerer Zeit äusserst zurückhaltend. In den am selben Tag entschiedenen Fällen *Smiley v. Holm*[388] und *Koenig v. Flynn*[389] erklärte zwar der Supreme Court staatliche Gesetze über die Aufteilung von Kongresswahlkreisen ungültig, aber nicht wegen Über- oder Untervertretung von Wählern in den verschiedenen Kreisen, sondern weil das Veto des gemäss staatlichem Recht am Gesetzgebungsverfahren mitbeteiligten Gouverneurs nicht überstimmt worden war. Dagegen entschied das Gericht in *Wood v. Broom*[390] materiell, dass eine Wahlkreiseinteilung, gemäss welcher der Stimmkraft der Wähler in verschiedenen Kreisen ungleiches Gewicht zukam, nicht rechtswidrig

[387] Vgl. die *white primary*-Fälle, erörtert vorn S. 42 f., ferner den vorn S. 171 erwähnten Fall *Gomillion v. Lightfoot.* Zahlreiche Entscheide, in denen der Supreme Court direkt oder indirekt gegen Neger gerichtete Anordnungen wie die berühmten *grandfather clauses* sowie verschiedene Formen der oft willkürlich gehandhabten *literacy tests* ungültig erklärte, sind angeführt in *Louisiana v. United States,* 380 U. S. 145 (1965). Die als Voraussetzung für die Teilnahme an Wahlen konzipierte *poll tax,* welche das 1964 ratifizierte XXIV. Amendment in bezug auf Bundeswahlen untersagt, wurde zwei Jahre später vom Supreme Court in *Harper v. Virginia Board of Elections,* 383 U. S. 663 (1966) allgemein als unzulässig erklärt, womit sich das XXIV. Amendment als überflüssig erwies.

[388] 285 U. S. 355 (1932).

[389] 285 U. S. 375 (1932).

[390] 287 U. S. 1 (1932).

sei; vier Richter dissentierten und beantragten Abweisung der Klage wegen *want of equity*[391].

In *Colegrove v. Green*[392] qualifizierte dann das Gericht in einer von Justice FRANKFURTER verfassten offiziellen Urteilsbegründung die Frage, ob eine Wahlkreiseinteilung wegen der dadurch bewirkten Stimmenungleichheit vor der Verfassung standhalte, als *political question*. Die Kläger hatten immerhin geltend zu machen vermocht, dass in Illinois die Bevölkerung eines Kongresswahlkreises gut achtmal so gross war wie diejenige eines andern, womit die Stimmkraft der Wähler des ersteren Kreises knapp einem Achtel der Stimmkraft der Wähler des letzteren entsprach.

Frankfurter berief sich auf folgende Gründe, die ihn zur Verneinung der Justiziabilität veranlassten:

1. Den Klägern werde kein persönliches Unrecht zugefügt; es gehe nicht um ein «private wrong», sondern um «a wrong suffered by Illinois as a polity»[393].

2. Kein Gericht könne wirksame Abhilfe schaffen durch Neuziehung von Wahlkreisen; höchstens könne das bestehende System ungültig erklärt werden.

3. Die Kompetenz zur Lösung derartiger Fragen werde durch Art. I Sektion 4 der Verfassung andern Organen zugewiesen.

4. Die Gerichte sollten sich wegen der mit einer materiellen Entscheidung verbundenen Implikationen von diesem «politischen Dikkicht» fernhalten.

SCHARPF hat überzeugend nachgewiesen, dass alle diese Gründe fragwürdig erscheinen und dass sich Frankfurter in verschiedene Widersprüche verwickelte[394]. Ausschlaggebend waren möglicherweise

[391] Was nicht mit Mangel an Justiziabilität gleichgesetzt werden darf. Die *equity*-Regeln bildeten früher einen von den *common law*-Regeln scharf unterschiedenen Teil der Jurisprudenz (ähnlich wie im römischen Recht «aequitas» und «ius civile» auseinandergehalten wurden). Später erfuhr die Unterscheidung eine Relativierung. Dem Richter kommt ein weit gehendes Ermessen darüber zu, ob eine *equitable remedy* (z.B. eine *injunction*) zu gewähren sei; die Frage der Anwendung dieses Billigkeitsrechts stellt sich aber logischerweise erst, wenn die Streitfrage überhaupt justiziabel ist.

[392] 328 U.S. 549 (1946).

[393] A.a.O. 552.

[394] SCHARPF (1) 284–291. Vgl. auch SHAPIRO (1) 187–191. Gerade was die parteipolitischen Implikationen anbelangt, kann auf sehr weit gehende parteipoliti-

schon damals für Frankfurter die Überlegungen, die er später in seinem abweichenden Votum in *Baker v. Carr*[395] formulierte, vor allem dass der Prozess – obwohl sich die Kläger auf das XIV. Amendment und Art. I der Verfassung berufen hatten – eine Frage der Auslegung der Garantieklausel betreffe[396]. Während der Hauptzweck des XIV. Amendment in der Eliminierung von Rassendiskriminierungen bestanden hatte und dem Richter im XV. Amendment eine klare, unzweideutige Handhabe zustand, um Beschränkungen des Stimmrechts der Neger verfassungswidrig zu erklären, vermochte Frankfurter dem XIV. Amendment nicht den Grundsatz zu entnehmen, dass die Stimmkraft aller Bürger gleich sein müsse. Was für Kriterien bei der Ausgestaltung der demokratischen Repräsentation allenfalls neben der Volkszählung entscheidend sein sollten, erachtete er als eine Frage der «republican form of government»[397], die der richterlichen Kognition wegen ihrer Natur entzogen sei.

Obwohl der Colegrove-Entscheid in den folgenden Jahren von vielen als massgebendes Präjudiz angesehen wurde, um Wahlkreiseinteilungen als nicht-justiziabel zu qualifizieren, hatte sich nur eine Minderheit des Gerichts der Auffassung Frankfurters, die freilich die offizielle Urteilsbegründung darstellte, angeschlossen. Von den sieben mitwirkenden Richtern hatten drei – Black, Douglas und Murphy – die Klage gutheissen wollen, während Justice Rutledge in einer *concurring opinion* die Justiziabilität bejaht, jedoch Abweisung wegen *want of equity* beantragt hatte[398].

sche Konsequenzen hingewiesen werden, welche verschiedene Entscheidungen zum Negerwahlrecht hatten. Dass das Gericht tatsächlich in der Lage ist, in Fällen ungerechter Wahlkreiseinteilungen Abhilfe zu schaffen, beweisen zahlreiche spätere Entscheide, denen die politischen Organe sofort Nachachtung verschafften. Die Durchsetzung der Desegregations-Entscheide stellte den Vollstrekkungsapparat vor noch grössere Probleme.

[395] 369 U.S. 186 (1962) auf S. 266 f.

[396] Dazu Scharpf (1) 291–297.

[397] Vgl. S. 300 des Baker-Entscheides: «What is actually asked of the Court in this case is to choose among competing bases of representation – ultimately, really, among competing theories of political philosophy – in order to establish an appropriate frame of government ... What Tennessee illustrates is an old and still widespread method of representation – representation by local geographical division, only in part respective of population.»

[398] Das für Hawaii zuständige untere Bundesgericht ging später zutreffend davon aus, dass in Colegrove v. Green die Mehrheit des Gerichts die Justiziabili-

Spätere Urteile, namentlich *MacDougall v. Green*[399] und *South v. Peters*[400] brachten keine Klarheit darüber, ob das Gericht in solchen Fällen eine Sachentscheidung treffen, eine politische Frage annehmen oder im Rahmen seiner Billigkeits-Rechtsprechung gegen die Kläger entscheiden wollte[401]. Verschiedene gliedstaatliche Gerichte pflegten in derartigen Fällen Sachentscheidungen zu treffen[402].

Im Jahre 1962 erging dann aber in *Baker v. Carr*[403] eine Entscheidung zur Wahlkreiseinteilung, die einen *Wendepunkt in der Rechtsprechung* bedeutete: Gemäss Art. II Sektionen 4 und 5 der Verfassung von Tennessee hatte alle zehn Jahre eine Zählung der Stimmberechtigten stattzufinden und gestützt darauf eine Neuverteilung der Mandate von Mitgliedern der beiden Kammern der staatlichen Legislatur auf einzelne Wahlkreise zu erfolgen. Trotz erheblicher Bevölkerungsverschiebungen hatte sich jedoch die staatliche Legislative seit mindestens sechs Jahrzehnten über die Staatsverfassung hinweggesetzt; die letzte Sitzverteilung war 1901 erfolgt und hatte schon damals nicht den verfassungsmässigen Erfordernissen entsprochen. Stimmberechtigte verlangten eine gerichtliche Feststellung der Verfassungswidrigkeit des Wahlkreisgesetzes von 1901 sowie ein Verbot, weitere Wahlen gemäss dem betreffenden Erlass abzuhalten. Erstinstanzlich wurde ihre Klage von der Hand gewiesen, weil der District Court sich als unzuständig und die Streitfrage als nicht-justiziabel betrachtete. Demgegenüber verneinte der Supreme Court das Vorliegen einer *political question*.

In der offiziellen Begründung unterschied Justice BRENNAN den vorliegenden Fall von *Colegrove v. Green,* indem er betonte, dass dort wie in andern *political question*-Entscheiden das Verhältnis zu einer «coordinate political branch» und nicht zu einem staatlichen Organ

tät bejaht habe; *Dyer v. Kazuhisa Abe,* 138 F. Supp. 220 (1956) auf S. 233/234. Gl. M. CH. A. WRIGHT 42.

[399] 335 U. S. 281 (1948).

[400] 339 U. S. 276 (1950).

[401] Näheres bei FRIEDELBAUM 680–688.

[402] Dazu A. LEWIS 1066–1070, der in seinem bemerkenswerten, bereits 1958 erschienenen Aufsatz den Standpunkt vertrat, auch Bundesgerichte seien in Fällen von *malapportionment* verpflichtet und in der Lage, Abhilfe zu schaffen, ein Postulat, das die Herausgeber der Harvard Law Review schon 1949 energisch verfochten hatten; *Note* (2).

[403] 369 U. S. 186 (1962).

in Frage gestanden habe[404]. Im Colegrove-Fall hatte sich die Frage der Verfassungsmässigkeit von Kongresswahlkreisen gestellt, die zwar ebenfalls von den Staaten zu ziehen sind, wobei jedoch Art. I Sektion 4 Ziff. 1 dem Bundes-Kongress ergänzende Rechtssetzungsbefugnisse einräumt. Man mag den Standpunkt vertreten, die Unionsverfassung weise die ausschliessliche Kompetenz zur Berichtigung staatlicher Kongresswahlkreis-Einteilungen dem Kongress zu, während bezüglich der Wahlkreise für staatliche Legislaturen keine solche Zuständigkeit eines politischen Bundesorgans der Verfassung entnommen werden könne. Freilich könnte man auch in bezug auf Wahlkreise für gliedstaatliche Legislaturen Gesetzgebungsbefugnisse des Kongresses ableiten, sei es aus der Garantieklausel oder aus Sektion 5 des XIV. Amendment, die dem Kongress die Durchsetzung von *due process* und *equal protection* überträgt.

Zwar betonte Brennan mit Recht, dass die Bestimmung der Justiziabilität eine «case-by-case inquiry» erfordere und nicht durch «semantic cataloguing» erfolgen könne[405], doch führte ihn eine Analyse der *political question*-Rechtsprechung dazu, *sechs Wesensmerkmale* solcher Fälle aufzuzeigen (die nicht kumulativ gegeben sein müssen):

«Prominent on the surface of any case held to involve a political question is found a textually demonstrable constitutional commitment of the issue to a coordinate political department; or a lack of judicially discoverable and manageable standards for resolving it; or the impossibility of deciding without an initial policy determination of a kind clearly for nonjudicial discretion; or the impossibility of a court's undertaking independent resolution without expressing lack of the respect due coordinate branches of government; or an unusual need for unquestioning adherence to a political decision already made; or the potentiality of embarrassment from multifarious pronouncements by various departments on one question[406].»

Brennan ging davon aus, dass die Garantieklausel keine Richtlinien enthalte, die der Richter feststellen und handhaben könne, dass aber der Fall auf Grund des von den Klägern angerufenen Gleichheitssatzes des XIV. Amendment einer materiellen Lösung zugeführt werden könne. Auch im übrigen verneinte Brennan das Vorliegen eines der von ihm bei der Analyse und Charakterisierung der *political question*-

[404] Was nicht ganz zutrifft: Vgl. etwa *Moyer v. Peabody,* zit. in Fussnote 346 zu diesem Kapitel.

[405] A. a. O. 210/211 und 217.

[406] A. a. O. 217.

Fälle erarbeiteten Attribute. Freilich erging keine Sachentscheidung, indem das Gericht den Prozess zu diesem Zweck an die Vorinstanz zurückwies, ohne präzise Anhaltspunkte für die materielle Entscheidung zu liefern. Formell wurde nicht einmal entschieden, dass die Sitzverteilung in Tennessee verfassungswidrig sei[407], doch ging die Mehrheit zweifellos von dieser Annahme aus[408].

In einer *concurring opinion* wies Justice CLARK auf einen wichtigen Punkt hin: Abhilfe durch das Volk von Tennessee war nicht zu erwarten, da diesem weder Initiative noch Referendum zustanden[409].

In ihrer *dissenting opinion* machten die Richter FRANKFURTER und HARLAN u.a. geltend, die vorliegende Klage, die sich auf das XIV. Amendment stützte, stelle eine «Guarantee Clause claim masquerading under a different label» dar[410]. Denn ein Gericht könne hier die Frage der *equal protection* nicht beurteilen, ohne zuerst auf Grund der Garantieklausel eine Wertung über die Grundlage der Repräsentation in einem republikanischen Staat zu treffen. Im weiteren wiesen die dissentierenden Richter darauf hin, dass es nicht der angloamerikanischen Überlieferung entspreche, den Zensus zur entscheidenden Grundlage der Sitzverteilung in der Legislative zu erheben und von einer numerischen Gleichheit aller Wählerstimmen auszugehen, eine Feststellung, die mit Frankfurterscher Präzision sehr einlässlich dokumentiert wurde[411].

Die Bejahung der Justiziabilität wurde im Baker-Fall durch verschiedene Umstände erleichtert, die in späteren vom Gericht entschiedenen Wahlkreisfällen sehr oft fehlten:

1. Angefochten waren Wahlkreiseinteilungen, die sich auf die Bestellung einer staatlichen Legislatur bezogen, nicht Kongresswahlkreise.

[407] ISRAEL (1) 112.

[408] In zwei kurz darauf gefällten *per curiam*-Entscheidungen, welche Wahlkreiseinteilungen in Michigan und New York betrafen, wies das Gericht die Sache zur materiellen Entscheidung «in the light of Baker v. Carr» an die Vorinstanz zurück, ohne sachliche Richtlinien aufzustellen; *Scholle v. Hare,* 369 U.S. 429 (1962) und *W.M.C.A. v. Simon,* 370 U.S. 190 (1962), besprochen bei LUCAS (2) 757–764.

[409] A.a.O. 259.

[410] A.a.O. 297.

[411] Die Auffassung der dissentierenden Richter über die Grundlosigkeit der Klage in materiellrechtlicher Beziehung spielte also bei der Beurteilung der Justiziabilität mit eine Rolle; dazu POLLAK (2) 85.

2. Die Verfassung von Tennessee selber ging von einer grundsätzlichen numerischen Gleichheit der Wählerstimmen aus, indem sie eine periodische Neuverteilung der Mandate nach Massgabe der in den verschiedenen Regionen ansässigen Stimmberechtigten vorschrieb. Zwar ist es nicht Sache der amerikanischen Bundesgerichte, staatliche Erlasse auf ihre Vereinbarkeit mit Staatsverfassungen zu überprüfen. Wenn sich aber eine staatliche Legislative jahrzehntelang über die höheren Normen der Staatsverfassung hinwegsetzt, fallen die Gründe für «judicial self-restraint» durch ein Bundesgericht, das im Verhalten der Legislative gleichzeitig auch eine Verletzung von Bundesverfassungsrecht erblickt, sich jedoch wegen der politischen Natur der Sache Gedanken über die Justiziabilität macht, viel weniger schwer ins Gewicht.

3. Wir haben gesehen, dass sich das Gericht aktivistischer zeigt, wenn das Stimmrecht oder die für die politische Willensbildung unabdingbaren Rechte der Meinungsäusserungsfreiheit tangiert werden, und zwar deshalb, weil in solchen Fällen wenig Verlass auf eine Korrektur durch das vielgepriesene demokratische Rechtssetzungsverfahren besteht[412]. In Tennessee konnte eine Behebung der Mängel auf politischem Wege realistischerweise nicht erhofft werden, da dort einerseits dem Volk keine Gesetzesinitiative zur Verfügung stand, anderseits die meisten Mitglieder der Legislatur ihr Mandat gerade dem angefochtenen System verdankten und daher an dessen Beibehaltung interessiert waren. Weil kraft gesetzlicher Regelung eine Mehrheit der Abgeordneten eine Minderheit des Volkes vertrat, war der Mehrheit des Volkes verwehrt, anlässlich von Neuwahlen eine an der Behebung des Missstandes interessierte Legislative zu bestellen[413].

4. Auch wenn man mit FRANKFURTER und HARLAN die alleinige Massgeblichkeit des Zensus als Grundlage der Sitzverteilung bezweifeln und daneben andere Kriterien, wie etwa eine angemessene Vertretung ländlicher Regionen oder der verschiedenen Bezirke, gelten lassen will, konnte man an der während über sechzig Jahren nie ab-

[412] Vgl. vorn S. 164 f.

[413] Vgl. POLLAK (2) 88: «If the Court in *Baker v. Carr* had affirmed dismissal of the complaint, the Court would in effect have declared that the only power to arrest the pervasive systematic disorder of malapportionment lay in the hands of those who thrive upon the malady.» Vgl. auch FRANK (1) 46.

geänderten Regelung von Tennessee aussetzen, dass sie in Anbetracht der seither eingetretenen Bevölkerungsverschiebungen als völlig willkürlich und prinzipienlos erschien[414]. Justice CLARK, der sich kaum je als aktivistischer Richter hervortat und wenn immer möglich Wertungen des Gesetzgebers akzeptierte, sprach von einem «crazy quilt without rational basis»[415].

Anderseits erscheint die Begründung des Baker-Entscheides in einem wesentlichen Punkt als sehr problematisch, nämlich darin, dass der Supreme Court *die Garantieklausel als Entscheidungsgrundlage a priori ablehnte und einzig den Gleichheitssatz des XIV. Amendment als Beurteilungsmassstab anerkannte*. Damit wurde die spätere Rechtsprechung in eine verhängnisvolle Bahn gelenkt.

Die *equal protection clause* hat einen betont individuellen Aspekt: Der Staat soll nicht gegen den Einzelnen diskriminieren, und dieser hat einen Anspruch darauf, grundsätzlich rechtlich gleich behandelt zu werden wie alle andern. In bezug auf das Stimmrecht bedeutet dies heute sicher, dass dem erwachsenen Bürger das Stimmrecht nicht vorenthalten werden darf, dass seine Stimme berücksichtigt werden muss. Heisst das aber auch, er habe einen Anspruch darauf, dass seine Stimme mit mathematischer Genauigkeit gleich gewogen werden müsse wie alle übrigen Stimmen, dass allein der Zensus zur Bestimmung der Repräsentation des Volkes in der Legislative massgebend sein solle? Oder fallen andere Kriterien, etwa die angemessene Vertretung auch dünnbesiedelter Regionen, in Betracht? Was heisst in einem solchen Fall «angemessen»? Die Antworten auf alle diese Fragen lassen sich m.E. nicht der *equal protection clause* entnehmen. Das XIV. Amendment schliesst in diesem Zusammenhang einzig *willkürliche* Wahlkreiseinteilungen aus. Nur in seltenen Fällen, wie gerade bei der in Baker v. Carr angefochtenen Wahlkreiseinteilung – nach Justice FRANKFURTER und HARLAN nicht einmal dort –, wird man dem XIV. Amendment allein entnehmen können, dass eine Sitzverteilung verfassungswidrig sei[416]. Fast immer sollte es jedoch möglich

[414] Gl. M. ISRAEL (1) 140.

[415] S. 254 des Baker-Entscheides.

[416] Sogar BONFIELD, der nachdrücklich eine Beurteilung derartiger Fälle auf Grund der Garantieklausel postuliert, räumt ein, dass Baker v. Carr bereits gestützt auf die *equal protection clause* entschieden werden konnte; BONFIELD (2) 254.

sein, irgendwelche rationellen Gesichtspunkte für eine angefochtene Wahlkreiseinteilung geltend zu machen, die dem gerichtlichen «rational basis test» standhalten[417].

Nun hat sich freilich der Supreme Court, wie wir im ersten Kapitel gesehen haben, bei der Auslegung der *equal protection clause* nicht damit begnügt, dass sich irgendwelche vernünftigen Gründe für eine rechtsungleiche Behandlung anführen liessen, wenn zugleich ein vom Gericht hoch eingeschätztes Gut – namentlich der Schutz vor rassischer Diskriminierung – auf dem Spiel stand. In solchen Fällen erscheint dem Gericht die rechtliche Verschiedenbehandlung als a priori suspekt. Was rechtliche Benachteiligungen des Negers anbelangt, so fällt in Betracht, dass sich gerade das XIV. Amendment in erster Linie gegen solche Diskriminierungen richtet. Dagegen bietet diese Bestimmung keine Handhabe, um der ungleichen Wägung von Wählerstimmen als von vornherein dubios zu misstrauen[418]. Wenn wir von willkürlichen Regelungen absehen, so lässt sich allein der Garantieklausel entnehmen, ob eine Wahlkreiseinteilung vor der Verfassung standhalte und welche Bedeutung dem demographischen Element zukomme[419]. Zwar ist die Garantieklausel, wonach der Bund jedem Staat eine republikanische Regierungsform gewährleistet, in hohem Masse auslegungsbedürftig. Bonfield hat indessen aufgezeigt, dass die Bestimmung durch zeitgemässe Auslegung, jedoch unter Berücksichtigung ihrer historischen Bedeutung, dem Richter einen zuverlässigen Beurteilungsmassstab liefern könnte[420]. Der Supreme Court selber zog ja in vereinzelten Fällen materielle Schlussfolgerungen aus der Garantieklausel[421], und dass diese Bestimmung mit der Zeit als schlechthin nicht-justiziabel erachtet wurde, beruhte teilweise auf einem Missverständnis des Luther-Entscheides[422]. Es ist

417 Gl. M. Bickel (3) 180; Israel (1) 137; Scharpf (1) 306/307.

418 A. M. McKay (1) 659 und 700–705. Im *Comment* (1) wird in origineller Weise versucht, materielle Beurteilungsmassstäbe für derartige Fälle aus dem XIV. Amendment abzuleiten.

419 Gl. M. Atleson 537; Bonfield (2) 255 f.; Emerson 71/72; Israel (1) 135 und 143.

420 Bonfield (1) 560, 563 und passim sowie (2) 257 f. Vgl. auch Atleson 541 f., der ebenfalls von der Auslegung der Garantieklausel ausgehen möchte, jedoch die von Bonfield vorgeschlagene Methode ablehnt.

421 Vgl. vorn Fussnote 377 zu diesem Kapitel sowie Bonfield (2) 248 Note 22.

422 Vgl. vorn S. 251 f.

bedauerlich, dass gerade Justice BRENNAN, der in Baker v. Carr eine semantische Katalogisierung ablehnte, im selben Entscheid diesem unkritischen, mehr Gewicht auf die Etikette als auf die Substanz legenden Denken zum Opfer fiel; seine Urteilsbegründung kommt darauf heraus, dass die Justiziabilität desselben Klagebegehrens davon abhängt, ob in der Klagebegründung die Garantieklausel oder das XIV. Amendment angerufen wird[423]. Mit Recht bemerkt SCHARPF, dass Brennan sein Ergebnis nur dann logisch widerspruchsfrei hätte begründen können, wenn er entweder – was kaum möglich gewesen wäre – dargelegt hätte, dass die von den Klägern geltend gemachten Rechte inhaltlich nichts mit der Garantieklausel zu tun hatten, oder wenn er – was Justice DOUGLAS in einer *concurring opinion* tat[424] – die These von der Nicht-Justiziabilität der Garantieklausel aufgegeben hätte[425].

Wenn der Supreme Court eine wichtige Verfassungsentwicklung herbeiführen will, pflegt er sich gleichsam vorzutasten, mittels des *certiorari*-Verfahrens sorgfältig einen Fall auszulesen, in welchem der anzuprangernde Missstand klar zutage tritt oder der sich sonstwie zur Verkündung des neuen Prinzips eignet, und nicht schon im ersten Sachentscheid durchgreifende Änderungen anzuordnen. Bereits im Brown-Fall, in welchem er die Rassenabsonderung in öffentlichen Schulen unzulässig erklärte, gestand er in bezug auf die Durchsetzung der Desegregation weit gehende Kompromisse zu. In *Baker v. Carr* liess er zwar durchblicken, dass er dem Zensus bei der Sitzverteilung erhebliche Bedeutung beimass, doch sah er von der Aufstellung konkreter Richtlinien für die Bestimmung der Repräsentationsbasis ab und überliess der Vorinstanz das Fällen einer Sachentscheidung.

Baker v. Carr wurde am 26. März 1962 entschieden. Die Kennedy-Regierung, die schon im Prozess als *amicus curiae* zugunsten der Kläger aufgetreten war, verhehlte nicht ihre Genugtuung über den Ent-

[423] Vgl. FRANKFURTER auf S. 297 des Baker-Entscheides: «Of course, if a controversy falls within judicial power, it depends ‚on how the plaintiff casts his action' ..., whether he brings himself within a jurisdictional statute. But where judicial competence is wanting, it cannot be created by invoking one clause of the Constitution rather than another.»

[424] S. 241 f. des Baker-Entscheides.

[425] SCHARPF (1) 308.

scheid, und die Reaktion in der Presse erwies sich als überwiegend positiv, ja enthusiastisch. Angesichts der Manifestationen der öffentlichen Meinung sahen sich auch staatliche Legislaturen zum Handeln veranlasst. Vor Ende 1962 hatten gut ein Dutzend Legislaturen Verfassungs- und Gesetzesänderungen zur Behebung von Mängeln bei der Sitzverteilung auf Wahlkreise beraten, und in Bundes- und staatlichen Gerichten waren über sechzig Klagen anhängig, in denen die Wahlkreiseinteilungen von mindestens fünfunddreissig Staaten angefochten wurden[426]. Der erstaunliche Erfolg, der Baker v. Carr – im Gegensatz zum Brown-Entscheid – beschieden war, bildete wohl eine wesentliche Mitursache des Aktivismus, den das Gericht im folgenden zeigte[427]. Während das Gericht sonst im allgemeinen zum Schutz oft unpopulärer Minderheiten auftritt, die in ihren verfassungsmässigen Rechten verletzt wurden (z.B. Neger, Zeugen Jehovas, Atheisten, Kommunisten, Angeschuldigte), verfocht es hier die Sache der in den Legislaturen untervertretenen *Mehrheit,* was seinem Vorgehen von vornherein eine nachhaltige Unterstützung durch die öffentliche Meinung sichern musste.

Eingeleitet wurde die neue materiellrechtliche Entwicklung mit *Gray v. Sanders*[428]*:* Unzulässig erklärte der Supreme Court das soge-

[426] So McKay (1) 646, der auf S. 706–710 die in den einzelnen Staaten ergriffenen Massnahmen aufzählt.

[427] Vorstösse im Kongress, die auf Beschränkung oder Eliminierung der diesbezüglichen Kompetenzen der Bundesgerichte zielten, verliefen im Sande; dazu Dixon (3) 231–238. In den später vom Kongress veranstalteten Hearings überwog die Tendenz, das Vorgehen des Supreme Court positiv zu werten; vgl. *Hearings on H.R. 699; H.R. 1128; H.R. 2836; H.R. 4340 and H.R. 7343* before the Subcommittee No. 5 of the Committee on the Judiciary, House of Representatives, 88th Cong., 2d sess., sowie die über 1200 Seiten umfassenden *Hearings on S.J. Res. 2, S.J. Res. 37, S.J. Res. 38, S.J. Res. 44* before the Subcommittee on Constitutional Amendments of the Committee on the Judiciary, U.S. Senate, 89th Cong., 1st sess. Ein Vorschlag des inzwischen verstorbenen Senators Dirksen, wonach die einzelstaatlichen Legislaturen die Einberufung eines nationalen Verfassungskonventes verlangen sollten, um durch eine Verfassungsrevision in bezug auf eine Kammer der staatlichen Legislativen Abweichungen vom «one man, one vote»-Prinzip zu gestatten, scheint die für das Zustandekommen der Verfassungsinitiative erforderliche Zweidrittelsmehrheit von 34 Staaten nicht erreichen zu können. Bis Ende 1969 hatten 33 Staaten entsprechende Erklärungen abgegeben, die jedoch teilweise rechtlich defekt zu sein scheinen; Wisconsin lehnte es ab, der 34. Staat zu werden; *New York Times* (City Edition) vom 5. November 1969 auf S. 1 und 37.

[428] 372 U.S. 368 (1963).

nannte *county unit system* in Georgia, das in bezug auf Nomination und Wahlen der beiden Bundes-Senatoren sowie gewisser «state wide officers» (die also vom ganzen Staat und nicht von einzelnen innerstaatlichen Verbänden oder Distrikten bestellt wurden) Platz griff und zur Folge hatte, dass die Zählwerte der in den einzelnen Bezirken abgegebenen Stimmen verschieden waren. Das Problem der gerechten Repräsentation verschiedener Wahlkreise in der Legislative stellte sich hier zwar nicht, doch liess die Begründung von Justice DOUGLAS, die den Grundsatz der *gleichen Stimmkraft*, die Maxime «*one person, one vote*» verkündete[429], ahnen, dass das Prinzip auch auf die Frage des «legislative apportionment» übertragen werden könnte.

Bedeutungsvoll ist *Wesberry v. Sanders*[430], weil der Supreme Court hier die Justiziabilität ohne weiteres bejahte, obwohl *Kongresswahlkreise* in Frage standen und der Entscheid darauf hinauskam, die Mandate zahlreicher Mitglieder eines gleichgeordneten politischen Bundesorgans in Frage zu stellen. In einem wesentlichen Passus der Begründung von Baker v. Carr war noch damit argumentiert worden, es stehe nicht das Verhältnis zu einer «coordinate political branch» in Frage, weil – anders als bei Kongresswahlkreisen – in bezug auf Wahlkreise für staatliche Legislaturen dem Kongress keine Korrekturmöglichkeiten zustünden. In Wesberry v. Sanders kamen die Kläger aus Einmännerwahlkreisen in Georgia für Wahlen in das Bundes-Repräsentantenhaus, deren Bevölkerung mehr als doppelt so gross war wie diejenige anderer Einmännerwahlkreise im selben Staat. Justice Black berief sich für die Annahme der Justiziabilität auf Baker v. Carr, der sich aus dem erwähnten Grund als Präjudiz schlecht eignete. Materiell leitete er das Erfordernis der numerischen Gleichheit aller Wählerstimmen aus Art. I Sektion 2 Ziff. 1 der Verfassung ab, wonach die Repräsentanten «by the people of the several states» zu wählen seien. In einer ausgezeichneten *dissenting opinion* wies Justice HARLAN nach, dass die Gerichtsmehrheit aus der Verfassungsgeschichte unzutreffende Schlussfolgerungen zog: Wohl gingen die Verfassungsschöpfer davon aus, dass die Sitze im Repräsentantenhaus grundsätzlich nach Massgabe der Bevölkerung auf die Staaten zu verteilen wären, doch finden sich weder in den Materialien noch

[429] A.a.O. 381.
[430] 376 U.S. 1 (1964).

gar in Art. I Sektion 2 der Verfassung Anhaltspunkte dafür, dass auch *innerhalb* eines Staates die Sitzverteilung auf Grund des Zensus stattfinden soll[431].

Bezüglich der *Wahlkreise für staatliche Legislaturen* wurde das Prinzip «one man, one vote» aus dem XIV. Amendment abgeleitet. Die *cause célèbre,* die diese bereits in Baker v. Carr und Gray v. Sanders angedeutete Rechtsprechung definitiv einleitete, bildet *Reynolds v. Sims*[432]*:* In Alabama lagen die Verhältnisse ähnlich wie in Tennessee; denn obwohl die Verfassung vorschrieb, dass eine Neuverteilung der Mandate alle zehn Jahre zu erfolgen habe, hatte die letzte Bereinigung gestützt auf die Volkszählung von 1900 stattgefunden. Nachdem die staatliche Legislative vom zuständigen District Court aufgefordert worden war, vor den ordentlichen Wahlen im November 1962 das Geeignete vorzukehren, hatte sie in einer ausserordentlichen Session unter anderem eine Verfassungsänderung vorgeschlagen, wonach das Repräsentantenhaus aus 106 und der Senat aus 67 Mitgliedern bestehen sollte; alle 67 Bezirke hatten Anspruch auf je einen Sitz in beiden Kammern, während die noch verbleibenden Sitze im Repräsentantenhaus nach Massgabe der Bevölkerung zu verteilen waren. Eine derartige Regelung vermochte nach Auffassung des Supreme Court bei weitem nicht den Anforderungen der Bundesverfassung gerecht zu werden. In der offiziellen Urteilsbegründung leitete Chief Justice WARREN ein *individuelles Recht auf grundsätzliche numerische Gleichheit aller Wählerstimmen ab.* Nicht nur ein Vorenthalten des Stimmrechts, sondern auch ein ungleiches Wägen der Stimmen erachtete er als eine durch das XIV. Amendment verbotene Diskriminierung. Dem jedenfalls nicht abwegigen Einwand, dass ausser dem Zensus andere Elemente zur Bestimmung der Vertretung des Volkes in der Legislative herangezogen werden könnten, hielt Warren lediglich entgegen:

> «Legislators represent people, not trees or acres. Legislators are elected by voters, not farms or cities or economic interests[433].»

[431] Gl. M. AUERBACH 5; BICKEL (3) 193/194; KAUPER (5) 245; vgl. jedoch EMERSON 71.

[432] 377 U.S. 533 (1964).

[433] A.a.O. 562. Es ist interessant, diesen Ausspruch mit einer Bemerkung zu kontrastieren, die Warren als Gouverneur von California hatte fallen lassen (zit. bei DIXON (3) 211 Fussnote 7): «Many California counties are far more important in the life of the State than their population of the State. It is for this reason that I

Warren lehnte entschieden die sogenannte «*federal analogy*» ab, wonach es zulässig gewesen wäre, dass ein Staat nur bezüglich einer Kammer die Repräsentation des Volkes nach Massgabe der Bevölkerung vorgesehen und die andere Kammer der Legislative als Vertretung innerstaatlicher Verbände ausgestaltet hätte, ähnlich wie im Bundes-Senat alle Staaten unabhängig von ihrer Bevölkerung gleich vertreten sind[434]. Er wies darauf hin, dass es sich bei der Ordnung der Vertretung im nationalen Kongress um einen für das Zustandekommen der Union unbedingt notwendigen Kompromiss gehandelt habe, durch welchen dem Umstand Rechnung getragen worden sei, dass sich bis dahin souveräne Staaten zu einem Bundesstaat zusammengeschlossen hätten. Innerstaatliche Verbände – z.B. Bezirke oder Städte – seien jedoch nie als souverän angesehen worden. Zudem könne mittels der «federal analogy» der Grundsatz der numerischen Gleichheit der Wählerstimmen, auch wenn er in bezug auf eine Kammer Platz greife, durch die Regelung der Wahlen in die andere Kammer zunichte gemacht werden. Allerdings erkannte die Gerichtsmehrheit, dass es kaum angängig war, die numerische Gleichheit aller Stimmen mit mathematischer Präzision herbeizuführen, doch verlangte sie von den Staaten, dass sie sich bemühten, die Wahlkreise so zu ziehen, dass deren Bevölkerung soweit irgendwie praktikabel gleich gross wäre. Ganz geringe, durch die bestehenden innerstaatlichen Verbände bedingte Abweichungen wollte Warren in bezug auf Wahlkreise für einzelstaatliche Legislaturen zugestehen. Dass jedoch Modifizierungen des Prinzips «one man, one vote» nur im engsten Rahmen toleriert werden sollten, zeigte die spätere Praxis deutlich.

Wiederum erstattete Justice Harlan ein beachtenswertes abweichendes Votum. Er vertrat die Auffassung, dass sich aus dem XIV. Amendment nicht die von der Mehrheit gezogenen Schlussfolgerungen ableiten liessen, und wies hin auf die Schwierigkeit der Ausgestaltung gerichtlicher Anordnungen in solchen Fällen. Abschliessend führte Harlan aus:

have never been in favor of restricting the representation in the senate to a strictly population basis.»

[434] Ebenfalls verworfen wird die «federal analogy» von McKay (1) 690 f. und Emerson 72.

«These decisions give support to a current mistaken view of the Constitution and the constitutional function of this Court. This view, in a nutshell, is that every major social ill in this country can find its cure in some constitutional ‚principle' and that this Court should ‚take the lead' in promoting reform when other branches of government fail to act. The Constitution is not a panacea for every blot upon the public welfare, nor should this Court, ordained as a judicial body, be thought of as a general haven for reform movements. The Constitution is an instrument of government, fundamental to which is the premise that in a diffusion of governmental authority lies the greatest promise that this Nation will realize liberty for all its citizens. This Court, limited in function in accordance with that premise, does not serve its high purpose when it exceeds its authority, even to satisfy justified impatience with the slow workings of the political process. For when, in the name of constitutional interpretation, the Court adds something to the Constitution that was deliberately excluded from it, the Court in reality substitutes its view of what should be so for the amending process[435].»

Im selben Jahr ergingen verschiedene weitere Entscheide zum «legislative apportionment». Besonderer Erwähnung bedarf dabei *Lucas v. Forty-Fourth General Assembly of Colorado*[436]*:* In Colorado waren die Mitglieder der einen Kammer der Legislatur nach Massgabe der Bevölkerung in den einzelnen Regionen zu bestellen, während in der andern Kammer die dünnbesiedelten Gebiete zu Lasten der Städte etwas stärker berücksichtigt wurden. Diese Regelung war im Vorjahr in einem Volksreferendum mit sehr deutlichem Mehr gutgeheissen worden, während gleichzeitig ein Alternativvorschlag, der bezüglich beider Kammern das «one man, one vote»-Prinzip verwirklicht hätte, noch eindeutiger abgelehnt worden war[437]. Die Mehrheit hatte also in einem demokratischen Verfahren der Minderheit eine stärkere Vertretung zugestanden als es ihrem zahlenmässigen Gewicht entsprach, und die wesentlichsten Gründe, die sich in Baker v. Carr als Rechtfertigung einer richterlichen Intervention anführen liessen (Widerspruch der Wahlkreiseinteilung zur eigenen

[435] A.a.O. 624/625.

[436] 377 U.S. 713 (1964). Andere Entscheidungen, welche die Staaten New York, Maryland, Virginia und Delaware betrafen, sind: *WMCA, Inc. v. Lomenzo,* 377 U.S. 633; *Maryland Committee for Fair Representation v. Tawes,* 377 U.S. 656; *Davis v. Mann,* 377 U.S. 678 und *Roman v. Sincock,* 377 U.S. 695. Weitere Beispiele in 378 U.S. 553–565 bezüglich Connecticut, Florida, Idaho, Illinois, Iowa, Michigan, Ohio, Oklahoma und Washington.

[437] Die Stimmenzahlen betrugen im ersten Fall 305700 Ja und 172725 Nein; im zweiten Fall 149892 Ja und 311749 Nein.

Staatsverfassung; fehlende Korrekturmöglichkeit durch das demokratische Rechtssetzungsverfahren; Willkürlichkeit der angefochtenen Wahlkreiseinteilung) konnten hier nicht angerufen werden. Dennoch erklärte der Supreme Court die Regelung von Colorado als verfassungswidrig, was nur dadurch möglich war, dass er aus dem XIV. Amendment ein *individuelles Recht auf gleiche Stimmkraft* ableitete. Wäre das Gericht von der Garantieklausel ausgegangen, so hätte eine Auslegung des Erfordernisses der «republican form of government» kaum zum selben Ergebnis geführt. In einem abweichenden Votum betonte Justice STEWART das Bedürfnis nach einer differenzierenden Betrachtungsweise, wenn es darum gehe, in einer pluralistischen Gesellschaft eine gerechte Vertretung regionaler, sozialer und wirtschaftlicher Interessen in der Legislative zu verwirklichen. Zahlenmässige Faktoren müssten dabei oft zurückgestellt werden. Denn:

«Legislators do not represent faceless numbers. They represent people, or, more accurately, a majority of voters in their districts ... throughout our history the apportionments of State Legislatures have reflected the strongly felt American tradition that the public interest is composed of many diverse interests, and that in the long run it can better be expressed by a medley of component voices than by the majority's monolithic command. What constitutes a rational plan reasonably designed to achieve this objective will vary from State to State, since each State is unique, in terms of topography, geography, demography, history, heterogeneity and concentration of population, variety of social and economic interests, and in the operation and interrelation of its political institutions [438].»

Aus der *equal protection clause* leitete Stewart zwei Erfordernisse ab:

«First, it demands that, in the light of the State's own characteristics and needs, the plan must be a rational one. Secondly, it demands that the plan must be such as not to permit the systematic frustration of the will of a majority of the electorate of the State. ... But, beyond this, I think there is nothing in the Federal Constitution to prevent a State from choosing any electoral legislative structure it thinks best suited to the interests, temper, and customs of its people [439].»

Die Rechtsprechung seit 1964, die im folgenden nur skizzenhaft angedeutet wird, bestätigt den bereits aufgezeigten Trend. «One man, one vote» galt hinfort als wegleitende Maxime, und es stellte sich nur noch die Frage nach ihrer Tragweite und ihrem Anwendungsbereich.

[438] A.a.O. 750/751

[439] A.a.O. 753/754.

Einen interessanten Aspekt beleuchtet *Burns v. Richardson*[440], weil der Supreme Court hier davon ausging, dass unter gewissen Voraussetzungen statt der Gesamtbevölkerung auch die *Anzahl eingeschriebener Wähler* als Repräsentationsbasis dienen könne.

Auch in *Fortson v. Morris*[441] sah das Gericht davon ab, eine angefochtene Regelung zu invalidieren. Die Verfassung von Georgia schrieb für die Wahl des Gouverneurs folgendes Procedere vor: Erreichte kein Kandidat in der Volksabstimmung das absolute Mehr, so hatte die staatliche Legislatur von den beiden Kandidaten, welche die höchsten Stimmenzahlen erzielt hatten, einen zu wählen. Eine sehr knappe Gerichtsmehrheit erblickte in diesem Vorgehen keinen Widerspruch zur *equal protection clause*. Dagegen erachteten die vier dissentierenden Richter DOUGLAS, WARREN, BRENNAN und FORTAS den Wahlmodus als unzulässig, weil dadurch der Legislative, die ja auch den an der Volksabstimmung weniger erfolgreichen Kandidaten wählen konnte, ein Wägen der anlässlich der Wahlen abgegebenen Stimmen ermöglicht werde und der einzelne Abgeordnete «with only one vote, could not possibly render an accurate reflection of the voters in his constituency»[442]. Drei Richter wollten sogar aus der Verfassung ableiten, dass ein staatlicher Gouverneur unter allen Umständen vom Volk zu wählen sei.

Das Jahr 1967 stellte den Supreme Court vor schwierige Rechenaufgaben. In *Swann v. Adams*[443] wurde die Regelung von Florida als verfassungswidrig erklärt, weil sie zur Folge hatte, dass das Bevölkerungs-Verhältnis zwischen den grössten und den kleinsten Einmännerwahlkreisen für den Senat 1,3:1 und für das Repräsentantenhaus 1,41:1 betrug und die staatliche Legislative hiefür keine das Gericht zufriedenstellenden Gründe anführte. Dasselbe Schicksal war einem Gesetz von Texas über die Wahlkreise für das Repräsentantenhaus beschieden, nachdem der Supreme Court hier ein Verhältnis von 1,31:1 errechnet hatte[444]. 1969 führten sogar erheblich geringere Abweichungen von der numerischen Gleichheit aller Wählerstimmen in

[440] 384 U.S. 73 (1966).
[441] 385 U.S. 231 (1966).
[442] A.a.O. 240.
[443] 385 U.S. 440 (1967).
[444] *Kilgarlin v. Hill,* 386 U.S. 120 (1967).

Missouri und New York zur gerichtlichen Verfassungswidrigerklärung[445].

In *Avery v. Midland County, Texas*[446] wandte das Gericht das «one man, one vote»-Prinzip auf ein Organ der *Lokalverwaltung* an, dem allgemeine Kompetenzen zur Regelung örtlicher Angelegenheiten zustanden und das auch zur Erhebung von Steuern befugt war[447].

Noch mehr erweitert wurde der Anwendungsbereich des in *Reynolds v. Sims* für eigentliche Wahlen aufgestellten Prinzips in *Moore v. Ogilvie*[448]*:* Das Gericht erklärte eine Regelung von Illinois als ungültig, wonach Elektoren-Kandidaten für die Präsidentenwahl aufgestellt werden durften, wenn sie durch 25000 Stimmberechtigte unterstützt wurden, wobei in mindestens fünfzig Bezirken nicht weniger als 200 Stimmbürger die Kandidatur beantragen mussten. Darin er-

[445] *Kirkpatrick v. Preisler,* 394 U.S. 526 (1969) und *Wells v. Rockefeller,* 394 U.S. 542 (1969). Beide Entscheide betrafen Kongresswahlkreise. Im Missouri-Fall hätten die zehn Wahlkreise im Falle mathematischer Gleichheit 431981 Einwohner haben müssen; der Unterschied zwischen dem grössten und dem kleinsten Kreis belief sich auf weniger als 26000 Einwohner, also auf rund 6%. Die politischen Implikationen dieser Entscheide werden deutlich, wenn man sich vergegenwärtigt, dass damals, nachdem die meisten Staaten ihre Gesetze der höchstrichterlichen Rechtsprechung angepasst zu haben glaubten – die in Frage stehenden Gesetze von Missouri und New York datierten von 1967 bzw. 1968 –, immer noch in etwa dreissig Staaten grössere Abweichungen von der numerischen Gleichheit bestanden als gemäss dem verfassungswidrig erklärten Gesetz von Missouri; vgl. *New York Times* (City Edition) vom 8. April 1969 auf S. 34. Auch die parteipolitischen Aspekte sind nicht zu übersehen. An der erwähnten Stelle überschrieb die New York Times einen Artikel, der sich mit den Konsequenzen von Wells v. Rockefeller befasste, mit «State Republicans See a Gain of 6 to 8 House Seats»! Vgl. auch LUCAS (2) 801/802.

[446] 390 U.S. 474 (1968).

[447] Vgl. zu diesen Problemen das Symposium «One Man – One Vote and Local Government», The George Washington Law Review *36*/1967–68, 689 f.; ferner den Aufsatz von WEINSTEIN sowie MARSHA D. BILZIN, Reapportionment on the Sub-State Level of Government: Equal Representation or Equal Vote?, Boston University Law Review *50*/1970, 231–270, und PHILIP L. MARTIN, The Supreme Court and Local Government Reapportionment: The Second Phase, Baylor Law Review *21*/1969, 5–17.

In *Hadley v. Junior College District of Metropolitan Kansas City, Missouri,* 397 U.S. 50 (1970), wurde der «one man, one vote»-Grundsatz auf Schuldistrikte angewendet; vgl. dazu PHILIP L. MARTIN, The Supreme Court and Local Reapportionment: The Third Phase, The George Washington Law Review *39*/1970–71 auf S. 111 f.

[448] 394 U.S. 814 (1969).

blickte der Supreme Court eine unzulässige Benachteiligung der Wähler dicht bevölkerter Bezirke, weil 93,4% der Stimmberechtigten von Illinois in 49 Bezirken wohnten und sich die verbleibenden 6,6% auf 53 Bezirke verteilten.

Gerichtsentscheide mit wahlpolitischen Folgen kommen übrigens auch vor, wenn weder Rassendiskriminierungen noch Abweichungen vom «one man, one vote»-Prinzip in Frage stehen. Bereits in *Ray v. Blair*[449] erachtete es der Supreme Court als zulässig, dass eine zur Durchführung von Primärwahlen staatlich ermächtigte politische Partei von den Anwärtern auf das Amt eines Elektoren für die Präsidenten- und Vizepräsidentenwahl ein Versprechen, die offiziellen Kandidaten der betreffenden Partei zu unterstützen, verlangen durften. Vor der Präsidentenwahl von 1968 ordnete der Supreme Court in *Williams v. Rhodes*[450] an, dass der Kandidat GEORGE WALLACE das Recht habe, in Ohio auf dem Stimmzettel zu erscheinen, obwohl die zu seiner Unterstützung gegründete American Independent Party nicht innerhalb der vorgeschriebenen Frist die gemäss staatlichem Recht für eine neue Partei erforderliche Unterstützung durch Stimmberechtigte beigebracht hatte, deren Zahl mindestens 15% der anlässlich der letzten Gouverneurswahlen abgegebenen Stimmen entsprach. Das Gericht qualifizierte die staatliche Regelung als eine das XIV. Amendment verletzende Bevorzugung der beiden etablierten Parteien, und George Wallace profitierte von der Bestimmung, welche die von ihm so heftig bekämpften Schuldesegregations-Entscheide ermöglicht hatte. Als Gouverneur ROCKEFELLER von New York den durch die Ermordung ROBERT KENNEDYS vakant gewordenen Sitz im nationalen Senat bis zum 1. Dezember 1970 durch CHARLES E. GOODELL besetzte und diese temporäre Ernennung wegen ihrer langen Dauer von siebenundzwanzig Monaten gerichtlich angefochten wurde, entschied der zuständige District Court die Frage ohne weitere Umstände materiell, wobei er freilich die Klage abwies, weil das Vorgehen Rockefellers durch die staatliche Rechtsordnung gedeckt war und das Gericht fand, es komme der staatlichen Legislative ein weites, vorliegend nicht überschrittenes Ermessen bei der Bestimmung darüber zu, wann ein «temporary appointment» (wozu die staatliche Legislative gemäss Abs. 2 des XVII. Amendment

[449] 343 U.S. 214 (1952).
[450] 393 U.S. 23 (1968).

zur Bundesverfassung die Exekutive ermächtigen darf) vorliege[451]. Grosses Aufsehen erregte Ende 1970 *United States v. Arizona*[451a]: Mit Wirkung ab 1. Januar 1971 hatte der Kongress in bezug auf sämtliche Wahlen und Abstimmungen, auch solche in Einzelstaaten und Gemeinden, die Stimmberechtigung auf achtzehn Jahre gesenkt[451b]. Präsident Nixon unterschrieb das Gesetz, bezweifelte jedoch dessen Verfassungsmässigkeit und liess daher einen höchstrichterlichen Entscheid provozieren[451c]. Eine knappe Gerichtsmehrheit betrachtete das Gesetz nur insoweit als verfassungsgemäss, als es Bundeswahlen betraf; im übrigen erblickte sie darin einen unzulässigen Eingriff in die Kompetenzen der Gliedstaaten[451d]. Das Urteil des Gerichts hatte noch andere weitreichende Folgen hinsichtlich der Grösse der Wählerschaft, indem gesetzliche Bestimmungen geschützt wurden, die *literacy tests* allgemein untersagten und Domizilvorschriften für Bundeswahlen erheblich lockerten.

Bei einer Würdigung der *Rechtsprechung zu Wahlkreiseinteilungen* ist zu unterscheiden zwischen der Frage der Justiziabilität und dem vom Gericht entwickelten, materiellrechtlichen Prinzip «one person, one vote».

Vorher seien jedoch noch einige Bemerkungen zur *politischen Wünschbarkeit* gestattet, da sich gerade hier politische und juristische Fragen nicht immer sauber trennen lassen. Durch die höchstrichterliche Rechtsprechung wurde ein Krebsübel der amerikanischen Innenpolitik geheilt, nämlich die starke Untervertretung der ständig wachsenden städtischen Bevölkerung in einer Zeit, in der die Probleme der Verstädterung zu den dringendsten Aufgaben der Legislaturen wurden. Mit Recht spricht AUERBACH von einem «effort by the Court to solve a national problem which was assuming crisis proportions, yet which no other branch of government seemed willing or

[451] *Valenti v. Rockefeller,* 292 F. Supp. 851 (District Court for the Southern District of New York, 1968), vom Supreme Court ohne Begründung bestätigt in 393 U.S. 404–406 (1969).

[451a] 91 Supreme Court Reporter 260 (1970).

[451b] § 302 des *Voting Rights Act* in der Fassung gemäss 84 Stat. 314.

[451c] Dazu THEODORE DENNO, Politics, the Constitution and the Eighteen-Year-Old Vote, Albany Law Review *35*/1970, 2.

[451d] Es sieht aus, als ob in absehbarer Zeit eine Verfassungsänderung zustande kommen würde, gemäss welcher die Achtzehnjährigen bezüglich sämtlicher Urnengänge stimmberechtigt wären.

able to solve»[452]. Obwohl die Wahlkreis-Entscheidungen, in denen Bundesgerichte staatlichen Legislaturen grundlegende Änderungen ihrer Repräsentationsbasis befahlen, auf den ersten Blick als zentralistische Eingriffe par excellence erscheinen mögen, darf nicht übersehen werden, dass dadurch indirekt gerade der Föderalismus gestärkt wurde. Denn die in den Städten und Vorstädten ansässige Bevölkerung, d.h. mindestens 70% der Gesamtbevölkerung[453], kann jetzt eher Verständnis und Hilfe von den staatlichen Legislaturen erwarten, die nunmehr besser zur Lösung der Aufgaben einer modernen Industriegesellschaft gerüstet sind; das Bedürfnis, sich an die Regierung in Washington zu wenden, erweist sich mithin als weniger akut[454]. Es ist nicht erstaunlich, dass Chief Justice WARREN, der ja schliesslich auch in den berühmten Schuldesegregations-Entscheiden mitwirkte, anlässlich seines Rücktritts die Entscheide zum Prinzip «one man, one vote» als die wichtigsten bezeichnete, die während seiner Amtszeit ergangen waren[455].

Fragen kann man sich freilich, ob die vom Supreme Court angewandte Therapie nicht derart drastisch gewesen sei, dass sie trotz des grundsätzlichen Heilungseffektes gleichzeitig andere Leiden verschlimmert oder sogar bewirkt habe. So erscheint das weitherum praktizierte sogenannte *gerrymandering,* die Wahlkreisgeometrie zwecks Begünstigung von Sonderinteressen meist parteipolitischer Natur, als ein weiterer schwerer Mangel amerikanischer Wahlsysteme, und der Supreme Court hat bisher davon abgesehen, aus der *equal protection clause* ein Verbot des politischen *gerrymandering* abzulei-

[452] AUERBACH 70.

[453] SCHATTSCHNEIDER 7.

[454] CORMACK 282. Bei einer Würdigung der Leistungen der nach dem «one man, one vote»-Prinzip umgestalteten Legislaturen stellte MCKAY fest: «...there were observable trends in the form of increased aid for schools, greater home rule, increased consumer protection, stronger civil rights legislation, curbs on air and water pollution, and reform of criminal justice»; MCKAY (5) 230/231. Vgl. ferner zu den Auswirkungen der «one man, one vote»-Rechtsprechung auf das Stadt-Land-Problem die nuancierte Analyse von HOPT 117–142. Auf S. 173 geht Hopt freilich davon aus, dass der Trend zur Nationalisierung der Politik – trotz der stärkeren Vertretung der Städte und besonders der Vorstädte (suburbs) in den Parlamenten – anhalten werde; dagegen erwartet er inskünftig eine bessere Zusammenarbeit zwischen Bund und Gliedstaaten (S. 185).

[455] *New York Times* (City Edition) vom 27. Juni 1969 auf S. 1 und 17.

ten[456]. Da nun aber die rigorose Verwirklichung des «one man, one vote»-Grundsatzes sehr oft dazu zwingt, natürliche Wahlkreiseinteilungen aufzugeben, die etwa an Bezirks- und Stadtgrenzen anknüpfen, wird durch die Rechtsprechung indirekt der Wahlkreisgeometrie Vorschub geleistet[457]. Durch mathematisch einwandfreie Wahlkreiseinteilungen lassen sich jedenfalls Ungleichheiten nicht vermeiden.

Dass das Gericht in *Baker v. Carr* die Justiziabilität bejahte, kann m. E. nicht beanstandet werden. Es wurde einerseits gezeigt, dass die frühere Praxis, in derartigen Fällen eine *political question* anzunehmen, widersprüchlich und keineswegs konstant war; in dem als massgebend erachteten Entscheid *Colegrove v. Green* war ja die Mehrheit der Richter gerade nicht vom Vorhandensein einer *political question* ausgegangen[458]. Anderseits haben wir gesehen, dass die Bejahung der Justiziabilität in Baker v. Carr durch verschiedene Faktoren erleichtert wurde: Vor allem bestand keine realistische Möglichkeit, den Mangel durch das demokratische Verfahren zu beheben, und es liessen sich überzeugende rechtliche Gründe für die Bundesverfassungswidrigkeit der seit Jahrzehnten nicht bereinigten Mandatszuteilung in Tennessee geltend machen[459]. Dass das Gericht jedoch die Verfas-

[456] *Gomillion v. Lightfoot,* zit. vorn Fussnote 102 zu diesem Kapitel, sowie *Wright v. Rockefeller,* 376 U.S. 52 (1964), betrafen rassisch motivierte Wahlkreiseinteilungen. Vgl. hiezu auch *Comment* in The Yale Law Journal *72*/1962–63, 1041–1061. In *Wells v. Rockefeller,* 394 U.S. 542 (1969) wurde klägerischerseits auch ein *gerrymandering* beanstandet, doch liess das Gericht die Frage offen.

[457] Vgl. Dixon (4) 584: «...the tighter the arithmetic equality standard the greater the amount of redistricting which is required ... because no district lines are politically neutral, the inevitable policy choices raise issues of racial and political gerry-mandering». Auch Kauper (5) 252 weist auf die Gefahr hin, «that the courts ... may become involved in the process of political gerrymandering». Und Justice White meinte: «If county and municipal boundaries are to be ignored, a computer can produce countless plans for absolute population equality, one differing very little from another, but each having its own very different political ramifications»; *dissenting opinion* in *Wells v. Rockefeller,* 394 U.S. 542 (1969) auf S. 556.

[458] Vgl. vorn Fussnote 398 zu diesem Kapitel.

[459] Von untergeordneter Bedeutung war m. E. der damals noch vom Gericht stark betonte Umstand, dass nicht Kongresswahlkreise in Frage standen. Denn die in bezug auf solche Kreise dem Kongress zustehenden Gesetzgebungsbefugnisse brauchen ein richterliches Prüfungsrecht ebensowenig auszuschliessen wie irgendeine andere Kompetenzzuweisung, etwa die Zuständigkeit des Kongresses zur Durchsetzung des XV. Amendment. Abgesehen davon könnte – etwa gestützt auf die Garantieklausel – auch eine Gesetzgebungsbefugnis des Kongresses

sungswidrigkeit aus dem XIV. Amendment und nicht aus der Garantieklausel ableitete, war – wenn auch vielleicht im betreffenden Fall vertretbar – für die spätere Entwicklung verhängnisvoll.

Als *materieller Beurteilungsmassstab* eignet sich das XIV. Amendment in diesem Zusammenhang schlecht. Zwar schliesst es willkürliche Wahlkreiseinteilungen aus, doch lassen sich fast immer irgendwelche rationelle Gründe für eine angefochtene Regelung anführen. Will man der *equal protection clause* eine weitergehende Bedeutung beimessen, so sieht man sich vor die Schwierigkeit gestellt, dass weder eine grammatikalische noch eine historische Auslegung die geringsten Anhaltspunkte dafür zu liefern vermag, dass die Stimmkraft der Wähler numerisch gleich sein müsse[460]. Nur wenn man die Verfassung in dem Sinne fortbildet, dass man mittels teleologisch-zeitgemässer Auslegung Rechtsgleichheit mit Gleichmacherei identifiziert, kann man verschiedene Entscheide des Supreme Court zum *legislative apportionment* begründen.

Dort wo, wie in *Gray v. Sanders*[461], die Wähler eines Staates gesamthaft und nicht wahlkreisweise einen Amtsträger zu bestellen haben, lässt sich zwar ein verschiedenes Wägen der Stimmen kaum rechtfertigen. Dagegen sprechen zahlreiche Gründe dafür, in bezug auf die Legislaturen, die sich aus Abgeordneten als Vertretern verschiedener Wahlkreise zusammensetzen und welche die oft divergierenden Interessen des von ihnen repräsentierten Volkes widerspiegeln sollten, neben dem Zensus auch andere Kriterien zur Geltung kommen zu lassen[462]. Der Föderalismus braucht nicht vor den einzelstaalichen Grenzen Halt zu machen. Die Abklärung, welche Bedeutung der Bevölkerung und andern Gesichtspunkten bei der Bestimmung der Rechtmässigkeit einer konkreten Regelung zukomme, setzt freilich ausserordentlich schwierige und subtile Interessenabwägun-

in bezug auf Wahlkreise für staatliche Legislaturen konstruiert werden; dazu EMERSON 75; POLLAK (2) 83 Fussnote 10. Professor BLACK vertrat in einer Analyse von Baker v. Carr mit überzeugenden Argumenten die Auffassung, dass die Justiziabilität in bezug auf Kongresswahlkreise erst recht angenommen werden müsse; BLACK (3) 14 f.; ähnlich EMERSON 69.

[460] Entsprechendes gilt auch in bezug auf Art. I Sektion 2 Ziff. 1 der Verfassung, trotz der entgegengesetzten Auffassung der Gerichtsmehrheit in *Wesberry v. Sanders,* 376 U. S. 1 (1964).

[461] 372 U. S. 368 (1963).

[462] Dazu BICKEL (3) 184/185 und 194/195.

gen auf Grund der Garantieklausel voraus, die das Gericht mit zeitraubenden und heiklen Wertungsproblemen konfrontieren würde. Immerhin deutete Justice STEWART in *Lucas v. Forty-Fourth General Assembly of Colorado*[463] einen Weg zur Auslegung der *equal protection clause* an, der eine über den «rational basis test» hinausgehende, sinnvolle richterliche Abklärung gestatten würde, die jedoch den Besonderheiten des betreffenden Gemeinwesens und den bereits vom staatlichen Gesetzgeber getroffenen Wertungen Rechnung tragen sowie verschiedene Kriterien bei der Ausgestaltung der Repräsentation anerkennen müsste, wobei das Verbot einer «systematischen Vereitelung des Willens der Mehrheit der Wählerschaft» eine Begrenzung des legislativen Ermessens abgeben würde[464].

Die Gerichtsmehrheit entschied sich jedoch mit ihrer simplifizierenden «one man, one vote»-Formel für eine weniger subtile, für untere Bundesgerichte ohne grössere Schwierigkeiten anwendbare Lösung. DIXON, ein ausgewiesener Sachverständiger in bezug auf das hier erörterte Problem, meint dazu:

> «... by its exclusive focus on bare numbers, the Court may have transformed one of the most intricate, fascinating, and elusive problems of democracy into a simple exercise of applying elementary arithmetic to census data[465].»

Die Verfassung spricht nirgends von einem individuellen Recht auf einen numerisch bestimmten Anteil am politischen Einfluss, und sie scheint auch nirgends ein solches Recht zu implizieren. Bei der Beurteilung der Bedeutung des Zensus zur Bestimmung der Repräsentation des Volkes in der Legislative geht es um ein *institutionelles Problem*. Der Umfang des individuellen Stimmrechts sollte nicht isoliert beurteilt werden. Denn das Recht des Einzelnen ist – wie DIXON feststellt – verflochten mit

> «large, overriding questions concerning representation – i.e., concerning political philosophies and practices of representation in a dynamically democratic public order, in which groups are as relevant as individuals[466].»

Der mathematische Perfektionismus des Obersten Bundesgerichts, der 1969 in *Kirkpatrick v. Preisler* und *Wells v. Rockefeller* seinen

[463] Vgl. vorn S. 270.
[464] Auch KAUPER (5) befürwortet die von Stewart angeregte Methode.
[465] DIXON (3) 210; gl. M. KAUPER (5) 248 und 250.
[466] DIXON (3) 218; vgl. auch KAUPER (5) 244.

Höhepunkt erreichte (in *Wesberry v. Sanders* und *Reynolds v. Sims* war noch die Zulässigkeit gewisser Abweichungen von der numerischen Gleichheit angedeutet worden), bewirkt wohl in einem logisch-abstrakten Sinne eine Gleichheit der Wählerstimmen, begünstigt aber Wahlkreisgeometrie und andere Praktiken, welche oft die Stimmkraft vieler faktisch beeinträchtigen. Würde etwa ein Staat auch für die Legislative die Wahlkreise abschaffen und die bei der Wahl der Exekutive sehr verbreiteten *statewide elections-at-large* einführen, so könnte wohl die Stimmkraft aller Wähler theoretisch genau gleich gross sein, doch hätten in Wirklichkeit politische Minderheiten kaum eine Chance, Abgeordnete zu wählen. Sogar bei der wahlkreisweisen Bestellung der Legislative muss sich die «equal representation»-Vorstellung als Fata Morgana erweisen. Denn auch hier hat das Majorzverfahren zur Folge, dass die Minderheit im betreffenden Wahlkreis keine Vertretung in der Legislative erhält. Wahlkreise mit gleich grosser Bevölkerung bewirken also keineswegs «equal representation»; letztere wird gegenteils manchmal besser durch Abweichungen von einer strengen Beachtung des Zensus herbeigeführt[467]. Nur durch ein *proportionales Wahlverfahren* könnte eine Wahrung von Minderheitsinteressen in der Legislative gesichert werden. Proporzwahlen würden jedoch einen derartigen Bruch mit der politischen Tradition Amerikas bedeuten – sie kommen nur in vereinzelten Gemeinden vor –, dass auch der Supreme Court kaum auf die Idee käme, sie den Staaten vorzuschreiben.

Besonders bedauerlich war der Aktivismus des Gerichts im Colorado-Fall[468], weil dort eine Regelung als verfassungswidrig erklärt wurde, die ein in einem demokratischen Verfahren mit einem sehr eindeutigen Mehr beschlossenes Zugeständnis der Mehrheit der Wähler an die Interessen der Minderheit darstellte.

Als problematisch erweisen sich nicht zuletzt die ausserordentlichen Kompetenzen, die unteren und mittleren Bundesgerichten bei der Durchsetzung der vom Supreme Court verkündeten «one man,

[467] Dazu Dixon (5) 227 und passim; vgl. auch Dixon (4) 583: «Neither at-large voting with its winner-take-all tendency nor single-member districting with its tendency to over-reward the dominant party automatically yields political equity.»

[468] *Lucas v. Forty-Fourth General Assembly of Colorado,* 377 U.S. 713 (1964).

one vote»-Maxime zukommen. Es ist oft, manchmal kurz vor Wahlen, vorgekommen, dass ein Gericht einer Legislatur ein Ultimatum stellte, das Wahlverfahren innert kürzester Zeit in Einklang mit der höchstrichterlichen Rechtsprechung zu bringen, unter Androhung der Ersatzvornahme im Zuwiderhandlungsfall. In vereinzelten Fällen nahmen Gerichte selber die Zuteilungen der Mandate an Wahlkreise vor oder ordneten *at-large-elections* an[469].

5. Weitere Einschränkung der political question-Doktrin durch den Powell-Fall

Als besonders heikel erscheint eine gerichtliche Überprüfung in bezug auf Fragen des *internen Kongressbetriebs*. Immerhin wurden ab und zu derartige Fälle vom Supreme Court entschieden. In *United States v. Smith*[470] überprüfte das Gericht, ob der Senat seine eigene Geschäftsordnung richtig ausgelegt habe, als er die Bestätigung des von Präsident HOOVER zum Vorsitzenden der FPC ernannten Smith rückgängig zu machen versuchte; ausschlaggebend für die Bejahung der Justiziabilität war dabei, dass das Recht eines Dritten auf Innehabung eines Amtes auf der Auslegung der Geschäftsordnung beruhte. Als der Kongress in einem Geldbewilligungsbeschluss die Auszahlung

[469] Die Literatur zu den hier behandelten Problemen beginnt unübersichtlich zu werden. Vgl. die im Literaturverzeichnis angeführten Bücher von BOGNETTI, DE GRAZIA, DIXON (4), HANSON, HOPT und MCKAY (4) sowie SCHUBERT (3), ferner die dort ebenfalls verzeichneten Aufsätze von ATLESON, AUERBACH, BLACK (3), BONFIELD (2), CASSIN, CORMACK, COX (1), DIXON (1, 2, 3, 5), EMERSON, FRIEDELBAUM, GOLDBERG, IRWIN, ISRAEL (1, 2), KATZENBACH, KAUPER (5), KRASTIN, A. LEWIS, LOEWENSTEIN (2), LUCAS (1, 2), MCCLOSKEY (2), MCKAY (1, 2, 3 und 5), MERRILL, NEAL, POLLAK (2), SCHATTSCHNEIDER, SINDLER, SWINDLER, TYLER und WEINSTEIN. Besonders der *Council of State Governments* und die *National Municipal League* haben zahlreiche weitere Publikationen veranlasst. Während der Drucklegung dieses Buches erschien das Werk von RICHARD C. CORTNER, The Apportionment Cases, Knoxville 1971. Eine interessante, das Schwergewicht auf die politologischen Aspekte legende Fallstudie vermittelt neuerdings HOPT, der sich vorab mit den *Auswirkungen* der Wahlkreis-Entscheidungen beschäftigt; die Abhandlung Hopts enthält auf S. 216–235 ein sehr ausführliches Literaturverzeichnis. Das deutsche Bundesverfassungsgericht hatte sich ebenfalls mit Wahlkreisfragen zu befassen: In BVerfGE *16,* 130 entschied es, dass eine über die Besonderheit der personalisierten Verhältniswahl hinausgehende Differenzierung des Stimmgewichts nicht zu rechtfertigen sei.

[470] 286 U.S. 6 (1932).

von Gehältern an drei namentlich aufgeführte Beamte verhindern wollte, qualifizierte der Supreme Court dieses ungewöhnliche Vorgehen in *United States v. Lovett*[471] als unzulässige *bill of attainder*. In *Christoffel v. United States*[472] überprüfte das Gericht, ob das Repräsentantenhaus seine Geschäftsordnung eingehalten habe, weil davon die Gültigkeit einer Verurteilung wegen falschen Zeugnisses vor einem Ausschuss des Repräsentantenhauses abhing. Dass das Gericht den Hearings durchführenden Kongressausschüssen nicht uneingeschränkte Macht zuzugestehen bereit war, sahen wir bei der Erörterung von *Watkins v. United States*[473].

Bis vor kurzem ging indessen die communis opinio der Jurisprudenz dahin, dass der Supreme Court nicht überprüfen dürfe, ob der Kongress eines seiner Mitglieder zu Recht als nicht gewählt erklärt oder aus der Legislative ausgeschlossen habe[474]. Denn nicht nur wird die diesbezügliche Kompetenz von Verfassungs wegen den beiden Kammern der Legislative zugewiesen (was ja an sich nicht eine richterliche Überprüfung ausschliesst), sondern die Verfassung erklärt ausdrücklich die beiden Häuser zum «Richter» in solchen Fällen, und es geht denn auch im Grunde genommen um richterliche Funktionen (Streitentscheidung und Strafverhängung). Die massgebenden, in Art. I Sektion 5 Ziff. 1 und 2 enthaltenen Bestimmungen lauten:

«1. Each House shall be the judge of the elections, returns and qualifications of its own members, ...

2. Each House may ... punish its members for disorderly behavior, and, with the councurrence of two thirds, expel a member.»

Manche glaubten wohl auch, derartige Fragen seien schon wegen ihrer besonderen politischen Natur der richterlichen Kognition entzogen, was allerdings in Anbetracht der neuen Wahlkreis-Rechtsprechung zweifelhaft erscheinen musste. In bezug auf den *Ausschluss aus einer einzelstaatlichen Legislatur* betrachtete sich der Supreme Court denn auch in *Bond v. Floyd*[475] als zur Fällung eines Sachentscheides kompetent: Julian Bond, ein Neger-Abgeordneter, war in das Repräsentantenhaus

[471] 328 U. S. 303 (1946).
[472] 338 U. S. 84 (1949).
[473] Zit. vorn Fussnote 108 zu diesem Kapitel.
[474] Vgl. etwa Bean 101 und 131 f.; Boylan 335; *Comment* (3) 191; Dodd 56.
[475] 385 U. S. 116 (1966).

von Georgia gewählt worden. Gestützt auf einen Beschluss des Repräsentantenhauses hatte sich jedoch der zuständige Beamte geweigert, ihn zu vereidigen. Der Beschluss, der auf einen Ausschluss aus der Legislative herauskam, wurde damit begründet, Bond habe den Feinden Amerikas geholfen und sei auch nicht bereit, die Verfassung von Georgia zu schützen. (Bond hatte die Vietnampolitik der nationalen Regierung kritisiert und mit Kriegsdienstverweigerern sympathisiert, ohne sie jedoch zu illegalem Verhalten aufzustacheln. Ein Motiv wohl zahlreicher Abgeordneter wurde im Beschluss nicht erwähnt: Bonds Hautfarbe[476].) Das Repräsentantenhaus argumentierte damit, dass Abgeordnete einen Eid auf die Verfassung des Bundes und des Staates Georgia ablegen müssten (wozu Bond bereit war) und dass Bond dies nicht «with sincerity» tun könne. Der Supreme Court durchschaute die Gefährlichkeit dieses Arguments, das den Ausschluss nonkonformistischer Abgeordneter nach dem Ermessen der Mehrheit gestattet hätte, und qualifizierte den Ausschluss als verfassungswidrige Beschränkung der Redefreiheit.

Im Jahre 1969 verneinte das Oberste Bundesgericht sogar die *political question*-Natur des *Ausschlusses eines Abgeordneten aus dem Bundes-Repräsentantenhaus*[477].

Der Entscheid betraf ebenfalls einen Neger-Abgeordneten, nämlich Adam Clayton Powell. Im Gegensatz zum Bond-Fall erschien der Ausschluss prima facie nicht als unbegründet. Powell hatte nachgewiesenermassen richterliche Anordnungen missachtet – *contempt of court* ist in anglo-amerikanischen Ländern eine besonders ernst zu nehmende Sache – und sich als Vorsitzender des Ausschusses für Erziehung und Arbeit unredliche finanzielle Manipulationen zuschulden kommen lassen. Nachdem er von seinem New Yorker Wahlkreis im Jahre 1966 für den 90. Kongress wiedergewählt worden war, schob das Repräsentantenhaus seine Vereidigung auf und lud den Speaker ein, eine besondere Kommission mit der Abklärung der Wählbarkeit Powells zu beauftragen. Im Verlauf der von dieser Kommission durchgeführten Erhebungen vertraten Powell und seine Anwälte den Standpunkt, dass eine Exklusion nur in Frage komme, wenn eine der drei Voraussetzungen von

[476] Zwar wurden am gleichen Tag sieben andere Neger in Georgia als Abgeordnete vereidigt (Kindregan 76), doch boten diese nicht derartige Angriffsflächen wie Bond.

[477] *Powell v. McCormack,* 395 U.S. 486 (1969).

Art. I Sektion 2 Ziff. 2 der Verfassung nicht erfüllt sei, wonach von einem Repräsentanten verlangt werden: Alter von mindestens fünfundzwanzig Jahren; amerikanisches Bürgerrecht seit sieben Jahren; Aufenthalt im Staat, in dem er gewählt wurde. Bestrafung und Expulsion eines Mitglieds fielen bloss in Betracht, nachdem dieser bereits vereidigt worden sei. (Im folgenden werden im Interesse der Klarheit die im Deutschen nicht gebräuchlichen Ausdrücke *Exklusion* und *Expulsion* verwendet. Eine *exclusion* erfolgt in bezug auf ein noch nicht vereidigtes Mitglied, dem eine Voraussetzung für die Innehabung seines Mandats aberkannt wird, während der eigentliche Ausschluss, den auch die Verfassung in der auszugsweise wiedergegebenen Bestimmung von Art. I Sektion 5 Ziff. 2 im Auge hat, *expulsion* heisst.) Die Untersuchungskommission beantragte, Powell sei zwar zu vereidigen, doch seien ihm ein Verweis zu erteilen, eine Busse von 40000 Dollar aufzuerlegen und die Seniorität abzusprechen (was den Verlust eines Ausschussvorsitzes zur Folge hat). Dieser Antrag wurde vom Plenum abgelehnt. Hierauf erfolgte ein Gegenantrag, wonach eine Exklusion Powells stattzufinden habe und sein Sitz als vakant zu erklären sei. Der Speaker ordnete an, dass ein einfaches Stimmenmehr zur Annahme dieser Resolution genüge, worauf sich 248 Abgeordnete dafür und 176 dagegen aussprachen. Die endgültige Fassung des Exklusions-Beschlusses wurde mit einem Stimmenverhältnis von 307 zu 116 gutgeheissen.

Powell sowie dreizehn Stimmberechtigte seines Distrikts erhoben in der Folge Klage gegen mehrere Repräsentanten, einschliesslich den Speaker, ferner gegen den mit administrativen Aufgaben betrauten Clerk, den für die Auszahlung der Besoldungen zuständigen Sergeant at Arms und den Pförtner, der Powell nach dem Ausschluss den Zutritt zum Sitzungssaal untersagt hatte. Die Kläger verlangten, es sei den Beklagten durch *injunction* der Vollzug des Exklusions-Beschlusses zu untersagen sowie durch *mandamus* die Vornahme gewisser Handlungen (z. B. Vereidigung und Auszahlung der Besoldung) zu befehlen, ferner sei durch Feststellungsurteil auf Verfassungswidrigkeit der Exklusion zu erkennen.

Der zuständige District Court wies die Klage von der Hand[478]. Er gelangte zum Schluss, dass ihm in Anbetracht der Gewaltentrennung die

[478] *Powell v. McCormack,* 266 F. Supp. 354 (District Court for the District of Columbia, 1967).

Jurisdiktion in dieser Sache fehle und dass – im Gegensatz zu *Bond v. Floyd,* der kein gleichgeordnetes Bundesorgan betroffen hatte – eine *political question* vorliege. Die sechsseitige Begründung des District Court enthält Hinweise auf die Gewaltenteilungs-Konzepte von SOLON, THUCYDIDES, PLATO, ARISTOTELES, POLYBIOS, CICERO, MACCHIAVELLI, LOCKE, MONTESQUIEU und BLACKSTONE, hingegen – ausser einer Erwähnung der Verfasser der *Federalist Papers* – kaum einen Gedanken, der Licht auf die spezifisch amerikanischen Vorstellungen von der Gewaltenteilung werfen könnte.

Wenige Tage nach dem erstinstanzlichen Entscheid wurde Powell in einer besonderen Wahl, die der Besetzung seines vakant erklärten Sitzes diente, wiedergewählt. Indessen fand er sich nicht zwecks Ablegung des Eides im Repräsentantenhaus ein. Er konnte annehmen, dass sich die Exklusion auf die ganze Sessionsdauer des 90. Kongresses beziehe, und abgesehen davon hätte auch eine nachträgliche Vereidigung verschiedene Fragen – z.B. betreffend Besoldungsanspruch und Seniorität – offengelassen. Stattdessen zog Powell den Prozess an den zuständigen Court of Appeals weiter, der den angefochtenen Entscheid – allerdings mit einer viel subtileren Begründung – bestätigte[479]. Die offizielle Begründung verfasste der nachmalige Chief Justice BURGER, während die beiden andern mitwirkenden Richter je ein besonderes Votum abgaben. Burger unterschied in Anlehnung an *Baker v. Carr* scharf zwischen *bundesgerichtlicher Zuständigkeit* (federal subject matter jurisdiction) und *Justiziabilität.* Erstere sei gegeben, da sich eine Frage der Auslegung der Bundesverfassung stelle, ein konkreter Streitfall vorliege und der Richter auch durch eine die Zuständigkeit umschreibende gesetzliche Bestimmung zur Entscheidung autorisiert werde[480]. Bei der Beurteilung der Justiziabilität ging Burger von den sechs Wesensmerkmalen aus, die Justice BRENNAN in *Baker v. Carr* zur Charakterisierung der *political question*-Fälle verwendet hatte[481] und die Burger als «Symptome» bezeichnete. Ob die vorliegende Streitfrage durch Art. I Sektion 5 Ziff. 1 und 2 der richterlichen Kognition entrückt sei, liess er dabei offen. Folgende Um-

[479] *Powell v. McCormack,* 395 F.2d 577 (District of Columbia Circuit, 1968).

[480] Gemäss 28 U.S.C. § 1331 lit. *a* war die Zuständigkeit der Bundesgerichte gegeben in «all civil actions wherein the matter in controversy ... arises under the Constitution».

[481] Vgl. vorn S. 259.

stände veranlassten ihn jedoch zur Annahme einer *political question:* Den Gerichten fehle es an Sanktionsmöglichkeiten, um die Mitglieder des Repräsentantenhauses zu zwingen, für die Einsetzung Powells zu stimmen, oder um den Speaker zur Vornahme der Vereidigung zu veranlassen. Ferner gebiete der Respekt vor einem gleichgeordneten Bundesorgan unter den vorliegenden Umständen richterliche Abstinenz. Ausserdem liege die Möglichkeit einer Verwirrung durch divergierende Beschlüsse verschiedener Organe zur gleichen Frage auf der Hand. Das Fällen eines Feststellungsurteils stehe im richterlichen Ermessen; hier sei ein Feststellungsurteil besonders unangemessen, weil die Streitigkeit dadurch nicht beendet, sondern gegenteils intensiviert würde. In seiner *concurring opinion* fand Richter McGowan, dass die Frage der Justiziabilität «considerations peculiarly committed to judicial discretion» involviere[482].

Anlässlich der ordentlichen Wahlen im November 1968 wurde Powell erneut als Mitglied des Repräsentantenhauses bestellt. Im 91. Kongress wurde er zwar vereidigt, gleichzeitig aber mit 25000 Dollar gebüsst. Den Entscheid des Court of Appeals zog er an das Oberste Bundesgericht weiter.

Der Supreme Court schloss sich nicht der Auffassung der Beklagten an, dass der Prozess durch den Einzug Powells in den 91. Kongress gegenstandslos (moot) geworden sei. Denn – so fand das Gericht – die Klage auf Auszahlung des Gehaltes für die Zeit des Ausschlusses bleibe jedenfalls bestehen. Ob die andern Streitpunkte (insbesondere die Absprechung der Seniorität, die zum Verlust des Ausschussvorsitzes geführt hatte) gegenstandslos geworden seien, wurde offengelassen.

Freilich war das Gericht der Meinung, dass die in Art. I Sektion 6 Ziff. 1 enthaltene «Speech or Debate Clause» eine Klage gegen Mitglieder des Repräsentantenhauses ausschliesse[483]. Dagegen bejahte es die Zulässigkeit der Klage gegen die Beamten des Repräsentantenhauses, auch soweit diese gemäss ausdrücklicher Anweisung des Repräsentantenhauses gehandelt hatten. Denn der Sinn des Artikels bestehe nicht im Ausschluss der richterlichen Überprüfung von Handlungen der Legis-

[482] A.a.O. 606.

[483] Die Bestimmung lautet: «...for any speech or debate in either House, they [d.h. Senatoren und Repräsentanten] shall not be questioned in any other place.»

lative, sondern diene dem Zweck, «to insure that legislators are not distracted from or hindered in the performance of their legislative tasks by being called into court to defend their actions»[484].

Scharf unterschieden wurde in der noch von Chief Justice WARREN kurz vor seinem Rücktritt verfassten Urteilsbegründung zwischen *exclusion* und *expulsion*. Das Repräsentantenhaus sei davon ausgegangen, dass eine Exklusion in Frage stehe; Powell war ja noch gar nicht vereidigt worden, und der Speaker hatte vor der Abstimmung erklärt, dass ein einfaches Mehr zur Annahme der Resolution über den Ausschluss Powells genüge. Es gehe nicht an, nachträglich den Ausschluss als Expulsion zu konstruieren, auch wenn die hiefür von der Verfassung vorgeschriebene Zweidrittelsmehrheit schliesslich erreicht worden sei. Denn dieses qualifizierte Mehr sei erst in bezug auf die endgültige Fassung der Resolution zustande gekommen, nachdem der Ausschluss bloss von einem einfachen Mehr beschlossen worden sei[485] und die Abgeordneten keine Möglichkeit mehr gehabt hätten, für eine mildere Sanktion zu stimmen. Zudem sei das Repräsentantenhaus selber in andern Fällen davon ausgegangen, dass die Expulsion eines Mitglieds wegen Handlungen in einem früheren Kongress nicht zulässig sei. In Anbetracht dieser Umstände erscheine es als fraglich, dass eine Zweidrittelsmehrheit einer als Expulsion gekennzeichneten Resolution zugestimmt hätte. Es müsse daher davon ausgegangen werden, dass nicht eine Expulsion, sondern eine Exklusion Powells stattgefunden habe.

Nach Bejahung seiner *subject matter jurisdiction* ging das Gericht zur Erörterung der Justiziabilität über, wobei es zuerst untersuchte, «whether the claim presented and the relief sought are of the type which admit of judicial resolution»[486], und hierauf zur Anwendbarkeit der *political question*-Doktrin Stellung nahm. Einer gerichtlichen Feststellung, ob das Repräsentantenhaus zur Vereidigung Powells verpflichtet gewesen wäre, nachdem es das Vorliegen der in der Verfassung aufgezählten Wählbarkeitsvoraussetzungen festgestellt hatte, standen nach Auffassung des Gerichts keine Hindernisse im Weg, ebensowenig der Fällung eines Feststellungsurteils. Ob auch ein Befehl gegen Beamte des Reprä-

[484] 395 U.S. auf S. 505.
[485] Vgl. hiezu auch *Comment* (2) 152 Note 14.
[486] 395 U.S. auf S. 516/517.

sentantenhauses ergehen könne, wurde offengelassen[487]. Das Vorliegen einer *political question* verneinte der Supreme Court mit im wesentlichen folgender Begründung: Art. I Sektion 5 Ziff. 1 der Verfassung weise dem Kongress höchstens die abschliessende Kompetenz zur Bestimmung darüber zu, ob die in der Verfassung ausdrücklich erwähnten Wählbarkeitsvoraussetzungen (d. h. Mindestalter, Bürgerrecht und Aufenthalt im Wählerstaat gemäss Art. I Sektion 2 Ziff. 2 der Verfassung sowie vereinzelte in andern Bestimmungen erwähnte Voraussetzungen, die in casu alle nicht umstritten waren) erfüllt seien. Dagegen bestehe der Zweck der Norm nicht darin, dem Kongress eine unüberprüfbare Kompetenz zur Aufstellung weiterer, in der Verfassung nicht genannter Wählbarkeitsvoraussetzungen einzuräumen. Zu diesem Ergebnis gelangte das Gericht auf Grund einer einlässlichen Analyse der parlamentarischen Praxis vor Erlass der Verfassung, der Debatten im Verfassungskonvent und der seitherigen Entwicklung. Von Bedeutung war namentlich, dass der Verfassungskonvent in bezug auf die Expulsion eine Zweidrittelsmehrheit vorsah, weil diese Kompetenz – die ja letzten Endes auf eine Beschränkung des Rechtes des Volkes, seine Vertreter frei zu wählen, herauskommt – zu wichtig sei, um von einer einfachen Mehrheit ausgeübt zu werden; da bezüglich der Beurteilung der Wählbarkeitsvoraussetzungen keine derartige Sicherung eingebaut wurde, nahmen die Verfassungsschöpfer wohl an, dass hier ein Machtmissbrauch wegen der Beschränkung der Abgeordneten auf die Feststellung der verfassungsmässigen Erfordernisse nicht zu befürchten sei. Freilich hatte der Kongress einige Male aus andern Gründen die Expulsion eines Mitgliedes beschlossen[488]. Derartige Ausschlüsse waren z. B. vorgekommen, weil man gewählten Kongressmitgliedern Polygamie,

[487] In *Bond v. Floyd* hatte das Gericht davon absehen können, dem Repräsentantenhaus von Georgia einen Befehl zu erteilen. Denn im Zeitpunkt der Entscheidung war die Session, für die Bond gewählt worden war, bereits beendet, und die Prozessparteien hatten sich darauf geeinigt, dass ein Feststellungsurteil zugunsten Bonds diesen in den Genuss der Besoldung für die Zeit seines Ausschlusses bringen würde; KINDREGAN 80.

[488] Vgl. zum «original understanding» der fraglichen Bestimmung und zur späteren Praxis *Comment* (2) 154–159; KINDREGAN 68–70; ferner HUGH B. ROGERS, Power of Legislature to Disqualify Members-Elect, North Carolina Law Review *45*/1966–67, 524–534, und P. ALLAN DIONISOPOULOS, A Commentary on the Constitutional Issues in the Powell and Related Cases, Journal of Public Law *17*/1968, 103–150.

zu hohe Ausgaben während politischen Kampagnen oder die nationale Sicherheit gefährdende Umtriebe vorgeworfen hatte. Indessen vermochte das Gericht diese vereinzelten Fälle nicht als konstante Praxis zu qualifizieren; immer wieder hatten Kongressmitglieder bei derartigen Gelegenheiten energisch auf die Verfassungswidrigkeit eines solchen Vorgehens hingewiesen[489].

Nachdem das Gericht gestützt auf die vorstehend resümierten Überlegungen ein «textually demonstrable constitutional commitment» an ein gleichgeordnetes Organ zur Lösung der Streitfrage verneint hatte, untersuchte es nur ganz kurz, ob eines der andern fünf von Brennan in *Baker v. Carr* erarbeiteten Wesensmerkmale gegeben sei[490]. Eine «potentially embarrassing confrontation between coordinate branches» wurde dabei nicht befürchtet, weil eine Verfassungsauslegung in Frage stehe und eine solche in den traditionellen Kompetenzbereich der Gerichte falle, die durch die Ausübung dieser Funktion nicht mangelnden Respekt gegenüber einem gleichgeordneten Organ bekunden würden. Aus einer Sachentscheidung des Gerichts würden auch nicht «multifarious pronouncements by various departments on one question» resultieren; denn das Gericht sei dafür verantwortlich, «to act as the ultimate interpreter of the constitution». Allerdings entschied der Supreme Court den Prozess nicht materiell, sondern wies ihn zwecks Fällung eines Feststellungsurteils im Sinne der Erwägungen an den District Court zurück, dem es auch überlassen wurde, über die Zulässigkeit eines Leistungsurteils (namentlich was die Zahlung der noch ausstehenden Besoldung Powells im Betrag von über 50000 Dollar betraf) zu befinden. Der Entscheid des Supreme Court erging im Stimmenverhältnis 7:1[491]. Sogar Justice Harlan vermochte sich der Mehrheit anzuschliessen. Einzig Justice Stewart dissentierte, weil er fand, der Prozess sei gegenstandslos geworden und Powell habe allfällige Besoldungsansprüche beim Court of Claims geltend zu machen[492].

[489] Das traf auch im Powell-Fall zu: Vgl. Robert C. Eckhardt, The Adam Clayton Powell Case, Texas Law Review *45*/1966–67, 1205–1211; Riley 162.

[490] 395 U.S. auf S. 548/549.

[491] Durch den Rücktritt von Justice Fortas war eine Vakanz eingetreten.

[492] 395 U.S. auf S. 559–574.

VIERTES KAPITEL: ZUR JUSTIZIABILITÄT VON AKTEN DER VERWALTUNG

«Akte der Verwaltung» wird hier in einem weiteren Sinne verwendet. Gemeint sind damit Akte, die vom Chef der Exekutive (Präsident oder Gouverneur), einer untergeordneten Verwaltungsinstanz oder einer IRA ausgehen, und zwar gleichgültig ob es sich dabei um Rechtsanwendung im Einzelfall oder um den Erlass von Verordnungen handle.

In den vorstehenden Kapiteln wurden immer wieder Fälle behandelt, in denen sich die Frage nach den Grenzen richterlicher Verantwortung bei der Kontrolle der Verwaltung stellte. Die im vorangehenden Kapitel dargestellten *allgemeinen Grenzen der Justiziabilität* spielen auch bei der Überprüfung von Akten der Verwaltung eine erhebliche Rolle[1]. Die dort enthaltenen Ausführungen sollen nicht wiederholt werden. Indessen bedarf die nur kurz erwähnte *ripeness*-Doktrin, der bei der gerichtlichen Verwaltungskontrolle besondere Bedeutung zukommt, einer einlässlicheren Darstellung. Auch erscheint es angebracht, das Problem der Kontrolle des Präsidenten durch den Supreme Court in einem besonderen Abschnitt kurz zu erörtern, wobei freilich auf früher besprochene Urteile bezug genommen werden kann. Inwieweit einzelstaatliche Verwaltungsakte überprüfbar sind, ergibt sich weitgehend aus der bereits im ersten Kapitel skizzierten Rechtsprechung des Supreme Court zum XIV. Amendment, so dass diesbezüglich die im folgenden Abschnitt enthaltenen Hinweise auf frühere Erörterungen genügen. Unser Hauptinteresse gilt dem anschliessend zu behandelnden Problem der Justiziabilität von Akten der Bundesverwaltung, wobei zur Illustration besonderer Probleme der Verwaltungskontrolle manchmal auch Entscheide angeführt werden, in denen ein einzelstaatlicher Verwaltungsakt zu überprüfen war.

[1] Verschiedene bereits in jenem Kapitel erwähnte Fälle betreffen denn auch die gerichtliche Kontrolle von Akten der Verwaltung, z.B. *FCC v. Sanders Brothers Radio Station* und *Scripps-Howard Radio, Inc. v. FCC,* zit. in Fussnoten 65 und 66; *Office of Communication of United Church of Christ v. FCC,* zit. in Fussnote 70. Auch bei der Erörterung der *political question*-Doktrin wurden mehrmals Urteile angeführt, in denen der Supreme Court einen Akt der Exekutive als nicht-justiziabel betrachtete oder anderseits eine Frage zwar materiell entschied, dabei jedoch der Exekutive einen gerichtsfreien Ermessensspielraum zubilligte.

I. ÜBERPRÜFBARKEIT DER AKTE EINZELSTAATLICHER VERWALTUNGSORGANE

Einzelstaatliche Verwaltungsorgane haben in aller Regel keine Kompetenz zur Ausführung von Bundesgesetzen. Sie vollziehen grundsätzlich nur einzelstaatliches Recht. Ihre Akte werden daher von den Bundesgerichten im allgemeinen bloss daraufhin überprüft, ob sie mit der *Bundesverfassung*, namentlich mit der *due process clause* und der *equal protection clause* des XIV. Amendment, vereinbar sind. Wie wir gesehen haben, legt das Gericht dabei einen strengeren Massstab an, wenn Eingriffe in nichtwirtschaftliche Freiheitsrechte oder bestimmte Arten rechtsungleicher Behandlung in Frage stehen. Wird das Vorgehen einer staatlichen Verwaltungsstelle – etwa einer Schul- oder Polizeibehörde – als rechtswidrig angefochten, so kommt die Prüfung des Gerichts allerdings oft darauf heraus, dass untersucht wird, ob die einzelstaatliche Norm, welche das betreffende Organ angewendet hat (und die ja mangels Verfassungsgerichtsbarkeit *par voie d'action* – ausser im Falle von *self-executing statutes*[2] – im allgemeinen nicht direkt angefochten werden kann), vor der Verfassung standhalte; in solchen Fällen erweist sich die gerichtliche Kontrolle in erster Linie als eine solche der staatlichen Gesetzgebung und nicht der staatlichen Verwaltung, obwohl jeweils ein das Gesetz konkretisierender Verwaltungsakt oder das Verhalten eines Beamten den unmittelbaren Anlass der Klage bildet[3]. Stellt der betreffende administrative Akt jedoch nicht die Anwendung einer Norm dar, die das Gericht als verfassungswidrig betrachtet, so wird es unter Umständen direkt prüfen, ob das Verhalten des Verwaltungsorgans im Einklang mit der Bundesverfassung stehe[4].

Es wurde ebenfalls bereits darauf hingewiesen, dass das Gericht – namentlich im Zusammenhang mit der Zensur von Meinungsäusserungen – bisweilen Gesetze ungültig erklärt, weil sie einer Behörde zuviel Ermessen einräumen[5]; dadurch entfällt die Notwendigkeit zu prüfen, ob die verwaltende Behörde bei der Ausübung eines ihr gemäss staatli-

[2] Dazu DAVIS (3) § 21.03. sowie SCHWARTZ (4) I 432 f.

[3] Beispiel: *Everson v. Board of Education,* zit. vorn Fussnote 126 zu Kapitel 1.

[4] Beispiel: *Tinker v. Des Moines Independent School District,* zit. vorn Fussnote 113 zu Kapitel 1.

[5] Beispiel: *Joseph Burstyn, Inc. v. Wilson,* zit. vorn Fussnote 119 zu Kapitel 1.

chem Recht zustehenden Ermessens die Schranken der Unionsverfassung missachtet habe.

Anderseits kann eine verfassungskonforme Auslegung dazu führen, dass das Gericht seine Prüfungstätigkeit auf die Verfassungsmässigkeit des Anwendungsaktes und nicht auf diejenige der angewendeten Norm konzentriert.

II. ÜBERPRÜFBARKEIT DER AKTE DER BUNDESVERWALTUNG IM ALLGEMEINEN

Wenn sich die Frage stellt, ob ein Akt der Bundesverwaltung überprüfbar sei, muss in erster Linie die einschlägige Gesetzgebung konsultiert werden. Während viele einzelstaatliche Gerichte bei der Überprüfung der einzelstaatlichen Verwaltung im allgemeinen noch sehr stark mit den durch die englische parlamentarisch-gerichtliche Praxis entwikkelten Klageformen arbeiten und jeweils prüfen, ob die Voraussetzungen für die Anwendung eines solchen in der englischen Rechtstradition verwurzelten Behelfes (d. h. *prerogative writs* wie certiorari[6], mandamus, prohibition, habeas corpus, quo warranto; ferner *equitable remedies* wie injunction) gegeben seien, ist auf Bundesebene die Überprüfbarkeit im allgemeinen – jedoch nicht durchweg – *gesetzlich geregelt*[7]. So sehen die für die IRA geltenden Spezialgesetze meistens eine gerichtliche Nachprüfung durch den zuständigen Court of Appeals vor. Der APA bestätigte weitgehend das bereits bestehende Recht der gerichtlichen Nachprüfung. § 10 regelt die Überprüfung von Akten der Bundesverwaltung durch Bundesgerichte und greift in dem Masse Platz, *als nicht ein Gesetz die gerichtliche Überprüfung ausschliesst oder etwas von Rechts wegen dem Ermessen einer Behörde anheimgestellt wird*[8,9].

[6] Davon zu unterscheiden ist die Gewährung von *certiorari* im Sinne der Zulassung von Revisionsbegehren, die keine *appeals* darstellen, durch den Supreme Court.

[7] Jaffe (2) 156; Jaffe/Nathanson 194/195.

[8] § 10 APA wird wie folgt eingeleitet: «This chapter applies, according to the provisions thereof, except to the extent that
(1) statutes preclude judicial review; or
(2) agency action is committed to agency discretion by law.»

[9] Die Ermessensüberprüfung wird im folgenden Abschnitt unter Ziff. 5 näher erörtert.

Ergibt sich nicht aus einem besonderen Gesetz, dass ein Akt überprüfbar ist, oder erweist sich die gesetzlich vorgesehene Klagemöglichkeit als unzulänglich, so kann unter Umständen dennoch eine gerichtliche Anfechtung erfolgen, was § 10 lit. b und c APA ausdrücklich vorbehalten[10]. In Frage kommen dabei die *prerogative writs* des *common law* und namentlich allfällige *equitable remedies,* wobei sich – was übrigens auch für die Überprüfung von Akten gliedstaatlicher Verwaltungsbehörden durch die Bundesgerichte gilt - vorab die *injunction* als wirksam erweist, ferner die Feststellungsklage. Bereits im Jahre 1902 erteilte der Supreme Court in einem Fall, in welchem die einschlägige Gesetzgebung keine gerichtliche Überprüfung einer Anordnung des Postmaster General vorsah, diesem eine *injunction*[11].

Manchmal leitet der Supreme Court direkt aus der Verfassung einen Anspruch auf gerichtliche Überprüfung eines Verwaltungsaktes ab. So entschied er in *Ng Fung Ho v. White*[12] in einer von Justice BRANDEIS verfassten *opinion,* dass jemand, der die amerikanische Staatsbürgerschaft geltend mache, nicht ausgewiesen werden dürfe, bevor die mangelnde amerikanische Staatsangehörigkeit in einem Gerichtsverfahren festgestellt worden sei. Dabei arbeitete das Gericht mit dem Begriff der *jurisdictional fact:* Es ging aus von der Überprüfbarkeit der Fakten, von denen die (verfassungsmässige) Zuständigkeit der Verwaltungsbehörde abhing (hier also des fehlenden amerikanischen Bürgerrechts).

Jurisdictional facts spielten zehn Jahre später in *Crowell v. Benson*[13] eine grosse Rolle: Der *Longshoremen's and Harbor Workers' Compensation Act* von 1927[14] übertrug die Beurteilung gewisser Ansprüche

[10] Vgl. auch JAFFE (2) 336 f., der von einer «presumption of a right to judicial review» ausgeht, die allerdings nicht auf den Gebieten der auswärtigen Beziehungen und der militärischen Gewalt (363 f.) gelten soll.

[11] *American School of Magnetic Healing v. McAnnulty,* 187 U.S. 94 (1902); vgl. ferner *Stark v. Wickard,* 321 U.S. 288 (1944). Erst seit 1962 sind die District Courts des Bundes von Gesetzes wegen generell ermächtigt, Beamten und Behörden des Bundes durch *mandamus* die Vornahme einer Handlung zu befehlen; 76 Stat. 744; 28 U.S.C. § 1361. *Certiorari* hat in bezug auf die gerichtliche Kontrolle der Bundesverwaltung eine völlig untergeordnete Rolle gespielt, was vorab auf den Entscheid *Degge v. Hitchcock,* 229 U.S. 162 (1913), zurückzuführen ist, in welchem der Anwendungsbereich dieses *writ* stark eingeschränkt wurde.

[12] 259 U.S. 276 (1922).

[13] 285 U.S. 22 (1932). Vgl. als weiteres instruktives Beispiel *Ohio Valley Water Co. v. Ben Avon Borough,* 253 U.S. 287 (1920).

[14] 44 Stat. 1424.

von Hafenarbeitern und andern Arbeitnehmern, die auf schiffbaren Gewässern der Vereinigten Staaten einen Betriebsunfall erlitten hatten, auf eine besondere Verwaltungsbehörde. Ein Arbeitgeber, der von dieser Behörde zur Bezahlung von Schadenersatz verpflichtet worden war, bestritt vor Gericht deren Zuständigkeit[15]. Der Supreme Court ging davon aus, dass gemäss Gesetz die Tatsachenfeststellungen der Verwaltungsbehörde endgültig sein sollten. Das gelte jedoch nicht, «where the determinations of fact are fundamental or ‚jurisdictional', in the sense that their existence is a condition precedent to the operation of the statutory scheme»[16]. Deshalb könne vom Gericht neu überprüft werden, ob ein Dienstvertragsverhältnis zwischen den Parteien bestanden habe und ob sich der Unfall auf einem schiffbaren Gewässer der USA ereignet habe[17]. In einer scharfsinnigen *dissenting opinion* schränkte Justice BRANDEIS den Begriff der *jurisdictional fact* stark ein.

Überhaupt wird eine gerichtliche Überprüfung bisweilen dadurch ermöglicht, dass das Gericht eine Gesetzesbestimmung, welche den Rechtsweg ausschliesst, einschränkend auslegt. Typisch für diese Methode ist *Harmon v. Brucker*[18]*:* Der Secretary of the Army hatte die Kläger aus der Armee entlassen und ihnen dabei Entlassungsurkunden «in form other than honorable» ausgestellt, was er vorab mit dem Verhalten der betreffenden Soldaten vor ihrem Eintritt in die Armee begründet hatte. Gemäss den einschlägigen Gesetzesbestimmungen konnten sich die Betroffenen gegen die Form ihrer Entlassung aus der Wehrpflicht in einem Verwaltungsverfahren beschweren, wobei der letztinstanzliche Verwaltungsentscheid «final» sein sollte. Der Supreme Court ging davon aus, dass sich der Ausschluss der gerichtlichen Überprüfung auf Fälle beschränke, in denen die Verwaltungsorgane im Rahmen ihrer Zuständigkeit gehandelt hät-

[15] Unter anderem machte er auch geltend, das Gesetz sei verfassungswidrig, weil es rechtsprechende Gewalt auf eine Verwaltungsbehörde übertrage, doch wies das Gericht diesen Einwand ab.

[16] A.a.O. 54.

[17] Gemäss Auffassung des Gerichts hing die verfassungsmässige Kompetenz des Kongresses zur Übertragung der Beurteilung derartiger Ansprüche an eine Verwaltungsbehörde des Bundes vom Vorhandensein dieser beiden Voraussetzungen ab.

[18] 355 U.S. 579 (1958).

ten, was vorliegend nicht zutreffe, da die Militärbehörden bei der Ausstellung von Entlassungsurkunden nur die militärischen Dossiers und nicht vordienstliches Verhalten der Wehrmänner in Betracht ziehen dürften. Mit der Theorie der überprüfbaren *jurisdictional facts* kann dieser Entscheid m. E. nicht erklärt werden. An der Zuständigkeit des Secretary of the Army zur Ausstellung von Urkunden der fraglichen Art konnte in Anbetracht klarer, verfassungsmässiger gesetzlicher Regelung kein Zweifel bestehen; zweifelhaft war nur, welche Schranken dem ihm dabei zustehenden Ermessen allenfalls gesetzt waren[19].

Im allgemeinen zeigt sich das Gericht weniger geneigt, eine Zuständigkeit zur Überprüfung administrativer Anordnungen anzunehmen, wenn es die auf dem Spiel stehenden Interessen nicht sehr hoch einschätzt oder wenn es annimmt, dass der Entscheid in erheblichem Mass besondere Sachkenntnisse der Behörde erfordere[20].

Es kommt auch vor, dass der Supreme Court eine den Gerichten gesetzlich zuerkannte Kompetenz zur Überprüfung von Verwaltungsakten restriktiv auslegt. Illustrativ ist diesbezüglich *Federal Radio Commission v. General Electric Co.*[21]*:* Eine Bestimmung des Radio Act von 1927 ermächtigte die Gerichte, Entscheidungen der Radio Commission (die FCC bestand damals noch nicht) über Erteilung oder Erneuerung von Konzessionen an Rundfunkgesellschaften nach eigenem Ermessen ab-

[19] Auf die Problematik der *jurisdictional facts* als eines Abgrenzungskriteriums zwischen überprüfbaren und nicht überprüfbaren Entscheiden der Verwaltung weist Davis (3) § 28.14. auf S. 511/512 und § 29.08. auf S. 533 hin. Jaffe (2) 154 räumt ein, dass die Unterscheidung «between a decision in excess of jurisdiction and a decision which is merely incorrect in law is not an exact one». Vgl. als weitere Beispiele restriktiver Auslegungen des gesetzlichen Ausschlusses richterlicher Überprüfbarkeit von Verwaltungsakten: *Gegiow v. Uhl,* 239 U. S. 3 (1915); *Estep v. United States,* 327 U. S. 114 (1946).

[20] Vgl. *Switchmen's Union of North America v. National Mediation Board,* 320 U. S. 297 (1943), wo das Gericht die von der National Mediation Board getroffene Entscheidung darüber, wer eine Arbeitnehmer-Gruppe in Verhandlungen betreffend Abschluss von Kollektivarbeitsverträgen zu vertreten habe, als verbindlich betrachtete. In *Leedom v. Kyne,* 358 U. S. 184 (1958), überprüfte der Supreme Court allerdings eine ähnliche Anordnung des NLRB; im Gegensatz zum Switchmen's Fall war jedoch nicht eine kontroverse, weitgehend nach dem Ermessen der Verwaltung zu entscheidende Auslegungsfrage strittig, sondern das NLRB hatte sich nach Auffassung des Gerichtes eine klare Gesetzesverletzung zuschulden kommen lassen.

[21] 281 U. S. 464 (1930).

zuändern[22]. Der Supreme Court fand jedoch, dass dadurch den Gerichten eine *nichtrichterliche, administrative Funktion* übertragen würde, was sich nicht mit der verfassungsmässigen Beschränkung der ordentlichen Bundesgerichte auf die Entscheidung von *cases* bzw. *controversies* vereinbaren lasse. Allerdings räumte das Gericht ein, dass der Kongress gestützt auf seine Kompetenz zur Legiferierung für den District of Columbia (Art. I Sektion 8 Ziff. 17 der Verfassung) den für diesen Distrikt örtlich zuständigen Gerichten derartige Aufgaben zuweisen dürfe[23]. Auch die Überprüfung der von Verwaltungsbehörden aufzustellenden Tarife auf ihre Angemessenheit erachtete der Supreme Court als eine mit der richterlichen Funktion unvereinbare Aufgabe[24]. In *United Steelworkers of America v. United States*[25] schützte das Gericht dagegen Sektion 208 des *Labor Management Relations Act* von 1947[26], wonach die District Courts befugt sind, auf Antrag des Präsidenten einen Streik während achtzig Tagen zu untersagen, wenn durch einen solchen die nationale Wohlfahrt und Sicherheit gefährdet würde. Es erscheint als ein aussichtsloses Unterfangen, eine klare Grenzlinie zwischen administrativen und richterlichen Funktionen zu ziehen, und bei einer Betrachtung der teilweise widersprüchlichen höchstrichterlichen Praxis können wir Charles WRIGHT zustimmen:

> «It may well be that it is easier to find ‚judicial' action where the proceedings involve important human rights[27].»

Im bereits behandelten Entscheid *Chicago & Southern Air Lines v. Waterman Steamship Co.*[28] lehnte der Supreme Court mangels Justiziabilität die Überprüfung einer Konzessionserteilung durch das CAB ab, obwohl er gemäss Gesetz hiefür zuständig gewesen wäre.

[22] Gemäss der bei JAFFE/NATHANSON 149 zitierten Gesetzesbestimmung hatte das Gericht die Kompetenz «to alter or revise the decision appealed from and enter such judgment as to it may seem just».

[23] Nach diesem Entscheid änderte der Kongress den Radio Act ab und sah vor, dass sich die Überprüfung der Gerichte auf Rechtsfragen zu beschränken habe, worauf das Oberste Bundesgericht in einem späteren Fall seine Zuständigkeit bejahte: *Federal Radio Commission v. Nelson Bros. Bond & Mortgage Co.,* 289 U. S. 266 (1933).

[24] *Keller v. Potomac Electric Co.,* 261 U.S. 428 (1923). Vgl. bereits *Prentis v. Atlantic Coast Line Co.,* 211 U.S. 210 (1908).

[25] 361 U.S. 39 (1959).

[26] 61 Stat. 155, 29 U.S.C. § 178.

[27] CH. WRIGHT 43.

[28] Zit. vorn Fussnote 208 zu Kapitel 3.

Gerade die zuletzt erwähnten Fälle zeigen die *Bedeutung der allgemeinen Grenzen der Justiziabilität (case or controversy*-Erfordernis, *political questions) bei der Bestimmung der Sachurteilsvoraussetzungen.* Vor allem hat der vorstehend gegebene Überblick erkennen lassen, als wie unzuverlässig sich oft der Wortlaut gesetzlicher Vorschriften erweist, welche die Zuständigkeit zur gerichtlichen Überprüfung von Verwaltungsakten regeln. DAVIS bemerkt in diesem Zusammenhang:

> «When statutes are silent concerning judicial review, as many are, the administrative action is sometimes reviewable and sometimes not. When statutes provide that the administrative action ‚shall be final', the action is sometimes reviewable and sometimes not. When statutes provide that the action ‚shall not be reviewed', the action is sometimes reviewed and sometimes not[29].»

Davis hätte das Wortspiel fortsetzen und ergänzen können:

> «When statutes provide that the action shall be reviewable, the action is sometimes reviewable and sometimes not.»

Wenn wir die Entscheide zu überblicken versuchen, in denen der Supreme Court Akte der Bundesverwaltung überprüfte, so fällt auf, dass das *Schwergewicht der Rechtsprechung auf dem Schutz verfahrensrechtlicher Garantien (procedural safeguards) liegt, während die materielle Richtigkeit der Anordnungen der Verwaltung im allgemeinen nur mit grösster Zurückhaltung überprüft wird.* Hiefür lassen sich verschiedene Gründe anführen, die mit der amerikanischen Auffassung über die Grenzen richterlicher Verantwortung zusammenhängen: Die meisten Akte der Bundesverwaltung, die an Gerichte weitergezogen werden, sind Entscheide wirtschaftslenkender Verwaltungsorgane, handle es sich dabei um IRA, Departemente oder diesen unterstellte Verwaltungsbehörden. Die Komplexität und rasche Anpassungsbedürftigkeit des Wirtschaftsverwaltungsrechts hat zur Folge, dass der Kongress der Verwaltung auf diesem Gebiet immer wieder weit gehende, gesetzlich nur durch sehr allgemein gehaltene Richtlinien begrenzte Kompetenzen einräumt. Dem Ermessen der Verwaltung wird dadurch von Gesetzes wegen grosser Spielraum eingeräumt, und eine Überprüfung dieses Ermessens – dessen von den Gerichten in pragmatischer Weise bestimmter Umfang freilich von Fall zu Fall stark variieren kann – käme gemäss der höchstrichterlichen Recht-

[29] DAVIS (3) § 28.01. auf S. 498.

sprechung auf eine mit der richterlichen Funktion unvereinbare Verwaltungstätigkeit heraus, was nicht aus einem abstrakten Gewaltentrennungskonzept, sondern aus der Beschränkung zur Entscheidung konkreter Streitigkeiten gemäss Art. III Sektion 2 Ziff. 1 der Verfassung abgeleitet wird. Immerhin erfolgt auch die Ermessensbetätigung der Behörden innerhalb rechtlicher Schranken, und es kann sogar vorkommen, dass das Gericht vom Kongress aufgestellte «standards» in verfassungskonformer Weise restriktiv auslegt[30]. Allerdings vermag die neuere Praxis, die sich nur bei der Durchsetzung nichtwirtschaftlicher Grundrechte und der Rechtsgleicheit als ziemlich interventionsfreudig erweist, der Verfassung in bezug auf das Wirtschaftsverwaltungsrecht kaum wirksame materielle Schranken zu entnehmen. Der amerikanische Jurist, der die Grundprobleme seines Verwaltungsrechts in pragmatischer Weise zu lösen versucht, scheint die Aufgabenteilung zwischen Gerichten und Verwaltung weitgehend unabhängig von dogmatischen Erwägungen als eine *praktischen Bedürfnissen entsprungene Arbeitsteilung* zu sehen. Der Verwaltung werden diejenigen Aufgaben zugewiesen, die sie nach Auffassung des Gesetzgebers besser als die Gerichte zu lösen imstande ist, auch wenn es sich dabei materiell um Rechtsprechung handelt. Kenner des amerikanischen Verwaltungsrechts betonen immer wieder, dass Verwaltungsbehörden und Gerichte nicht in erster Linie als gegensätzliche Pole, sondern als eine Art Partner bei der Fortbildung und Anwendung des Rechts begriffen werden müssten[31]. Eine umfassende Überprüfung der Verwaltungsentscheide durch Gerichte würde als eine unnötige, zeitraubende und kostspielige Doppelspurigkeit angesehen. Stattdessen trachtet man darnach, «procedural safeguards» in das administrative Verfahren einzubauen, ja dieses stark demjenigen der Gerichte anzunähern[32], wobei sich die Aufgabe der Gerichte weitgehend darauf beschränken soll, die Einhaltung dieser verfahrensmässigen Garantien zu überwachen. Hiezu sind ja die Gerichte auch besonders geeignet, während sie kaum in der Lage wären, ein sachkundiges Urteil darüber abzugeben, ob ein Tarif unter angemessener

[30] Vgl. *Kent v. Dulles,* zit. vorn Fussnote 117 zu Kapitel 3. Typischerweise betraf dieser Entscheid nicht das Wirtschaftsverwaltungsrecht.

[31] Diese Ansicht durchzieht wie ein roter Faden das Werk von JAFFE (2). Vgl. auch SHAPIRO (2) 12, 44, 92/93, 102/103.

[32] Vgl. die Erörterung des APA in Kapitel 1 Abschnitt V 2.

Berücksichtigung der zahlreichen in Betracht fallenden betriebs- und volkswirtschaftlichen Aspekte festgesetzt worden sei oder wem unter mehreren konkurrierenden Unternehmen bei der Erteilung einer Konzession zur Ausstrahlung von Fernseh-Sendungen oder zur Bedienung einer Flugstrecke der Vorzug gegeben werden müsse.

Typisch für die Gerichtspraxis betreffend *verfahrensmässige Garantien* sind etwa die zahlreichen Fälle, in denen entschieden wurde, ob ein eigentliches *trial type hearing* stattfinden müsse oder nicht. Unter Umständen leitet das Gericht aus der Verfassung einen Anspruch auf Durchführung eines solchen Hearing ab[33]. Bewerben sich mehrere um dieselben bzw. um sich gegenseitig ausschliessende Konzessionen und haben sie dabei Anspruch auf ein Hearing, so muss die für die Erteilung zuständige Behörde *comparative hearings* durchführen, an denen sich sämtliche Bewerber beteiligen können[34]. Auch die sehr wichtige Frage, wann und wieweit eine *agency* von Amtes wegen behördennotorische, nicht im Protokoll festgehaltene Tatsachen ohne Beweiserhebung berücksichtigen dürfe (Problem des «official notice»), beschäftigte die Gerichtspraxis mehrmals[35], ferner das Problem, unter welchen Voraussetzungen Entscheidungen von einer Behördenleitung getroffen werden können, die nicht am vorangegangenen Beweisverfahren teilgenommen hat[36]. Weitere Gerichtsentscheide betreffend verfahrensmässige Garantien befassen sich mit folgenden Problemen: ob der entscheidende Beamte genügend unbefangen habe urteilen können[37]; ob eine Behörde die Ab-

[33] Instruktiv sind diesbezüglich zwei Fälle, welche die Überprüfung von Akten staatlicher Behörden betrafen: In *Londoner v. Denver,* 210 U.S. 373 (1908), bejahte das Gericht das Recht auf ein solches Hearing, im Gegensatz zu *Bi-Metallic Investment Co. v. State Board of Equalization of Colorado,* 239 U.S. 441 (1915), wo – im Gegensatz zum Denver-Fall – nicht die Abklärung eines konkreten Sachverhalts in Frage stand. Eine klare dogmatische Unterscheidung zwischen *adjudicative facts,* deren Feststellung – Sonderfälle wie zeitliche Dringlichkeit vorbehalten – ein eigentliches Hearing erfordert, und *legislative facts,* bei deren Eruierung dies in Ermangelung einer entgegenstehenden gesetzlichen Anordnung nicht notwendig ist, verdanken wir Davis (3) § 7.02.f. und § 15.03.

[34] *Ashbacker Radio Corp. v. FCC,* 326 U.S. 327 (1945).

[35] Judikatur-Hinweise bei Davis (3) § 15. und Jaffe/Nathanson 926–942. Auch hier ist die Unterscheidung zwischen *legislative* und *adjudicative facts* von zentraler Bedeutung.

[36] Vgl. hiezu insbesondere die bei Jaffe/Nathanson 943 f. und Riegert 74/75 sowie 78/79 behandelten Morgan-Fälle.

[37] Z.B. *Tumey v. Ohio,* 273 U.S. 510 (1927).

nahme erheblicher und zulässiger Beweise abgelehnt habe[38]; wann ein Recht auf Kreuzverhör eines sachverständigen Zeugen bestehe[39]. Wir haben bereits gesehen, dass der APA das Verwaltungsverfahren dadurch dem gerichtlichen annähert, dass er eine behördeninterne Aufgabentrennung vorsieht und die Durchführung des Entscheidungsverfahrens weitgehend unabhängigen *hearing officers* zuweist[40]. Allerdings kommt diese Ordnung des APA gemäss dessen Wortlaut nur nach Massgabe der Gesetzgebung zur Anwendung. In *Wong Yang Sung v. McGrath*[41] leitete der Supreme Court jedoch in einem Ausweisungsfall aus der Verfassung einen Anspruch auf Entscheidung durch einen Beamten ab, der nicht im gleichen oder ähnlich gelagerten Verfahren Material zur Stützung des Standpunktes der betreffenden Amtsstelle sammelt oder deren Interessen bei der Durchführung von Beweisverfahren vertritt; der einschlägigen Gesetzgebung liess sich kein Verbot einer derartigen Aufgabenvermengung entnehmen[42].

Da die Gerichtspraxis eine deutliche Tendenz zeigt, die Beachtung der zahlreichen durch Verfassung und Gesetz vorgesehenen Verfahrensgarantien streng zu überwachen, mag das Bedürfnis nach richterlicher Überprüfung der materiellen Verwaltungstätigkeit weniger akut erscheinen. Allerdings ist nicht zu übersehen, dass eine Verwaltungsbehörde, die unbedingt etwas erreichen will und deren Sachentscheid wegen verfahrensrechtlicher Mängel vom Gericht aufgehoben wird, meistens nachher das Verfahren unter Berücksichtigung der erfolgten Beanstandungen vervollständigen und den genau gleichen Akt nochmals setzen kann. Dennoch erweisen sich Gerichtsurteile, in denen der Verwaltung die Bedeutung von *procedural safeguards* in Erinnerung gerufen

[38] Z.B. *American Rubber Products Corp. v. NLRB,* 214 F.2d 47 (7th Circuit, 1954).

[39] *Reilly v. Pinkus,* 338 U.S. 269 (1949).

[40] Vgl. vorn Kapitel 1 Abschnitt V 2.

[41] 339 U.S. 33 (1950).

[42] Kurz nach diesem Urteil nahm der Kongress das Verfahren bei Ausweisungen und Verweigerungen von Einreisebewilligungen von den Bestimmungen der § 5, 7 und 8 des APA aus; 64 Stat. 1048. Diese Norm wurde später ersetzt durch eine andere Regelung, wonach ebenfalls die im APA vorgesehene behördeninterne Funktionstrennung teilweise ausgeschaltet wurde; § 242 lit. *b* des Immigration and Nationality Act, 66 Stat. 209, 8 U.S.C. § 1252 lit. *b*. Das Gericht schützte diese Einschränkung verfahrensmässiger Garantien unter Hinweis auf die «particularly broad discretion in immigration matters» des Kongresses; *Marcello v. Bonds,* 349 U.S. 302 (1955) auf S. 311.

wird, gerade auch im Hinblick auf spätere Fälle im allgemeinen als wichtig[43]. Im Gebiet des Verfahrensrechts bleibt freilich ebenfalls Raum für ein Ermessen der Verwaltungsorgane[44].

III. BESONDERE PROBLEME

1. Primary Jurisdiction

Auch wenn das Gericht zur Beurteilung einer verwaltungsrechtlichen Frage an sich zuständig ist, kann es vorkommen, dass die Parteien auf den Verwaltungsweg verwiesen werden, damit eine administrative Behörde – regelmässig wird es sich dabei um eine IRA handeln – zuerst einen Entscheid darüber fälle. Das Gericht braucht das Rechtsbegehren nicht von der Hand zu weisen; manchmal wird das Gerichtsverfahren lediglich ausgesetzt, damit eine sich in diesem Verfahren stellende Vorfrage administrativer Natur von einer Verwaltungsinstanz gelöst werden kann[45].

Diese Doktrin der *primary jurisdiction* – möglicherweise wäre es zutreffender, von *priority of jurisdiction* zu sprechen – wurde von Justice EDWARD D. WHITE in *Texas & Pacific Railway Co. v. Abilene Cotton Oil Co.*[46] begründet: Zu beurteilen war eine Klage auf Rückerstattung übermässiger Frachtgebühren. Gemäss ausdrücklicher gesetzlicher Anordnung kam in solchen Fällen entweder eine Klage bei der ICC oder vor den ordentlichen Bundesgerichten in Frage. Dennoch ging der Supreme Court in dem von White verfassten Urteil davon aus, dass der Absender in derartigen Fällen im Interesse einer möglichst uniformen Praxis zuerst einen Entscheid der ICC herbeiführen müsse. In *Great Northern Railway Co. v. Merchants Elevator Co.*[47] wies das Gericht darauf hin, dass die *primary jurisdiction*-Doktrin zur Anwendung gelange, wenn der Sachverhalt von der Verwaltung ermittelt werden sollte oder wenn

[43] Vgl. JAFFE (2) 589: «... the effectiveness of judicial supervision should be judged not only in terms of the case in which the correction was administred, but in its effect on doctrine in the long run.»

[44] JAFFE (2) 565–569.

[45] Diesbezüglich besteht eine gewisse Parallele zur *abstention rule*; vgl. vorn S.102.

[46] 204 U.S. 426 (1907).

[47] 259 U.S. 285 (1922).

administrative Fachkenntnisse entscheidend ins Gewicht fielen. DAVIS betrachtet indessen in diesem Zusammenhang den Gesichtspunkt der besseren Sachkenntnisse der Verwaltung nicht als das Wesentliche; entscheidend sei vielmehr die «recognition of the need for orderly and sensible coordination of the work of agencies and courts»[48]. Das Gericht soll gewisse Fragen, mit denen sich eine besondere Verwaltungsinstanz ständig zu befassen hat, erst entscheiden, nachdem die betreffende *agency* das Ihrige zur Lösung der konkreten Streitfrage beigetragen hat. Das Oberste Bundesgericht hat die *ratio* der *primary jurisdiction*-Doktrin in *Far East Conference v. United States* treffend erläutert:

«Uniformity and consistency in the regulation of business entrusted to a particular agency are secured, and the limited functions of review by the judiciary are more rationally exercised, by preliminary resort for ascertaining and interpreting the circumstances underlying legal issues to agencies that are better equipped than courts by specialization, by insight gained through experience, and by more flexible procedure[49].»

Man kann sich fragen, ob die Anrufung der *primary jurisdiction* immer zu einer sachgerechten und rationellen Arbeitsteilung führe[50]. In *United States v. Western Pacific Railroad Co.*[51]. hing die Gutheissung einer Klage auf Rückerstattung zuviel bezahlter Frachtgebühren u.a. davon ab, ob transportiertes Gut unter den Begriff «incendiary bombs» falle oder ob die niedrigeren Frachtansätze für «gasoline in steel drums» hätten zur Anwendung gebracht werden sollen. Der Supreme Court entschied, dass diese Auslegungsfrage in die *primary jurisdiction* der ICC falle. Ein sachgerechtes Ergebnis hätte wohl auf einfacherem Wege dadurch erzielt werden können, dass das Gericht vor Entscheidung der Frage Fachleute der ICC einvernommen hätte[52].

Die *primary jurisdiction*-Doktrin bildet im Grunde genommen keine Beschränkung der Justiziabilität von Akten der Verwaltung. Sie be-

[48] DAVIS (3) § 19.01. auf S.345; vgl. auch § 19.09.; ferner Judge CLARK in *CAB v. Modern Air Transport, Inc.*, 179 F.2d 622 (2d Circuit, 1950) auf S.625: «...the outstanding feature of the doctrine is properly said to be its flexibility permitting the courts to make a workable allocation of business between themselves and the agencies.»

[49] 342 U.S. 570 (1952) auf S.574/575.

[50] Vgl. auch die Kritik bei SCHWARTZ (3) 179/180.

[51] 352 U.S. 59 (1956).

[52] Gl. M. offenbar JAFFE (2) 130.

stimmt lediglich, ob unter Umständen das Gericht erst entscheiden dürfe, nachdem die Verwaltung eine in einem Prozess sich stellende Frage beantwortet habe[53]. Die spätere gerichtliche Überprüfung dieser Stellungnahme der Verwaltung wird dadurch nicht ausgeschlossen, was der Supreme Court in *Federal Maritime Board v. Isbrandtsen Co.*[54] klarstellte. Freilich kann sich die Verbindlichkeit des Entscheides der Verwaltung für die Gerichte aus andern Gründen ergeben, etwa weil die Behörde im Rahmen ihres Ermessens gehandelt hat oder ihre Sachverhaltsermittlung durch *substantial evidence* gestützt wird.

2. *Erschöpfung verwaltungsinterner Rechtsbehelfe*

Der Supreme Court betont oft, dass gerichtlicher Rechtsschutz gegen die Verwaltung nicht gewährt werden könne, «until the prescribed administrative remedy has been exhausted»[55]. Damit wird die Justiziabilität nicht verneint, sondern nur die *gerichtliche Kontrolle zeitlich hinausgeschoben.* Diese Fälle sind von denjenigen zu unterscheiden, in denen die *primary jurisdiction* angerufen wird: Dort wäre an sich die Möglichkeit gegeben, dass das Gericht als einzige und nicht bloss als Rekursinstanz entscheiden würde; meistens haben Gericht und Verwaltung konkurrierende Zuständigkeiten, manchmal ist sogar nur der Gerichtsweg gegeben[56]. Bei der ebenfalls durch die Gerichtspraxis entwickelten *exhaustion*-Doktrin geht es dagegen darum, dass die Erledigung eines Falles von Rechts wegen zuerst durch die Verwaltung erfolgen muss und die Gerichte grundsätzlich erst eine Überprüfung vornehmen dürfen, nachdem das verwaltungsinterne Verfahren beendet ist.

Freilich verlangt der Supreme Court nicht immer, dass eine Erschöpfung verwaltungsinterner Rechtsbehelfe stattgefunden habe, wobei

[53] Allerdings wird manchmal von «primary jurisdiction» gesprochen, wenn nicht «primary», sondern «exclusive jurisdiction» einer Verwaltungsbehörde gemeint ist, worauf Shapiro (2) 110/111 hinweist.

[54] 356 U.S. 481 (1958).

[55] Vgl. z.B. *Myers v. Bethlehem Shipbuilding Corp.,* 303 U.S. 41 (1938) auf S.50/51.

[56] Beispiel: *Thompson v. Texas Mexican Railway,* 328 U.S. 134 (1946), wo die Klage auf Schadenersatz lautete und das Gericht die ICC, die keinen Schadenersatz hätte zusprechen können, als zur Beurteilung einer Vorfrage zuständig betrachtete.

sich die Praxis teilweise als widersprüchlich erweist. Wird eine Unzuständigkeitseinrede von der Verwaltungsbehörde verworfen, so kann der Betroffene manchmal die Verfügung sofort anfechten, während er in andern Fällen den Endentscheid der Behörde abwarten muss. Gleiches gilt in bezug auf andere verfahrensleitende Anordnungen und Zwischenentscheide. Das Gericht wird eher vom Erfordernis der *exhaustion* absehen, wenn sonst dem Betroffenen ein nicht wiedergutzumachender Nachteil (irreparable harm) drohen würde, wenn eine Verletzung klaren Rechts (z.B. offensichtliche Unzuständigkeit der Verwaltungsbehörde) vorliegt[57], oder wenn eine verwaltungsinterne Beschwerde als unzulänglich zur Behebung des in Frage stehenden Mangels erscheint[58]. Stehen Tat- oder Ermessensfragen im Vordergrund, so wird sich in aller Regel eine strengere Befolgung der *exhaustion*-Doktrin rechtfertigen. Da nur den Gerichten, nicht aber den Verwaltungsbehörden ein akzessorisches Prüfungsrecht von Gesetzen zusteht[59], würde man meinen, dass dort, wo der Beschwerdeführer die Verfassungsmässigkeit eines Gesetzes anfechten will, auf Grund dessen die Verwaltung handelt, keine *exhaustion* verlangt werden müsse. Indessen erweist sich auch hier die höchstrichterliche Rechtsprechung als widersprüchlich[60].

Mit der *exhaustion*-Doktrin hängt zusammen, dass das Gericht im allgemeinen – sehr schwerwiegende Mängel vorbehalten – nicht einen Verwaltungsakt auf Grund neuer, im Verwaltungsverfahren noch nicht erhobener Behauptungen aufhebt[61].

3. Ripeness

JAFFE bezeichnet das Erfordernis der *ripeness* als

> «not so much a definable doctrine as a compendious *portmanteau,* a group of related doctrines arising in diverse but analogically similar situations»[62].

[57] Vgl. zu diesen beiden Punkten *Public Utilities Commission of Ohio v. United Fuel Gas Co.,* 317 U.S. 456 (1943).

[58] Zahlreiche Beispiele bei DAVIS (3) § 20.07.

[59] Vgl. *Public Utilities Commission v. United States,* 355 U.S. 534 (1958) auf S.539.

[60] Judikatur-Nachweise bei DAVIS (3) § 20.04. und JAFFE (2) 438–440.

[61] *Unemployment Compensation Commission of Territory of Alaska v. Aragon,* 329 U.S. 143 (1946) auf S.155.

[62] JAFFE (2) 395.

Insbesondere besteht ein sehr enger Zusammenhang zwischen der *ripeness*-Doktrin und der verfassungsmässigen Beschränkung des Richters auf die Beurteilung von *cases or controversies* sowie dem daraus abgeleiteten *standing*-Erfordernis. Der in jenem Zusammenhang behandelte Entscheid *Poe v. Ullman*[63] hätte ebenso gut als Illustration der *ripeness*-Doktrin dienen können. Wenn kein genügend intensives Interesse einer Partei an der Lösung einer Streitfrage besteht oder wenn sich die auf dem Spiel stehenden Interessen noch nicht genügend herauskristallisiert haben, lehnt das Gericht unter Umständen eine Sachentscheidung mangels *ripeness* ab.

Auch hier wird die gerichtliche Überprüfbarkeit nicht schlechthin verneint, sondern nur *zeitlich hinausgeschoben*. Indessen kann das *ripeness*-Erfordernis von demjenigen der *exhaustion* einigermassen unterschieden werden.

Abgesehen davon, dass sich der Anwendungsbereich der *ripeness*-Doktrin nicht auf die Kontrolle von Verwaltungsakten beschränkt, sondern gerade auch bei der Prüfung der Verfassungsmässigkeit von Gesetzen eine Rolle spielt[64], ist hier die Fragestellung eine andere: Der Richter besinnt sich auf die Funktion der rechtsprechenden Gewalt als Organ zur Lösung *konkreter* Fälle in kontradiktorischen Verfahren und fragt darnach, ob der ihm unterbreitete Fall von einer Art sei, dass eine Lösung durch ihn, den Richter, als geboten erscheine, oder ob eine Sachentscheidung als verfrüht abgelehnt werden müsse, weil eine solche im betreffenden Zeitpunkt auf eine abstrakte Stellungnahme herauskäme. Nehmen wir an, dass ein Gesetz einen Wirtschaftszweig reguliert, Zuwiderhandlungen mit Strafe bedroht, die genaue Umschreibung der Übertretungen aber – im Rahmen gesetzlich aufgestellter Richtlinien – einer von der zuständigen IRA zu erlassenden Verordnung überlässt. Aus der Praxis zum *standing* wird sich ergeben, *wer* durch die in Frage stehende Regelung genügend betroffen ist, um das Gesetz oder gestützt darauf ergangene Anordnungen gerichtlich anfechten zu können. *Wann* eine solche Anfechtung erfolgen könne, wird jedoch oft unter Bezugnahme auf die *ripeness*-Doktrin beurteilt. Ein Feststellungsbegehren darüber, ob eine bestimmte Massnahme zulässig oder strafbar

[63] Zit. vorn Fussnote 21 zu Kapitel 3.

[64] Wegen ihrer grossen Bedeutung bei der gerichtlichen Kontrolle von Verwaltungsakten wird sie in diesem Kapitel behandelt.

sei, die ein vom Gesetz erfasstes Unternehmen treffen will, kann in verschiedenen Zeitpunkten als «reif» zur gerichtlichen Entscheidung angesehen werden, z.B. – was sehr unwahrscheinlich wäre – bereits vor Erlass der Verordnung, oder aber dann, wenn die Verordnung erlassen wurde, der Feststellungskläger darin enthaltene Bestimmungen als rechtswidrig betrachtet, in Ermangelung eines die Rechtswidrigkeit feststellenden Urteils jedoch vor dem Dilemma stünde, entweder die Normen zu befolgen und damit unter Umständen einschneidende wirtschaftliche Nachteile in Kauf zu nehmen oder die von ihm als rechtswidrig angesehenen Bestimmungen zu missachten und dadurch das Risiko einer Bestrafung einzugehen; möglicherweise bejaht das Gericht die *ripeness* erst im Augenblick, in dem der Normadressat die Bestimmungen verletzt hat und sich in dem gegen ihn eingeleiteten Strafverfahren auf deren Rechtswidrigkeit beruft.

Bei Anwendung der *exhaustion*-Doktrin steht dagegen die Frage im Mittelpunkt, ob der Kläger von einem verwaltungsinternen Rechtsbehelf Gebrauch machen müsse, bevor er die Sache vor Gericht bringt; es geht weniger um eine Konzentration des Gerichts auf diejenigen Aufgaben, für deren Lösung sich das gerichtliche Verfahren eignet, als um die – allerdings damit zusammenhängende – Frage des Verhältnisses zwischen Gerichten und Verwaltung. Die Erfordernisse der *ripeness* und der *exhaustion* weisen Berührungspunkte auf, doch liegen die Schwergewichte an verschiedenen Orten.

Ein neueres Urteil des Supreme Court, in welchem die *ripeness* eine grosse Rolle spielte, ist *Abbott Laboratories v. Gardner*[65]: 1962 revidierte der Kongress den *Federal Food, Drug, and Cosmetic Act* und sah vor, dass Hersteller rezeptpflichtiger Medikamente deren offizielle, von dem für das Gesundheitswesen zuständigen Departement festgesetzte Bezeichnung an sichtbarer Stelle auf Etiketten und anderem gedrucktem Material anbringen mussten, und zwar in mindestens halb so grosser Schrift wie die Handelsbezeichnung (proprietary name), unter der die Hersteller das Medikament vertrieben[66]. Die Regelung diente dem Konsumentenschutz, indem Ärzte und Patienten darauf aufmerksam gemacht werden sollten, dass verschiedene bekannte Heilmittel identisch waren mit andern Medikamenten, die unter der offiziellen Bezeichnung zu erheb-

[65] 387 U.S. 136 (1967).
[66] 21 U.S.C. § 352 lit. *e* Ziff. 1 B.

lich niedrigeren Preisen verkauft wurden. Der Commissioner of Food and Drugs erliess im Auftrag des zuständigen Departementschefs die erforderlichen Ausführungsbestimmungen. Darnach sollte die offizielle Bezeichnung «accompany each appearance of such proprietary name or designation», einschliesslich Reklamen[67]. Hierauf fochten Heilmittel-Produzenten sowie eine pharmazeutische Vereinigung die vom Kommissär erlassenen Vollzugsbestimmungen gerichtlich an, bevor von seiten der Behörden versucht worden war, die erwähnten Vorschriften gegen sie durchzusetzen. Die erste Instanz erteilte einen Unterlassungsbefehl und erliess ein Feststellungsurteil im Sinne der klägerischen Anträge. Die zweite Instanz hob diesen Entscheid auf, u. a. weil sie das Vorliegen eines aktuellen Streitfalles verneinte. Der Supreme Court betrachtete die Voraussetzungen für ein Sachurteil als gegeben, wobei er namentlich die *ripeness* bejahte. Er fand, entscheidend sei die Rechtsfrage, ob der Kommissär das Gesetz richtig ausgelegt habe, als er vorschrieb, dass die offizielle Bezeichnung der Medikamente «in allen Fällen» beizufügen sei. Offenbar ging das Gericht davon aus, dass ein Abwarten weiterer administrativer Anordnungen nicht dazu dienen würde, die Streitfrage stärker zu konkretisieren. Ferner betonte es die einschneidende Wirkung der angefochtenen Regelung auf die betroffenen Hersteller, die mangels eines gerichtlichen Urteils entweder die Vorschriften befolgen und dadurch erhebliche Mehrkosten für Ersetzung von Drucksachen-Vorräten durch normkonformes Material in Kauf nehmen oder das Risiko einer Strafverfolgung eingehen müssten. Demgegenüber verneinten die dissentierenden Richter FORTAS, WARREN und CLARK die *ripeness*.

Weniger Verständnis für die Konfliktssituation einer Partei hatte der Supreme Court in *International Longshoremen's and Warehousemen's Union v. Boyd*[68] gezeigt. Der Fall betraf die Frage, ob in den Vereinigten Staaten niedergelassene Ausländer, die im Sommer nach Alaska – damals noch ein Territorium – zogen und dort als Saisonarbeiter in Fischkonserven-Fabriken beschäftigt wurden, bei ihrer Rückkehr zu behandeln seien, als ob sie aus dem Ausland einwanderten. Die Frage war für die betreffenden Ausländer deshalb von erheblicher Bedeutung, weil sie in einem solchen Fall mit einer Verweigerung der Einreisebewilligung rechnen mussten, während sonst nur das mit grösseren Rechtsschutzga-

[67] 21 C.F.R. 1.104 lit. *g* 1 und 1.105 lit *b* 1.
[68] 347 U.S. 222 (1954).

rantien ausgestattete und an erhöhte materielle Voraussetzungen geknüpfte Ausweisungsverfahren in Frage gekommen wäre. Der zuständige Immigrationsbeamte hatte den Klägern mitgeteilt, er lege die einschlägige Gesetzesbestimmung im *Immigration und Nationality Act* von 1952 in dem Sinne aus, dass die Arbeiter nach ihrer Rückkehr aus Alaska als aus dem Ausland Einreisende zu qualifizieren seien. Einige der Betroffenen fochten diese Auslegung mit der gerichtlichen Klage auf Erlass einer entsprechenden *injunction* in Verbindung mit einem Feststellungsurteil an. Das Oberste Bundesgericht wies jedoch in einer von Justice FRANKFURTER verfassten *opinion* die Begehren von der Hand, weil die Kläger versuchten, vom Gericht eine Erklärung darüber herbeizuführen, ob die fragliche Gesetzesbestimmung auf eine hypothetische Situation anwendbar sei. Die dem Gericht unterbreitete Frage war jedoch für die Kläger keineswegs eine bloss hypothetische. Im Jahre 1953 von Saisonarbeit aus Alaska zurückkehrende, in den USA niedergelassene Ausländer waren bei ihrer Einreise als Einwanderer behandelt worden, und die Kläger standen vor der Wahl, entweder auf die einträgliche Saisonarbeit in Alaska zu verzichten oder die Verweigerung einer Einreisebewilligung aus Gründen, die nicht für eine Ausweisung ausreichen würden, zu riskieren. Es drohte ihnen ein nicht wiedergutzumachender Nachteil, worauf die dissentierenden Richter BLACK und DOUGLAS hinwiesen[69].

Dass *ripeness* und *standing* ineinander übergreifen können[70], zeigt *Columbia Broadcasting System, Inc. v. United States*[71]: Die FCC hatte Richtlinien erlassen, wonach Rundfunkstationen, die mit Sendernetzen (networks) bestimmte Verträge eingingen, die Sendekonzessionen nicht erneuert werden sollten. Bei der klagenden CBS handelte es sich um ein solches Sendernetz, das Rundfunkstationen mit Programmen versorgte und in die diesbezüglichen Verträge Klauseln von der Art, welche die FCC missbilligt hatte, aufzunehmen pflegte, etwa dass die Stationen gewisse Programme senden mussten oder sich nicht von andern Sendernetzen beliefern lassen durften. Der Supreme Court betrachtete die Richtlinien der FCC als eine Ausübung delegierter rechtssetzender Kompetenz und ging davon aus, dass der CBS durch diese Richtlinien

[69] Vgl. die Kritik des Boyd-Entscheides bei DAVIS (3) § 21.08. auf S. 392 und JAFFE (2) 417.

[70] Gl. M. DAVIS (1) 353 und THOMAS P. LEWIS 434.

[71] 316 U.S. 407 (1942).

ein nicht wiedergutzumachender Nachteil drohe, nämlich die Massenkündigung oder Nicht-Erneuerung von Lieferverträgen. Daher bejahte die Mehrheit – gegen den Protest von Justice FRANKFURTER – das Vorhandensein der Voraussetzungen einer Sachentscheidung. Denn könne erst geklagt werden, nachdem Sendekonzessionen gestützt auf die Richtlinien der FCC nicht erneuert worden seien, so käme eine solche Klage zu spät, um den drohenden Nachteil abwenden zu können. Hätte das Gericht die *ripeness* verneint, so wäre damit den durch die Richtlinien der FCC am stärksten Betroffenen, nämlich den «networks», eine Anfechtung unter Umständen überhaupt verwehrt worden, da sich die Radiostationen möglicherweise freiwillig der Regelung unterworfen hätten. JAFFE findet daher, dass es im CBS-Fall vorab um eine Frage der Beschwerdelegitimation gegangen sei[72].

Die höchstrichterliche Rechtsprechung zur *ripeness* erweist sich als inkonsequent. DAVIS schreibt darüber:

> «In searching for and trying to apply the ripeness principle, the Supreme Court has fluctuated over an exceedingly wide range. In many cases the Court has decided issues which seem clearly abstract or hypothetical or remote, and in even more cases the Court has refused to decide issues which are real and present[73].»

Manchmal mag der Umstand, dass die Verfassungsmässigkeit eines Gesetzes in Frage steht, das Gericht zu grösserer Zurückhaltung veranlassen. In andern Fällen wiederum hat man das Gefühl, dass gerade das brennende Interesse der Richter an der Lösung einer Verfassungsfrage dazu führt, dass sie sich leichthin über den Mangel an *ripeness* hinwegsetzen[74]. Anderseits kommt es vor, dass dort, wo zwar die Beeinträchtigung des Klägers nicht ihr denkbares Maximum erreicht hat, aber gerade zwecks Verhinderung eines nicht wiedergutzumachenden Nachteils ein echtes, konkretes Interesse des Klägers an der Lösung der Streitfrage besteht, für deren Beurteilung sich das gerichtliche Verfahren bereits im fraglichen Zeitpunkt gut eignen würde, der Supreme Court die Klage als verfrüht von der Hand weist[75].

[72] JAFFE (2) 395, 402 und 513. Vgl. auch SHAPIRO (2) 121.

[73] DAVIS (3) § 21.01. auf S. 372. Im folgenden belegt Davis seine Behauptung mit zahlreichen Judikatur-Hinweisen.

[74] Beispiel: *Connecticut Mutual Life Insurance Co. v. Moore,* 333 U.S. 541 (1948).

[75] Beispiele: *United Public Workers v. Mitchell,* 330 U.S. 75 (1947), und *Public Utilities Commission v. United Air Lines,* 346 U.S. 402 (1953), sowie der bereits vorstehend behandelte *Boyd-Fall.*

Eine gewisse *Flexibilität* der Praxis bei der Bestimmung der *ripeness* erscheint zwar als durchaus wünschenswert, und wir können diesbezüglich JAFFE zustimmen:

«... ripeness should not be determined by formula but by a reasoned balancing of certain typical and relevant factors for and against the assumption of jurisdiction[76].»

Indessen sollte durch *objektive Interessenabwägungen,* die einerseits die Eignung der Streitfrage für eine gerichtliche Entscheidung berücksichtigen, anderseits auch dem Interesse der Parteien an einer Entscheidung des Falles und der mit einem Nichteintretens-Entscheid verbundenen Härte Rechnung tragen würde, eine konsequentere Rechtsprechung herbeigeführt werden. Beachtung verdienen zehn von DAVIS erarbeitete Richtlinien, deren angemessene Berücksichtigung eine folgerichtige und dennoch genügend elastische Handhabung des *ripeness*-Erfordernisses ermöglichen würde[77].

4. Tatfragen

Für den Regelfall gilt, dass die *Feststellung des Sachverhaltes durch die Verwaltungsbehörden für die Bundesgerichte verbindlich ist, es sei denn, sie stütze sich nicht auf «erhebliche Beweise»* (substantial evidence). Die Prüfung der Gerichte hat sich darauf zu beschränken, ob die Behörde gestützt auf die Akten *vernünftigerweise* den Sachverhalt so feststellen durfte, wie sie es getan hat, oder – mit einer Formulierung des Gerichts – ob «such relevant evidence as a reasonable mind might accept as adequate to support a conclusion» bestehe[78]. Dieser *substantial evidence test* wurde durch die Gerichtspraxis begründet[79] und später oft in Gesetzen vorgesehen[80].

Die richterliche Überprüfbarkeit des von der Verwaltung ermittelten Sachverhaltes entspricht im grossen ganzen derjenigen eines Wahrspruches von Geschworenen[81], geht jedoch noch weniger weit als die

[76] JAFFE (2) 396.
[77] DAVIS (3) § 21.10. auf S. 394/395.
[78] *Consolidated Edison Co. v. NLRB,* 305 U.S. 197 (1938) auf S. 229.
[79] *ICC v. Louisville & N.R.R.,* 227 U.S. 88 (1913) auf S. 94.
[80] Vgl. z.B. *Federal Trade Commission Act* von 1914, 38 Stat. 717; ferner APA 10 lit. *e.*
[81] Dazu *NLRB v. Columbia Enameling & Stamping Co.,* 306 U.S. 292 (1939) auf S. 300.

Kontrolle der von einem unteren Gericht ohne *jury* vorgenommenen Tatbestands-Feststellung durch ein höheres Gericht, die aufgehoben werden kann, wenn sie nach Auffassung des Richters offensichtlich unrichtig (clearly erroneous) ist. Im Falle der Nachprüfung von Verwaltungsakten – sei es bei deren gerichtlicher Anfechtung oder anlässlich der Mitwirkung des Gerichts zwecks Durchsetzung von Anordnungen der *agencies* – genügt es nicht, dass der Richter von der *Fehlerhaftigkeit* der Sachverhaltsermittlung überzeugt ist; vielmehr muss er von deren *Irrationalität* überzeugt sein. In praxi erweist sich freilich der Unterschied zwischen dem *substantial evidence test* und dem *clearly erroneous test* als geringfügig[82]. *Reasonableness* und *rightness* lassen sich nicht immer scharf trennen. Die *substantial evidence*-Regel stellt eine flexible, dem richterlichen Ermessen erheblichen Spielraum zubilligende Formel dar; sie besteht – wie DAVIS sich ausdrückt – aus Gummi und nicht aus Holz[83].

Bei der Anwendung des *substantial evidence test* sind die Akten als Ganzes zu berücksichtigen[84]. Diesem Gedanken gab das Oberste Bundesgericht in *Universal Camera Corp. v. NLRB* wie folgt Ausdruck:

> «The substantiality of evidence must take into account whatever in the record fairly detracts from its weight[85].»

In jenem Entscheid betonte das Gericht, dass die Tatsachenermittlung des *hearing officer*, über die sich die Behördenleitung ja hinwegsetzen darf und in casu auch hinweggesetzt hatte, mit zu berücksichtigen sei. Im betreffenden Fall ging es vorab um die Glaubwürdigkeit eines Zeugen.

Die Bundesgerichte haben sich schon oft über Tatsachenermittlungen von Verwaltungsbehörden hinweggesetzt, weil sie den Beweiswert von Beweismitteln anders veranschlagten[86].

Der Grad der Überprüfbarkeit wird bisweilen dadurch erhöht, dass das Gericht eine Tatfrage als Rechtsfrage qualifiziert. Häufiger ist je-

[82] Vgl. JAFFE (2) 615.

[83] DAVIS (3) § 29.02. auf S. 525. Auf diese Flexibilität wies auch der Supreme Court hin im grundlegenden Entscheid *Universal Camera Corp. v. NLRB*, 340 U.S. 474 (1951) auf S. 489.

[84] Dazu JAFFE (2) 600 f.

[85] 340 U.S. 474 (1951) auf S. 488.

[86] Beispiele bei DAVIS (3) § 29.06. auf S. 530 und JAFFE (2) 605–612.

doch der umgekehrte Fall der Bezeichnung einer Rechtsfrage als Tatfrage[87].

Grundsätzlich ist es Sache der unteren und mittleren Bundesgerichte, den *substantial evidence test* anzuwenden, während sich der Supreme Court auf die Abklärung von Rechtsfragen beschränkt[88]. Manchmal überprüft der Supreme Court jedoch auch Tatfragen[89].

In seltenen Fällen, in denen das Gericht die Zuständigkeit zur Überprüfung eines Verwaltungsakts nur mit grösster Zurückhaltung bejaht, geht es davon aus, dass die Überprüfbarkeit von Tatfragen stärker beschränkt sei als durch den *substantial evidence test,* indem sich der Richter nur über eine Sachverhaltsermittlung hinwegsetzen dürfe, die «no basis in fact habe». Das gilt namentlich dort, wo Unterstellungen unter die Wehrpflicht gerichtlich überprüft werden[90]. Im praktischen Ergebnis kommt die Anwendung dieses Kriteriums jedoch ungefähr auf dasselbe heraus wie der *substantial evidence test.*

Anderseits kommt es auch vor, dass das Gericht – etwa auf Grund einer diesbezüglichen gesetzlichen Anordnung – Tatfragen strenger überprüft als der *substantial evidence test* erlauben würde. Das trifft vorab im Steuerrecht zu. Manchmal wird der Anspruch auf *de novo* Überprüfung aus der Verfassung abgeleitet[91].

5. Rechts- und Ermessensfragen

§ 10 lit. e APA beschäftigt sich mit dem *Umfang der richterlichen Überprüfung von Verwaltungsakten.* Darnach hat das Gericht alle ihm unterbreiteten und zur Lösung des Falles erforderlichen *Rechtsfragen* zu entschei-

[87] Näheres dazu im folgenden Abschnitt. Vgl. SHAPIRO (2) 131: «...from the point of view of behavioral analysis, it may be clearest to say that whatever findings of an agency courts do not wish to review are matters of fact and/or discretion, and whatever they do wish to review are questions of law.»

[88] Vgl. Justice FRANKFURTER in *NLRB v. Pittsburgh Steamship Co.,* 340 U.S. 498 (1951) auf S. 502/503. Weitere Beispiele bei DAVIS (3) § 29.04 Note 31.

[89] Nachweise bei DAVIS (3) 527.

[90] Beispiel: *Estep v. United States,* 327 U.S. 114 (1946).

[91] So gilt die Frage, ob jemand amerikanischer Staatsbürger sei, als Tatfrage, doch sind diesbezügliche Feststellungen von Ausweisungsbehörden für die Gerichte nicht verbindlich; vgl. *Ng Fung Ho v. White,* zit. vorn Fussnote 12 zu diesem Kapitel. Vgl. ferner den vorn Fussnote 13 zu diesem Kapitel zit. Entscheid *Crowell v. Benson,* dessen präjudizielle Wirkung heute allerdings sehr umstritten ist.

den. Als widerrechtlich gelten Verwaltungshandlungen u.a., wenn sie einen *Ermessensmissbrauch* (abuse of discretion) darstellen. Indessen kommt die richterliche Überprüfung gemäss der bereits erwähnten Einleitungsklausel von § 10 APA nur insoweit zum Zug, «als nicht ein Gesetz die gerichtliche Überprüfung ausschliesst oder etwas von Rechts wegen dem Ermessen einer Behörde anheimgestellt wird». Dieser unglücklich formulierte Satz scheint der in lit. e derselben Bestimmung vorgesehenen Überprüfbarkeit des Ermessensmissbrauches zu widersprechen. Denn wie soll ein Gericht auf Ermessensmissbrauch schliessen können, wenn Ermessensakte seiner Kognition überhaupt entzogen sind? Die Bedeutung der Einleitungsklausel ist denn auch in der Doktrin sehr kontrovers[92]. Das Dilemma wird etwa dadurch zu lösen versucht, dass man die Klausel so auslegt, dass nur die «lawful discretion», das in den Grenzen der Legalität ausgeübte Ermessen, von der richterlichen Überprüfung ausgenommen wird, im übrigen aber der Richter in sämtlichen Fällen zur Feststellung von Ermessensmissbrauch zuständig bleibt, ausser wenn eine (verfassungsmässige) gesetzliche Bestimmung sogar eine solche Kognition ausschliesst. Eine differenziertere These vertritt DAVIS, indem er davon ausgeht, dass sich die Eingangsklausel auf eine beschränkte Kategorie von Akten beziehe, die als überhaupt nicht gerichtlich überprüfbar angesehen würden[93]. «Committed to agency discretion» würde demnach in diesem Zusammenhang dasselbe bedeuten wie «unreviewable».

Die Auffassung von DAVIS überzeugt m. E. am ehesten. Die Gerichtspraxis geht davon aus, dass in gewissen Fällen – z. B. beim Vorliegen einer *political question* oder beim Fehlen des *case or controversy*-Erfordernisses (also u.a. auch, wenn eine richterliche Sachentscheidung auf Ausübung einer administrativen Funktion herauskäme) – eine richterliche Kognition mangels Justiziabilität oder aus praktischen Gründen ausgeschlossen sei; hier fällt auch eine Prüfung, ob etwa ein Ermessensmissbrauch vorliege, ausser Betracht. Sind jedoch die Voraussetzungen

[92] Dazu JAFFE/NATHANSON 247 f. sowie HARVEY SAFERSTEIN, Non-reviewability: A Functional Analysis of «Committed to Agency Discretion», Harvard Law Review *82*/1968–69, 367–398.

[93] Als Beispiele führt DAVIS (3) § 28.16. auf S. 514 u.a. an: Nichtgewährung von militärischem Urlaub; Führung auswärtiger Angelegenheiten durch den Präsidenten; Gehaltserhöhungen; Zuteilung von Parkplätzen in einem verwaltungseigenen Gebäude.

für eine gerichtliche Sachentscheidung gegeben, so hat der Richter zu prüfen, ob ein der Verwaltung eingeräumtes Ermessen allenfalls in rechtswidriger Weise ausgeübt worden sei, und es finden sich keine Anhaltspunkte dafür, dass der APA eine derartige Nachprüfung ausschliessen wollte.

In der amerikanischen Rechtsprechung spielen allerdings theoretische Überlegungen, einschliesslich der Unterscheidung zwischen Rechts- und Ermessensfragen, bei der Bestimmung des Umfangs der richterlichen Überprüfbarkeit von Verwaltungsakten, wie zu zeigen sein wird, eine geringe Rolle[94]. Fest steht nur, dass die Gerichte in gewissen Fällen eine freie Überprüfung vornehmen und Rechts- sowie Ermessensfragen selbständig beurteilen – man spricht hier von *substitution of judgment* – um sich in andern, manchmal sehr ähnlich gelagerten Fällen auf die Untersuchung zu beschränken, ob die Anordnung der Verwaltung rationell vertretbar sei, eine «rational basis in law» habe. Der zuletzt erwähnte *rational basis test* kommt einer – um eine beliebte Formulierung des schweizerischen Bundesgerichts zu verwenden – Überprüfung «unter dem beschränkten Gesichtswinkel der Willkür» sehr nahe: Auch wenn der Richter in solchen Fällen anders als die Verwaltung entscheiden würde, lässt er den angefochtenen Akt stehen, wenn eine Rechtsanwendung in «reasoned manner» stattgefunden hat, vernünftigerweise vertretbar ist[95]. Es kommt vor, dass der Richter vom *rational basis test* ausgeht, in Wirklichkeit aber die Anordnung der Verwaltung frei überprüft; anderseits schliesst eine freie Überprüfung nicht aus, dass dem Entscheid der Verwaltung in gewissen Fällen viel mehr Gewicht beigemessen wird als in andern.

Eine erhebliche Komplizierung ergibt sich daraus, dass das Gericht manchmal sogenannte *mixed questions*, die sich logisch in eine Tat- und eine Rechtsfrage aufgliedern liessen, als reine Tatfragen behandelt, die

[94] Mit dem in der amerikanischen Literatur im allgemeinen vernachlässigten Problem *administrativer Ermessensakte* befasst sich DAVIS (4) in einer neuen Untersuchung, die nicht nur die Verwaltung im engeren Sinn, sondern auch Ankläger und Polizeiorgane einbezieht. Dieses beachtenswerte Buch enthält zahlreiche Vorschläge betreffend Beschränkung administrativen Ermessens auf das erforderliche Mass, Objektivierung der Ermessensausübung und Ermessensüberprüfung. Die gerichtliche Kontrolle wird dabei als von eher sekundärer Bedeutung angesehen; vgl. etwa S. 4 und 120.

[95] Vgl. den als grundlegend angesehenen Entscheid *Gray v. Powell,* 314 U.S. 402 (1941), vorab S. 411 f.

nur mittels des im vorangehenden Abschnitt behandelten *substantial evidence test* überprüfbar sind. So stellte sich in *Shields v. Utah Idaho Central Railroad Co.*[96] die Frage, ob eine Eisenbahnlinie unter den Gesetzesbegriff «interurban electric» falle oder nicht. Der Supreme Court ging davon aus, dass die auf die betreffende Eisenbahnlinie bezüglichen Fakten unbestritten seien und dass allein die Bedeutung des Gesetzesbegriffes kontrovers sei. Er bezeichnete jedoch die Anordnung der ICC, welche die Eisenbahnlinie nicht als «interurban electric» qualifiziert hatte, als «determination of fact»[97]. Diese Methode kommt – wie übrigens auch der *rational basis test*[98] – oft zur Anwendung in Fällen, in denen der deutschsprachige Jurist einen unbestimmten Rechts- oder Gesetzesbegriff annehmen würde, der allenfalls der Verwaltung einen nicht-justiziablen Beurteilungsspielraum überlässt[99].

Im praktischen Ergebnis kommt es etwa auf dasselbe heraus, ob das Gericht eine Rechtsfrage als Tatfrage bezeichnet und den *substantial evidence test* anwendet oder ob es von der Massgeblichkeit des *rational basis test* ausgeht (wobei im letzteren Fall eine Rechtsfrage angenommen oder die Unterscheidung zwischen Rechts- und Tatfragen beiseite gelassen werden kann)[100]. Die im Zusammenhang mit dem Umfang der gerichtlichen Nachprüfbarkeit wesentliche Frage lautet vielmehr: Wann findet

[96] 305 U.S. 177 (1938).

[97] Vgl. als weiteres Beispiel für ein solches Vorgehen *O'Leary v. Brown-Pacific-Maxon, Inc.,* 340 U.S. 504 (1951), wo als «fact» qualifiziert wurde, ob der Tod einer Person, die beim Rettungsversuch eines andern in dem in einem Erholungsgebiet für Angestellte befindlichen Kanal ertrunken war, im Sinne einer Gesetzesbestimmung «out of and in the course of employment» erfolgt sei. Eine sehr ähnliche Frage wurde in *O'Keeffe v. Smith Associates,* 380 U.S. 359 (1965) ebenfalls als «fact» behandelt.

[98] Vgl. z.B. *SEC v. Chenery Corp.,* 332 U.S. 194 (1947), wo die Gesetzesbegriffe «fair and equitable» sowie «detrimental to investors» auszulegen waren.

[99] Diese Termini sind dem amerikanischen Verwaltungsrecht nicht geläufig. Es ist daher missverständlich, wenn sie SCHÄFER in seiner Abhandlung immer wieder als Kriterien zur Abgrenzung der Justiziabilität im amerikanischen Recht verwendet.

[100] Bei der Beurteilung, ob eine Verwaltungsbehörde mit Recht angenommen habe, dass eine Gesellschaft eine andere Gesellschaft im Sinne einer Gesetzesbestimmung «kontrolliere», wurde in *Rochester Telephone Corp. v. United States,* 307 U.S. 125 (1939), der *rational basis test* und in *Alleghany Corp. v. Breswick & Co.,* 353 U. S. 151 (1957), der *substantial evidence test* angewendet, wobei der Umfang der Überprüfung in beiden Fällen ungefähr in gleicher Weise beschränkt war.

eine solche bloss beschränkte Prüfung statt, und wann kann das Gericht seine eigene Auffassung an die Stelle derjenigen der Verwaltung setzen? Dabei vermag das administrative Ermessen nicht als Abgrenzungskriterium zu dienen. Wohl geht § 10 des APA davon aus, dass der Richter das der Verwaltung eingeräumte Ermessen zu respektieren habe, und in unzähligen Gerichtsentscheiden stossen wir auf entsprechende Lippenbekenntnisse, doch werden in der Gerichtspraxis immer wieder einerseits typische Rechtsfragen nur beschränkt überprüft, anderseits – wenn auch seltener – Akte, die weitgehend im Ermessen der Verwaltung liegen, vom Gericht aufgehoben, ohne dass von einer Ermessensüberschreitung oder von einem Ermessensmissbrauch die Rede ist. *In welchem Umfang eine gerichtliche Überprüfung stattzufinden hat, wird von Fall zu Fall nach dem Ermessen des Gerichts bestimmt, wobei im allgemeinen pragmatische Überlegungen den Ausschlag geben.* DAVIS bemerkt dazu:

> «... the Court apparently has never attempted to provide a systematic statement of the theory that guides its choices ... the judicial behaviour depends primarily upon discretion and not primarily upon formulas or precedents or analysis of law and fact or articulated theory[101].»

Dass pragmatische und nicht theoretische Überlegungen in erster Linie massgebend sind, zeigt die Gegenüberstellung zweier Entscheide des Supreme Court. Gemäss dem *National Labor Relations Act* von 1935[102] haben Arbeitnehmer (employees) einen Anspruch darauf, dass der Arbeitgeber mit ihnen in Verhandlungen zwecks Abschluss von Kollektivarbeitsverträgen tritt. Es kann streitig werden, wer als «Arbeitnehmer» anzusehen ist. In *NLRB v. Hearst Publications, Inc.*[103] überprüfte das Gericht die Auslegung des Arbeitnehmer-Begriffs durch das NLRB nur mittels des *rational basis test,* wärend es drei Jahre später in *Packard Motor Car Co. v. NLRB*[104] die Bedeutung von «Arbeitnehmer» gemäss demselben Gesetz selbständig eruierte. Der Hearst-Fall betraf Zeitungsverkäufer, die auf Kredit von Verlegern Zeitungen kauften,

[101] DAVIS (3) § 30.01. auf S. 541 und § 30.08. auf S. 550. Vgl. auch SHAPIRO (2) 96 f. JAFFE (2) unterscheidet demgegenüber scharf zwischen «finding of fact» (548) einerseits, «conclusion of law» (554) anderseits, und versucht die Gerichtspraxis primär unter Zugrundelegung dieser Kriterien zu analysieren.

[102] 49 Stat. 449 auf S. 453. Heute ist der *Labor Management Relations Act,* 61 Stat. 136 (1947), 29 U.S.C. § 141 f., massgebend.

[103] 322 U.S. 111 (1944).

[104] 330 U.S. 485 (1947).

diese an den ihnen zugeteilten Orten verkauften und unverkaufte Zeitungen retournierten. Ihre Entschädigung bestand in der Differenz zwischen Kaufs- und Verkaufspreis, die beide von den Verlegern bestimmt wurden, welche auch weitgehend die Arbeitsbedingungen der «newsboys» festsetzten. Im Packard-Fall ging es dagegen um Vorarbeiter, und dem Gericht mochte eine volle Überprüfung aus folgenden Gründen eher geboten erscheinen: Es stellte sich – im Gegensatz zum Hearst-Fall – nicht eine Frage, die nur eine besondere Branche betraf und deren Beantwortung in erster Linie von der Beurteilung zahlreicher Fakten abhing. Vielmehr war die für das gesamte Arbeitsrecht wichtige Abklärung zu treffen, wo die Grenzlinie zwischen Arbeitnehmern und Arbeitgebern zu ziehen sei. Zudem bestand über diese Frage wegen widersprüchlicher Entscheidungen des NLRB eine Rechtsunsicherheit[105].

Davis nennt vorab drei Kriterien, die für das Gericht von Bedeutung seien, wenn es bestimme, ob eine volle oder nur eine beschränkte Überprüfung eines Verwaltungsaktes Platz greifen solle[106]:

1. Wichtig erscheint vor allem, wer nach Auffassung des Gerichts besser zur Beurteilung einer Frage qualifiziert ist. Sind besondere Fachkenntnisse notwendig, über die eine spezialisierte Verwaltungsbehörde eher verfügt, so wird sich das Gericht in aller Regel grössere Zurückhaltung auferlegen, als wenn die richtige Entscheidung in erster Linie von einer Auslegung der Verfassung oder vom *common law* abhängt. Eine Frage der Gesetzesauslegung wird manchmal nur deswegen als Tatfrage etikettiert, weil das Gericht findet, die Interpretation erfordere besondere technische Kenntnisse.

2. Wenn einem Gesetz entnommen wird, dass der Kongress der Verwaltung Kompetenzen delegiert hat, bei deren Ausübung dem Ermessen der Verwaltung gemäss dem Willen des Gesetzgebers grosser Spielraum zukommen soll, so scheut sich das Gericht im allgemeinen, eine *substitution of judgment* vorzunehmen. Das gilt namentlich dort, wo die Verwaltung vom Gesetzgeber zum Erlass von Verordnungen ermächtigt wurde. Von solchen *legislative rules* werden *interpretative rules* der Verwaltungsbehörden unterschieden, die nicht gestützt auf eine Zuwei-

[105] Nachweise bei Jaffe (2) Note 38 auf S. 44 sowie Noten 49 und 50 auf S. 560/561.

[106] Davis (3) § 30.09.–30.11. Vgl. auch Jaffe (2) 576–586.

sung rechtssetzender Kompetenz, sondern eher als Wegleitung, um das Gesetz näher zu interpretieren, aufgestellt werden[107]. Die gerichtliche Überprüfung von *legislative rules* ist gemäss der Rechtsprechung viel stärker begrenzt als diejenige von *interpretative rules*[108]. Sie beschränkt sich im allgemeinen auf folgende Punkte: Zuständigkeit zum Erlass der Verordnung; Verfassungsmässigkeit der Kompetenznorm (nur zweimal vom Supreme Court verneint); Rechtssetzung im Rahmen der delegierten Kompetenzen; Innehaltung der bei Erlass der Verordnung zu beachtenden Verfahrensvorschriften[109].

3. Wie wir bereits bei der Gegenüberstellung des Hearst- und des Packard-Entscheides sahen, wird das Gericht eher Fragen von grösserer Tragweite und allgemeiner Bedeutung selbständig beurteilen, während es die Anwendung des Gesetzes und der durch die Gerichtspraxis erarbeiteten allgemeinen Kriterien auf komplexe Tatbestände, die nur einen sehr beschränkten Kreis von Normadressaten betreffen oder mit denen sich bloss eine Verwaltungsbehörde zu befassen pflegt, im allgemeinen der Administration überlässt[110].

Bei der Abklärung des Umfangs der gerichtlichen Überprüfbarkeit von Verwaltungsakten können noch manche weitere Gesichtspunkte in Betracht fallen. So werden sich die Gerichte eher für eine *substitution of judgment* entschliessen, wenn wegen widersprüchlicher administrativer Entscheidungen eine Rechtsunsicherheit besteht, während sie in folgenden Fällen geneigt sind, Zurückhaltung zu üben: wenn sie starke Zweifel darüber verspüren, welche Lösung die richtige sei; wenn sie die Verwaltungsbehörde, deren Entscheid angefochten wird, als integer und deren Verfahren als sachgerecht und rechtsstaatlich beurteilt; allenfalls auch, wenn nach Auffassung des Gerichts bloss ein Privileg und nicht ein Recht in Frage steht.

[107] Vgl. Näheres zu dieser Unterscheidung bei Davis (3) § 5.03. f. Auch *legislative rules* stellen in einem gewissen Sinne Interpretationen der *ratio legis* dar, was der in der folgenden Fussnote angeführte Addison-Fall zeigt.

[108] Vgl. *Skidmore v. Swift & Co.,* 323 U.S. 134 (1944), mit *Addison v. Holly Hill Fruit Products, Inc.,* 322 U.S. 607 (1944).

[109] Vgl. Van Alstyne 1136.

[110] Vgl. auch Davis (3) § 30.11. auf S. 556: «By and large, the legislative body decides the broadest policies, the courts the middle ones, and the agency the narrowest ones.» Allerdings können die vorstehend unter Ziff. 1 und 2 erörterten Motivierungen dazu führen, dass das Gericht auch ausserordentlich wichtige Entscheidungen der Verwaltung überlässt.

6. Anordnungen des Präsidenten

Zwar sind Anordnungen des Präsidenten nicht schlechthin gerichtlich unüberprüfbar, doch zeigt der Supreme Court bei der Kontrolle des Präsidenten im allgemeinen grosse Zurückhaltung. 1957 stellte der Politologe SCHUBERT fest, dass im Laufe der Zeit nur in insgesamt vierzehn Fällen Anordnungen des Präsidenten vom Supreme Court als verfassungswidrig qualifiziert worden seien[111].

Eine wichtige Einschränkung der richterlichen Wirkungsmöglichkeit ergibt sich daraus, dass es die Gerichte ablehnen, dem Präsidenten die Vornahme einer rechtswidrigen Handlung zu untersagen oder die Erfüllung einer vom Recht geforderten Aufgabe zu befehlen. *Erst nachdem der Präsident gehandelt hat, kann die Verfassungsmässigkeit seines Verhaltens unter Umständen incidenter überprüft werden*[112]. Freilich sind gerichtliche Befehle an Departementschefs zulässig, was bereits Chief Justice MARSHALL in einem obiter dictum in *Marbury v. Madison* anerkannte. Im *Stahlwerkbeschlagnahmefall*[113] kam die Erteilung eines derartigen Befehls an den Handelssekretär im praktischen Ergebnis darauf heraus, dass der Präsident an der Durchführung einer Massnahme gehindert wurde.

Wenn das Gericht einen Akt des Präsidenten als verfassungswidrig erklärt, so geschieht das in aller Regel deshalb, weil die *Kompetenzmässigkeit* verneint wird. Im Fall von Kompetenzkonflikten zwischen dem Präsidenten und andern Organen mag denn auch das Bedürfnis nach einer richterlichen Streitentscheidung besonders akut erscheinen. Dagegen wird dem Präsidenten – wie wir bereits im vorhergehenden Kapitel immer wieder feststellen konnten – ein schier unbegrenzter Ermessensspielraum zugestanden, wenn die Verfassungsmässigkeit seiner kompetenzmässigen Handlungen in Frage steht[114]. Da zudem im Bereich der

[111] SCHUBERT (1) 355 und 361 f.

[112] Vgl. vorn S.192/193.

[113] Zit. vorn Fussnote 336 zu Kapitel 3.

[114] Indessen trifft die Behauptung LOEWENSTEINS (1) 298 nicht zu, dass der Präsident in der Ausübung seiner Zuständigkeit von jeglicher gerichtlicher Kontrolle frei sei. Z.B. entschied der Supreme Court in *Cole v. Young,* 351 U.S. 536 (1956), dass eine Verordnung des Präsidenten, die eine Entlassung von Beamten wegen zweifelhafter Loyalität auch dort in einem summarischen Verfahren ermöglichte, wo der Beamte nicht Zugang zu wichtiger vertraulicher Information hatte, eine verfassungswidrige Vollziehung einer 1950 erlassenen Gesetzesbestim-

auswärtigen Gewalt und der *war power* die Kompetenzabgrenzung zwischen Präsident und Kongress eine ausserordentlich heikle und schwierige Aufgabe darstellt und das Gericht diesem Umstand durch eine weit gehende richterliche Selbstbeschränkung Rechnung trägt, erscheint die gerichtliche Kontrolle des Präsidenten auf diesen wichtigen Gebieten als besonders stark begrenzt.

Im Zusammenhang mit dem Verwaltungsrecht sind diejenigen Entscheide besonders interessant, in denen das Gericht die *Kompetenz des Präsidenten zur Entlassung von Amtsträgern* abgrenzte. Zwar wäre hier ein Befehl des Gerichts an den Präsidenten, einen zu Unrecht Entlassenen wieder im Amt einzusetzen, undenkbar; klagt jedoch der Betroffene (oder klagen seine Erben) auf Bezahlung des Gehalts für den Rest der Amtsdauer, so bedarf die Frage der Rechtmässigkeit der Entlassung gerichtlicher Abklärung. *Myers v. United States*[115] betraf einen höheren Postbeamten, einen «postmaster of the first class», der vor Ablauf seiner vierjährigen Amtsdauer vom Präsidenten entlassen worden war, ohne dass die durch ein Gesetz von 1876 im Fall der vorzeitigen Entlassung eines solchen Beamten vorgeschriebene Zustimmung des Senats erfolgt war. In dem vom früheren Präsidenten und damaligen Chief Justice TAFT verfassten Urteil bejahte der Supreme Court die Zulässigkeit des Vorgehens des Präsidenten. Dagegen entschied das Oberste Bundesgericht knapp zehn Jahre später in *Humphrey's Executor v. United States*[116], dass Präsident F.D. ROOSEVELT bei Entlassung eines Mitglieds der FTC zu Unrecht auf die Mitwirkung des Senats verzichtet hätte. Der Unterschied zum Myers-Fall wurde darin gesehen, dass es sich bei der FTC um eine Behörde handle, die neben administrativen auch quasi-legislative und quasi-richterliche Funktionen ausübe. Der Humphrey-Entscheid wurde bestätigt in *Wiener v. United States*[117], wo es um die Entlassung eines Mitglieds der War Claims Commission ging. Die beiden zuletzt erwähnten Entscheide sind ausserordentlich wichtig im Hinblick auf die Unabhängigkeit der IRA gegenüber dem Präsidenten[118].

mung darstelle, wonach Departementschefs im Interesse der nationalen Sicherheit «summary dismissals» verfügen durften.

[115] 272 U.S. 52 (1926).

[116] 295 U.S. 602 (1935).

[117] 357 U.S. 349 (1958).

[118] Dazu SCHWARTZ (4) II 53.

FÜNFTES KAPITEL: DOGMATISCHE PROBLEME

I. RICHTERLICHES PRÜFUNGSRECHT, DEMOKRATIE UND GEWALTENTRENNUNG

McCloskey hat auf die Neigung des Amerikaners hingewiesen, «to hold contradictory ideas simultaneously»[1], und Tocqueville soll einmal gesagt haben, dass sich ein Volk eben darin reif und weise zeige, dass es nicht alle seine Institutionen logisch zu ihrem Ende führe. Das gilt in besonderem Masse für das Verhältnis des Amerikaners zur *Demokratie*. Die Verfassungsschöpfer bekannten sich zwar zur Demokratie, zeigten sich aber direktdemokratischen Institutionen gegenüber ausserordentlich skeptisch und bauten verschiedene Sicherungen gegen ein Überborden der Demokratie in die Verfassung ein[2]. Später gewann der demokratische Gedanke, verstanden im Sinne einer Herrschaft der Mehrheit, an Boden, was bereits Tocqueville veranlasste, vor der Gefahr der Omnipotenz der Mehrheit zu warnen[3]. Aber sogar als sich der Supreme Court dem sehr populären Wirtschafts- und Sozialgesetzgebungsprogramm Präsident F. D. Roosevelts hartnäckig entgegenstellte, reagierte die öffentliche Meinung ausserordentlich empfindlich auf Versuche, den Einfluss des Obersten Bundesgerichts zu schmälern. Denn das Bewusstsein, dass die momentane demokratische Mehrheit an die – in einem demokratischen Verfahren zustandegekommene und auf die Dauer angelegte – Verfassung gebunden ist, war schon immer in den Vereinigten Staaten stark ausgeprägt. Der Supreme Court soll dafür sorgen, dass die Verfassung nicht vor Exzessen des Mehrheitswillens kapitulieren muss. Die vom Volk gewählten politischen Organe regieren, doch handelt es sich bei dieser Regierungstätigkeit um ein durch die Verfassung beschränktes, um ein *limited government*. Das richterliche Prüfungsrecht gegenüber Gesetzen hätte nicht während mehr als anderthalb Jahrhunderten gegen den Willen des Volkes ausgeübt werden

[1] McCloskey (1) 13. Vgl. auch S. 224: «Judicial review in its peculiar American form exists because America set up popular sovereignty and fundamental law as twin ideals and left the logical conflict between them unresolved.» Vgl. auch Dean 164.

[2] Dazu auch Rappard 61a f. mit Belegen; ferner Jackson (1) 8.

[3] Band I, 2. Teil, Kap. VII.

können; vielmehr vermochte es sich durchzusetzen, weil gerade die Mehrheit, die ja das Prüfungsrecht jederzeit durch Verfassungsänderung beseitigen könnte, seine Notwendigkeit erkannte[4]. Schon deswegen kann das Prüfungsrecht - und Entsprechendes gilt von der richterlichen Kontrolle anderer Organe überhaupt – nicht als undemokratisch apostrophiert werden, es sei denn, man lehne im Sinne von ROUSSEAUS *volonté générale* die Möglichkeit einer Selbstbindung des Volkes ab. Nur dann erweist sich das Prüfungsrecht als undemokratisch, wenn man Demokratie nicht als «umfassende, durch bestimmte materiale Grundwerte geprägte Ordnungsidee für die menschliche Gemeinschaft» (WERNER KÄGI) ansieht, sondern lediglich der Herrschaft des gerade bestehenden, rechtlich nicht gebundenen Mehrheitswillens gleichsetzt[5]. Die Demokratie amerikanischer Prägung ist eine *konstitutionelle* und nicht eine radikale, dezisionistische. Die Zuständigkeit der Volksvertreter, des Kongresses, wird in der Verfassung selber beschränkt. Die Verfassung macht im Interesse der Stabilität die politischen Organe in unterschiedlichem Grad von der zu einer bestimmten Zeit herrschenden Volksmeinung abhängig, worauf BLACK hingewiesen hat[6]: Die Amtszeit der Senatoren ist dreimal so lange wie diejenige der Abgeordneten des Repräsentantenhauses (sechs bzw. zwei Jahre; Art. I Sektion 2 Ziff. 1 und XVII. Amendment), und ein Präsident hat seit 1951 während seiner zweiten Amtsdauer nicht um die Gunst der Wähler besorgt zu sein, da gemäss dem XXII. Amendment niemand mehr als zweimal zum Präsidenten gewählt werden darf. Die Besorgung ausserordentlich wichtiger Aufgaben wurde durch Gesetz verschiedenen schwer kontrollierbaren *independent regulatory agencies* übertragen. Zudem kommen einige föderalistisch motivierte Verfassungsnormen auf eine Beschränkung des Mehrheitswillens heraus: Im Senat, der ausser als legislative Kammer auch als Impeachment-Gericht zu fungieren hat (Art. I Sektion 3 Ziff. 6), sind sämtliche fünfzig Staaten, die bevölkerungsreichen und die bevölkerungsarmen, mit je zwei Mann vertreten (XVII. Amendment), und auch beim Verfassungsänderungsverfahren kommt den einzelnen Staa-

[4] BLACK (2) 115 und 178 sowie 209; gl. M. DEAN 57 und LEVY 12.

[5] Dazu auch ROSTOW 119. Vgl. ferner KAUPER (2) 533: «...the temporal will of the people is subject to the more enduring general will reflected in the fundamental law.»

[6] BLACK (2) 179.

ten gleiches Gewicht zu, wobei sowohl für die Initiative wie für die Ratifikation qualifizierte Mehrheiten gefordert werden (Art. V)[7]. Ferner haben wir gesehen, dass zu den vornehmsten Aufgaben des Gerichts die Durchsetzung gewisser Grundrechte gehört, die geradezu als funktionale Elemente des demokratischen Prozesses erscheinen[7a]: Wenn etwa die Meinungsäusserungs- oder die Versammlungsfreiheit der Minderheiten nicht gewährleistet und diesen dadurch verwehrt wäre, durch Propagierung ihrer Ideen eine Mehrheit zu gewinnen, erschiene die Vorstellung einer «Herrschaft der Mehrheit» ohnehin als Trugschluss.

Noch weniger lässt sich aus der *Gewaltenteilung* a priori etwas dagegen einwenden, dass Richter die Verfassungskonformität von Akten des Kongresses und des Präsidenten nachträglich beurteilen[8]. Wie wir feststellten, kommen bereits im Verfassungstext selber *Gewaltenvermischungen* zum Ausdruck[9]. Vor allem stellt die objektive Trennung der Gewalten, die sich der Verfassung entnehmen lässt, *keinen Selbstzweck* dar. Es muss auf die ihr zugrunde liegenden Wertvorstellungen zurückgegriffen werden, zu denen vorab die *Beschränkung aller öffentlichen Macht durch das Recht* gehört. Da das richterliche Prüfungsrecht gerade diesem Zweck dient, mutet es widersprüchlich an, die in der Verfassung zum Ausdruck kommende Gewaltenteilung, die keine konkreten Anhaltspunkte für einen Ausschluss des richterlichen Prüfungsrechts enthält, als Beweisführung gegen dieses Recht zu verwenden[10,11].

[7] Vgl. zum demokratischen (besser: nicht undemokratischen) Charakter des Prüfungsrechts auch ROSTOW 118 f., 152–156, 170 und passim. MCCLESKEY versucht in seinem Aufsatz – m.E. ohne Erfolg – die Argumentation Rostows zu widerlegen; er geht dabei von einem sehr eng gefassten Begriff der Demokratie aus.

[7a] Vgl. vorn S. 164/165 sowie DEAN 45/46 und 52.

[8] Vgl. statt vieler MURPHY und SHAPIRO in *Hearings on the Supreme Court* 124 f. und 173 f.

[9] Vgl. vorn S. 11.

[10] Freilich lässt sich aus der Gewaltenteilung auch nicht die Forderung nach einem richterlichen Prüfungsrecht zwingend ableiten, sogar wenn die Unabhängigkeit des Richters, der Akte der politischen Organe unbesehen als verfassungsmässig hinnehmen muss, tangiert wird.

[11] Vgl. zum Problem der Vereinbarkeit des richterlichen Prüfungsrechts mit Demokratie und Gewaltenteilung aus schweizerischer Sicht: WERNER KÄGI, Zur Entstehung, Wandlung und Problematik des Gewaltenteilungsprinzipes, Diss. Zürich 1937, 242 f.; ders., Die Verfassung als rechtliche Grundordnung des Staates, Habil. Zürich 1945, 175 f.; ders., Von der klassischen Dreiteilung zur umfas-

II. ZUR ALLGEMEINEN ABGRENZUNG DER AUFGABE DES SUPREME COURT VON DERJENIGEN EINES POLITISCHEN ORGANS

Dass die Zulässigkeit des Prüfungsrechts auf Grund der amerikanischen Verfassung bejaht werden kann und dass zahlreiche Gründe mehr praktischer Art dafür sprechen, den amerikanischen Richter mit dieser Wächterrolle zu betrauen, wurde vorn zu zeigen versucht[12]. Von dieser Frage des «Ob» ist im folgenden diejenige des «Wie» zu unterscheiden. Vor allem die Art, wie aktivistische Richter manchmal die Überprüfung von Akten der Legislaturen des Bundes und der Einzelstaaten sowie anderer politischer Organe vornehmen, ruft immer wieder heftiger, teilweise wissenschaftlich fundierter Kritik.

Tocqueville stellte bereits fest:

> «Il n'y a pour ainsi dire pas d'événement politique dans lequel il [d.h. der ausländische Betrachter] n'entende invoquer l'autorité du juge; et il en conclut naturellement qu'aux Etats-Unis le juge est une des premières puissances politiques[13].»

senden Gewaltenteilung, in: Festschrift für Hans Huber, Bern 1961, 172; Hans Nef, Sinn und Schutz verfassungsmässiger Gesetzgebung und rechtmässiger Verwaltung im Bunde, Zeitschrift für Schweizerisches Recht, N.F. *69*/1950, 227af. und 236af.; ders., Das akzessorische Prüfungsrecht, in: Mélanges Marcel Bridel, Lausanne 1968, 309 f. Die genannten Autoren betrachten eine Verneinung des Prüfungsrechts aus Erwägungen der Demokratie oder der Gewaltenteilung als verfehlt. Gerade schweizerische Stimmen zum Verhältnis Verfassungsgerichtsbarkeit–Demokratie verdienen besondere Beachtung, da in unserer Referendumsdemokratie die Bundesgesetze (und erst recht die kantonalen) mit ausdrücklicher oder stillschweigender Zustimmung des Volkes ergehen. Vor Beweisführungen aus der Gewaltenteilung warnt auch Max Frenkel in seiner gescheiten, auf der Auswertung von Quellen sehr vieler Länder beruhenden Abhandlung «Institutionen der Verwaltungskontrolle», Diss. Zürich 1969, insbesondere Nrn. 78 f. In der Bundesrepublik Deutschland wird die Verfassungsgerichtsbarkeit im allgemeinen ebenfalls als durchaus mit Demokratie und Gewaltenteilung vereinbar betrachtet. Vgl. statt vieler Ernst Friesenhahn, Wesen und Grenzen der Verfassungsgerichtsbarkeit, Zeitschrift für Schweizerisches Recht, N.F. *73*/1954, 154–157.

[12] Abschnitt II des 2. Kapitels.

[13] Tocqueville I, 1. Teil, Kapitel VI. Im folgenden wies Tocqueville nach, dass die Beschränkung der richterlichen Zuständigkeit auf die Beurteilung konkreter Streitfälle die Gefahr einer zu starken Richtermacht vermindere. Auch Tunc/Tunc II Nr. 219 auf S. 196 und Roussy 113 bezeichnen den Supreme Court als «puissance politique», und Dahl spricht von einem «national policy-maker». Dahingehende Zitate aus der amerikanischen Literatur liessen sich in grosser Anzahl anführen.

Weiter hinten meinte Tocqueville sogar:

«Dans les mains des sept juges fédéraux reposent incessament la paix, la prospérité, l'existence même de l'Union[14].»

Das zuletzt erwähnte Zitat mag in bezug auf die gegenwärtige Rolle des Supreme Court übertrieben anmuten, obwohl es sich im Hinblick auf die Bedeutung der Rechtsprechung des «Marshall Gerichts» zur Zeit, als die Union wiederholt auseinanderzufallen drohte, möglicherweise rechtfertigen lässt. Unbestreitbar ist jedoch, dass das oberste amerikanische Bundesgericht auch heute immer wieder *Entscheide von erstrangiger politischer Bedeutung* fällt[15].

Selbstverständlich stellt auch die amerikanische Verfassung eine *normative Ordnung* dar. Es wurde jedoch wiederholt betont, dass sie – wegen ihrer *ausserordentlichen Auslegungsbedürftigkeit,* der Wertungsbedürftigkeit der an zentralen Stellen enthaltenen unbestimmten Rechtsbegriffe – der *schöpferischen Komponente der richterlichen Tätigkeit* einen viel grösseren Spielraum belässt, als man sich in bezug auf andere Verfassungen oder Gesetze gewohnt ist. Bei der Auslegung des XIV. Amendment, das «due process» und «equal protection» gewährleistet, lässt es sich gar nicht vermeiden, dass der Richter *eigene Wertvorstellungen* in die Verfassung hineininterpretiert. KAUPER hat den interessanten Umstand erwähnt, dass sich das Problem, ob der amerikanische Supreme Court von der Verfassung vorausgesetzte, übergeordnete Rechtsprinzipien als Prüfungsmassstäbe mit heranziehen dürfe, schon deswegen nicht stelle, weil bei der Auslegung der *due process clause* das naturrechtliche Denken eines Richters in diesem Sinne zum Zug kommen könne[16].

[14] A. a. O. Kapitel VIII.

[15] Dass die Entscheide selber politische Entscheide seien, wird hier nicht gesagt. Auch streng normgebundene Urteile können das politische Leben stark beeinflussen. Eine Definition des vieldeutigen Wortes «Politik» (dazu HEINRICH TRIEPEL, Staatsrecht und Politik, Rektoratsrede, Berlin/Leipzig 1927) mag unterbleiben. Die weittragenden politischen Konsequenzen des Schuldesegregations-Entscheides, des Stahlwerkbeschlagnahmefalles und der Wahlkreisfälle – um nur drei Beispiele zu nennen – leuchten jedermann ein.

[16] KAUPER (3) 621/623; vgl. auch Kaupers Diskussionsvotum auf S. 847 des betreffenden Bandes, ferner CARSTENS 256 und SCHÄFER 61 und 196. Ausser Betracht bleiben kann hier die Frage nach allfälligen *materiellen Schranken der Verfassungsrevision.* Der Supreme Court hat nie derartige Schranken anerkannt; KAUPER

Ein wesentlicher Grund, weshalb das richterliche Prüfungsrecht in der amerikanischen Verfassungspraxis anerkannt wird, besteht darin, dass man dem Richter eher eine gewisse *Objektivität* bei der Beurteilung von Verfassungsfragen zutraut als dem in erster Linie an der Verwirklichung rechtspolitischer Ziele interessierten Gesetzgeber. Diese Ratio entfällt, wenn der Richter die Weitmaschigkeit der Verfassungsnormen dazu verwendet, um die Wertungen der politischen Organe seiner eigenen Gerechtigkeitskonzeption unterzuordnen. Zwar werden richterliche Entscheidungen von den Wertvorstellungen der Richter mit geprägt; das ist – da die Verfassungsauslegung keinen mechanischen, allein mit Logik erfassbaren Prozess darstellt[17] – nicht nur unvermeidlich, sondern bis zu einem gewissen Grad sogar wünschenswert. Anderseits sollte den in einer Demokratie in erster Linie von den volkgewählten politischen Organen zu treffenden Interessenabwägungen bei der richterlichen Beurteilung, ob sie vor der Verfassung standhalten, der erforderliche Respekt erwiesen werden. Was ist aber der «erforderliche Respekt»? Das ist m.E. die Kernfrage, die bei der Abgrenzung der richterlichen Zuständigkeit von derjenigen der politischen Organe zu stellen ist. Wer eine Patentlösung erwartet, muss von den nachfolgenden Erörterungen enttäuscht sein. Meines Wissens hat noch niemand eine auf eine einfache Formel reduzierbare und zugleich befriedigende Antwort entdeckt, aus dem einfachen Grunde, dass es eine derartige Formel nicht gibt. Folgende Rezepte wurden etwa verschrieben:

1. Gemäss THAYERS Ansicht, die verschiedene Richter am Supreme Court nachhaltig beeinflusste, sollte das Gericht ein Bundesgesetz nur missachten,

> «when those who have the right to make laws have not merely made a mistake, but have made a very clear one, – so clear that it is not open to rational question»[18].

(3) 627. Gemäss Art. V der Verfassung darf die Vertretung eines Staates im Senat auch nicht durch Verfassungsänderung ohne Zustimmung des betreffenden Staates verkürzt werden, doch wurde diese Bestimmung m.W. in praxi nicht aktuell.

[17] Dazu vorn S. 170.

[18] THAYER 144. Bezüglich einzelstaatlicher Gesetze verlangt Thayer auf S. 154/155 – was oft übersehen wird – eine strengere gerichtliche Beurteilung. Ein ähnlicher Vorschlag wurde übrigens de lege ferenda in bezug auf das schweizerische Recht anlässlich des Juristentags von 1934 von Bundesrichter KIRCHHOFER

Black hat überzeugend nachgewiesen, dass die Übernahme der These Thayers im Ergebnis beinahe auf eine Abschaffung des richterlichen Prüfungsrechts hinauskäme[19]. Es dürfte kaum je ein Fall an den Supreme Court gelangen, in welchem die Verfassungsverletzung als derart liquid erscheint, dass von einem «klaren Fehler» gesprochen werden kann[20]. Da ferner das Verfassungsrecht eine normative Ordnung darstellt, ist es vom Richter nicht nur in klaren Fällen anzuwenden, sondern überhaupt immer dann, wenn die Lösung einer Rechtsfrage die Anwendung einer Verfassungsbestimmung erheischt. Das schliesst nicht aus, dass Wertungen der politischen Behörden über die Verfassungsmässigkeit der von ihnen gesetzten Akte ernst zu nehmen sind. Ob sich dieser Respekt geradezu zu einer Vermutung der Verfassungsmässigkeit verdichten dürfe, kann jedoch nicht für alle Fälle gleich beantwortet werden, was vorn[21] zu zeigen versucht wurde: Bei der Auslegung elastisch konzipierter Kompetenznormen mag eine weiter gehende Rücksichtnahme durch den Richter angebracht sein als dort, wo klar umschriebene, spezifische materielle Grundrechte oder Verfahrensgarantien auf dem Spiel stehen. Eine besonders genaue richterliche Überprüfung kann sich aufdrängen, wenn die für die politische Willensbildung grundlegende Meinungsäusserungsfreiheit oder das Stimmrecht beeinträchtigt werden[22].

erwogen, der sich dabei der Problematik der Abgrenzung von liquiden Verfassungsverletzungen und Fällen, in denen der Entscheid des Gesetzgebers massgebend sein sollte, bewusst war; Zeitschrift für Schweizerisches Recht, N.F. *53*/1934, 289a.

[19] Black (2), insbesondere 193–222; vgl. auch die Kritik Bickels (2) 35–46.

[20] Die neuere Praxis zur Auslegung der Kompetenzen des Bundes gemäss der *commerce clause,* die im Grunde eine Anwendung der Thayerschen Regel darstellt, führt dazu, dass die angefochtenen Akte immer dann gerichtlich legitimiert werden, wenn sich irgend eine vernünftige Rechtfertigung dafür finden lässt, was praktisch durchweg angenommen wird. Thayer hatte die frühere aktivistische Rechtsprechung des Supreme Court beim Schutz privatwirtschaftlicher Interessen vor staatlichen Eingriffen im Auge, als er noch im vorigen Jahrhundert seinen berühmten Aufsatz schrieb.

[21] S.164 f.

[22] Im Ergebnis käme die Verwirklichung eines *de lege ferenda* wiederholt erfolgten Vorschlags (dazu Kauper (6) 96) möglicherweise fast auf dasselbe heraus wie Thayers Regel vom klaren Fehler. Darnach könnte das Gericht nur mit qualifiziertem Mehr – oder sogar nur bei Einstimmigkeit – Gesetze des Kongresses verfassungswidrig erklären. Black hat auf die Problematik dieses Vorschlags (der wohl nur durch Verfassungsänderung verwirklicht werden könnte) hingewiesen

2. Eine ebenfalls sehr stark begrenzte Rolle wollte Thayers prominenter Schüler LEARNED HAND dem Richter zubilligen. Sogar wenn man Hands Auffassungen nicht teilt, kann man sie auch bei einer noch so summarischen Abgrenzung der Aufgaben des amerikanischen Richters nicht übergehen. Denn sie sind einer echten Sorge entsprungen, eine Politisierung der Justiz zu verhindern, und Hand selber war in besonderer Weise berufen, sich zum Problem zu äussern: Während über vierzig Jahren wirkte er als Bundesrichter, wenn auch nie an der obersten Instanz, und das hohe Ansehen, das er sich dabei erwarb, wurde durch seine hervorragenden wissenschaftlichen Publikationen noch vergrössert.

Repräsentativ für Hands Konzeption sind seine 1958 gehaltenen Oliver Wendell Holmes-Vorträge «The Bill of Rights». Hand vermochte der Verfassung kein richterliches Prüfungsrecht zu entnehmen, wollte aber das Prüfungsrecht insofern bejahen, als es unabdingbar sei «to prevent the defeat of the venture at hand»[23]. Gerade um das Verfassungswerk selber nicht in Frage zu stellen, müsse der Supreme Court in gewissen Fällen die Zuständigkeit beanspruchen, «to keep the states, Congress, and the President within their prescribed powers», wobei auch in solchen Fällen vorfrageweise zu prüfen sei, «how importunately the occasion demands an answer»[24]. Im Verhältnis zu diesen Organen sollte sich also die Verfassungsinterpretation des Richters auf eine Überprüfung der *Kompetenzmässigkeit* – und auch das nur als ultima ratio – beschränken. Dagegen sprach Hand dem Richter die Befugnis ab, kompetenzmässige Akte der betreffenden Organe materiell auf ihre Vereinbarkeit mit der Verfassung zu überprüfen, wobei er im wesentlichen wie folgt argumentierte: Lückenhafte Gesetze solle der Richter so ausfüllen, wie es der Gesetzgeber wahrscheinlich getan hätte. Diese Methode könne

(BLACK (2) 184/186): Eine wichtige Funktion des Supreme Court bestehe gerade darin, verfassungsmässige Akte zu *legitimieren*. Erlasse, die eine Mehrheit des Gerichts verfassungswidrig finde, würden dadurch als illegitim stigmatisiert, wären aber – wenn das erhöhte Quorum nicht erreicht würde – gleichwohl durchzusetzen. Dort, wo sich das Veto der Minderheit durchzusetzen vermöchte, müsste der Entscheid der Minderheit als das Präjudiz erscheinen, doch käme einem solchen Entscheid keine Autorität zu, was eine auf Präjudizien gestützte Entwicklung der Verfassungsrechtsprechung in Frage stellen müsse.

[23] HAND 14; vgl. auch S. 29/30 und 66.

[24] A.a.O. 15.

jedoch nicht auf die Verfassungsinterpretation übertragen werden. Denn der Sinn der von der Verfassung aufgestellten, auslegungsbedürftigen Richtlinien, namentlich des V. und des XIV. Amendment, sei kein feststehender; diese Bestimmungen liessen Raum für eine Bedeutungswandlung, eine Anpassung an veränderte Verhältnisse. Der Richter könne nicht objektiv ermitteln, «how the ‚Framers' would have answered the problems that arise in a modern society had they been reared in the civilization that has produced those problems»[25]. Die zeitgemässe Bedeutung solcher Normen müsse von den zuständigen Organen festgestellt werden. Überprüfe der Richter ein Gesetz in materieller Hinsicht, so nehme er dabei eine legislative Funktion wahr.

Aus Judge Hands Ausführungen spricht eine tiefe Sorge um die Wahrung der Integrität der Gerichte. Er war mit Recht beunruhigt über Exzesse in zahlreichen Gerichtsurteilen, in denen rechtliche Argumente nur mühsam das dahinterstehende politische Wollen der Gerichtsmehrheit verdeckten. Sogar wenn diese Entscheide ein Maximum an Weisheit darstellen, von einer «bevy of Platonic Guardians» getroffen würden, so führte Learned Hand weiter aus, «I should miss the stimulus of living in a society where I have, at least theoretically, some part in the direction of public affairs»[26]. Dennoch vermögen Hands Ausführungen m. E. nicht zu überzeugen. Die in der Bill of Rights und im XIV. Amendment enthaltenen fundamentalen Rechte sind in erster Linie als Schranken gegenüber den politischen Organen gedacht. Anerkennt man die Interpretation dieser Bestimmungen durch den Gesetzgeber als das letzte Wort, so macht man ihn zum Richter in eigener Sache und reduziert die fundamentalsten Normen zu *leges imperfectae,* deren gesetzgeberische Interpretation der Richter unbesehen hinzunehmen hat. Das starke Gewaltentrennungskonzept, von dem Hand ausgeht, führt zu einer Unterbewertung der Ratio, die gerade der ja nicht als Selbstzweck gedachten Gewaltentrennung zugrundeliegt: Beschränkung staatlicher Macht durch das Recht. In Anbetracht der einflussreichen Stellung des Kongresses und des ausserordentlichen Machtzuwachses, den die Exekutive – besonders seit der Präsidentschaft F. D. ROOSEVELTS – erfahren hat, erweist sich eine

[25] A. a. O. 35.
[26] A. a. O. 73.

starke richterliche Gewalt zur Sicherstellung dieser der Gewaltentrennung zugrundeliegenden Vorstellung als wesentlich. Die Gefahr der Politisierung der Justiz ist sicherlich ernst zu nehmen, darf aber nicht zu einer Kapitulation des Richters führen, wenn die Rechtmässigkeit des Handelns von Organen in Frage steht, deren verfassungsmässige Kompetenzen durch die Verfassung begrenzt werden. Auch kann man sich des Eindrucks nicht erwehren, dass Hand aus seiner Gewaltentrennungs-Vorstellung heraus die Massgeblichkeit der historischen Auslegung überbewertete und dem Richter die Fähigkeit zur zeitgemässen Interpretation einer Norm, zur schöpferischen Rechtsfortbildung, absprach. Die positive Bedeutung derartiger Verfassungsauslegungen zeigt unter anderem der Brown-Entscheid, der die Segregation in öffentlichen Schulen verfassungswidrig erklärte[27]. Der Andeutung Hands, dass Gerichtsentscheide durch nicht demokratisch verantwortliche Organe getroffen würden und damit dem Einzelnen die Möglichkeit der Beeinflussung richterlicher Verfassungsinterpretationen fehle, können die zutreffenden Feststellungen McCloskeys entgegengehalten werden, dass

«the Court, while sometimes checking or at any rate modifying the popular will, is itself in turn checked or modified»,

und dass es schwer sei

«to find a single historical instance when the Court has stood firm for very long against a really clear wave of public demand»[28, 29].

Abgesehen davon, dass Verfassungsentscheidungen durch Verfassungsrevision korrigiert werden können, hat sich immer wieder gezeigt, dass sich der Supreme Court einem starken politischen Willen nicht auf die Dauer entgegenzustellen vermag und dass die Reaktion der

[27] Vorn S. 62 f.

[28] McCloskey (1) 22 und 224. Ähnlich Alvin 461; Bickel (2) 258; Dean 150; Frank (2) 157 und 159; Kauper (7) 633/634; Krislov 141; Roche 771; Rostow 142 f. und Swisher (2) 187.

[29] Indessen stellt der manchmal gehörte Ausspruch, «that the Court follows the election returns» – wie Pfeffer 406 richtig bemerkt – zweifellos eine übertriebene Vereinfachung dar. Wie besonders Bickel und Rostow gezeigt haben, hilft das Gericht mit, die öffentliche Meinung zu formen; vgl. Bickel (2) 240 sowie Rostow 84, 88, 115, 127, 141/142. Auf S. 167/168 schreibt Rostow: «The Supreme Court is, among other things, an educational body, and the Justices are inevitably teachers in a vital national seminar». Das übersieht Dahl, der sogar

öffentlichen Meinung auf seine Entscheidungen ihn später zur Vorsicht mahnen kann. Es ist auch kaum denkbar, dass das Oberste Bundesgericht in einer sehr wichtigen Frage einen materiellen Entscheid trifft, wenn mit starker Ablehnung sowohl im Kongress wie seitens der Exekutive zu rechnen ist[30]. Im *Stahlwerkbeschlagnahmefall*[31] wurde die Verfassungswidrigkeit des Vorgehens Präsident Trumans gerade damit begründet, dass er den Willen des Kongresses missachtet habe, und in *Baker v. Carr*[32] unterstützte das Justizdepartement sogar die Kläger als *amicus curiae*. Das «Warren Gericht» konnte in der Regel auf die Unterstützung der Administrationen KENNEDYS und JOHNSONS zählen, wenn seine Entscheide zum Gegenstand politischer Auseinandersetzungen gemacht wurden. Dagegen wäre das «Vinson Gericht» zur Zeit des McCarthyismus nicht imstande gewesen, die Hexenjagden gegen als «subversiv» und «unamerikanisch» stigmatisierte Personen in rechtsstaatlichen Schranken zu halten, weil es sich damit in einen seine eigene Existenz schwer gefährdenden Widerspruch zu den dominierenden politischen Kräften gestellt hätte.

3. Eine direkte Antwort auf Learned Hands Thesen stellen die ein Jahr später vom selben Rednerpult in der Harvard Law School – als Oliver Wendell Holmes Lectures 1959 – vorgetragenen Ausführungen Professor WECHSLERS dar. Wechsler betonte den *Pflichtcharakter* der richterlichen Kompetenz zur Entscheidung von Verfassungsfragen – sowohl solchen der Kompetenzmässigkeit wie auch solchen der materiellen Verfassungsmässigkeit –, wenn die Lösung eines konkreten, in die Zuständigkeit des Richters fallenden Prozesses eine derartige Prüfung erheischte[33], während ja Learned Hand eine materielle Überprüfungs-

schreibt, die Hauptaufgabe des Supreme Court bestehe darin, «to confer legitimacy on the fundamental policies of the successful coalition»; DAHL 122. Dieses verzerrte Bild ergibt sich bei Dahl wohl deshalb, weil er fast nur Fälle in seine Betrachtung einbezieht, in denen der Supreme Court Gesetze des Kongresses verfassungswidrig erklärte, ohne genügend zu berücksichtigen, dass das Gericht vor allem bei der verfassungskonformen Gesetzesauslegung und bei der Überprüfung gliedstaatlicher Erlasse (z.B. Brown-Entscheid, Wahlkreisfälle) nicht als Gummistempel, sondern als «Lehrer in einem nationalen Seminar» wirkt.

[30] Vgl. SCHUBERT (1) 322: «...it would appear in the light of many recent decisions of the courts that conjoint action of the President and Congress has a peculiar efficacy to generate questions of an inherently political nature.»

[31] Zit. vorn Fussnote 336 zu Kapitel 3.

[32] Zit. vorn Fussnote 403 zu Kapitel 3.

[33] WECHSLER (1) 6.

befugnis verneint hatte und im Falle von Kompetenzfragen dem Richter die Beurteilung hatte überlassen wollen, ob eine Sachentscheidung notwendig sei «to prevent the defeat of the venture at hand». Für Wechsler gibt es keine solche Flucht vor der richterlichen Entscheidungspflicht. Die Unterscheidung der richterlichen Tätigkeit von derjenigen einer blossen dritten Kammer der Legislative erblickte Wechsler darin, dass sich der Richter bei der Verfassungsauslegung nicht einfach von seinem Wollen, sondern von *neutralen Kriterien* bestimmen lassen müsse. Dass Wechsler mit seinen «neutral principles» mehr als bloss rationelle, wohldurchdachte Urteilsbegründungen im Auge hatte, ergibt sich vorab aus den von ihm angeführten Beispielen, aber auch aus einem Passus auf S. 19:

> «A principled decision, in the sense I have in mind, is one that rests on reasons with respect to all the issues in the case, *reasons that in their generality and their neutrality transcend any immediate result that is involved.* When no sufficient reasons of this kind can be assigned for overturning value choices of the other branches of the Government or of a state, those choices must, of course, survive[34].»

Als Beispiele nicht neutraler Entscheidungen erwähnte Wechsler in der Folge nicht nur bis zum New Deal ergangene Urteile, in denen das Gericht durch restriktive Auslegung der Handels- und Steuerkompetenzen des Bundes sowie durch extensive Anwendung des *economic due process* seine *laissez faire*-Philosophie in die Verfassung hineingelesen hatte, sondern er nahm einige der im Zusammenhang mit der rechtlichen Gleichstellung des Negers wesentlichsten Entscheidungen aufs Korn: *Smith v. Allwright*[35], *Shelley v. Kraemer*[36] und *Brown v. Board of Education of Topeca*[37].

Wechslers Einwendungen sind ernst zu nehmen, da die negerfreundliche Haltung dieses hervorragenden Juristen über jeden Zweifel erhaben ist und offensichtlich die Sorge um eine Objektivierung der Rechtsprechung seine Kritik veranlasste. Auch weisen die von ihm beanstan-

[34] A.a.O. 19, Hervorhebung durch den Verfasser. Dass dieser Test auch ausreichend sei, wollte Wechsler nicht sagen. Vgl. WECHSLER (2) 17/18: «That an adjudication be supported or at least supportable in general and neutral terms is no more than a negative requirement. If it does, and only if it does, must the other and the harder question of its wisdom and its rightness be confronted.»

[35] Zit. vorn Fussnote 88 zu Kapitel 1.

[36] Zit. vorn Fussnote 93 zu Kapitel 1.

[37] Zit. vorn Fussnote 157 zu Kapitel 1.

deten Entscheide jeweils in den Urteilsbegründungen Mängel auf. Indessen hätte eine Übernahme des *neutral principles*-Tests nach Massgabe der Vorstellung Wechslers wohl überhaupt verhindert, dass die erwähnten Entscheide hätten ergehen können, so dass seine Kritik auch als eine solche der Entscheide selber aufgefasst werden kann. Im Zusammenhang mit den späteren *white primaries*-Fällen sah Wechsler die mangelnde Neutralität des Supreme Court darin, dass dieser zwar den Ausschluss von Angehörigen einer Rasse aus einer Partei verboten hatte, jedoch – was nur in einer rhetorischen Frage angedeutet wurde – nicht bereit sei, religiöse Parteien zur Aufnahme Andersgläubiger zu zwingen. Bezüglich des Shelley-Entscheides nahm er daran Anstoss, dass die gerichtliche Durchsetzung an sich zulässiger privatrechtlicher Vereinbarungen nur dann vom Gericht als verbotene *state action* angesehen werde, wenn in den betreffenden Vereinbarungen gegen Neger diskriminiert werde, nicht aber in andern Fällen, in denen durch Private ein Ziel herbeizuführen versucht werde, dessen Verfolgung dem Staat verwehrt sei. Auch aus dem Brown-Entscheid vermochte Wechsler kein neutrales Prinzip zu abstrahieren: Rassentrennung in segregierten Schulen treffe Schwarze und Weisse. Wenn eine Gruppe das als Diskriminierung empfunden habe, dann müsse dies der subjektiven Betrachtungsweise der betreffenden Gruppe zugeschrieben werden, sofern die Ausbildungsmöglichkeiten gleichwertig gewesen seien. In Wirklichkeit stelle sich ein Problem der Versammlungsfreiheit. Wenn man jedoch unter diesem Gesichtspunkt die Segregation als Verneinung der Versammlungsfreiheit qualifizieren wolle, so führe anderseits eine vorgeschriebene Rassenintegration zu einem Assoziierungszwang, und dieser Konflikt lasse sich nicht mit einem neutralen Prinzip lösen.

Auf Wechslers Kritik Bezug nehmend verteidigte *Black* mit überzeugenden Argumenten den Brown-Entscheid[38]. Er erwähnte, dass der primäre Zweck des XIV. Amendment in der Eliminierung von Diskriminierungen gegen Neger bestand – was kaum ernsthaft bestritten werden kann –, und wies nach, dass die Schulsegregation wesentlicher Bestandteil eines von den politisch herrschenden Weissen auferlegten Systems zur Wahrung der «weissen Suprematie» und Perpetuierung der «Inferiorität des Schwarzen» bildete. Es braucht einen sehr hohen

[38] Black (1). Vgl. auch Bickel (2) 57.

Grad an logischer Abstraktion, um an der Realität vorbeizusehen, dass ein segregiertes amerikanisches Gemeinwesen das Bild ergibt «not of mutual separation of whites and Negroes, but of one in-group enjoying full normal communal life and one out-group that is barred from this life and forced into an inferior life of its own»[39]. Diese Realität hat der Richter in Betracht zu ziehen; ob Segregation logischerweise zu einer Diskriminierung führen müsse, ist eine akademische Frage. Die Lösung des von Wechsler konstruierten Konflikts zwischen Versammlungsfreiheit und Assoziierungszwang kann einem Gericht, dass sich über die Ratio des XIV. Amendment einerseits, die für die soziale Stellung des Negers verheerenden faktischen Auswirkungen der Segregation anderseits im klaren ist, keine Schwierigkeit bereiten. POLLAK ging seinerseits auf alle von Wechsler beanstandeten Rassendiskriminierungs-Entscheide ein und verteidigte sie mit wichtigen Argumenten[40].

Während Black seine Erörterungen auf den Brown-Fall beschränkt hatte und Pollak als Hypothese von der Massgeblichkeit neutraler Prinzipien im Wechslerschen Sinne ausgegangen war, erfolgte später wiederholt eine generelle kritische Würdigung von Wechslers These[41]. Der positive Aspekt von Wechslers Maxime liegt darin, dass sie den Richter anhalten will, seine Urteile *rationell* zu begründen. Rationelle Urteilsbegründungen beanspruchen über den konkreten Fall hinaus Bedeutung, weil der Richter darin nicht einfach sagen kann, etwas sei in casu wünschenswert und müsse daher angeordnet werden, sondern auf Grund *sachlicher Kriterien* einen Sachverhalt unter eine Norm subsumiert. Dadurch wird impliziert, dass andere Sachverhalte, in bezug auf welche die betreffenden sachlichen Kriterien ebenfalls zutreffen, grundsätzlich und unter Vorbehalt ebenfalls rationell zu motivierender Praxisänderungen rechtlich gleich zu beurteilen sind, wenn sie je Gegenstand eines Prozesses bilden, soll nicht die Rechtsprechung in Willkür verfallen. Hier stellt sich aber die Frage: Wann sind verschiedene Lebenssachverhalte derart ähnlich, dass bei ihrer gerichtlichen Beurteilung dieselben sachlichen Kriterien Platz greifen müssen? Je weiter man abstrahiert, desto mehr

[39] A.a.O. 425.

[40] POLLAK (1). Auf S.24–30 entwarf Pollak eine Begründung des Brown-Entscheides, die seines Erachtens den von Wechsler aufgestellten Anforderungen der Neutralität genügen würde.

[41] Vgl. BICKEL (2) 49–65; MILLER/HOWELL; MUELLER/SCHWARTZ; ROSTOW 24–39; SCHARPF (1) 383–386; SHAPIRO (1) 17–32 und 236; B. WRIGHT.

Sachverhalte lassen sich in einer Kategorie zusammenfassen, desto geringer wird aber auch deren Ähnlichkeit und damit die Veranlassung zur rechtlichen Gleichbehandlung. Die Bestimmung, wann der optimale Grad der Abstraktion erreicht sei, stellt ein Werturteil par excellence dar. Gewisse Bemerkungen in Wechslers Vortrag, vor allem aber die Kritik der von ihm zur Illustration herangezogenen Entscheide lassen nun freilich annehmen, Wechsler habe die mit einem solchen Werturteil verbundene Gefahr der Subjektivität dadurch ausschliessen wollen, dass er vom Gericht verlangt, es müsse *alle denkbaren logischen Konsequenzen* aus einem einmal entwickelten neutralen Prinzip, mit dem es die Verfassungswidrigerklärung eines Akts begründet hat, ziehen. Wenn das Gericht den Ausschluss von Negern aus einer Partei verfassungswidrig erklärt, so muss es ebenfalls bereit sein, religiöse Parteien zu verbieten; erklärt es die Rassenabsonderung in öffentlichen Schulen als verfassungswidrig, so ist auch der getrennte Betrieb von Knaben- und Mädchenschulen unzulässig. Sogar wenn wir von der eindeutigen Zielrichtung des XIV. und des XV. Amendment absehen, gestützt auf welche in Fällen von Rassendiskriminierung eine richterliche Interventionsmöglichkeit in weitem Umfang bejaht werden muss, lassen sich gewichtige Argumente gegen Wechslers These anführen, die SCHARPF prägnant zusammengefasst hat[42]: Wechsler negiere für das richterliche Prüfungsrecht die für das Common Law charakteristische induktive Herausbildung neuer Rechtsgrundsätze[43]. Es sei für ein Gericht kaum möglich, sich im voraus alle logisch denkbaren Anwendungsfälle einer neuen Regel vorzustellen; müsse es der Forderung nach logischer Allgemeinheit gerecht werden, so schwinde seine Bereitschaft zur Formulierung neuer verfassungsrechtlicher Grundsätze, was die Wirkungsmöglichkeiten der Verfassungsrechtsprechung entscheidend beschränke. Auch in einem noch so prinzipienbewussten Gemeinwesen müsse Raum für den pragmatischen Kompromiss bleiben. Abgesehen davon überbetont Wechsler einen Aspekt der richterlichen Rechtsfindung, der zudem nicht der wichtigste ist: die formale Logik[44]. Endlich versagt die *neutral principle*-These auch dort, wo der Supreme Court bestimmen muss, ob er überhaupt eine Verfassungsfrage materiell entscheiden wol-

[42] Vgl. SCHARPF (1) 384 f.
[43] Dazu auch ROSTOW 32/33. Vgl. ferner B. CARDOZO (1) 48/49.
[44] Ähnlich ROSTOW 36.

le; seine Möglichkeit, die Verfassungsentwicklung zu beeinflussen, hängt weitgehend davon ab, wie geschickt er von seinen rechtlichen und taktischen Mitteln der Nicht-Entscheidung Gebrauch macht[45].

Wie unbefriedigend es sein kann, wenn das Gericht ein «neutrales» Prinzip verkündet und in der Folge alle logischen Konsequenzen daraus zu ziehen versucht, zeigt m. E. die spätere Rechtsprechung zum Grundsatz «one man, one vote». Die Verabsolutierung dieser Formel diente dazu, subtilen Interessenabwägungen auszuweichen. Ausserordentlich heikle juristische Operationen wurden mit dem Vorschlaghammer statt mit dem Seziermesser ausgeführt[46].

Wechslers Bemerkungen sind wohl eher als Postulate eines Sollens denn als Beschreibung eines Seins zu verstehen[47]. Bei realistischer Betrachtung der Rechtswirklichkeit lässt sich die Abgrenzung zwischen der Tätigkeit des Supreme Court und derjenigen politischer Organe viel weniger klar vornehmen, als es manche Theoretiker wahrhaben wollen. Einerseits sind auch Regierung und Gesetzgeber an die Verfassung gebunden, und insofern stellt ihre Tätigkeit in einem weiteren Sinne ebenfalls Rechtsanwendung, Konkretisierung der Verfassung, dar. Anderseits lässt sich die Funktion des Supreme Court mit «Rechtsanwendung» nicht genügend erfassen; infolge der Auslegungsbedürftigkeit der amerikanischen Verfassung, die in weitem Umfang Anpassungen an veränderte Verhältnisse erlaubt, erweist sich die schöpferische Komponente bei der richterlichen Verfassungsauslegung als besonders ausgeprägt. Freilich legt der Richter die Verfassung aus, um *konkrete Streitigkeiten* zu entscheiden, die durch einen *Beschwerdelegitimierten* anhängig gemacht wurden; oft ist es gar nicht denkbar, dass ein Hoheitsakt zum Gegenstand gerichtlicher Beurteilung gemacht werden kann, weil dadurch niemand ausreichend beschwert wurde, um *standing* zu haben[48]. Anders als Gesetzgeber und Regierung, so würde man mei-

[45] Näheres im folgenden Abschnitt.

[46] Ähnlich SHAPIRO (1) 248.

[47] Gl. M. MCCLOSKEY (2) 66.

[48] BLACK (62) führt auf S. 169 ein Beispiel an: Ernenne der Präsident einen diplomatischen Vertreter an den Heiligen Stuhl, so könne jemand, der darin eine Verletzung des I. Amendment erblicke, keine Sachentscheidung des Gerichts herbeiführen, weil er keine Beschwer darzutun vermöge. (Nachdem die USA seit 1950 keinen Vertreter beim Heiligen Stuhl gehabt hatte, bezeichnete Präsident NIXON im Sommer 1970 HENRY CABOT LODGE als seinen persönlichen Vertreter beim Heiligen Stuhl, wobei der Status von Lodge aus verfassungsrechtlichen

nen, verwirklicht der Richter nicht praktische politische Ziele, vermag er keine Initiativen zu ergreifen; erst wenn die Politiker etwas getan haben, kann die nachträgliche Beurteilung durch das Gericht – und auch das nicht immer – erfolgen. Während verfassungsrechtliche Überlegungen für den Gesetzgeber oft nur am Rand eine Rolle spielen, müssen sie für den Richter im Zentrum stehen. Hier muss man jedoch sofort mit McCloskey hinzufügen, dass

> «the Court's decisions do tend to fall into patterns that reflect current judicial views of what ought to be done; and that these views, though heavily influenced by the nature of the forum that issues them, are nonetheless policy determinations»[49].

McCloskey hat im Buch, aus dem das vorstehende Zitat stammt, eindrücklich aufgezeigt, wie der Supreme Court in verschiedenen Phasen seiner Geschichte jeweils ein grosses Ziel vor Augen hatte, das er konsequent zu verwirklichen trachtete: bis zum Bürgerkrieg die Stärkung der Union gegenüber den Gliedstaaten; zwischen etwa 1865 und 1937 die Bewahrung privatwirtschaftlicher Interessen vor staatlichen Eingriffen; seit dem New Deal die Verwirklichung der Rechtsgleichheit und eines weit gehenden Schutzes des Einzelnen in bezug auf nichtwirtschaftliche Grundrechte. Auch wäre es bloss bei formallogischer Betrachtungsweise richtig zu behaupten, dass der Supreme Court keine Initiativen ergreife. Vorab dank dem *certiorari*-Verfahren entscheidet er weitgehend selber, welche Fälle überhaupt materiell zu beurteilen sind[50] – es handelt sich um einen kleinen Bruchteil der anhängig gemachten Prozesse –, und wenn er sich zu einer Verfassungsfrage wirklich äussern will, wird es ihm selten schwerfallen, aus der Fülle der Rechtsbegehren eines herauszugreifen, in welchem sich die Frage stellt. Die Wahlkreis-Entscheidungen sowie die Illegalerklärung der Rassenabsonderung in öffentlichen Schulen zeigen die starke Tendenz des «Warren Gerichts», ein Versagen politischer Organe durch eine aktivistische Rechtsprechung zu kompensieren[51]. Die späteren Wahlkreis-

Gründen sehr vorsichtig formuliert wurde.) Vgl. auch Rossiter 126 bezüglich der *war power* des Präsidenten.

[49] McCloskey (1) 27.

[50] Darauf weist auch Shapiro (2) 65 hin.

[51] J.S. Wright entgegnet denjenigen, die eine Lösung derartiger komplexer Fragen durch die «sachverständigere »Legislative postulieren: «All too often ... the practical choice has been between the Court doing the job as best as it can and no one doing it at all»; J.S. Wright 6.

Fälle lassen zudem deutlich werden, dass der Supreme Court unter Umständen seine Vorstellungen von der Verfassung, wie sie sein sollte, radikal verwirklicht[51a].

Black hat die Funktion des Supreme Court m. E. zutreffend charakterisiert:

«The Court's function in constitutional cases is not *either* ‚judicial' or ‚political'. It is *both,* because the people have wanted it to be both. Our decision to subject government to law amounted to a decision to treat certain questions which had hitherto been thought of as purely political, and which are still so thought of elsewhere in the world, as legal questions. ... Once it is recognized that judicial decisions are not the mechanical exercises they were once thought to be, it is clear that all judges, in all cases, make policy to some degree, and that the Court, so long as it performs the task of judicial review, must function to some extent and in some ways as one of the policy-making organs of the nation[52].»

Die Eignung, Verfassungsfragen mit politischem Einschlag zu entscheiden, kann dem Richter nicht abgesprochen werden. Denn das Verfassungsrecht bleibt Verfassungsrecht und damit eine *normative Ordnung,* sogar wenn man mit Triepel dessen politischen Inhalt als das Charakteristikum betrachten wollte. «Rechtliche» und «politische» Faktoren lassen sich nicht voneinander isolieren, überschneiden sich oft. Eine objektive Verfassungsentscheidung lässt sich – wie Black schön dargelegt hat – am ehesten von dem an Präjudizien geschulten Richter erwarten, weil bei ihm

[51a] Bickel verwendet im Zusammenhang mit dem Streben des Warren Gerichts, eine gerechtere Ordnung zu verwirklichen, den Ausdruck «Heavenly City of the Twentieth-Century Justices»; Bickel (4) 14.

[52] Black (2) 118 und 167. Vgl. auch Bickel (3) 133/134; Dean 60 f. und 153 f.; Jerome Frank, Courts on Trial, New York 1963, 310/311; Frankfurter/Landis 318; Kauper (7) 634; Kurland 2; Pfeffer 10; Pritchett in *Hearings on the Supreme Court* 121/122; Rostow 93; Schwartz (1) 149/150. In Europa haben prominente Juristen ebenfalls klar erkannt, dass der Rechtsprechung – und zwar nicht nur derjenigen durch die Verfassungsgerichte – eine wichtige schöpferische, volitive Komponente zukomme; vgl. statt vieler: Josef Esser, Grundsatz und Norm in der richterlichen Fortbildung des Privatrechts, 2. Aufl. Tübingen 1964, 242 f. und passim; ders., Vorverständnis und Methodenwahl in der Rechtsfindung, Frankfurt a. M. 1970, 193 f.; Hans Huber, Der Standort des Richters in der modernen Gesellschaft, Schweizerisches Zentralblatt für Staats- und Gemeindeverwaltung *63*/1962, 70/71; Max Huber, Vorwort zu Schweizer Juristen der letzten hundert Jahre, Zürich 1945, XXIV; Hans Kelsen, Wer soll Hüter der Verfassung sein?, Berlin 1931, 15; Franz Wieacker, Gesetz und Richterkunst, Heft 34 der Schriftenreihe der Juristischen Studiengesellschaft Karlsruhe, Karlsruhe 1958, 6 f.

«the ‚policy' factors and the ‚legal' factors are present in one mind and can there interwork in actual confrontation. The technicality shapes the judgment of policy; the judgment of policy tempers the technicality[53].»

Einerseits muss sich der Supreme Court in Anbetracht der Rolle, die ihm bei der Auslegung und Fortbildung der nur Richtlinien aufstellenden und nicht als Zwangsjacke, sondern als lebender Organismus gedachten Verfassung[54] zufällt, bei seiner Verfassungsrechtsprechung immer wieder fragen, welche Interpretation den Grundwerten der Verfassung entspreche, einen an der Verfassung orientierten «gerechten» Ausgleich entgegengesetzter Interessen darstelle, so gefährlich diese elastischen Formulierungen auch im Ohr des kontinentaleuropäischen und auch mancher amerikanischer Juristen klingen mögen, anderseits sollte sich aber das richterliche Werturteil durch *erhöhte Objektivierung* von den Wertungen politischer Organe unterscheiden. Die richterliche Gewalt stellt die schwächste dar, sie ist für die Durchsetzung ihrer Entscheide weitgehend auf andere Organe angewiesen, und da sie manchen zudem als «inherently oligarchic» erscheint[55], kann sie in einer Demokratie nur dann einer Politisierung des Richteramtes entgegenwirken und auf die Dauer mit dem Vertrauen der Öffentlichkeit sowie der erforderlichen Bereitschaft zur Beachtung auch ihrer unpopulären Entscheide rechnen, wenn diese nicht bloss als der Niederschlag des rechtspolitischen Wollens der mitwirkenden Richter erscheinen, sondern wenn die richterliche Rechtsfindung – mit einer Formulierung BICKELS –

«injects into representative government something that is not already there; and that is principle, standards of action that derive their worth from a long view of society's spiritual as well as material needs and that command adherence whether or not the immediate outcome is expedient or agreeable»[56].

Die Grenzlinie lässt sich nicht scharf ziehen, da einerseits ein guter Gesetzgeber und erst recht der Präsident das Wohl des Ganzen im Auge behalten und sich nicht lediglich von momentanen Impulsen bestimmen lassen sollte, anderseits auch der beste Richter subjektive, persönli-

[53] BLACK (2) 174.

[54] Vgl. das Brandeis-Zitat vorn. S. 11.

[55] So Justice FRANKFURTER, *concurring* in *American Federation of Labor v. American Sash & Door Co.,* 335 U.S. 538 (1949) auf S. 555.

[56] BICKEL (2) 58. Vgl. auch COX (2) 25/26, 48 und 118 sowie SCHÄFER 51/52.

che Empfindungen und Wertungen nicht aus dem Rechtsfindungsprozess auszuschalten vermag[57]. Verschiedene Mittel dienen indessen der Objektivierung der Rechtsfindung, z. B.:

- *rationelle Urteilsbegründungen,* denen genau entnommen werden kann, aus welchen rechtlichen und sachlichen Gründen ein Entscheid so und nicht anders ausgefallen ist, wobei aber die *neutral principle*-These Wechslers abzulehnen ist;
- *Respekt* (jedoch nicht blinder Gehorsam) *gegenüber Präjudizien*[58];
- *Achtung vor den bereits durch die volkgewählten und dem Volk verantwortlichen Organe getroffenen Interessenabwägungen.* Insbesondere darf erwartet werden, dass ein Gesetz nur dann als verfassungswidrig erklärt wird, wenn der Richter nach reiflicher, wissenschaftlich fundierter Überlegung zur *klaren Überzeugung* gelangt ist, dass es der Verfassung widerspreche (was nicht mit dem Thayerschen Rezept zu verwechseln ist, wonach nur klare Verfassungsverletzungen eine richterliche Ungültigerklärung rechtfertigen). Freilich lässt sich nicht für sämtliche Fälle allgemeingültig formulieren, wie weit der Respekt gegenüber Akten politischer Organe gehen soll.

Gerade der Richter, der sich über die subjektive Komponente des Urteilsfindungsprozesses im klaren ist und sich nicht der Illusion einer vollkommenen richterlichen Neutralität hingibt, ist am ehesten in der Lage, einerseits seine Neigungen und Abneigungen zu zügeln, anderseits von der richterlichen Freiheit, die sich bei der Auslegung unvollständiger Rechtssätze und der Abwägung widerstreitender Interessen immer wieder ergibt, einen verantwortungsvollen Gebrauch zu machen, statt sich hinter scheinbar objektiven Formeln zu verschanzen[59]. Der Italiener CALAMANDREI schrieb einmal:

> «Der Gerechtigkeitssinn, kraft dessen man, nach vorausgehender Kenntnis des Tatbestandes, sofort fühlt, auf welcher Seite das Recht steht, ist eine eingeborene

[57] Vgl. das Cardozo-Zitat über das «subconscious element in the judicial process», vorn Fussnote 91 zu Kapitel 3; ferner FRANKFURTER (3) 274: «Judges are men, not disembodied spirits». Überbetont wird m. E. die Motivierung der Richter durch politische Überlegungen von SCHUBERT (2), z. B. auf S. 153, und wohl auch im Aufsatz von MILLER/HOWELL.

[58] Vgl. zur Bedeutung von *stare decisis* als Beschränkung richterlicher Subjektivität KAUPER (2) 543.

[59] Vgl. hiezu die feinsinnigen Bemerkungen von CLARK/TRUBEK 270/271, die ihrerseits auf Justice CARDOZO Bezug nehmen.

Tugend, die gar nichts mit der Technik des Rechts zu tun hat: so wie in der Musik die grösste Intelligenz nicht vermag, ein mangelndes Gehör zu ersetzen[60].»

Diese scharfsinnige Beobachtung hat vieles für sich, lässt aber auch die Gefahr der Überschätzung der eigenen Wertvorstellungen erkennen, welcher der Richter ausgesetzt ist und die besonders akzentuiert und folgenschwer erscheint, wenn es darum geht, die Rechtmässigkeit des Handelns politisch verantwortlicher Organe auf Grund einer derart ausfüllungsbedürftigen Verfassung wie der amerikanischen zu prüfen. In solchen Fällen sollte der Richter ganz besonders darnach trachten, das intuitiv-gefühlsmässige Moment zu kontrollieren und seinem instinktiven Empfinden mit nicht weniger Skepsis zu begegnen als den auf ihre Verfassungsmässigkeit zu beurteilenden Akten.

CARDOZO entwirft das Bild eines idealen Richters:

«He is not to innovate at pleasure. He is not a knight-errant roaming at will in pursuit of his own ideal of beauty or of goodness. He is to draw his inspiration from consecrated principles. He is not to yield to spasmodic sentiment, to vague and unregulated benevolence. He is to exercise a discretion informed by tradition, methodized by analogy, disciplined by system, and subordinated to [hier folgt ein Zitat aus Gény] ‚the primordial necessity of order in the social life‘[61].»

Nicht nur von Laien, sondern auch von Juristen wird die Qualität der Rechtsprechung immer wieder zu stark von der persönlichen Billigung oder Missbilligung der konkreten Ergebnisse, der Urteilsdispositive, bestimmt. Für viele Amerikaner – so sagt uns MCCLOSKEY – ist das Gericht das Echo der Verfassung, wenn es mit ihren Auffassungen einiggeht, die Stimme subjektiver Voreingenommenheit, wenn dies nicht zutrifft[62]. Dennoch ist es aus den bereits erwähnten Gründen wichtig, dass das Gericht darnach strebt, das Verfahren der Rechtsfindung zu objektivieren und im Vergleich zum Gesetzgebungsverfahren als etwas Anderes erscheinen zu lassen. Manche, welche die Ergebnisse der Rechtsprechung des «Warren Gerichts» billigten, nahmen

[60] PIERO CALAMANDREI, Lob der Richter, München 1965, 111.

[61] B. CARDOZO (1) 141.

[62] MCCLOSKEY (1) 26/27; ähnlich LEVY 1; HART 125; ROCHE 765; SCHMIDHAUSER 69; WECHSLER (1) 12. Auch dem schweizerischen Praktiker dürfte diese Reaktion auf Gerichtsentscheide vertraut sein!

Anstoss daran, dass sich der Supreme Court zu sehr als Gesetzgeber gebärdete, und in verschiedener Hinsicht sind ihre Bedenken begründet[63]:

1. In kurzen *per curiam*-Entscheidungen wurden manchmal Prozesse unter dem blossen Hinweis auf ein früheres Urteil materiell entschieden, obwohl der zitierte Fall einen in wesentlichen Punkten anders gelagerten Sachverhalt betraf. Beispiel: Im Brown-Entscheid war die Unzulässigkeit der Rassenabsonderung in öffentlichen Schulen u. a. mit der hervorragenden Bedeutung der Erziehung, die eine Segregation auf diesem Sektor als besonders schädlich erscheinen liess, begründet worden. Dennoch genügte in späteren Fällen der Hinweis auf den Brown-Entscheid, um ohne weitere Begründung die Unzulässigkeit der Segregation auf öffentliche Verkehrsmittel, Pärke, Golfplätze und dergleichen zu erstrecken[64].

2. Auch dort, wo ausführliche Urteilsbegründungen erfolgten, trat zu oft die axiomatische, apodiktische Behauptung an die Stelle der sachlichen Argumentation. Derjenige, der wissen will, *warum* das Gericht so und nicht anders entschied, wird mit einem Slogan wie «one man, one vote» abgefunden[65].

3. Zwar erfüllen *concurring* und *dissenting opinions* eine wichtige Funktion, doch ist der sehr häufige Gebrauch, den das «Warren Gericht» davon machte[66], nicht dazu angetan, den Respekt vor der richterlichen Rechtsfindung als eines objektivierten, der Auffindung allgemeingültiger Werte dienenden Prozesses zu wahren.

4. Entsprechendes gilt in bezug auf die Zurückdrängung der Bedeutung von *stare decisis*. Cox bemerkt dazu:

> «The wholesale discard of precedent and the readiness to overturn, by bare majority, doctrines reaffirmed by the Court just prior to the last change in its membership

[63] Mit der nachstehenden Aufzählung wird kein Anspruch auf Vollständigkeit erhoben.

[64] Dazu KURLAND 124 und 184 sowie WECHSLER (1) 22. Vgl. auch *Note:* Supreme Court Per Curiam Practice, Harvard Law Review *69*/1955–56, 707–725.

[65] Wie bei verschiedenen der hier aufgezählten Punkte handelt es sich dabei nicht um eine Kritik, die nur gegen das «Warren Gericht» erhoben werden kann. Die Vorliebe für Schlagworte war u.a. charakteristisch für viele bis zum New Deal entschiedene *commerce clause*-Fälle. Vgl. als weiteres negatives Beispiel die Urteilsbegründung in *Lochner v. New York,* 198 U.S. 45 (1905).

[66] Vgl. ein Beispiel in Fussnote 117 zu Kapitel 1. Hier gaben die Richter in drei Fällen insgesamt sechzehn Voten ab.

do no service to the idea of law as something distinct from politics and the arbitrary preferences of individuals [67].»

5. Wohl zu oft nahm das Gericht Stellung zu Verfassungsfragen, wenn der Prozess auch hätte entschieden werden können, ohne die Frage der Verfassungsmässigkeit eines Hoheitsaktes aufzurollen (etwa durch verfassungskonforme Auslegung). Man hat das Gefühl, dass das «Warren Gericht» manchmal geradezu die Konfrontation mit den politischen Organen suchte, seinen Einfluss durch Legitimierung oder Missbilligung der Akte anderer Organe bisweilen unnötigerweise geltend machte [68].

6. Gerade weil das von einem starken Sendungsbewusstsein erfüllte Gericht seine Stimme sehr oft vernehmen lassen wollte, entschied es möglicherweise zu viele Prozesse materiell, legte es sich bei der Gewährung von *certiorari* zu wenig Beschränkung auf, und die Qualität der Entscheidungen entsprach nicht immer der Quantität [69].

7. Zu beklagen ist ferner die Tendenz des «Warren Gerichts» – die auch für das «Marshall Gericht» charakteristisch war – oft mehr zu entscheiden, als zur Lösung der konkreten Streitfrage notwendig war, ja geradezu wie ein Gesetzgeber minuziöse Richtlinien für künftiges Verhalten aufzustellen, mit denen bisweilen Anspruch auf eine umfassende Regelung einer komplexen Materie erhoben wurde [70]. McCloskey hat aus seiner scharfsinnigen Analyse der Geschichte des Supreme Court gefolgert, dass das Gericht jeweils durch eine massvolle Zurückhaltung bei der Entscheidung politisch umstrittener Fragen mehr erreichte, als wenn es umfassende Lösungen zu geben versuchte [71]. Dem Gericht steht ferner nicht derselbe Apparat zur Beschaffung von Information zur Verfügung wie den politischen Organen, und es sollte deshalb mit der Aufstellung derartiger umfassender und zugleich detaillierter Regelungen Zurückhaltung üben. Das Gericht versuchte zwar, seine Informationsmöglichkeiten zu verbessern, indem es das Verfassen von *briefs of amicus curiae* [72] ermutigte und in wichtigen Fällen die Ansichten (oft

[67] Cox (2) 21.
[68] Dazu auch Cox (2) 17.
[69] Dazu eingehend Hart.
[70] Vgl. als Beispiel den vorn S. 58/59 zit. Passus aus *Miranda v. Arizona*. Scharf, jedoch m. E. zeitweise einseitig und unsachlich wird diese Tendenz im Buch von Bozell kritisiert.
[71] McCloskey (1) 47, 229/230.
[72] Dazu vorn S. 108/109.

riesige Gutachten) des Solicitor General einholte; dadurch verstärkte es allerdings den Eindruck, es figuriere gleichsam als weiterer Gesetzgeber, der – in kleinerem Rahmen – Vernehmlassungen durchführt[73] und sich die Erfahrungen der Exekutive zunutze macht.

8. Die Neigung des Supreme Court, seine eigene Verfassungsauslegung mit der Verfassung zu identifizieren, die in *Cooper v. Aaron*[74] besonders augenfällig wurde, beruht ebenfalls auf einer Überschätzung der Funktion des Verfassungsrichters. Die politischen Organe müssen zwar gerichtliche Anordnungen in konkreten Fällen befolgen, sind jedoch ebensowenig wie Präsident LINCOLN nach dem katastrophalen *Dred Scott*-Entscheid gehindert, für die Zukunft auf eine andere Verfassungsinterpretation hinzuwirken und damit die Aufgabe einer möglicherweise fehlerhaften Praxis des Supreme Court herbeizuführen[75, 76].

Auf dem Supreme Court lastet eine ungeheure Verantwortung, und man hat das Gefühl – ein abgewogenes Urteil wird erst später, rückblikkend, möglich sein –, das «Warren Gericht» habe die Nation auf dem schwierigen Weg zum Rechtsstaat – man denke nur an die Bedeutung seiner Rechtsprechung für die Negeremanzipation – einen weiten Schritt vorwärtsgebracht[76a]. Die vorstehenden kritischen Bemerkungen wollen dieses Verdienst nicht in Frage stellen.

[73] Hiezu PHILIP B. KURLAND in *Hearings on the Supreme Court 8*.

[74] Zit. vorn Fussnote 162 zu Kapitel 1.

[75] Vgl. BICKEL in *Hearings on the Supreme Court* 59/60.

[76] Auf eine weitere, beunruhigende Erscheinung weist KURLAND hin: In den Sechzigerjahren kam es wiederholt vor, dass Richter in Aufsätzen oder Vorträgen ihre Stellungnahmen verteidigten oder sich zu wichtigen Fragen mit politischen Implikationen äusserten, die dann später vom Gericht zu entscheiden waren; KURLAND in *Hearings on the Supreme Court* 89.

Einer ausserordentlich scharfen Kritik wird das methodische Vorgehen des Warren Gerichts im neuesten Werk BICKELS unterzogen, der namentlich folgende Punkte beanstandet: willkürliche Handhabung der historischen Auslegung; Fällen von ad hoc-Entscheidungen, die sich nicht auf sachliche Kriterien gründen lassen, wobei durch diese Prinzipienlosigkeit bisweilen einem Individuum offenbares Unrecht zugefügt wird; Inkonsequenz bei der Festsetzung, ob einem Verfassungsentscheid betreffend strafprozessuale Garantien Rückwirkung zukommen soll; Mangel an analytischer Kohärenz; leichtfertige Bejahung der Sachurteilsvoraussetzungen; vgl. BICKEL (4) 47 f. und 107 f. Vgl. zum «legislative mode» des Warren Gerichts neuerdings auch KURLAND 172 f.

[76a] Auch über die Ergebnisse der höchstrichterlichen Rechtsprechung in der Warren-Ära äussert sich BICKEL, ein hervorragender Kenner des Supreme Court, sehr skeptisch; BICKEL (4) 103 f.

Zwei Jahre nachdem der neue Chief Justice WARREN BURGER sein Amt angetreten hat, beginnt sich eine weniger aktivistische Rechtsprechung des Supreme Court in seiner neuen Zusammensetzung (mit den von Präsident Nixon ernannten Richtern Burger und Blackmun) abzuzeichnen. Zwar ist das «Burger Gericht» offenbar nicht gewillt, auf dem Gebiet der Rassensegregation von der bisherigen Linie abzuweichen. Dagegen hat es sich im übrigen bei der Anwendung des Gleichheitssatzes und namentlich bei der Durchsetzung strafprozessualer Garantien grössere Zurückhaltung auferlegt. Eigentliche Praxisänderungen erfolgten zwar kaum, doch zeigte manchmal eine knappe Mehrheit eine deutliche Tendenz, bei der Bestimmung der präjudiziellen Wirkung früherer aktivistischer Urteile die *ratio decidendi* auf das absolut notwendige Minimum zu beschränken und sich von den häufig anzutreffenden Bemerkungen in Entscheiden des «Warren Gerichts», die zur Lösung des konkreten Streitfalles nicht unbedingt notwendig waren, zu distanzieren. Das «Burger Gericht» versucht im allgemeinen auch dort, wo es eine Sachentscheidung trifft, Konfrontationen mit den politischen Organen nach Möglichkeit zu vermeiden.

III. RICHTERLICHE ENTSCHEIDUNGSPFLICHT UND RICHTERLICHE NICHT-ENTSCHEIDUNG

Chief Justice MARSHALL hatte das Prüfungsrecht gerade mit der *Pflicht des Richters zur Entscheidung konkreter Streitigkeiten und zur Anwendung aller entscheidungserheblichen Normen, einschliesslich der Verfassung,* begründet. Besonders deutlich drückte er diesen Gedanken der Entscheidungspflicht in *Cohens v. Virginia* aus:

> «The judiciary cannot, as the legislature may, avoid a measure because it approaches the confines of the constitution. We cannot pass it by because it is doubtful. With whatever doubts, with whatever difficulties, a case may be attended, we must decide it, if it be brought before us. ... Questions may occur which we would gladly avoid; but we cannot avoid them [77].»

Die Verfassungspraxis hat jedoch aus dem Umstand, dass das Gericht nur «cases» und «controversies» entscheiden darf, nicht gefolgert, dass

[77] 6 Wheat. 264 (1821) auf S. 404.

es alle konkreten Streitfälle, zu deren Beurteilung es an sich zuständig wäre, auch entscheiden müsse. Marshall selber war sich klar bewusst, dass die Wirksamkeit der Verfassungsrechtsprechung davon abhing, nicht zu viele Verfassungsfragen gleichzeitig entscheiden zu wollen, und er verstand es denn auch, Verfassungsfragen unter Umständen aus dem Weg zu gehen, auch wenn sich diese in einem konkreten Prozess stellten.

Wie wir gesehen haben, stehen dem Gericht zahlreiche taktische Mittel zur Verfügung, um einer Sachentscheidung auszuweichen. Die wesentlichsten sind: Nichtgewährung von *certiorari,* Verneinung des Vorliegens eines konkreten Streitfalles oder – was damit zusammenhängt – der Beschwerdelegitimation; Zurückhaltung bei der Beurteilung der Verfassungsmässigkeit von Erlassen der Legislative; Annahme einer *political question.*

Am wenigsten dogmatische Schwierigkeiten bereitet die Nichtgewährung von *certiorari,* die seit einer 1925 erfolgten Gesetzesänderung möglich ist. Denn die Berufungszuständigkeit des Supreme Court besteht gemäss Art. III Sektion 2 Ziff. 2 der Verfassung nach Massgabe der Regelung des Kongresses und der von ihm vorgesehenen Ausnahmen, und die Institution des *certiorari* kann als eine vom Gesetzgeber gestützt auf diese Norm erfolgte Regelung angesehen werden, die es dem höchsten Gericht erlauben will, seine Arbeitskraft auf die Lösung wichtiger Fälle zu konzentrieren[78]. Freilich könnte man einwenden, dass die Festsetzung der Ausnahmen von der Berufungszuständigkeit nicht im Kongressgesetz selber erfolge, dieses vielmehr nur eine Delegation der dem Gesetzgeber zustehenden Kompetenz an den Supreme Court enthalte, der seinerseits von Fall zu Fall nach seinem Ermessen entscheide, ob er *certiorari* gewähren wolle. Auch der Dogmatiker muss indessen davon Kenntnis nehmen, dass eine andere praktikable Lösung in Anbetracht des heutigen Arbeitsanfalles des Supreme Court als undenkbar erscheint. Der Gedanke eines aus viel mehr Mitgliedern bestehenden Supreme Court, der Streitigkeiten kammern- oder abteilungsweise entscheidet, findet im allgemeinen wenig Resonanz, abgesehen davon, dass hiezu wohl eine ausdrückliche verfassungsmässige Ermächtigung erforderlich wäre[79]. Auch dürfte es dem Gesetzgeber kaum möglich sein,

[78] Dazu auch WECHSLER (1) 9.

[79] Vgl. die Diskussion über einen dahingehenden Vorschlag in *Hearings on the Supreme Court* 112–115.

das Element des richterlichen Ermessens bei der Gewährung von *certiorari* zu beschränken, ohne damit die Rolle des Supreme Court in einer für die Verfassungsentwicklung nachteiligen Weise zu beeinträchtigen, da nicht generell-abstrakt bestimmt werden kann, welche künftig auftretenden Fälle derart wichtig sind, dass sie einer Entscheidung durch das höchste Gericht rufen. Dass der Supreme Court das *certiorari*-Verfahren bisweilen dazu verwendet, um nicht nur unwichtige, sondern auch wichtige, aber unangenehme Fälle nicht zu entscheiden[80], muss in Kauf genommen werden.

Verschiedene richterliche Nicht-Entscheide stehen damit im Zusammenhang, dass das Gericht gemäss Art. III Sektion 2 Ziff. 1 der Verfassung nur *aktuelle Streitigkeiten,* «cases» oder «controversies», materiell entscheiden darf. Allerdings sollte aus Erörterungen im dritten und vierten Kapitel hervorgegangen sein, dass etwa der Entscheid darüber, ob jemand *standing* habe, ob der unterbreitete Streit «reif» für eine richterliche Sachentscheidung oder anderseits bereits gegenstandslos geworden sei, ob eine *political question* vorliege etc. in weitem Umfang vom *richterlichen Ermessen* mitbestimmt wird und dass der Supreme Court die für die Zulässigkeit einer Sachentscheidung verwendeten Kriterien lange nicht immer im Sinne präziser Terminologie heranzieht[81]. Auch nimmt das Gericht eher das Vorliegen einer aktuellen Streitigkeit an, wenn ihm bezüglich einer Frage von grosser Tragweite eine gerichtliche Entscheidung dringend erforderlich erscheint[82], während es in andern Fällen mit verfahrensrechtlicher Argumentation einer Sachentscheidung auszuweichen versteht[83]. Eine konsequentere Praxis, die dennoch genügend Raum für Flexibilität lassen würde, wäre auch hier zu wünschen. Steht die Auslegung der Verfassung in Frage, so wird die ohnehin beträchtliche Flexibilität noch erheblich vergrössert durch ver-

[80] Vgl. SCHMIDHAUSER 133.

[81] Vgl. Justice FRANKFURTER in *Poe v. Ullman,* 367 U.S. 497 (1961) auf S. 508/509: «Justiciability is of course not a legal concept with a fixed content or susceptible of scientific verification. Its utilization is the resultant of many subtle pressures, including the appropriateness of the issues for decision by this Court and the actual hardship to the litigants of denying them the relief sought.»

[82] FREUND (1) 16/17.

[83] Dazu auch BRADEN 176/177. In einem neueren Antitrust-Fall, *Cascade Natural Gas Corp. v. El Paso Natural Gas Corp.,* 386 U.S. 129 (1967), entschied das Gericht sogar eine Frage, die offensichtlich nicht streitig war, aber die es entscheiden wollte!

schiedene «Regeln», die das Gericht herausgebildet hat, um Verfassungsfragen zu meiden[84].

Die *praktische Bedeutung* der Möglichkeiten des Gerichts, durch *elastische Interpretation von Sachurteilsvoraussetzungen* zu bestimmen, welche Fälle es materiell entscheiden will, bzw. dort, wo die Verfassungsmässigkeit des Erlasses eines politischen Organs in Frage steht, den richterlichen Entscheid auf nicht verfassungsrechtliche Gründe zu stützen (z.B. durch verfassungskonforme Auslegung) und damit der Verfassungsfrage auszuweichen, kann kaum überschätzt werden. Dem Umstand, dass der Supreme Court immer wieder Enthaltsamkeit übt, seine *passiven Tugenden* (Bickel)[85] zum Zuge kommen lässt, ist es zu verdanken, dass er in andern Fällen mit um so mehr Überzeugungskraft und Wirksamkeit Verfassungsfragen entscheiden kann[86]. So ist es dem Gericht mittels des *certiorari*-Verfahrens in Verbindung mit der *ripeness*-Doktrin und den zur Meidung von Verfassungsfragen herausgebildeten Regeln möglich, eine Verfassungsfrage erst in einem Zeitpunkt zu entscheiden, in dem sich die auf dem Spiel stehenden Interessen klar herauskristallisiert haben und den politischen Organen Gelegenheit zur Bereinigung eines möglicherweise verfassungswidrigen Zustandes gegeben wurde[87]. Die Möglichkeit einer richtigen richterlichen Interessen-

[84] Hiezu schrieb BORCHARD (allerdings zur Zeit der aktivistischen Rechtsprechung der dreissiger Jahre): «Several of these rules are honored in the breach when the court wishes to express an opinion on constitutionality, but they are helpful in justifying a refusal to pass on constitutionality, when that is the policy desired»; BORCHARD Note 13 auf S.5.

[85] Vom Standpunkt des Rechtsuchenden aus gesehen handelt es sich manchmal eher um passive Laster. So weist DAVIS (4) 158 f. und 229/230 hin auf die Hartnäckigkeit, mit welcher Regierungsanwälte in Prozessen gegen den Staat durch Geltendmachung fehlender Beschwerdelegitimation, mangelnder *ripeness* und dergleichen gerichtliche Sachentscheidungen – oft mit Erfolg – auch dort zu verhindern trachten, wo ein materieller Entscheid am Platze wäre.

[86] Vgl. ROCHE 772: «...judicial self-restraint and judicial power seem to be opposite sides of the same coin: it has been by judicious application of the former that the latter has been maintained». Vgl. auch BROWN 3/4; MCWHINNEY (2) 794; MURPHY 263.

[87] So können verfassungskonforme Auslegungen bisweilen als Einladungen an den Gesetzgeber angesehen werden, einen Missstand zu beheben. Wenn der Supreme Court z.B. im Fall der Delegation sehr weit gehender Rechtssetzungskompetenzen an die Exekutive die Frage der Verfassungsmässigkeit der Delegationsnorm offenlässt, diese jedoch restriktiv interpretiert, wird damit dem Gesetzgeber Gelegenheit gegeben, die zu delegierenden Kompetenzen zu präzisieren.

abwägung wird damit erhöht, gleichzeitig aber die Gefahr politischer Auseinandersetzungen verringert. Es ist besser, wenn die politischen Organe selber zum Rechten sehen und sie das Gericht nicht hiezu zwingen muss.

Vor allem BICKEL hat in seinen Schriften mehrmals nachdrücklich auf einen wichtigen Aspekt der «passiven Tugenden» des Gerichts hingewiesen: Einem die Verfassungsmässigkeit eines Aktes bejahenden Gerichtsentscheid kommt eine erhebliche *Legitimationswirkung* zu. Weicht jedoch das Gericht der Verfassungfrage aus, so bleibt die Legitimität des Aktes gleichsam in der Schwebe. Sehr wichtig erscheint diese Folge in den *political question*-Fällen, da das Gericht durch einen Nicht-Entscheid die endgültige Verantwortung politischer Organe unterstreicht[88]. Aber auch in andern Fällen kann es für die Verfassungsentwicklung von Bedeutung sein, wenn das Gericht die materielle Entscheidung einer Verfassungsfrage für einen späteren Prozess aufschiebt, sei es, weil Hoffnung besteht, dass das Problem ohne gerichtliche Intervention in absehbarer Zeit einer befriedigenden Lösung zugeführt wird, sei es, dass ein positiver Gerichtsentscheid wegen der damit verbundenen Legitimationswirkung nachteilige Auswirkungen haben könnte[89].

[88] Dazu vorn S. 188 f. Freilich lässt sich nicht vermeiden, dass der Laie auch einen solchen Nicht-Entscheid als Legitimierung des kritisierten Aktes auffassen kann; COX (2) 119; ähnlich GUNTHER 7 und SINGER 232.

[89] Als Beispiel für letzteres führt BICKEL (1) 51–58 und (2) 133–143 den Entscheid *Times Film Corp. v. City of Chicago,* 365 U.S. 43 (1961) an: Ein Gesetz von Chicago sah Vorzensur von Filmen vor. Die Times Film Corp. bewarb sich um eine Vorführungsbewilligung, weigerte sich aber, den in Frage stehenden Film der Zensurbehörde vorzuweisen. Der Grund für dieses Verhalten bestand darin, dass sie die Frage der Zulässigkeit von Vorzensuren vor den Supreme Court bringen wollte und im Fall der Präsentation des Films angesichts der largen höchstrichterlichen Praxis in derartigen Fällen riskieren musste, dass das Gericht lediglich auf Unzulässigkeit der Zensurierung des betreffenden Films erkennen würde, ohne über die Verfassungsmässigkeit einer Vorzensur als solcher zu entscheiden. In den Akten fanden sich keine Anhaltspunkte betreffend die Natur des Filmes. Der Supreme Court fällte einen Sachentscheid, worin er ein absolutes Recht verneinte, Filme ohne Vorzensur vorzuführen. Ein anderer materieller Entscheid wäre kaum zu rechtfertigen gewesen, doch weist BICKEL hin auf die gefährliche Tendenz dieses Entscheides, Vorzensuren von Meinungsäusserungen zu ermutigen. Es wäre hier besser gewesen, wenn das Gericht gar nicht *certiorari* gewährt oder mangels *ripeness* nicht auf die Sache eingetreten wäre; a.M. GUNTHER 13–16.

Gerade wenn das Gericht ein der Verfassung entnommenes Prinzip erstmals verkünden will, sollte es einen hiezu besonders geeigneten Fall auswählen. Der *Brown-Entscheid*[90] erging in einem günstigen Zeitpunkt, in welchem der Weg für die Verkündung der Unzulässigkeit der Segregation in öffentlichen Schulen durch die bisherige Gerichtspraxis und durch einen Meinungsumschwung verschiedener verantwortungsbewusster Bürger (die nicht zuletzt durch die Konfrontation mit dem Nationalsozialismus im Zweiten Weltkrieg die Ungerechtigkeit rassischer Diskriminierung erkannt hatten) geebnet worden war, anderseits Abhilfe durch die sich passiv verhaltenden politischen Organe nicht erwartet werden konnte. In *Engel v. Vitale*[91] wählte das Gericht demgegenüber seinen ersten Fall, in dem es Schulgebete als verfassungswidrig erklärte, wenig sorgfältig aus[92]. Denn das für die Rezitation in einer öffentlichen Schule als unzulässig erklärte Gebet stellte angesichts der Neutralität seines Wortlauts keinen klaren Fall einer Verletzung der *establishment clause* dar.

Geht es darum zu bestimmen, ob überhaupt materiell entschieden werden soll, so würde ein Vorgehen des Supreme Court nach einem streng logischen, rationalen Prinzip im Sinne Wechslerscher Neutralität die Flexibilität der Kriterien für eine Sachentscheidung – deren Notwendigkeit mit den vorstehenden Beispielen angedeutet wurde – beseitigen und damit die Wirksamkeit der höchstrichterlichen Verfassungsrechtsprechung aufs Spiel setzen. Das Gericht muss vielmehr der «tension between principle and expediency»[93] Rechnung tragen[94]. Gericht und Gesellschaft stehen miteinander in einem ständigen Kolloquium, wie BICKEL nachdrücklich aufgezeigt hat:

[90] Zit. vorn Fussnote 157 zu Kapitel 1.

[91] Zit. vorn Fussnote 132 zu Kapitel 1.

[92] Gl. M. BICKEL (3) 206.

[93] BICKEL (1) 50, 68; (2) 69.

[94] Für BICKEL, der WECHSLERS These von den «neutral principles» als Maxime zur materiellen Entscheidung in verfeinerter Form übernimmt, sind die Mittel zur Vermeidung einer Sachentscheidung gerade notwendig, um der «tension between principle and expediency» Rechnung zu tragen, um zu erreichen, dass nur dann Sachentscheide ergehen, wenn eine «principled decision» möglich ist. GUNTHER wirft daher Bickel «100% insistence on principle, 20% of the time» vor; GUNTHER 3. Obwohl Gunthers scharfsinnige Kritik Bickels Konzept m.E. nicht zu widerlegen vermag, beanstandet Gunther mit einem gewissen Recht, dass Bickel die «passiven Tugenden» überbewerte und die Möglichkeiten zur Vermeidung richterlicher Sachentscheidungen strapaziere.

«... the Court does not work in isolation to divine the answer that is right. It has the means to elicit partial answers and reactions from the other institutions, and to try tentative answers itself».

Wenn das Gericht schliesslich entscheide, so führte Bickel weiter aus, dass einem Urteil nicht mehr ausgewichen werden dürfe, stelle die erteilte Antwort eher eine Lösung dar, «to which widespread acceptance may fairly be attributed», weil

«in the course of a continuing colloquy with the political institutions and with society at large, the Court has shaped and reduced the question»[95].

Sofern die Weigerung des Gerichts, einen Sachentscheid zu fällen, nicht logisch aus dem verfassungsmässigen *case or controversy*-Erfordernis folgt, weil etwa der Richter trotz Vorliegens eines solchen konkreten Streitfalles das *standing* oder die *ripeness* verneint, bereitet die dogmatische Rechtfertigung der richterlichen Nicht-Entscheidung in Anbetracht der Begründung des Prüfungsrechts durch Chief Justice MARSHALL gewisse Schwierigkeiten. Denn wenn die Gerichte alle Rechtsstreite, für die sie zuständig sind, entscheiden müssen, gibt es dort, wo ein *case* bzw. eine *controversy* gegeben ist, kein Ausweichen vor der richterlichen Entscheidung. Immerhin kommen derartige Nicht-Entscheidungen, die aus *verfahrensrechtlichen* Gründen erfolgen, nicht auf eine absolute Weigerung des Gerichts, sondern nur auf eine *temporäre Hinausschiebung des Entscheides* hinaus, deren Zweck oft mit einem Aspekt des *case or controversy*-Erfordernisses im Einklang steht: die Streitfrage erst zu entscheiden, wenn die Konfliktssituation zwischen den Prozessparteien derart kontradiktorisch ist, dass die Voraussetzungen für eine sachgerechte, auf umfassender Information beruhende Rechtsfindung optimal gegeben sind.

Bei näherer Betrachtung der Praxis des Obersten Bundesgerichts muss man allerdings erkennen, dass verfahrensrechtliche Nicht-Entscheide in aktuellen Streitfällen nicht immer diesem Zweck dienen. Wie vorstehend darzutun versucht wurde, erweist sich zwar gerade bei der Bestimmung, ob ein Sachurteil ergehen solle, eine gewisse Flexibilität der Praxis als der Verfassungsentwicklung förderlich, was aber für sich allein die dogmatische Problematik von Nicht-Entscheidungen in aktu-

[95] BICKEL (2) 240.

ellen, der Zuständigkeit des Gerichts unterliegenden Fällen nicht zu beseitigen vermag. Wir stehen m. E. wiederum vor der am Anfang dieses Kapitels erwähnten Erscheinung, dass der pragmatisch denkende Amerikaner nicht alle seine Institutionen logisch zu ihrem Ende führt, einen logischen Konflikt zwischen einander widerstrebenden Prinzipien – hier dem Grundsatz, dass die Gerichte alle in ihre Zuständigkeit fallenden konkreten Streitigkeiten zu entscheiden haben, einerseits, anderseits dem demokratischen Gedanken, dass der Richter nicht ohne Not in den politischen Prozess eingreifen soll – vielmehr in Kauf nimmt. Die Selbstbeschränkung des Richters, der trotz Vorliegens eines *case* der Entscheidung einer Verfassungsfrage ausweicht, sei es durch Nichteintreten aus verfahrensrechtlichen Gründen, sei es durch verfassungskonforme Auslegung oder dergleichen, kann oft damit erklärt werden, dass das Gericht Gelegenheit zur Lösung des Problems durch den politischen Prozess einräumen will, was nicht ausschliesst, dass es in einem späteren Zeitpunkt interveniert[96]. Bedenken sollten wir ferner, dass ein wesentlicher Unterschied zwischen der Funktion des Supreme Court in Verfassungsstreitigkeiten und der Aufgabe ordentlicher Gerichte besteht. Die Hauptfunktion der letzteren liegt in der Streitentscheidung zwecks Wahrung des Rechtsfriedens und Aufrechterhaltung der Rechtsordnung; die Verweigerung einer materiellen Entscheidung führt hier zur verhängnisvollen – durch Art. 4 des französischen Code Civil ausdrücklich verurteilten – Situation des «déni de justice». Eine andere Rolle kommt dem Supreme Court bei Entscheidung von Verfassungsfragen zu, was BICKEL sehr treffend formuliert hat:

> «The Supreme Court in constitutional cases sits to render an additional, principled judgment on what has already been authoritatively ordered. Its interventions are by hypothesis exceptional and limited, and they occur, not to forstall chaos, but to revise a pre-existing order that is otherwise viable and was itself arrived at by more normal processes. Fixation on an individual right to judgment by the Supreme Court is, therefore, largely question-begging[97].»

Die im vorangehenden Kapitel erwähnten besonderen Methoden, welche die Gerichtspraxis entwickelt hat, um ihren Wirkungsbereich

[96] Die verfassungskonforme Auslegung ist dabei relativ unproblematisch, da hier nur die Verfassungsfrage gemieden wird, ein den Prozess erledigender, selbständiger Sachentscheid des Gerichts jedoch ergeht.

[97] BICKEL (2) 173.

bei der Überprüfung von Akten der Exekutive zu beschränken, entspringen dem Bedürfnis nach einer *zweckmässigen Aufgabenteilung zwischen Exekutive und Justiz* und können als Ausfluss eines – allerdings pragmatisch verstandenen – Gewaltentrennungskonzepts angesehen werden. Die Doktrin der *primary jurisdiction,* das Erfordernis der Erschöpfung verwaltungsinterner Rechtsbehelfe, die beschränkte Überprüfbarkeit von Tatfragen sowie die Zurückhaltung der Gerichte bei der Beurteilung von Ermessensfragen bewirken, dass sich in erster Linie die Verwaltung mit denjenigen Problemen befasst, zu deren Lösung sie auf Grund ihrer Fachkenntnisse am besten in der Lage ist, während die Gerichte nach Möglichkeit unnötige, kostspielige und zeitraubende Doppelspurigkeiten vermeiden, indem sie erst intervenieren, nachdem die Verwaltung das Ihrige zur Lösung der Frage beigetragen hat, und nur insoweit, als dabei eine Überschreitung rechtlicher Grenzen erfolgte, zu deren Feststellung das Gericht seinerseits besonders gut in der Lage ist. *Primary jurisdiction* und *exhaustion*-Doktrin führen zudem – wie die Verneinung der *ripeness* – nur zu einer zeitlichen Hinausschiebung des gerichtlichen Entscheids. Eine unbeschränkte Ermessensüberprüfung käme nach Auffassung der Gerichte auf Ausübung administrativer Tätigkeit und damit auf eine Verletzung des *case or controversy*-Erfordernisses heraus. Vor allem lehnt der Richter bei Anwendung des *substantial evidence test* und des *rational basis test* seine Verantwortung nicht ab, sondern es erfolgt lediglich eine sachgerechte Beschränkung der gerichtlichen Nachprüfung.

Am schärfsten werden wir in den *political question*-Fällen mit der dogmatischen Problematik richterlicher Nicht-Entscheidungen konfrontiert, weil hier das Gericht einen materiellen Entscheid der als «politisch» qualifizierten Frage nicht nur aufschiebt, sondern überhaupt ablehnt[98]. Der besonderen dogmatischen Problematik der *political question*-Doktrin wollen wir uns im folgenden Abschnitt zuwenden.

[98] Vgl. SHAPIRO (1) 190: «Invocation of the ‚political question' doctrine ... is an attempt to erect judicial caution into an abstract dogma». Vgl. ferner SCHARPF (2) 535–538. Auch die Verneinung des *standing* kann im praktischen Ergebnis darauf hinauslaufen, dass für die Zukunft – unter Vorbehalt einer Praxisänderung – die Geltendmachung einer Verfassungsfrage ausgeschlossen wird (z.B. wenn die Beschwerdelegitimation eines Steuerzahlers zur Anfechtung einer Bundesausgabe verneint wird und sich niemand denken lässt, der eine qualitativ grössere Beschwer dartun könnte); falls der Nicht-Entscheid keine Konsequenz des *case or*

IV. POLITICAL QUESTIONS IM BESONDEREN

Die Konturen der *political question*-Doktrin sind unscharf. Schon der Ausdruck *political question* erweckt den unzutreffenden Eindruck, dass die Gerichtspraxis streng zwischen «juristischen» und «politischen» Fragen unterscheide. Wir haben jedoch gesehen, dass nicht nur viele der vom Supreme Court materiell entschiedenen Fälle von eminenter politischer Tragweite sind, sondern dass sich überhaupt die Grenzlinie zwischen der Funktion des Obersten Bundesgerichts und derjenigen politischer Organe bei der Konkretisierung der Verfassung in der amerikanischen Rechtswirklichkeit zuwenig klar ziehen lässt, als dass man die Abgrenzung auf eine einfache Formel reduzieren könnte. Mit *political question* meint das Gericht, dass die betreffende Frage nicht-justiziabel sei. Aber schon der Anwendungsbereich der *political question*-Doktrin ist schwer zu skizzieren, um so mehr, als sich einerseits die Auffassungen des Gerichts über die Grenzen seiner Verantwortung ändern[99], anderseits in gewissen Fällen kaum erkennbar ist, was als Meinung des «Gerichts» gelten soll[100]. Wir können McCloskey zustimmen, der findet, die Umrisse der Doktrin seien «desperately hard to ascertain with confidence»[101].

Noch schwieriger als eine Beschreibung des Anwendungsbereichs der Doktrin, die vorn[102] im Sinne einer deskriptiven Darstellung verschiedener Fallkategorien versucht wurde, fällt die Beantwortung der in diesem Abschnitt zu stellenden Frage, *mit welcher Begründung* das Ge-

controversy-Erfordernisses darstellt, sondern auf richterlichem Ermessen beruht, ergibt sich hier ein ähnliches Dilemma wie in den *political question*-Fällen.

99 Die zeitbedingte Einschränkung und Ausweitung der Doktrin wird von Roche in sarkastischer Weise übertrieben: «The extent to which this doctrine is applied seems to be a direct coefficient of judicial egotism, for the definition of a political question can be expanded or contracted in accordion-like fashion to meet the exigencies of the times»; Roche 767/768. Vgl. auch Jaffe (1) 35/36 und Tunc/Tunc II Note 12 auf S. 270.

100 Beispiel: *Colegrove v. Green,* vorn S. 256 f., wo in der offiziellen Urteilsbegründung eine *political question* angenommen wurde, obwohl nur eine Minderheit des Gerichts diese Auffassung teilte.

101 McCloskey (2) 61. Vgl. auch Black (4) 17; Forkosch 60; Frank (1) 36; Shapiro (1) 215; Ch. A. Wright 40. Es handelt sich – wie McKean auf S. 10 feststellt – eher um ein Produkt praktischer Erfahrung als um das Resultat wissenschaftlicher Analyse.

102 Kapitel 3 Abschnitt IV 3.

richt etwas als *political question* qualifiziere. Zu oft stellt die Anrufung dieser Doktrin eine magische Formel dar[103], mittels der das Gericht ohne sachliche Begründung einer Entscheidung ausweicht. Ferner bereitet auch hier die Vielfalt der in einzelnen wichtigen Fällen abgegebenen Voten Schwierigkeiten[104], ganz abgesehen davon, dass Urteilsbegründungen nicht immer ein getreues Spiegelbild der wirklichen Motive der Richter darstellen[105]. Mangels einer zuverlässigeren Methode müssen wir uns in erster Linie an die in den *opinions of the Court* angeführten Gründe halten, unter gebührender Berücksichtigung abweichender Voten und erkennbarer wirklicher Motivierungen. Dabei sollen die in der Lehre entwickelten Theorien mit der Rechtsprechung konfrontiert werden[106].

1. Eine Begründung, die der dogmatischen Problematik der *political question* Rechnung zu tragen versucht, besteht darin, dass das Gericht seine Nicht-Entscheidung damit rechtfertigt, *gemäss Verfassung liege die Zuständigkeit auf einem Gebiet bei einem andern Organ*[107]. Dieser Gedanke ist auch massgebend, wenn das Gericht die Nicht-Justiziabilität aus dem *Gewaltentrennungskonzept der Verfassung* ableitet[108]. Hier erscheint die *political question* lediglich als Aspekt der Zuständigkeit: Da das Gericht

[103] So Schwartz (1) 148. Ähnlich Post 11, der das Wort «political question» mit der Zauberformel «Sesam, öffne dich!» vergleicht. Vgl. auch *Note* (2) Fussnote 28 auf S. 663: «Frequent attempts to advance a detailed, comprehensive rationale of the political-question cases have proved uniformly unsuccessful.» Loeb 390 spricht in diesem Zusammenhang von einer «meaningless and deceptive formulation» und Riley 157 von einer «confusion surrounding the doctrine and its labyrinthian ways.»

[104] Shapiro spricht im Zusammenhang mit der Begründung der *political question*-Doktrin von einer «armory of arguments»; Shapiro (1) 182. Vgl. auch Carr 199/200; Jaffe (1) 19.

[105] Dazu Miller/Howell 225: «...it is highly unlikely that any method of judicial opinion-writing can plainly and fully enunciate ‚the *real* bases of decision'. Surely enough psychological testimony is available to establish the fact that the ‚*real* bases of decision' ... are more unconscious than known to the decision-maker.»

[106] Hiezu ausführlicher Scharpf (1) 9–11 und 389–417 sowie (2) 517–519 und 538–597.

[107] Beispiele: *Luther v. Borden,* vorn S. 183 f.; *Oetjen v. Central Leather Co.,* 246 U. S. 297 (1918) auf S. 302; *Colegrove v. Green,* vorn S. 256 f. In *Baker v. Carr,* vorn S. 258 f., wird in diesem Zusammenhang von einem «textually demonstrable constitutional commitment of the issue to a coordinate political department» gesprochen.

[108] Vgl. *Powell v. McCormack,* 395 U. S. 486 (1969) auf S. 517: «...we must determine whether the structure of the Federal Government renders the issue presented a ‚political question' – that is, a question which is not justiciable in federal court because of the separation of powers provided by the Constitution.»

zur Entscheidung einer bestimmten Frage nicht zuständig ist, weicht es durch Verneinung der Justiziabilität keiner Entscheidungspflicht aus. In der Rechtslehre wurde diese Rechtfertigung vor allem durch WESTON und WECHSLER versucht, wobei sich Wechsler dessen bewusst gewesen sein dürfte, dass sich seine wohl eher als Postulat zu verstehende Theorie nicht leicht mit der bestehenden Praxis in Einklang bringen liess[109].

Dass die Verfassung eine Materie einem politischen Organ zuweist, kann für sich allein nicht als Ausschluss des richterlichen Prüfungsrechts gewertet werden. Denn dieses dient ja gerade der Feststellung, ob sich die verschiedenen Organe bei Ausübung ihrer verfassungsmässigen Kompetenzen an die Verfassung gehalten oder etwa durch die Verfassung geschützte Grundrechte verletzt haben. Ein Ausschluss richterlicher Kognition kann nur angenommen werden, wenn eine Interpretation der Verfassung schlüssige Anhaltspunkte dafür liefert, dass gerade ein *richterliches* Tätigwerden auf einem bestimmten Gebiet, die richterliche Entscheidung über die Verfassungskonformität eines Verhaltens, ausgeschlossen werden sollte[110]. Das trifft zu im Fall des *impeachment*, weil hier eine richterliche Funktion, die Strafverhängung, in unmissverständlicher Weise auf den Senat übertragen wird[111]. Auch durch Art. I Sektion 5 Ziff. 1 und 2 der Verfassung[112] wird die Zuständigkeit des Richters eingeschränkt: So ist der Kongress abschliessend zuständig zur Beurteilung, ob seine Mitglieder die in der Verfassung ausdrücklich erwähnten Wählbarkeitsvoraussetzungen erfüllen, wobei der Supreme Court seit *Powell v. McCormack*[113] eingreift, wenn eine Kammer zusätzliche Wählbarkeitsvoraussetzungen aufstellt und in einem konkreten

[109] WESTON 299 f.; WECHSLER (1) 7–9; gl. M. BLACK (4) 18; VACHON (der allerdings so gut wie ausschliesslich Wahlkreis-Fälle untersucht).

[110] Vgl. FINKELSTEIN (2) 226; SCHARPF (2) 539/540.

[111] Der erste Satz von Art. I Sektion 3 Ziff. 6 der Verfassung lautet: «The Senate shall have the sole power to try all impeachments.» Immerhin schliesst diese Bestimmung m. E. nicht aus, dass der Supreme Court ein ohne gültige Anklageerhebung durch das Repräsentantenhaus zustandegekommenes *impeachment* oder die Verhängung einer nicht in der Verfassung vorgesehenen Sanktion als verfassungswidrig erklären darf. Auf die Formulierung «sole power» wird Gewicht gelegt in *Comment* (2) 164, doch scheint es mir spitzfindig, daraus den Umkehrschluss zu ziehen, dass im Falle der Exklusion eines Abgeordneten die richterliche Interventionsmöglichkeit eher zu bejahen sei, da diesbezüglich die Legislative nicht als «sole judge» bezeichnet werde.

[112] Wiedergegeben vorn S. 281.

[113] 395 U. S. 486 (1969).

Fall als nicht gegeben betrachtet; auch die Bestrafung und die Expulsion eines Abgeordneten[113a]) wegen «disorderly behavior» fällt in die ausschliessliche Kompetenz des Kongresses.

Im übrigen dürfte sich jedoch kaum aus irgendeiner Verfassungsnorm in schlüssiger Weise ein Ausschluss richterlicher Kognition ableiten lassen. WESTON geht davon aus, die Verfassung weise die Führung auswärtiger Angelegenheiten – exklusive die Interpretation völkerrechtlicher Verträge – in die ausschliessliche Kompetenz der politischen Organe; dasselbe gelte für die *war power*[114]. Damit lässt sich jedoch die Gerichtspraxis nicht in Einklang bringen, sind doch zahlreiche Sachentscheide zu Fragen der auswärtigen Beziehungen und der *war power* ergangen, auch wenn der wichtigste Anwendungsbereich der *political question* auf diesen Gebieten liegt[115]. Dort, wo das Gericht eine *political question* annahm, argumentierte es zwar oft damit, die Verfassung weise die betreffende Materie in die abschliessende Zuständigkeit der politischen Organe, wobei es aber jeweils bei dieser Behauptung sein Bewenden hatte, ohne dass eine nähere Substantiierung erfolgte. Allerdings räumt Weston ein, dass die Festlegung der Grenzlinie zwischen justiziablen und politischen Fragen eine subtile Verfassungsauslegung erfordere, wobei die Auffassungen der mitwirkenden Richter divergieren könnten. Bei Betrachtung des praktischen Ergebnisses ist er mit seiner Theorie nicht so weit entfernt von der scheinbar diametral entgegengesetzten opportunistischen These, dass der Richter nach seinem Ermessen über das Vorhandensein einer *political question* entscheide; denn Erwägungen pragmatischer Natur liest Weston einfach in den Verfassungstext hinein[116]. Damit wird die dogmatische Problematik nur verdeckt, nicht beseitigt[117]. Auch kann Westons Theorie nicht erklären, weshalb das Gericht in bezug auf Handlungen, die sich auf dieselbe Kompetenznorm

113a Dazu HOLTER 363–366.

114 WESTON 318–320.

115 Vgl. SCHARPF (2) 541–547.

116 Vgl. a.a.O. 327/328; ferner 332: «In none of these cases have the arguments needed *to stray very far from the Constitution* itself» (Hervorhebung durch den Verfasser).

117 Vgl. JAFFE, der mit Bezug auf Westons These die rhetorische Frage stellt: «...does it, at least in the difficult cases, do any more than provide the formal dressing up of a decision which must be reached by other methods?»; JAFFE (1) 14. BICKEL spricht in diesem Zusammenhang von einem «play on words»; BICKEL (2) 125.

stützen, manchmal die Justiziabilität bejaht und manchmal eine *political question* annimmt. Immerhin wird durch seine These der wichtige Gedanke unterstrichen, dass sich der Richter bei der Entscheidung über die Justiziabilität in erster Linie von den der Verfassung zugrunde liegenden Vorstellungen über die Kompetenzverteilung, nicht von seinem subjektiven Empfinden, leiten lassen soll.

Im Bereich der Innenpolitik mag sich die vorstehend erläuterte Theorie seit *Baker v. Carr*[118] sogar mit der Rechtsprechung einigermassen in Einklang bringen lassen; sobald wir jedoch die *political question*-Fälle aus den Gebieten der auswärtigen Beziehungen und des Militärwesens in die Betrachtung einbeziehen, erweist sie sich als eine unbefriedigende Konstruktion.

2. In der Doktrin wird immer wieder die Ansicht vertreten, dass der Richter nach *freiem Ermessen* darüber entscheide, ob eine *political question* vorliege. So schrieb FINKELSTEIN, der Ausdruck *political question* beziehe sich auf diejenigen Angelegenheiten

> «of which the court, at a given time, will be of the opinion that it is impolitic or inexpedient to take jurisdiction ... always there will be a weighing of considerations in the scale of political wisdom ... it is the fear of consequences or the lack of adequate data that has impelled the courts to refrain from entering upon the discussion of the merits of prickly issues»[119].

Auch Judge LEARNED HAND betrachtete die Annahme einer *political question* als Ermessenssache, wobei er sich ebensowenig auf Finkelstein berief wie Wechsler auf Weston[120]. Da Hand das Prüfungsrecht anders als Marshall begründete[121], entfiel für ihn die dogmatische Problematik der richterlichen Nicht-Entscheidung. PAYOT fand ebenfalls, dass «des raisons purement pratiques», «des raisons opportunistes» den Richter zur Annahme einer *political question* veranlassen würden[122]. POST gelangte in seiner Doktorarbeit über *political questions* zum Ergebnis, dass praktische Gründe, Zweckmässigkeitserwägungen, für die Annahme einer solchen nicht-justiziablen Frage massgebend seien[123], und FRANK

[118] 369 U.S. 186 (1962).

[119] FINKELSTEIN (1) 344/345 und 363.

[120] HAND 18.

[121] Vgl. vorn S.327 f.

[122] PAYOT 82, 91, 116, 123 und 128.

[123] POST 70, 94, 107/108, 111/112, 119, 121, 125/126, 130. Gl.M. offenbar SCHÄFER, der zwar auf S.65 f. einige *political question*-Fälle mit dem Fehlen von

sprach von «practical grounds for the doctrine»[124]. In der Literatur ist gerade im Zusammenhang mit *political questions* immer wieder von *judicial self-restraint, self-imposed limitations* und dergleichen die Rede, womit impliziert wird, dass sich der Richter hier eine über die Auslegung verfassungsmässiger Kompetenznormen hinausgehende Selbstbeschränkung auferlegt[125].

Dass bei der Anwendung der *political question*-Doktrin das richterliche Ermessen eine wesentliche Rolle spielt, kann nicht in Abrede gestellt werden. Indessen vermag eine rein opportunistische Begründung die Praxis nicht zu erklären. Hätte das Gericht in solchen Fällen lediglich einer «prickly issue» ausweichen wollen, so wäre das in verschiedenen Prozessen in viel einfacherer Weise möglich gewesen: z.B. durch Nichtgewährung oder Widerruf von *certiorari*[126], durch Anrufung verfahrensrechtlicher Gründe oder durch Meiden der Verfassungsfrage. Ferner hat das Gericht einerseits zahlreiche Entscheide von eminenter politischer Tragweite gefällt – man denke nur an den Brown-Fall und die Wahlkreis-Entscheidungen –, um in andern, politisch weniger «heissen» Fällen die *political question*-Doktrin anzurufen. Shapiro schreibt in diesem Zusammenhang:

> «The Court labels ‚political' a decision on who owns the Falkland Islands for purpose of settling a marine insurance claim or on whether or not Nebraska has ratified the Child Labor Amendment, but it does decide cases like Dred Scott, the income tax case, the school segregation cases, and Dennis v. United States ... it is impossible to predict whether questions are or are not going to be labeled ‚political' by comparing their fever charts[127].»

3. Eine Art Synthese zwischen den vorstehend unter Ziff. 1 und 2 erörterten Thesen will Boylan herbeiführen, indem er unterscheidet zwischen *mandatory political questions,* deren Entscheidung die Verfassung ei-

Beurteilungsmassstäben erklärt, in der Folge jedoch betont, dass in vielen andern Fällen Beurteilungsmassstäbe nicht fehlten (z.B. auf S. 78, 84 und 113), und weitere, pragmatische Gründe anführt, wie z.B. Erwägungen der Rechtssicherheit (79, 84, 198, 201) sowie das Bestreben, die politischen Organe bei Ausübung der *foreign relations power* nicht zu behindern (108, 113, 197 f.).

[124] Frank (1) 38. Ähnlich Swisher (1) 268.

[125] Vgl. Forkosch 59; North 14; ferner Tollett 443; «... the fig leaf of judicial restraint discloses what it attempts to hide; that is, judicial restraint is more a function of political considerations than legal considerations.»

[126] Vgl. Scharpf (1) Noten 352 und 353 auf S. 387/388.

[127] Shapiro (1) 184.

nem andern Organ zuweise, und *discretionary political questions,* bei denen in erster Linie das richterliche Ermessen für die Verneinung der Justiziabilität massgebend sei[128]. Nun stellen aber eine ganze Reihe von *political question*-Fällen, die sich nicht mit der opportunistischen These erklären lassen, anderseits auch wieder keine *mandatory political questions* im Sinne Boylans dar.

4. Der Supreme Court hat wiederholt eine *political question* angenommen, wenn seines Erachtens der Rechtsordnung *keine Beurteilungsmassstäbe* entnommen werden konnten, um eine in einem Prozess sich stellende Frage mit den Mitteln juristischer Hermeneutik zu lösen. So führte Justice BRENNAN in *Baker v. Carr* den Mangel an «judicially discoverable and manageable standards» zur Lösung einer Streitfrage als einen der Gründe zur Annahme einer *political question* an[129]. Die Überlegung, dass der Richter nichts zu bestellen habe, wenn politische und nicht rechtliche Erwägungen massgebend seien, findet sich bereits in Justice IREDELLS Votum in *Ware v. Hylton*[130]. FIELD drückte diesen Gedanken wie folgt aus:

> «... it seems settled and clear that the court must have some rule to follow before it can operate. Where no rules exist the court is powerless to act. From this it follows that the courts cannot enter into questions of statecraft and policy[131].»

Auch gegen diese Theorie lässt sich manches einwenden: Das Problem mangelnder normativer Anweisungen ist nicht nur *political question*-Fällen eigen. Wir haben wiederholt gesehen, wie der amerikanische Richter bei Auslegung unbestimmter Rechtsbegriffe wie «due process» und «equal protection» zeitgemässe Wertvorstellungen in den Verfassungstext hineininterpretiert.

Dieser rechtsschöpferischen Komponente der richterlichen Rechtsfindung trägt FIELD nicht Rechnung. Justice FRANKFURTER wies darauf hin, kein Richter könne sich von der Unruhe befreien,

> «that the line is often very thin between the cases in which the Court felt compelled to abstain from adjudication because of their ‚political' nature, and the cases that so frequently arise in applying the concepts of ‚liberty' and ‚equality'»[132].

[128] BOYLAN 324 f. Vgl. auch die Differenzierung zwischen *classical political questions* und *quasi political questions* in *Comment* (3) 190 f.

[129] 369 U.S. 186 (1962) auf S. 217.

[130] Vorn S. 182/183.

[131] FIELD 511. Immerhin räumte Field ein, dass der Supreme Court manchmal durch Bezeichnung einer Frage als «political» seiner Verantwortung ausweiche.

[132] FRANKFURTER (2) 228.

Sogar wenn sich – was Frankfurter offenbar voraussetzt – eine derartige Grenzlinie zwischen justiziablen und nicht-justiziablen Fällen ziehen liesse, bezüglich der die Intensität der Normierung das Abgrenzungskriterium bilden würde, so stellt die Ablehnung einer Sachentscheidung nicht notwendigerweise eine Konsequenz dar, die sich dem Richter beim Fehlen einer normativen Wegleitung aufdrängen muss. Die neuere Praxis zur *commerce clause* und zum *economic due process* zeigt uns, wie der Supreme Court auf einem Gebiet, auf welchem er die bessere Qualifikation politischer Organe zum Treffen von verfassungsmässig kaum geregelten Entscheidungen anerkennt, dennoch diese Entscheidungen im Falle ihrer Infragestellung durch eigene Sachentscheidungen zu legitimieren pflegt. Vor allem aber belehrt uns eine Betrachtung zahlreicher *political question*-Fälle darüber, dass gerade auch keineswegs normfreie Sachverhalte vom Gericht als nicht-justiziabel qualifiziert werden, z.B. die Frage der Immunität eines ausländischen Schiffes; die völkerrechtliche Zulässigkeit einer Konfiskation; die formelle Verfassungsmässigkeit eines Gesetzes[133].

5. Eine Art Kombination der unter der vorstehenden Ziff. 4 behandelten These und der unter Ziff. 2 erörterten opportunistischen Theorie stellt JAFFES Ansicht dar. In vielen solchen Fällen, so meint Jaffe, fehle es an «strongly guiding rules», und man könne annehmen,

> «that the job is better done without rules, or that even though there are applicable rules, these rules should be only among the numerous relevant considerations»[134].

Die Flexibilität dieser These wird dadurch noch vergrössert, dass Jaffe davon ausgeht, der Richter solle nicht intervenieren, wenn die Wirksamkeit eines solchen Eingreifens zweifelhaft sei, wobei sich jedoch ein grösseres Risiko rechtfertigen könne, wenn die in Frage stehenden Interessen genügend schützenswert erschienen[135].

Auch bei Jaffe bleibt jedoch die Frage offen, warum das Gericht in *political question*-Fällen – anders als bei der Auslegung wirtschaftlicher Kompetenznormen – die Entscheide der politischen Organe nicht legitimiere, wenn es findet, dass in bezug auf einen bestimmten Sachverhalt rechtliche Regeln fehlen oder fehlen sollen (m.a.W.

[133] Weitere Belege bei SCHARPF (1) 397–399.
[134] JAFFE (2) 491.
[135] A.a.O. 494.

dass die fragliche Handlung im Ermessen des betreffenden Organs stehe).

6. Bickel übernimmt daher nur einen Teil von Jaffes These: Komme das Gericht zum Schluss, dass eine Funktion im Ermessen eines politischen Organs liege, so bestehe kein Grund, das Vorgehen des betreffenden Organs nicht gerichtlich zu legitimieren. Dagegen könne sich die Annahme einer *political question* aufdrängen, wenn zwar rechtliche Regeln bestünden, aber «these rules should be only among the numerous relevant considerations»[136]. Wie Scharpf m.E. zutreffend bemerkt, vermag diese Theorie die *political question*-Entscheidungen logisch widerspruchsfrei zu erklären[137]. Wenn z.B. die Weitergeltung eines Staatsvertrages, die Grenzen der amerikanischen Gebietshoheit, Einreiseverbote gegenüber und Ausweisungen von Ausländern, die Gültigkeit einer ausländischen Konfiskation, die Ausübung der *war power* gegen Angehörige eines feindlichen Staates – um nur einige Beispiele zu nennen – in Frage stehen, so werden solche von den politischen Organen zu treffenden Entscheidungen durch rechtliche Erwägungen mitbestimmt, doch stehen derartige Überlegungen im allgemeinen nicht im Vordergrund. Zwar könnte das Gericht auch hier diesem Umstand dadurch Rechnung tragen, dass es den politischen Organen ein sehr weites Ermessen einräumen und deren Entscheide, – sofern sie sich im Rahmen dieses weit definierten Ermessens hielten – bestätigen würde. Mehrmals hat der Supreme Court das auch getan, so in den *Japanese Relocation Cases*[138] und in andern die *war power* betreffenden Entscheidungen[139]. Gerade diese Fälle scheinen aber denjenigen Recht zu geben, die finden, es wäre besser gewesen, wenn das Gericht einer die Verfassungsmässigkeit bejahenden Sachentscheidung ausgewichen wäre, statt für die Verfassungsentwicklung gefährliche Präjudizien zu setzen.

7. Dennoch weist die auf Jaffe basierende Theorie Bickels die folgende von Scharpf aufgezeigte Schwäche auf: Bei der Fällung politischer Entscheidungen seien in aller Regel auch nichtrechtliche Faktoren zu berücksichtigen (ein Umstand, den auch das Gericht bei seiner Entscheidung über die Verfassungsmässigkeit nicht völlig ausser acht lassen

[136] Bickel (2) 186/187.
[137] Scharpf (1) 400.
[138] Vorn S. 189 f.
[139] z.B. *Ex parte Quirin*, vorn S. 231.

dürfe), und es sei gefährlich, wenn das Gericht für bestimmte Fragen durch Nicht-Entscheidung den Geltungsanspruch der Verfassung hinter andern Erwägungen zurücktreten lasse; dadurch werde die Beweislast für die Legitimität des richterlichen Prüfungsrechts in jedem einzelnen Fall dem Gericht zugeschoben[140].

SCHARPF lässt es aber nicht bei einer Kritik bewenden, sondern er stellt eine originelle eigene These auf, die er in Anlehnung an einen von EHMKE geprägten Begriff als *funktionell-rechtliche Theorie der political question* bezeichnet. Darnach sind *political questions* «*Rechtsfragen, für deren Entscheidung das Gericht nicht die Verantwortung übernehmen kann*»[141]. Die *political question*-Fälle betreffen in aller Regel gerade Rechts- und nicht Ermessensfragen, wenn auch die auszulegenden Rechtsnormen oft sehr unbestimmt sind und in der Praxis der politischen Behörden nichtrechtliche Faktoren den Entscheidungsvorgang dominieren können. Trotz des rechtlichen Charakters der betreffenden Frage kann sich aber ein Sachentscheid des Gerichts aus den von Scharpf angeführten Gründen als problematisch erweisen:

a) Wichtig ist dabei das *Informationsproblem*[142]. Die Rechtsanwendung setzt voraus, dass zuerst der unter eine Norm zu subsumierende Tatbestand auf zuverlässige Weise festgestellt wird. Gerade das ist aber dem Gericht in manchen Fällen, die auswärtige Beziehungen oder im Krieg ergriffene Massnahmen betreffen, nicht möglich. So stösst eine objektive Abklärung, ob ein Staatsvertrag dahingefallen sei, weil ein Kontrahent seine vertraglichen Verpflichtungen missachtet habe, schon deshalb auf Schwierigkeiten, weil das Gericht nicht die Möglichkeit hat «of bringing both the parties before us»[143]. In *Doe v. Braden*[144] betonte das Gericht, dass nur der Präsident die Möglichkeit habe, sich durch die amerikanischen diplomatischen Vertretungen über die verfassungsrechtliche Situation eines Vertragspartners zu erkundigen. In jenem Fall mag der Hinweis fragwürdig gewesen sein, da es vor allem um eine Rechtsfrage, die Zuständigkeit des spanischen Königs gemäss spanischem Recht zum Abschluss eines Staatsvertrages, ging. In vielen

[140] SCHARPF (1) 401/402 und (2) 562/563.
[141] SCHARPF (1) 405.
[142] SCHARPF (1) 405 f. und (2) 567 f. Hiezu auch HART/WECHSLER 192.
[143] Votum von Justice IREDELL in *Ware v. Hylton,* 3 Dall. 199 (1796) auf S. 261.
[144] 16 How. 635 (1853).

der *political question*-Fälle hing jedoch die Entscheidung davon ab, ob faktisch etwas stattgefunden habe, z.B. wer in einem Lande die Regierungsgewalt übernommen habe (Fälle betreffend Anerkennung ausländischer Staaten und Regierungen), ob die Voraussetzungen für die Besitzergreifung einer Insel durch die Vereinigten Staaten gegeben gewesen seien[145], oder ob in einem bestimmten Zeitpunkt faktisch Kriegszustand geherrscht habe[146]. In solchen Fällen wäre das Gericht kaum in der Lage, Tatsachenfeststellungen der Exekutive, die oft auf vertraulicher Information der diplomatischen Vertretungen, militärischer Organe und der Geheimdienste beruhen, auf ihre Richtigkeit zu überprüfen[147].

Wenn aber das Gericht keine Gegenbeweise gegen die offizielle Feststellung der zuständigen Organe über das Vorliegen der Ratifikation einer Verfassungsänderung durch eine einzelstaatliche Legislatur oder gegen den ordnungsgemäss verkündeten Wortlaut eines Bundesgesetzes zulässt[148], so kann dies m.E. nicht mit der Unmöglichkeit einer zuverlässigen eigenen Sachabklärung gerechtfertigt werden. Es wäre denkbar, dass sich die Unrichtigkeit einer Verkündung durch abweichende Sitzungsprotokolle, allenfalls in Verbindung mit Zeugeneinvernahmen, nachweisen liesse. Hier dürften vielmehr die vom Gericht im Field-Entscheid angeführten Zweckmässigkeitserwägungen[149] ausschlaggebend gewesen sein.

b) Als zweiten Punkt führt Scharpf die *Notwendigkeit einheitlicher Entscheidungen* an[150]. Mehrmals betonte das Gericht, dass die Nation in auswärtigen Angelegenheiten «mit einer Stimme» sprechen müsse. Bisweilen vermag freilich die Urteilsbegründung nicht darüber hinwegzutäuschen, dass das Gericht aus pragmatischen Erwägungen einem ihm unbequemen Sachentscheid ausweicht, was manchmal in der Formulierung zum Ausdruck kommt, dass eine «possibility of embarrassment to the Executive Branch in handling foreign relations» vermieden werden müsse[151]. Dass eine gerichtliche Intervention eine verantwortliche Füh-

[145] *Jones v. United States,* 137 U.S. 202 (1890).
[146] *Prize Cases,* 2 Black 635 (1863).
[147] Vgl. auch Scharpf (1) 150.
[148] *Leser v. Garnett,* 258 U.S. 130 (1922); *Field v. Clark*, 143 U.S. 649 (1892).
[149] Vgl. vorn S.249.
[150] Scharpf (1) 406 f. und (2) 573 f.
[151] Vgl. etwa den vorn Fussnote 275 zu Kapitel 1 zitierten Passus aus *Banco Nacional de Cuba v. Sabbatino;* ferner *Mexico v. Hoffman,* 324 U.S. 30 (1945) auf S.35.

rung der Aussenpolitik beeinträchtigen würde, kann wohl nur ganz selten angenommen werden. Würde der Supreme Court etwa einem Akt eines von den USA nicht anerkannten Staates Rechtswirkungen zuerkennen oder eine Rechtsnorm eines solchen Staates anwenden oder dessen Aktivlegitimation zur Klage bejahen, so brauchte – wie JAFFE ausführt – darin kein Widerspruch zur Regierungspolitik erblickt zu werden,

> «unless we devise a formula of recognition involving inevitable and logical consequences, – a formula which will not stand up under realistic scrutiny»[152].

Erginge, was früher mehrmals geschah, ein materieller Entscheid des Supreme Court in bezug auf die Immunität eines Handelsschiffes, so könnte die amerikanische Regierung dadurch kaum in grosse Verlegenheit gebracht werden, ja man kann sich ernstlich fragen, ob es für das Staatsdepartement nicht peinlicher sei, in jedem Fall eine eigene Entscheidung treffen zu müssen, anstatt dem betroffenen ausländischen Staat gegenüber auf den Entscheid eines unabhängigen Gerichts verweisen zu können[153]. Zu bezweifeln ist ferner, dass ein materieller Entscheid gegen die kubanische Nationalbank in *Banco Nacional de Cuba v. Sabbatino*[154] in einem Zeitpunkt, in welchem die Beziehungen mit Kuba ohnehin einen Tiefpunkt erreicht hatten, den Erfolg diplomatischer Bemühungen in Frage gestellt hätte. Möglicherweise würde ein Sachentscheid, in dem eine derartige ausländische Konfiskation als völkerrechswidrig erklärt würde, die Verhandlungsposition der eigenen Regierung sogar stärken[155]. Scharpf weist hin auf die besondere Beziehung des Gerichts zum Völkerrecht: Zwar wendet es völkerrechtliche Normen an, wobei es aber «die Verteidigung der internationalen Rechtsordnung gegen die eigene Regierung nicht in der gleichen Weise wie die Gewährleistung der Verfassungsordnung als seine eigene Aufgabe betrachtet»[156]. Diese Scheu des Supreme Court vor dem Völkerrecht zeigt sich jedoch sogar dort, wo sich die eigene Regierung zu einer Frage des internationalen Rechts gar nicht geäussert hat.

[152] JAFFE (1) 235.
[153] Dazu SCHARPF (1) 118 und dort angeführte Zitate.
[154] Zit. vorn Fussnote 246 zu Kapitel 3.
[155] Dazu eingehend SCHAUMANN 177/178.
[156] SCHARPF (1) 407.

c) Die Annahme einer *political question* kann ferner, was mit dem unter lit. b erörterten Punkt zusammenhängt, die Folge einer *Respektierung spezifischer Verantwortungsbereiche der politischen Organe* darstellen[157]. Hier erwähnt Scharpf die offizielle Urteilsbegründung in *Harisiades v. Shaughnessy*[158], in der Justice JACKSON auf S. 591 davon ausging, dass Entscheide betreffend Ausweisungen von Ausländern in einem grösseren internationalen Zusammenhang gesehen werden müssten: Hebe das Gericht eine Ausweisungsverfügung auf, so verliere dadurch die eigene Regierung «a power of defense and reprisal without obtaining for American citizens abroad reciprocal privileges and immunities». Das Gericht könnte demnach eine Entscheidung nicht verantworten, weil es nicht in der Lage wäre, die Auswirkungen seiner Entscheidungen zu kontrollieren, durch die Aufhebung einer Ausweisungsverfügung auch einen besseren Rechtsschutz amerikanischer Bürger im Ausland herbeizuführen. Allerdings kann man die Auffassung vertreten, dass die Gerichtsmehrheit im Harisiades-Fall – im Gegensatz zu Justice FRANKFURTER – gar keine *political question* sensu technico angenommen habe. Indessen spielt die Überlegung, dass ein gerichtlicher Sachentscheid die Verhandlungsposition der eigenen Regierung schwächen könnte, auch in typischen *political question*-Entscheidungen eine Rolle, z. B. wenn die Ausübung der *war power* gegenüber Angehörigen eines feindlichen Staates in Frage steht, wie in *Ludecke v. Watkins*[159]. Es ist jedoch schwer einzusehen, dass das Gericht mit einem die Ausweisung aufhebenden Entscheid im Ludecke-Fall die Handlungsfreiheit der für die Aussenpolitik zuständigen Organe merklich tangiert hätte[160]. Abgesehen davon erscheint nicht ohne weiteres verständlich, dass der Supreme Court in solchen Fällen, zu deren Entscheidung er an sich zuständig wäre und deren tatbeständliche Abklärung keine unüberwindlichen Informationsprobleme involvieren, einen Sachentscheid ablehnt und damit den Rechtsschutz des Einzelnen Überlegungen der Staatsraison unterordnet.

d) Allerdings hat der Supreme Court, wenn wir von den Fällen betreffend Einreiseverbote gegenüber und Ausweisungen von Ausländern absehen, grundsätzlich immer dann Sachentscheide gefällt, wenn die

157 SCHARPF (1) 409 f. und (2) 578 f.
158 342 U. S. 580 (1952).
159 335 U. S. 160 (1948).
160 Gl. M. CARRINGTON 187. Vgl. auch FRANK (1) 41.

Verletzung eines Grundrechts in Frage stand, ferner wenn er über *Kompetenzkonflikte* zu befinden hatte[161]. In diesem Zusammenhang spricht SCHARPF von *normativen Einschränkungen der political question*[162].

Meines Erachtens stellt Scharpfs These den am besten gelungenen Versuch dar, die höchstrichterliche *political question*-Rechtsprechung dogmatisch zu erfassen. Allerdings kommen immer wieder Fälle vor, die sich schwer mit den von ihm erarbeiteten Kriterien in Einklang bringen und wohl nur mit pragmatischen Motivierungen des Gerichts erklären lassen, was er durchaus einsieht[163]. Auch belassen die von ihm entwickelten Kriterien, namentlich die unter Ziff. 2 und 3 erörterten, dem Ermessen des Richters erheblichen Spielraum bei der Bestimmung der Frage, ob eine *political question* vorliege. Der Eindruck, dass das *richterliche Ermessen* bei der Anwendung der *political question*-Doktrin stärker zum Zug kommt, als Scharpfs dogmatische Erörterungen annehmen lassen, ergibt sich bei der Lektüre der einschlägigen Urteilsbegründungen und übrigens auch der subtilen Fall-Analysen Scharpfs deutlich, auch wenn eine rein opportunistische Begründung die Praxis nicht genügend zu erklären vermag.

Zwar ist es richtig, dass das Gericht unbequemen Fällen auf einfacherem Weg, vorab durch Nichtgewährung von *certiorari,* ausweichen könnte. Das hindert den Supreme Court jedoch nicht, in bezug auf einen wichtigen Prozess *certiorari* zu gewähren (die Institution des *certiorari* dient ja nicht dazu, dem Gericht in unangenehmen Fällen eine Sachentscheidung zu ersparen, sondern soll eine Konzentration auf wichtige Prozesse ermöglichen), um dann in einem späteren Verfahrensstadium aus wesentlich pragmatischen Erwägungen – möge man sie als «funktionell» oder anderswie bezeichnen – einer Sachentscheidung durch Annahme einer *political question* auszuweichen. Dadurch können nicht nur im Interesse unterer Gerichte Unklarheiten über die Justiziabilität der Sache beseitigt werden, sondern es wird damit auch die *endgültige Verantwortung der politischen Organe* unterstrichen.

[161] Ob er über die Kompetenz zur Führung des Vietnamkriegs materiell entscheiden würde, erscheint freilich als höchst zweifelhaft.

[162] SCHARPF (1) 411 f. und (2) 583 f.

[163] Vgl. z.B. SCHARPF (1) 151 und 411 betreffend Einreise- und Deportationsfälle; 413/414 betreffend die Kompetenz des Bundes zur Regelung von Indianerangelegenheiten; 414/415 betreffend *Coleman v. Miller*. Vgl. allerdings SCHARPF (2) 569/570.

Findet das Gericht, dass seine Abstinenz auf einem bestimmten Gebiet zu einer die Grundwerte der Verfassung gefährdenden Entwicklung geführt habe, ohne dass die politischen Organe willens seien, für Abhilfe zu sorgen, so wird es ihm weniger schwer fallen, seine Zurückhaltung trotz möglicher gravierender politischer Implikationen aufzugeben. Damit kann die *Flexibilität der höchstrichterlichen Rechtsprechung* in bezug auf Fragen der Wahlkreiseinteilungen erklärt werden. Sind *Grundrechte* tangiert, so wird verhältnismässig selten eine *political question* angenommen. In andern Fällen, in denen das Bedürfnis nach einer richterlichen Intervention weniger dringend erscheint, anderseits aber die unkritische Legitimierung eines politischen Aktes die Verfassungsentwicklung beeinträchtigen könnte, mag es dann vorkommen, dass das Gericht eher eine *political question* annimmt und dieses Ergebnis möglicherweise mit dem blossen Hinweis auf ein mehr oder weniger überzeugendes Präjudiz oder auf die Gewaltentrennung begründet.

In Zeiten *nationaler Bedrohung,* vorab im Krieg, kann die richterliche Ungültigerklärung von Anordnungen der für die Sicherheit des Landes verantwortlichen politischen und militärischen Organe die Stellung des Supreme Court – damit aber auf längere Sicht den Schutz der Verfassung – schwer gefährden, weil mit einer Nichtbeachtung des Entscheides und mit Repressalien (z.B. der verfassungsmässig zulässigen Beschränkung der Zuständigkeit des Obersten Bundesgerichts) zu rechnen wäre. Dass der Supreme Court auch diesem Umstand Rechnung trägt, zeigt seine Rechtsprechung: Die wichtigeren Entscheidungen, in denen er auf Verfassungswidrigkeit militärisch bedingter Massnahmen erkannte, ergingen jeweils erst nach Kriegsende; während des Kriegs zeigte er eher die Tendenz, einer Sachentscheidung auszuweichen, wenn er sich nicht dafür entschloss, die Kompetenzen der politischen Organe sehr weit zu interpretieren. Dass die erstere Möglichkeit das kleinere Übel darstellen kann, darf bei Würdigung der *Japanese Relocation Cases*[164] angenommen werden[165].

[164] Vorn S. 189 f.

[165] SCHARPF vertritt die Auffassung, das Gericht hätte sich durch Annahme einer *political question* in jenen Fällen der Möglichkeit begeben, nach dem Ende des Krieges schärfer durchzugreifen und durch Sachentscheidungen «mit einem gewissen langfristigen Edukativeffekt auf das Verfassungsbewusstsein der Öffentlichkeit und der politisch und militärisch Verantwortlichen einzuwirken»;

Zwar mag es Fälle geben, in denen sich die Verneinung der Justiziabilität überzeugend damit begründen liesse, dass eine Frage von Verfassungs wegen von einem andern Organ abschliessend zu entscheiden sei, etwa wenn auf Grund gültiger Anklageerhebung durch das Repräsentantenhaus der Senat in einem Impeachment-Verfahren jemanden seines Amtes entheben würde und der Betreffende die Verfassungswidrigkeit dieses Vorgehens mit der Begründung gerichtlich geltend zu machen versuchte, er habe sich keine «treason, bribery, or other high crimes and misdemeanors» (Art. II Sektion 4 der Verfassung) zuschulden kommen lassen. Möglicherweise liesse sich in andern Fällen eine *political question* daraus ableiten, dass das *case or controversy*-Erfordernis der Verfassung fehle, weil es – obwohl der Prozess selber einen *case* darstelle – unmöglich sei, dem Gericht eine bestimmte im Verfahren aufgeworfene Frage in kontradiktorischer Weise zu präsentieren, z. B. wenn im Falle eines Zweifels über die Weitergeltung eines völkerrechtlichen Vertrags die wirklichen Parteien, die vertragsschliessenden Staaten, nicht vor Gericht gebracht werden können. Steht das Gericht bei der Eruierung des Sachverhalts vor einem unüberwindlichen Informationsproblem, so lässt sich seine Ablehnung einer Sachentscheidung mit einer Ratio des *case or controversy*-Erfordernisses vereinbaren, das ja auch eine auf umfassender Information beruhende Rechtsprechung sicherstellen will. Dennoch kann die *political question*-Rechtsprechung als solche nicht in einer Opportunitätserwägungen ausschliessenden Weise erklärt werden[166]. Mit der von Chief Justice MARSHALL statuierten Entscheidungspflicht des Richters lassen sich manche *political question*-Fälle nicht logisch vereinbaren. CORWIN erkannte das bereits vor Jahrzehnten:

SCHARPF (1) 210. Meines Erachtens wäre es jedoch dem Gericht möglich gewesen, angesichts des besonderen Informationsproblems in jenen Fällen und der im Krieg stärkeren Notwendigkeit, dass die Nation in Fragen betreffend die Sicherheit des Landes «mit einer Stimme spricht», eine *political question* anzunehmen, ohne sich dadurch den Weg zu versperren, in einem späteren Zeitpunkt ähnliche Fragen materiell zu entscheiden. Bezüglich des «Edukativeffekts» scheint mir Skepsis angebracht zu sein. In Kriegszeiten pflegen sich weder Präsidenten noch militärische Befehlshaber noch die herrschende öffentliche Meinung stark um unbequeme richterliche Präjudizien zu kümmern, und es ist nicht wahrscheinlich, dass sich künftige Präsidenten darin von LINCOLN, WILSON oder F. D. ROOSEVELT unterscheiden werden; dazu ROSSITER 127/128 und 131.

[166] Vgl. auch BICKEL (2) 126 und CORWIN (1) 647.

«The doctrine of political questions signalizes an early concession by the Court itself at the expense of the strict logic of judicial review [167].»

Daraus dürfen wir jedoch nicht den Schluss ziehen, dass die Legitimität des richterlichen Prüfungsrechts durch die *political questions* in Frage gestellt werde. Das Prüfungsrecht selber stellt eine Konzession zu Lasten der Auffassung einer verabsolutierten Demokratie dar. Es soll dadurch sichergestellt werden, dass Macht und momentaner politischer Wille durch das Recht, durch die Grundwerte der Verfassung, beschränkt werden. Anderseits kann man in der durch die *politicial question*-Doktrin bewirkten Begrenzung richterlicher Kognition ebenfalls eine Konzession, diesmal zugunsten des demokratischen Gedankens, erblicken, die demselben rechtsstaatlichen Ziel eines wirksamen Schutzes der Verfassung dient: Das Ansehen des Supreme Court, damit aber auch die Wirksamkeit seiner Aufgabe als Beschützer der Rechtsordnung, hängen letzten Endes davon ab, dass er mit Mass interveniert, dabei seine eigene Möglichkeit zur Findung, Anwendung, Fortbildung und Durchsetzung des Rechts und die richterlicher Verantwortung gezogenen funktionellen Begrenzungen realistisch in Betracht zieht sowie die in der Verfassung nur sehr unklar angedeuteten Verantwortungsbereiche der politischen Organe gebührend respektiert. Dank den *political questions*, die übrigens in der höchstrichterlichen Rechtsprechung in quantitativer Hinsicht einen äusserst bescheidenen Platz einnehmen, ist es dem Gericht möglich, diese Grenzen seiner eigenen Verantwortung und die Verantwortung anderer Organe zu betonen, damit aber gleichzeitig einer der Wirksamkeit seiner Rechtsprechung abträglichen Überforderung und Politisierung der Justiz entgegenzuwirken. Da auch die Richter des Supreme Court keine Übermenschen sind, lässt sich dabei nicht vermeiden, dass nicht immer der weiseste Gebrauch von der *political question*-Doktrin gemacht wird und die für deren Anrufung angegebenen Gründe oft zu wünschen übrig lassen.

[167] Edward S. Corwin, The Twilight of the Supreme Court, New Haven 1934 111.

NACHTRAG

Die in Anmerkung 451 d auf S. 274 als Möglichkeit in Betracht gezogene Verfassungsrevision ist inzwischen Wirklichkeit geworden: Ende Juni 1971 ratifizierte Ohio als 38. Staat das im März 1971 vom Kongress verabschiedete XXVI. Amendment, das die Senkung des Stimmrechtsalters auf 18 Jahre festsetzt. Dagegen kamen bisher keine Verfassungsänderungen in bezug auf das Verfahren der Präsidentenwahl und die Gleichberechtigung der Frau (vgl. S. 10) zustande. Das letztere Postulat hat erheblich an Wirkungskraft verloren, nachdem der Supreme Court im November 1971 in einem einstimmig ergangenen Entscheid die *equal protection clause* des XIV. Amendment in einem Fall anwendbar erklärte, in welchem Frauen auf Grund eines Gesetzes des Staates Idaho bei der Übertragung von Erbschaftsverwaltungen Männern gegenüber benachteiligt waren.

Im September 1971 traten zwei der markantesten Richterpersönlichkeiten des Supreme Court wegen schwerer Krankheit zurück: HUGO L. BLACK und JOHN M. HARLAN (beide sind seither gestorben). Zur Besetzung der beiden Vakanzen brachte Präsident NIXON zwei gutausgewiesene Juristen in Vorschlag: LEWIS F. POWELL, einen angesehenen Anwalt aus Virginia, und WILLIAM H. REHNQUIST, den Leiter der Rechtsabteilung im Justizdepartement. Nachdem diese beiden Ernennungen vom Senat bestätigt wurden, dürfte sich der auf S. 77 und S. 344 erwähnte konservativere, weniger aktivistische Trend der höchstrichterlichen Rechtsprechung weiter verstärken.

Die Grenzen richterlicher Verantwortung zeigten sich im November 1971, als die USA auf der Aleuten-Insel Amchitka ihre bisher stärkste unterirdische Kernwaffenexplosion auslösten. Das Oberste Bundesgericht war ersucht worden, die Regierung durch eine einstweilige Verfügung an der Durchführung des Versuchs zu hindern, um eine gründlichere gerichtliche Überprüfung der ökologischen Argumente der Kläger zu ermöglichen. Der Supreme Court wies jedoch das Begehren ab, allerdings mit dem äusserst knappen Stimmenverhältnis von 4:3.

SACHREGISTER

Amerikanische Fachausdrücke, deren deutsche Übersetzung nicht geläufig ist, sind unter dem englischsprachigen Stichwort zu suchen.

Die in dieser Abhandlung erwähnten amerikanischen Gerichtsentscheide wurden, sofern sie nicht für die Ausführungen im Text von untergeordneter Bedeutung sind, ebenfalls in das Sachregister aufgenommen.